U0106488

奮鬥與夢想

★

近代以來
中國人的
百年追夢歷程

李捷

著

責任編輯　阿　江
書籍設計　吳冠曼
排　　版　楊　錄

書　　名　奮鬥與夢想：近代以來中國人的百年追夢歷程

著　　者　李捷

出　　版　三聯書店（香港）有限公司
　　　　　香港北角英皇道 499 號北角工業大廈 20 樓

發　　行　香港聯合書刊物流有限公司
　　　　　香港新界荃灣德士古道 220-248 號 16 樓

印　　刷　中華商務彩色印刷有限公司
　　　　　香港新界大埔汀麗路 36 號 14 字樓

版　　次　2024 年 2 月香港第一版第一次印刷

規　　格　16 開（170 mm × 240 mm）500 面

國際書號　ISBN 978-962-04-5372-4

© 2024 三聯書店（香港）有限公司
Published in Hong Kong, China.

目　　錄

引言　民族精神與百年夢想　　　　　　　　　　　　　001

第一章　前所未有之大變局　　　　　　　　　　　　005

　　"康乾盛世"與強弩之末　　　　　　　　　　　006

　　"日不落帝國"的崛起及侵華野心　　　　　　009

　　百年民族屈辱的開始　　　　　　　　　　　013

第二章　東方睡獅醒來了　　　　　　　　　　　　019

　　農民階級的"天國"之夢　　　　　　　　　　019

　　地主階級洋務派的"富國強兵"之夢　　　　025

　　資產階級維新派的"變法改良"之夢　　　　030

　　資產階級革命派的"民主共和"之夢　　　　035

第三章　人間正道是滄桑　　　　　　　　　　　　044

　　黑暗中的希望曙光　　　　　　　　　　　　044

　　五四運動帶來的轉折　　　　　　　　　　　049

民族復興的新希望 053

國共第一次合作 061

大革命高潮的到來與失敗 072

第四章 為了創建新中國 080

蔣介石的得意之時 080

中國革命有了新起點 085

紅軍反"圍剿"的勝利與失敗 091

長征路上的歷史轉折 095

一掃民族恥辱 099

人民與歷史的選擇 104

第五章 現代化的曲折探索 114

國家工業化建設的起步 115

探索獨立自主的建設道路 122

"大躍進"的深刻教訓 127

"多事之秋"與共渡難關 143

"文化大革命"的發動與結束 150

第六章 改革開放的偉大覺醒 157

路向何方的深邃思考 158

實現歷史性轉折 163

在立與破中開啟改革開放 168

從十二大到十三大 182

第七章 大踏步趕上時代 188

搞活城鄉經濟 188

積極對外開放 190

經濟改革的第一個頂層設計 192

在嚴峻考驗中堅持改革開放 197

鄧小平發表“南方談話” 204

對五大歷史性課題的破解 207

第八章　以新姿態跨入 21 世紀 220

社會主義市場經濟的創舉 220

跨世紀發展的戰略擘畫 223

實施跨世紀發展戰略 225

香港澳門回歸祖國 229

黨的建設新的偉大工程 233

開啟全面建設小康社會新征程 235

促進統籌發展與科學發展 237

應對重大災害和考驗 245

第九章　開創新時代 250

開啟民族復興新航程 250

打鐵還需自身硬 253

將改革進行到底 254

實行依法治國新方略 259

新發展理念推動高質量發展 262

實現指導思想的新飛躍 265

推進機構改革與國家治理 270

創造抗擊新冠肺炎疫情的中國奇蹟 278

第十章　馬克思主義中國化新飛躍 287

既一脈相承又與時俱進的理論創新 288

習近平新時代中國特色社會主義思想的創立 293

指引實現中華民族偉大復興的科學理論 299

一系列領域的思想結晶 305

彰顯馬克思主義中國化鮮明品格 310

第十一章　為了人民美好生活　　　　　　　　318

　　實現從無到有的跨越　　　　　　　　　318

　　從短缺經濟到人民總體小康　　　　　　321

　　積極參與和推動經濟全球化　　　　　　325

　　進入高質量發展新階段　　　　　　　　334

　　第一個百年目標完滿實現　　　　　　　340

　　人民生活的滄桑巨變　　　　　　　　　344

第十二章　打贏三大攻堅戰　　　　　　　　351

　　防範化解重大風險　　　　　　　　　　352

　　警惕"黑天鵝""灰犀牛"事件　　　　355

　　歷史性解決絕對貧困問題　　　　　　　362

　　確保中華民族永續發展　　　　　　　　376

　　推動發展觀和財富觀的深刻變革　　　　384

第十三章　用自我革命引領社會革命　　　　392

　　解決長期執政歷史性課題　　　　　　　392

　　強力反腐敗反"四風"　　　　　　　　395

　　把權力關進制度的籠子　　　　　　　　399

　　以政治建設統領各項建設　　　　　　　401

　　補足理想信念之鈣　　　　　　　　　　403

　　堅持黨對一切工作的領導　　　　　　　405

　　原創性的理論貢獻　　　　　　　　　　408

第十四章　破解國家治理難題　　　　　　　413

　　中國特色社會主義制度的由來　　　　　413

　　國家治理問題的認識升華　　　　　　　417

　　推進國家治理體系和治理能力現代化　　426

　　國家治理理論與實踐的集大成　　　　　431

第十五章　環球同此涼熱　　　　　　　　　　　　　　439

　　　回答 21 世紀的世界之問　　　　　　　　　　　439

　　　提出全球治理的中國方案　　　　　　　　　　　441

　　　"三個世界"劃分理論　　　　　　　　　　　　444

　　　和平發展的時代主題　　　　　　　　　　　　　451

　　　建立和平平等合作繁榮的新世界　　　　　　　　456

　　　構建人類命運共同體　　　　　　　　　　　　　460

結束語　長風破浪會有時　　　　　　　　　　　　　473

參考文獻　　　　　　　　　　　　　　　　　　　　480

索　引　　　　　　　　　　　　　　　　　　　　　484

引言　民族精神與百年夢想

我們這本書，是專講近代以來中國人的追夢歷程的。這個夢，就是專指中華民族偉大復興中國夢。因此，這個追夢歷程，也自然要從 1840 年後這個復興之夢的產生與興起開始講起。

中華民族，是一個勤勞務實的民族，也是一個充滿理想與奮鬥精神的民族。

在中華民族 5000 多年文明史中，夢想與追求，夢想與奮鬥，夢想與挫折，夢想與抗爭，夢想與勝利，從來就是緊緊連在一起的。夢想越崇高、越偉大，付出的犧牲就越巨大。

中華民族是一個酷愛和平的民族，一個崇敬道義的民族，一個追求天人和諧的民族。中國人自古以來崇拜道義，而非強權；崇拜智者，而非強者；崇拜祖先，而非上帝；崇拜包容，而非零和。

對美好社會理想的憧憬與追求，而非對強權、霸主的崇拜與追求，在中華民族的夢想中，居於核心地位。

遠古以來，中國就流傳著"女媧補天""羿射九日""神農嘗百草""精衛填海""愚公移山"等傳說，代代相傳，家喻戶曉，滲入了中國人的精神世界，化作中華民族歷史文化基因的一部分。這些傳說生動地告訴一代又一代炎黃子孫，人不能沒有夢想，不能沒有追求，但夢想與追求的實現，離不開奮鬥，哪怕是捨生取義、粉身碎骨也在所不辭。

農耕文明形成以降，《周易》中便有"天行健，君子以自強不息。""觀乎天文，以察時變；觀乎人文，以化成天下。""天地革而四時成，湯武革命，順乎天而應乎人。"這些思想告誡後人，不能因循守舊、坐享其成，而要自強不息，在順天應人中化成天下，實現遠大抱負與理想。

先秦時期，中華文明經過漫長的積累過程，出現了一次偉大的思想覺醒，對後世中華文明走向產生極其重大的影響，中華文明的思想元素開始真正具有了“中華”特色。在諸子百家豐富多彩的思想中，對人與社會關係、人與國家關係、國家與民眾關係有了深刻反思，提出多種多樣的社會理想。如孔子對“禮”“仁”的倡導，老子對“道”“無為”的推崇，墨子的“兼愛”，孟子的“仁義”，莊子的“萬物齊一”，荀子的“禮義”等等，奠定了中華民族在社會理想中對“天人合一”“人間正道”“和諧友善”等的不懈追求。這些積極進取的思想，既是為當時社會動盪、階級分化狀況尋找出路的客觀反映，也為秦漢時期形成一體多元的統一多民族封建國家奠定了思想文化基礎。

　　漢唐以後，以儒家為中心、包容多樣、博採眾長的中華民族思想文化格局形成並發展，進一步形成了以“大同社會”“小康社會”“修身齊家治國平天下”“民如水，君如舟，水可載舟，亦可覆舟”“先天下之憂而憂，後天下之樂而樂”等為代表的社會理想，激勵著一代又一代的中華民族子孫砥礪前行。

　　這些社會理想，在中國近代國運式微、制度腐敗、內憂外患頻仍、動亂戰亂不已的情況下，難以為中國找到救亡圖存、革故鼎新的新出路與新道路，難以真正解決民族獨立、人民解放、國家富強、人民富裕的歷史性新課題。但是，在中國選擇了中國共產黨領導、馬克思主義指導、社會主義道路並取得成功後，這些社會理想作為中華優秀傳統文化的重要標誌，在中華民族從站起來、富起來向強起來跨越的征途中，依然發揮著不可替代的積極作用，成為中華民族的歷史文化基因。

　　正如習近平總書記 2014 年 9 月 24 日在紀念孔子誕辰 2565 週年國際學術研討會暨國際儒學聯合會第五屆會員大會開幕會上的講話中所說：“儒家思想同中華民族形成和發展過程中所產生的其他思想文化一道，記載了中華民族自古以來在建設家園的奮鬥中開展的精神活動、進行的理性思維、創造的文化成果，反映了中華民族的精神追求，是中華民族生生不息、發展壯大的重要滋養。中華文明，不僅對中國發展產生了深刻影響，而且對人類文明進步作出了重大貢獻。"[1]

他在講話中列舉了中國古代形成的許多重要思想，今天對治國理政、道德修養、精神文明建設、生態文明建設、增強民族團結、構建人類命運共同體等，依然發揮著重要作用。

這些思想包括：關於道法自然、天人合一的思想，關於天下為公、大同世界的思想，關於自強不息、厚德載物的思想，關於以民為本、安民富民樂民的思想，關於"為政以德""政者正也"的思想，關於"苟日新，日日新，又日新"、革故鼎新、與時俱進的思想，關於腳踏實地、實事求是的思想，關於經世致用、知行合一、躬行實踐的思想，關於集思廣益、博施眾利、群策群力的思想，關於仁者愛人、以德立人的思想，關於以誠待人、講信修睦的思想，關於清廉從政、勤勉奉公的思想，關於儉約自守、力戒奢華的思想，關於中和、泰和、求同存異、和而不同、和諧相處的思想，關於安不忘危、存不忘亡、治不忘亂、居安思危的思想，等等。

對於 5000 多年從未中斷過文明歷史的中華民族來說，對於歷經滄桑與磨難而始終歷久彌新、保持旺盛活力的中華民族來說，對美好社會理想的追求，就是不斷激勵其從災難中奮起、在厄運中抗爭、在戰亂中聚合、在挫折中前行的巨大精神力量。

正是有對美好社會理想的不懈追求，中華民族才能不斷勵精圖治、革故鼎新，緊隨時代前進的步伐，從原始社會走向奴隸制社會，又從奴隸制社會走向封建社會，再從半殖民地半封建社會的苦難深淵中躍出谷底，經過新民主主義革命、社會主義革命，終於走上了中國特色社會主義康莊大道。

這種對美好社會理想的不懈追求，深刻地影響著中華民族的精神世界，既是中華民族的精神支撐，也是中華民族的精神稟賦，使中華民族在 5000 多年艱難曲折的文明史中形成了偉大的創新精神、奮鬥精神、團結精神、夢想精神，成為近代以來中華民族從站起來、富起來走向強起來的強大精神動力。

這種對美好社會理想的不懈追求，深刻地決定著中國近代半殖民地半封

1　習近平：《在紀念孔子誕辰 2565 週年國際學術研討會暨國際儒學聯合會第五屆會員大會開幕會上的講話》，人民出版社 2014 年版，第 4 頁。

建社會的根本走向，成為中國人民和中華民族根據自身經歷最終選擇了中國共產黨領導、馬克思主義指導、社會主義道路的歷史文化基因。

每個時代，有每個時代的追求，有每個時代的發展邏輯與發展主題。中國近代以來，對美好社會理想的不懈追求，集中地表現為實現中華民族偉大復興。而要實現民族復興，就必須完成徹底擺脫歷史厄運、贏得中國革命勝利、大踏步趕上時代潮流這三個歷史性跨越。

中華民族要想徹底擺脫半殖民地半封建社會的歷史厄運，實現“小康社會”和“大同世界”的理想，就要進行推翻帝國主義、封建主義、官僚資本主義三座大山的民主革命。

中國革命要取得勝利，面對強大的敵人和“一盤散沙”的民眾，就要有大公無私、兼濟天下、以民族獨立和人民解放為己任的革命階級和革命政黨。

中華民族要想大踏步趕上時代潮流，實現中華民族偉大復興，就要建立起適合本國國情的良制善法，在中國革命和建設取得成功的基礎上，不斷推動改革開放和社會主義現代化建設，堅持和發展中國特色社會主義道路、理論、制度、文化。

中國近代以來的歷史證明，中國共產黨繼承了中華民族的文化根脈和精神追求，從成立之日起就把人民幸福、民族復興作為自己的初心和使命，成為團結帶領中國各族人民進行革命、建設和改革的領導核心與民族脊樑。中國革命、建設和改革不斷取得勝利的過程，馬克思主義中國化的過程，就是同中華傳統文化精華相融合、與中國具體實踐相結合的過程。在這一過程中形成、發展和不斷完善的中國特色社會主義道路是中華民族悠久歷史的延續，中國特色社會主義道路、理論、制度、文化有著深厚的中華歷史文化基因，凝聚和接續著中華民族對美好社會理想的不懈追求。

奉獻給廣大讀者的這本書，就是想在中國共產黨成立 100 週年之際，在中華民族偉大復興第一個百年奮鬥目標已經實現、開始向第二個百年奮鬥目標繼續前進之際，完整地回顧 1840 年以來中華民族經歷的奮鬥與夢想，中國人所經歷的實現中華民族偉大復興中國夢的追夢歷程。

第一章　前所未有之大變局

1840 年 6 月下旬，英國一支艦隊來到中國廣東珠江口外，宣佈封鎖廣東海口。持續兩年零兩個月的第一次鴉片戰爭爆發。

當時的人誰也未曾想到，這場在中國大門口爆發的侵略戰爭，竟揭開了長達一個世紀之久的中華民族屈辱史的序幕。

對這一幕降臨的原因，後人常用一句話來說明：落後就會捱打。也就是說，中國當時被動捱打的重要原因，是中國落伍了。

對此，我們還要追問一句，中國落的是什麼 "伍"？

中國落的，不是世界霸主地位的 "伍"。因為，儘管長期以來中國在世界上處於經濟文化發展的領先地位，國力強盛程度在世界上也首屈一指，但由中國經濟社會發展所處的特定發展階段所決定，由中國歷史文化的特質所決定，由中國封建社會長期奉行的基本國策所決定，中國從來沒有謀求過世界的霸主地位。這一點，與古代的羅馬帝國等迥然不同。

中國落的是什麼 "伍" 呢？那就是在西方國家已經開始迅速發展的資本主義生產方式佔據統治地位之 "伍"，是英國等國已經開始了的工業革命之 "伍"。

既然落伍了，就要迎頭趕上。這就提出了民族復興的歷史任務。但是，西方列強用武力打開中國國門的目的，絕不是要喚醒一個潛在的競爭對手，而是要永久地佔領一個廣闊的海外殖民擴張市場。這就決定了中國不能跟在西方屁股後面，重走西方列強資本主義發展的老路。中國要想實現民族復興，只能探索另外的道路。這是後話。

這裏，我們還是回到最初的話題，中國為什麼會落伍呢？這主要不是因為西方列強的強大，而是中國封建社會自身發展的結果。

這要從清朝"康乾盛世"說起。

"康乾盛世"與強弩之末

清朝出現的"康乾盛世",儘管也是中國封建社會強盛的重要時期,但已是"強弩之末"。與以往歷史上的盛世不同的是,就在這一盛世中,已經出現了衰敗的徵象。中國古代的文學名著《紅樓夢》,已經深刻地揭露了這些徵象。只不過當時的統治者與世人,還被盛世的表像所迷惑罷了。

歷史現象,很多時候不僅是複雜的,而且是互相矛盾的。"康乾盛世"就是如此。

首先我們要說,"康乾盛世"是名副其實的盛世。

——奠定了中國現在版圖的基礎。經過 70 餘年戰爭,擊敗準噶爾部,平定了西北回疆,隨後又穩定了西藏。在北方,給向黑龍江流域進犯的沙皇軍隊以重創,通過《尼布楚條約》(1689 年簽訂)鞏固了清廷對東北地區的控制。清朝的統治疆域,在乾隆時期達到全盛,北起外興安嶺,西逾蔥嶺,南至瓊州,東至黃海、東海,成為當時世界上少有的幅員遼闊的東方大國。

——封建皇權統治空前鞏固。清朝沿襲明朝強盛時期的中央集權制度,又加以發展。雍正時期,設立軍機處,削弱內閣權力,進一步加強了皇權。所有政治軍事經濟大權,集中在皇帝手中。皇帝具有至高無上的權力,能對他加以限制的,唯有皇太后。皇權的加強,既是封建政治制度從中央官僚體制向皇權專制政體發展演變的結果,也是統治集團內部強化滿族貴族統治的產物。

——農業恢復,經濟發展,市井繁榮。順治時期,叫停了引起民怨的八旗貴族"圈地""投充"[1]。康熙時期,大力獎勵墾荒,改革稅制,與民生息,還撥款治理黃河、海河。到康熙六十年(1721 年),全國墾田達 735.6 萬餘頃。乾隆三十一年(1766 年)增加至 780 萬頃。乾隆二十七年(1762 年),各省

1　清八旗一般不從事社會生產,在京畿地區圈佔大量田地後,強迫失去土地的農民為他們進行生產勞動,被稱為"投充"。

大小男婦共計 2 億零 40 萬人。

與此同時，"康乾盛世" 又是名副其實的 "敗絮其中"。誠如蕭致治先生在《鴉片戰爭史》中所言："川、鄂等五省白蓮教大起義雖可視為清王朝由盛到衰的轉折點，然而它的衰敗卻肇始於乾隆中期。從乾隆中葉起，土地集中，剝削苛重，吏治腐敗，武備廢弛，矛盾激化，衰敗現象已明顯地表現出來。而土地集中、經濟衰敗則是導致清王朝走下坡路的基本問題。"[1]

——土地兼並嚴重，社會矛盾凸顯。據乾隆十八年（1753 年）統計，宗室貴族、勳戚世爵所領莊田共為 153366 頃，遠遠超過閩、桂、滇、黔等省的民田數目。故乾隆時湖南巡撫在奏疏中說："近日田之歸於富戶者，大約十之五六，舊時有田之人，今俱為佃耕之戶。"[2] 實際上，開墾荒地得到的土地，多數落在了達官貴族和鄉紳手上。土地高度集中，使大量農民背井離鄉，農村勞動力減少。農業生產的萎縮，又使耕地面積減少。嘉慶十七年（1812 年），全國耕地共有 7915251 頃。道光十三年（1833 年），降至 7375129 頃，21 年間減少了 54 萬多頃。

——"文字獄" 成風，造成嚴重的思想禁錮。清代文字獄，集中發生在順治、康熙、雍正、乾隆時期，持續時間之長，發生案件之多，株連之廣，超過封建統治的歷代王朝。龔自珍曾作詩《詠史》，對清代 "文字獄" 作了無情的揭露："金粉東南十五州，萬重恩怨屬名流。牢盆狎客操全算，團扇才人踞上游。避席畏聞文字獄，著書都為稻粱謀。田橫五百人安在，難道歸來盡列侯？"

——八旗子弟分化衰敗，戰鬥力大大削減。康熙時期，八旗和綠營就已亂象迭出。康熙二十六年（1687 年），左都御史王鴻緒在奏摺中說，駐防將領佔奪民產，重息放債，強娶民婦，"種種為害，所在時有"；駐防旗兵，紀律敗壞；綠營提鎮，縱兵害民，虛冒糧餉，不一而足。[3] 至乾隆中期以後，八旗與綠營更是每況愈下，軍紀敗壞，訓練廢弛，將士驕惰，軍營奢靡。乾隆

1　蕭致治主編：《鴉片戰爭史》上冊，福建人民出版社 2017 年版，第 132 頁。

2　蕭致治主編：《鴉片戰爭史》上冊，福建人民出版社 2017 年版，第 133 頁。

3　轉引自蕭致治主編《鴉片戰爭史》上冊，福建人民出版社 2017 年版，第 165 頁。

五十九年（1794 年），乾隆皇帝最後一次南巡，在杭州檢閱營伍。據當時記載，"射箭箭虛發，馳馬人墜地"[1]。

——吏治腐敗，奢靡之風蔓延。從乾隆中葉起，清廷上下的腐敗已十分嚴重，成為清朝國運迅速衰敗的重要原因。和珅的腐敗盡人皆知，已到了令人髮指的程度。清朝貴族的奢靡，更是突出，既影響到官員的腐敗之風蔓延，也影響到社會的奢靡之風氾濫。儘管乾隆皇帝也大加整飭，因貪污處死的二品以上官員即達 30 人之多，但腐敗之風愈演愈烈，上至大學士、軍機大臣，下至州官、縣官和幕僚書吏，無所不包。具有諷刺意味的是，乾隆皇帝多次南巡，最初的用意，也有視察河工、體察民情的意思，發展到後來卻成為皇帝遊玩揮霍、官員藉機搜刮民脂民膏的勞民傷財之舉。

——邊民暴動與農民起義不止。清朝統治時期，不僅有尖銳的階級矛盾，還有複雜的民族矛盾。兩者相互作用，到乾隆中期，已經開始釀成民變，暴露出"康乾盛世"積累的深刻社會矛盾。在此之前，雍正至乾隆年間，先後鎮壓了貴州苗民起義，平定了四川大小金川部落，耗費了大量精力。乾隆三十九年（1774 年）發生的山東王倫起義，揭開清朝大規模農民起義的序幕。隨後，又出現甘肅回民起義、台灣天地會起義等。直至嘉慶皇帝即位，爆發了聲勢浩大的白蓮教起義，成為清朝由盛而衰的轉折點。

因此可見，"康乾盛世"與以往每個封建王朝的盛世有很大不同，它不是王朝走向興盛的標誌，而是清王朝乃至整個封建制度走向衰落的"拐點"。正是"康乾盛世"，將中國封建社會進入衰敗時期後深刻的社會矛盾與制度弊端充分暴露，為鴉片戰爭引發的全面社會危機與統治危機埋下了隱線。與此同時，還嚴重扼殺了正在東南沿海出現的資本主義萌芽。這種深刻的社會矛盾與制度弊端，正是導致中國逐漸落伍的根本原因。

在鴉片戰爭前後直至整個清朝滅亡，清朝統治者在處置內憂外患中的種種表現、種種作為，與清王朝在"康乾盛世"中形成的封建統治傳統及統治思路，有著極為密切的淵源關係和因果關係。剪不斷，理還亂。

通過以上分析，我們可以看到，中國在"康乾盛世"時落伍於時代潮流

1　轉引自蕭致治主編《鴉片戰爭史》上冊，福建人民出版社 2017 年版，第 166 頁。

之後的根本原因所在。正是中國封建社會制度發展到了後期，走向了自己的
反面。

中國歷史上曾經有過的輝煌與強大，在很大程度上得益於中國封建社會
獨特的政治制度、經濟制度和社會制度，適應並推動了中國封建社會生產力
的發展和經濟社會繁榮，並且使這一輝煌與強盛持續了很長一段時間，使中
國封建社會具有極強的自我修復能力的重要原因。

然而，也就在西方列強先後走上資本主義發展道路之時，特別是英國完
成了第一次工業革命之時，中國封建社會及其政治經濟文化社會制度走到了
自己的反面，成為嚴重束縛和阻礙中國社會先進生產力發展、資本主義萌芽
的障礙。清朝統治階級也隨著中國封建社會進入腐朽的後期，日益喪失其剛
剛入主中原、建立新的封建王朝之時的朝氣與銳氣。等待著他們的，將是一
個內憂外患同時襲來的大變亂時期。

"九州生氣恃風雷，萬馬齊喑究可哀。我勸天公重抖擻，不拘一格降人
材。"

這是龔自珍在道光十九年（1839 年）寫下的《己亥雜詩》之一。既表露
出時人對清廷的失望與憤懣，又表達了對重振中華的渴望之情。

"日不落帝國" 的崛起及侵華野心

也正是在這時，一個在工業革命中崛起的資本主義強國 —— 英國，正在
透過印度殖民地，用貪婪的目光，虎視眈眈地遙望著中國。

16、17 世紀，英國還是一個農業國。英國的商人以經營呢絨出口為主，
在新航路開闢的刺激下，開始經營遠洋貿易。英國資產階級革命後，這一情
況發生根本性改變。

1688 年 "光榮革命"[1] 後，英國政府長期奉行重商主義政策，一方面刺

---

1   1688 年，英國資產階級和新貴族發動推翻英王詹姆士二世的統治、防止天主教復闢的非暴
    力政變，史稱 "光榮革命"。1689 年，英國議會通過限制王權的《權利法案》，國家權力
    由國王逐漸轉移到議會。英國君主立憲制政體由此起源。

激國內資本主義經濟迅速發展，另一方面鼓勵資本主義海外擴張。以此為背景，英國國內的毛紡織業與圈地運動相互推動，迅速發展。

然而，英國的毛紡織業在 17 世紀遇到了印度和中國棉紡織品的有力競爭。為保護本國的棉紡織業，1700 年，英國國會通過了禁止棉紡織品進口的法令。也恰在此後不久，以 1733 年發明飛梭為標誌，在棉紡織業中誕生了一系列的革命性變革，最終導致了 18 世紀 80 年代以蒸汽機為代表的動力革命。這就是在英國首先發生的工業革命。正是第一次工業革命，使英國成為名副其實的世界工廠，並取得海上霸主地位。

我們來看這組數據：（1）製造能力：1820 年，英國工業總產量為世界工業生產總額的 50%，對外貿易佔世界貿易總額的 18%。1830 年，英國原煤產量佔世界的 70%，布疋和鐵產量均佔世界的 50%。1820—1850 年間，英國的五金製造佔世界的 40%。[1]1850 年，英國擁有的蒸汽機總功率為 129 萬馬力，佔歐洲總量的 58.5%。[2]（2）國家經濟實力：1760 年，英國國民生產總值為 9000 萬英鎊。1800 年，增加到 1.4 億英鎊。1860 年為 6.5 億英鎊。100 年間增長 6.2 倍。[3]

重商主義在英國長期居於主導地位。而工業製造能力和商品生產能力的迅速提高，海上霸主地位的確立，進一步刺激了海外殖民擴張慾望。

此時，在中國周圍，英國已經控制或染指了印度、新加坡、緬甸、伊朗、阿富汗等地，印度尼西亞、菲律賓等也在荷蘭、西班牙等的控制之下。中國作為一個在西方人眼裏的富庶的東方古國，此時成為西方列強垂涎欲滴的"圍獵"對象。

其實，英國早已開始了各方面的準備。

1　《中國近代史》（第二版）上冊，高等教育出版社 2020 年版，第 16 頁。（〔美〕戴維・羅伯茲：《英國史：1688 年至今》，魯光桓譯，中山大學出版社 1990 年版，第 91—92、215 頁。——該書原註）

2　中國社會科學院世界歷史研究所：《世界歷史》第 5 冊，江西人民出版社 2012 年版，第 149—150 頁。

3　中國社會科學院世界歷史研究所：《世界歷史》第 5 冊，江西人民出版社 2012 年版，第 150 頁。

就武的一手來說：1637 年 6 月，英國艦隊闖入中國珠江，炸毀了缺乏戒備的虎門炮台；1808 年，英印總督以保護貿易為名，派艦隊在澳門強行登陸；1838 年，英國海軍少將馬他侖率軍艦駛入廣州內河。

就文的一手來看：1792 年，英國派馬戛爾尼使華，向清廷提出增開通商口岸、在北京設立商館、在舟山附近小島設立貿易商站等要求，被拒絕；1816 年，又派阿美士德使華，繼續提出貿易要求，也遭到失敗。

此外，1832 年，英國"阿美士德"號船隻到中國沿海，測繪地圖，搜集情報。

對上述事件，如果只取其中一兩件孤立地看，似乎只是一般的中西貿易往來。在這些商談與處置中，也充分暴露了當時的清朝統治者居安自賞、妄自尊大的愚昧。但偶然之中孕育了必然。如果把這些事件前後聯繫起來，特別是放在英國經歷了第一次工業革命後，急於要在海外尋找更大市場的背景下看，不難得到這樣的結論：自 18 世紀末開始，英國已經把下一個殖民擴張的目標鎖定在中國。

這一時期西方列強的殖民擴張手段，主要是殖民掠奪與商品輸出。由於有 17 世紀英國毛紡織業遭遇中國棉紡織品競爭的經歷，英國深知要打開向中國市場進行商品傾銷的大門，必須找到一種特殊的商品。而自 1600 年以來經營東印度公司的經驗，以及打開中國市場的種種嘗試，使它很快找到了鴉片貿易這把對付中國朝野的"利器"。

任何一種有問題的商品，由它的輸入演變成為社會問題，是要有特定的社會歷史條件的。鴉片也不例外。

鴉片輸入中國，由來已久。據文字記載，至少在唐代，罌粟已傳入中國。在很長一段時間裏，人們一直把它視為藥材。鴉片作為毒品在中國開始傳播，要追溯到明朝萬曆年間。到了清朝道光、咸豐年間，吸食鴉片之風在官員與民間流傳，最終演變為嚴重的社會問題。其中很重要的原因，是明清之時到了封建社會的後期，封建制度的弊端與社會矛盾日益顯露。人們面對這種種制度問題、社會問題又無計可施，不少有識之士漸漸心灰意冷。誕生於這一時期的中國古典文學名著《紅樓夢》，便是這種社會窘境的藝術縮影。加之當時清廷的文化禁錮政策，更使士大夫階層的許多人感覺思想苦悶、報國無門。在這樣一種由封建社會後期所造成的壓抑的社會氛圍中，人們不僅需要精神鴉片的寄託，也需要從鴉片獲得自我麻痹。

自 1800 年清廷頒佈嚴禁外商輸入鴉片、禁止國內種植鴉片的禁令後，嚴禁鴉片實際上成為政府官員同英美鴉片商人之間的一場博弈。而更嚴重的是，在社會每況愈下的背景下，內外鴉片走私者相互勾結，鴉片走私之風與鴉片吸食之風日甚一日，由社會問題演變成中國白銀大量外流的財政問題。

正是在這一背景下，清道光帝採納嚴禁鴉片的主張，派欽差大臣林則徐於 1838 年 12 月赴廣東嚴查鴉片。1839 年 6 月 3 日至 25 日，林則徐等在廣東虎門海灘當眾銷毀繳來的大量鴉片，令囂張一時的英美鴉片販子為之一懼。在此之前，同年 5 月，林則徐下令解除封艙，恢復正常貿易，要求進口商船出具甘結，保證不再向中國販運鴉片。這使禁煙運動於情於理都站住了腳。

鼓動英國商人拒絕做出不販賣鴉片保證，致使兩國貿易中斷的，不是別人，正是英國駐華商務監督義律。他一面阻止英國商人出具甘結、恢復貿易，一面向英國政府遊說出兵報復。在林則徐禁煙期間，他還在 1839 年 3 月 27 日，以英國政府名義發佈一則公告，要求所有英國商人交出手中的鴉片，並保證 "本總監督，為了不列顛女王陛下政府並代表政府，充分而毫無保留地願意對繳出鴉片的全體及每一位女王陛下的臣民負責，轉交中國政府。本總監督特別警戒所有旅居廣州的女王陛下的臣民，不論是英國人所有的鴉片的貨主，或是託管人，如在本日六時以前不將該項鴉片繳出，本總監督即行宣佈女王陛下政府對該英商所有的鴉片不負任何責任"[1]。這實際上把中國政府同英國鴉片商之間的問題擴大成了兩國之間的矛盾，為發動鴉片戰爭埋下了伏筆。

1840 年 4 月，英國議會通過了發動對華戰爭的決議。在此之前，同年 2 月，英國政府已任命喬治·懿律為侵華英軍總司令、英國全權代表。

特定的語彙及特定的含義，都是在社會歷史發展中形成的。在西方國家殖民掠奪的語彙中，"通商自由" 或 "貿易自由" 就是這些國家憑藉船堅炮利

---

1 〔美〕馬士：《中華帝國對外關係史》第 1 卷，生活·讀書·新知三聯書店 1957 年版，第 254 頁。

與廉價商品打開落後國家大門的武器，在那些落後國家的眼裏，這些語彙其實就是殖民擴張、殖民掠奪的同義詞。只有在經過長達一個多世紀之久的民族獨立民族解放運動，西方國家的舊有殖民體系土崩瓦解之後，才出現了現代意義上的"通商自由"或"貿易自由"。

對華侵略戰爭，是由英國的殖民擴張野心所決定的。這是第一次鴉片戰爭的實質，也是發生這場戰爭的根本原因。至於戰爭以什麼樣的口實、在何時、藉什麼樣的導火線發生，那要由歷史的具體發展而定，其中不排除各種偶然因素起作用。

有一種說法，這場戰爭全是林則徐禁煙惹的禍，似乎是中國人"自招其辱"。

這裏實際上顛倒了戰爭發動的因果關係。前面的歷史過程已經說明，是英美商人大肆走私鴉片在先，清廷派林則徐嚴厲禁煙在後；林則徐一邊禁煙一邊恢復正常貿易，義律阻撓英國商人具結恢復通商、蓄意發動侵華戰爭。如果把前前後後的歷史過程聯繫起來看，清廷在當時的所作所為，沒有超出任何一個主權國家正常行使主權的範圍，也沒有任何一個負責任的政府會放任毒品走私而撒手不管。以清廷嚴禁鴉片為藉口，並把禁止毒品走私的正當行為稱為"阻撓貿易自由"，發動對華戰爭的正是當時的英國殖民主義者。

當然，林則徐的禁煙儘管轟轟烈烈，伸張了中國的國威。但這場禁煙運動是註定會失敗的。除了中英雙方實力對比懸殊的客觀原因之外，很重要的是行使國家主權的恰恰是一個正在走向末路的封建王朝。清廷的極度腐敗，高官們普遍的昏庸無能、避戰求和，使林則徐等愛國官員遠無回天之力，只能抱恨終生。第一次鴉片戰爭，最終以林則徐被革職發往新疆，關天培等戰死沙場，清廷被迫同英國侵略者簽訂以《南京條約》為代表的第一批不平等條約而告結束。這也是歷史邏輯所使然。

百年民族屈辱的開始

1842 年 8 月 29 日簽訂的《南京條約》，一個最引人注目的條款，便是中國割讓香港島給英國。從此開了每每令中國割地賠款、喪權辱國的先例，也使香港離開祖國懷抱長達 150 多年。

有一種說法，中國如果像香港那樣直接成為英國殖民地，豈不更好。其實，在當時英國殖民者的對華殖民策略中，香港是個局部。歷史告訴我們，在局部因一定條件可以成為現實的事，是不可能完全複製到總體上來的。因為，事物發展的全部結果，皆因特定的時間、地點、條件等為轉移，而非以人的主觀傾向或意向為轉移。

為了尊重歷史，我們還是從中英《南京條約》等第一批不平等條約說起。

1842 年 8 月 29 日（清道光二十二年七月二十四日），欽差大臣耆英、伊里布、兩江總督牛鑒同英方簽訂了中國近代歷史上第一個不平等條約《南京條約》。第一次鴉片戰爭以中國失敗告終。

《南京條約》共十三款。

（一）五口通商。第二款規定：“自今以後，大皇帝恩准英國人民，帶回所屬家眷，寄居沿海之廣州、福州、廈門、寧波、上海等五處港口，貿易通商無礙。英國君主派設領事、管事等官，住該五處城邑，專理商賈事宜。”[1]

（二）割地香港島。第三款稱：“因英國商船，遠路涉洋，往往有損壞須修補者，自應給予沿海一處，以便修船及存守所用物料。今大皇帝准將香港一島，給予英國君主暨嗣後世襲主位者，常遠主掌，任便立法治理。”[2]

（三）賠款。第四款規定：“因欽差大臣等於道光十九年二月間，將英國領事官及民人等，強留粵省，嚇以死罪，索出鴉片，以為贖命。今大皇帝准以洋銀六百萬圓，補償原價。”[3]第五款規定：“且向例額設行商等，內有累欠英商甚多，無措清還者，今酌定洋銀三百萬元，作為商欠之數，由中國官為償還。”[4]第六款規定：“欽差大臣等向英國居民人等，不公強辦，致須撥發軍士，討求伸理，今酌定水陸軍費洋銀一千二百萬元，大皇帝准為補償。惟自道光二十一年六月十五日以後，英國在各城收過銀兩之數，按數扣除。”[5]第七

1　《中外舊約章彙編》第 1 冊，生活·讀書·新知三聯書店 1957 年版，第 31—32 頁。

2　《中外舊約章彙編》第 1 冊，生活·讀書·新知三聯書店 1957 年版，第 31—32 頁。

3　《中外舊約章彙編》第 1 冊，生活·讀書·新知三聯書店 1957 年版，第 31—32 頁。

4　《中外舊約章彙編》第 1 冊，生活·讀書·新知三聯書店 1957 年版，第 31—32 頁。

5　《中外舊約章彙編》第 1 冊，生活·讀書·新知三聯書店 1957 年版，第 31—32 頁。

款稱："以上酌定銀數,共兩千一百萬元。此時交銀六百萬元。癸卯年六月間交銀三百萬元,十二月間交銀三百萬元,共銀六百萬元。甲辰年六月間交銀二百五十萬元,十二月間交銀二百五十萬元,共銀五百萬元。乙巳年六月間交銀二百萬元,十二月間交銀二百萬元,共銀四百萬元。自壬寅年起,至乙巳止,四年共交銀二千一百萬元。但按期未能交足,則酌定每年每一百元應加息五元。"[1]

（四）享有不經過商行直接進行貿易的權利。第五款規定："凡英國商民,在粵省貿易,向例全歸額設商行亦稱公行者承辦,今大皇帝准其嗣後不必仍照向例,凡有英商等赴各該口貿易者,勿論與何商交易,均聽其便。"[2]

（五）實際上享有了在華刑事豁免權。第八款規定："凡係英國人,無論本國、屬國軍民等,今在中國管轄各地方被禁者,大皇帝准即釋放。"[3]第九款規定："凡係中國人,前在英國人所據之邑居住者,或與英人有來往者,或有跟隨及伺候英國官人者,均由大皇帝俯降諭旨,謄錄天下,恩准免罪。凡係中國人為英國事被拿監禁者,亦加恩釋放。"[4]也就是說,為英國人做事而獲罪的中國人,也享有了免罪釋放的特權。

（六）協定關稅。第十款規定："俾英國商民居住通商之廣州等五處,應納進口出口貨稅、餉費,均宜秉公議定則例,由部頒發曉示,以便英商按例交納。今又議定:英國貨物,自在某港按例納稅後,即准由中國商人,遍運天下,而路所經過,稅關不得加重稅例,只可照估價則例若干,每兩加稅不過某分。"[5]

（七）實際獲得根據需要駐軍的權利。第十二款規定："惟有定海縣之舟山海島,廈門廳之鼓浪嶼小島,仍歸英兵暫為駐守,迨及所議洋銀全數交清,而前議各海口均已開關,俾英人通商後,即將駐守二處軍士退出,不復

1 《中外舊約章彙編》第 1 冊,生活·讀書·新知三聯書店 1957 年版,第 31—32 頁。
2 《中外舊約章彙編》第 1 冊,生活·讀書·新知三聯書店 1957 年版,第 31—32 頁。
3 《中外舊約章彙編》第 1 冊,生活·讀書·新知三聯書店 1957 年版,第 31—32 頁。
4 《中外舊約章彙編》第 1 冊,生活·讀書·新知三聯書店 1957 年版,第 31—32 頁。
5 《中外舊約章彙編》第 1 冊,生活·讀書·新知三聯書店 1957 年版,第 31—32 頁。

佔據。"[1]

近一年之後，中英雙方又於 1843 年 7 月、10 月先後簽訂《五口通商章程（附海關稅則）》和《五口通商附粘善後條款》，進一步鞏固和擴大了英國在華權益。主要有：英國人犯罪後，"由英國議定章程、法律，發給管事官照辦"；五口岸均可停泊一艘英國"官船"；准許在駐地"租賃"房屋及基地；承諾"設將來大皇帝有新恩施及外國，亦應准英人一體均沾"。通過這些規定，實際上取得了在華片面的"領事裁判權"、駐扎權、租借權、"最惠國待遇"。此外，還通過《五口通商章程（附海關稅則）》，開了關稅稅則中國不能自己做主的先例。

後來，英國還通過第二次鴉片戰爭等，從中國奪取一系列殖民特權，對香港的佔領也從本島一直向外延伸至新界等地。但無論如何發展變化，第一次鴉片戰爭及《南京條約》實際上確定了英國對華殖民政策的基調。這就是，獨佔香港，作為實現對華殖民控制的基地；保全中國統治者的體面，以控制中國，與其他列強殖民利益"一體均沾"。一個是獨佔，一個是控制，這裏面有嚴格的區別。這個基調，直到第二次世界大戰期間，始終沒有變。

精明而富有經驗，特別是富有控制印度經驗的英國殖民者非常清楚，儘管擁有堅船利炮，但要完全獨佔中國，把中國變成徹底的英屬殖民地，是根本做不到的。這不僅有實力問題，也有東方社會文化的障礙，更有當時後起的西方列強俄國、美國、德國對中國的覬覦。而最重要的，還是中國人民異常猛烈的反抗。這一點，英國殖民者通過鎮江抗英、廣州三元里抗英等，已經領教過了。

1840 年鴉片戰爭及一系列不平等條約的訂立，對中國的影響是巨大的，帶來的災難也是巨大的。正如馮桂芬後來在《校邠廬抗議》中說："自五口通商，而天下之局大變。"[2] 曾經出使歐洲的郭嵩燾也說："西洋入中國，誠為天

1　《中外舊約章彙編》第 1 冊，生活・讀書・新知三聯書店 1957 年版，第 31—32 頁。

2　張海鵬主編，虞和平、謝放著：《中國近代通史》第 3 卷，江蘇人民出版社 2007 年版，第 348 頁。

地一大變。"[1]

中國近代的歷史，就是在這種屈辱下開始了。

同時，反抗這種屈辱、爭取中華民族復興的歷史，也由此發端。

在中國封建社會的歷史上，第一次出現了這樣一組複雜的矛盾。一方面，封建統治階級同農民階級等人民大眾的矛盾，這是舊有矛盾的延續和發展，構成了當時社會的基本矛盾。另一方面，由於殖民主義入侵，新出現了英國等殖民主義者同中國封建統治者的矛盾，西方殖民主義侵略同中國人民的矛盾。在新出現的這兩組矛盾中，西方殖民主義侵略同中國人民大眾的矛盾是當時社會的一組基本矛盾，而同前一組社會基本矛盾（封建統治階級同農民階級等人民大眾的矛盾）錯綜複雜地交織在一起。

對以英國為代表的殖民主義者來說，要想直接解決同中國人民大眾的矛盾，代價太高承受不起，統治也難以持久。不如同中國封建統治者達成某種利益交換，聯手控制中國。這樣，既能使中國封建統治者"保全體面"，又能使自己從中獲利，還可以避免直接面對中國數以億計的民眾需要付出的高昂代價。

對以清廷為代表的中國封建統治者來說，有一個和西方列強打交道的"學習與適應"的過程。他們同西方列強也有矛盾，開始面對西方列強的入侵，也希望像過去那樣採取"攘夷"與"懷柔"並重的方式來解決。但在經過幾個回合的抵抗之後，便退而採取"以夷制夷"的手法，通過辦"洋務"來換取統治的穩固與某些既得利益。為什麼會做這樣的選擇呢？這就要說到那對基本矛盾，即封建統治階級同農民階級等人民大眾的矛盾。對封建統治者來說，維護統治與割地賠款相比，當然是前者更重要。清朝統治者從兩次鴉片戰爭與太平天國農民起義的強烈對比中，得到了一個結論：農民起義是"心腹之患"，列強入侵只是"體膚之患"。這成了清朝統治者對待內憂外患的處世哲學。正是在西方列強的不斷侵略和中國封建統治者不斷妥協出賣下，中國自 1840 年以後，逐漸陷入半殖民地半封建社會的深淵，1840 年鴉

1　張海鵬主編，虞和平、謝放著：《中國近代通史》第 3 卷，江蘇人民出版社 2007 年版，第 350 頁。

片戰爭成為中國近代歷史的開端。

　　當然，以上是從整體即社會矛盾來說的。至於清朝統治內部的具體人物，在國家與民族處於內憂外患並起的危難之時，也不乏挺身而出、以民族大義為重的英雄人物，如林則徐等；也有一面鎮壓過農民起義，一面又在抵禦外辱、維護祖國統一上屢建功勳的著名人物，如左宗棠等。這也可以看出一個規律，在中國近代歷史上，愛國主義始終是一面偉大的旗幟。誰為這面旗幟流過血、增過光，人民就會記住他、理解他。

　　在中國近代史上，中國人民始終是社會歷史的主人，也是推動社會歷史發展進步的主要力量。正是中國人民同封建統治階級、同西方殖民主義的兩大基本矛盾，決定了中國近代社會面臨著反帝反封建雙重歷史任務。中華民族要實現偉大復興，首先就要使自己從殖民主義、封建主義的枷鎖中解放出來，求得民族獨立和人民解放。但這還遠遠不夠。因為中國人民第一次面對比自己先進而強大的敵人——西方資本主義，不從根本上改變貧窮落後的面貌，不使中國由傳統農業國走上現代工業國的道路，就不可能真正求得民族獨立和人民解放，取得了也不完整，難以鞏固。這就決定了中華民族偉大復興還有更加艱巨的下半程的任務——實現國家富強、民族振興、人民富裕。前一任務為後一任務掃清障礙，創造必要的前提，也為後一任務規定了基本方向——非資本主義發展方向。

第二章 東方睡獅醒來了

中國共產黨誕生之前，中國無數仁人志士、各個社會階層都為尋求民族復興做出了前赴後繼的努力，儘管都沒有成功，卻從不同側面推動了歷史前進、思想進步。

在中國近代史上，一個十分有趣的現象是，在日趨加重的內憂外患重壓下，在愛國主義旗幟感召下，幾乎每一個階級中具有圖存之心的人們，被空前廣泛地召喚起來。他們先是各幹各的，彼此間還有很深的芥蒂，又一個個遭受失敗。最後，他們終於在一種新的領導力量面前逐漸團結起來，匯成一股強大的、不可阻擋的力量，這才有百年之後新中國的誕生。

換一個角度看，歷史老人對中國近代各個階級、各個階層，都是公平的，都給了他們在中國近代歷史舞台上充分施展的機會。但因階級的局限、歷史的局限，以及"具體執行人"的眼界、格局、水平等局限，絕大多數階級和階層都在歷史洪流中敗下陣來。可謂"大浪淘沙"。但無論成功也好，失敗也罷，這些社會力量都在不同程度上推動了社會歷史發展。中國近代歷史，就是這樣一步一步地走了過來。

下面，我們就來逐一看下他們的表現。

農民階級的"天國"之夢

首先登上中國近代舞台的，是農民階級。他們受封建統治壓迫最深，革命性最強。同時，他們在封建文化統治與小農經濟文化熏陶下，又受封建統治者的影響最深。這一矛盾，一方面決定了農民起義的革命性極強，一旦社會矛盾激化到一定程度，這種起義的發展便勢如破竹，難以阻擋；另一方面也決定了農民起義的結局是悲劇性的，"每一次大規模的農民革命鬥爭停息以後，雖然社會多少有些進步，但是封建的經濟關係和封建的政治制度，基本上依然繼續下來"[1]。

1851 年 1 月至 1864 年 7 月，幾乎席捲了中國南部的洪秀全領導的太平天國起義，將舊式農民戰爭推向了最高峰，但依然沒有逃脫失敗的結局。

歷史研究，很容易陷入"以成敗論英雄"的套路。著眼於研究太平天國起義為什麼會失敗，固然重要。但更值得關注的，還是在剛剛進入半殖民地半封建的中國，為什麼會爆發這樣一場大規模的農民起義。而且，從今天的眼光看，這場起義的思想武庫的確很"滑稽"，是一個中西混搭、不倫不類的"拜上帝教"。但就是這樣一個起義，也絕非"烏合之眾"，在素有"虎踞龍盤"之稱的金陵南京（當時稱"天京"）堅持了長達 11 年之久。即使在"天京內訌"、石達開出走後，自身元氣大傷，又面臨湘軍、淮軍勁敵包圍進攻，之後還有英、法侵略軍參加"會剿"，仍堅持了近 7 年。

是什麼樣的社會力量使太平天國起義支撐了如此之久？又是什麼樣的社會矛盾使得洪秀全這樣一個不及第的秀才能在廣西發動金田起義？我們的目光，不能不回到第一次鴉片戰爭後的中國南方農村，特別是廣東、廣西一帶。

同歷次農民起義一樣，太平天國起義也是封建統治者與農民階級矛盾日益激化的結果。這種激化的直接根源，主要來自賦稅與土地。

同時，發生在第一次鴉片戰爭後的這次起義，又增加了一個新的爆發原因，這就是英國殖民入侵促成了中國社會矛盾的進一步激化，並產生了新的矛盾。正如馬克思寫於 1853 年 5 月的有關太平天國起義的著名評論《中國革命和歐洲革命》所說："中國的連綿不斷的起義已經延續了約十年之久，現在匯合成了一場驚心動魄的革命；不管引起這些起義的社會原因是什麼，也不管這些原因是通過宗教的、王朝的還是民族的形式表現出來，推動了這次大爆發的毫無疑問是英國的大炮，英國用大炮強迫中國輸入名叫鴉片的麻醉劑。"[2]

1　《毛澤東選集》第 2 卷，人民出版社 1991 年版，第 625 頁。

2　《馬克思恩格斯選集》第 1 卷，人民出版社 2012 年版，第 779 頁。

馬克思指出殖民入侵造成的幾個突出結果。一是在白銀大量外流之上，又加上大量戰爭賠款，加劇了清廷財政負擔；二是英國棉織品和毛織品的傾銷，使"中國的紡織業者在外國的這種競爭之下受到很大的損害，結果社會生活也受到了相應程度的破壞"[1]；三是百姓不堪重負。"中國在 1840 年戰爭失敗以後被迫付給英國的賠款、大量的非生產性的鴉片消費、鴉片貿易所引起的金銀外流、外國競爭對本國工業的破壞性影響、國家行政機關的腐化，這一切造成了兩個後果：舊稅更重更難負擔，舊稅之外又加新稅。"[2]

馬克思的論述，我們從同一時期曾國藩的奏疏中，可以得到印證："自庚子（公元 1840 年）以至甲辰（公元 1844 年），五年之間，一耗於夷務，再耗於庫案，三耗於河決，固已不勝其浩繁矣。乙巳（公元 1845 年）以後，秦、豫兩年之旱，東南六省之水，計每年歉收，恆在千萬以外。又發帑數百萬，以賠款之。天下財產，安得不絀？"[3] 據統計，清政府財政赤字在 1840 年至 1849 年的 10 年間，達 7159 萬餘兩。[4] 這些財政赤字，最終仍需通過加重對農民階級的封建剝削來化解。

大量白銀外流，造成國內銀價上漲。白銀漲價造成的負擔，最終也落到百姓頭上。清朝賦稅，一律以銀兩繳納。據曾國藩 1851 年（咸豐元年）所言："東南產米之區，大率石米賣錢三千，自古迄今，不甚懸遠。昔日兩銀換錢一千，則石米得銀三兩；今日兩銀換錢兩千，則石米僅得銀一兩五錢。昔日賣米三斗，輸一畝之課而有餘；今日賣米六斗，輸一畝之課而不足。朝廷自守歲取之常，小民暗加一倍之賦。此外如房基，如墳地，均須另納稅課。準以銀價，皆倍昔年。無力監追者，不可勝計。"[5]

經過層層轉嫁，最終落到佃農身上的負擔到底有多重呢？我們以廣西為例。道光年間，桂平大宣里的田租，"大多是百種千租，隨後就增加到百種二千租"。這裏說的"百種千租"，是按播種下的種子計算佃租的方法，即

1　《馬克思恩格斯選集》第 1 卷，人民出版社 2012 年版，第 780 頁。

2　《馬克思恩格斯選集》第 1 卷，人民出版社 2012 年版，第 780 頁。

3　曾國藩：《議汰兵疏》，《曾文正公全集·奏稿》卷一。

4　參見周育民《1840—1849 年的清朝財政》，《山西財經學院學報》1982 年第 2—3 期。

5　曾國藩：《備陳民間疾苦疏》，《曾文正公全集·奏稿》卷一。

每 100 斤種子播種的田地，收穫時要交 1000 斤的租穀。貴縣慶豐村的地租，"最初是四成五成，後來收到六成七成"，該村地主鄧石梅的"田租佔收穫物的百分之八十"；湛江村則"每年田租要交收穫稻穀的一半以上"。平南的地租，"一般佔佃戶收穫物的百分之五十到百分之七十"。武宣東鄉的地租，"一般佔收得淨穀的六成"。[1]

又據黎斐然對廣西桂平縣金田附近的五個村的調查："介垌村、雞母凼村的地租為百種千租；甘皇村上等田為百種一千三百斤租，中等田為百種千租，下等田為百種五百斤租；桂平縣城鎮竟高達百種千斤租；金田村為百種千租至百種千五百斤租；桂平附近的貴縣、平南武宣、博白等地，地租也在百種千租至百種二千租之間，或收成的六成至七成。"[2]

而在富庶的江南地區，掌管漕運的大小官員假公濟私，魚肉百姓，中飽私囊，使"漕弊"成為江南中小地主乃至佃農深惡痛絕的一大弊政。江南地區人多地少，土地多集中在地主手中，"吳農佃人之田者，十之八九皆所謂租田"[3]。在素有魚米之鄉美譽的江蘇常熟，記載著當時佃農如下的傾訴："麥租折價，各業每石錢二千者，何得二千四百？秋來花租每畝錢一千者，何得至一千二百？過一期限，錢每千各業加錢三十者，何得驟加錢一百？而且各業新買田產，招我等立寫租札，每畝索錢五六百，乃我等意中事，及於千，猶可努力支持，若索至錢二三千一畝，我輩典衣剝債，男啼女哭，誰則知之？"[4]

在當時的江南地區，漕弊與佃農不堪重負，成為促進社會矛盾激化的兩大社會問題。不但農民對清廷矛盾激化，抗租鬥爭時有發生，不少中小地主與地方紳士也對清廷心懷不滿。這就為太平天國起義席捲江南地區，埋下了

1　王明前：《太平天國起義前廣西及江南地區農村的社會狀況 —— 太平天國起義的背景分析》，《廣西社會科學》2006 年第 12 期。

2　沈嘉榮：《太平天國史略》，南京出版社 1992 年版，第 46 頁。

3　陶煦：《租核》，載趙靖、易夢虹編《中國近代經濟思想資料選輯》上冊，中華書局 1982 年版，第 383—384 頁。

4　鄭興祖：《一斑錄》，載羅爾綱、王慶成編《中國近代史資料叢刊續編·太平天國》（五），廣西師範大學出版社 2004 年版，第 411 頁。

社會矛盾的引線。

加上這一時期，由於土地兼併、連年災荒、農民破產，致使社會上出現大量流民。五口通商後，廣州對外通商的壟斷地位開始衰落，導致水手、縴夫、搬運工等大量失業。這些都在本已激化的社會矛盾中，又增加了不少動盪因素。在太平天國起義發生前，1842—1850 年，天地會、白蓮教等反清組織十分活躍，全國各地反清起義達上百起。

就在這樣的背景下，1851 年 1 月 11 日，洪秀全在自己生日那天，率太平軍在廣西桂平縣金田村發動起義，宣佈建立太平天國。起義初期，太平軍聚眾二萬餘人，但真正有戰鬥力的不足萬人。但因這支起義軍與眾不同，有嚴格的紀律，"不擾鄉民，且所過之處，攫得衣物散給貧者"[1]，加之作戰勇猛，內部團結，許多窮苦人家紛紛加入太平軍，其中還有不少天地會成員。兩年後，1853 年 1 月 12 日，太平軍攻克重鎮武昌。不久沿長江揮師東下時，太平軍已號稱有 50 萬之眾，發展成為威脅清廷封建統治的重要力量。

作為中國農耕社會基礎的農民，歷經上千年形成的傳統，是家不離土。非到衣食無著、官逼民反之時，是絕不會走"犯上作亂"一途的。太平軍所到之處出現的這種揭竿而起、一呼百應的情勢，一方面反映了清朝統治的腐敗，另一方面也反映出當時社會矛盾激化的程度。

1853 年 3 月 20 日，是一個震撼清廷、震撼南半個中國的日子。這一天，洪秀全率領太平軍攻克江南重鎮南京。同月 29 日，宣佈定都南京，該南京為天京。在中國近代史上，首次形成農民政權與清廷對峙的局面。

同年冬天，太平天國頒行了《天朝田畝制度》。這個文獻，以"田畝制度"命名，說明它想回應農民階級對平分土地的渴望。就其內容來說，它不僅涉及土地制度，還包括洪秀全們心目中眾人平等的理想社會。

《天朝田畝制度》的鋒芒所向，是實行了上千年的封建土地制度。它提出："凡天下田，天下人同耕。""有田同耕，有飯同食，有衣同穿，有錢同使，無處不均勻，無人不飽暖也。"還提出一套按人口平均分田的具體辦法。上述這些思想和綱領的提出，其深刻性和明確性超過歷史上任何一次農民起

1　張德堅：《賊情彙纂》卷十。

義，具有強烈的反封建的革命性，代表了當時農民階級夢寐以求的理想。然而，在農民起義那裏，理想與現實之間，每每相隔著難以跨越的鴻溝。太平天國實際政策實行的結果證明，這一綱領本身帶有濃厚的空想色彩，不可能真正付諸實行。

《天朝田畝制度》還提出了一套廢除等級制度的社會理想。太平天國實行國庫制度，"蓋天下皆是天父上主皇上帝一大家，天下人人不受私，物物歸上主，則主有所運用，天下大家處處平勻，人人飽暖矣"。它所信奉的拜上帝教，也宣傳大家皆為共享太平的兄弟姐妹。但在實際上，封建等級制度照樣滲透在太平天國的各個方面，而天京變亂則是太平天國農民領袖們向其反面轉變的結果。正如著名史學家胡繩所說："過去，人們是在人人都是兄弟，併力斬邪除妖，建立人間天國的號召下團結起來，進行鬥爭的，這種號召在太平天國領袖集團的分裂和相殺中黯然失色了。過去，太平天國的革命政治和革命思想是以宗教的語言表達出來的，自經天京大變亂後，這些宗教的語言也不能不喪失其魅力了。"[1]

在評價太平天國起義的歷史作用和歷史地位時，我們不能只強調其封建性的一面，而否定其革命作用；也不應過分誇大其脫離實際的空想，而貶低其革命作用。其實，農民階級本身就是一個具有二重性的、自相矛盾的階級。一方面，它是被壓迫階級，具有反抗封建剝削壓迫的革命性；另一方面，它又深受封建思想和皇權意識影響，不可能提出能夠推翻封建統治的經濟社會綱領，具有相當的盲目性和保守性。它的革命性，因其提不出切實可行的革命綱領，要麼淪為空想，要麼實行起來具有很大的破壞性。它的革命性，又因其相當的盲目性與保守性同時存在，要麼難以持久，要麼在巨大的勝利面前向封建化轉化，致使其革命性最終歸於消失。這就是舊式農民起義的歷史性悲劇，太平天國起義也不能避免。

1864 年 7 月，太平天國都城天京被曾國藩的湘軍攻破，太平天國起義失敗。天王洪秀全在一個月前病故。

我們在客觀評價太平天國起義的歷史作用與歷史地位時，需要更多地著

1　胡繩：《從鴉片戰爭到五四運動》上冊，人民出版社 1981 年版，第 133 頁。

眼於它與同時期和歷史上的農民起義有哪些進步，更多地著眼於它在中國舊式民主革命歷史長河中起到哪些作用。

如果這樣來看，完全可以說太平天國起義儘管有著種種歷史局限，但它提出了歷次農民起義都未曾提出的農民革命綱領——《天朝田畝制度》，建立了與清廷對立的農民政權並持續 11 年之久，代表著中國舊式農民戰爭的最高峰，充分顯示了農民階級的力量，沉重打擊了清朝封建統治，並使清朝統治者在關鍵時刻與西方殖民主義列強相勾結的面目暴露在世人面前。

歷史上的許多重大事件，並非偶然。太平天國起義發生前後，先後爆發了 1848—1852 年伊朗民族起義、1857—1859 年印度民族大起義，矛頭所指，既有本國封建統治者，更有英國殖民統治者。太平天國起義，在這些起義中持續時間最長、規模最大，也是這一時期亞洲民族解放運動的重要組成部分。

就是這樣，英國殖民主義入侵，使中國人民的命運同亞洲人民的命運開始聯繫在一起。

地主階級洋務派的 "富國強兵" 之夢

歷史機緣，有時會出現陰差陽錯。鎮壓太平天國起義中出了大力氣的曾國藩、李鴻章等人，在隨後的歷史發展中，成為客觀上推動中國工業起步的洋務派。他們在封建統治集團中，屬比較開明、容易接受新事物的一派，同時也代表著清廷在受到太平天國起義沉重打擊後崛起的漢族集團和地方實力派。

地主階級洋務派的先驅，還要從林則徐說起。

當初，林則徐在赴廣東禁煙之前，對西方情況了解也很有限。但他知道 "知己知彼" 的道理，禁煙中深感對手非同一般。"日日使人刺探西事，翻譯西書，又購其新聞紙。"[1] "凡以海洋事進者，無不納之，所得夷書，就地翻

---

1 《魏源集》上冊，中華書局 1976 年版，第 174 頁。

譯，於是海外圖說畢集。"[1] 他還廣泛搜集地球儀、航海圖、地圖集、地理書等。林則徐認識到，"洋面水戰，係英夷長技"[2]。他購置西洋大炮，"捐資仿造兩船，底用銅包，篷如洋式"[3]，還請人翻譯有關製造槍炮的西洋書籍和重炮操作資料。這些使他成為中國近代"開眼看世界"的先驅。

與林則徐交往甚密的魏源，此時明確提出"師夷長技以制夷"的主張。他在《道光洋艘征撫記》中提出："盡收外國之羽翼為中國之羽翼，盡轉外國之長技為中國之長技。富國強兵，不在一舉乎？"[4] 在《海國圖志》中說："是書何以作？曰：為以夷攻夷而作，為以夷款夷而作，為師夷長技以制夷而作。"[5]

"師夷長技以制夷"，是林則徐等在廣東禁煙鬥爭中得出的重要結論，代表了那個時候有見識的中國人對中國未來出路的設想。這個設想，被後來的封建統治階級中的洋務派接了過來，發展為"富國強兵"的夢想，並認真實踐了一番。

洋務派分為湘系與淮系兩派。湘系的主要代表有曾國藩、左宗棠。其他如劉坤一[6]、沈葆楨[7]、曾國荃[8] 等，都屬湘系。淮系的主要代表是李鴻章。張樹聲[9]、丁日昌[10]、劉銘傳[11]、盛宣懷[12] 等，也是湘系代表。繼曾國藩、李鴻章之後，洋務派後期最有影響的是張之洞。在清廷的洋務派代表，前期為恭親王奕

1　姚瑩：《康輶紀行》卷十六。
2　梁廷楠：《夷氛聞記》卷三，中華書局 1959 年版。
3　《林則徐集·奏稿》中，中華書局 1965 年版，第 865 頁。
4　《魏源集》上冊，中華書局 1976 年版，第 206 頁。
5　魏源：《海國圖志敘》，《魏源集》上冊，中華書局 1976 年版，第 207 頁。
6　劉坤一，曾任江西巡撫、署理兩江總督、兩廣總督、兩江總督兼南洋通商大臣。
7　沈葆楨，曾任江西巡撫、辦理台灣等處海防兼理各國事務大臣、兩江總督兼南洋通商大臣。
8　曾國荃，曾國藩的九弟，曾任陝甘總督、兩江總督兼南洋通商大臣。
9　張樹聲，曾署理江蘇巡撫、兩江總督兼南洋通商大臣、直隸總督兼北洋大臣。
10　丁日昌，先後主持上海洋炮局、江南機器製造總局，曾任江蘇巡撫、北洋幫辦大臣、福建巡撫兼船政大臣、駐南洋會辦海防事宜大臣。
11　劉銘傳，曾任福建巡撫、台灣巡撫。
12　盛宣懷，參與創辦輪船招商局，曾主持湖北煤鐵礦、中國電報局、華盛紡織總廠等洋務企業。

訴[1]，後期為醇親王奕譞[2]。

1861 年，曾國藩在安徽懷寧黃石磯、安慶大觀亭創設安慶內軍械所。這是洋務派創辦的第一個近代軍事工業企業，主要製造子彈、火藥、槍炮。科學家華蘅芳曾在此主持製造中國第一艘輪船 "黃鵠" 號。1864 年遷往江寧（即江蘇南京），改建為金陵內軍械所。1866 年初併入李鴻章辦的金陵機器局。

從 1861 年安慶內軍械所創辦算起，直到 1895 年中日甲午海戰後洋務派失敗，洋務運動前後持續了近 35 年，主要做了五件大事。

一是興辦近代軍事工業企業。這是洋務派最主要的政績。洋務派們目睹了兩次鴉片戰爭西方列強 "船堅炮利" 的厲害，又親身經歷了洋槍隊剿滅太平軍的全過程，認為在這方面 "師夷長技以制夷"，"可以剿髮逆，可以勤遠略"[3]。據統計，到 1884 年，洋務派所建局（廠）共計 32 個。到 1894 年，又新增 2 個。此時，這些局（廠）中，有些已停工關閉，還有 24 個在生產。[4] 在這些企業中，最著名、影響最大、最有代表性的是江南製造總局、金陵機器局、福建船政局。從這些企業的名稱就可看出，洋務派創辦的這些企業，大都官氣十足。

二是興辦官督商辦的民用企業。洋務派在興辦軍事工業企業的過程中，遇到資金短缺、原料不足、運輸不暢等困難。而縱觀西方國家軍事工業發展歷程，無不建立在金融業和民用工業、採礦業、交通運輸業、通信事業等有比較充分發展的基礎上。洋務派希望依靠每況愈下的清廷的力量，直接興辦軍事工業，走 "捷徑" 一舉達到 "求強" 的目的，無疑是把房屋建在了沙灘上。為擺脫困境，李鴻章提出 "必先富而後能強，尤必富在民生，而國本乃可益固"。[5]1873 年 1 月，輪船招商局在上海成立，成為中國第一個官督商辦

1　奕訢，曾任總理衙門大臣。

2　奕譞，曾任總理衙門大臣和海軍大臣。

3　曾國藩：《覆陳購買外洋船炮摺》（咸豐十一年七月十八日），《曾國藩全集·奏稿之三》（修訂版），岳麓書社 2011 年版，第 186 頁。

4　張海鵬主編，虞和平、謝放著：《中國近代通史》第 3 卷，江蘇人民出版社 2007 年版，第 92—94 頁。

5　李鴻章：《李文忠公全集·朋僚函稿》卷四十三，第 43 頁。

的民用企業。11 年後，到 1884 年，洋務派興辦的民用企業共 21 家，覆蓋了輪船航運、煤礦、金屬礦、通信、紡織等領域，而以採礦業居多。[1] 輪船招商局、開平煤礦、中國電報總局，是當時最著名的民用企業。又據統計，從民用企業興辦到 1894 年，洋務派所創辦或支持的民用產業實存資本總額為 3961 萬元，超過同期軍用產業實存資本 1071 萬元的兩倍以上。兩者相加的實存資本為 5032 萬元，佔當時中國產業實存資本總額 6749 萬元的 74.56%，成為當時中國資本主義性質企業的主體。[2]

三是編練新式海陸軍。這是洋務派"求強"辦企業的最終目的。這既是為了加強清廷防務，也是為擁兵自重。編練新式陸軍，從 1862 年開始，以後逐步擴大。1863 年開始，李鴻章對淮軍進行改革。至 1865 年，編練成淮軍 5 萬人，裝備洋槍 3 萬—4 萬支，開花炮隊 4 營。1874 年日本侵犯台灣後，清廷決心建立海軍。到 1884 年，建成大小不等的五支水師。北洋水師規模最大，有大小艦船 15 艘，總噸位 1.2 萬噸。南洋水師次之，有艦船 14 艘，總噸位 1.5 萬噸。福建水師第三，有 14 艘舊式船艦，總噸位 1.1 萬噸。廣東水師第四，有內海、內河巡緝船 19 艘，總噸位 5 千噸。浙江水師最弱，僅有 2 艘炮船。1884 年中法戰爭中，福建水師全軍覆沒。1885 年，清廷增設總理海軍事務衙門，重點發展北洋水師。在中日甲午戰爭前，北洋艦隊擁有 25 艘艦船，總噸位 3.6 萬噸。與日本海軍相比，2000 噸級的主力艦，日本海軍有 5 艘，總噸位不足 1.5 萬噸，北洋艦隊有 7 艘，總噸位 2.7 萬噸。艦船總體實力略強於日本海軍。儘管如此，北洋艦隊仍難逃覆滅的結局，由此暴露了包括洋務派在內的整個封建統治集團的腐敗無能。

四是創辦新式學堂。既要向西方學習，興辦新式企業，創建新式陸海軍，就要培養各類新式人才。同時，清廷也需要培養辦"洋務"的外交人才。最早創辦的新式教育機構，是 1862 年 8 月開館的京師同文館。開始只有教師 2 人，負責教英文與中文，後逐漸增設法文館、俄文館、天文算學館、德文

1　張海鵬主編，虞和平、謝放著：《中國近代通史》第 3 卷，江蘇人民出版社 2007 年版，第 103—104 頁。

2　張海鵬主編，虞和平、謝放著：《中國近代通史》第 3 卷，江蘇人民出版社 2007 年版，第 330 頁。

館。至 1877 年，在館學生為 120 人。這類學校先後辦了不少，如上海廣方言館、江南機器製造總局翻譯館、廣州同文館、新疆俄文館、台灣西學館、琿春俄文館、湖北自強學堂等。還創辦了各類軍事學校。1867 年 1 月，福州船政局創辦福州求是堂藝局（即船政學堂）。1880 年，李鴻章開辦天津水師學堂。至 1894 年，先後畢業 147 人，成為北洋水師的骨幹。1885 年，李鴻章還興辦天津武備學堂，聘德國軍官為教師，從選拔基層軍官為學生，培養了一批在中國近代史上有影響的人物。這類軍事學校，各地興辦了不少，是這一時期興辦新式學校的重點。

五是向西方國家派遣留學生。曾國藩、李鴻章在容閎[1]推動下，提出選派幼童出國留學的計劃，得到清廷批准。1872 年 8 月，第一批官派留學的 30 名幼童由上海出發，跨越太平洋，赴美國留學。從 1872 年到 1875 年，清政府先後派出 4 批共 120 名赴美留學，平均年齡只有 12 歲。他們陸續考入各類專業學校學習。據已知的 90 人學習分佈情況是：小學 19 人，中學 36 人，工科 17 人，法政 12 人，礦學 6 人。這種做法在當時引起爭議，這批留學生於 1881 年分 3 批撤回。[2] 儘管這次留學被迫流產，但在這批留學生裏還是湧現出不少人才。其中有中國鐵路之父詹天佑，清華學校校長唐國安，北洋大學校長蔡紹基，交通大學創辦人梁如浩，曾任中華民國內閣總理的唐紹儀，還有陣亡於中法海戰的鄺永鐘、楊兆楠、黃季良、薛有福，陣亡於中日甲午海戰的陳金揆、沈壽昌、黃祖蓮等。

生活中和歷史上，常常有這種現象，"有心栽花花不開，無心插柳柳成蔭"。用來描述洋務派所發起的洋務運動，是再恰當不過了。作為洋務派的主要目的，一個"求強"，一個"求富"，哪一個都沒有達到，也不可能達到。最終，這場運動因封建統治集團的腐敗和西方列強侵略，而告失敗。令洋務派心有不甘的是，洋務運動的巔峰之作——北洋水師，竟覆滅在了後來崛起的日本海軍手下。但洋務運動在客觀上推動了中國近代資本主義工業發展，

1　容閎，1850 年至 1854 年在美國耶魯大學學習。

2　在這 120 名留學生中，有 26 名因故先期撤回、在美病故、"告長假不歸"外，其餘 94 人全部回國。

創辦了中國近代第一批新式教育，形成了一批有用人才。儘管這並非洋務派的主要目的，但歷史就是歷史，這些進步作用我們也要如實地承認。

通過洋務運動的演變發展直至消亡的歷程，不難發現兩個不可克服的矛盾。一是創辦者為封建統治集團的洋務派，而辦洋務的實際結果，卻產生了中國最早一批資本主義性質的工業企業，為後來資產階級性質的維新變法運動與革命運動的發生準備了條件。二是西方列強侵略中國的目的，絕不是要幫助中國發展資本主義，但在客觀上卻刺激了清廷允許以"求強""求富"為目的的洋務派推行洋務運動，但通過洋務運動好不容易積累下來的"資本"，卻又在新一輪的列強侵略中毀於一旦。

這種矛盾的事實，絕非偶然出現，背後揭示了一個道理：在中國近代內憂外患的情況下，單純走"師夷長技以制夷"的路線，行不通。

資產階級維新派的"變法改良"之夢

洋務運動的發展，既推動了中國資本主義性質企業的誕生與發展，也促使西學在中國開始傳播。中國人對西方的了解更近了一層，不僅看到了西方列強的"船堅炮利"，更看到了在"器物精良"背後的先進制度。進入 19 世紀 90 年代的中國，變法圖新逐漸成了士大夫階層的普遍願望。而這背後，反映了在中國進一步推動資本主義發展的強烈願望。

其實，早在洋務運動後期，最初的維新思潮及其思想家便已應運而生。鄭觀應便是其中一個重要代表人物。他在 1883—1885 年中法戰爭中清廷不敗而敗窘況刺激下，寫成《盛世危言》，對喚醒國人特別是當時的士大夫階層起了重要作用。早期維新思想家比較深入地了解了西方重商主義思想，對"重農抑商"國策持批評態度。鄭觀應提出："蓋西人尚富強最重通商"，"泰西各國以商富國，以兵衛商，不獨以兵為戰，且以商為戰"。"商務者國家之元氣也，通商者舒暢其血脈也。"因而，他對洋務派側重於強兵的做法提出批評說："習兵戰不如習商戰。"[1] 早期維新思想家鄭觀應、王韜等人，也較早注意

1　夏東元編：《鄭觀應集》上冊，上海人民出版社 1982 年版，第 586—597、604、607 頁。

到西方政治制度，對其議會制度尤為嚮往。王韜認為："泰西之立國有三；一曰君主之國，一曰民主之國，一曰君民共主之國"，而最適合中國的是"君民共治"。[1] 鄭觀應認為："西人立國之本，體用兼備。育才於書院，論政於議院，君民一體，上下同心，此其體；練兵、製器械、鐵路、電線等事，此其用。中國遺其體效其用，所以事多扞格，難臻富強。"[2]

　　需要說明的是，鄭觀應、王韜等早期維新思想家，原先多寄希望於洋務運動。後來接觸到西方的重商主義思想和政治制度，思想開始發生變化，從辦洋務轉而求維新。而王韜還在上海英國傳教士開辦的墨海書館工作多年，參與譯介西方科技書籍，並曾化名"黃畹"向太平軍獻策。遭到清廷通緝後避居香港。此後轉而宣傳變法自強。這種歷史現象，在中國近代大變局中，屢屢出現。人物思想變遷，往往是社會歷史變遷的一面多棱鏡。近代思想史上這些人物的變化，背後隱含著由農民起義到封建統治集團的自強自救、再到維新變法、再到革命的一條歷史發展的邏輯曲線。這些在中國近代歷史上產生重大影響的事件，表面看互不相干，深入到內部看，卻有著千絲萬縷的聯繫。在中國近代民族的與階級的雙重矛盾的作用下，在中國近代歷史大變局的湧動下，這些事件此起彼伏，相互激盪，對正在走向沒落的清廷封建王朝來說，無疑是"按下葫蘆浮起瓢"。

　　1894 年至 1895 年的中日戰爭，喪權辱國的《馬關條約》簽訂，日本強佔祖國寶島台灣。這些接連發生的事件，使民族危機進一步加深。

　　1895 年春，北京照例舉行會試。參加者是前一年在各省鄉試裏考中了的舉人。會試期間，傳來《馬關條約》簽字的消息。在廣東舉人康有為鼓動下，來自廣東、湖南等地的在京舉人聯名上書，提出"遷都練兵，變通新法，以塞和款而拒外夷，保疆土而延國命"，史稱"公車上書"。這個事件，標誌著在民族危機激盪下，維新思潮開始向著以維新變法為目的的政治運動發展。其領袖人物，便是康有為。

　　康有為屬 1840 年第一次鴉片戰爭後出生的一代人，本是深受中國傳統思

1　《弢園文錄外編》，第 18、19、56 頁。
2　夏東元編：《鄭觀應集》上冊，上海人民出版社 1982 年版，第 967 頁。

想熏陶的士大夫，在日益加深的民族危機刺激下，逐漸接觸到西方的自由、平等、博愛思想，便開始潛心今文經學和西方學說，希望走託古改制的路。1888 年 12 月，也就是"公車上書"前六年，康有為寫了《上清帝第一書》，向慈禧太后和光緒帝明確提出"變成法、通下情、慎左右"三策。隨後，康有為於 1891 年在廣州開辦長興學舍，後更名為"萬木草堂"，培養出包括梁啟超這樣的一批主張維新變法的人才。同時，他潛心研究著述，寫下了《新學偽經考》《孔子改制考》《大同書》等闡述維新變法思想的著作。他以儒家的"三世說"為根據，指認"升平世"為"小康"，"太平世"為"大同"，由此演繹出一套大同社會的社會理想體系。

"公車上書"失敗後，康有為沒有氣餒，繼續為推行維新變法主張而奔走，創辦《萬國公報》（後改名《中外紀聞》），成立維新組織——強學會。一時間，維新變法既受到清廷中頑固派的強烈反對，也得到一些贊成變法的要員支持。最重要的是，在康有為的帶動下，一批維新人士開始積極活動起來。1896 年 8 月，汪康年、黃遵憲等在上海創辦《時務報》，邀梁啟超擔任主筆。1897 年 4 月，江標、唐才常在湖南長沙創辦《湘學新報》。後改名《湘報》，繼由譚嗣同、唐才常、熊希齡接手。同年 10 月，嚴復、夏曾佑等在天津創辦《國聞報》。在辦報造輿論的同時，維新人士還興辦學堂、組織學會。1897 年 10 月，湖南巡撫陳寶箴在長沙辦了時務學堂，請梁啟超、李維格擔任中文總教習和西文總教習。1898 年 2 月，譚嗣同、唐才常在陳寶箴支持下，組織南學會。

據統計，1895 年至 1897 年間，創辦具有傳播維新思想背景的學會、學堂、報館、書局等共計 51 個。到了 1898 年，增加到 300 多個。[1]這個變化，足以說明在救亡圖存背景下，維新思想影響的迅速擴大。

在推動維新思想社會影響的同時，康有為時刻沒有放棄爭取光緒帝支持的希望。1897 年初冬，他再次來到北京。適逢發生德國強佔膠州灣事件，康有為遞交《上清帝第五書》被拒絕。不久，又於 1898 年 1 月 29 日呈遞了《上清帝第六書》（即著名的《應詔統籌全局摺》），詳盡地闡明了變法主張。

1　《中國近代史》（第 2 版）上冊，高等教育出版社、人民出版社 2020 年版，第 170 頁。

康有為在認真比較了西方和日本等國政治制度之後，認為可以"擇法俄日以定國是"[1]，即希望效法俄國、日本等與中國國情比較相近的國家的成功道路。康有為還援引日本明治維新的例子西方國家三權分立政體作為根據提出"開制度局而定憲法"[2]的主張，認為"制度局之設，尤為變法之原也"[3]。

康有為還提出具體建議，在制度局下設立十二個分支機構，來推行新政。這十二個分支機構，同樣以"局"來命名。他認為："十二局立，而新制舉。凡制度局所議定之新政，皆交十二局施行。"

"一、法律局，考萬國法律公法，以為交涉平等之計，或酌一新律，施行於通商口岸，以入萬國公法之會。"

"二、稅計局，掌參用萬國之稅則，定全地之稅、戶口之籍、關稅之法、米祿之制、統計之法、興業之事、公債之例、訟紙之制。"

"三、學校局，掌於京師。各直省即書院、佛寺為學堂，分格致、教術、政治、醫律、農礦、製造、掌故、各國語言文字諸科，別以大小，公私並立，師範女學而廣勵之，其有新書、新藝、新器者，獎勸焉。"

"四、農商局，掌凡種植之法、土地之宜、墾殖之事、賽珍之會、比較之廠，考土產、計物價、定幣權、立商律、勸商學。"

"五、工務局，掌凡製造之廠、機器之業、土木之事。"

"六、礦政局，掌凡天下一切礦產，開礦學，定礦則，凡開礦者隸焉。"

"七、鐵路局，掌天下開鐵路事。"

"八、郵政局，掌修天下道路及遞信、電報之事。"

"九、造幣局，掌鑄金、銀、銅三品，立銀行，造紙幣，時其輕重。"

"十、遊歷局，掌派人遊學外國，一法一藝，宜得其詳，其有願遊學者報焉。"

"十一、社會局。泰西政藝，精新不在於官，而在於會，以官人寡而會人多，官事多而會事暇也。故皆有學校會、農桑會、商學會、防病會、天文

1　《康有為政論集》上冊，中華書局 1981 年版，第 208 頁。

2　《康有為政論集》上冊，中華書局 1981 年版，第 213 頁。

3　《康有為政論集》上冊，中華書局 1981 年版，第 214 頁。

會、地輿會、大道會、大工會、醫學會、各國文字會、律法會、剖解會、植物會、動物會、要術會、書畫會、雕刻會、博覽會、親睦會、佈施會，宜勸令人民立會講求，將會例、人名報局考察。"

"十二、武備局，掌編民兵，購鐵艦，講洋操，學駕駛，講海戰。"

經過一段準備，1898 年 6 月 11 日，光緒帝頒佈明定國事的詔書。維新變法正式開始。由於這一變法發生於中國傳統的干支紀年中的戊戌年，所以稱作 "戊戌變法"。還由於這次短命的變法只持續了 103 天，因此又稱 "百日維新"。

在 "百日維新" 期間，光緒帝先後發佈上百道上諭，頒行了不少維新舉措。這在清廷是前所未有的，喚起了不少人對國家前途的希望。"新政煥然，耳目一新。"[1]

政治方面主要有：廣開言路，准許大小官員和普通民眾上書言事，嚴禁官吏阻撓；刪改則例，撤銷重疊閒散機構，裁汰冗員；准許旗人經營商業。

軍事方面主要有：裁減綠營，裁汰冗兵；陸軍改練洋操；擬添設海軍，籌造兵輪。

經濟方面主要有：設立農工商總局，成立鐵路、礦務總局，並在各省設分局；鼓勵商辦鐵路、礦業；獎勵發明創造，實行專利制度；裁撤驛站，設立郵政局；改革財政，創辦國家銀行，編制國家預算；廣開口岸，促進商品流通。

文化教育方面主要有：創辦京師大學堂；書院、祠廟、義學、社學一律改為兼習中西學的學堂；各省會設高等學堂，郡城設中等學堂，州縣設小學；鼓勵私人開辦學堂；科舉考試廢除八股文和詩賦，改試策論；允許民間創辦學會、報館；設立譯書局，編譯外國新書；派人出國遊歷、留學。

上述這些維新變法措施，看起來十分熱鬧，但仔細看下來，康有為等維新派所主張的開國會、設制度局、實行君民共主等主張，全不見了蹤影。大量的內容，實際上不過是洋務派主張的補充與繼續。所以說，光緒帝實行的

1　吳汝綸：《吳摯甫尺牘》卷二，上冊，國學扶輪社 1910 年版，第 11 頁。轉引自《中國近代史》（第 2 版）上冊，高等教育出版社、人民出版社 2020 年版，第 177 頁。

"百日維新"，並沒有認真實行維新派的資產階級改良主義方案，僅僅是拿著"維新變法"的幌子敷衍一番。但無論如何，即使是這些十分有限度的舉措，也比先前洋務派主張進了一步，既有利於民族資本主義的發展，也有利於西學的傳播、教育與發展。特別是京師大學堂的開辦和各地新式學堂的興辦，為培養一大批更多接受新式資產階級啟蒙教育的青年知識分子鋪平了道路。

以慈禧太后為代表的封建統治集團頑固派，連光緒帝這些軟弱溫和的維新舉措也不能容忍。他們更關注的還是自己的統治大權不能旁落。

1898 年 9 月 21 日，在慈禧太后支持下發動了戊戌政變，軟禁光緒帝，處決了譚嗣同等人。康有為、梁啟超等不得不亡命日本。維新變法以失敗告終。

維新變法雖然失敗了，但它的意義和影響卻是深遠的。正如歷史學家范文瀾所說："戊戌變法運動的進步意義，主要表現在知識分子得到一次思想上的解放。""知識分子從此在封建思想裏添加一些資本主義思想，比起完全封建思想來，應該說，前進了一步。"[1]

歷史潮流滾滾向前。它提供給人們的機遇往往不容錯過。

維新變法以失敗而告終，將資產階級民主革命推向了前台。美國歷史學家費正清曾經說過："沒有別的事件能比這更有效地證明：通過自上而下逐步改良的辦法來使中國現代化，是絕無希望的。1895 年的戰敗和雄心勃勃的計劃在 1898 年的徹底破產，第一次大大地促進了革命變革。"[2]

維新派希望以溫和的改良避免流血革命，結局卻是戊戌六君子付出血的代價。維新變法的失敗，使中國近代歷史翻過了重要的一頁。此後，無論清王朝提出新政改革，還是預備立憲，都不能挽回其被革命推翻的厄運。

資產階級革命派的"民主共和"之夢

中國完全意義上的近代民族民主革命，是從以孫中山為代表的資產階級

1　《范文瀾全集》第 10 卷，河北教育出版社 2002 年版，第 438—439 頁。

2　〔美〕費正清：《美國與中國》，商務印書館 1987 年版，第 147 頁。

革命派開始的。辛亥革命作為舊式民主革命的最高峰，上承 1840 年以來中國社會反帝反封建兩大基本矛盾、兩大基本任務，是自林則徐虎門銷煙、洪秀全金田起義、封建統治集團洋務派興起洋務運動、維新派推動戊戌變法相繼失敗後，歷史發展的必然結果。

孫中山等一批中國資產階級民主革命家的愛國行動，可歌可泣，可圈可點，其成功與失敗，都將中華民族偉大復興推向了一個新的階段。

孫中山的成長歷程，與原是中國傳統士大夫階層的康有為完全不同，走的是在檀香山居住[1]並系統受到資本主義教育的路子。在他的思想裏，更少受到中國封建禮教"三綱五常"的束縛，更易接受資本主義政治制度、經濟制度、社會制度和思想文化的影響。而更重要的是，孫中山有一個熾熱的愛國之心。他曾說："文[2]愛國若命。"[3]自幼深受洪秀全太平天國故事的影響，對祖國遭受的內憂外患有著切膚之痛。特別是中法戰爭時，孫中山正在香港，清楚地知道在清廷極度腐敗昏庸的情況下，中國是如何屈辱地落得不敗而敗的境地的。這使他立志走上革命道路。他後來曾說："予自乙酉中法戰敗之年，始決傾覆清廷、創建民國之志。由是以學堂為鼓吹之地，藉醫術為入世之媒，十年如一日。"[4]

不過，世界上從沒有筆直的道路，歷史也沒有直線發展的前例。具有易感、多變特徵的人的思想發展，更是如此。此刻的孫中山，在傾向革命的同時，也對不流血的改良抱有希望。

1894 年冬，孫中山上書李鴻章，提出了"人能盡其才，地能盡其利，物能盡其用，貨能暢其流"[5]的改良方案。認為"此四事者，富強之大經，之國之大本也"[6]。為了能將上書送達李鴻章，孫中山費了一番功夫，先到上海去找鄭

1 　孫中山的大哥孫眉，於 1878 年將母親和孫中山接到檀香山居住。孫中山便在當地讀書，於 1883 年回國。

2 　孫中山，名孫文，在日本避難時化名"中山樵"。

3 　《孫中山選集》（下），人民出版社 2011 年版，第 540 頁。

4 　《孫中山選集》（上），人民出版社 2011 年版，第 201 頁。

5 　《孫中山選集》（上），人民出版社 2011 年版，第 2 頁。

6 　《孫中山選集》（上），人民出版社 2011 年版，第 2 頁。

觀應，又通過鄭觀應認識了維新人士王韜，通過王韜找到李鴻章的幕友。還專程到天津等候消息。然而，就是這樣一封孫中山抱有極大寄託的上書，卻沒有得到回音。孫中山等來的，只是一張出國考察農務的護照。這使孫中山徹底斷了通過改良主義救中國的念想，最終走上了革命道路。

當時處在清廷封建統治下的中國，改良維新都要惹下殺身之禍，更何況密謀革命。孫中山又回到十分熟悉、有大哥孫眉做後援的檀香山。這裏還有很多廣東籍的華僑。1894 年 11 月，成立了中國歷史上第一個資產階級革命組織——興中會。孫中山在 1894 年 11 月《興中會章程》中，第一次提出"振興中華"[1] 的口號，標誌著中華民族偉大復興民族意識的覺醒。從此，愛國主義成為貫穿孫中山領導的辛亥革命的一條主線，也成為中國近代直至今日最能打動人心、最能凝聚人心的一面精神旗幟。

要進行革命，檀香山畢竟與祖國遠隔重洋，孫中山決計於 1895 年在香港設立興中會總部。孫中山有"孫大炮"的綽號，但他並不是一個只會坐而論道的人，而是說幹就幹的革命家。他決定在這一年的重陽節發動起義，地點選在廣州。不料起義計劃被清廷獲知，陸皓東等英勇犧牲，孫中山被迫流亡國外。從此，孫中山成了被清廷通緝嚴查的"危險人物"，開始了四海為家的職業革命家生涯。

1900 年，義和團運動席捲中國北方。孫中山把這視為組織起義的極好時機。在他領導下，同年 10 月，鄭士良等革命黨人在廣東惠州發動起義，參加者一度發展到 3 萬人，終因彈盡糧絕而告失敗。這次起義，在孫中山革命黨人的歷史上，具有轉折意義。孫中山後來回憶說："經此失敗而後，回顧中國之人心，已覺與前有別矣。當初次之失敗也，舉國輿論莫不目予輩為亂臣賊子、大逆不道，咒詛謾罵之聲，不絕於耳；吾人足跡所到，凡認識者幾視為毒蛇猛獸，而莫敢與吾人交遊也。惟庚子失敗之後，則鮮聞一般人之惡聲相加，而有識之士且多為吾人扼腕嘆惜，恨其事之不成矣。前後相較，差若天淵。吾人睹此情形，中心快慰，不可言狀，知國人之迷夢已有漸醒之兆。加以八國聯軍之破北京，清後、帝之出走，議和之賠款九萬萬兩而後，則清廷

1　《孫中山選集》（上），人民出版社 2011 年版，第 14 頁。

之威信已掃地無餘，而人民之生計從此日蹙。國勢危急，岌岌不可終日。有志之士，多起救國之思，而革命風潮自此萌芽矣。"[1]

儘管中國古代社會素有農民起義的傳統，但真正要使長期全家生計被束縛在土地之上、思想被束縛在封建禮教之中的傳統農民走上"犯上作亂"的造反之途，並非一件輕而易舉的事情。況且在廣東等地，不久前剛剛經歷過太平天國起義被鎮壓的變亂，廣大農民更是小心翼翼地觀望著周圍發生的一切，心裏掂量著後果。在這樣的背景下，孫中山領導的革命，能在短短數年間贏得人心的轉變，足見這些民眾在日益深重的內外壓迫面前開始覺醒的程度。

此後，孫中山繼續以"有志竟成"的勇氣和"愈挫愈奮"的韌勁，從1895 年第一次廣州起義起，接連領導發動了十次武裝起義，直至最後一次即1911 年武昌起義大獲成功。這些武裝起義的時間跨度長達 16 年之久，是中華民族反帝反封建鬥爭在民族危亡與清廷封建統治危機相互激盪下，漸次走向新高潮、新階段的生動寫照，也是以孫中山為代表的中國資產階級革命派為民族復興不懈奮鬥的真實寫照。這樣的一種革命精神，在中國上千年的歷史中，還不曾有過。

既要革命，就要有一個革命黨。在革命鬥爭的磨難中，在革命影響的日益擴大中，在以孫中山興中會總會為中心的資產階級革命派的逐漸成熟中，建立中國歷史上第一個資產階級政黨的各方面條件臻於成熟。1905 年 8 月 20 日，在孫中山、黃興、宋教仁、陳天華等人的共同努力下，中國同盟會在日本東京正式成立。孫中山被推為同盟會總理，黃興被推為下設的執行部庶務總幹事。從此，同盟會長期以孫中山為領袖，以黃興為孫中山的得力助手的領導格局，基本奠定。

孫中山的資產階級民主革命思想，成為同盟會的綱領。這個思想，被概括為以"驅除韃虜，恢復中華，創立民國，平均地權"為核心內容的"三民主義"。

同任何一個影響社會歷史發展方向的思想理論一樣，孫中山的三民主義

1　《孫中山選集》（上），人民出版社 2011 年版，第 208 頁。

思想經歷了一個發展過程。1905 年 10 月，孫中山在中國同盟會機關刊《民報》發刊詞裏，第一次提出三民主義，還提出"誠可舉政治革命、社會革命畢其功於一役"[1]。一年後，在 1906 年發表的《軍政府宣言》裏，在重申"驅除韃虜，恢復中華，創立民國，平均地權"四綱的基礎上，提出其實施需經過"軍法之治""約法之治""憲法之治"三期的設想。同年 12 月，孫中山在東京《民報》創刊週年慶祝大會的演說裏，更加完整系統地闡釋了三民主義綱領和五權分立學說。

"驅除韃虜，恢復中華"，即是此時孫中山所說的民族主義。以孫中山為代表的資產階級革命派，希圖以民族主義旗號推翻滿清專制統治，因而使民族主義帶有相當濃厚的革命色彩。正如《民報》發刊詞所說："今者中國以千年專制之毒而不解，異種殘之，外邦逼之，民族主義、民權主義殆不可須臾緩。"[2] 同時，他們分不清清朝封建專制統治與所謂"滿族統治"的區別，更不可能把封建統治集團中的滿族人同整個滿族分別開來，因而籠統地提出"排滿革命"口號，使自己的革命綱領帶有濃厚的民族狹隘性與歷史局限性。當然，孫中山也多少意識到這一點，強調："民族革命的原故，是不甘滿洲人滅我們的國，主我們的政，定要撲滅他的政府，光復我們民族的國家。這樣看來，我們並不是恨滿洲人，是恨害漢人的滿洲人。"[3]

民權主義的目標，是"創立民國"。孫中山認為，這是政治革命的根本。"中國數千年來都是君主專制政體，這種政體，不是平等自由的國民所堪受的。要去這政體，不是專靠民族革命可以成功。"[4] "我們推倒滿洲政府，從驅除滿人那一面說是民族革命，從顛覆君主政體那一面說是政治革命，並不是把來分作兩次去做。"[5] 他在《軍政府宣言》中，說得更加明白："今者由平民革命以建國民政府，凡為國民皆平等以有參政權。大總統由國民公舉。議會以國民公舉之議員構成之，制定中華民國憲法，人人共守。敢有帝制自為

1　《孫中山選集》（上），人民出版社 2011 年版，第 80 頁。

2　《孫中山選集》（上），人民出版社 2011 年版，第 80 頁。

3　《孫中山選集》（上），人民出版社 2011 年版，第 86 頁。

4　《孫中山選集》（上），人民出版社 2011 年版，第 87 頁。

5　《孫中山選集》（上），人民出版社 2011 年版，第 87 頁。

者,天下共擊之!"[1]

民生主義的重要政策,是"平均地權"。孫中山之所以把土地問題看得如此重要,一方面是通過太平天國起義看到了中國農民對土地的渴望,另一方面也是在遊歷西方各國時,看到由地權問題引發出種種社會矛盾。他主張:"文明之福祉,國民平等以享之。當改良社會經濟組織,核定天下地價。其現有之地價,仍屬原主所有;其革命後社會改良進步之增價,則歸於國家,為國民所共享。"[2]可見,孫中山的平均地權主張,並非要從根本上動搖現有土地制度的根基,而只是對工業化過程中土地價格增值部分採取的改良性措施。這相對於徹底反封建的土地要求來說,具有相當的溫和性與保守性。

不過,孫中山對民生主義的思考,並不限於平均地權,而由西方資本主義國家陷入深刻社會矛盾不得解脫的冷酷現實,得出希望"畢其功於一役"的思想。這才是孫中山民生主義的進步與可貴之處。

孫中山為躲避清廷的通緝,到過英國、美國、日本等國。此時的資本主義發展,正在由自由壟斷時期向帝國主義時期轉變,科學社會主義興起,工人階級反抗資產階級的鬥爭,推動資本主義社會的固有矛盾日益深刻化。

孫中山目睹了這些深刻變化,認為:"社會問題在歐美是積重難返,在中國卻還在幼稚時代,但是將來總會發生的。到那時候收拾不來,又要弄成大革命了。革命的事情是萬不得已才用,不可頻頻傷國民的元氣。我們實行民族革命、政治革命的時候,須同時想法子改良社會經濟組織,防止後來的社會革命,這真是最大的責任。"[3]他從歐美國家的前車之鑒,看到在中國實行民生主義的重要:"歐美各國,善果被富人享盡,貧民反食惡果,總由少數人把持文明幸福,故成此不平等的世界。我們這回革命,不但要做國民的國家,而且要做社會的國家,這決是歐美所不能及的。"[4]他由此得出結論:"吾國治民生主義者,發達最先,睹其禍害於未萌,誠可舉政治革命、社會革命畢其

---

1 《孫中山選集》(上),人民出版社 2011 年版,第 82 頁。

2 《孫中山選集》(上),人民出版社 2011 年版,第 82 頁。

3 《孫中山選集》(上),人民出版社 2011 年版,第 88 頁。

4 《孫中山選集》(上),人民出版社 2011 年版,第 90 頁。

功於一役。"[1]

此時，孫中山還沒有搞清楚社會改良主義、科學社會主義、無政府主義的分別，有時還認為自己所主張的社會革命和民生主義就是社會主義。但也正是這些閃光的思想，後來促使他在很大程度上超越了自身的局限，推動自己的思想向新三民主義發展。這是後話。

孫中山作為中國資產階級革命的偉大先驅者，在構建三民主義學說，創設資產階級共和國建國方案時，已經在從中國的現實需要出發思考一些問題，提出若干富有創造性的思想。例如，他在提出民族主義、民權主義、民生主義時，注意到了民族革命、政治革命同社會革命的關係，注意到了資本主義發展的種種弊端，提出"誠可舉政治革命、社會革命畢其功於一役"[2]的思想。又例如，他在西方國家"三權分立"政體基礎上，提出創設"五權分立"，即在立法權、司法權、行政權之外，增加考選權和督察權，自詡為"破天荒的政體"，認為"這便是民族的國家、國民的國家、社會的國家皆得完全無缺的治理"[3]。

此外，孫中山從中國"民智未開"的國情出發，在《軍政府宣言》中提出"其措施之次序則分三期"[4]。第一期為軍法之治，為期三年；第二期為約法之治，"以天下平定後六年為限，始解約法，佈憲法"[5]；第三期為憲法之治，即是他的最終目標。他認為："此三期，第一期為軍政府督率國民掃除舊污之時代；第二期為軍政府授地方自治權於人民，而自總攬國事之時代；第三期為軍政府解除權柄，憲法上國家機關分掌國事之時代。俾我國民循序以進，養成自由平等之資格，中華民國之根本胥於是乎在焉。"[6]這一設想，後來被孫中山進一步概括為"軍政""訓政""憲政"三期。

上述三民主義的資產階級革命綱領，儘管有種種歷史局限和階級局限，

1　《孫中山選集》（上），人民出版社 2011 年版，第 80 頁。

2　《孫中山選集》（上），人民出版社 2011 年版，第 80 頁。

3　《孫中山選集》（上），人民出版社 2011 年版，第 94 頁。

4　《孫中山選集》（上），人民出版社 2011 年版，第 82 頁。

5　《孫中山選集》（上），人民出版社 2011 年版，第 83 頁。

6　《孫中山選集》（上），人民出版社 2011 年版，第 83 頁。

但縱觀中國歷史，如此徹底的革命綱領還是從未有過的。它在民族危亡、災難深重的歷史關頭，提出了超越農民階級、封建統治階級的洋務派、資產階級維新派的完整革命綱領，這是以孫中山為代表的中國資產階級革命派的過人之處。

一次成功的革命行動，遠超過一打綱領。

1911 年 10 月 10 日，革命黨人在武昌成功發動起義。1912 年 1 月 1 日，孫中山在南京宣佈國號為中華民國，宣誓就任臨時大總統。1 月 2 日，孫中山以臨時大總統身份通電各省改元，以 1912 年 1 月 1 日為中華民國元年元旦。同年 3 月 11 日，公佈《中華民國臨時約法》。這是中國歷史上第一部具有憲法性質的法律文獻，以根本大法的形式廢除封建君主專制制度，體現了主權在民、五權分立等資產階級共和國方案。中國歷史上第一個資產階級共和國出現在世人面前。這是孫中山領導的資產階級革命所取得的最高政治成就，將中國歷史向前推進了一大步。這以後，"民主共和"思想日益深入人心，取代了存在上千年的"皇權至上"思想，樹立起中國人民為救亡圖存、振興中華而進行民主革命新的里程碑。

在一些特殊的歷史時期，不僅過人之處會放大，弱點同樣會被暴露無遺。在辛亥革命中，以孫中山為代表的資產階級革命派，也暴露出自身的弱點和歷史局限性。他們對於南北議和以及袁世凱抱有極大幻想，因而將好不容易得來的革命果實拱手讓與他人，形成了剛推翻了清廷、又讓封建軍閥勢力篡取民國政權的悲劇，為日後北洋軍閥統治留下了後患。在民主共和目標剛剛實現，革命成果尚未鞏固的情況下，革命黨內部過早出現意見分歧與內部紛爭，削弱了革命的力量。

1912 年 2 月 12 日，清宣統帝退位詔書頒佈。2 月 13 日，孫中山辭去臨時大總統職務。2 月 15 日，袁世凱當選民國臨時大總統。

這以後，孫中山等革命黨人逐漸認清了袁世凱假借"共和"名義加強專制統治的真面目，於 1913 年 7 月組織"二次革命"。"二次革命"儘管曇花一現，9 月即宣告失敗，卻顯示了革命黨人革命精神未泯的氣概。

這以後，袁世凱強迫國會進行總統選舉，終於在自己的頭銜上去掉了"臨時"二字，於 1913 年 10 月 10 日正式就任中華民國總統。自此，中國近代歷史進入北洋軍閥統治時期。

袁世凱低估了辛亥革命帶來的潮流變化和民心向背，高估了擁戴自己圓夢 "洪憲帝制" 的所謂 "民意" 基礎，居然冒天下之大不韙，於 1915 年 12 月 13 日以皇帝身份在居仁堂接受群臣朝賀。12 月底，又下令改民國五年為 "洪憲" 元年。由此把自己推上了歷史審判台。在各地的討袁聲中，袁世凱不得不在 1916 年 3 月取消帝制，最終在同年 6 月 6 日暴病身亡。應驗了孫中山在 10 年前《軍政府宣言》中發出的誓言："敢有帝制自為者，天下共擊之！"[1]

自此，辛亥革命推翻了封建帝制，開啟了民主共和的時代。然而，中國近代史上的混亂黑暗時期——北洋軍閥統治時期，也就此開始。

歷史的發展，有時就是這麼矛盾。先進的與落後的，進步的與保守的，相互膠著在一起，使歷史從表面看來似乎是停頓了，甚至有些方面在 "倒退"。

實際上，歷史不會重複，更不會倒退。"世界潮流浩浩蕩蕩，順之則昌，逆之則亡。" 中國近代歷史，發展到這時，在暫時的停滯背後，正在孕育著新的社會大變動，同時也在醞釀著引領這一社會大變動的新的階級、新的思想、新的力量。

1　《孫中山選集》（上），人民出版社 2011 年版，第 82 頁。

第三章 人間正道是滄桑

歷史進入 20 世紀 20 年代，中國社會儘管還處在北洋軍閥政府的黑暗統治之下，但已出現了新的氣象，新的希望。它的孕育形成，還要從第一次世界大戰 [1] 說起。

1914 年 6 月 28 日，奧匈帝國皇位繼承人弗蘭茨‧斐迪南大公夫婦，在波斯尼亞首府薩拉熱窩檢閱軍事演習。這裏在六年前，即 1908 年，被奧匈帝國吞併。居民大都是塞爾維亞人。他們對奧匈帝國懷有仇恨。這一天，恰逢塞爾維亞紀念 1386 年被土耳其征服的 "國恥日"。檢閱結束後，弗蘭茨‧斐迪南大公夫婦被塞爾維亞青年加弗利爾‧普林西普刺殺身亡。這件事，成為第一次世界大戰的導火索。

第一次世界大戰，使盛極一時的資本主義國家的深刻內外矛盾充分暴露。對整個世界發展方向，乃至中國的走向，都產生了深刻的影響。

黑暗中的希望曙光

進入 20 世紀的中國，已經和 1840 年後的中國有很大不同。

自 1900 年八國聯軍入侵中國、《辛丑條約》簽訂以來，帝國主義國家在中國掀起了新一輪瓜分中國的狂潮，並形成了各自的勢力範圍，而 "後起之秀" 俄國、日本、德國、美國更是胃口極大、虎視眈眈。中國人民同帝國主義的民族矛盾進一步發展與深化。

1　第一次世界大戰，1914 年 8 月 4 日全面爆發，1918 年 11 月 11 日宣告結束，是以德奧同盟國為一方、英法俄協約國為另一方的帝國主義戰爭。

20 世紀初年，也是中國社會矛盾激烈衝突、急劇變化的時刻。清朝通過所謂"新政"改革，不但沒有挽救最後的統治危機，反而加速了自身的滅亡。但取而代之的，是更加黑暗的北洋軍閥統治。直系、皖系、奉系等不同外國勢力背景的軍閥，將北洋政府視為自己的"戰利品"或"競爭物"，你方唱罷我登場，爭鬥不已，戰事連年，生靈塗炭。中國人民同封建主義的階級矛盾也在進一步發展與深化。

此時，中國社會原有的一切階級，都嘗試過了。從太平天國運動、洋務運動、戊戌變法、義和團運動、清末新政到辛亥革命，都未能從根本上改變中國悲慘的歷史命運，都未能推翻壓在苦難深重的中國人民身上的重重壓迫。

此時，一切能夠找到的救國思想、救國方案，都嘗試過了。從太平天國的"拜上帝教"和《天朝田畝制度》，到洋務運動的"師夷長技以制夷"，到維新變法的君主立憲和改良主義，再到資產階級革命派的資產階級民主共和方案，都未能解決中國社會的基本矛盾，都未能改變中國半殖民地半封建的社會性質，都未能給國家和民族帶來救亡圖存的希望。辛亥革命後，在"共和"的旗幟下，也嘗試過議會制、多黨制、總統制等各種形式，出現過政黨林立的局面。據後人研究統計，民國初年的政治性黨派有 312 個，僅北京和上海就分別有 82 個和 80 個。[1] 其結果，中國陷入更大的混亂與苦難，依然是山河破碎、積貧積弱，列強依然在中國橫行霸道、攫取利益，中國人民依然生活在苦難和屈辱之中。

半個多世紀以來，人們總是從西方國家那裏尋找國家與民族的希望。但在帝國主義的侵略面前，特別是帝國主義自身陷入重重矛盾，陷入第一次世界大戰空前鏖殺面前，這種希望變得日益迷茫了。

就這樣，尋找能夠給國家和民族帶來新希望、新出路的新階級、新思想，是這一時期的普遍要求。歷史在找到新的希望之前，往往會陷入一段思想苦悶的困惑期。這一時期正是這樣。

1915 年，當時還在擁袁（世凱）還是反袁間徘徊的梁啟超在《大中華發刊詞》中寫道："我國民積年所希望所夢想，今殆已一空而無復餘。……

---

[1]　張玉法：《民國初年的政黨》，台北"中央研究院"近代歷史研究所 2002 年版，第 42—46 頁。

二十年來朝野上下所昌言之新學新政，其結果乃至為全社會所厭倦所疾惡：言練兵耶，而盜賊日益滋，秩序日益擾；言理財耶，而帑藏日益空，破產日益迫；言教育耶，而馴至全國人不復識字；言實業耶，而馴至全國人不復得食。其他百端，則皆若是。"[1]

當時，孫中山一直在為捍衛共和而不懈鬥爭。但他用來同袁世凱等北洋軍閥鬥爭的武器，主要還是利用一些同北洋軍閥有矛盾的南方軍閥。當時追隨孫中山的吳玉章後來回憶說："在當時，軍隊是統治者私人的財產和工具，軍隊的活動完全聽命於他們的統帥，不知道有國家民族，我們也沒有可能去根本改造舊軍隊，使它成為革命的工具，而只是看到個人的作用，力圖爭取有實力的統帥。從辛亥革命起，我們為了推倒清朝而遷就袁世凱，後來為了反對北洋軍閥而利用西南軍閥，再後來為了抵制西南軍閥而培植陳炯明，最後陳炯明又叛變了。這樣看來，從前的一套革命老辦法非改變不可，我們要從頭做起。但是我們要依靠什麼力量呢？究竟怎樣才能挽救國家的危亡呢？這是藏在我們心中的迫切問題，這些問題時刻攪擾著我，使我十分煩悶和苦惱。"[2]

就在這時，1915 年 9 月 15 日，由陳獨秀主辦的《青年雜誌》在上海創刊。在此之前，陳獨秀一直是辛亥革命和倒袁鬥爭的積極參加者，曾因參加討袁"二次革命"被捕入獄。他在第一卷第一號上發表《敬告青年》一文，對青年人提出六點希望。第一，"自主的而非奴隸的"。"蓋自認為獨立自主之人格以上，一切操行，一切權利，一切信仰，唯有聽命各自固有之智能，斷無盲從隸屬他人之理。"第二，"進步的而非保守的"。"自宇宙之根本大法言之，森羅萬象，無日不在演進之途，萬無保守現狀之理。""以人事之進化言之，篤古不變之族，日就衰亡；日新求進之民，方興未已；存亡之數，可以逆睹。""吾寧忍過去國粹之消亡，而不忍現在及將來之民族，不適世界之生存而歸削滅也。"第三，"進取的而非退隱的"。"夫生存競爭，勢所不免，一息尚存，即無守退安隱之餘地。排萬難而前行，乃人生之天職。""人之生

1　梁啟超：《飲冰室文集》卷三十三，第 80 頁。
2　《吳玉章回憶錄》，中國青年出版社 1978 年版，第 109—110 頁。

也，應戰勝惡社會，而不可為惡社會所征服；應超出惡社會，進冒險苦鬥之兵，而不可逃循惡社會，作退避安閒之想。"第四，"世界的而非鎖國的"。"投一國於世界潮流之中，篤舊者固速其危亡，善變者反因以競進。""於此而執特別歷史國情之說，以冀抗此潮流，是猶有鎖國之精神，而無世界之智識。"第五，"實利的而非虛文的"。"夫利用厚生，崇實際而薄虛玄，本吾國初民之俗；而今日之社會制度，人心思想，悉自周、漢兩代而來，——周禮崇尚虛文，漢則罷黜百家而尊儒重道。——名教之所昭垂，人心之所祈向，無一不與社會現實生活背道而馳。倘不改弦而更張之，則國力莫由昭蘇，社會永無寧日。"第六，"科學的而非想像的"。"近代歐洲之所以優越他族者，科學之興，其功不在人權說下，若舟車之有兩輪焉。""夫以科學說明真理，事事求諸證實，較之想像武斷之所為，其步度誠緩，然其步步皆踏實地，不若幻想突飛者之終無寸進也。宇宙間之事理無窮，科學領土內之膏腴待闢者，正自廣闊。"[1] 儘管陳獨秀的思想，這時還沒有超出資產階級民主主義思想範疇，但他推崇"科學"與"人權"（即民主）的作用，痛快淋漓地抨擊此刻依然統治人們思想的封建禮教，發人所未發，發人所未敢發，在當時苦悶的思想界響起了一聲春雷。由此，《青年雜誌》的創刊，標誌著一場思想啟蒙運動——新文化運動的興起。

1917 年 1 月，陳獨秀接受北京大學校長蔡元培的聘請，從上海來到北京，擔任北京大學文科學長。在此之前，《青年雜誌》已從 1916 年 9 月 1 日出版的第二卷第一號起，改名為《新青年》。陳獨秀到了北京，《新青年》編輯部也隨之移至北京，設在東城箭杆胡同 9 號陳獨秀的寓所。從此，北京大學[2] 成為新文化運動的中心，陳獨秀也成為新文化運動的旗手。

新文化運動在沖決封建禮教和封建思想網羅方面，起了思想解放的作用。這個作用所取得的成就和影響，超過了辛亥革命。但在"科學""民主"兩大口號背後，這些思想家的思想武器，說到底還是西方的個人主義思潮。

1　以上引文，均見張寶明主編《〈新青年〉百年典藏·社會教育卷》，河南文藝出版社 2019 年版，第 4—7 頁。

2　北京大學，前身為 1898 年戊戌變法期間城裏的京師大學堂。1912 年改為國立北京大學。

這種個人主義在西方資產階級反對宗教神權的鬥爭中，發揮過巨大作用。但在遭受封建統治和帝國主義侵略的舊中國，並不能找到實現民族獨立和人民解放的道路。

陳獨秀、李大釗等人逐漸意識到了這個缺陷，開始把思考的重點轉向改造社會上。由此邁出了從資產階級民主主義者向馬克思主義者轉變的第一步。

圍繞改造社會，馬克思、恩格斯形成了科學社會主義理論。在此前後，其他社會主義思潮也在討論改造社會問題，提出了不同的方案，有改良主義的，也有無政府主義的，等等。在新文化運動前後，包括科學社會主義在內的各種社會主義思想，也陸陸續續被譯介到國內來。是否能把這些主義作為改造社會的真理？人們還在思考，還在觀望，還在猶豫。

此時，利用第一次世界大戰和俄國國內造成的有利形勢，1917 年 11 月 7 日，列寧領導的俄國十月革命爆發，並取得成功。在人類歷史上，第一次出現工農兵當家做主的社會主義國家。這使正在苦苦思索和尋找改造社會方法與道路的李大釗、陳獨秀等人看到了希望。

在中國思想界，公開發表文章盛讚俄國十月革命的，是李大釗。1918 年 7 月 1 日，李大釗在《言治》季刊[1]第 3 號上，發表《法俄革命之比較觀》一文。他用十分明確的語言指出：“法蘭西之革命是十八世紀末期之革命，是立於國家主義上之革命，是政治的革命而兼含社會的革命之意味者也。俄羅斯之革命是二十世紀初期之革命，是立於社會主義上之革命，是社會的革命而並著世界的革命之采色者也。時代之精神不同，革命之性質自異，故迴非可同日而語者。”“吾人對於俄羅斯今日之事變，惟有翹首以迎其世界新文明之曙光，傾耳以迎其建於自由、人道上之新俄羅斯之消息，而求所以適應此世界的新潮流。”隨後，李大釗於同年 11 月 15 日，在《新青年》發表《庶民的勝利》和《布爾什維主義的勝利》兩篇文章，繼續以欣喜的心情謳歌俄國十月革命。他在《布爾什維主義的勝利》中，把布爾什維主義稱作“這是二十世紀世界革命的新信條”，預言“試看將來的環球，必是赤旗的世界”！

1　《言治》，1913 年 4 月 1 日創刊，同年 11 月停刊，由天津北洋法政學會創辦。1917 年，《言治》在北京復刊，仍為天津北洋法政學會主辦。李大釗是該刊編輯部成員。

1919 年 1 月 5 日，李大釗在《每週評論》第 3 號上發表《新紀元》一文，認為："一九一四年以來世界大戰的血、一九一七年俄國革命的血、一九一八年德奧革命的血，好比作一場大洪水 —— 諾阿以後最大的洪水 —— 洗來洗去，洗出一個新紀元來。這個新紀元帶來新生活、新文明、新世界，和一九一四年以前的生活、文明、世界，大不相同，彷彿隔幾世紀一樣。""多少歷史上遺留的偶象，如那皇帝、軍閥、貴族、資本主義、軍國主義，也都像枯葉經了秋風一樣，飛落在地。這個新紀元是世界革命的新紀元，是人類覺醒的新紀元。我們在這黑暗的中國，死寂的北京，也彷彿分得那曙光的一線，好比在沉沉深夜中得一個小小的明星，照見新人生的道路。我們應該趁著這一線的光明，努力前去為人類活動，作出一點有益人類工作。"這表明，以陳獨秀、李大釗為代表的先進的中國人不再猶豫與觀望，而決心以蘇俄為榜樣，將馬克思主義作為救國救民的真理來接受，並認真地在中國實行之。

五四運動帶來的轉折

歷史發展到了一個關節點的時候，往往是藉助於重大事件的發生，為自己打開通道。這個事件，既是歷史發展到一定程度的結果，也為歷史發展創造出新的轉機。俄國十月革命，給中國思想界打開了一扇窗戶，使大家看清了中國的未來，以及通向未來的道路。而在這一過程中，真正起到極大地推動作用的，是爆發於 1919 年 5 月 4 日的五四愛國革命運動。

五四運動的導火索，是 1919 年 1 月 18 日至 6 月 18 日在法國巴黎凡爾賽宮舉行的巴黎和會。會前，美國總統威爾遜大談 "公理戰勝強權"，迷惑了許多心地善良的中國人。然而，隨著巴黎和會的進行，越來越多的事實證明，這實際上是帝國主義國家之間的 "分贓會議"。作為戰勝國之一的中國，實際上處於主權和領土任帝國主義強權私相授受、瓜分宰割的境地。當美英法同意將德國在山東的所有權益轉讓給日本的消息傳回國內，立即引起全國民眾的強烈反對。

這前後的變化，實際上折射出當時激進的知識分子對其所信奉的資產階級民主主義思想的懷疑與動搖。這恰恰是從新文化運動向五四運動轉變的內在邏輯聯繫。我們以陳獨秀前後的思想變化為例。

在巴黎和會召開之前，1918 年 12 月 22 日，陳獨秀在用"隻眼"筆名發表的《每週評論》發刊詞中說："列位要曉得什麼是公理，什麼是強權呢？簡單說起來，凡合乎平等自由的，就是公理；倚仗自家強力，侵害他人平等自由的，就是強權。"接下來，他稱讚威爾遜的"公理戰勝強權"主張，說："美國大總統威爾遜屢次的演說，都是光明正大，可算得現在世界上第一個好人。他說的話很多，其中頂要緊的是兩主義：第一不許各國拿強權來侵害他們的平等自由。第二不許各國政府拿強權來侵害百姓的平等自由。這兩個主義不正是講公理不講強權嗎？我所以說他是世界上第一個好人。"[1]

1919 年 5 月 4 日，五四運動爆發當天，陳獨秀用"隻眼"筆名在《每週評論》發表《隨感錄》，明確指出："巴黎的和會，各國都重在本國的權利。什麼公理，什麼永久和平，什麼威爾遜總統十四條宣言，都成了一文不值的空話。"[2]

巴黎和會上中國外交的失敗，已遠遠超過了外交本身。西方各國在巴黎和會上的種種表現，徹底地撕下了資產階級民主主義的偽裝和假面具，這對將資產階級民主主義作為救國理想的中國先進知識分子來說，不啻是當頭一棒。這些人從受欺騙中驚醒過來，懷著滿腔憤懣，投入了以中國外交失敗為導火索的徹底反帝反封建的愛國革命運動中去。五四愛國革命運動在這種背景下爆發了。

1919 年 5 月 4 日，北京大學等學校學生聚集在天安門，隨後向西方國家駐華使館密集的東交民巷進發。在受到警察阻擋後，改道前往趙家樓胡同，火燒曹汝霖的住宅。很快，這場運動迅速向全國發展。

就在北京學生被大批逮捕，五四運動嚴重受挫的情況下，出現了一個前所未有的驚人之舉。6 月 5 日，設在上海的日本工廠的中國工人率先罷工，其他工廠的工人紛紛響應。參加罷工的工人，約有六七萬人之多。這標誌著中國工人階級的覺醒，開始以獨立力量登上政治舞台。

1　隻眼（陳獨秀）：發刊詞，《每週評論》第 1 號，1918 年 12 月 22 日出版。

2　轉引自金沖及《二十世紀中國史綱》上冊，社會科學文獻出版社 2009 年版，第 161 頁。

上海工人罷工，有力推動著大規模罷市、罷課鬥爭。運動很快席捲南半個中國的江蘇、浙江、安徽、江西、福建、湖北、湖南、廣東、廣西、雲南、貴州、四川，還有北方的直隸、奉天、吉林、黑龍江、河北、河南、山西、陝西等省。運動最猛烈的城市，除北京、上海外，還有濟南、天津、武漢、長沙。

在五四運動的空前壓力下，北洋政府於 6 月 7 日釋放被捕學生，10 日免去親日派官僚曹汝霖、陸宗輿、章宗祥職務。6 月 28 日，中國代表團拒絕出席巴黎和會最後一天的會議，未在《對德和約》上簽字。

五四愛國運動的影響是劃時代的。這主要表現在三個方面。

第一，它使資產階級民主主義思想在中國先進知識分子的心目中破了產，開始轉向通過俄國十月革命和馬克思主義尋找救國救民的革命道路。其標誌，是李大釗於 1919 年發表的《我的馬克思主義觀》。[1] 一午後，1920 年 9 月，陳獨秀發表《談政治》一文，也鮮明地表達了自己的馬克思主義新世界觀。這表明，馬克思主義取代資產階級民主主義，成為新思潮的主流，其意義是巨大的。一方面，這使得新文化運動的旗手和闖將陳獨秀、李大釗等人迅速轉變成中國第一批共產主義知識分子；另一方面，這又推動在五四運動中嶄露頭角的毛澤東、周恩來、惲代英等一大批青年知識分子在幾年間迅速完成世界觀轉變。正是以這一新興群體為骨幹，以各種方式推動了馬克思主義在中國的廣泛傳播，其深度和廣度遠遠超過先前的思想傳播。中國先進知識分子迅速完成思想轉變，也促使原先新文化運動的思想營壘發生劇烈分化，引發了中國早期馬克思主義者同一部分資產階級知識分子之間關於問題與主義、關於社會主義的爭論，同部分小資產階級知識分子關於無政府主義的爭論。通過這些爭論，進一步擴大了馬克思主義的影響，促成了一部分知識分子的思想轉變。在這一背景下，到了 20 世紀 20 年代初，中國共產黨成立的思想準備基本完成。

第二，它使社會上的人們特別是先進知識分子開始認識中國工人階級的

1　李大釗《我的馬克思主義觀》先後連載於 1919 年 5 月出版的《新青年》第 6 卷第 5 號（馬克思主義研究專號）和同年 11 月出版的第 6 號上。

力量，決心走與工農群眾相結合的道路，到勞苦大眾特別是產業工人中，通過辦補習學校、夜學等方式，做工農基本群眾的思想啟蒙和宣傳組織工作。在這方面，陳獨秀帶了個頭。五四運動中，他因散發《北京市民宣言》傳單被北洋軍閥政府逮捕。獲釋後，他在 1920 年 2 月到上海，在碼頭工人中了解罷工情況，深入中華工業協會、中華工會總會等勞動團體調研。1920 年 4 月 2 日，陳獨秀在上海碼頭工人發起的"船務棧房工界聯合會"成立大會上，發表《勞動者底覺悟》演說，說："世界上是些什麼人最有用最貴重呢？必有一班糊塗人說皇帝最有用最貴重，或是說做官的讀書的最有用最貴重。我以為他們說錯了，我以為只有做工的人最有用最貴重。""中國古人說：'勞心者治人，勞力者治於人。' 現在我們要將這句話倒轉過來說：'勞力者治人，勞心者治於人。'"[1] 他還推動北大學生等進步青年深入研究工人運動。這些工作，不僅使中國革命的新的領導力量——工人階級進一步有了政治自覺，而且促進了馬克思主義同中國工人運動的深度結合。這為中國共產黨的誕生創造了堅實的階級基礎。

第三，在推動馬克思主義廣泛傳播，以及推動同中國工人運動相結合的過程中，中國具有初步共產主義思想的知識分子，先是以北京（李大釗等）、上海（陳獨秀等）、濟南（王盡美、鄧恩銘等）、武漢（董必武、陳潭秋等）、長沙（毛澤東、何叔衡等）、廣州（譚平山等）等城市以及旅歐旅日學生為中心，形成若干團體組織。隨後，又逐漸在陳獨秀、李大釗的周圍團結起來，演變為中國共產黨的早期組織。1920 年 2 月，為躲避北洋軍閥政府的迫害，陳獨秀秘密從北京遷居上海。行前，李大釗和他商討了在中國建立共產黨組織的問題。同年 8 月，在共產國際代表維經斯基推動下，以馬克思主義研究會的骨幹為基礎，陳獨秀在上海成立中國第一個共產黨早期組織，命名為"中國共產黨"。這一舉動，有力地推動了各地共產黨早期組織發展，成立統一的全國性的馬克思主義政黨成為一致的要求。這樣，創建中國共產黨的組織準備也基本完成，在適當時間、以適當方式宣告中國共產黨的正式成立已成為大勢所趨。

1　《新青年》第 7 卷第 6 號，1920 年 5 月 1 日出版。

以上三點，實際上因應了辛亥革命以來中國歷史發展的困惑所在，為中國革命後來的發展掃清了最大的障礙，準備了最重要的條件。由此奠定了五四運動在中國近代史上的劃時代意義，也奠定了它在中華民族復興史上的劃時代意義。

從此，自 1840 年以後逐步興起的反帝反封建的中國民族民主運動，開始有了新的指導思想——馬克思列寧主義。"中國人從思想到生活，才出現了一個嶄新的時期。"[1] 這場民族民主運動，開始有了新的領導階級——中國工人階級。"雖然中國無產階級有其不可避免的弱點，例如人數較少（和農民比較），年齡較輕（和資本主義國家的無產階級比較），文化水準較低（和資產階級比較）；然而，他們終究成為中國革命的最基本的動力。中國革命如果沒有無產階級的領導，就必然不能勝利。"[2] 這場民族民主運動，開始有了新的政黨——中國共產黨。這就決定了這場革命運動，儘管仍屬資產階級民族民主革命性質，但它的前途必然是社會主義性質的。"資產階級的共和國，外國有過的，中國不能有，因為中國是受帝國主義壓迫的國家。唯一的路是經過工人階級領導的人民共和國。"[3] 總之，五四運動為新的革命力量、革命文化、革命鬥爭登上歷史舞台創造了條件，形成了愛國、進步、民主、科學的五四精神。

歷史前進的通道，就這樣被打開了。從此，舊式資產階級民主革命讓位於無產階級領導的、以馬克思列寧主義為指導、以社會主義為前途的新民主主義革命。這在近代以來中華民族追求民族獨立和發展進步的歷史進程中具有里程碑意義。

民族復興的新希望

1921 年 7 月 23 日，中國共產黨第一次全國代表大會在上海法租界望志

1　《毛澤東選集》第 4 卷，人民出版社 1991 年版，第 1470 頁。

2　《毛澤東選集》第 2 卷，人民出版社 1991 年版，第 644—645 頁。

3　《毛澤東選集》第 4 卷，人民出版社 1991 年版，第 1471 頁。

路 106 號（今興業路 76 號）的一座石庫門建築裏秘密舉行。8 月初，在浙江省嘉興南湖的一隻遊船舉行了最後一天的會議。

毛澤東在中共七大上，曾引用《莊子‧人間世》的話來形容這次大會的意義："其作始也簡，其將畢也必巨。" 這次會議確定了中國共產黨的性質與未來。

大會確定了黨的名稱——"本黨定名為'中國共產黨'"[1]；確定了黨的綱領——"（1）革命軍隊必須與無產階級一起推翻資本家階級的政權，必須支援工人階級，直到社會的階級區分消除為止；（2）承認無產階級專政，直到階級鬥爭結束，即直到消滅社會的階級區分；（3）消滅資本家私有制，沒收機器、土地、廠房和半成品等生產資料，歸社會公有；（4）聯合第三國際"[2]；確定了黨的當前工作——"本黨的基本任務是成立產業工會。""黨應在工會裏灌輸階級鬥爭的精神。""因工人學校是組織產業工會過程中的一個階段，所以在一切產業部門均應成立這種學校。""工人學校應逐漸變成工人政黨的中心機構。""學校的基本方針是提高工人的覺悟，使他們認識到成立工會的必要"[3]；確定了黨的領導機構——以陳獨秀為總書記的中央局。由此宣告了中國共產黨的成立。

正如毛澤東所說："中國產生了共產黨，這是開天闢地的大事變。""從此以後，中國改換了方向。"[4]

96 年之後，2017 年 10 月 31 日，中共十九大剛剛開過，習近平總書記帶領剛剛當選的中央政治局常委來到上海一大紀念地和浙江嘉興南湖瞻仰，深情地講了一句話："我們黨的全部歷史都是從中共一大開啟的，我們走得再遠都不能忘記來時的路。" 他還說："上海黨的一大會址、嘉興南湖紅船是我們黨夢想起航的地方。我們黨從這裏誕生，從這裏出征，從這裏走向全國執

1　《建黨以來重要文獻選編（1921—1949）》第 1 冊，中央文獻出版社 2011 年版，第 1 頁。

2　《建黨以來重要文獻選編（1921—1949）》第 1 冊，中央文獻出版社 2011 年版，第 1 頁。

3　《建黨以來重要文獻選編（1921—1949）》第 1 冊，中央文獻出版社 2011 年版，第 4、5 頁。

4　《毛澤東選集》第 4 卷，人民出版社 1991 年版，第 1514 頁。

政。這裏是我們黨的根脈。"[1] 他曾經把中國共產黨的建黨精神概括為"紅船精神",作為中國共產黨革命精神譜系的源頭。他說:"開天闢地、敢為人先的首創精神,堅定理想、百折不撓的奮鬥精神,立黨為公、忠誠為民的奉獻精神,是中國革命精神之源,也是'紅船精神'的深刻內涵。"[2]

中國共產黨成立之初,不過是有 50 多名黨員的年輕政黨。然而,她勇敢地肩負起為人民謀幸福、為民族謀復興的初心和使命,毅然決然地投入領導中國革命的艱難歷程。從 1921 年 7 月正式成立到 1927 年 7 月大革命失敗的短短六年時間裏,中國共產黨完成了領導中國革命的"三級跳"。

第一大跨越:領導推動中國工人運動迎來第一次高潮。

當時,中國產業工人在 200 萬人以上。[3] 而中國共產黨成立時,只有 50 多名黨員。中國共產黨是如何將工人階級組織起來,並迅速形成工人運動第一次高潮的呢?

中國產業工人的一個特點,是集中在少數幾個城市之中。當時缺乏系統的逐年統計資料。僅據 1894 年的一個統計,上海、廣州、武漢三座城市的工人佔全國工人總數的 77% 以上。[4] 這時的工人階級,不僅有了獨立的政治主張,而且罷工次數也比以前顯著增加。據統計,1870 年到 1911 年的 41 年間,工人罷工 106 起。而從 1912 年到 1920 年的 9 年間,罷工增加至 226 起。[5] 這反映了民族矛盾與階級矛盾的激化情況。在這種情況下,中國共產黨在建黨之初,就以辦工人學校、組織工會為突破口,無疑是正確的選擇。

這種做法,也是從摸索中找到的。據金沖及在《二十世紀中國史綱》中回憶:"我在五十多年前曾聽陳望道說過:他和沈雁冰(茅盾)常在工廠放工、大批工人從廠門裏出來時站在稍高處對工人演講,卻沒有多少人聽這樣的講

1 《習近平在瞻仰中共一大會址時強調 銘記黨的奮鬥歷程時刻不忘初心 擔當黨的崇高使命矢志永遠奮鬥》,《人民日報》2017 年 11 月 1 日第 1 版。

2 習近平:《弘揚"紅船精神"走在時代前列》,《光明日報》2005 年 6 月 21 日。

3 中共中央黨史研究室:《中國共產黨的歷史》第 1 卷(1921—1949)上冊,中共黨史出版社 2011 年版,第 25 頁。

4 中共中央黨史研究室:《中國共產黨的歷史》第 1 卷(1921—1949)上冊,中共黨史出版社 2011 年版,第 27 頁。

5 李步前:《中國共產黨的誕生是歷史的必然》,《學習時報》2017 年 6 月 26 日。

話。他們在實踐中逐步摸索出一些行之有效的做法：以'提倡平民教育'為名，舉辦工人學校，幫助他們補習文化。從這裏著手，一面同工人們熟悉起來，和他們交朋友，從中發現和培養一些積極分子，不斷擴大團結面；另一面，在講文化課時加上一些內容，幫助工人了解自己受剝削受壓迫的真相和需要團結起來進行鬥爭的道理。到條件成熟時，就組織工會或工人俱樂部，團結更多工人，為他們謀福利，組織他們進行鬥爭。這樣，就把工作局面一步步打開了。"[1]

中共一大結束沒多久，1921 年 8 月 11 日，中國勞動組合書記部在上海正式成立，主任為張國燾。這是中國共產黨領導工人運動的公開機構。8 月 16 日，發表《中國勞動組合書記部宣言》。《宣言》中說："中國勞動組合書記部是由上海——中國產業的中心——的一些勞動團體所發起的，是一個要把各個勞動組合都聯合起來的總機關。他的事業是要發達勞動組合，向勞動者宣傳組合之必要，要聯合或改組已成的勞動團體，使勞動者有階級的自覺，並要建立中國工人們與外國工人們的密切關係。"[2]8 月 20 日，機關刊物《勞動週刊》正式出版。

很快，中國勞動組合書記部設在各地的分部也相繼建立起來。北方分部設在北京，主任羅章龍。武漢分部設在漢口，包惠僧、林育南先後擔任主任。湖南分部設在長沙，主任毛澤東。廣東分部設在廣州，譚平山、阮嘯仙先後擔任主任。1922 年 8 月，中國勞動組合書記部總部遷往北京後，上海也設立分部。中國勞動組合書記部及其分部的建立，對創辦工人夜校、組織工人教育、領導工人罷工，起了重要作用。

這一時期，工人罷工繼續發展。1921 年下半年起，上海、武漢、廣東、湖南、直隸等省市和航運、鐵路、採礦等行業相繼爆發工人的罷工鬥爭。自中國勞動組合書記部成立後，在中國共產黨領導下的工人罷工鬥爭迅速發展。1922 年 1 月，長沙華實紗廠 2000 多工人舉行罷工，遭到湖南軍閥趙恆惕鎮壓，罷工領袖黃愛、龐人銓被逮捕殺害。他們曾受無政府主義影響。後在

1　金沖及：《二十世紀中國史綱》上冊，社會科學文獻出版社 2009 年版，第 200 頁。
2　《建黨以來重要文獻選編（1921—1949）》第 1 冊，中央文獻出版社 2011 年版，第 46 頁。

毛澤東等人的啟發下，於 1921 年底加入中國社會主義青年團。他們是全國最早被軍閥殘殺的工人運動領導人。

工人罷工，在中國共產黨成立以前，早已有之。但在中國共產黨成立以後，情況開始大變。據鄧中夏[1]《中國職工運動簡史（1919—1926）》記載："上海英美煙廠罷工，中國勞動組合書記部是參加去領導的；漢口人力車夫和粵漢罷工完全為共產黨武漢黨部所領導的，隴海鐵路罷工，共產黨北京黨部聞訊派人馳往參加則已解決。由此可見共產黨在一九二一年下半年的確漸能領導罷工了。特別是武漢因鐵路工人與人力車夫兩大罷工，開了當地一個新紀元，職工運動從此有一個順利的進展。主持者為林育南（犧牲）和施洋同志。"[2]

1922 年 1 月開始，中國共產黨領導的工人運動逐漸走向高潮。這一高潮的起點，是蘇兆徵等領導的香港海員大罷工。1922 年 1 月 12 日，海員工會第三次向資方提出增加工資等要求。[3]在遲遲得不到回應的情況下，開始舉行海員罷工。至 3 月初，罷工席捲全香港，參加罷工的工人達 10 萬人以上。3 月 4 日，港英當局派出大批軍警鎮壓，不料激起更大的罷工浪潮，迫使其在 3 月 8 日接受了罷工要求。香港海員罷工取得勝利。

在這一背景下，1922 年 7 月召開的中國共產黨第二次全國代表大會，為蓬勃發展的工人運動指明了方向。

在此之前，列寧的關於民族和殖民地問題理論傳入中國，對中共二大形成民主革命綱領起了重要的指導作用。1922 年 1 月 21 日至 2 月 2 日，遠東各國共產黨及民族革命團體第一次代表大會在莫斯科舉行。出席大會的有中國、朝鮮、日本、蒙古等國代表。中國代表團裏，有共產黨員 14 人。這是中

1　鄧中夏，中國共產黨早期領導人之一，中國工人運動領袖。1922 年 5 月當選中國勞動組合書記部主任。1925 年任中華全國總工會秘書長兼宣傳部長，領導了省港大罷工。1933 年被捕犧牲。

2　《鄧中夏文集》，人民出版社 1983 年版，第 439 頁。

3　中華海員工業聯合總會於 1921 年 3 月 6 日在香港成立後，同年 9 月第一次向資方提出增加工資等要求。遭到拒絕後，又於 11 月再次向資方提出。其後，資方只對外籍海員增加了 15% 的工資。

國共產黨成立後第一次正式派出代表參加此類會議。大會根據列寧關於民族殖民地問題的理論，闡明了被壓迫民族所面臨的反帝反封建的歷史任務，討論共產黨人在民族和殖民地問題上的立場，以及共產黨同民族革命政黨進行合作的問題，強調吸收農民群眾參加民族民主革命運動的重大意義。

會議期間，列寧抱病接見中國共產黨代表張國燾、中國國民黨代表張秋白和鐵路工人代表鄧培。他十分關心中國革命問題，希望國共兩黨實現合作，勉勵中國工人階級和革命群眾加強團結，推動中國革命向前發展。[1]

為推進全國工人階級的大聯合，1922 年 5 月，中國勞動組合書記部在廣州召開第一次全國勞動大會。在這次大會上，中國共產黨同無政府主義等派別進行了有節制的鬥爭，把受這些錯誤思潮影響的工人團體爭取過來，進一步增強了中國共產黨對工人運動的領導。這次大會後，中國勞動組合書記部還發起領導勞動立法運動，起草《勞動法大綱》，得到各地工會的積極響應。《勞動法大綱》提出的各項要求，也成為第一次工人運動高潮中各地罷工的綱領。[2]

1922 年 6 月 15 日，中共中央發表《中國共產黨對於時局的主張》。這是中國共產黨成立以後發表的第一個時局宣言。它明確提出："中國共產黨是無產階級的先鋒軍，為無產階級奮鬥，和為無產階級革命的黨。但是在無產階級未能獲得政權以前，依中國政治經濟的現狀，依歷史進化的過程，無產階級在目前最切最要的工作，還應該聯絡民主派共同對付封建式的軍閥革命，以達到軍閥覆滅能夠建設民主政治為止。"[3]《中國共產黨對於時局的主張》表明，在列寧關於民族和殖民地問題理論的指導和推動下，中國共產黨正在認真思考黨在民主革命的綱領。

1922 年 7 月 16 日，中共二大在上海南成都路輔德里 625 號舉行，出席代表共 12 人。此時，黨員人數已由一大召開時的 50 多人發展至 195 人。這

1　參見中共中央黨史研究室《中國共產黨的歷史》第 1 卷（1921—1949）上冊，中共黨史出版社 2011 年版，第 77—78 頁。

2　鄧中夏：《中國職工運動簡史（1919—1926）》，載《鄧中夏文集》，人民出版社 1983 年版，第 488 頁。

3　《建黨以來重要文獻選編（1921—1949）》第 1 冊，中央文獻出版社 2011 年版，第 97 頁。

次代表大會吸取了一大的教訓，以分組會為主，至 23 日閉幕只召開過三次全體會議，每次會議都要換地址。

大會發表了《中國共產黨第二次全國代表大會宣言》（以下簡稱《宣言》）。《宣言》指出了當前中國革命的性質："加給中國人民（無論是資產階級、工人或農民）最大的痛苦的是資本帝國主義和軍閥官僚的封建勢力，因此反對那兩種勢力的民主主義的革命運動是極有意義的。"《宣言》提出了黨的最高綱領與當前綱領："中國共產黨是中國無產階級政黨。他的目的是要組織無產階級，用階級鬥爭的手段，建立勞農專政的政治，鏟除私有財產制度，漸次達到一個共產主義的社會。""中國共產黨為工人和貧農的目前利益計，引導工人們幫助民主主義的革命運動，使工人和貧農與小資產階級建立民主主義的聯合戰線。"《宣言》還提出七條政綱，其中包括"消除內亂，打倒軍閥，建設國內和平"，"推翻國際帝國主義的壓迫，達到中華民族完全獨立"，"統一中國本部（東三省在內）為真正民主共和國"。《宣言》還號召："我們一定要為解放我們自己共同來奮鬥！工人和貧農必定要環繞中國共產黨旗幟之下再和小資產階級聯合著來奮鬥呀！"[1]

在上述宣言中，不僅根據當前中國革命性質，提出了中國共產黨的最高綱領和當前綱領，還開始提出關於統一戰線的思想和主張。這表明，經過短短一年的實踐，中共二大在對中國革命性質與規律的認識，向前推進了關鍵性的一步。

中共二大還提出："我們既然要組成一個做革命運動的並且一個大的群眾黨，我們就不能忘了兩個重大的律：（一）黨的一切運動都必須深入到廣大的群眾裏面去。（二）黨的內部必須有適應於革命的組織與訓練。"[2] 這裏提出的使中國共產黨成為"大的群眾黨"的任務，成為貫穿於黨的初創時期和大革命時期自身發展的主線。

中共二大做出的這些決定，對於進一步指導和推動中國工人運動第一次

1　以上引文均參見《建黨以來重要文獻選編（1921—1949）》第 1 冊，中央文獻出版社 2011 年版，第 132、133、134 頁。

2　《建黨以來重要文獻選編（1921—1949）》第 1 冊，中央文獻出版社 2011 年版，第 162 頁。

高潮產生了重要影響。這次會後，1922 年 9 月，中共中央還在上海創辦《嚮導》周報。它旗幟鮮明地宣傳黨的反帝反封建的民主革命綱領，在領導工人運動中發揮了重要作用。

前面說過，這次工人運動高潮從 1922 年 1 月開始，持續到 1923 年 2 月結束。在十三個月間，參加罷工人數在 30 萬以上。也就是說，全國十分之一強的工人被動員起來，組織起來，投身反帝國主義壓迫和北洋軍閥統治的罷工鬥爭。這是中國歷史上前所未有的，是中國共產黨成立後帶來的一大變化。

第一次工人運動高潮的詳細經過，有不少專著給予詳細的記述，茲不贅述。大致的過程，當時的主要領導者之一鄧中夏在《中國職工運動簡史》中說："一九二二年一月香港海員大罷工是高潮的第一怒濤，接著就是長江海員罷工和上海郵差罷工與日華紗廠罷工。五月全國勞動大會後，廣州發生鹽業工人罷工，上海日華紗廠繼續發生罷工，澳門全體華人發生總罷工，於是高潮又起了一個波峰，至六月而低落。七月漢口鋼鐵廠發生罷工，工潮又高漲，此時勞動立法運動普及到全國，工人階級有了一個目前的鬥爭綱領，更推進高潮上升。首先表現在八月的長辛店鐵路工人罷工，接著是漢陽兵工廠罷工，上海絲廠女工罷工。從此以後，因長辛店罷工的勝利，影響波及北方各大鐵路與兩湖，高潮的趨勢更加奔騰澎湃。九月粵漢鐵路武長段再次罷工，京奉鐵路山海關罷工，安源煤礦罷工，漢口揚子機器廠罷工，十月京奉鐵路唐山罷工。至十月末，開灤五大煤礦大罷工，而工潮達到最高峰。開灤罷工失敗，工潮已開始表示低落的徵兆。上海方面所謂金銀業，日華沙廠，英美煙廠工人三角同盟罷工，就一敗塗地，工潮在上海表示先退。雖然如此，但在北方各大鐵路與兩湖，工潮仍迴旋蕩漾於鐵路方面。十月發生京綏鐵路車務工人罷工，十二月發生正太鐵路石家莊罷工，次年一月發生津浦路浦鎮罷工，次年一月發生花廠罷工，英美煙廠再次罷工。湖南方面發生水口山鉛礦罷工，粵漢鐵路武昌段第三次罷工。武漢方面，十一月發生漢口英美煙廠罷工，直到一九二三年二月，京漢鐵路大罷工爆發，發生'二七'慘案，為這次罷工高潮最後的一個怒濤。從此以後，中國職工運動暫時進於消沉期了。"[1]

對第一次工人運動高潮的意義，鄧中夏說："這個罷工顯然為中國職工運動開了一個新的階段——從改良主義的經濟鬥爭轉變到爭取自由的政治鬥爭的階段。"[2] 這是中國共產黨領導為中國工人運動帶來的最大變化。

第一次工人運動高潮被北洋軍閥政府鎮壓，給了中國共產黨一個重要的教訓。在中國，由於工人階級自身力量的弱小，不可能單槍匹馬鬧革命，必須同農民階級以及城市小資產階級、民族資產階級結成牢固的統一戰線。而這一認識，在理論上和政策上，已由中共二大做過闡發，還曾經通過《關於"民主的聯合戰線"的議決案》。這一認識在這次工人運動失敗中得到進一步的印證，也就更加堅定了建立"民主的聯合戰線"的信心和決心。

這便有了第二大跨越：領導實現同國民黨的第一次合作。

國共第一次合作

中國共產黨領導的中國工人運動第一次高潮雖然失敗了，但它提出的"打倒列強，除軍閥"，卻日益成為深入人心、打動民心的政治動員口號。

此時，北洋軍閥政府的政治信用已達低點。北洋軍閥之間，你爭我鬥，使自己陷入了一場政治危機。1922 年 4 月 28 日至 5 月 5 日，發生第一次直奉戰爭。最後以直系軍閥吳佩孚獲勝，奉系軍閥張作霖敗退關外告終。1923 年 6 月，直系軍閥曹錕為搶總統寶座，逼走了傀儡大總統黎元洪。隨後，又通過親信威逼利誘國會議員，賄選成為中華民國大總統。"民國"招牌和"議會"民主，在國民心目中一起破產。

就在這一背景下，年輕的中國共產黨同孫中山領導的中國國民黨，在共產國際和蘇俄的撮合下，走到了一起。

孫中山第一次見到共產國際代表，是 1920 年秋。當時，共產國際代表維經斯基在上海與孫中山見面，雙方談得很融洽。向維經斯基提出見面的建議

1　《鄧中夏文集》，人民出版社 1983 年版，第 441—442 頁。

2　《鄧中夏文集》，人民出版社 1983 年版，第 493—494 頁。

者，正是陳獨秀。此後，孫中山還會見過共產國際代表馬林、少共國際代表達林，在他們的影響下，他逐漸認識到“中國革命的惟一實際的真誠朋友是蘇俄”[1]。

孫中山對中國共產黨人格外看重。1922 年 6 月陳炯明叛變後，孫中山避難來到上海。在這裏，他第二次見到馬林，並與陪同前來的李大釗多次面談，“討論振興國民黨以振興中國之問題”，“暢談不倦，幾乎忘食”[2]。李大釗告訴孫中山，自己是共產黨員。孫中山還是堅持要李大釗加入國民黨。隨後，陳獨秀、張太雷、蔡和森等也以個人身份加入國民黨。

孫中山看重的是，中國共產黨人的朝氣與力量。據宋慶齡回憶：“1923 年當李大釗、林伯渠等人來商談國民黨和中國共產黨合作的問題時，孫中山立即看到把力量聯合起來的價值。”“孫中山在見到這樣的客人後常常說，他認為這些人是他的真正的革命同志。他知道，在鬥爭中他能依靠他們的明確的思想和無畏的勇氣。”“我記得當時我問他為什麼作出這個決定。他在回答時把國民黨比作一個就要死的人，他說這種合作將會加強和恢復它的血液的流動。”[3]

中國共產黨看重的是孫中山領導的國民黨的影響力和社會基礎。但正式做出採取黨內合作方式同國民黨合作的決定，並非一帆風順。

前面提到的 1922 年 7 月召開的中共二大，還通過了一個決議《關於“民主的聯合戰線”的議決案》，改變黨的一大文件中關於不同其他黨派建立任何聯繫的規定，提出組織民主的聯合戰線，邀請國民黨等革命團體舉行聯席會議，共商具體辦法。會後，中共中央先後派李大釗、陳獨秀同孫中山等會晤，商談兩黨合作問題。

根據中共二大《關於“民主的聯合戰線”的議決案》的設想，是通過聯合包括國民黨在內的一切革命黨派成立民主的聯合戰線，也就是黨外合作方式來實現。但在商談中，孫中山不接受這種合作方式，只同意共產黨員以個

1　達林：《中國回憶錄（1921—1927）》，中國社會科學出版社 1981 年版，第 126 頁。

2　《李大釗文集》（下），人民出版社 1984 年版，第 890 頁及註 1。

3　宋慶齡：《孫中山和他同中國共產黨的合作》，《人民日報》1962 年 11 月 12 日第 2 版。

人身份加入國民黨。對此，中國共產黨的多數領導人感到，這樣做有一定的風險。因為國民黨是一個資產階級政黨，共產黨員加入進去，就有喪失自己獨立性的危險。

在這時，共產國際的意見起了關鍵性作用。共產國際代表馬林支持接受孫中山的意見，可以實行黨內合作方式。因為他曾在爪哇有過類似的經歷，而且取得成功。共產國際採納了馬林的意見，同意國共兩黨實行黨內合作的建議。當時，中國共產黨屬共產國際的一個支部，共產國際的決定有著非常大的影響。

根據馬林的建議，1922 年 8 月 29 日至 30 日，中共中央在杭州西湖舉行會議，討論共產黨員加入國民黨的問題。經過熱烈的討論，會議最終做出決定，同意共產黨員以個人名義加入國民黨。但有一個條件，就是孫中山改組國民黨。

西湖會議畢竟是一個小範圍的黨內會議，儘管有上述決定，但還沒有解決問題。

1923 年 6 月 12 日至 20 日，中共三大在廣州舉行，主要議題便是討論共產黨員加入國民黨問題。這時，黨員人數已由中共二大時的 195 人，發展到 420 人。出席三大的代表有 30 多人，共產國際代表馬林也參加大會。

在大會討論中，發生了激烈爭論。陳獨秀等支持馬林的意見。最終，大會接受共產國際關於同國民黨合作的指示，通過《關於國民運動及國民黨問題的議決案》。這個議決案進一步闡釋了當前革命的任務：＂半殖民地的中國，應該以國民革命運動為中心工作，以解除內外壓迫。＂這個國民革命，對外是反對帝國主義，對內是反對封建軍閥。議決案認為：＂依中國社會的現狀，宜有一個勢力集中的黨為國民革命運動之大本營，中國現有的黨，只有國民黨比較是一個國民革命的黨。＂同時，＂工人階級尚未強大起來，自然不能發生一個強大的共產黨——一個大群眾的黨，以應目前革命之需要，因此，共產國際執行委員會議決中國共產黨須與中國國民黨合作，共產黨黨員應加入國民黨，中國共產黨中央執行委員會曾感此必要，遵行此議決，此次全國大會亦通過此議決"[1]。至此，以黨內合作方式同國民黨實行合作問題得到解決。

事實證明，這一決定是符合當時國共兩黨實際情況的正確決定，對推動國民革命迅速出現高潮起了至關重要的作用，對中國共產黨在這一高潮中迅速發展壯大成為一個群眾性的大黨也是關鍵之舉。

當時的中國共產黨與孫中山領導的國民黨相比，尚有不小的差距。從規模來說，國民黨黨員眾多，而中國共產黨到中共三大時也不過 420 個黨員。從影響來說，國民黨經營了十餘年，始終處於維護共和與約法的政治鬥爭之中，儘管屢遭挫折，仍是中國政壇中影響力較大的政治力量，且在廣東有自己的活動基地；而中國共產黨成立不久，主要影響在工人階級中，又處在秘密狀態，活動與影響都受到很大限制。從政治經驗來說，國民黨有許多老同盟會員，經過了清朝統治下的秘密鬥爭，經歷了辛亥革命，又經過民國初年的政治風雨和倒袁鬥爭，儘管不少人政治立場漸趨保守，但政治鬥爭經驗老道，而中國共產黨誕生不久，各方面的政治經驗都明顯不足。因此，無論從哪方面說，能抓住這次難得的歷史機遇，在國共合作中實現工農運動和黨自身的壯大發展，都是中國共產黨一次具有深遠影響的正確選擇。

然而，許多事情都像"雙刃劍"。對於中國共產黨這樣一個剛剛誕生不久的黨來說，能否駕馭得了未來國共合作複雜的政治關係，這是一個十分嚴峻的考驗。就中國共產黨當時的認識來說，既沒有國共合作中的領導權意識，更沒有能提出爭取領導權的任務，只是提出要保持自己的組織獨立性。

這時，孫中山已下定決心，走聯俄、聯共的路，並對國民黨進行改組。他心裏十分清楚，改組國民黨需要新的力量，這個新力量，非經他遴選加入國民黨的共產黨人莫屬。這是第一次國共合作得以順利實現，並能一度比較順利地發展的重要因素。

據鄒魯《中國國民黨史稿》記載：1922 年孫中山因陳炯明叛變避難至上海後，"時國內反對本黨之勢力固愈惡，而信仰本黨主義者亦愈多，蘇俄已囑中國共產黨加入本黨，而蘇俄之聯繫，亦日見親切，總理乃於九月四日，召

---

1 《建黨以來重要文獻選編（1921—1949）》第 1 冊，中央文獻出版社 2011 年版，第 258、259 頁。

集在滬各省同志張繼等五十三人，交換意見，改進一切，各人一致贊同，結果呈報總理。總理於九月六日，指定茅祖權（字詠熏）、覃振、丁維汾、張秋白、呂志伊、田桐、陳獨秀、管鵬、陳樹人九人，為起草委員，嗣因丁、呂、覃赴京出席國會，爭國會應繼承廣州八年之法統，乃復指定葉楚傖、劉芷芬、孫科（字哲生）、彭素民補其缺，至十一月十五日，復召集各省同志張繼等五十九人，審查全案，修訂告成，推胡漢民為宣言起草員，至十二月十六日，再召集各省同志六十五人，審查增修宣言，十七日匯案呈諸總理，於十二年一月一日發表宣言，二日召集會議，宣佈黨綱及總章"。[1]

此後，陳炯明叛亂被平復，孫中山於 1923 年 2 月重返廣州。在全力鞏固廣東根據地的同時，繼續推動國民黨改組。同年 10 月 6 日，蘇聯政府派往國民黨的首席政治顧問鮑羅廷到達廣州。不久被孫中山聘為國民黨組織訓練員，參與國民黨改組和國民黨組織法、黨章、黨綱等草案的起草工作。鮑羅廷的到來，使國民黨改組的進度加快。

1923 年 10 月 19 日，孫中山委任廖仲愷、汪精衛、張繼、戴季陶、李大釗為國民黨改組委員。[2]10 月 25 日，又組織國民黨臨時中央執行委員會，負責起草國民黨黨綱、章程，為召開國民黨全國代表大會做準備。經他指定的臨時中央執行委員有胡漢民、林森、廖仲愷、鄧澤如、楊庶堪、陳樹人、孫科、吳鐵城、譚平山九人，汪精衛、李大釗、謝伯英、古應芬、許崇清五人為候補執行委員。[3]

1924 年 1 月 20 日至 30 日，中國國民黨第一次全國代表大會在廣州國立高等師範學校召開。圍繞徹底反帝綱領和允許共產黨員跨黨加入國民黨等問題，會上曾有過激烈的討論。但在孫中山的堅持下，大會通過了《中國國民黨第一次全國代表大會宣言》。這個宣言，由鮑羅廷起草，瞿秋白翻譯成中文，又經汪精衛潤色，最後由孫中山親自審定。這足見當時孫中山對鮑羅廷的信任與倚重。

1　鄒魯編著：《中國國民黨史稿》（上），東方出版中心 2011 年版，第 276 頁。

2　《中國國民黨九十年大事年表》，台北"中央"文物供應社 1984 年版，第 164 頁。

3　《中國國民黨九十年大事年表》，台北"中央"文物供應社 1984 年版，第 164 頁。

《中國國民黨第一次全國代表大會宣言》（以下簡稱《宣言》）根據孫中山的"聯俄、聯共、扶助農工"三大政策，對三民主義作了新的解釋，使舊三民主義發展成為新三民主義，為國共合作奠定了政治基礎，也為分清真革命、假革命、反革命提供了政治標尺。

《宣言》在闡釋民族主義綱領時，特別強調兩點："一則中國民族自求解放；二則中國境內各民族一律平等。"[1]不僅克服了原先"排滿革命"口號的局限，還包含了反對帝國主義的內容。

《宣言》在闡釋民權主義（即民主主義）綱領時，特別強調："近世各國所謂民權制度，往往為資產階級所專有，適成為壓迫平民之工具。若國民黨之民權主義，則為一般平民所共有，非少數者所得而私也。"[2]"詳言之，則凡真正反對帝國主義之個人及團體，均得享有一切自由及權利；而凡賣國罔民以效忠於帝國主義及軍閥者，無論其為團體或個人，皆不得享有此等自由及權利。"[3]這表明，孫中山此時已對資產階級民主制度徹底失望，轉而謀求在反帝、反軍閥旗幟下最廣泛的民權主義聯盟。

對此，《宣言》明確表示："故國民革命之運動，必恃全國農夫、工人之參加，然後可以決勝，蓋無可疑者。國民黨於此，一方面當對於農夫、工人之運動，以全力助其開展，輔助其經濟組織，使日趨於發達，以期增進國民革命運動之實力；一方面又當對於農夫、工人要求參加國民黨，相與為不斷之努力，以促國民革命運動之進行。"[4]這也就是"扶助農工"政策，是孫中山新三民主義中最具革命性的內容之一。

《宣言》在闡釋民生主義綱領時，在"平均地權"基礎上，又增加了"節制資本"。這同樣是孫中山新三民主義最具革命性的特色之一。"平均地權"為的是打破土地壟斷："蓋釀成經濟組織之不平均者，莫大於土地權之為少數人所操縱。故當由國家規定土地法、土地使用法、土地徵收法及地價稅法。私人所有土地，由地主估價呈報政府，國家就價徵稅，並於必要時依報價收

1　《孫中山選集》（下），人民出版社 2011 年版，第 614 頁。
2　《孫中山選集》（下），人民出版社 2011 年版，第 615—616 頁。
3　《孫中山選集》（下），人民出版社 2011 年版，第 616 頁。
4　《孫中山選集》（下），人民出版社 2011 年版，第 617 頁。

買之，此則平均地權之要旨也。"[1] "節制資本" 為的是打破 "資本壟斷"："凡本國人及外國人之企業，或有獨佔的性質，或規模過大為私人之力所不能辦者，如銀行、鐵道、航路之屬，由國家經營管理之，使私有資本制度不能操縱國民之生計，此則節制資本之要旨也。"[2] 孫中山已經意識到，只有打破土地壟斷與資本壟斷，才能真正實行民生主義："舉此二者，則民生主義之進行，可期得良好之基礎。"[3]

通過國民黨一大，實現從舊三民主義到新三民主義的轉變，代表了孫中山在為救國救民真理不斷求索道路上的最高成就，也是中國國民黨在蘇聯與中國共產黨幫助下獲得新生的標誌。正如毛澤東所評價："這篇宣言，區分了三民主義的兩個歷史時代。"[4] 這次代表大會，標誌著第一次國共合作的正式形成。

國民黨一大後的兩年裏，第一次國共合作進入了最好時期。國民黨在中國共產黨人的真誠幫助下，建立了黃埔軍校，開始有了自己的武裝力量——黨軍；在各省市普遍建立國民黨黨部，使國民黨第一次有了比較穩固的組織基礎；建立了廣東革命根據地，成為後來北伐戰爭的大本營。

與此同時，中國共產黨也有了迅速發展。黨員人數從 1923 年 6 月中共三大時的 420 人發展到 1925 年 1 月中共四大時的 994 人，到 1927 年 4 月中共五大召開時已達 57967 人。[5] 一個群眾性的、有動員力和影響力的、朝氣蓬勃的馬克思主義新型革命政黨，出現在世人面前。

這一跨越，是在第一次國共合作中實現的，也是在北伐戰爭期間工農運動高潮中實現的。

第三大跨越：在領導工農運動走向高潮中成為有影響力與號召力的群眾性革命政黨。

1　《孫中山選集》（下），人民出版社 2011 年版，第 616 頁。

2　《孫中山選集》（下），人民出版社 2011 年版，第 616 頁。

3　《孫中山選集》（下），人民出版社 2011 年版，第 616 頁。

4　《毛澤東選集》第 2 卷，人民出版社 1991 年版，第 689 頁。

5　參見中共中央黨史研究室《中國共產黨歷史》第 1 卷（1921—1949）上冊，中共黨史出版社 2011 年版，第 108、126、188 頁。

在第一次工人運動高潮被鎮壓後，工人運動暫時陷入低潮。據 1924 年 5 月 14 日中共中央局向中央執行委員會擴大會議的報告說："自'二七'後，重要的產業工人工會，大半封閉解散了，其未封閉的也只得取守勢。自去年'五一'至今年'五一'三十六次罷工中，除水口礦夫及湘潭錳礦運工兩個罷工外，其餘大半是手工業工人小規模的罷工。"[1]

但這一時期人民大眾同封建軍閥的矛盾還在繼續發展。北洋軍閥直系控制著北京政權，但直系與奉系的爭鬥從來沒有停止過。與此同時，直系軍閥同南方的皖系軍閥以及各省大大小小的軍閥也存在各種複雜矛盾。這些軍閥的兵員與俸祿，都來自對人民的劫掠盤剝。這些軍閥之間還時常發生戰爭，更使得民不聊生。而在這些軍閥背後，又都有不同帝國主義支持的身影。人民群眾從這種特殊關係中，逐漸悟出一個道理，打倒軍閥，就必須反對帝國主義。

人民群眾的這種覺悟程度，也可以從中國共產黨宣傳口號的接受程度得到印證。同樣據 1924 年 5 月 14 日中共中央局向中央執行委員會擴大會議的報告說："我們政治的宣傳，自一九二三年起，即是打倒國際帝國主義及國內軍閥兩個口號。在一九二二與一九二三年間，'反對軍閥'已成了全國普遍的呼聲；到一九二三與一九二四年間，列強對華進攻日急，全國知識階級中進步分子，已採用'反抗帝國主義'的口號；而且最近在北京、上海、漢口、廣州、奉天等處，已漸漸有反帝國主義的民眾運動發生。"[2]

可以說，在這時的中國，廣大民眾蘊藏著巨大的革命潛能。這種潛能，毫無疑問是軍閥統治與帝國主義侵略的結果。但要把這種潛能釋放出來，轉變為推動革命運動走向高潮的強大力量，還要有兩個必不可少的條件。一是要有能夠沉下身做深入細緻的民眾工作的革命政黨；二是要提得出打動民心的革命綱領與口號。

第一次工人運動高潮被鎮壓後，中國共產黨一方面在做國共合作的推動

1　《建黨以來重要文獻選編（1921—1949）》第 2 冊，中央文獻出版社 2011 年版，第 33—34 頁。

2　《建黨以來重要文獻選編（1921—1949）》第 2 冊，中央文獻出版社 2011 年版，第 33 頁。

工作，另一方面也在做群眾運動的發動工作。

　　1923 年 12 月 1 日，陳獨秀在《前鋒》第 2 期發表題為《中國國民革命與社會各階級》一文，系統闡發了"國民革命"的主張。他認為，國民革命，既不同於資產階級的民主革命，也不同於無產階級的社會革命。它是在殖民地或半殖民地發生的一種特殊形式的革命，"含有對內的民主革命和對外的民族革命兩個意義"[1]。在分析了中國社會各階級的政治態度後，陳獨秀提出："敗壞困苦的中國，須有各階級群起合作的大革命。""中國社會各階級都處在國際資本帝國主義及本國軍閥兩層嚴酷的壓迫之下，而各階級合作的國民革命，是目前的需要而且可能。""產業幼稚文化落後的中國，目前也只有這各階級群起的國民革命是可能的。若是貪圖超越可能的空想，實際上不能使革命的行動豐富起來，以應目前的需要，不但在本國的革命事業上是怠工，而且阻礙了世界革命之機運。"[2] 這篇文章也有歷史的局限，如對工人階級作為革命領導力量的能力估計不足，將國民革命的希望更多地寄託在"革命的資產階級身上"。但國民革命的主張，的確是在當時唯一能打動人心、吸引各革命階級加入革命陣營的革命綱領。

　　陳獨秀提出"國民革命"，經過了一年多的醞釀。早在 1922 年 9 月 20日《造國論》一文中，首次提出了這一主張。他認為，"中國產業之發達還沒有到使階級壯大而顯然分裂的程度，所以無產階級革命的時期尚未成熟，只有兩階級聯合的國民革命的時期是已經成熟了"。因此他提出，要成立"各階級大群眾聯合的國民軍"，來創造"真正的中華民國"。[3]

　　在此之前，國民黨一直在為捍衛民主共和而奮鬥，卻不懂得發動民眾，來一場真正的國民革命。國民黨一大後，為落實孫中山提出的"扶助農工"政策，成立了工人部和農民部。工人部部長是堅定的國民黨左派廖仲愷，實際負責人是該部秘書、共產黨員馮菊坡。農民部部長是林祖涵，部秘書是彭湃，都是共產黨員。特別是彭湃，從 1922 年起就投身農民運動，在組織農會

1　《陳獨秀文集》第 2 卷，人民出版社 2013 年版，第 491 頁。

2　《陳獨秀文集》第 2 卷，人民出版社 2013 年版，第 501—502 頁。

3　《陳獨秀文集》第 2 卷，人民出版社 2013 年版，第 285 頁。

方面有豐富的經驗。1924 年 7 月第一屆廣州農民運動講習所，就是彭湃提議開辦，並擔任第一屆講習所主任。這個講習所，先後辦了六期，為農民運動培養了大批骨幹。毛澤東曾任第六屆講習所所長。這樣，國民黨一大後，在國民革命旗幟下發動工農運動的條件逐漸成熟。

此時，又發生了一件事情，使國民運動從南方一下子擴展到了北方。

1924 年 9 月 15 日到 11 月 3 日，爆發了第二次直奉戰爭。奉系軍閥張作霖藉齊燮元（直系江蘇軍閥）與盧永祥（皖系浙江軍閥）爆發浙江戰爭之機，向直系宣戰。直系吳佩孚率 20 萬軍迎戰。其間，直系第 3 軍司令馮玉祥、第 2 路援軍司令胡景翼和北京警備司令孫岳宣佈倒戈，發動北京政變，推翻直系軍閥首領曹錕、吳佩孚控制的國民政府，使戰事急轉直下。吳佩孚率殘部 2000 餘人由塘沽登艦南逃。第二次直奉戰爭後，北洋軍閥元氣大傷，陷入分崩離析局面。

1924 年春，馮玉祥受到蘇聯政府駐華全權代表加拉罕的影響，開始傾向革命。10 月，發起北京政變後，馮玉祥等將所部 15 萬餘人改稱中華民國國民軍，馮玉祥為總司令兼第一軍軍長，胡景翼為副司令兼第二軍軍長，孫岳為副司令兼第三軍軍長。他還電邀孫中山赴北京共商國是。

同年 11 月 13 日，孫中山接受邀請，離粵北上。行前他發表《時局宣言》，提出：“主張召開國民會議，以謀中國之統一與建設。而在國民會議召集以前，主張先召集一預備會議，決定國民會議之基礎條件及召集日期、選舉方法等事。”[1]

對孫中山的北上和召開國民會議主張，中國共產黨全力支持，並把它作為發動民眾的極好機會，1924 年冬至 1925 年春，與國民黨共同發起了聲勢浩大的國民會議運動。

1924 年底孫中山到達北京後，面臨著十分不利的局面。一方面，他重病在身。另一方面，馮玉祥與奉系張作霖、皖系段祺瑞妥協，致使國民政府落入段祺瑞手中。段祺瑞於 1924 年 12 月公佈《善後會議條例》，公開與孫中山的國民會議主張對抗。

---

1 《孫中山選集》（下），人民出版社 2011 年版，第 992 頁。

在這種情況下，孫中山於 1925 年 1 月 17 日發表《為反對包辦善後會議事致段祺瑞電》，希望對善後會議加以補救，卻被段祺瑞拒絕。在忍無可忍的情況下，孫中山於 1925 年 1 月 31 日決定，國民黨員拒絕參加善後會議。

此時，中國共產黨正在召開第四次全國代表大會。[1] 大會期間，1925 年 1 月 19 日，中共中央局做出《對於段祺瑞"善後會議"之議決案》，提出在積極組織各地國民會議促成會的基礎上，"共產黨當使民眾向段政府要求，國民會議促成會得派代表參加善後會議，此等代表的人數當佔善後會議人數三分之二。此種參加即以阻止段氏計劃為目的，並使段氏立即召集國民會議"。"建議於各國民會議促成會請其選舉代表到北京開聯合大會，每一國民會議促成會派代表約自五人至十五人。"[2] 在 1 月 22 日發表的《中國共產黨第四次全國大會宣言》裏，再次聲明："全國各城市裏面的群眾現正努力達到召集國民會議的要求，差不多都組織了國民會議促成會。工人、農民、手工業者、商人、學生現正組織這種機關，並且高叫著消滅一切軍閥陰謀，反對段祺瑞所要召集的軍閥善後會議。""我們號召工人和農民，手工業者和知識階級鞏固自己的組織，並極力贊助國民會議促成會，要求國民會議之召集。無數萬中國民眾的命運真不能再靜聽軍閥們的愚弄了！"[3]

段祺瑞的"善後會議"於 1925 年 2 月 1 日開幕，到 4 月 21 日結束，儘管勉強形成《國民代表會議條例》《軍事善後委員會條例》《財政善後委員會條例》，但根本無法兌現。它以冷酷的事實再次證明，在半殖民地半封建的中國，各種資產階級民主方案，都沒有落地生存的土壤。

1925 年 3 月 12 日，中國資產階級革命的先驅者、中國共產黨的誠摯朋友孫中山在北京逝世。完成國民革命，完成統一中國、造成獨立自由之國家的北伐，成了他未竟的遺願。他在 3 月 11 日的《遺囑》中說："余致力國民革命凡四十年，其目的在求中國之自由平等。積四十年之經驗，深知欲達到

1　1925 年 1 月 11 日至 22 日，中國共產黨第四次全國代表大會在上海舉行。

2　《建黨以來重要文獻選編（1921—1949）》第 2 冊，中央文獻出版社 2011 年版，第 206、207 頁。

3　《建黨以來重要文獻選編（1921—1949）》第 2 冊，中央文獻出版社 2011 年版，第 273 頁。

此目的，必須喚起民眾及聯合世界上以平等待我之民族，共同奮鬥。"[1] 他還特別囑咐："最近主張開國民會議及廢除不平等條約，尤須於最短期間促其實現。"[2]

大革命高潮的到來與失敗

在孫中山逝世後，中國共產黨在國民會議運動的基礎上，又醞釀發起了廢除不平等條約運動。這些運動的相互激盪，為大革命高潮的到來創造了不可或缺的條件。到 1925 年 5 月，受中國共產黨領導或影響的工會有 160 多個，其工人約 54 萬人。農民運動在廣東迅速發展，有 20 餘縣成立農民協會，會員達 20 多萬人，還建立了全省農民協會。[3]

有時，歷史發展就像大海的波濤一樣，一浪高過一浪。1925 年的工農運動就是這樣。國民會議運動掀起的波浪剛過，又一場更加猛烈的浪潮便席捲而來。這就是震驚中外的五卅運動。

1925 年 5 月 7 日，上海日本紡織同業會開會議決，拒絕承認工人組織的工會，要求租界當局及中國官方取締工會活動。5 月 15 日，日本資本家宣佈內外棉七廠停工，不准工人進廠。該廠工人顧正紅率領工人衝進工廠，要求復工和發工資。日本大班（相當於工廠廠長）率領打手向工人開槍，顧正紅身中四彈，傷重身亡。還有十多名工人受傷。這一事件成為五卅運動的導火線，激起了日益高漲的罷工高潮。

自 1923 年 2 月 "二七慘案" 以來，這樣大規模的罷工還是第一次。這一方面是工人與資本家矛盾和中日民族矛盾的爆發，但更重要的原因是中國共產黨已經把工人群眾組織起來了，他們既不再是 "沉默的大多數"，更不是任人宰割的 "羔羊"。

在 1923 年 "二七慘案" 後，工人運動的開展遇到了重重阻力。據鄧中夏

1　《孫中山選集》（下），人民出版社 2011 年版，第 1033 頁。

2　《孫中山選集》（下），人民出版社 2011 年版，第 1033 頁。

3　參見中共中央黨史研究室《中國共產黨歷史》第 1 卷（1921—1949）上冊，中共黨史出版社 2011 年版，第 128 頁。

《中國職工運動簡史（1919—1926）》記載："消沉期中，我們的工會工作，確實困難萬分"，"完善的僅安源礦工工會，鐵路工會[1] 又稍起即僕"。[2]

1924 年第一次國共合作，給了中國共產黨開展工作的便利。鄧中夏《中國職工運動簡史（1919—1926）》中說："此時國民黨已經改組，當時國民黨左派領袖確有意思改造成為一個有組織的黨，一個接近民眾的黨，但這種事他們卻不在行，不得不依靠加入國民黨的共產分子。共產分子當時在國民黨各級黨部工作的不少，特別是工農兩部大半為共產分子主持。國民黨自改組後，經共產黨的宣傳與提攜，此時聲譽日起，共產黨當時的職工運動，在一定的條件之下，也用國民黨的旗幟去做。如在上海，我們曾用國民黨的名義，在楊樹浦、小沙渡、吳淞、浦東等處開辦工人補習學校。這種工人教育運動，的確給了我們公開工作的可能，找出不少線索，於是不久就成立工人團體。如楊樹浦，我們成立了'工人進德會'，小沙渡，我們成立'滬西工人俱樂部'等。"[3]

1924 年 12 月馮玉祥"北京政變"後，北方各軍閥忙於相互爭鬥，在一定程度上放鬆了對工人運動的鎮壓。中國共產黨抓住機會開始在全國範圍內恢復工會運動。其重要標誌，便是遭到嚴重破壞的全國鐵路總工會在 1925 年 2 月 7 日，成功召開為期 4 天的第二次代表大會。在中國共產黨發起組織的國民會議運動中，各地工會也發揮了中堅作用，並且是各地國民會議促成會的骨幹，"做了政治舞台上的一員最強悍的戰將"[4]。

工人運動和工人組織復甦後，有了全國大聯合的客觀條件。在中國共產黨領導和推動下，1925 年 5 月 1 日至 7 日，第二次全國勞動大會在國民革命的大本營廣州舉行。大會由中國共產黨領導的全國鐵路總工會、中華海員工業聯合總會、漢冶萍總工會、廣州工人代表會四大團體發起組織。與會代表 277 人，代表工人團體 165 個。在這些工人團體下，組織起來的工人有 54 萬

1　即中國共產黨領導的全國鐵路總工會，1924 年 2 月 7 日在北京成立。同年 5 月被北洋政府查封。
2　《鄧中夏文集》，人民出版社 1983 年版，第 525 頁。
3　《鄧中夏文集》，人民出版社 1983 年版，第 525—526 頁。
4　《鄧中夏文集》，人民出版社 1983 年版，第 532 頁。

人。[1]一些右翼的"黃色工會"試圖阻止大會召開,沒有成功。這次大會最重要的成果,是中華全國總工會正式成立,林覺民當選委員長,劉少奇、鄧培等當選副委員長,還通過了《中華全國總工會章程》。

這一次勞動大會還有一個標誌性的創舉,就是同廣東省第一次農民代表大會同時同地舉行。這被鄧中夏稱為"這是中國有史以來第一次工農兵大聯合的表現"[2]。大會還通過《工農聯合的決議案》,提出:"無產階級倘若不聯合農民,革命便難成功。"[3]還提出工農聯合的具體措施,包括:"工會農會之間,得互派代表;工會應設法提攜農會進行。""農民如發生經濟上或政治上的爭鬥,工會應領導工人為實力的援助。"[4]從此,"工農聯合"口號就和"國民革命"口號一樣,成為大革命的時代最強音。

就在顧正紅被槍殺後不久,5月28日晚,中共中央和上海黨組織召開緊急會議。陳獨秀在會上指出,中國工人不但要擴大及鞏固自己階級的聯合戰線,且急需工農聯合的成立。會議決定要使鬥爭表現出明顯的反帝性質,以爭取一切反帝力量的援助。在五卅慘案發生後,中共中央再次召開緊急會議,成立領導罷工、罷課、罷市的行動委員會,並於6月1日起在全上海出現氣勢空前的反對帝國主義的總罷工、總罷課、總罷市,20多萬工人和5萬多學生參加了鬥爭。這場運動很快影響到廣州和香港,到這年6月底,參加省港兩地罷工的工人達到25萬人。

辛亥革命沒有真正發動工農群眾,因而失敗了。而在中國共產黨領導下,"國民革命"因為有了"工農聯合"的群眾運動,才能席捲全國。這是中國共產黨成立後,給中華民族復興帶來的最大變化。

五卅運動再次推動了工人階級的大聯合,並產生了一批工人領袖。1925

1　據《中國第二次全國勞動大會宣言》(1925年5月);《建黨以來重要文獻選編(1921—1949)》第2冊,中央文獻出版社2011年版,第366—367頁。另據鄧中夏《中國職工運動簡史(1919—1926)》記載:"這次勞動大會,計到代表二百八十一人,代表工會一百六十六個,代表有組織的工人五十四萬。"參見《鄧中夏文集》,人民出版社1983年版,第552頁。

2　《鄧中夏文集》,人民出版社1983年版,第550—551頁。

3　《建黨以來重要文獻選編(1921—1949)》第2冊,中央文獻出版社2011年版,第363頁。

4　《建黨以來重要文獻選編(1921—1949)》第2冊,中央文獻出版社2011年版,第364頁。

年 6 月 1 日，在五卅運動迅速走向高潮中，成立了上海總工會，李立三任委員長。在省港大罷工中，同年 7 月 3 日，又誕生了省港罷工委員會，蘇兆徵為委員長，鄧中夏為省港罷工委員會黨團書記。

上海的罷工鬥爭堅持了 3 個月，後因民族資產階級動搖，於 8 月下旬至 9 月上旬有組織地陸續復工。省港大罷工堅持了 1 年 4 個月，至 1926 年 10 月主動宣佈結束。

五卅運動，是中國近代以來第一次旗幟鮮明地喊出"打倒帝國主義""廢除不平等條約"口號的政治鬥爭。它的興起，標誌著國共合作的大革命高潮的到來，在很大程度上抑制了孫中山逝世後蠢蠢欲動的國民黨右派的影響，為正在加緊準備的廣東革命政府北伐準備了條件。同時，也迅速擴大了中國共產黨的影響。

1925 年 1 月舉行中共四大時，共產黨員人數不過 994 人。同年底，猛增到 1 萬人。[1] 特別是在省港大罷工中，形成了在中國共產黨直接領導下的十多萬工人階級隊伍，不僅是廣東革命政府的堅強後盾，也是中國共產黨在廣東同國民黨新老右派進行鬥爭的可靠階級基礎。

在南方形成的五卅運動高潮中，進一步推進在北洋軍閥政府嚴密控制下的北方工農運動的時機逐漸成熟。

為加強領導，1925 年 10 月成立中共北方區執行委員會，李大釗為書記。到 1926 年初，已在北京、天津、唐山、樂亭、張家口、正定、大連、太原、保定及北滿等地組建十多個地委和幾十個特別支部或獨立支部，黨員發展到 2000 多人。[2]

北方農民運動也發展起來，最為突出的當屬地處中原的河南。在王若飛領導下，中共豫陝區委於 1926 年 4 月在開封召開河南省農民代表大會，宣告河南省農民協會成立，擁有會員 27 萬人，僅次於廣東省。還組織了農民自衛軍 10 萬人。此後，山東、山西、直隸、熱河、察哈爾、綏遠，也相繼成立了

1　中共中央黨史研究室：《中國共產黨歷史》第 1 卷（1921—1949）上冊，中共黨史出版社 2011 年版，第 134 頁。

2　參見中共中央黨史研究室《中國共產黨歷史》第 1 卷（1921—1949）上冊，中共黨史出版社 2011 年版，第 141 頁。

農民協會。

1926 年 7 月 9 日，北伐戰爭正式開始。這為工農運動進一步高漲，提供了難得的歷史機遇。

按照當時中共中央對北伐戰爭的認識，黨的主要工作是發動沿途工農運動，以支持和配合北伐戰爭。這一認識，存在著輕視武裝鬥爭、削弱以致放棄黨對北伐戰爭的領導的問題，由此成為大革命失敗的重要原因。但從客觀上，使得全黨集中全力發展工農運動，取得了領導群眾運動的重要經驗。

當時，北洋軍閥的三支主要力量，直系吳佩孚 20 萬軍隊控制著湖南、湖北、河南等地，直系孫傳芳 20 萬軍隊盤踞在江西、福建、安徽、浙江、江蘇一帶，奉系張作霖連同山東軍閥張宗昌 30 萬軍隊佔據著山東、天津、北京、熱河、察哈爾及東北。

孫中山逝世後，廣東革命根據地也有了很大發展。1925 年 7 月 1 日，廣州大元帥府正式改組為中華民國國民政府，公開同北洋軍閥政權對立。隨後，將黃埔軍校校軍和駐扎廣東的不同派系擁護國民政府的軍隊等，統一編為 6.5 萬人的國民革命軍。接著，又統一了廣東，促使廣西和湖南地方政權接受國民政府領導，國民革命軍也從 6 個軍擴充為 8 個軍共 10 萬人。

北伐戰爭採納蘇聯軍事顧問加倫的建議，先集中力量出擊兩湖，擊敗吳佩孚，然後再向江西進軍。北伐軍在工農運動的配合下，一路所向披靡。7 月 11 日進佔長沙，8 月 22 日佔領岳州，8 月 30 日在賀勝橋一帶擊潰吳佩孚主力，10 月 10 日攻佔武昌。在一路進攻中，中國共產黨領導的葉挺獨立團衝鋒在前，立下汗馬功勞。11 月初，北伐軍會師東進，11 月上旬先後佔領南昌、九江，消滅了孫傳芳主力。

1926 年，湖南、湖北遭遇百年未有的災害，北伐軍作戰難以就地補充給養。省港罷工委員會組織北伐運輸隊以及宣傳隊、衛生隊共 3000 人，隨軍出征。北伐軍進入湖南後，中共湖南區委發動工農群眾支援北伐軍，還組織農民自衛軍直接參戰。長沙各業工人組成近萬人的運輸隊隨軍前進。北伐軍還未進入湖北，中共湖北黨組織已經在做各種準備。漢陽兵工廠工人舉行總罷工，拒絕為吳佩孚軍隊製造槍械。北伐軍克復漢陽後，黨組織又在漢口發動群眾罷工、罷市，斷絕交通，使北伐軍順利收復漢口。

北伐軍控制湖北、湖南、江西後，中國共產黨領導的工農運動出現了新的景象。1926 年 9 月 17 日，中華全國總工會在漢口設立辦事處。同年 12 月，全國工會會員由北伐前的 100 萬人增加到近 200 萬人，其中湖南、湖北、江西的發展尤其迅速，還先後成立湖北全省總工會和湖南全省總工會。湖南、湖北、江西等省還組織了相當數量的工人糾察隊。

與此同時，一場前所未有的農村革命風暴席捲湖南、湖北、江西等地。正如毛澤東所說："國民革命需要一個大的農村變動。辛亥革命沒有這個變動，所以失敗了。現在有了這個變動，乃是革命完成的重要因素。"[1]

北伐軍進入湖南後，湖南農村掀起了一場迅猛異常的革命大風暴，矛頭直指地主政權、封建土地制度和封建宗法制度，農民協會成為鄉村唯一的權力機關。這一革命浪潮，有力地鼓舞著其他省份的農民運動。為加強對農民運動的領導，中共中央決定成立農民運動委員會。1926 年 11 月，毛澤東擔任中共中央農民運動委員會書記後，決定以湖南、湖北、江西、河南為重點開展農民運動。此時，湖南農民協會會員已有 107 萬人，湖北農民協會會員也有 20 萬人左右，江西的農協會員也發展到 5 萬多人。

這一時期的工農運動，已經因北伐軍的到來連成一氣。1927 年 1 月起，漢口、九江發生了震驚中外的收回英租界的鬥爭，得到武漢國民政府支持。群眾性反帝運動與武漢國民政府的外交談判互相聲援，迫使英國政府在 2 月 19 日和 20 日分別與武漢國民政府簽署協定，交還漢口、九江的英租界。像這樣的鬥爭，這樣的勝利，在中國近代以來還是第一次，進一步鼓舞了工農群眾的革命鬥志。

大革命時期的一個特點，是革命鬥爭越發展、越激烈，階級分化也越劇烈、越顯著。這個問題，早在孫中山逝世後已初見端倪，經過 1926 年 3 月 20 日中山艦事件和同年 5 月 "整理黨務案" 後，便愈演愈烈，在革命營壘裏形成了以蔣介石為中心的國民黨新右派。分清革命陣營的敵我友問題，成了革命的首要問題。

最早尖銳地提出這個問題的是毛澤東。1925 年 12 月 1 日，他在國民革

1　《毛澤東選集》第 1 卷，人民出版社 1991 年版，第 16 頁。

命軍第二軍司令部編印的《革命》第四期發表《中國社會各階級的分析》一文。他在分析了各階級的經濟地位和政治態度後，得出的結論是："一切勾結帝國主義的軍閥、官僚、買辦階級、大地主階級以及附屬於他們的一部分反動知識界，是我們的敵人。工業無產階級是我們革命的領導力量。一切半無產階級、小資產階級，是我們最接近的朋友。那動搖不定的中產階級，其右翼可能是我們的敵人，其左翼可能是我們的朋友——但我們要時常提防他們，不要讓他們擾亂了我們的陣線。"1

到了 1927 年上半年，工農運動全面高漲之時，也是北伐戰爭發展到關鍵時刻，革命營壘的分化更加嚴重，蔣介石背叛革命僅僅是時間早晚的問題。就在這時，曾經積極支持工農運動的陳獨秀退縮了，並且不加區別地一味指責工農運動搞"左"了。他天真地以為，只要約束住了工農運動，也就保住了國共合作的基礎。

在這種情況下，毛澤東再次挺身而出，於 1927 年 1 月 4 日至 2 月 5 日，回到他十分熟悉的湖南家鄉湘潭，以及湘鄉、衡山、醴陵、長沙等地深入調研，寫了《湖南農民運動考察報告》。在報告裏，他以鐵的事實列舉了農民運動幹的 14 件大事，說明農民運動不是"痞子運動"，不是"過分""亂來"，更不是什麼"糟得很"。他預言："很短的時間內，將有幾萬萬農民從中國中部、南部和北部各省起來，其勢如暴風驟雨，迅猛異常，無論什麼大的力量都將壓抑不住。他們將沖決一切束縛他們的羅網，朝著解放的路上迅跑。一切帝國主義、軍閥、貪官污吏、土豪劣紳，都將被他們葬入墳墓。"2

面對這場中國共產黨領導的農民革命，毛澤東在大革命失敗前夕提出了一個尖銳的現實問題："一切革命的黨派、革命的同志，都將在他們面前受他們的檢驗而決定棄取。站在他們的前頭領導他們呢？還是站在他們的後頭指手畫腳地批評他們呢？還是站在他們的對面反對他們呢？每個中國人對於這三項都有選擇的自由，不過時局將強迫你迅速地選擇罷了。"3

1　《毛澤東選集》第 1 卷，人民出版社 1991 年版，第 9 頁。

2　《毛澤東選集》第 1 卷，人民出版社 1991 年版，第 13 頁。

3　《毛澤東選集》第 1 卷，人民出版社 1991 年版，第 13 頁。

毛澤東後來每每強調說，正確的意見往往不是產生於開頭，而是在調查研究之後。事實正是如此。他在回顧自己的思想轉變時說過："農民要革命，接近農民的黨也要革命，但上層的黨部則不同了。當我未到長沙之先，對黨完全站在地主方面的決議無由反對，及到長沙後仍無法答覆此問題，直到在湖南住了三十多天，才完全改變了我的態度。我曾將我的意見在湖南作了一個報告，同時向中央也作了一個報告，但此報告在湖南生了影響，對中央則毫無影響。廣大的黨內黨外的群眾要革命，黨的指導卻不革命，實在有點反革命的嫌疑。這個意見是農民指揮著我成立的。"[1]

然而，這些鏗鏘有力、振聾發聵的話語，沒有發揮應有的效力。對此，毛澤東在"八七"會議上不無悔意地表示："我素以為領袖同志的意見是對的，所以結果我未十分堅持我的意見。"[2]

歷史在很多關頭，給人留下了深深的遺憾。在蔣介石"四一二"反革命政變後召開的中共五大，[3]繼續了陳獨秀的右傾機會主義錯誤。這樣，轟轟烈烈的大革命，不能不以國民黨反動派的血雨腥風而告失敗。

一切似乎都一下子翻轉了過來。然而，這時的中國共產黨已經不是剛剛成立時的黨。它有了第一次國共合作的經驗教訓，嘗到了赤手空拳沒有武裝的苦頭。而更重要的，是它有了深厚的工農群眾基礎，有了豐富的宣傳群眾、組織群眾的成功經驗，更擁有一批深得群眾信賴的革命領袖。

大革命失敗了，但民族復興有了新的依靠。年輕的中國共產黨還要歷經磨難，才能成熟起來，擔當民族復興大任。然而，只有在她身上，寄託著中國的未來，中華民族的未來。

留得青山在，不怕沒柴燒。在中國大地上，依然佈滿了乾柴。只等中國的"普羅米修斯"，再次點燃中國革命熊熊烈焰。

1　《毛澤東文集》第 1 卷，人民出版社 1993 年版，第 46—47 頁。

2　《毛澤東文集》第 1 卷，人民出版社 1993 年版，第 47 頁。

3　中國共產黨第五次全國代表大會，1927 年 4 月 27 日至 5 月 9 日在武漢召開。

第四章　為了創建新中國

1927 年大革命失敗後，很多人把民族復興的希望，放在了以蔣介石為代表的南京國民政府身上。

這並不奇怪。蔣介石因為深得孫中山的信賴，又被委任為黃埔軍校校長，在很多人眼裏，是孫中山未竟事業的繼承者。他又是北伐戰爭中衝鋒陷陣的國民革命軍的總司令，在很多人眼裏，是北伐戰爭的功臣，也是北伐戰爭繼續向北推進的希望。他還建立了南京國民政府，[1] 擁有了"正統"地位，有了"號令天下"的政治資本。這一切都使他感覺春風得意、躊躇滿志。

蔣介石的得意之時

在隨後的幾年內，似乎歷史的天平真的倒向了蔣介石。他繼續北伐，換來了張學良的"東北易幟"[2]；他實現了"寧漢合流"，分裂的國民黨重新歸一；

1　蔣介石在 1927 年發動"四一二"反革命政變後，於同年 4 月 18 日在南京另立國民政府，以國民黨元老胡漢民為主席。1927 年 7 月 15 日，汪精衛集團實行"分工"，武漢國民政府也背叛革命。同年 8 月 19 日，武漢國民政府宣佈前往南京。雙方以蔣介石辭職為條件，實現"寧漢合流"。1928 年 1 月，蔣介石重新擔任國民革命軍總司令。同年 2 月，在國民黨二屆四中全會上，被推任國民黨軍事委員會主席。同年 9 月召開的國民黨二屆五中全會，宣佈全國進入訓政時期。隨後，南京國民政府公佈《中華民國國民政府組織法》。同年 10 月 8 日，國民黨中央常務委員會會議推舉蔣介石為國民政府主席兼海陸空軍總司令。身為國民黨中央執行委員會政治會議主席的蔣介石，此時集黨政軍大權於一身。

2　1928 年 6 月 3 日，奉系軍閥張作霖在同國民黨軍隊作戰失利情況下，率軍退回關外，所乘專列在返回途中被日本人炸毀。張作霖傷重身亡。張學良就任奉軍首領後，於同年 12 月 29 日發佈通告，"遵守三民主義，服從國民政府，改易旗幟"（《張學良文集》（1），新華出版社 1992 年版，第 150 頁）。從此，北洋軍閥解體，國民黨政府在全國的統治確立。

他藉助"清共""剿共",不僅把共產黨打入地下,而且使中小軍閥聽從他的號令;他通過各種經濟政策,投靠了大資產階級,安撫了民族資產階級和小資產階級及其知識分子,使經濟發展一度進入民國的"黃金時期",為國民黨政權的鞏固打下了物質基礎;他還推行"新生活運動",重塑"禮義廉恥"四維,提倡所謂"生活藝術化、生活生產化、生活軍事化",企圖為國民黨統治提供一個與共產主義思想相抗衡的思想道德體系。然而,歷史的發展很快打破了這種暫時平衡。

一是軍閥紛爭不已,內戰不斷,人民繼續遭受苦難。北伐戰爭結束了北洋軍閥統治,卻沒有給人民帶來片刻安寧。國民黨內部的紛爭,取代北洋軍閥紛爭,成為荼毒社會的一大公害。1929年3月至6月,蔣介石與李宗仁、白崇禧之間發生蔣桂戰爭。同年10月至11月,發生蔣介石同馮玉祥之間的戰爭。1930年5月至10月,蔣介石與馮玉祥、閻錫山之間爆發中原大戰。

馮玉祥在日記中寫道:"蔣專弄權術,不尚誠意,既聯甲以倒乙,復拉丙以圖甲,似此辦法,決非國家長治久安之象。"[1]張發奎也說:"蔣先生在編遣過程中假公濟私,善自為謀,這就是他為什麼一次又一次遭到反對,直至抗戰爆發。"[2]

二是金融壟斷逐漸形成,嚴重束縛了民族資產階級發展。

南京國民黨政府成立之初,給民族資本帶來一些新的希望。其中最重要的是"關稅自主"。國民黨政府在1928年6月發表的"改訂新約"對外宣言中,提出"關稅自主"主張。同年7月,同美國首先簽訂了《中美關稅條約》。隨後,又同挪威、比利時、意大利、丹麥、葡萄牙、荷蘭、英國、瑞典、法國、西班牙、日本等國締結了"友好通商條約"或新的"關稅條約",在關稅自主權上取得了一些進展,但海關行政管理權仍掌握在外國人手裏。這些進展,有利於國內工商業的發展。

然而,好景不長。連年內戰和沉重的內債外債,猶如兩副重擔,幾乎壓垮了國民黨政府的財政。這實際上是國民黨新軍閥與帝國主義統治帶來的經

1　《馮玉祥日記》第2冊,江蘇古籍出版社1992年版,第571頁。
2　張發奎:《蔣介石與我》,香港文化藝術出版社2008年版,第168頁。

濟後果。據統計，1928 年至 1930 年，軍務支出分別佔財政總支出的 49.7%、42.9%、43.8%，債務支出分別佔 33.3%、33.4%、39%，用於建設的支出僅佔 0.6%、0.4%、0.2%。[1] 財政上的虧空，除了對民間加緊搜刮，主要靠發行公債來彌補。就這樣，通過發行公債，財政負擔大部分轉嫁到民族資本身上。與此同時，發行公債也使國民黨政府同江浙財團結成更加緊密的利益聯盟，既鞏固了金融壟斷，也加速了國民黨政府的腐敗。

法國學者白吉爾在《中國資產階級的黃金時代》一書中寫道："從一九二七年開始，一直渴望獲得獨立地位的上海銀行家，也成了國家的主要投資者，他們同樣將自己的命運與蔣介石政權繫在一起。在一九二七至一九三一年期間，他們認購了國內借款（當時總額已達到十億元）的百分之五十至七十五。由於政府是以低於面值的價格出售，所以債券將給銀行家帶來百分之二十的實利，這在當時要比百分之八點六的官方利率高出許多。在此種意義上說，蔣氏政權的最初幾年，是中國銀行家獲得繁榮發展的時期。但到一九三一年至一九三二年，情況就發生逆轉。""在這種情況下，有些銀行家就選擇了進入政府部門當大官的道路。結果是他們獲得了特權，卻完全喪失了以往的首創精神。"[2]

國民黨政府對待一般民族資本，則是另一種態度。法國學者白吉爾在《中國資產階級的黃金時代》中說："大量事實證明：國民黨政府對於發展私人企業的態度是相當冷漠的。這裏可以舉一個最能說明問題的例子：在工商業蕭條的最初幾年裏（一九三二至一九三六年），南京政府竟然不願為瀕臨絕境的資產階級提供任何支持，以幫助有關企業克服和渡過危機。"[3] 據統計，1928 年至 1930 年，國民黨政府用於建設的支出僅佔整個財政支出的 0.6%、

---

1 蔣永敬：《第三編導言》，《中華民國建國史》第 3 編（1），（台北）"國立編譯館" 1989 年版，第 44 頁。轉引自金沖及《二十世紀中國史綱》上冊，社會科學文獻出版社 2009 年版，第 293 頁。

2 〔法〕白吉爾：《中國資產階級的黃金時代》，上海人民出版社 1994 年版，第 320、321 頁。

3 〔法〕白吉爾：《中國資產階級的黃金時代》，上海人民出版社 1994 年版，第 325 頁。

0.4%、0.2%。[1] 這和軍費開支相比，可謂"冰火兩重天"。

這一時期，民族資本在列強企業不公平競爭、戰事連年、金融壟斷加劇、政府稅收日益加重的夾縫中艱難生長。以民族工業發展為例。它在 1928 年達到第一次世界大戰以後發展的最高峰，當年全國新註冊的工廠數 250 家，資本額 11784 萬元，之後逐年走低。1929 年新註冊工廠 180 家，資本額 6402 萬元；1930 年新註冊 119 家，資本額 4495 萬元；1931 年新註冊 113 家，資本額 2769 萬元，工廠數與上年基本持平，但資本金大幅萎縮，反映了民族工業發展的困境；1932 年新註冊 87 家，資本額 1459 萬元；1933 年新註冊 153 家，資本額 2440 萬元，新註冊工廠數有較大增長，但資本額增長幅度依然有限。[2]

三是面對日本挑起的九一八事變，實行"不抵抗"政策，長期奉行"攘外必先安內"反動國策。

日本侵略中國的預謀，由來已久。對此，蔣介石也深有感觸。濟南慘案[3] 發生後，他在 1928 年 5 月 7 日的日記中寫道："日本軍閥，心毒狠而口狡詐。"[4]

然而，日本的對華野心豈止在濟南和山東，而是在整個東北和中國。1931 年 9 月 18 日，日本關東軍悍然製造柳條湖事件，藉機佔領瀋陽，不久控制了全東北。此時，東北軍主力已在一年前隨張學良入關，給了日本侵略者可乘之機。但不可思議的是，身為國民政府主席兼海陸空軍總司令的蔣介石，在"九一八事變"之前給張學良的指令中，不是要他做好對付日本人突

1　蔣永敬：《第三編導言》，《中華民國建國史》第 3 編（1），（台北）"國立編譯館" 1989 年版，第 44 頁。轉引自金沖及《二十世紀中國史綱》上冊，社會科學文獻出版社 2009 年版，第 293 頁。

2　參見許滌新、吳承明主編《中國資本主義發展史》第 3 卷，社會科學文獻出版社 2007 年版，第 89 頁表 2—22。

3　1928 年 4 月，蔣介石率國民革命軍開始第二次"北伐"，於 5 月 1 日攻克濟南。5 月 3 日，日本駐軍竟以所謂"保護日僑"為口實，悍然開槍殺害北伐軍交涉員，並造成中國軍民 4700 多人傷亡。史稱"濟南慘案"。

4　轉引自金沖及《二十世紀中國史綱》上冊，社會科學文獻出版社 2009 年版，第 300 頁。

發事變的準備，而是稱"現非對日作戰之時，以平定內亂為第一"。[1]

"九一八事變"一出，舉國震驚。它對中國人造成的強烈震撼，遠遠超過了中國在甲午戰爭中戰敗之時。南京、上海、北平等地爆發了學生請願運動，卻遭到蔣介石的無情鎮壓。[2]

民族危亡激起的愛國熱情高漲的同時，對南京國民政府的失望情緒也與日俱增。當時在浙江實業銀行任職的章乃器談到他的思想變化時說："我們在不久以前，還正在歡呼北伐的勝利，以為祖國從此可以轉弱為強，中華民族吐氣揚眉為期不遠，我們這樣生活在租界的人也可以不再受外國人的輕視、侮辱了。孰知大好形勢突然逆轉，國家又瀕於危亡，悲痛的心情真是難以言語形容的。"[3] 後來，章乃器走上了抗日救亡的道路。1936 年 5 月和沈鈞儒、鄒韜奮等在上海發起成立全國各界救國聯合會，因呼籲停止內戰、釋放政治犯等，獲罪於南京國民政府而被捕，成為著名的七君子[4]之一。

同為"七君子"之一的鄒韜奮，不僅在其主編的《生活週刊》上詳細報道了"九一八事變"真相，他還發表《無可掩飾的極端無恥》一文，痛斥蔣介石的"不抵抗主義"，指出："其實這種'不抵抗主義'就是'極端無恥主義'，倘國民不加以深刻的觀察和沉痛的駁擊，則今後為國公負有守土之責者，貪生怕死，見敵即逃，不知人世間尚有羞恥事。"[5]

歷史到了這時，也只有到了這時，才終於打破了人們對蔣介石國民黨政府的幻想，開始把民族復興的希望轉向正在黑暗中奮鬥的中國共產黨。歷史天平，在人心向背的轉換中，一點點傾斜過來。

---

1 蔣介石 1931 年 7 月 12 日給張學良的電報，轉引自郭廷以《近代中國史綱》（第 3 版），格致出版社、上海人民出版社 2009 年版，第 420 頁。

2 蔣介石在 1931 年 12 月 9 日的日記中稱："昨日上午政治會議，一般書生對萬惡、反動、盲從之學生仍主放任，不事制裁。"12 月 10 日的日記稱："晚會商鎮壓準備事。"轉引自金沖及《二十世紀中國史綱》上冊，社會科學文獻出版社 2009 年版，第 345 頁。

3 章乃器：《我和救國會》，《救國會》，中國社會科學出版社 1981 年版，第 430 頁。

4 南京國民政府於 11 月 23 日上午，以"危害民國"罪在上海逮捕了救國會領導人沈鈞儒、章乃器、鄒韜奮、史良、李公朴、王造時、沙千里七位救國會的領導人。被稱為"七君子事件"。

5 《生活週刊》第 6 卷第 41 期，1931 年 10 月 3 日。

中國革命有了新起點

毛澤東在 1945 年中共七大上，曾經這樣回顧大革命失敗後中國共產黨人的浴血奮戰："中國共產黨和中國人民並沒有被嚇倒，被征服，被殺絕。他們從地下爬起來，揩乾淨身上的血跡，掩埋好同伴的屍首，他們又繼續戰鬥了。他們高舉起革命的大旗，舉行了武裝的抵抗，在中國的廣大區域內，組織了人民的政府，實行了土地制度的改革，創造了人民的軍隊 —— 中國紅軍，保存了和發展了中國人民的革命力量。被國民黨反動分子所拋棄的孫中山先生的革命的三民主義，由中國人民、中國共產黨和其他民主分子繼承下來了。"[1]

大革命的失敗，不是民主革命的終結，而是中國共產黨人新的探索的開始。中國半殖民地半封建的性質沒有改變，中國民主革命的任務沒有完成，不過中國的政治狀況和階級分野卻有了很大改變，中國共產黨所處的環境也有了重大變化，這就需要探索新的道路，形成新的理論。

首先，階級分野變了。國民政府，從民族資產階級、小資產階級、工人階級、農民階級的聯合政權，演變為官僚資產階級、大地主階級的專制政權。民族資產階級和上層小資產階級一度退出了革命統一戰線，成為蔣介石南京國民政府的追隨者。中國資產階級性質的反帝反封建的民主革命遠沒有完成，在當時能夠擔負起這場革命的力量，只剩下工人階級和農民階級這兩大階級。這就是毛澤東等探索中國革命道路之時中國的現實階級狀況。

其次，革命環境變了。當年，馬克思主義的廣泛傳播，中國共產黨的醞釀成立，都是以城市為中心。這裏是工人階級集中的地方，也是進步思想聚集的地方。中國共產黨成立後，發動組織工人運動，重點也是在城市，同時在少數地區也向農村發展。第一次國共合作實現後，儘管是城市的工人運動與廣大農村的農民運動相互配合、齊頭共進，但國共合作的各級領導機構和黨的各級領導機關，仍然放在城市，而且集中於上海、廣州、武漢、長沙、南昌等大城市。

---

1 《毛澤東選集》第 3 卷，人民出版社 1991 年版，第 1036 頁。

大革命失敗後，歷史發展的慣性與對共產國際和蘇聯經驗的迷信，都使中國共產黨繼續選擇了中心城市暴動、農村起義配合的道路。然而，也正是在這時，一個新的選擇與新的希望出現了。

1927 年 8 月 7 日，在漢口召開的中共中央緊急會議上，毛澤東做出了一個新的選擇。他在政治上的支持者、當時主持中央工作的瞿秋白提出，希望他去上海中央機關工作。毛澤東則表示，不願去大城市住高樓大廈，願到農村去，上山結交綠林朋友。[1] 後來的歷史表明，正是有了毛澤東這一特立獨行的選擇，中國革命道路才能從井岡山革命根據地的創建起步，一路走向全國勝利。

更嚴重的是，當時的理論也不夠成熟。歷史現象是複雜的。大革命失敗之後，中國民主革命遠未完成，革命階級只剩下工人階級和農民階級，對於這種獨特的現象，誰也沒有遇到過，也沒有現成的書本理論可以遵循。

對於這種現象，可以作兩種解讀。一種是教條主義的解讀，認為這時的革命已進入社會主義革命，至少也是從民主革命向社會主義革命的過渡時期。如果不進行實事求是的科學分析，就會得出混淆社會主義革命和民主革命界限的"無間斷革命"的錯誤主張。大革命失敗後一段時期的"左"傾盲動，其中一個原因就是誤判了革命的性質。

另一種是從實際出發的解讀，這就是中國還處於民主革命階段。這是中共六大決議正確分析得出的結論，也是在有了"左"傾盲動招致失敗的教訓後反思的結果。中共六大政治議決案正確地指出："中國革命現在階段的性質是資產階級性的民權主義革命，如認中國革命目前階段為已轉變到社會主義性質的革命，這是錯誤的，同樣，認為中國現時革命為'無間斷革命'也是不對的。"[2]

在正確判斷中國革命所處階段及其性質以後，並不等於解決了問題的全部。大革命失敗以後，民族資產階級和上層小資產階級一度退出了革命統一

1　《毛澤東年譜（1893—1949）》（修訂本）上冊，中央文獻出版社 2013 年版，第 206—207 頁。

2　《建黨以來重要文獻選編（1921—1949）》第 5 冊，中央文獻出版社 2011 年版，第 377 頁。

戰線，成為蔣介石南京國民政府的追隨者，革命營壘裏只剩下工人階級和農民階級在廣大鄉村苦鬥。這是否就是中國民主革命的常態，還是說將來民族資產階級和上層小資產階級，甚至一部分大資產階級還有重新加入革命營壘的可能。這個問題，同樣是中國革命至關重要的問題。

中共六大由於缺少這方面的實踐，未能解決這個問題。一方面，中共六大正確地解決了"中國革命現在階段的性質是資產階級性的民權主義革命"的問題，並批評了"無間斷革命"的主張；另一方面，卻認為"中國現時資產階級性的民權革命必須反對民族資產階級方能勝利，革命動力只是工農"，"民族資產階級是阻礙革命勝利的最危險的敵人之一"。[1] 在這種情況下，黨仍然不可能有效地阻止三次"左"傾冒險主義錯誤的發生。這是中共六大的一個歷史局限。

中共六大的歷史局限，是由理論上與實踐上的不成熟造成的。當時擺在中國共產黨面前的革命理論，只有無產階級革命理論；成功的道路，只有俄國十月革命道路。按照這個理論與實踐，工人階級及其政黨在革命成功以前，實際上面臨著兩個不同性質的革命。一個是尚未完成的資產階級民主革命，一個是尚未開始的無產階級社會主義革命。工人階級及其政黨肩負的雙重革命任務，就是首先全力推動資產階級民主革命取得勝利，就像俄國 1905年革命和 1917 年 2 月革命那樣；然後爭得革命領導權，不間斷地將這場革命向無產階級社會主義革命推進，就像 1917 年十月革命那樣。在當時中國共產黨所接受的理論與實踐中，在全力推動資產階級民主革命取得勝利上，已經出現過陳獨秀的右傾機會主義錯誤；大革命失敗後，又出現了過分強調"不間斷革命"、誇大當前革命的社會主義因素的左傾教條主義錯誤。只有在後來毛澤東吸取一次右傾和三次左傾的教訓，總結中國革命規律，提出了由中國共產黨和中國工人階級領導的、工農聯盟為基礎的、人民大眾結成反帝反封建愛國民主統一戰線的新民主主義革命理論後，才真正解決了這個問題。也只有這個問題解決了，中國革命道路才能沿著正確航向走向勝利，而避免重蹈"左"的或右的錯誤覆轍。

1　《建黨以來重要文獻選編（1921—1949）》第 5 冊，中央文獻出版社 2011 年版，第 378 頁。

毛澤東就是從大革命失敗後血與火的考驗中衝殺出來的中國革命領袖，就是在破解前無古人的難題、闖過似乎是不可逾越的難關中誕生的中國革命領袖。歷史呼喚和錘煉著偉大的人物，這樣的偉大人物也應運而生。他給中國共產黨帶來了新的希望，也給中華民族復興帶來新的希望。

歷史沒有直通車，在許多歷史關頭，希望總是從迷茫中開始的。正如毛澤東後來對寫於 1927 年春的詞作《菩薩蠻·黃鶴樓》批註時所說："一九二七年，大革命失敗的前夕，心情蒼涼，一時不知如何是好，這是那年的春季。夏季，八月七號，黨的緊急會議，決定武裝反擊，從此找到了出路。"[1]

在"八七"會議之前，1927 年 8 月 1 日，爆發了中國共產黨獨立領導的八一南昌起義。八一南昌起義的意義，在於打響武裝反抗國民黨反動派的第一槍，但沒有為中國革命找到通向成功之路。

當年領導南昌起義的周恩來回憶說："我覺得它的主要錯誤是沒有採取就地革命的方針，起義後不應把軍隊拉走，即使要走，也不應走得太遠。當時如果就地進行土地革命，是可以把武漢被解散的軍校學生和兩湖起義尚存的一部分農民集合起來的，是可以更大地發展自己的力量的。但南昌起義後不是在當地進行土地革命，而是遠走汕頭；不是就地慢慢發展，而是單純的軍事進攻和到海港去，希望得到蘇聯的軍火接濟。假使就地革命，不一定能保住南昌，但湘、鄂、贛三省的形勢就會不同，並且能同毛澤東同志領導的秋收起義部隊會合。"[2]

1927 年 8 月 7 日，中共中央在漢口秘密召開緊急會議，這就是著名的"八七會議"。會議糾正了陳獨秀右傾機會主義，確定實行土地革命和武裝反抗國民黨反動派屠殺政策的總方針，決定在湘、鄂、粵、贛四省發動秋收暴動。毛澤東在會上提出"須知政權是由槍杆子中取得的"[3]，並決心到農村去領導湘贛邊界秋收起義。

1927 年 9 月 9 日，毛澤東領導發動了湘贛邊界秋收起義。這是他探索中

1　《毛澤東文集》第 7 卷，人民出版社 1999 年版，第 460 頁。

2　《周恩來選集》上卷，人民出版社 1980 年版，第 173 頁。

3　《毛澤東文集》第 1 卷，人民出版社 1993 年版，第 47 頁。

國革命道路的開始，然而這次起義很快就失敗了。十天之後，9 月 19 日晚，毛澤東在湖南瀏陽縣的里仁學校主持召開前敵委員會會議，討論起義失敗後工農革命軍的行動方向問題。這次會上爭論得很激烈，多數人認為要繼續執行湖南省委的決定，先取瀏陽、再攻長沙。經過一夜的討論，毛澤東終於說服了大家，決定直面敵強我弱的現實，放棄攻打長沙計劃，轉向敵人統治力量薄弱的農村、山區，尋求落腳點，以保存實力，再圖發展。

這次轉兵，奠定了毛澤東開闢中國農村第一個革命根據地——井岡山根據地的起點。1927 年 10 月 27 日，毛澤東率領工農革命軍來到井岡山中心區域茨坪。1928 年 4 月，又迎來朱德、陳毅率領的南昌起義保留下來的英雄部隊和湘南起義農軍，實現了著名的朱毛會師，這使井岡山革命力量迅速發展壯大。同年 5 月 4 日，成立了工農革命軍第四軍（後改稱紅軍第四軍）。不久，取得了 6 月 23 日龍源口大捷。井岡山革命根據地渡過最為艱難的時刻，進入全盛時期。在艱苦卓絕的鬥爭歲月中，形成了堅定執著追理想、實事求是闖新路、艱苦奮鬥攻難關、依靠群眾求勝利的井岡山精神。

1927 年 10 月到 1929 年 1 月，毛澤東在井岡山革命根據地堅持鬥爭的一年零三個月裏，從理論到實踐解決了中國紅色政權的生存問題，解決了工農紅軍的基本任務、基本戰術、組織紀律問題，形成了"支部建在連上"的制度，還取得了建立蘇維埃政權、打土豪分田地的初步經驗。這些都為開闢中國革命道路奠定了初步的基礎。

紅軍依靠井岡山革命根據地，解決了生存問題之後，又面臨新的問題：紅軍隊伍和根據地如何發展壯大。1929 年 1 月，面對國民黨軍的"會剿"，毛澤東和朱德決定率領紅四軍主力下山，到贛南、閩西尋求新的發展機會，把留守井岡山根據地的任務，交給了彭德懷率領的紅三軍。

經過一年的艱苦轉戰，到 1930 年初，朱德、毛澤東率領的紅四軍在當地黨組織和工農武裝配合下，開闢了贛南、閩西兩塊革命根據地，無論在地域上還是群眾基礎上，與井岡山時期相比都有了質的飛躍。

1930 年 3 月，贛西南蘇維埃政府和閩西蘇維埃政府先後宣告成立。這兩個根據地共擁有 200 萬人口，是當時全國紅軍中最大的戰略區。這使朱毛紅軍有了充裕的兵員和廣闊的迴旋空間。

1930 年，還是紅軍規模與戰鬥力全面提升的一年。首先實現的是從軍向軍團的躍升。這年 6 月，紅四軍與紅六軍、紅十二軍整編為紅軍第一路軍，不久改稱紅軍第一軍團，朱德任總指揮，毛澤東任政治委員。活躍在贛南、閩西的各路紅軍，從此結束了以遊擊戰為主的階段，開始實現以運動戰為主的戰略轉變。

接著，又實現了從軍團向方面軍的歷史性跨越。1930 年 8 月，紅一軍團同彭德懷領導的紅三軍團合編為中國工農紅軍第一方面軍，朱德任總司令，毛澤東任總政治委員。同時成立中國工農革命委員會，毛澤東任主席，統一指揮紅軍和地方政權。

一年多以前，朱德和毛澤東率領紅四軍主力下井岡山時，只有 3600 人。如今，紅一方面軍已發展到 3 萬人。這同井岡山時期，早已是今非昔比。毛澤東的預言 "星星之火，可以燎原"，幾近成為現實。

從 1929 年 1 月進軍贛南閩西到 1930 年，是毛澤東探索中國革命道路中，又一個關鍵時期。在這一時期，通過 1929 年 12 月古田會議[1]決議，系統形成具有鮮明特點的中國共產黨建黨建軍綱領，確立了思想建黨和堅持黨對人民軍隊絕對領導的根本原則，解決了扎根農村、在廣大小私有者汪洋大海中如何克服各種非無產階級的錯誤思想、保持黨的先進性與純潔性這一根本問題，同時形成以興國《土地法》為代表的土地革命綱領和政策，開始形成紅軍運動戰的戰略戰術原則。特別需要指出的是，毛澤東的這些正確思想，並非天上掉下來的，更不是所謂 "天才頭腦" 裏想出來的，而是在革命鬥爭的群眾實踐中總結出來的。其中一個最重要的方法，便是調查研究。在長期深入開展調查研究的基礎上，不僅形成了中國共產黨在廣大農村建黨、建軍、建政，發動群眾、組織群眾、宣傳群眾、武裝群眾進行土地革命的完整經驗，而且形成了以 1930 年 5 月《反對本本主義》為代表的實事求是、群

1　古田會議，即中國共產黨紅四軍第九次代表大會，1929 年 12 月在福建省上杭縣古田村召開。大會通過毛澤東起草的《中國共產黨紅軍第四軍第九次代表大會決議案》，又稱 "古田會議決議"。這個決議使紅軍肅清舊式軍隊的影響，完全建立在馬克思列寧主義的基礎上。這個決議不但在紅軍第四軍實行了，後來各部分紅軍都先後不等地照此做了，這樣就使整個中國紅軍完全成為真正的人民軍隊。

眾路線、獨立自主搞中國革命的基本思想方法和工作方法。毛澤東思想的雛形，也在這一時期形成了。

對毛澤東從大革命失敗到此刻對中國革命道路的探索，周恩來作為主要當事人和見證人曾經在 1944 年 3 月《關於黨的"六大"的研究》報告中有這樣的回顧：

毛澤東同志對這個問題的認識也是有其發展過程的。大革命前，有一次惲代英同志看到陶行知他們搞鄉村工作，寫信給毛澤東同志。毛澤東同志回信說：我們現在做城市工人工作還忙不過來，那有空去做鄉村工作。一九二五年他回家養病，在湖南作了一些農村調查，才開始注意農民問題。在"六大"那時候，關於要重視鄉村工作、在農村裏搞武裝割據的重要與可能等問題，毛澤東同志是認識到了的，而"六大"則沒有認識。但是，關於把工作中心放在鄉村，共產黨代表無產階級來領導農民遊擊戰爭，我認為當時毛澤東同志也還沒有這些思想，他也還是認為要以城市工作為中心的。開始他還主張在閩浙贛邊創造蘇區來影響城市工作，配合城市工作，到給林彪的信中才明確指出要創造紅色區域，實行武裝割據，認為這是促進全國革命高潮的最重要因素，也就是要以鄉村為中心。所以，毛澤東同志的思想是發展的。[1]

紅軍反"圍剿"的勝利與失敗

從 1931 年起，毛澤東和贛南閩西革命根據地又面臨新的考驗。

蔣介石國民黨政府看到中國共產黨依託農村革命根據地發展起來以後，決計集中主力部隊發動大規模"圍剿"。這樣，能否打大規模的殲滅戰並在戰爭中取勝，就成為中國革命道路能否成功的關鍵。

國民黨軍隊的第一次"圍剿"，是 1930 年 12 月 16 日至 1931 年 1 月 3 日發動的。國民黨軍各路由北向南，採取"分進合擊"戰術，向中央革命根據地中心地區進攻。毛澤東決定採取"中間突破"的打法，選擇對寧岡的國民

1　《周恩來選集》上卷，人民出版社 1980 年版，第 179 頁。

黨軍主力張輝瓚師首先下手，"我軍實行中間突破，將敵人的陣線打開一缺口後，敵之東西諸縱隊便被分離為遠距之兩群"。戰鬥打響後，"我們的第一仗就決定打而且打著了張輝瓚的主力兩個旅和一個師部，連師長在內九千人全部俘獲，不漏一人一馬。一戰勝利，嚇得譚（道源——引者註）師向東韶跑，許（克祥——引者註）師向頭陂跑。我軍又追擊譚師消滅它一半。五天內打兩仗（一九三〇年十二月三十日至一九三一年一月三日），於是富田、東固、頭陂諸敵畏打紛紛撤退，第一次'圍剿'就結束了"。[1]

從 1931 年 4 月起，國民黨軍對中央蘇區發起第二次"圍剿"。他們吸取上次的教訓，改取"穩扎穩打、步步為營"方針，從江西的吉安到福建的建寧東西八百里戰線上，分四路向中央蘇區進攻。毛澤東採取"先打弱敵"的戰法，首攻富田附近的國民黨軍第五路軍王金鈺、公秉藩兩師。"勝利後，接著打郭（華宗——引者註）、打孫（連仲——引者註）、打朱（紹良——引者註）、打劉（和鼎——引者註）。十五天中（一九三一年五月十六日至三十一日），走七百里，打五個仗，繳槍二萬餘，痛快淋漓地打破了'圍剿'。"[2] 中華人民共和國成立後，毛澤東曾回憶說："打仗也是這樣，凡是沒有辦法的時候，就去調查研究。在第二次反'圍剿'的時候，兵少覺得很不好辦，開頭不了解情況，每天憂愁。我跟彭德懷兩個人到白雲山上跑了一天，察看地形，看了很多地方。我對彭德懷說，紅一軍團的四軍、三軍打正面，打兩路，你的紅三軍團全部打包抄，敵人一定會垮下去。"[3]

蔣介石見兩次"圍剿"連遭失敗，便親自上陣指揮，於 7 月初發動第三次"圍剿"。這次採取"長驅直入"的戰略，企圖先擊破紅一方面軍主力，然後再深入進行"清剿"，搗毀中央蘇區。毛澤東決定採取"誘敵深入"的方針，避敵主力，打其虛弱。但這一仗打得並不順利。"我軍向富田開進之際，被敵發覺，陳誠、羅卓英兩師趕至。我不得不改變計劃，回到興國西部之高興圩，此時僅剩此一個圩場及其附近地區幾十個方里容許我軍集中。"[4] 此後，

1 《毛澤東選集》第 1 卷，人民出版社 1991 年版，第 217—218 頁。
2 《毛澤東選集》第 1 卷，人民出版社 1991 年版，第 218 頁。
3 《毛澤東文集》第 8 卷，人民出版社 1999 年版，第 261 頁。
4 《毛澤東選集》第 1 卷，人民出版社 1991 年版，第 219 頁。

毛澤東指揮紅軍從敵軍結合部乘隙鑽過，先後同國民黨軍上官雲相部、郝夢齡師、毛炳文師連打三仗。"三戰皆勝，繳槍逾萬"，並吸引國民黨軍主力掉頭向東，企圖聚殲主力紅軍。毛澤東則指揮紅軍轉身西行，在興國境內以逸待勞。"乃至敵發覺再向西進時，我已休息了半個月，敵則飢疲沮喪，無能為力，下決心退卻了。我又乘其退卻打了蔣光鼐、蔡廷鍇、蔣鼎文、韓德勤，消滅蔣鼎文一個旅、韓德勤一個師。對蔣光鼐、蔡廷鍇兩師，則打成對峙，讓其逃去了。"[1]

毛澤東親自指揮紅一方面軍接連粉碎了國民黨軍三次"圍剿"，紅軍獨特的戰略戰術不僅經受了考驗，而且進一步成熟。毛澤東在著名的《中國革命戰爭的戰略問題》中，系統地總結了這些戰略戰術，包括實行積極防禦、誘敵深入、初戰必勝，集中兵力打運動戰、速決戰、殲滅戰，依託於人民的遊擊戰爭和鞏固的根據地，既反對不顧主客觀條件、禦敵於國門之外的軍事冒險主義，又反對四面出擊、兩個拳頭打人的軍事平均主義。在這篇名著裏，毛澤東還針對照搬照抄蘇聯戰爭經驗的軍事上的教條主義指出："由此看來，戰爭情況的不同，決定著不同的戰爭指導規律，有時間、地域和性質的差別。從時間的條件說，戰爭和戰爭指導規律都是發展的，各個歷史階段有各個歷史階段的特點，因而戰爭規律也各有其特點，不能呆板地移用於不同的階段。從戰爭的性質看，革命戰爭和反革命戰爭，各有其不同的特點，因而戰爭規律也各有其特點，不能呆板地互相移用。從地域的條件看，各個國家各個民族特別是大國家大民族均有其特點，因而戰爭規律也各有其特點，同樣不能呆板地移用。我們研究在各個不同歷史階段、各個不同性質、不同地域和民族的戰爭的指導規律，應該著眼其特點和著眼其發展，反對戰爭問題上的機械論。"[2] 這實際上從指導中國革命戰爭的角度，闡述了馬克思主義中國化的基本原則。

實踐出真知。毛澤東自己也說過："沒有那些勝利和那些失敗，不經過第五次反'圍剿'的失敗，不經過萬里長征，我那個《中國革命戰爭的戰略問題》

1　《毛澤東選集》第 1 卷，人民出版社 1991 年版，第 219—220 頁。
2　《毛澤東選集》第 1 卷，人民出版社 1991 年版，第 173 頁。

小冊子也不可能寫出來。"[1]

實踐和理論之間,有一座橋樑,那就是總結經驗。然而,大家都在總結經驗,卻並不是每個人都善於把經驗上升為理論,特別是能把經驗的東西上升為規律和本質的東西。為什麼毛澤東思想的創立者只能是毛澤東呢?就是因為毛澤東最善於從成功與失敗的經歷中總結經驗,摸索規律,並將其上升為好學、易懂、管用的理論。毛澤東還有一個過人的長處,就是善於將別人的經驗轉化為自己的思想財富,包括從別人的教訓中汲取養料,這些思想財富和養料源於集體智慧和群眾實踐,但經過他的總結和提煉,更具有揭示事物本質和規律的理論色彩,更具有指導全局和長遠的深刻意義,更具有理論指導實踐的直觀性、有效性、可操作性。由此培育起中國共產黨善於不斷總結經驗、推動理論創新的理論品格,由此培育出一大批拿起槍能打勝仗、放下槍能做群眾工作的領導人才。

中央紅軍接連粉碎國民黨軍三次大規模"圍剿"後,贛南、閩西兩大塊革命根據地連成一片。與此同時,鄂豫皖、湘鄂西、湘贛、湘鄂贛等革命根據地,從地域到人口也有了相當規模。1931 年 11 月 7 日至 20 日,中華蘇維埃第一次全國代表大會在江西瑞金召開,宣告中華蘇維埃共和國成立,通過《中華蘇維埃共和國憲法大綱》,選舉產生中華蘇維埃共和國臨時中央政府。毛澤東是中央執行委員會和中央人民委員會這兩個委員會的主席。黨和人民相濡以沫,鑄就了以堅定信念、求真務實、一心為民、清正廉潔、艱苦奮鬥、爭創一流、無私奉獻等為主要內涵的蘇區精神。

至此,中國共產黨領導的土地革命戰爭和創建農村根據地的鬥爭,進入全盛時期。然而,就在這個關鍵時刻,以王明為代表的"左"傾教條主義在黨內佔據主導地位,[2]開始了長達三年之久的"左"傾冒險主義統治時期。

歷史不會重複,但會出現反覆。王明"左"傾教條主義把毛澤東為代表

---

1 《毛澤東文集》第 8 卷,人民出版社 1999 年版,第 263 頁。

2 1931 年 1 月,中共擴大的六屆四中全會在上海秘密舉行。從蘇聯莫斯科回國、深得共產國際信任的王明(陳紹禹)在會上作長篇發言,點名批判瞿秋白,提出從思想上、政治上、組織上全面徹底改造黨的主張。全會後,王明在共產國際代表米夫支持下,掌握了中共中央實際領導權,全面推行"左"傾教條主義錯誤。

的黨內正確主張視為"右傾錯誤"。1931 年 11 月 1 日至 5 日，蘇區第一次代表大會在瑞金召開。這次會議實際上由中央代表團掌握。會議通過的《政治決議案》等文件，不點名地指責毛澤東犯了"狹隘的經驗論"，錯誤地認為中央根據地在土地革命中執行的是"富農路線"；紅軍"沒有完全脫離遊擊主義的傳統"；幹部隊伍中"充滿""階級異己分子"，等等。特別是在全面推行"左"傾教條主義的政治路線、組織路線、軍事路線中，最終導致了第五次反"圍剿"的失敗，迫使中央紅軍主力不得不於 1934 年 10 月撤離經多年浴血奮戰才開創出來的中央蘇區，被迫實行戰略大轉移。

長征路上的歷史轉折

沉痛的教訓，強烈的對比，促使從中央到基層的許多領導幹部和廣大指戰員覺醒過來，在湘江戰役[1] 後形成了一致的呼聲，期望中共中央召開會議討論最為緊迫的軍事路線問題，使毛澤東重新回到黨和紅軍的重要領導崗位上來。

1935 年 1 月 15 日至 17 日，中共中央政治局在貴州省遵義召開擴大會議。會議肯定毛澤東的正確主張，批判了博古、李德等人在第五次反"圍剿"中實行的單純防禦路線，以及在戰略轉移中的錯誤指揮，確定了新的行動方針和行動方向。遵義會議還改組了中央領導機構，選舉毛澤東為中央政治局常委。會後，成立周恩來、毛澤東、王稼祥組成的"三人團"，負責指揮全軍軍事行動。這實際上是在戰爭環境中最重要的中央領導機構。

遵義會議的勝利召開，使毛澤東為代表的黨內正確主張佔據主導地位，結束了"左"傾教條主義錯誤在中央的統治，毛澤東在中共中央和紅軍的領導地位得以確立。遵義會議因此成為中國共產黨的歷史上生死攸關的轉折點，標誌著中國共產黨在政治上開始走向成熟。

1　1934 年 11 月 27 日至 12 月 1 日，中央紅軍主力戰略轉移由湖南南部向廣西北部前進途中，在湘江沿線同國民黨軍近 30 萬人展開殊死搏鬥。在付出慘重代價後，中共中央領導機關和中央紅軍大部勝利渡過湘江。渡過湘江後，中央紅軍主力從戰略轉移出發時的 8.6 萬餘人銳減至 3 萬餘人。

1935 年 1 月遵義會議後，毛澤東以高度靈活的戰略戰術，指揮中央紅軍四渡赤水，與國民黨軍百萬"追剿"軍巧妙周旋，最終於同年 5 月初渡過金沙江，使蔣介石的圍追堵截宣告破產。1935 年 6 月 12 日至 13 日，實現了同紅四方面軍的勝利會師。

一波未平，一波又起。紅軍兩大主力會師後，毛澤東和中共中央主張的北上方針，遭到張國燾陽奉陰違的抵制。在同張國燾危害黨中央、分裂紅軍的陰謀作鬥爭的過程中，毛澤東和中共中央以大局為重，於 9 月毅然決然先行率中央紅軍主力北上，並在 10 月 19 日到達陝甘根據地吳起鎮，勝利結束了二萬五千里長征。

舉世聞名的長征壯舉，展示了中國共產黨人為了實現崇高理想，為了實現初心和使命，不畏艱險，不怕犧牲，頑強拚搏，勇於勝利的革命精神，實現了理想信念的偉大遠征，檢驗真理的偉大遠征，喚醒民眾的偉大遠征，開創新局的偉大遠征，在血與火中趟出了一條走向新生、走向勝利的中國革命道路與民族復興之路。

長征精神是中國共產黨成立後，以毛澤東為代表的中國共產黨人在中國人民和中華民族面前樹立起來的一座精神豐碑。長征精神，就是把全國人民和中華民族的根本利益看得高於一切，堅定革命的理想和信念，堅信正義事業必然勝利的精神；就是為了救國救民，不怕任何艱難險阻，不惜付出一切犧牲的精神；就是堅持獨立自主、實事求是，一切從實際出發的精神；就是顧全大局、嚴守紀律、緊密團結的精神；就是緊緊依靠人民群眾，同人民群眾生死相依、患難與共、艱苦奮鬥的精神。

歷史機遇並不多見。只有有準備的人，才能抓住稍縱即逝的歷史機遇。艱苦卓絕的長征，就是中國共產黨為迎接中日矛盾上升為主要矛盾後的新局面，所做的必要準備。從這個意義上說，長征不僅史無前例，而且還具有承上啟下的特殊歷史地位。

中央紅軍經過二萬五千里長征勝利到達陝北前後，中日民族矛盾逐漸上升為國內主要矛盾。毛澤東敏銳地抓住這個歷史變化，確定並推動了抗日民族統一戰線的發展，不但贏得了抗日戰爭的偉大勝利，而且成功推動了中國共產黨和中國革命力量的大發展。

在長征途中，王明根據共產國際七大精神，為中共中央起草了"八一宣言"。長征到達陝北後，中共中央政治局於 1935 年 12 月召開瓦窯堡會議，確定了建立抗日民族統一戰線的策略方針。這一方針的醞釀由來已久。

1931 年日本帝國主義製造了九一八事變，邁出了大舉侵華的第一步——獨佔中國東北。自此，全國抗日救亡熱潮日漸高漲。但蔣介石集團在"攘外必先安內"國策下，無視民眾的抗日救亡熱潮，繼續加緊對中國共產黨領導的各革命根據地進行"圍剿"。

這時，民族資產階級和上層小資產階級不滿於國民黨蔣介石的"攘外必先安內"政策，對中國共產黨的停止內戰、一致對外、實行抗日民族統一戰線的主張深表贊同。1932 年國民黨軍第十九路軍上海淞滬抗戰，1933 年福建事變，1934 年宋慶齡等 1700 餘人在中國共產黨提出的《中國人民對日作戰的基本綱領》上簽字，都是在這一背景下發生的。這表明，隨著日本帝國主義加緊侵華步伐，中日民族矛盾逐步上升為國內主要矛盾，大革命失敗後一度出現的民族資產階級和上層小資產階級追隨國民黨的局面，發生了重大轉變。

中國共產黨一到陝北，立即對抗日民族統一戰線政策做出重大調整。其標誌，就是 1935 年 12 月中共中央政治局召開的瓦窯堡會議，以及會後毛澤東所做的《反對日本帝國主義的策略》報告。

毛澤東在《反對日本帝國主義的策略》報告中，著重指出中國社會正在發生著如下變動：一是民族資產階級。"我們認為在殖民地化威脅的新環境之下，民族資產階級的這些部分的態度可能發生變化。這個變化的特點就是他們的動搖。他們一方面不喜歡帝國主義，一方面又怕革命的徹底性，他們在這二者之間動搖著。"[1] 二是國民黨營壘。"國民黨營壘中，在民族危機到了嚴重關頭的時候，是要發生破裂的。這種破裂，表現於民族資產階級的動搖，表現於馮玉祥、蔡廷鍇、馬占山等風頭一時的抗日人物。這種情況，基本地說來是不利於反革命，而有利於革命的。由於中國政治經濟的不平衡，以及由此而生的革命發展的不平衡，增大了這種破裂的可能性。"[2]

1　《毛澤東選集》第 1 卷，人民出版社 1991 年版，第 145 頁。

2　《毛澤東選集》第 1 卷，人民出版社 1991 年版，第 147 頁。

由此，毛澤東批駁了認為中國民族資產階級不可能和中國工人農民聯合抗日的錯誤觀點，指出抗日民族統一戰線的基本依據是："日本帝國主義決定要變全中國為它的殖民地，和中國革命的現時力量還有嚴重的弱點，這兩個基本事實就是黨的新策略即廣泛的統一戰線的出發點。""我們一定不要關門主義，我們要的是制日本帝國主義和漢奸賣國賊的死命的民族革命統一戰線。"[1]

　　毛澤東和中共中央做出這些重大政治判斷，是有國內政局和階級關係變動作客觀依據的，而非主觀臆想的結果。

　　就民族資產階級的態度變化來說，民族資產階級在大革命失敗後投入國民黨營壘，中日矛盾上升為主要矛盾後又再一次同情和支持共產黨抗日主張，這一反一正的變化，驗證了中國民族資產階級的兩面性。

　　就國民黨營壘的政治態度變化來說，除宋慶齡、何香凝等少數繼續堅持孫中山先生革命立場者外，國民黨各派系在大革命失敗後幾乎無一例外地投入反共陣營；而在中日矛盾上升為主要矛盾後，某些派別又表現出聯共抗日的積極性，這些變化，驗證了國民黨營壘破裂的可能性。

　　此時，還有一個有待歷史發展進一步驗證的問題。即以蔣介石為代表的帶買辦性的英美系大資產階級在中日矛盾上升為主要矛盾後，會不會改變其"攘外必先安內"的國策，而採取聯共抗日方針，這一點還要視歷史發展而定。這也是中共中央政治局瓦窰堡會議沒有條件解決的問題。

　　這以後，張學良的東北軍在對紅軍"圍剿"遭到慘敗後，意識到這場內戰不能再打下去了。毛澤東適時加強了對東北軍上層的統一戰線工作，並指導周恩來與張學良 1936 年 4 月 9 日膚施會談取得成功。在膚施會談中，張學良提出，根據他兩年來的觀察，蔣介石有可能抗日。他主張他在裏面勸，共產黨在外面逼，促使蔣改變錯誤政策，走上抗日的道路。[2] 張學良的意見，對同年 9 月中共中央決定改"抗日反蔣"為"逼蔣抗日"方針，起了重要的推動作用。

1　《毛澤東選集》第 1 卷，人民出版社 1991 年版，第 155 頁。
2　《周恩來傳（1898—1949）》，人民出版社 1995 年版，第 309 頁。

"逼蔣抗日"局面的真正形成，是 1936 年 12 月 12 日爆發的西安事變的結果。蔣介石頑固堅持"攘外必先安內"國策，不但激起民怨，而且在 1936 年 12 月 12 日爆發震驚中外的西安事變，愛國將領張學良、楊虎城對蔣介石實行兵諫，將蔣介石扣留。中國共產黨在張學良、楊虎城兩位將軍的支持下，推動西安事變的和平解決，並迫使蔣介石承諾停止"剿共"、聯紅容共、"俟抗戰起，再聯合行動，改番號"。[1] 第二次國共合作的新希望，終於出現在世人面前。

一掃民族恥辱

　　1937 年 7 月 7 日，盧溝橋事變爆發。中國人民歷時 14 年的抗日戰爭進入全民族抗戰階段。能不能打敗日本帝國主義，挫敗其自 1895 年中日甲午戰爭以來逐步發展起來的侵華野心，成為中華民族復興中一場新的嚴峻考驗。

　　9 月 22 日，國民黨中央通訊社播發《中國共產黨為公佈國共合作宣言》。這個宣言，是周恩來代表中共中央於 7 月 15 日（盧溝橋事變後的第八天）面交蔣介石的。9 月 23 日，蔣介石發表廬山談話，實際上承認了共產黨的合法地位。

　　面對日本帝國主義的大規模侵華戰爭，國共兩黨實現了第二次合作，各個黨派也實現了合作抗日，中國人民被空前地動員起來，形成了抗日民族統一戰線。這是 1840 年以來，中華民族從未有過的新氣象，也是近代中國從未有過的新局面。

　　"解鈴還須繫鈴人。"具有歷史諷刺意味的是，10 年前，作為中國大地主大買辦資產階級總代表的蔣介石，背叛了孫中山先生奠定的第一次國共合作，向中國共產黨人大開殺戒；10 年後，也正是蔣介石，不得不放棄"攘外必先安內"的誤國政策，再次宣佈實行國共合作。這一反一正的事實說明了一條真理：在中國，反共不能長久，反共最終不得人心；統一戰線才是人心所向。

1　《周恩來年譜（1898—1949）》，中央文獻出版社 1989 年版，第 340 頁。

這一現象還證明了一個規律，在民族危亡的關頭，"由於中國的帶買辦性的大資產階級的各個集團是以不同的帝國主義為背景的，在各個帝國主義間的矛盾尖銳化的時候，在革命的鋒芒主要地是反對某一個帝國主義的時候，屬別的帝國主義系統的大資產階級集團也可能在一定程度上和一定時期內參加反對某一個帝國主義的鬥爭。在這種一定的時期內，中國無產階級為了削弱敵人和加強自己的後備力量，可以同這樣的大資產階級集團建立可能的統一戰線，並在有利於革命的一定條件下盡可能地保持之"。[1] 這樣，第三個問題也在全國抗戰實踐中得到了解答。

在整個抗日戰爭中，形成了國民黨正面戰場、中國共產黨領導的敵後戰場兩足鼎立的全民抗戰格局。國民黨軍隊在正面戰場，通過南京保衛戰、太原會戰、徐州會戰、武漢會戰等一系列重要戰役，遲滯了日本侵華步伐，打擊了侵華日軍的氣焰，也為國民政府從南京經武漢前往陪都重慶爭取了時間。中國共產黨領導的八路軍、新四軍和其他群眾武裝，在國民黨軍節節潰退的情況下，挺進日軍敵後，開闢了晉綏、晉察冀、晉冀魯豫、冀中、山東、皖南、蘇北等敵後抗日根據地，在廣大敵後和淪陷區吸引了大批侵華日軍和偽軍，強有力地支持了國民黨正面戰場。特別是在 1938 年 10 月武漢、廣州失守後，進入長達 6 年的抗日戰爭戰略相持階段，敵後戰場更是成為整個抗日戰場中最為活躍、對敵威脅力最大的方面，中國共產黨也逐步成為全民族抗戰的中流砥柱。

歷史老人是最公平的。在民族危亡關頭，誰承受的壓力最大，誰得到的發展機遇也最多；誰在戰略大後方企圖坐收"漁翁之利"，誰失去的發展機遇也越多。

在整個全民族抗戰中，中國共產黨領導的抗日武裝，對敵作戰 12.5 萬次，消滅日偽軍 171.4 萬人（其中日軍 52.7 萬人），繳獲各種槍支 69.4 萬餘支，各種炮 1800 餘門。[2] 自身力量得到空前壯大。中國共產黨黨員達 120 多萬

1　《毛澤東選集》第 2 卷，人民出版社 1991 年版，第 607 頁。

2　參見中共中央黨史研究室《中國共產黨歷史》第 1 卷（1921—1949）下冊，中共黨史出版社 2011 年版，第 668 頁。

人，人民軍隊發展到 120 餘萬人 [1]，民兵 260 萬人。中國共產黨領導的敵後抗日民主根據地總面積達到近 100 萬平方公里，總人口近 1 億人。[2]

由於全民族抗戰期間國內各種政治力量的多變性，抗日民族統一戰線的格局也呈現出階段性變化，中國共產黨對抗日民族統一戰線領導權、話語權的實現也具有階段性特徵。

全民族抗日戰爭爆發，第二次國共合作實現後，蔣介石領導的國民政府一度成為領導抗戰的政治中心，國民黨軍正面戰場也成為抗戰的戰略重心。但由於蔣介石集團繼續堅持單純依靠國民黨正規部隊的片面抗戰，繼續堅持所謂"訓政時期"一黨獨裁，始終不接受中國共產黨全民抗戰的十大綱領，始終不進行符合堅持和發展抗日民族統一戰線需要的政治民主化改革，逐漸失去了包括民族資產階級、小資產階級在內的廣大民眾的信任。再加上 1938 年 10 月後戰略相持階段到來，日本調整侵華政治策略和軍事戰略，逐漸把重心向敵後戰場轉移，一定程度上減輕了國民黨正面戰場壓力，蔣介石集團消極抗日、積極反共的舊病復發。

這樣，中國共產黨及其領導的敵後戰場，在抗日戰爭中的中流砥柱作用更加凸顯。中國共產黨在抗日民族統一戰線中的領導作用及其凝聚力、號召力、影響力得到極大提升。延安寶塔成為民族復興希望的象徵，鑄就了以堅定正確的政治方向，解放思想、實事求是的思想路線，全心全意為人民服務的根本宗旨，自力更生、艱苦奮鬥的創業精神為核心內容的延安精神。

特別是 1941 年 1 月，蔣介石集團悍然製造了震驚中外的"皖南事變"，殘殺新四軍將士 6000 餘人，扣押了抗日名將葉挺軍長。消息傳來，國人嘩然。

起初，毛澤東提出要做好最壞的準備，甚至要準備出現第二個"四一二"

1　1937 年 8 月，在陝甘寧地區的中國工農紅軍主力改編為八路軍時，總兵力約 4.6 萬人。1937 年 10 月，在南方堅持游擊戰爭的 8 省紅軍游擊隊宣佈改編為新四軍後，參加集中整編的部隊共有兵力 1.03 萬人。參見中共中央黨史研究室《中國共產黨歷史》第 1 卷（1921—1949）下冊，中共黨史出版社 2011 年版，第 466、467 頁。

2　參見中共中央黨史研究室《中國共產黨歷史》第 1 卷（1921—1949）下冊，中共黨史出版社 2011 年版，第 670 頁。

反革命事變。但經過"軍事上取守勢、政治上取攻勢"的有理有利有節的策略鬥爭，使得國共兩黨的政治對比發生了有利於我的變化。在這種情況下，毛澤東及時提出，"要反對對時局認為國共已最後破裂或很快就要破裂的錯誤估計以及由此發生的許多不正確的意見"[1]，努力迫使蔣介石謀取暫時的輕微的緩和。

事態果真如毛澤東所判斷的那樣，這一次反共高潮再一次被打退。而且通過這一次鬥爭，各民主黨派、各界愛國民主人士等在政治上日益向中國共產黨靠攏，成為中國共產黨取得政治主動權的分水嶺。根據這種有利於中國共產黨的政局變化，中國共產黨通過 1944 年 9 月在重慶召開的第三屆國民參政會第三次會議，正式提出廢除國民黨一黨專政、建立民主聯合政府的主張，得到各民主黨派、各界民主人士的熱烈響應。

通過"皖南事變"的鬥爭，毛澤東得出幾條重要的結論。其一，在中國兩大矛盾中間，中日民族間的矛盾依然是主要的，國內階級間的矛盾依然處在從屬的地位。只要中日矛盾繼續尖銳地存在，即使大地主大資產階級全部地叛變投降，也絕不能造成 1927 年的形勢，重演"四一二事變"和"馬日事變"。其二，指導著國民黨政府全部政策的英美派大地主大資產階級，依然是兩面性的階級。它的抗日和反共，又各有其兩面性。在抗日方面，既和日本對立，又不積極地作戰，不積極地反汪反漢奸，有時還向日本的"和平使者"勾勾搭搭。在反共方面，既要反共，又不願意最後破裂，依然是一打一拉的政策。其三，在反對國民黨頑固派的鬥爭中，將買辦性的大資產階級和沒有或較少買辦性的民族資產階級加以區別，將最反動的大地主和開明紳士及一般地主加以區別，這是我黨爭取中間派和實行"三三制"政權的理論根據。地方實力派的領導成分雖然也是大地主大資產階級，但是因為他們和統制中央政權的大地主大資產階級分子有矛盾，故一般地亦須以中間派看待之。如果我們將一切地主資產階級都看成和國民黨頑固派一樣，其結果將使我們自陷於孤立。"須知中國社會是一個兩頭小中間大的社會，共產黨如果不能爭取

1　《毛澤東選集》第 2 卷，人民出版社 1991 年版，第 779 頁。

中間階級的群眾，並按其情況使之各得其所，是不能解決中國問題的。"[1] 其四，中國共產黨的方針是以革命的兩面政策對付蔣介石的兩面政策，實行有理有利有節的鬥爭。我黨在整個全國抗戰時期，對於國內各上層中層還在抗日的人們，不管是大地主大資產階級和中間階級，都只有一個完整的包括聯合和鬥爭兩方面的（兩面性的）民族統一戰線的政策。只有這樣，才能發展進步勢力，爭取中間勢力，孤立頑固派。

1945 年，是中國人民贏得長達 14 年之久的抗日戰爭偉大勝利的一年，也是自 1840 年以來飽受西方列強欺侮的中華民族開始感到揚眉吐氣的一年。

1945 年 8 月 15 日，日本天皇廣播《終戰詔書》，用這種方式向國內外宣佈無條件投降。同年 9 月 2 日，在停泊於日本東京灣的美國"密蘇里號"戰列艦上，日本外相重光葵、日軍參謀總長梅津美治郎，分別代表日本天皇、日本政府和日本帝國大本營在投降書上簽字。

中國人民抗日戰爭勝利，是近代以來中國抗擊外敵入侵的第一次完全勝利。這一偉大勝利，徹底粉碎了日本軍國主義殖民奴役中國的圖謀，洗刷了近代以來中國抗擊外來侵略屢戰屢敗的民族恥辱，開闢了中華民族偉大復興的光明前景，開啟了古老中國鳳凰涅槃、浴火重生的新征程。

在中國人民抗日戰爭的壯闊進程中，形成了偉大的抗戰精神，中國人民向世界展示了天下興亡、匹夫有責的愛國情懷，視死如歸、寧死不屈的民族氣節，不畏強暴、血戰到底的英雄氣概，百折不撓、堅忍不拔的必勝信念。

中國人民抗日戰爭和世界反法西斯戰爭，是正義和邪惡、光明和黑暗、進步和反動的大決戰。在那場慘烈的戰爭中，中國人民抗日戰爭開始時間最早、持續時間最長。中國人民和中華民族以巨大民族犧牲，支撐起了世界反法西斯戰爭的東方主戰場，為世界反法西斯戰爭勝利做出了重大貢獻。

在此之前，一次次反抗西方列強和帝國主義侵略的鬥爭，都失敗了。唯有中國人民抗日戰爭取得了歷史性勝利。這是中國共產黨誕生後，給中國人民和中華民族歷史命運帶來的根本改變。這是中國共產黨在抗日民族統一戰線中的堅強領導，給中國人民抗日戰爭結局帶來的根本改變。

1　《毛澤東選集》第 2 卷，人民出版社 1991 年版，第 783 頁。

人民與歷史的選擇

中國人民抗日戰爭勝利了，全國沉浸在對和平、民主、建國的渴望之中。然而，蔣介石集團卻在醞釀著一場對中國共產黨的全面內戰。

為了制止這場全面內戰，中國共產黨在各民主黨派、各界民主人士支持下，盡了最大努力，展現出最大的誠意。1945 年 8 月至 10 月，毛澤東冒著危險赴重慶談判，並在 10 月 10 日國共雙方達成"雙十協定"。1946 年 1 月，在政治協商會議上，經過中國共產黨和各民主黨派的努力，並作了必要的讓步，通過了和平建國綱領、政府組織案、國民大會案、軍事問題案、憲法草案案共五項協議。這些鬥爭使得中國共產黨在內戰爆發之前，就在道義上贏得了主動，爭取了民心。

然而，對於中國共產黨的這些誠意和讓步，蔣介石集團並不滿足。一向迷信武力的蔣介石，幻想通過軍事較量取得在政治談判中沒有得到的東西，和談、停戰、召開政協會議等，不過是在換取調兵遣將所需要的時間。在一切準備就緒後，1946 年 6 月 26 日，國民黨軍隊開始圍攻以宣化店為中心的中原解放區。隨後，又向各解放區展開全面進攻。

當時，國民黨軍總兵力約 430 萬人，其中正規軍約 200 萬人。中國共產黨領導的人民武裝為 127 萬人，野戰軍只有 61 萬人。國民黨軍不但在數量上有絕對優勢，而且在裝備上依靠美國援助，更具有壓倒性優勢。

雙方的戰爭支撐能力，也相差懸殊。國民黨政府擁有約佔全國 76% 的面積、3.39 億人口的地區，幾乎所有的大城市和絕大部分鐵路交通線都在它的掌握之中，還控制著全國大部分近代工業和人力、物力資源。中國共產黨領導的解放區的土地面積僅佔全國的 24%，人口約 1.3 億，缺少近代工業和交通運輸支撐，基本上依靠傳統的農業經濟。

當時的國內外輿論，也形成了"一邊倒"局面。美國等西方陣營，在全球"冷戰"戰略的背景下，積極奉行"扶蔣反共"政策。蘇聯對中國共產黨能否打贏這場戰爭，持謹慎懷疑態度，擔心"引火燒身"而爆發"第三次世界大戰"。在國內，不相信中國共產黨能打贏國民黨者大有人在，許多中間人士認為中國共產黨應當以退讓政策換取"國內和平"。

歷史上，貌似強大卻逆歷史潮流而動，終因喪失人心難逃失敗覆轍者，比比皆是。蔣介石集團同樣如此。他們為一時來勢洶洶、接連得手的假像所迷惑，殊不知已在不知不覺之中將自己置於全中國人民的反對聲中，成為中國人民的公敵。

此時，無論是國民黨方面，還是中國共產黨方面，都把這場較量看作最後的、帶有決定意義的較量。在兩軍對壘中，如果說，人心向背是一種奪取勝利的潛能的話，要把它轉化為現實的能量，還要靠戰場上的軍事較量。

中國共產黨和毛澤東深知這一點，為此採取了三項重大部署。

第一項，是對黨內高層的。還在國民黨發動全面內戰之前，1946 年 4 月，毛澤東寫了《關於目前國際形勢的幾點估計》，在黨內高層傳閱，以樹立敢打必勝的信心和決心。他強調："世界反動力量確在準備第三次世界大戰，戰爭危險是存在著的。但是，世界人民的民主力量超過世界反動力量，並且正在向前發展，必須和必能克服戰爭危險。"[1] 他還強調："這種妥協[2]，並不要求資本主義世界各國人民隨之實行國內的妥協。各國人民仍將按照不同情況進行不同鬥爭。反動勢力對於人民的民主勢力的原則，是能夠消滅者一定消滅之，暫時不能消滅者準備將來消滅之。針對這種情況，人民的民主勢力對於反動勢力，亦應採取同樣的原則。"[3] 這些判斷，充分體現了中國共產黨的獨立自主精神，和當年王明"左"傾教條主義統治全黨的時候，完全不一樣了。這就是毛澤東所說的，中國共產黨和中國人民在精神上贏得了完全的主動。

第二項，是對整個世界的。面對國民黨軍全面進攻，毛澤東迫切需要贏得國際同情。但當時，中國共產黨沒有直接的對外宣傳渠道，只有藉助於同情中國革命的西方進步記者。1936 年 8 月 6 日，毛澤東在延安楊家嶺窯洞前，會見美國記者安娜·路易斯·斯特朗。在這次談話中，毛澤東提出了一個響徹中外的著名論斷："一切反動派都是紙老虎。"[4] 他充滿自信地預言："我們所依靠的不過是小米加步槍，但是歷史最後將證明，這小米加步槍比蔣介

1　《毛澤東選集》第 4 卷，人民出版社 1991 年版，第 1184 頁。

2　這裏是指美、英、法同蘇聯之間的妥協。

3　《毛澤東選集》第 4 卷，人民出版社 1991 年版，第 1185 頁。

4　《毛澤東選集》第 4 卷，人民出版社 1991 年版，第 1195 頁。

石的飛機加坦克還要強些。""這原因不是別的，就在於反動派代表反動，而我們代表進步。"[1] 這次談話的採訪，發表在《美亞》雜誌[2]上，產生了很大影響。

第三項，是給各解放區部隊的。1946 年 9 月 16 日，毛澤東為中共中央軍委起草了《集中優勢兵力，各個殲滅敵人》的黨內指示。他意識到，面對國民黨軍全面進攻，如果各解放區部隊死守要地不放，死拚硬打，勢必會得不償失。相反，如果利用國民黨軍求勝心切又驕傲自大的特點，大踏步地展開運動戰，"在戰役的部署方面，當著敵人使用許多個旅（或團）分幾路向我軍前進的時候，我軍必須集中絕對優勢的兵力，即集中六倍、或五倍、或四倍於敵的兵力、至少也要有三倍於敵的兵力，於適當時機，首先包圍殲擊敵軍的一個旅（或團）。這個旅（或團），應當是敵軍諸旅中較弱的，或者是較少援助的，或者是其駐地的地形和民情對我最為有利而對敵不利的"[3]。在戰術的部署方面，也 "應集中絕對優勢兵力，即集中六倍、五倍、四倍於敵，至少也是三倍於敵的兵力，並集中全部或大部的炮兵，從敵軍諸陣地中，選擇較弱的一點（不是兩點），猛烈地攻擊之，務期必克"[4]。

毛澤東特別強調："這種戰法的效果是：一能全殲；二能速決。"[5]"這是戰勝蔣介石進攻的主要方法。"[6]

"集中優勢兵力，各個殲滅敵人"，實際上是毛澤東交給各解放區軍民打敗蔣介石國民黨軍的 "錦囊妙計"。這一招，果然厲害。

從 1946 年 7 月到 1947 年 2 月，各解放區軍民取得粉碎國民黨軍全面進攻的重大勝利。經過 8 個月作戰，共殲滅國民黨軍 71 萬餘人，使得蔣介石因兵力不足不得不放棄全面進攻。在此期間，蔣介石被一時的 "勝利" 衝昏頭腦，於 1946 年 11 月 15 日至 12 月 25 日召開了由國民黨包辦的 "國民大會"，

1　《毛澤東選集》第 4 卷，人民出版社 1991 年版，第 1195 頁。

2　《美亞》雜誌，是在美國紐約出版的專門介紹遠東地區特別是中國情況的政論雜誌。

3　《毛澤東選集》第 4 卷，人民出版社 1991 年版，第 1197 頁。

4　《毛澤東選集》第 4 卷，人民出版社 1991 年版，第 1198 頁。

5　《毛澤東選集》第 4 卷，人民出版社 1991 年版，第 1198 頁。

6　《毛澤東選集》第 4 卷，人民出版社 1991 年版，第 1198—1199 頁。

蔣介石"當選"總統。他萬萬沒有想到的是，恰恰是此舉將他和國民黨政權置於"千夫所指"的絕境，加速了國民黨統治的滅亡。

毛澤東在 1947 年 2 月 1 日起草《迎接中國革命的新高潮》黨內指示，提出："目前各方面情況顯示，中國時局將要發展到一個新的階段。這個新的階段，即是全國範圍的反帝反封建鬥爭發展到新的人民大革命的階段。現在是它的前夜。我黨的任務是為爭取這一高潮的到來及其勝利而鬥爭。"[1] 為了這一時刻的到來，中國共產黨帶領人民已經奮鬥了 26 年。

全面進攻不行，蔣介石決計調整部署，向解放區發動重點進攻。1947 年 2 月下旬，蔣介石來到西安，部署向中共中央所在地延安的進攻。他的如意算盤是，先集中兵力攻克延安，"動搖其軍心，瓦解其意志，削弱其國際地位"[2]。

面對胡宗南 25 萬精銳部隊的進攻，毛澤東決定避其鋒芒，於 1947 年 3 月 19 日主動率領中共中央、中央軍委撤離延安，同國民黨軍採取兜圈子的辦法，轉戰於陝北黃土高原之上。同時令彭德懷率領西北野戰軍 2.6 萬餘人，接連進行青化砭、羊馬河、蟠龍三次作戰，共殲敵 1.4 萬餘人，沉重打擊了胡宗南的氣焰，穩定了西北戰局。

蔣介石向解放區發動重點進攻的另一個方向，是山東戰場。華東野戰軍於 1947 年 5 月中旬，在孟良崮地區圍殲以張靈甫為師長的國民黨軍整編第 74 師，殲敵 3 萬餘人。該師是蔣介石的嫡系部隊，號稱為國民黨軍五大主力之一。蔣介石聞訊慨嘆："這是我軍'剿匪'以來，最可痛心、最可惋惜的一件事。"[3]

從國民黨軍發起全面進攻起，戰爭始終在中國共產黨領導的各解放區區域內進行。蔣介石的算盤之一，是想通過長期戰爭摧毀解放區經濟、瓦解解放區各級組織和群眾基礎。在挫敗國民黨軍重點進攻後，將戰爭推進到國民黨統治區的條件業已成熟。

1　《毛澤東選集》第 4 卷，人民出版社 1991 年版，第 1211 頁。

2　台灣"國防部史政局"編：《戡亂戰史》第 2 冊，台灣"國防部史政局"1973 年版，第 96 頁。

3　張其昀主編：《先總統蔣公全集》第 2 冊，台灣中國文化大學出版部 1984 年版，第 1876 頁。

就在蔣介石孤注一擲，在一西一東發起重點進攻之時，卻犯了兵家大忌，將中原腹地暴露在人民解放軍面前。1947 年 5 月，毛澤東抓住千載難逢的機會，成立了以鄧小平為書記的新的中共中央中原局。6 月 30 日，指揮劉伯承、鄧小平率領的中原野戰軍開始向大別山挺進。隨後，又指揮陳賡、謝富治率領的部隊和陳毅、粟裕率領的華東野戰軍，分別在豫陝鄂邊地區、豫皖蘇地區完成戰略展開。這三路大軍在中原地區迅速展開，創建新的中原解放區，吸引調動南線國民黨軍約 90 個旅不得脫身，一下子改變了整個解放戰爭的戰局。從此，戰爭的主動權落到了中國共產黨及其領導的解放區軍民手上。國民黨當局也承認，其"全盤戰略形勢，乃從此陷於被動"[1]。

　　掌握了戰爭主動權，也就掌握了通向全國勝利的鎖鑰。1947 年 10 月 10 日，也是在國民黨"雙十節"當天，毛澤東起草的《中國人民解放軍宣言》發表。《宣言》正式提出"早日打倒蔣介石，建立民主聯合政府"口號，提出了中國共產黨的八項基本政策[2]。

　　這以後，為籌建新中國、舉行戰略決戰做準備，毛澤東和中共中央於 1947 年 12 月 25 日至 28 日，在陝北楊家溝召開擴大會議（十二月會議），明確提出了新民主主義革命總路線和奪取新民主主義革命徹底勝利的政治、經濟、軍事綱領；於 1948 年 4 月 30 日至 5 月 7 日，在由陝北前往西柏坡途中，在城南莊召開中央書記處擴大會議，確定了"軍隊向前進，生產長一寸，

1　台灣"國防部史政局"編：《戡亂戰史》第 2 冊，台灣"國防部史政局"1973 年版，第 124 頁。

2　這八項基本政策是："一、聯合工農兵學商各被壓迫階級、各人民團體、各民主黨派、各少數民族、各地華僑和其他愛國分子，組成民族統一戰線，打倒蔣介石獨裁政府，成立民主聯合政府。二、逮捕、審判和懲辦以蔣介石為首的內戰罪犯。三、廢除蔣介石統治的獨裁制度，實行人民民主制度，保障人民言論、出版、集會、結社等項自由。四、廢除蔣介石統治的腐敗制度，肅清貪官污吏，建立廉潔政治。五、沒收蔣介石、宋子文、孔祥熙、陳立夫兄弟等四大家族和其他首要戰犯的財產，沒收官僚資本，發展民族工商業，改善職工生活，救濟災民貧民。六、廢除封建剝削制度，實行耕者有其田的制度。七、承認中國境內各少數民族有平等自治的權利。八、否認蔣介石獨裁政府的一切賣國外交，廢除一切賣國條約，否認內戰期間蔣介石所借的一切外債。要求美國政府撤退其威脅中國獨立的駐華軍隊，反對任何外國幫助蔣介石打內戰和使日本侵略勢力復興。同外國訂立平等互惠通商友好條約。聯合世界上一切以平等待我之民族共同奮鬥。"參見《毛澤東選集》第 4 卷，人民出版社 1991 年版，第 1237—1238 頁。

加強紀律性，革命無不勝"的行動方針，還在 4 月 30 日發佈紀念"五一勞動"節口號，提出召開新的政治協商會議號召；於 1948 年 9 月 8 日至 13 日在西柏坡召開中央政治局擴大會議，為舉行戰略決戰、有計劃有步驟地奪取全國勝利，做了思想上、政治上、組織上的重要準備。

到了 1948 年秋季，國民黨軍一線作戰部隊只有 170 萬人，被人民解放軍分割鉗制在東北、華北、中原、華東、西北五大戰場，機動性和戰鬥力明顯下降。這時，將國民黨軍主力殲滅在長江以北的戰略決戰時機已經成熟。

在毛澤東和中央軍委的決策下，華東野戰軍首先發起濟南戰役，於 9 月 24 日攻克濟南，使華北、華東兩大戰略區連成一片，並為揮師南下殲滅徐州國民黨軍重兵集團創造了條件。

初戰必慎。毛澤東和中共中央、中央軍委把戰略決戰的第一仗，選在了各方面條件都最成熟的東北地區。1948 年 9 月 12 日至 11 月 2 日，遼瀋戰役取得成功。當時，林彪率領的東北野戰軍加上地方武裝共有 103 萬人，衛立煌率領的國民黨軍在東北部隊只有 55 萬人。這些國民黨軍，10 萬人在長春困守，30 萬兵力在瀋陽一帶，15 萬兵力在錦州至山海關一線防守。東北的其他地區，基本被東北野戰軍控制。要取得這場戰役勝利，有兩種選擇。如果站在東北地區考慮，自然是先打長春或瀋陽之敵，再取錦州至山海關。而毛澤東胸中裝的是整個戰略決戰全局，因此提出先走"關門打狗"的險棋，出其不意，斷其向關內逃跑的後路。

1948 年 9 月 12 日，遼瀋戰役首先從錦州方向打響，擊中了敵人的痛處。蔣介石慌忙飛到東北親自指揮，並急調北寧線華北"剿總"的五個師來援，被東北野戰軍頑強阻擊在塔山一帶。10 月 15 日，東北野戰軍攻克錦州。長春守軍見失守，已無鬥志，宣佈起義，10 月 19 日長春和平解放。蔣介石此時犯了一個戰略性錯誤，嚴令廖耀湘率國民黨軍第九兵團繼續向錦州前進。東北野戰軍將該兵團包圍於黑山、大虎山、新民地區，10 月 28 日全殲廖耀湘兵團。11 月 2 日解放瀋陽、營口。遼瀋戰役共殲滅國民黨軍 47.2 萬餘人，只有錦西、葫蘆島地區的國民黨軍從海上撤向關內。

遼瀋戰役結束後，毛澤東電令林彪率領東北野戰軍主力縮短休整時間，加緊秘密進入山海關，發起平津戰役。平津戰役於 1948 年 11 月 29 日在張家口打響，至 1949 年 1 月 31 日人民解放軍進駐北平，北平宣告和平解放結束。

平津戰役打響時，淮海戰役已於 1948 年 11 月 6 日開始。此時，傅作義已成驚弓之鳥，隨時有可能南逃或西竄。綏遠，是守衛平津一帶的傅作義集團的老巢。平津戰役的關鍵，是東北野戰軍能否秘密入關，出其不意攻克張家口一線，切斷傅作義集團的西竄之路；同時，還要兼顧北平、天津一線，需待完成對北平、天津分割與戰略包圍後，再對張家口等地發起總攻。這一方法，被毛澤東稱為"圍而不打"和"隔而不圍"。

林彪東北野戰軍和華北軍區部隊嚴格執行了毛澤東的命令。1948 年 12 月中旬，將國民黨軍 50 多萬部隊分割包圍在北平、天津、張家口、新保安、塘沽五個據點，截斷其南逃西撤的通路。隨後，12 月 12 日攻克新保安，12 月 24 日攻克張家口，1949 年 1 月 15 日解放天津。傅作義見大勢已去，經過談判，接受和平改編。1949 年 1 月 31 日，北平宣告和平解放。平津戰役中，國民黨軍除塘沽守敵 5 萬餘人由海上逃跑外，其餘 52 萬餘人或被殲滅，或被改編。國民黨軍綏遠部隊也於 1949 年 9 月通電起義，接受改編。

淮海戰役，是三大戰役中規模最大、持續時間最長、戰果也最豐碩的戰略決戰。此次戰役最大的困難，是參戰雙方的總兵力勢均力敵，且國民黨軍重兵集團集中在以徐州為中心、以津浦鐵路線與隴海鐵路線縱橫兩條大動脈為依託的區域內，便於相互支援、機動作戰。針對這一情況，毛澤東制定了集中優勢兵力，先打黃百韜兵團，再尋機各個殲滅黃維兵團、杜聿明集團（下轄兩個兵團）的方針。還成立總前委，以鄧小平為書記，劉伯承、陳毅、粟裕、譚震林等為成員，放手委以指揮華東、中原兩大野戰軍主力之權。

淮海戰役從 1948 年 11 月 6 日開始，至 11 月 22 日全殲黃百韜兵團，並將徐州與蚌埠之敵攔腰斬斷。隨即，毛澤東採納總前委建議，以中原野戰軍全部和華東野戰軍一部圍殲黃維第十二兵團，至 12 月 15 日殲滅蔣介石嫡系部隊黃維兵團，黃維被俘。

在淮海戰役勝利已成定局的情況下，為配合正在開始的平津戰役，不使蔣介石下決心將平津守敵海運南下，1948 年 12 月 14 日，毛澤東以中共中央軍委名義發出電令，要求"整個就現陣地態勢休息若干天，只作防禦，不作攻擊"。[1]1949 年 1 月初，就在東北野戰軍發起對天津的進攻、傅作義集團從海上南撤的可能徹底被消除後，毛澤東和中共中央軍委下達了發起淮海戰役最後總攻的命令。

此刻，杜聿明集團兩個兵團 8 個軍被人民解放軍合圍在以陳官莊為中心長約 10 千米、寬約 5 千米的狹長區域裏，雨雪交加、飢寒交迫，士氣低落到了極點。1949 年 1 月 6 日，總攻開始。至 1 月 10 日，全殲杜聿明集團，杜聿明本人被俘，丘清泉被擊斃，僅李彌化裝逃脫。至此，規模巨大的淮海戰役以殲滅國民黨軍 55.5 萬人的戰果宣告結束。

通過遼瀋、淮海、平津三大戰役，國民黨軍主力基本被消滅，國民黨政權統治基礎已從根本上動搖。蔣介石不得不在 1949 年 1 月 21 日宣告"引退"，由副總統李宗仁代理總統。此前，毛澤東為新華社寫 1949 年新年獻詞《將革命進行到底》，強調："堅決徹底乾淨全部地消滅一切反動勢力，不動搖地堅持打倒帝國主義，打倒封建主義，打倒官僚資本主義，在全國範圍內推翻國民黨的反動統治，在全國範圍內建立無產階級領導的以工農聯盟為主體的人民民主專政的共和國。這樣，就可以使中華民族來一個大翻身，由半殖民地變為真正的獨立國，使中國人民來一個大解放，將自己頭上的封建的壓迫和官僚資本（即中國的壟斷資本）的壓迫一起掀掉，並由此造成統一的民主的和平局面，造成由農業國變為工業國的先決條件，造成由人剝削人的社會向著社會主義社會發展的可能性。"[2]

夢寐以求的中國革命即將取得全國勝利，但依然會有半途而廢的危險。毛澤東告誡全黨，政策和策略是黨的生命，各級領導萬萬不可粗心大意。如果我們只取得了軍事鬥爭的勝利，而在工商業政策上、土地政策上、城市政策上犯了錯誤，同樣也會使革命半途而廢。為此，毛澤東重申黨的各項土地政策，完善和發展黨的城市政策和工商業政策，嚴肅糾正各種"左"傾錯誤，強調加強中央統一領導，加強請示報告制度。還採取統一人民解放軍番號，重新頒佈"三大紀律、八項注意"等措施。

1　《毛澤東軍事文集》第 5 卷，軍事科學出版社、中央文獻出版社 1993 年版，第 401 頁。

2　《毛澤東選集》第 4 卷，人民出版社 1991 年版，第 1375 頁。

西柏坡，被譽為"進入北平解放全中國的最後一個農村指揮所"。在這裏，毛澤東和中共中央指揮了三大戰役，為創建新中國作了重大決策和周密部署。1949 年 3 月，還在這裏召開對創建新中國具有決定意義的七屆二中全會。以"兩個務必"為核心的西柏坡精神，也是在這裏孕育形成的。

進入 1949 年，蔣介石見敗局已定，一面宣佈"引退"，一面操縱國民黨政府提出"和談"。為使蔣介石堅持內戰的真面目徹底暴露，中共中央派周恩來為首席代表的和談代表團，於 4 月 1 日至 15 日在北京同以張治中為首席代表的南京政府和談代表團舉行商談。中共代表團盡可能採納南京代表團意見，於 4 月 15 日提出《國內和平協定》（最後修正案），並以 4 月 20 日為最後簽字日期。

在蔣介石和南京政府拒絕在《國內和平協定》上簽字的情況下，1949 年 4 月 20 日 20 時，人民解放軍開始渡江戰役，並於 4 月 22 日勝利突破國民黨軍近千里的長江江防陣地。4 月 23 日，解放南京，國民黨統治覆亡。

此刻，毛澤東懷著喜悅的心情，寫下了《七律·人民解放軍佔領南京》："鍾山風雨起蒼黃，百萬雄師過大江。虎踞龍盤今勝昔，天翻地覆慨而慷。宜將剩勇追窮寇，不可沽名學霸王。天若有情天亦老，人間正道是滄桑。"

1949 年 9 月 21 日至 30 日，中國人民政治協商會議第一屆全體會議在北平中南海懷仁堂隆重舉行。這次會議履行的莊嚴歷史任務，就是秉承 1840 年以來無數先驅者的遺志，宣告中華民族歷史新紀元的到來。會議討論通過了《中國人民政治協商會議共同綱領》，這個《共同綱領》在共和國憲法正式產生前，實際上起著代憲法的作用。會議還通過《中華人民共和國中央人民政府組織法》《中國人民政治協商會議組織法》。

會議選舉毛澤東為中央人民政府主席，朱德、劉少奇、宋慶齡、李濟深、張瀾、高崗為副主席，周恩來等 56 人為委員，組成中央人民政府委員會。還選出以毛澤東為主席的由 180 人組成的中國人民政治協商會議第一屆全國委員會。政治協商會議，在全國人民代表大會召開以前，擔負著代行全國人民代表大會的職責。

會議還做出下列具有歷史意義的決定：中華人民共和國的國都定於北平，並將北平改為北京；採用公元紀年；國歌未正式確定前，以《義勇軍進行曲》為國歌；國旗為五星紅旗。

1949 年 9 月 30 日，中國人民政治協商會議第一屆全體會議閉幕當晚，毛澤東等黨和國家領導人為人民英雄紀念碑奠基。毛澤東親自為人民英雄紀念碑寫下了以下碑文：

"三年以來，在人民解放戰爭和人民革命中犧牲的人民英雄們永垂不朽！

三十年以來，在人民解放戰爭和人民革命中犧牲的人民英雄們永垂不朽！

由此上溯到一千八百四十年，從那時起，為了反對內外敵人，爭取民族獨立和人民自由幸福，在歷次鬥爭中犧牲的人民英雄們永垂不朽！"[1]

1949 年 10 月 1 日，是中華民族偉大復興史上值得永遠紀念的日子。這一天下午三時，在北京天安門廣場隆重舉行中華人民共和國中央人民政府成立典禮。毛澤東主席在這裏代表中國人民向世界莊嚴宣告了中華人民共和國的成立，中國人民從此站起來了。

中華人民共和國的成立，標誌著中國新民主主義革命已經取得偉大勝利，標誌著中國人民受奴役受壓迫的半殖民地半封建時代已經過去。這一偉大事件，徹底改變了近代以後 100 多年中國積貧積弱、受人欺凌的悲慘命運，中華民族走上了實現偉大復興的壯闊道路。

為了這一天的到來，中國人民和中華民族奮鬥了整整 109 年，在漫漫長夜中求索。一切力量都盡力了，一切方案都嘗試過了，一切主義都用過了。只有中國共產黨才能帶領中國人民進入當家作主的新時代，只有社會主義才能為中華民族偉大復興指明正確方向，只有馬克思主義才能徹底改變中國人民的歷史命運。

1　《毛澤東文集》第 5 卷，人民出版社 1996 年版，第 350 頁。

第五章 現代化的曲折探索

如果說，辛亥革命推翻了長達上千年的封建帝制，打開了通向中華民族偉大復興的歷史閘門；那麼，中華人民共和國的成立，完成了中華民族偉大復興的第一步，建立起人民當家作主的新中國。從此，在中國共產黨領導下，中國人民和中華民族把人民幸福、民族復興的歷史命運，牢牢地掌握在了自己手上。這在中華民族歷史上，是從來沒有過的事情。

在毛澤東代表中國共產黨和新中國宣佈"中國人民從此站起來了"的時候，他深知只有推翻帝國主義、封建主義、官僚資本主義三座大山，而不實現從農業國向工業國的轉變，中國人還不可能真正站立起來。

毛澤東同樣清楚地知道，這個轉變只有靠把命運始終掌握在自己手上的中國人才能實現，任何別的國家都不可能給中國恩賜一個現代化。"我們中華民族有同自己的敵人血戰到底的氣概，有在自力更生的基礎上光復舊物的決心，有自立於世界民族之林的能力。"[1]"中國人民將會看見，中國的命運一經操在人民自己的手裏，中國就將如太陽升起在東方那樣，以自己的輝煌的光焰普照大地，迅速地盪滌反動政府留下來的污泥濁水，治好戰爭的創傷，建設起一個嶄新的強盛的名副其實的人民共和國。"[2]

正因為如此，從 1949 年 10 月至 1952 年底，新中國只用了三年多一點時間，就完成了以下這些大事，從而叩響了通向社會主義工業化、現代化之門。

第一件：初步完成祖國大陸的統一，告別了戰亂不已的舊中國，實現了國家安寧。

---

1 《毛澤東選集》第 1 卷，人民出版社 1991 年版，第 161 頁。
2 《毛澤東選集》第 4 卷，人民出版社 1991 年版，第 1467 頁。

第二件：平抑物價、取締投機資本，初步統一國家財政經濟，為進行大規模國家工業化建設準備了基本前提。

第三件：沒收官僚資本，徹底鏟除舊中國的經濟基礎，初步形成社會主義公有制經濟對國民經濟的主導地位。

第四件：徹底完成土地制度改革，告別存在上千年的封建土地制度，使3億多無地或少地的農民分得土地，為國家工業化鋪平了道路。

第五件：鎮壓反革命，清除匪患，實行其他民主改革，徹底鏟除舊中國為害百姓的社會公害，實現了人民生活安寧。

第六件：抗美援朝、保家衛國，建立起鞏固強大的國防，使帝國主義敢於侵略中國、欺侮中國的時代一去不復返了。

第七件：初步實現包括各民主黨派、各界民主人士在內的中國人民的大團結，包括國內各少數民族在內的中華民族大團結，建立了空前鞏固、空前壯大的愛國民主統一戰線。

第八件：沒收帝國主義在華侵略性資產，徹底廢除一切不平等條約，打破美國為首的西方國家對華封鎖遏制，重新在平等互利、互相尊重國家主權和領土完整基礎上建立新的外交關係，初步形成獨立自主的新中國外交格局。

國家工業化建設的起步

1953 年，是新中國歷史上值得大書特書的時刻。從這一年起，在中國共產黨領導下，開始了有計劃的國家大規模工業化建設。

說它是有計劃的，是因為從這一年開始，新中國每隔五年實施一個五年計劃，分階段、有步驟地全面推進國家工業化和現代化。直到半個多世紀後的今天，已經持續實施了十三個五年計劃（規劃），第十四個五年規劃業已開始。這樣持續不斷地有計劃的現代化，在整個世界工業化、現代化史上，也堪稱奇觀。

說它是大規模的，是因為這一建設以經濟建設為重點，以工業化為先導，前所未有地涉及社會生活的方方面面，既包括採礦、冶金、工業製造、交通、運輸等基礎設施建設，也包括農業、水利、農田基本建設、醫療、健康、教育、住房等關係民生福祉的各項事業，還包括國防、科研、電子、醫學、社會科學等關係國家富強、社會繁榮的各項建設。如此規模巨大、影響深刻的工業化、現代化進程，在世界上也是罕見的。

只有具有持續不斷的 5000 多年文明史的中華民族，才能迸發出如此持久、如此巨大的現代化動能。只有以人民幸福、民族復興為己任的中國共產黨，才能激發起、調動起中國人民、中華民族如此深厚、如此磅礴的現代化力量。

新中國的第一個五年計劃，從 1953 年起步，到 1957 年提前超額完成。在蘇聯的巨大幫助下，在中國共產黨的精心領導組織實施下，第一個五年計劃進展得十分順利。

第一個五年計劃起步的基礎，主要是舊中國特別是民國時期的工業基礎。受當時半殖民地半封建社會經濟的影響和制約，工業結構和工業佈局十分不合理。從結構來說，主要是加工業和以農產品為原料的紡織業等。從佈局來說，集中在東南沿海一線以及武漢、廣州、重慶、天津、北京等少數大城市。因此，第一個五年計劃要解決的重點問題，一是初步建立工業基礎，二是初步改善工業佈局。

為此，第一個五年計劃從中國國情出發，著力發展工業，優先發展重工業，並為當時正在進行的社會主義改造奠定物質基礎。

發展工業，是新中國的迫切要求。1952 年，中國現代工業在工農業總產值中的比重，已經從 1949 年的 17% 上升為 26.7%。[1] 這個比例，不僅遠低於西方發達國家，也大大落後於蘇聯和東歐國家。這便是第一個五年計劃發展的起點。中國共產黨人深切地體會到："沒有工業，便沒有鞏固的國防，便沒有人民的福利，便沒有國家的富強。一八四〇年鴉片戰爭以來的一百零五年的歷史，特別是國民黨當政以來的十八年的歷史，清楚地把這個要點告訴了中國人民。"[2]

---

1 《建國以來重要文獻選編》第 6 冊，中央文獻出版社 1993 年版，第 406 頁。

2 毛澤東：《論聯合政府》（1945 年 4 月 24 日），《毛澤東選集》第 3 卷，人民出版社 1991 年版，第 1080 頁。

工業化發展程度，不僅是由工農業比重決定的，也是由工業內部生產資料和消費資料的比重決定的。1952 年，生產資料和消費資料的生產在工業總產值中所佔的比重，分別是 39.7% 和 60.3%，而 1949 年為 29% 和 71%。[1] 對此，毛澤東說："現在我們能造什麼？能造桌子椅子，能造茶碗茶壺，能種糧食，還能磨成麵粉，還能造紙，但是，一輛汽車、一架飛機、一輛坦克、一輛拖拉機都不能造。"[2]

新中國成立後，存在著五種經濟成分，即社會主義性質的國營經濟，社會主義或半社會主義性質的合作社經濟，帶有若干社會主義性質的國家資本主義經濟，以及農民個體經濟和手工業者的個體經濟，私人資本主義經濟。這五種經濟成分，既有矛盾又有聯繫，其發展方向是在社會主義國營經濟領導下，經過國家資本主義和合作社經濟，穩步地完成對資本主義工商業、農業、手工業的社會主義改造。同時，社會主義工業化的展開，進一步壯大國營經濟力量，也從根本上將社會主義發展方向確定下來。

就這樣，在 1953 年，隨著第一個五年計劃的開始，在古老的中華大地上同時出現了兩大向好的趨向。一是國家工業化，一是社會主義化。工業化要以社會主義化為前提，社會主義化又建立在工業化基礎上。正如毛澤東所說："在一個半殖民地的、半封建的、分裂的中國裏，要想發展工業，建設國防，福利人民，求得國家的富強，多少年來多少人做過這種夢，但是一概幻滅了。許多好心的教育家、科學家和學生們，他們埋頭於自己的工作或學習，不問政治，自以為可以所學為國家服務，結果也化成了夢，一概幻滅了。這是好消息，這種幼稚的夢的幻滅，正是中國富強的起點。"[3] 歷史就是這樣，把工業化與社會主義化緊緊地綁在了一起。

從中國基本國情出發，第一個五年計劃明確了以下方針："集中主要力量進行以蘇聯幫助我國設計的一五六個建設單位為中心的、由限額以上的六九四個建設單位組成的工業建設，建立我國的社會主義工業化的初步基

1　《建國以來重要文獻選編》第 6 冊，中央文獻出版社 1993 年版，第 406 頁。

2　《毛澤東文集》第 6 卷，人民出版社 1999 年版，第 329 頁。

3　毛澤東：《論聯合政府》（1945 年 4 月 24 日），《毛澤東選集》第 3 卷，人民出版社 1991 年版，第 1080 頁。

礎；發展部分集體所有制的農業生產合作社，並發展手工業生產合作社，建立對於農業和手工業的社會主義改造的初步基礎；基本上把資本主義工商業分別地納入各種形式的國家資本主義的軌道，建立對於私營工商業的社會主義改造的基礎。"[1]

第一個五年計劃的實施，改善了國家工業佈局。在舊中國，中國工業約有 70% 在沿海，30% 在內地。為了改善這種不合理的佈局，一方面，充分發揮東北和沿海工業基地的作用，使之成為支援全國其他地區建設的基地；另一方面，重點加強華北、中南、西北和西南地區新工業基地的建設。在具體安排上，老基地的建設以在原基礎上改建擴建為主，新基地以新建為主。整個第一個五年計劃期間，國家基本建設投資總額的一半放在了內地，限額以上工業建設單位中有 53% 分佈在內地。

在重工業建設上，蘇聯援建的大型綜合性鋼鐵基地——武漢鋼鐵公司的興建，是這一時期的代表作。1952 年開始選址論證。1954 年初，確定武昌青山地區為鋼鐵廠廠址。1955 年破土動工。1958 年 9 月 13 日，一號高爐煉出第一爐鐵水。1959 年，一號平爐出鋼。1960 年，初軋廠 1150 軋機試軋成功，第一期工程提前完成。一座新的鋼城矗立在長江中游，成為中國第二大鋼鐵基地。同時興建的，還有包頭鋼鐵公司，1954 年開始建設，1959 年投產。這些新建工程，與鞍山鋼鐵公司，以及安徽馬鞍山、四川重慶、山西太原原有鋼鐵企業改擴建工程一起，推動新中國鋼鐵工業上了一個大台階。

從學習西方的"船堅炮利"之時起，中國人一直夢想成為鋼鐵強國。但是，從 1890 年張之洞創辦漢陽鐵廠起，到 1948 年國民黨政權覆亡前夕，半個多世紀只生產了 760 萬噸鋼。在飽經戰爭創傷後，1949 年的鋼產量只有 15.8 萬噸。而到 1952 年，已恢復到 134.9 萬噸[2]。到 1957 年第一個五年計劃完成時，年產量達到 535 萬噸。[3]

第一個五年計劃期間，重工業建設的又一個重點是機械工業，新建的骨

1　《建國以來重要文獻選編》第 6 冊，中央文獻出版社 1993 年版，第 410—411 頁。

2　參見中共中央黨史研究室《中國共產黨歷史》第 2 卷（1949—1978）上冊，中共黨史出版社 2011 年版，第 177 頁。

3　蘇星：《新中國經濟史》（修訂本），中共中央黨校出版社 2007 年版，第 164 頁。

幹項目星羅棋佈。在東北，有黑龍江的富拉爾基重型機器廠，齊齊哈爾機床廠，瀋陽風動工具廠，哈爾濱電機廠、汽輪機廠和鍋爐廠，長春第一汽車製造廠。在北方，有山西太原重型機器廠，洛陽礦山機械廠、拖拉機廠，北京機床廠。在南方，有武漢的機床廠、南昌的拖拉機廠，等等。同時，為開發西部資源，著手修建和新建包蘭線、蘭新線、寶成線。

在第一個五年計劃打下的工業化基礎中，蘇聯援建的 156 項建設項目是新中國工業化的骨幹工程。這一時期，蘇聯派來我國的技術專家有 3000 多人。我國派往蘇聯的留學生達 7000 多人，實習生 5000 人。同時，德意志民主共和國、捷克斯洛伐克、波蘭、匈牙利、羅馬尼亞、保加利亞 6 國也援助建設工業項目 68 項。

據薄一波回憶說："這 '156 項工程'，實際進行施工的為 150 項，其中在 '一五' 期間施工的有 146 項。""這 150 項施工項目的構成是：軍事工業企業 44 個，其中航空工業 12 個、電子工業 10 個、兵器工業 16 個、航天工業 2 個、船舶工業 4 個；冶金工業企業 20 個，其中鋼鐵工業 7 個、有色金屬工業 13 個；化學工業企業 7 個；機械加工企業 24 個；能源工業企業 52 個，其中煤炭工業和電力工業各 25 個、石油工業 2 個；輕工業和醫藥工業 3 個。不難看出，蘇聯援建的這些項目，主要是幫助我國建立比較完整的基礎工業體系和國防工業體系的骨架，起到了奠定我國工業化初步基礎的重大作用。"[1]

在新中國的建設史上，乃至近代中國建設史上，第一個五年計劃期間湧現出了許多第一。

——長春第一汽車製造廠，是中國第一家現代化汽車製造廠。1956 年 7 月 13 日，從總裝配線上開出第一批解放牌汽車，從此結束了中國不能大規模製造汽車的歷史。

——第一拖拉機製造廠經過四年建設，於 1959 年 11 月 1 日在河南洛陽建成投產，結束了我國不能生產拖拉機的歷史。

——1954 年，我國最大的醫藥聯合企業華北製藥廠開始施工，1958 年建成投產後，基本滿足了國內對青黴素的需要，從根本上改變了過去青黴素

1　薄一波：《若干重大決策與事件的回顧》（修訂本）上卷，人民出版社 1997 年版，第 306 頁。

主要依靠進口的狀況。

——佳木斯造紙廠於 1954 年 8 月開工建設，1957 年 11 月建成投產，產品填補了我國造紙工業的空白。

——1956 年是中國航空工業發展的重要一年。中國第一架仿製米格 -17 型殲擊機的殲 -5 型飛機試飛成功，中國成為當時少數幾個能夠製造噴氣式飛機的國家之一。

——中國電子工業從 1952 年結束收音機依賴外國電子管的歷史到 1958 年研製成功我國第一台電子管計算機，僅用了 6 年時間。

——中國兵器工業在 1956 年 9 月生產出國產 B2-34 中型坦克發動機，結束了不能製造坦克發動機的歷史。

——鈾是發展核工業的最基本原料。在技術設備和原材料嚴重缺乏的情況下，"土法"冶煉的重鈾酸銨 150 餘噸，為中國第一顆原子彈的研製贏得了時間。

這一系列的第一，標誌著中國人民在中國共產黨領導下，正在向社會主義工業化和現代化的目標大踏步前進；標誌著新中國正在以舊中國不可比擬的發展速度，向著躋身於世界民族之林的行列進軍。更重要的是，這一切建設成果，都是在以獨立自主、自力更生為主，依靠外援為輔的基點上取得的。這些成就表明，中國人真正挺直腰板、揚眉吐氣地站起來的時代已經到來了。

中國共產黨和人民政府在加速發展工業的同時，也沒有忘記民生和人文關懷。

就教育來說：在開展大規模全民掃盲識字運動的基礎上，中小學教育和高等教育也在大踏步發展。1957 年，小學在校學生 428.3 萬人，比 1952 年增長 25.8%；普通中學在校學生 628.1 萬人，比 1952 年增長 1.5 倍；中等專業學校在校學生 77.8 萬人，比 1952 年增長 22.3%。1957 年，普通高等學校發展到 229 所，比 1952 年增長 14%；在校學生 44.1 萬人，比 1952 年增長 1.3 倍；整個"一五"計劃期間，全國高等院校畢業生達 27 萬人，超過 1912 年至 1947 年 36 年間 21 萬畢業生總和的 28.5%。

就醫療來說：1957 年，全國縣縣有醫院，鄉鄉有診所，共有病床位 29.5

萬張，比 1952 年增長 84%。全國有中西醫生共計 54.7 萬人，醫療水平有所提高。全國城鄉的環境衛生和個人衛生狀況都有顯著改善。

就消費水平來說：1957 年全國居民的平均消費水平達到 108 元，按可比價格計算，比 1952 年提高 24.5%，其中城鎮居民為 222 元，比 1952 年提高 31.7%，農民為 82 元，比 1952 年提高 16.8%。

經過第一個五年計劃的實施，最大的變化是工業和重工業的比重有了根本性的提升，一批對形成完整的工業體系具有基礎性、決定性意義的企業或在興建，或已正式投產。

從 1953 年到 1957 年，全國基本建設投資總額完成 550 億元，其中經濟和文教領域的基本建設投資達到 493 億元。投資比重，工業部門佔 56%，運輸郵電部門佔 18.7%，農林水利部門佔 8.2%。在工業部門的投資比重中，重工業佔 85%，輕工業佔 15%。這樣的投資結構，對於一個處於正常發展的經濟體來說，當然是不適宜的。但由於當時新中國的工業基礎十分薄弱，對於這樣一個傳統的農業大國在工業化的起步過程中，不僅是必要的，而且是急切之需。

在 1953 年到 1957 年的短短五年間，限額以上的工礦建設單位總數為 921 個，全部投產的單位有 428 個，部分投產的 109 個，佔總數的 58.3%。在蘇聯援建的 156 個項目中，135 個已施工建設，佔總數的 86.5%；其中 68 個已全部建成或部分建成，佔施工總數的 50.3%。

可以說，第一個五年計劃時期工業化速度和成效，超過了舊中國的 100 年。

第一個五年計劃時期，也是民生和社會保障發生巨大變化的時期。到 1957 年底，我國職工總數為 3101 萬人，比 1952 年增長 93.4%。1957 年全民所有制職工的年平均工資達到 637 元，比 1952 年實際增長 30.3%。五年內，國家投資新建職工住宅 9454 萬平方米，拿出 103 億元的資金用於職工的勞動保險、醫藥費、福利費等。"吃公家飯"，成了當時最讓人羨慕、最令青年人嚮往的社會職業。五年中全國農民的收入增加 30%。1957 年城鄉居民的儲蓄存款比 1952 年增長 3.1 倍。

第一個五年計劃時期帶來的，不僅是經濟的根本變化，民生的巨大變化，還有生產關係的根本變化。工人和農民開始感覺自己是國家和社會的主人，開始在為自己、為自己的國家勞動了。這一根本性變化，極大地調動了工人階級和農民階級的主動性和創造性。全國第一代勞動模范孟泰、王崇倫、馬六孩、郝建秀、時傳祥、呂順達等，就是勞動人民在當家做主人的新中國勤奮勞動、創造奇蹟的代表者。

新中國的巨大變化和工業化藍圖，也扣動著每一個熱愛祖國的知識分子的心弦。以錢學森、華羅庚等為代表的一批在海外的科學家，衝破各種阻力，回國參加工業化建設。至 1953 年，約有 2000 名歐美留學生陸續回國。全國高等學校 1952、1953 兩屆理工科學生提前一年畢業，主要配備到新建、改建和擴建的廠礦及交通、水利等部門，從事勘測、設計及設備安裝等工作。

第一個五年計劃的勝利實施，不僅極大地推動著社會主義工業化建設，也在深刻地改變著新中國的社會風氣和精神面貌。中國共產黨的威望空前提高。

探索獨立自主的建設道路

在第一個五年計劃即將完成的 1956 年 9 月，召開了中國共產黨執政後第一個全國代表大會——中國共產黨第八次全國代表大會。這次大會，在社會主義改造基本完成、中國進入了社會主義社會的條件下，正確地宣佈："我國的無產階級同資產階級之間的矛盾已經基本上解決，幾千年來的階級剝削制度的歷史已經基本上結束，社會主義的社會制度在我國已經基本上建立起來了。"[1] "我們國內的主要矛盾，已經是人民對於建立先進的工業國的要求同落後的農業國的現實之間的矛盾，已經是人民對於經濟文化迅速發展的需要同當前經濟文化不能滿足人民需要的狀況之間的矛盾。"[2] "黨和全國人民的當前的主要任務，就是要集中力量來解決這個矛盾，把我國盡快地從落後的農業

1　《建國以來重要文獻選編》第 9 冊，中央文獻出版社 1994 年版，第 341 頁。

2　《建國以來重要文獻選編》第 9 冊，中央文獻出版社 1994 年版，第 341 頁。

國變為先進的工業國。"[1]

這就是通常所說的中共八大對國內主要矛盾的正確分析，以及在此基礎上提出的中共八大路線。如果按照中共八大確定的路線堅定不移地走下去，本來是可以避免出現"文化大革命"那樣的內亂的。

大會還提出關於第二個五年計劃的建議。在這個建議中，提出這樣的設想："以既積極又穩妥可靠的步驟，推進社會主義的建設和完成社會主義的改造，保證我國有可能大約經過三個五年計劃的時間，基本上建成一個完整的工業體系，使我國能夠由落後的農業國變為先進的社會主義工業國。"[2]

這個建議貫徹毛澤東 1956 年 4 月《論十大關係》的精神，根據第一個五年計劃的經驗，提出 1958 年至 1962 年的五年間，繼續確保五方面的建設重點。一是繼續進行以重工業為中心的工業建設；二是繼續完成社會主義改造；三是進一步地發展工業、農業和手工業的生產，相應地發展運輸業和商業；四是努力培養建設人才，加強科學研究工作；五是增強國防力量，提高人民的物質生活和文化生活的水平。

在這五個重點中，此時，私營工商業和手工業的社會主義改造到 1956 年底已經基本完成；農業社會主義改造進入高級社的普及階段，到 1957 年 12 月全部完成，加入高級社的農戶佔全國總農戶的 96% 以上。[3]

農業的發展規劃，從 1955 年底到 1956 年 1 月，在毛澤東主持下，形成《一九五六年到一九六七年全國農業發展綱要（草案）》。後經多次討論修改，修正草案於 1957 年 10 月作為中央文件下發。這在中國的歷史上，是破天荒第一次。其重點是通過中長期規劃，發揮農業在國民經濟中的重要地位以及對工業的基礎作用。

科學研究的遠景規劃，也在著手進行。1956 年 3 月，國務院成立科學規劃委員會，彙集 600 多位科學家，並邀請近百名蘇聯專家，歷時數月反覆論證，編制了《一九五六——一九六七年科學技術發展遠景規劃綱要（修正草

1　《建國以來重要文獻選編》第 9 冊，中央文獻出版社 1994 年版，第 341—342 頁。

2　《建國以來重要文獻選編》第 9 冊，中央文獻出版社 1994 年版，第 357 頁。

3　參見《當代中國的農業》，當代中國出版社 1992 年版，第 110 頁。

案）》，提出 13 個方面[1]、57 項國家重要的科學技術任務，並確定 12 個帶有關鍵意義的重點項目或課題[2]。

第二個五年計劃的建議，還規定了若干重要比例關係。在工農業總產值上，建議提出：1962 年的工農業總產值，比 1957 年計劃增長 75％左右，其中，工業產值比 1957 年計劃增長 1 倍左右，農業產值比 1957 年計劃增長 35％左右。[3]

在工業生產中，建議提出的生產資料的生產同消費資料生產的比例，與第一個五年計劃相比有所降低，要求 1962 年生產資料工業和消費資料工業各佔 50％左右。[4] 這是吸取了 1956 年冒進造成各方面物資全面緊張的教訓。

第二個五年計劃的建議，還做了兩個重要的調整。一是提出盡可能地縮減國防費用和行政費用的支出，而增加經濟建設和文化建設的支出。用於經濟和文化建設的支出，要從第一個五年計劃的 56％左右，提高到 60％—70％；用於國防和行政費用的支出，要從第一個五年計劃的 32％左右，下降為 20％左右。[5]

二是提出確保工業和農業的迅速發展。在國家的基本建設投資總額中，工業投資的比重，要從第一個五年計劃的 58.2％，提高到 60％左右；農業、林業、水利投資的比重，要從第一個五年計劃的 7.6％，提高到 10％左右。[6]

1　這 13 個方面是：（1）自然條件及自然資源；（2）礦冶；（3）燃料和動力；（4）機械製造；（5）化學工業；（6）建築；（7）運輸和通訊；（8）新技術；（9）國防；（10）農、林、牧；（11）醫藥衛生；（12）儀器、計量和國家標準；（13）若干基本理論問題和科學情報。

2　這 12 個重點項目或課題是：（1）原子能的和平利用；（2）無線電電子學中的新技術；（3）噴氣技術；（4）生產過程自動化和精密儀器；（5）石油及其他特別缺乏的資源的勘探、礦物原料基地的探尋和確定；（6）結合我國資源情況建立合金系統並尋求新的冶金過程；（7）綜合利用燃料，發展重有機合成；（8）新型動力機械和大型機械；（9）黃河、長江綜合開發的重大科學技術問題；（10）農業的化學化、機械化、電氣化的重大科學問題；（11）危害我國人民健康最大的幾種主要疾病的防治和消滅；（12）自然科學中若干重要的基本理論問題。

3　參見《建國以來重要文獻選編》第 9 冊，中央文獻出版社 1994 年版，第 358 頁。

4　《建國以來重要文獻選編》第 9 冊，中央文獻出版社 1994 年版，第 359 頁。

5　《建國以來重要文獻選編》第 9 冊，中央文獻出版社 1994 年版，第 359 頁。

6　《建國以來重要文獻選編》第 9 冊，中央文獻出版社 1994 年版，第 360 頁。

按照以上這些建議來安排第二個五年計劃，可以想見，在我國工業化建設史上一定能出現一個繼第一個五年計劃之後的新高潮。

在貫徹落實中共八大精神、制定第二個五年計劃的過程中，在探索社會主義建設道路上，也取得了重要進展。提出要進行所有制結構的適當調整，形成"三個主體、三個補充"[1]的新格局。提出要改進國家行政體制的設想，形成國務院《關於改進國家行政體制的決議（草案）》，按照"統一領導、分級管理、因地制宜、因事制宜"的原則，適當地擴大地方的行政管理職權，充分發揮地方的積極性，同時使中央機關能夠更好地集中注意力於主要工作方面，以達到調動一切積極因素，加速進行社會主義建設的目的。在此文件指導和推動下，又形成了國務院《關於改進工業管理體制的規定》《關於改進商業管理體制的規定》《關於改進財政體制的規定》。

對上述這些新的探索，著名經濟學家蘇星有過中肯的評價："這是我國經濟體制改革的最早的設想，如果當時能付諸實施，並在實踐中開拓前進，可望早日踏上建設有中國特色的社會主義的道路。可惜的是，這些設想絕大部分被'大躍進'所衝銷了。"[2]

就在剛剛站立起來的中國人充滿信心地規劃著、憧憬著更加美好的未來時，意想不到的曲折發生了。

第一個曲折的起點，是從反右派鬥爭嚴重擴大化開始的。

1957 年上半年開始，中國共產黨根據八屆三中全會提出的要求，以毛澤東 1957 年 2 月《關於正確處理人民內部矛盾的問題》的講話和同年 3 月《在中國共產黨全國宣傳工作會議上的講話》為指導，進行全黨範圍的整風。這次整風的主題，是正確處理人民內部矛盾，重點是反對官僚主義、宗派主義、主觀主義，方法是"開門整風"。這種方法非常獨特，希望通過請民主黨派、民主人士和廣大群眾幫助共產黨整風的方式，探索黨外監督、群眾監督

---

1   "三個主體、三個補充"，即在工商業經營方面，國家經濟和集體經濟是主體，一定數量的個體經營為補充；在生產計劃方面，計劃生產是工農業生產的主體，按照市場變化而在國家計劃許可範圍內的自由生產為補充；在市場方面，國家市場是主體，一定範圍內國家領導的自由市場為補充。

2   蘇星：《新中國經濟史（修訂本）》，中共中央黨校出版社 2007 年版，第 296 頁。

的有效途徑。

在開門整風中，極少數對共產黨和社會主義心懷不滿的人藉機向共產黨發難。在 1957 年 5 月中下旬到 6 月初，形成了一股否定中國共產黨領導、否定社會主義制度的歪風。

面對這場右派進攻，中國共產黨決定反擊。6 月 8 日，通過《人民日報》社論《這是為什麼？》，從右派分子的一封匿名恐嚇信說起，公開發出反擊右派進攻的信號。同日，毛澤東起草《中共中央關於組織力量準備反擊右派分子進攻的指示》。這篇社論的發表和這個黨內指示的下達，標誌著反右派鬥爭正式開始。

本來，這種情況對具有豐富政治鬥爭經驗的中國共產黨來說，並不陌生。然而，在社會主義改造與建設取得巨大成就的情況下，在中國共產黨在全國人民中享有崇高威望的情況下，竟會出現這種情形，這是包括毛澤東在內的中國共產黨人沒有想到的。再加上 1956 年，在蘇共二十大赫魯曉夫秘密報告的負面影響下，波蘭和匈牙利先後發生動亂。特別是在匈牙利，出現了公開殺害共產黨人的嚴重事件。在這一國際背景下，很容易把國內的右派進攻同國際上的波匈事件聯繫在一起，而做出強烈反應。

6 月 19 日，毛澤東同年 2 月 27 日在最高國務會議第十一次擴大會議上的講話《關於正確處理人民內部矛盾的問題》，在《人民日報》發表。這篇文章的發表，正值反右派鬥爭發動初期，如果按照這篇講話精神嚴格制定政策，是有可能防止反右派鬥爭嚴重擴大化的。

然而，這場反右派鬥爭從一開始就是展開猛烈的大批判。揭發出來的種種情況，又統統被看作是兩個階級、兩條道路的鬥爭。其結果，就是這場政治運動被不斷升級，在 1958 年夏季結束時，致使 55 萬多人被劃為右派分子。其中，絕大多數屬錯劃的。

反右派鬥爭嚴重擴大化，是新中國成立以來最早出現的一次嚴重失誤。這一錯誤發生的根源，恰恰是 "對當時的階級鬥爭形勢估計得過於嚴重，把大量的人民內部矛盾當作了敵我矛盾"[1] 的結果。這一錯誤，在中共十一屆三

---

1   《三中全會以來重要文獻選編》（上），中央文獻出版社 2011 年版，第 431 頁。

中全會後，由中國共產黨主動糾正了。據 1980 年 6 月中共中央批轉中央統戰部《關於愛國人士的右派複查問題的請示報告》中說："屬改正的人大體上有三種情況：（1）一部分人出於善意，提出的許多批評意見，現在看來是有利於改進工作的。把他們劃為右派，是完全搞錯了，當然必須改正。（2）一部分人在涉及黨的領導和社會主義制度等重大問題上，發表了一些錯誤言論，但不是在根本立場上反黨反社會主義，把他們劃為右派也是錯誤的，也應該改正。（3）還有一些人確有反黨反社會主義的言行，但是考慮到他們同向黨猖狂進攻的右派分子在程度上和情節上有所不同，也考慮到他們後來確有轉變，在這次複查中，也給他們改正過來。"[1] 以上這三種情形，佔 55 萬多被劃右派分子的 98％ 以上 [2]。

反右派鬥爭嚴重擴大化的最大後果，是這場突發事件改變了中共八大對國內主要矛盾的正確判斷。在 1958 年 5 月中共八大二次會議上，正式做出"在社會主義社會建成以前，無產階級同資產階級的鬥爭，社會主義道路同資本主義道路的鬥爭，始終是我國內部的主要矛盾"[3] 的錯誤判斷。這一錯誤判斷，成為 20 世紀 60 年代背離以經濟建設為中心的正確軌道，階級鬥爭嚴重擴大化的左傾指導思想迅速發展，最終導致"文化大革命"的源頭。所幸在 1958 年中共八大二次會議做出這個判斷時，全黨的主要注意力仍然在領導經濟建設上，而使這一錯誤判斷在當時的影響受到一定限制。

"大躍進"的深刻教訓

另一個曲折的開始，發生在 1958 年上半年。

如果說，前一個曲折集中在政治領域，其影響需要長時間才能顯現；這一個曲折則集中在經濟領域，其影響是非常直接的，而且最終也影響到政治領域。

1　《三中全會以來重要文獻選編》（上），中央文獻出版社 2011 年版，第 430 頁。

2　中共中央黨史研究室：《中國共產黨歷史》第 2 卷（1949—1978）上冊，中共黨史出版社 2011 年版，第 457 頁註 2。

3　《建國以來重要文獻選編》第 11 冊，中央文獻出版社 1995 年版，第 288 頁。

事情還要從 1957 年說起。

隨著第一個五年計劃全面超額完成，中國共產黨內產生了希望以更快的發展速度加速推進社會主義工業化建設的情緒。這個願望，對於飽嘗"落後就會捱打"之苦的中國人來說，是情理之中的。更何況，經過第二次世界大戰後冷戰格局的生成和演變，到這時基本上形成了東西方陣營勢均力敵的局面，抗美援朝戰爭的勝利、解決越南問題的日內瓦國際會議的召開、中國同周邊國家陸續簽訂在"和平共處五項原則"基礎上的友好協定，新中國的國際環境開始改善，戰爭威脅明顯減弱，出現了和平建設的難得機遇。這對飽經內外戰爭滄桑的中國人來說，也是夢寐以求的大喜事。

隨著社會主義改造的完成，毛澤東逐漸把關注的重點從政治領域向經濟建設領域轉移。1957 年上半年，他的注意力一度被整風運動和反右派鬥爭所吸引，但很快又轉移到經濟建設上來。他希望社會主義建設能比第一個五年計劃更快的速度向前發展。

在這一思想支配下，1957 年 9 月 20 日至 10 月 9 日召開的中共八屆三中全會，對 1956 年的"反冒進"錯誤地提出批評。

本來，1956 年的"反冒進"，是針對當年基本建設投資增長過快，大大超出財政收入的資金供應能力，也大大超過鋼材、木材等基建物資供應能力提出來的。經過周恩來主持下的種種努力，將基建規模壓縮到 147 億元，才基本遏制了這一年的急躁冒進勢頭。其出發點和實際效果，無疑是正確的。

在八屆三中全會上，毛澤東站在希望出現多快好省建設社會主義的躍進局面的角度，批評 1956 年的"反冒進""掃掉了多、快、好、省"，還提出："它[1] 的性質究竟是促進委員會，還是促退委員會？應當是促進委員會。""我們總的方針，總是要促進的。"[2]

就社會主義建設的方法而論，毛澤東與周恩來、陳雲等的不同點，主要在以下兩點上。第一，綜合平衡的實現，是長線平衡還是短線平衡。毛澤東主張長線平衡，即不平衡是絕對的，平衡是暫時的，相對平衡是在不平衡

1　指中國共產黨中央委員會。

2　《建國以來重要文獻選編》第 10 冊，中央文獻出版社 1994 年版，第 605、606 頁。

的波動中實現的；周恩來、陳雲等認為，要以年度發展為單位來掌握綜合平衡，即求得短線平衡。第二，搞建設主要靠群眾運動，還是靠那些從蘇聯學來的規章制度。

中共八屆三中全會後，《人民日報》接連發表社論，貫徹這次全會精神。在 1957 年 11 月 13 日《發動全民，討論四十條綱要，掀起農業生產的新高潮》的社論中，提出"躍進式發展"概念，提出"我們就有條件也有必要在生產戰線上來一個大的躍進"[1]。同年 12 月 12 日《必須堅持多快好省的建設方針》的社論裏，進一步闡發了"又多、又快、又好、又省的發展國民經濟的方針"[2]。

1957 年 11 月，毛澤東第二次訪問蘇聯。這一年，適逢十月革命勝利 40 週年。毛澤東此行的目的，一是為了參加十月革命 40 週年慶典，二是為了參加在莫斯科舉行的世界各國共產黨和工人黨代表會議，以及社會主義國家共產黨和工人黨代表會議。毛澤東在講話中提出 15 年後中國在鋼產量上趕上或超過英國的目標[3]，還提出"我們要爭取十五年和平"[4]。這次出訪結束後，毛澤東出席 12 月 2 日中國工會第八次全國代表大會，劉少奇代表中共中央在大會上致辭，正式宣佈了這一目標："在十五年後，蘇聯的工農業在最重要的產品的產量方面可能趕上或者超過美國，我們應當爭取在同一期間，在鋼鐵和其他重要工業產品的產量方面趕上或者超過英國。"[5]

這在當時，是最振奮人心的口號。當年，英國就是憑藉工業革命形成的"船堅炮利"優勢，在 1840 年後通過侵略戰爭一步步打開中國的國門。如今，中國人要憑藉獨立自主、自力更生搞工業化，在鋼產量上超過英國。儘管這一目標，由於"大躍進"和"文化大革命"影響，未能如期達到，但從改革開放之初的 1978 年起（即 20 年後），便在鋼產量上把英國遠遠甩在了後面。

經過一段時間的醞釀和發動，1958 年 5 月召開的中共八大二次會議上，

1　《人民日報》1957 年 11 月 13 日第 1 版。

2　《人民日報》1957 年 12 月 12 日第 1 版。

3　《毛澤東文集》第 7 卷，人民出版社 1999 年版，第 325 — 326 頁。

4　《毛澤東文集》第 7 卷，人民出版社 1999 年版，第 326 頁。

5　《人民日報》1957 年 12 月 3 日第 1 版。

完整地提出了"鼓足幹勁、力爭上游、多快好省地建設社會主義的總路線"[1]。

當時提出這條總路線的邏輯關係是："社會生產力的發展要求社會主義革命，要求人們精神的解放；社會主義革命的勝利和人們精神的解放，又推動社會生產力的躍進；這種生產力的躍進，又繼續刺激社會主義生產關係的改進和人們思想的前進。人們在不斷地改造自然界的鬥爭中，不斷地改造社會和改造人們自己。"[2]

當時對這條總路線基本點闡發是："調動一切積極因素，正確處理人民內部矛盾；鞏固和發展社會主義的全民所有制和集體所有制，鞏固無產階級專政和無產階級的國際團結；在繼續完成經濟戰線、政治戰線和思想戰線上的社會主義革命的同時，逐步實現技術革命和文化革命；在重工業優先發展的條件下，工業和農業同時並舉；在集中領導、全面規劃、分工協作的條件下，中央工業和地方工業同時並舉，大型企業和中小型企業同時並舉，通過這些，盡快地把我國建成為一個具有現代工業、現代農業和現代科學文化的偉大的社會主義國家。"[3]

就一般而論，這條總路線本身並沒有錯，問題主要錯在對這條總路線的實施與指導上。但這種實施與指導的錯誤，又不是具體執行層面上出現的問題。如果僅僅是這樣，不會造成"大躍進"那樣大的損失，糾正起來也容易得多。實際上，這種實施與指導的偏差，又是同當時包括毛澤東在內的黨和國家領導人對於社會主義的認識，對於社會主義建設規律的認識，存在著的嚴重偏差有直接的關係。換句話說，在總路線的指導與實施中，暴露出當時對社會主義認識、社會主義建設規律認識存在著諸多問題。而這些問題，也只有到了中共十一屆三中全會後才得到根本的解決。

所以，鄧小平主持起草的第二個歷史決議指出："一九五八年，黨的八大二次會議通過的社會主義建設總路線及其基本點，其正確的一面是反映了廣大人民群眾迫切要求改變我國經濟文化落後狀況的普遍願望，其缺點是忽視

1　《建國以來重要文獻選編》第 11 冊，中央文獻出版社 1995 年版，第 296—297 頁。

2　《建國以來重要文獻選編》第 11 冊，中央文獻出版社 1995 年版，第 296 頁。

3　《建國以來重要文獻選編》第 11 冊，中央文獻出版社 1995 年版，第 303—304 頁。

了客觀的經濟規律。在這次會議前後，全黨同志和全國各族人民在生產建設中發揮了高度的社會主義積極性和創造精神，並取得了一定的成果。但是，由於對社會主義建設經驗不足，對經濟發展規律和中國經濟基本情況認識不足，更由於毛澤東同志、中央和地方不少領導同志在勝利面前滋長了驕傲自滿情緒，急於求成，誇大了主觀意志和主觀努力的作用，沒有經過認真的調查研究和試點，就在總路線提出後輕率地發動了'大躍進'運動和農村人民公社化運動，使得以高指標、瞎指揮、浮誇風和'共產風'為主要標誌的'左'傾錯誤嚴重地氾濫開來。"[1]

"大躍進"和人民公社化運動中出現高指標、瞎指揮、浮誇風、"共產風"是現象，現象背後的深層次問題，是對什麼是社會主義、什麼是社會主義建設規律沒有搞清楚。

問題之一，是社會主義建設要不要綜合平衡。這個問題，要辯證地看。資本主義國家工業化的起步，是處於"唯我獨大"的階段。社會主義工業化，則是在西方列強"叢林效應"的夾縫中艱難起步的。社會主義國家的工業化建設，面臨基礎落後、人才缺乏、建設資金和各類物資短缺等困難，又在西方資本主義發達國家的包圍封鎖遏制下進行，所以發展慢了不行。慢了會喪失許多機遇，引發許多其他問題。但是，單有"快"，沒有"穩"也不行。從"快"的一面看，長線平衡有其一定的道理，因為要發揮社會主義制度集中力量辦大事的優勢，就必須打破常規，在不平衡中求平衡，把不可能轉化為可能。從"穩"的一面看，短線平衡也是客觀規律。儘管從哲學意義上說，不平衡是絕對的，但從經濟學的意義上說，不斷求得綜合平衡也是剛性需求，打破常規的最終結果也是在新的更高水平上求得新的平衡，而不是永遠不平衡下去。立足於社會主義建設的特殊規律，就要把長線平衡與短線平衡辯證地結合起來，不斷在不平衡中追求綜合平衡、動態平衡。

"事非經過不知難。"要達到這些認識，是非付出相應的代價不可的。當時的認識，受反"反冒進"的錯誤影響，把長線平衡看作是馬克思主義的積極平衡論，把短線平衡錯誤地看作是消極平衡論。思想的片面性，勢必導致

1　《三中全會以來重要文獻選編》下冊，中央文獻出版社 2011 年版，第 139 頁。

實踐上的嚴重偏差。一方面是各項建設指標，一路偏高，唯恐指標提低了被人稱作"保守主義"。另一方面是鋼鐵元帥升帳，一馬當先，嚴重破壞了綜合平衡。

以鋼鐵生產指標為例。本來，1956 年 9 月中共八大通過的第二個五年計劃的建議指標，是比較符合實際的。1958 年 5 月召開的中共八大二次會議，對這些指標作了大幅度調整。工業指標，大都提高了 1 倍左右。鋼產量指標，從 1962 年預計達到 1050 萬—1200 萬噸[1]，提高到 2500 萬—3000 萬噸[2]，指標翻了一番多。對於 1958 年的鋼產量指標，在 1958 年 2 月全國人大一屆五次會議通過的《關於一九五八年度國民經濟計劃（草案）的報告》中提出，鋼產量擬定為 624.8 萬噸，相比 1957 年增幅為 19.2%[3]。同年 5 月 6 日，中共中央批轉的《國家經委黨組對一九五八年第二本賬的報告》提出，鋼由 700 萬噸提高到 711 萬噸[4]。5 月下旬，召開中央政治局擴大會議，又將這一指標提高到 800 萬—850 萬噸。6 月中旬，國家計委向中央提出新的《第二個五年計劃要點》，認為 1958 年鋼產量可能達到 850 萬噸到 900 萬噸，1959 年鋼產量超過 2000 萬噸，爭取達到 2500 萬噸，超過日本，超過英國。同年 8 月在北戴河召開的中共中央政治局擴大會議，在會議公報上將 1958 年鋼產量要達到 1070 萬噸的高指標公開發表[5]，並確定 1959 年的鋼產量指標為 2700 萬—3000 萬噸。[6] 這個指標，遠遠超出了實際生產能力。1958 年實際達到的鋼產量，只有 800 萬噸，比 1957 年的 535 萬噸增長了 49.5%。1959 年的實際鋼產量，也只有 1122 萬噸，比 1958 年增長 40.3%。1960 年繼續增長，達到 1351 萬噸，但增長幅度開始下降，為 20.4%。這種在違背綜合平衡規律下達到的鋼產量，顯然難以維持很久。此後一路下降，直到 1969 年以後才恢復這個水平，

1　《建國以來重要文獻選編》第 9 冊，中央文獻出版社 1994 年版，第 361 頁。
2　中共中央黨史研究室：《中國共產黨歷史》第 2 卷（1949—1978）上冊，中共黨史出版社 2011 年版，第 481 頁。
3　《建國以來重要文獻選編》第 11 冊，中央文獻出版社 1995 年版，第 118 頁。
4　《建國以來重要文獻選編》第 11 冊，中央文獻出版社 1995 年版，第 329 頁。
5　《建國以來重要文獻選編》第 11 冊，中央文獻出版社 1995 年版，第 466 頁。
6　《建國以來重要文獻選編》第 11 冊，中央文獻出版社 1995 年版，第 426 頁。

並繼續發展。

高指標的結果，勢必帶來浮誇風，造成國民經濟的嚴重比例失調，導致正常經濟運行秩序的破壞。1958 年的最後三個月裏，現代化高爐煉出來的好鐵，充其量只能滿足鋼產量翻番的四分之一，大部分煉鋼用的生鐵只能用土法生產。到 9 月份，全國已有小高爐和土高爐 60 萬座，有 5000 多萬人投入其間。10 月以後，投入煉鋼煉鐵的人數更多，田野、街道處處冒煙，都擺開了煉鐵和煉鋼的戰場。這一年，農業生產形勢本來很好，由於農村勞力、畜力、運力用於大煉鋼鐵、大辦工業和其他事業，大批糧食、棉花扔在地裏無人收割，豐產不能豐收。大煉鋼鐵，得不償失，在經濟上造成極大損失。

浮誇風在農村也盛行開來。以下是《人民日報》從 1958 年 6 月起的一些報道：6 月 8 日，（河南省遂平縣衛星農業社）"衛星社坐上了衛星五畝小麥畝產 2105 斤，在過去畝產一百多斤的低產區創造了豐產新紀錄"[1]；6 月 9 日，"躍進行中爭先進，豐產榜上出將軍，襄陽專區小麥大面積豐產　畝產 1500—2000 斤成為普遍現象"[2]；6 月 12 日，"衛星農業社發出第二顆'衛星'，二畝九分小麥畝產 3530 斤，湖北幸福社十一畝畝產 3215 斤"[3]；6 月 15 日，"豐收凱歌震天響，億萬人民笑開顏，河南小麥產量躍增一倍多，在飛躍的速度面前，'觀潮派''算賬派'應該及時猛省了"[4]；6 月 30 日，（河北省安國縣南婁底鄉卓頭村農業社）"卓頭村社小麥豐產創更新奇蹟，畝產破五千大關"[5]；8 月 13 日，"麻城建國一社出現天下第一田，早稻畝產三萬六千九百多斤，福建海星社創花生畝產一萬零五百多斤紀錄"[6]。這些情況，被證明都是浮誇風在作怪。

對這些問題，毛澤東發現後開始認真糾正。1959 年 4 月 29 日，他在黨內的通信中，特別強調："包產能包多少，就講能包多少，不講經過努力實在

1　《人民日報》1958 年 6 月 8 日第 1 版。

2　《人民日報》1958 年 6 月 9 日第 1 版。

3　《人民日報》1958 年 6 月 12 日第 1 版。

4　《人民日報》1958 年 6 月 15 日第 1 版。

5　《人民日報》1958 年 6 月 30 日第 1 版。

6　《人民日報》1958 年 8 月 13 日第 1 版。

做不到而又勉強講做得到的假話。收穫多少，就講多少，不可以講不合實際情況的假話。對各項增產措施，對實行八字憲法[1]，每項都不可講假話。老實人，敢講真話的人，歸根到底，於人民事業有利，於自己也不吃虧。愛講假話的人，一害人民，二害自己，總是吃虧。應當說，有許多假話是上面壓出來的。上面'一吹二壓三許願'，使下面很難辦。因此，幹勁一定要有，假話一定不可講。"[2]他後來還承認："大躍進的重要教訓之一、主要缺點是沒有搞平衡。說了兩條腿走路、並舉，實際上還是沒有兼顧。在整個經濟中，平衡是個根本問題，有了綜合平衡，才能有群眾路線。"[3]

問題之二，是社會主義發展要不要遵循階段論。經過曲折發展的教訓，我們認識到，社會主義發展不僅是分階段的，而且對於像我國這種經濟文化十分落後的國家，在社會主義改造完成後，還要經歷一個長期的社會主義初級階段，來實現社會主義的現代化。這是付出了沉重代價後換來的科學認識。在當時，不可能有這樣的認識。

按照中共八大的認識，進入社會主義社會後，我國國內主要矛盾是人民對於經濟文化迅速發展的需要同當前經濟文化不能滿足人民需要的狀況之間的矛盾。解決這個矛盾的途徑，就是把我國盡快地從落後的農業國變為先進的工業國。因而提出要在三個五年計劃或者再多一點的時間內，建成一個基本上完整的工業體系。儘管中共八大不可能提出和解決社會主義發展階段問題，但就社會主義建設的指導思想上，還是立足於需要一個較長時間段來實現建成先進的工業國這樣一個艱巨任務的。

前面說到，這一指導思想在 1958 年 5 月中共八大二次會議上，有了重要變化。在建成先進的工業國問題上，指導思想的急於求成，必然導致一系列的高指標。這種指導思想上的急於求成，在人民公社化的指導上，則表現為急於向全民所有制甚至急於向共產主義過渡。1958 年 8 月在北戴河召開的擴大會議上，做出的《中共中央關於在農村建立人民公社問題的決議》，就是這

1　八字憲法，即土、肥、水、種（推廣良種）、密（合理密植）、保（植物保護，防治病蟲害）、管（田間管理）、工（工具改革），是毛澤東 1958 年提出的農作物增產的八項措施。

2　《毛澤東文集》第 8 卷，人民出版社 1999 年版，第 50 頁。

3　《毛澤東文集》第 8 卷，人民出版社 1999 年版，第 80 頁。

一思想和情緒的集中體現。

《中共中央關於在農村建立人民公社問題的決議》提出："在目前形勢下，建立農林牧副漁全面發展、工農商學兵互相結合的人民公社，是指導農民加速社會主義建設，提前建成社會主義並逐步過渡到共產主義所必須採取的基本方針。"[1] 儘管這個決定要求各地"不要忙於改集體所有制為全民所有制"[2]，"也不必忙於改變原有的分配制度"，"分配制度無論工資制或者按勞動日計酬，也還都是'按勞取酬'，並不是'各取所需'"[3]，但也把"全民所有制""工資制""以縣為單位組成聯社"[4] 作為發展方向肯定下來。特別是這個決定的最後，向全黨提出："看來，共產主義在我國的實現，已經不是什麼遙遠將來的事情了，我們應該積極地運用人民公社的形式，摸索出一條過渡到共產主義的具體途徑。"[5] 這樣一種估計，使得正在迅速擴展的急於過渡的情緒有了充分的根據。北戴河會議後"一平、二調、三收款"的"共產風"，在人民公社化運動中氾濫開來，嚴重地損害了農民群眾的利益。

對這個問題，毛澤東從 1958 年 11 月第一次鄭州會議開始察覺，並認真加以糾正。他在第一次鄭州會議講話中指出："現在，我們有些人大有要消滅商品生產之勢。他們嚮往共產主義，一提商品生產就發愁，覺得這是資本主義的東西，沒有分清社會主義商品生產和資本主義商品生產的區別，不懂得在社會主義條件下利用商品生產的作用的重要性。這是不承認客觀法則的表現，是不認識五億農民的問題。在社會主義時期，應當利用商品生產來團結幾億農民。我以為有了人民公社以後，商品生產、商品交換更要發展，要有計劃地大大發展社會主義的商品生產，例如畜產品、大豆、黃麻、腸衣、果木、皮毛。現在有人傾向不要商業了，至少有幾十萬人不要商業了。這個觀點是錯誤的，這是違背客觀法則的。把陝西的核桃拿來吃了，一個錢不給，陝西的農民肯幹嗎？把七里營的棉花無代價地調出來，會馬上打破腦袋。這

1　《建國以來重要文獻選編》第 11 冊，中央文獻出版社 1995 年版，第 447 頁。

2　《建國以來重要文獻選編》第 11 冊，中央文獻出版社 1995 年版，第 449 頁。

3　《建國以來重要文獻選編》第 11 冊，中央文獻出版社 1995 年版，第 450 頁。

4　《建國以來重要文獻選編》第 11 冊，中央文獻出版社 1995 年版，第 447 頁。

5　《建國以來重要文獻選編》第 11 冊，中央文獻出版社 1995 年版，第 450 頁。

是不認識五億農民，不懂得無產階級對農民應該採取什麼態度。"[1]

　　這個問題，經過了很長一段時間的調研和反覆調整。直到 1962 年 9 月中共八屆十中全會通過《農村人民公社工作條例（修正草案）》，才把人民公社的性質和"三級所有、隊為基礎"的所有制結構和分配結構確定下來。這個工作條例規定："它在一個很長的歷史時期內，是社會主義的互助，互利的集體經濟組織，實行各盡所能、按勞分配、多勞多得、不勞動者不得食的原則。"[2] "生產隊是人民公社中的基本核算單位。它實行獨立核算，自負盈虧，直接組織生產，組織收益的分配。這種制度定下來以後，至少三十年不變。"[3] "生產隊對生產的經營管理和收益的分配，有自主權。"[4]

　　經過"大躍進"和人民公社化運動的反覆，又經過三年困難時期的痛定思過，毛澤東在 1961 年 6 月的一次講話中表示："經過三月廣州會議、這次北京會議，今年的形勢跟過去大不相同。現在同志們解放思想了，對於社會主義的認識，對於怎樣建設社會主義的認識，大為深入了。為什麼有這個變化呢？一個客觀原因，就是一九五九年、一九六〇年這兩年碰了釘子。有人說'碰得頭破血流'，我看大家的頭也沒有流血，這無非是個比喻，吃了苦頭就是了。"[5]

　　毛澤東在 1959 年 12 月至 1960 年 2 月讀蘇聯《政治經濟學教科書》社會主義部分時，也對社會主義發展階段的認識有過反思，提出："社會主義這個階段，又可能分為兩個階段，第一個階段是不發達的社會主義，第二個階段是比較發達的社會主義。後一階段可能比前一階段需要更長的時間。經過後一階段，到了物質產品、精神財富都極為豐富和人們的共產主義覺悟極大提高的時候，就可以進入共產主義社會了。"他還強調："建設社會主義，原來要求是工業現代化，農業現代化，科學文化現代化，現在要加上國防現代化。在我們這樣的國家，完成社會主義建設是一個艱巨任務，建成社會主義

1　《毛澤東文集》第 7 卷，人民出版社 1999 年版，第 437—438 頁。

2　《建國以來重要文獻選編》第 15 冊，中央文獻出版社 1997 年版，第 615 頁。

3　《建國以來重要文獻選編》第 15 冊，中央文獻出版社 1997 年版，第 625 頁。

4　《建國以來重要文獻選編》第 15 冊，中央文獻出版社 1997 年版，第 626 頁。

5　《毛澤東文集》第 8 卷，人民出版社 1999 年版，第 277 頁。

不要講得過早了。"[1]

　　後來，毛澤東又提出："在我國，要建設起強大的社會主義經濟，我估計要花一百多年。"[2] 他在 1962 年 1 月中共中央召開的 "七千人大會" 上，再次重申了這個看法，還說："乾隆時代，中國已經有了一些資本主義生產關係的萌芽，但是還是封建社會。這就是出現大觀園裏那一群小說人物的社會背景。在那個時候以前，在十七世紀，歐洲的一些國家已經在發展資本主義了，經過三百多年，資本主義的生產力有了現在這個樣子。社會主義和資本主義比較，有許多優越性，我們國家經濟的發展，會比資本主義國家快得多。可是，中國的人口多、底子薄，經濟落後，要使生產力很大地發展起來，要趕上和超過世界上最先進的資本主義國家，沒有一百多年的時間，我看是不行的。也許只要幾十年，例如有些人所設想的五十年，就能做到。果然這樣，謝天謝地，豈不甚好。但是我勸同志們寧肯把困難想得多一點，因而把時間設想得長一點。三百幾十年建設了強大的資本主義經濟，在我國，五十年內外到一百年內外，建設起強大的社會主義經濟，那又有什麼不好呢？"[3]

　　很多時候，人的正確認識是要經過實踐的反覆才能得來，對社會主義的認識更是如此。到了 20 世紀 60 年代，毛澤東和中國共產黨對社會主義的認識，特別是對社會主義現代化建設長期性的認識，已經向前發展了。但是，就像毛澤東所說，"在社會主義建設上，我們還有很大的盲目性。社會主義經濟，對於我們來說，還有許多未被認識的必然王國"[4]。特別是在取得這些認識的時候，毛澤東的主要注意力已經從經濟建設向以 "反修防修" 為中心的階級鬥爭轉移，這就不可避免地在犯了並初步糾正了違背經濟規律的錯誤之後，又要沿著 "階級鬥爭為綱" 的錯誤軌道發展。

　　這樣一來，繼續沿著這一正確思想軌道發展，並取得突破性進展的歷史重任，便不能不落在了改革開放新時期以後，以鄧小平同志為代表的中國共

1　《毛澤東文集》第 8 卷，人民出版社 1999 年版，第 116 頁。
2　《毛澤東文集》第 8 卷，人民出版社 1999 年版，第 301 頁。
3　《毛澤東文集》第 8 卷，人民出版社 1999 年版，第 301—302 頁。
4　《毛澤東文集》第 8 卷，人民出版社 1999 年版，第 302 頁。

產黨人肩上。

問題之三，是社會主義建設要不要規章制度。應該看到，當時提出破除迷信，打破束縛生產積極性的規章制度，有一定的合理性。毛澤東敏銳地看到，中國社會主義工業化建設，需要形成自己的一套制度，不能照搬蘇聯經驗、蘇聯模式。從這個意義上，提出破除迷信，是工業化建設上的一次思想解放。但是，當時提出破除迷信，帶有很大的盲目性，又缺乏足夠的實踐經驗做基礎，因而把一些行之有效的規章制度，包括許多雖然有這樣那樣的缺陷和不足，但可以在實踐中不斷完善的規章制度，通通作為"管卡壓"被錯誤地破除掉了，因而在很大程度上導致了生產管理和生產秩序的嚴重混亂。

1958 年 3 月在成都中共中央召開的有部分中央領導人、部分地方負責人、中央有關部委負責人參加的會議上，毛澤東提出，規章制度從蘇聯搬來了一大批，害人不淺。"那些規章制度束縛生產力，製造浪費，製造官僚主義。這也是拿錢買經驗。建國之初，沒有辦法，搬蘇聯的，這有一部分真理，但也不是全部真理，不能認為非搬不可，沒有其他辦法。"他認為，規章制度是繁文縟節，基本思想是用規章制度管人。"農業上見物也見人，工業上只見物不見人。"他援引黨的歷史上教條主義錯誤，告誡大家要破除迷信。"蘇聯的經驗只能擇其善者而從之，其不善者不從之。把蘇聯的經驗孤立起來，不看中國實際，就不是擇其善者而從之。"[1]

毛澤東的這些話，就主要方面是好的，是要破除對蘇聯經驗的迷信。強調企業管理、行業管理既要見物也要見人，無疑也是正確的。但在對規章制度的看法上，存在一定的片面性。這些思想貫徹下去，在當時"大躍進"的不正常氛圍下，改革不合理的規章制度，在不少企業裏變成了不要規章制度。很多合理的規章制度被廢除了，或者被貶為"清規戒律"，其結果實際上造成了生產無計劃、產品無標準、質量無檢驗、消耗無定額、操作無規程、經濟無核算和安全無保證的混亂局面。

在三年困難時期，中共中央確定了"調整、鞏固、充實、提高"八字方針，重新恢復了行之有效的規章制度和正常生產秩序，還制定了以"農村公

1　以上內容和引文，均見《毛澤東文集》第 7 卷，人民出版社 1999 年版，第 365—366 頁。

社六十條"和"工業企業七十條"為代表的一批工作條例。對此,毛澤東給予高度評價,說:"有了總路線還不夠,還必須在總路線指導之下,在工、農、商、學、兵、政、黨各個方面,有一整套適合情況的具體的方針、政策和辦法。"[1] 他認為,這些條例的制定,就是對過去經驗的很好總結,就是這樣的一整套具體方針、政策和辦法的體現。還希望:"工、農、商、學、兵、政、黨這七個方面的工作,都應當好好地總結經驗,制定一整套的方針、政策和辦法,使它們在正確的軌道上前進。"[2]

1960 年 3 月中旬,毛澤東還看到了《鞍山市委關於工業戰線上的技術革新和技術革命運動開展情況的報告》。報告是同年 3 月 11 日報送的,其中講到鞍山地區特別是鞍鋼開展技術革新的經驗。毛澤東看了這個報告極為興奮,親自為中共中央批轉這個報告寫了指示,將這套經驗為"兩參一改三結合"[3],稱之為"鞍鋼憲法",認為:這一經驗"不是馬鋼憲法[4]那一套,而是創造了一個鞍鋼憲法。鞍鋼憲法在遠東,在中國出現了"[5]。這一經驗,在 1961 年 9 月發佈試行的《國營工業企業工作條例(草案)》得到充分體現。

問題之四,是社會主義建設如何保護農民的生產積極性。工農聯盟,是社會主義建設的根本性問題。社會主義改造能夠順利進行,第一個五年計劃得以順利實施,很重要的保證就是工農聯盟在新的物質基礎和社會基礎上的鞏固與擴大。但在"大躍進"和人民公社化運動中,一度出現侵犯農民群眾切身利益的"共產風"。

在大辦人民公社期間,"一大""二公""三化"[6],曾得到毛澤東和中共中央的高度肯定。但隨著人民公社化運動的普遍開展,其弊端日益暴露出來,

---

1 《毛澤東文集》第 8 卷,人民出版社 1999 年版,第 304 頁。

2 《毛澤東文集》第 8 卷,人民出版社 1999 年版,第 304 頁。

3 "兩參一改三結合",是一種企業管理制度,核心內容是實行民主管理,實行幹部參加勞動,工人參加管理,改革不合理的規章制度,工人群眾、領導幹部和技術員三結合。

4 馬鋼憲法,指在蘇聯馬格尼托哥爾斯克冶金聯合工廠經驗基礎上形成的企業一長制管理制度。這套制度在 20 世紀 50 年代一度被引入中國,作為國營企業管理模式。

5 《建國以來重要文獻選編》第 13 冊,中央文獻出版社 1996 年版,第 110 頁。

6 "一大",即規模大;"二公",即公有化程度高;"三化",即組織軍事化、行動戰鬥化和生活集體化。

引起毛澤東和中共中央的高度關注。

一是規模大造成了"一拉平"。小社併大社，確實有進行大規模農田水利基本建設和其他綜合性生產建設的客觀需要。但由於原高級社的集體生產，依然建立在手工勞作為主的基礎上，生產水平受自然條件制約很大。即使在同一個區域內，各個農業社之間的差別較大，客觀上存在富社和窮社。小社併大社後，特別是在人民公社化運動期間，由於重點是反對"本位主義"，所以在 1958 年 8 月北戴河會議做出的《中共中央關於在農村建立人民公社問題的決議》中規定："由於各個農業社的基礎不同，若干社合併成一個大社，他們的公共財產，社內和社外的債務等等，不會是完全相同的，在併社過程中，應該以共產主義的精神去教育幹部和群眾，承認這種差別，不要採取算細賬、找平補齊的辦法，不要去斤斤計較小事。"[1] 這樣做的結果，造成了富社與窮社 "一拉平"，導致社與社之間嚴重的平均主義，挫傷了原富社社員的生產積極性。

二是嚴重混淆集體所有制與全民所有制的區別，導致了 "共產風"。在大辦人民公社中，許多地方取消了社員自留地，甚至把社員私養的畜禽也集中歸社飼養。有些地方片面強調 "生活集體化"，把社員的生活資料也收歸公社所有。上級政府和人民公社還大量無償地徵用生產隊的土地，調用物資和勞動力，甚至直接調用社員的房屋、農具和家具。再加上前面說到的富社與窮社 "一拉平"，形成了一股勢頭很大的 "共產風"，即集體共了社員的產，窮社共了富社的產。此外，為了大煉鋼鐵和其他各種 "大辦"，在大辦人民公社中，實行最為普遍的是 "吃飯不要錢" 的糧食供給制和伙食供給制，這一度被看作是人民公社化的優越性之一。既可以把廣大社員特別是婦女從家務勞動中解放出來，又可以提高生活水平。但很多公共食堂很快就變得質量下降、難以為繼。實踐證明，在生產勞動率沒有大的提高、社隊沒有雄厚的集體經濟基礎的情況下，這種大辦公共食堂的做法，是難以持久下去的。

1959 年 2 月，毛澤東在第二次鄭州會議上指出："目前我們跟農民的關係在一些事情上存在著一種相當緊張的狀態，突出的現象是在一九五八年農業

1　《建國以來重要文獻選編》第 11 冊，中央文獻出版社 1995 年版，第 449 頁。

大豐收以後，糧食、棉花、油料等等農產品的收購至今還有一部分沒有完成任務。再則全國，除少數災區外，幾乎普遍地發生瞞產私分，大鬧糧食、油料、豬肉、蔬菜'不足'的風潮，其規模之大，較之一九五三年和一九五五年那兩次糧食風潮都有過之無不及。同志們，請你們想一想，這究竟是什麼一回事呢？我認為，我們應當透過這種現象看出問題的本質即主要矛盾在什麼地方。這裏面有幾方面的原因，但是我以為主要地應當從我們對農村人民公社所有制的認識和我們所採取的政策方面去尋找答案。"[1]

他對"共產風"提出了批評："公社在一九五八年秋季成立之後，刮起了一陣'共產風'。主要內容有三條：一是窮富拉平。二是積累太多，義務勞動太多。三是'共'各種'產'。所謂'共'各種'產'，其中有各種不同情況。有些是應當歸社的，如大部分自留地。有些是不得不借用的，如公社公共事業所需要的部分房屋、桌椅板凳和食堂所需要的刀鍋碗筷等。有些是不應當歸社而歸了社的，如雞鴨和部分的豬歸社而未作價。這樣一來，'共產風'就刮起來了。即是說，在某種範圍內，實際上造成了一部分無價佔有別人勞動成果的情況。"[2]

這實際上觸及了"一大""二公"問題。他接著指出："現在有許多人還不認識公社所有制必須有一個發展過程，在公社內，由隊的小集體所有制到社的大集體所有制，需要一個過程，這個過程要有幾年時間才能完成。他們誤認人民公社一成立，各生產隊的生產資料、人力、產品，就都可以由公社領導機關直接支配。他們誤認社會主義為共產主義，誤認按勞分配為按需分配，誤認集體所有制為全民所有制。他們在許多地方否認價值法則，否認等價交換。因此，他們在公社範圍內，實行貧富拉平，平均分配，對生產隊的某些財產無代價地上調，銀行方面也把許多農村中的貸款一律收回。一平、二調、三收款，引起廣大農民的很大恐慌。這就是我們目前同農民關係中的一個最根本的問題。"[3]

1　《毛澤東文集》第 8 卷，人民出版社 1999 年版，第 9—10 頁。

2　《毛澤東文集》第 8 卷，人民出版社 1999 年版，第 12 頁。

3　《毛澤東文集》第 8 卷，人民出版社 1999 年版，第 10 頁。

這次會議，提出了整頓人民公社的方針：「統一領導，隊為基礎；分級管理，權力下放；三級核算，各計盈虧；分配計劃，由社決定；適當積累，合理調劑；物資勞動，等價交換；按勞分配，承認差別。」[1]

對於糾正「共產風」造成的「舊賬」要不要賠償？一個月後，毛澤東又有了新的認識，提出：「舊賬一般不算這句話，是寫到了鄭州講話[2]裏面去了的，不對，應改為舊賬一般要算。算賬才能實行那個客觀存在的價值法則。這個法則是一個偉大的學校，只有利用它，才有可能教會我們的幾千萬幹部和幾萬萬人民，才有可能建設我們的社會主義和共產主義。否則一切都不可能。」[3]

「共產風」的問題，到了 1960 年 11 月發出《中共中央關於農村人民公社當前政策問題的緊急指示信》後，才得到比較徹底的糾正。公共食堂被叫停，社員經營少量的自留地和小規模的家庭副業也被恢復，體現「按勞分配」原則的工分制成為分配的主要方式。

「共產風」和損害農民切身利益的情況，在「大躍進」和人民公社化運動中產生，蔓延得如此廣泛，是有深刻的社會歷史背景的。除了在理論上沒有搞清楚什麼是社會主義之外，很重要的一個原因，就是中國是一個小私有者的汪洋大海。在這個汪洋大海裏面，既有嚮往和追求「大同社會」的深厚基礎，也有平均主義的肥沃土壤。關鍵在如何引導，如何教育。正如毛澤東在 1929 年 12 月古田會議決議中所說：「絕對平均主義的來源，和政治上的極端民主化一樣，是手工業和小農經濟的產物，不過一則見之於政治生活方面，一則見之於物質生活方面罷了。」「絕對平均主義不但在資本主義沒有消滅的時期，只是農民小資產者的一種幻想；就是在社會主義時期，物質的分配也要按照『各盡所能按勞取酬』的原則和工作的需要，決無所謂絕對的平均。」[4]他在中華人民共和國成立前夕，也意識到「嚴重的問題是教育農民。農民的

1　《毛澤東文集》第 8 卷，人民出版社 1999 年版，第 14 頁。

2　指毛澤東 1959 年 2 月 27 日在鄭州召開的中共中央政治局擴大會議上的講話，當時作為黨內文件印發。

3　《毛澤東文集》第 8 卷，人民出版社 1999 年版，第 34 頁。

4　《毛澤東選集》第 1 卷，人民出版社 1991 年版，第 91 頁。

經濟是分散的，根據蘇聯的經驗，需要很長的時間和細心的工作，才能做到農業社會化。沒有農業社會化，就沒有全部的鞏固的社會主義"[1]。

在正確教育農民和引導農民問題上，中國共產黨富有領導經驗。但在經濟建設指導思想上出現急於求成、急於過渡之後，情況就發生了變化。指導思想上對社會主義的錯誤認識，各級領導幹部中的強迫命令、簡單化一刀切，同廣大農民中的平均主義情緒，在實際工作中交織在一起，形成了"共產風"一時興起、又難以徹底糾正的複雜局面。

所幸的是，通過"大躍進"和人民公社化運動後期的糾"左"，特別是三年困難時期貫徹"調整、鞏固、充實、提高"八字方針，以高指標、瞎指揮、浮誇風和"共產風"為主要標誌的"左"傾錯誤得到了有效的糾正。

不幸的是，在糾正經濟上的"左"傾錯誤指導思想過程中，出現了黨內高層意見分歧。其結果，使得"以階級鬥爭為綱"的錯誤指導思想進一步發展。

"多事之秋"與共渡難關

轉折發生在 1959 年 7 月至 8 月江西廬山召開的中共中央政治局擴大會議和中共八屆八中全會。

首先召開的，是中共中央政治局會議。按照毛澤東的設想，是開個"神仙會"，即希望在輕鬆的氣氛中，鞏固第一次鄭州會議以來的糾"左"成果，統一全黨思想，繼續調整不切實際的指標，為 1959 年繼續"躍進"打下基礎。但出乎毛澤東預料的是，急於求成的"左"的思想和問題並沒有徹底解決，黨內思想認識也遠沒有統一，這就為會議後來發生的轉變埋下了伏筆。

這次會議從 7 月 2 日召開，會期原定是半個月。會議快要結束時，彭德懷於 7 月 14 日寫了一封 3600 多字的信給毛澤東，坦率地談了他對"大躍進"和人民公社化運動的看法和估計。因為這封信，使得會議延續開到 8 月 1 日。隨後，又在毛澤東的建議下，於 8 月 2 日至 16 日召開了中共八屆八中

1　《毛澤東選集》第 4 卷，人民出版社 1991 年版，第 1477 頁。

全會。

　　彭德懷的信，今天看，無疑是清醒的，也是正確的。信中有幾處不同尋常的提法，在會上引起激烈的爭論，也引起毛澤東的強烈反響。一是信中說"大躍進的成績是肯定無疑的"，同時指出全民大煉鋼鐵"也是有失有得的"[1]。二是信中說"一九五八年大躍進中所出現的一些缺點錯誤，有一些是難以避免的"，同時指出"這種情況的發展已影響到工農之間、城市各階層之間和農民各階層之間的關係，因此也是具有政治性的"[2]。三是信中談到 1958 年第一次鄭州會議以來糾"左"的成績時，既認為"經過去年冬鄭州會議以後一系列措施，一些左的現象基本上糾正過來了，這是一個偉大的勝利"，又指出"嚴重的是相當長的一段時間，不容易得到真實情況，直到武昌會議和今年一月省市委書記會議時，仍然沒有全部弄清形勢真象"[3]。四是信中在分析錯誤根源時，認為"小資產階級的狂熱性，使我們容易犯左的錯誤"，"一些左的傾向有了相當程度的發展，總想一步跨進共產主義，搶先思想一度佔了上風，把黨長期以來所形成的群眾路線和實事求是作風置諸腦後了"[4]。

　　上述內容，同毛澤東在此之前的講話有明顯的不同。比如，毛澤東講的是"十個指頭中九個指頭和一個指頭的關係"[5]，或者說"有偉大的成績，有不少的問題，前途是光明的"[6]，彭德懷信中說的是"有失有得"；毛澤東講的是工作中的失誤，"帶有一些盲目性"[7]，"不懂得經濟發展規律"[8]，彭德懷信中說的是"小資產階級的狂熱性"。

　　本來，這些都屬黨內正常的意見分歧。在黨的歷史上，每逢國內國際形勢發生重要變化時，產生這些分歧一點也不奇怪。在黨內民主生活處於正常狀態時，完全可以通過充分討論來達到統一思想的目的。這正是中國共產黨

1　《建國以來重要文獻選編》第 12 冊，中央文獻出版社 1996 年版，第 441、443 頁。

2　《建國以來重要文獻選編》第 12 冊，中央文獻出版社 1996 年版，第 443 頁。

3　《建國以來重要文獻選編》第 12 冊，中央文獻出版社 1996 年版，第 446、445 頁。

4　《建國以來重要文獻選編》第 12 冊，中央文獻出版社 1996 年版，第 445 頁。

5　《建國以來重要文獻選編》第 12 冊，中央文獻出版社 1996 年版，第 125 頁。

6　《毛澤東文集》第 8 卷，中央文獻出版社 1999 年版，第 76 頁。

7　《毛澤東文集》第 8 卷，中央文獻出版社 1999 年版，第 77 頁。

8　《毛澤東文集》第 8 卷，中央文獻出版社 1999 年版，第 75 頁。

長期堅持的民主集中制的優勢所在，也是毛澤東的優勢所在。

但此刻，黨內民主政治生活已經開始遭到破壞，正常意見分歧很容易被無限地"上綱上線"，甚至脫離了提意見者的本意。據中共中央黨史研究室所著《中國共產黨歷史》記載："在小組討論中，也有一些人發言對彭德懷的信進行指責，說信中的總體估計是錯誤的，缺點講得太多，成績講得太少；這封信的問題不是個別詞句和分寸問題，而是看問題的思想立場有問題；不是鼓勁，而是洩氣，不利於統一全黨思想，不利於黨的工作。還有人說彭德懷的信中有很多刺，是影射毛主席的；既然是'小資產階級狂熱性'，就是路線性質的問題，路線錯了，就必須改換領導。"[1]

1959 年 7 月 23 日，毛澤東在中共中央政治局擴大會議上講話，為彭德懷的這封信定了性。他認為，現在黨內黨外夾攻我們。這封信是"資產階級的動搖性"，"自己把自己拋到右派邊緣去了"。

毛澤東這次講話，是一個轉折，廬山會議的主題，從糾"左"轉到反右。

黃克誠後來回憶說："主席的講話對我們是當頭一棒，大家都十分震驚。彭德懷會後還曾向主席說，他的信是供主席參考，不應印發。但事已至此，彭的解釋還能有什麼用？我對主席的講話，思想不通，心情沉重；彭德懷負擔更重，我們兩人都吃不下晚飯；雖然住在同一棟房子裏，但卻避免交談。我不明白主席為什麼忽然來一個大轉彎，把糾'左'的會議，變成了反'右'；反覆思索，不得其解。"[2]

1959 年 8 月 2 日至 16 日，在廬山召開了中共八屆八中全會。全會通過《為保衛黨的總路線、反對右傾機會主義而鬥爭》《關於以彭德懷同志為首的反黨集團的錯誤的決議》等文件，認定彭德懷等是"右傾機會主義反黨集團"。

通過這次廬山會議，毛澤東得出兩個重要結論。一個是"黨內鬥爭，反映了社會上的階級鬥爭"[3]；另一個是"資產階級殘餘的思想政治活動既然存

1　中共中央黨史研究室：《中國共產黨歷史》第 2 卷（1949—1978）下冊，中共黨史出版社 2011 年版，第 546 頁。

2　《黃克誠自述》，人民出版社 2004 年版，第 305—306 頁。

3　《建國以來重要文獻選編》第 12 冊，中央文獻出版社 1996 年版，第 525 頁。

在，就一定會在共產黨內找到他們的代表人物"[1]。這兩個結論，到了 1962 年 9 月中共八屆十中全會 "重提階級鬥爭" 時，又有進一步發展，對 "以階級鬥爭為綱" "左" 傾錯誤指導思想的形成起了重要的鋪墊作用。

對於盧山會議錯誤批判彭德懷造成的嚴重後果，第二個歷史決議做出了公正的評價："盧山會議後期，毛澤東同志錯誤地發動了對彭德懷同志的批判，進而在全黨錯誤地開展了 '反右傾' 鬥爭。八屆八中全會關於所謂 '彭德懷、黃克誠、張聞天、周小舟反黨集團' 的決議是完全錯誤的。這場鬥爭在政治上使黨內從中央到基層的民主生活遭到嚴重損害，在經濟上打斷了糾正 '左' 傾錯誤的進程，使錯誤延續了更長時間。"[2]

這是一個歷史的遺憾。

1959 年到 1961 年，突如其來的三年困難降臨中國大地。這裏面，既有天災造成的自然災害，也有 "大躍進" 和人民公社化運動造成破壞的持續後果，更有蘇聯單方面撤走專家造成的建設困難。蔣介石國民黨集團也在台灣叫囂 "反攻大陸"。然而，這些都阻擋不住中國共產黨領導中國人民獨立自主、自力更生建設新中國的堅強意志和堅定步伐，反而促使中國共產黨內達到了新的團結。

1961 年，毛澤東向全黨發出 "大興調查研究之風" 的號召。毛澤東、劉少奇、周恩來、朱德、陳雲、鄧小平等黨和國家領導人紛紛外出深入一線調研。中共中央及時確定了 "調整、鞏固、充實、提高" 的八字方針。政策調整和經濟恢復，首先從農村取得突破，接著是各條戰線都艱難地走出了谷底，開始出現復甦的景象。

1962 年 1 月至 2 月，中共中央破天荒地召開了有縣級以上領導幹部和國有企業負責人等參加的擴大的中央工作會議，因為與會者達到 7000 餘人，史稱 "七千人大會"。這次會上，重新強調遭到破壞的民主集中制，要求大家充分發揚民主，達到了統一全黨思想認識的初衷。會後，在劉少奇、周恩來、陳雲等的主持下，中共中央和國務院採取一系列果斷措施，推動國民經濟迅

1　《建國以來重要文獻選編》第 12 冊，中央文獻出版社 1996 年版，第 510 頁。

2　《三中全會以來重要文獻選編》下冊，中央文獻出版社 2011 年版，第 139 頁。

速朝著好轉的方向發展。

到了 1964 年底 1965 年初召開的第三屆全國人大一次會議上，周恩來代表中共中央和國務院宣佈，調整國民經濟的任務已經基本完成，整個國民經濟已經全面好轉，我國國民經濟開始步入正常發展的軌道。並莊嚴宣佈一個中華民族翹首以盼的歷史任務："今後發展國民經濟的主要任務，總的說來，就是要在不太長的歷史時期內，把我國建設成為一個具有現代農業、現代工業、現代國防和現代科學技術的社會主義強國，趕上和超過世界先進水平。"[1]

這是一個凝聚了近代中國所有仁人志士，特別是中國共產黨人心血和願望的偉大任務。它的提出，表明國家社會主義工業化發展到了新階段。

然而，隨著國民經濟形勢的逐步好轉，"以階級鬥爭為綱"的"左"傾指導思想逐漸取得支配地位，最終導致了"文化大革命"的發生，使國民經濟發展的大好形勢再次遭遇嚴重挫折。

1962 年 9 月 24 日至 27 日，在北京召開中共八屆十中全會。全會發表的公報裏，有兩段引人注目的話："八屆十中全會指出，在無產階級革命和無產階級專政的整個歷史時期，在由資本主義過渡到共產主義的整個歷史時期（這個時期需要幾十年，甚至更多的時間）存在著無產階級和資產階級之間的階級鬥爭，存在著社會主義和資本主義這兩條道路的鬥爭。"[2] "這種階級鬥爭，不可避免地要反映到黨內來。國外帝國主義的壓力和國內資產階級影響的存在，是黨內產生修正主義思想的社會根源。在對國內外階級敵人進行鬥爭的同時，我們必須及時警惕和堅決反對黨內各種機會主義的思想傾向。"[3]

這兩段話釋放了一個重要政治信號，"重提階級鬥爭"。它集中代表了毛澤東經過反覆思考得出的重要結論，集中反映了中共中央在指導思想上的重大變化。

在指導思想上"重提階級鬥爭"，並非心血來潮。從遠因來說，是 1957 年反右派鬥爭嚴重擴大化後得出的政治結論。從近因來說，則是 1962 年

1　《周恩來選集》下卷，人民出版社 1984 年版，第 439 頁。

2　《建國以來重要文獻選編》第 15 冊，中央文獻出版社 1997 年版，第 653 頁。

3　《建國以來重要文獻選編》第 15 冊，中央文獻出版社 1997 年版，第 654 頁。

"七千人大會"後，在一些重要問題上黨內產生的意見分歧。這些意見分歧，在 1962 年 8 月召開的北戴河中共中央工作會議上，被毛澤東分別稱為"黑暗風""單幹風""翻案風"。歷史已經證明，這些指責，實際上是從"以階級鬥爭為綱"的指導思想出發，對當時國內政治局勢和黨內不同意見分歧做出的錯誤判斷。

所謂"黑暗風"，是指劉少奇、陳雲等人在 1962 年 2 月 21 日至 23 日召開的"西樓會議"上，對國內經濟形勢做出了比"七千人大會"更加嚴重的估計。劉少奇在"西樓會議"上指出："中央工作會議（即'七千人大會'）對困難情況透底不夠，有問題不願揭，怕說漆黑一團！還它個本來面目，怕什麼？"[1] 在當時劉少奇講這番話，是要鼓起相當大的勇氣的。而在毛澤東看來，當前的經濟困難已經到了"谷底"，很快就要上升。1962 年 8 月 6 日，他在北戴河會議上的講話中批評說："現在有一部分人，一部分同志，又似乎看成是一片黑暗了，沒有什麼好多光明了。""引得一些同志思想混亂，喪失前途，喪失信心。"[2] 在 8 月 9 日的講話裏還說："過去講一片光明，現在又說是一片黑暗。一片光明，現在沒人講了。從一九六〇年下半年以來，大家只說黑暗，不講光明，已經有兩年了。現在有兩種人，一種是只講黑暗，一種是講大部黑暗，略有光明。任務是從分析形勢提出來的。既然是一片黑暗，就證明社會主義不行，因而就要全部單幹。認為大部是黑暗，略有光明，採取的辦法就是大部單幹，小部集體。然後又必然反映到方針、措施和世界觀上。"[3] 在這種情況下，劉少奇不能不在北戴河會議上作了自我批評。

所謂"單幹風"，是指從 20 世紀 60 年代初開始，黨內部分領導人主張在部分困難的農村實行"包產到戶"的措施。這實際上是部分農民和基層幹部在克服困難中提出的，得到劉少奇、陳雲、鄧小平、鄧子恢等人的贊同。毛澤東把"包產到戶"上升到"究竟是搞社會主義，還是搞資本主義"的高度來認識，而且把"單幹風"和"黑暗風"相聯繫，批評說：既然是一片黑暗，

1　《劉少奇年譜》下卷，中央文獻出版社 1996 年版，第 549 頁。

2　逢先知、馮蕙主編：《毛澤東年譜（1949—1976）》第 5 卷，中央文獻出版社 2013 年版，第 128 頁。

3　逢先知、金沖及主編：《毛澤東傳》第 5 冊，中央文獻出版社 2011 年版，第 2207—2208 頁。

就證明社會主義不行，因而就全部或者大部分單幹[1]。他還說："如果那樣搞，黨內勢必分裂。"[2]

　　所謂"翻案風"，是從對反右傾鬥爭中的錯案進行甄別平反引起的。這項工作由鄧小平主持。在甄別平反過程中，彭德懷在 1962 年 6 月 16 日致信中共中央和毛澤東，對裏通外國和組織反黨小集團等問題提出申訴。毛澤東讀了這封長信，明確表示不能給彭德懷平反。[3] 他說：近來刮平反之風不對，1959 年反右傾不能一風吹。[4] 在北戴河會議上，毛澤東再次批評此事。聯繫到三年後毛澤東對新編歷史劇《海瑞罷官》的指責[5]，這個批評的嚴重性就一目了然。

　　在做出重提階級鬥爭決策過程中，蘇聯的因素起了不容忽視的作用。其遠因，是赫魯曉夫在蘇共二十大期間所作"秘密報告"，全盤否定斯大林，在國際共產主義運動中造成極大的思想混亂，也使如何對待斯大林時期蘇聯黨和國家歷史，成為蘇聯後來發展中一道邁不過去的"檻"。這以後，防止黨內出現"赫魯曉夫式的人物"，也成為毛澤東高度關注的事情。其近因，則是自1958 年以來中蘇兩黨在對美戰略和國內建設問題上積累的意見分歧，到這時開始顯露出來，促使毛澤東得出蘇聯"變修"的結論。1963 年開始的中蘇論戰，更使關於"反修防修"的理論系統化。國內的"防修"與國際上的"反修"（中蘇論戰）相互影響，這就使"以階級鬥爭為綱"的指導思想顯得更加有理有據。

　　正是在這種思想的支配下，中共中央和毛澤東從 1963 年起，發動了全國

1　中共中央文獻研究室編：《關於建國以來黨的若干歷史問題的決議註釋本》（修訂），人民出版社 1985 年版，第 361 頁。

2　逢先知、金沖及主編：《毛澤東傳》第 5 冊，中央文獻出版社 2011 年版，第 2204 頁。

3　逢先知、金沖及主編：《毛澤東傳》第 5 冊，中央文獻出版社 2011 年版，第 2203 頁。

4　中共中央文獻研究室編：《關於建國以來黨的若干歷史問題的決議註釋本》（修訂），人民出版社 1985 年版，第 362 頁。

5　1965 年 12 月 21 日，毛澤東在杭州同陳伯達等人的談話中提出：《海瑞罷官》"要害是'罷官'。嘉靖皇帝罷了海瑞的官，五九年我們罷了彭德懷的官，彭德懷也是'海瑞'"。參見逢先知、馮蕙主編《毛澤東年譜（1949—1976）》第 5 卷，中央文獻出版社 2013 年版，第547—548 頁。

規模的城鄉社會主義教育運動。在指導這場運動過程中，"以階級鬥爭為綱"的指導思想進一步發展，提出了要防止"走資本主義道路當權派"和"中央出修正主義"的錯誤判斷。

到了 1965 年，毛澤東感覺城鄉社會主義教育運動也不能解決自下而上地揭露黨內陰暗面的問題。他要找到一種方式，能夠通過大規模群眾運動，來防止黨和國家改變顏色，防止蘇聯悲劇在中國的重演。這種方式，就是"文化大革命"。

"文化大革命"的發動與結束

以 1966 年 5 月中共中央政治局擴大會議和同年 8 月召開的中共八屆十一中全會為標誌，歷時 10 年之久的"文化大革命"正式發動起來。中央政治局擴大會議通過的"五一六通知"，提出了後來被概括為"無產階級專政下繼續革命"的錯誤理論的要點，成為"文化大革命"的指導理論。中共八屆十一中全會通過的《關於無產階級文化大革命的決定》，對"文化大革命"的目的、重點、依靠力量、方法、相關政策等做了原則規定。這次運動的主要目的，就是要通過自下而上的群眾運動，運用"大鳴、大放、大字報、大辯論"的方法，把"混進黨裏、政府裏、軍隊裏和文化領域的各界裏的資產階級代表人物"清除出去，奪取在這些領域中的領導權。

前面談到，毛澤東的出發點，是要通過"反修防修"防止黨和國家改變顏色。這個初衷是好的。但是，當時認定黨內有個"資產階級司令部"，很多領導崗位被"走資本主義道路當權派"所篡奪，以此作為"文化大革命"的鬥爭對象。而後來大量的事實證明，黨內根本不存在所謂以劉少奇、鄧小平為首的"資產階級司令部"。在運動中被當作"走資本主義道路當權派"打倒的，恰恰是社會主義事業的骨幹力量。這就在革命對象問題上，顛倒了是非、混淆了敵我。

"文化大革命"寄希望於群眾運動。這本來是中國共產黨在領導中國革命和建設中的看家本領。但是，中國共產黨領導群眾鬥爭的理論經驗表明，群眾運動必須在各級黨組織堅強有力的領導下，有領導、有步驟、有政策地進行，才能確保其健康發展。而"文化大革命"初期的群眾運動，恰恰是在"踢開黨委鬧革命"的極"左"口號下進行的。這就給林彪、江青兩個陰謀集團以可乘之機，扶植和收羅了一批靠著"打、砸、搶"和政治投機上來的幫派分子，通過煽動無政府主義和"懷疑一切""打倒一切"，達到亂中奪權的目的。最終，這一脫離了黨的正確領導的群眾運動，走向了自己的反面。毛澤東和中共中央不得不在 1967 年下半年以後採取人民解放軍"支左""支工""支農"和"軍管""軍訓"等措施，逐步恢復黨和國家的正常秩序。特別是在"文化大革命"中，出現了林彪、江青兩個陰謀集團，一直發展到置毛澤東和中共中央的多次勸告於不顧，妄圖篡奪黨和國家最高權力。所幸的是，毛澤東雖然一時對他們委以重任，但在覺察到他們的陰謀之後，便採取斷然措施，領導全黨和全國人民同他們進行堅決鬥爭，始終沒有讓他們的陰謀得逞。在這一鬥爭中，黨內健康力量、人民正義力量得到發展和集聚，為最終結束"文化大革命"準備了條件。

"文化大革命"的發展，經過了一個複雜的過程。從"文化大革命"發動，到 1969 年中共九大召開前，是毛澤東所說的"天下大亂"。

"文化大革命"發動起來，完全不是毛澤東想像的那樣。各種紅衛兵組織走上街頭，走向社會，通過全國性大串連，對黨政機關、事業單位、科研院所、大中學校、文藝團體、民主黨派等形成空前廣泛的衝擊。一大批領導幹部被揪鬥，一大批知識分子被打入"牛棚"，許多文物古蹟遭到破壞。

到了 1967 年上海發生奪權的"一月風暴"後，整個運動達到一個新的高潮。圍繞奪權和反奪權，形成了勢不兩立的造反派組織，有些地方還出現了武鬥。按照毛澤東後來的話說，當時"懷疑一切""打倒一切"之風席捲了全國，國家正常運轉被打亂。為了恢復正常的生產生活秩序，毛澤東提出實現"工人階級的大聯合"，建立"三結合"的革命委員會，並派出人民解放軍"三支兩軍"。隨後，又停止全國大串連，中小學實現"復課鬧革命"，號召城市中的知識青年上山下鄉。到 1968 年 10 月中共八屆十二中全會前夕，全國局勢逐步趨於穩定。

1969 年 4 月中共九大召開後，按照毛澤東的設想，"文化大革命"已經取得了決定性的勝利，再經過"鬥、批、改"，這個運動就基本上可以結束了。

然而，毛澤東的希望落了空。他沒有料到，黨面臨的是一場驚心動魄的粉碎武裝政變的鬥爭，為首的正是身居黨內第二位的"接班人"林彪。

在 1971 年 9 月粉碎了林彪反革命集團之後，毛澤東開始反思"文化大革命"中的錯誤，積極支持周恩來主持中央日常工作，落實幹部政策，開始在一定限度內對極"左"思潮展開批判，使各方面工作有了轉機。

1973 年 8 月召開的中共十大，繼續延續"文化大革命"的錯誤，並使靠"文革"發跡的江青集團骨幹分子進入中央。同時，在落實幹部政策中，包括鄧小平、譚震林等一批老幹部也被選進中央委員會。

在周恩來重病的情況下，毛澤東多次提議請鄧小平擔負重要工作。1975年 1 月，中共十屆二中全會選舉鄧小平為中央副主席、政治局常委。不久，鄧小平又擔任中央軍委副主席兼總參謀長。鄧小平主持中共中央和國務院工作後，在毛澤東的支持下，對各條戰線開始進行整頓，矛頭直指江青集團倚重和支持的各級各地幫派體系。

對 1975 年整頓，鄧小平曾經說過："其實，撥亂反正在一九七五年就開始了。那時我主持中央黨政工作，提出了一系列整頓措施，每整頓一項就立即見效，非常見效。這些整頓實際上是同'文化大革命'唱反調，觸怒了'四人幫'。他們又一次把我轟下了台。"[1]

在 1975 年整頓中，鄧小平同江青集團堅決鬥爭，還迫使江青向毛澤東和中央政治局交出了書面檢討[2]。這件破天荒的稀罕事，極大地打擊了極左思潮的氣焰。在此之前，在籌備召開第四屆全國人大過程中，毛澤東還積極支持周恩來、鄧小平，挫敗過江青的"組閣"陰謀。

歷史發展到 1975 年，已經形成了這樣一種局面：不根本否定"文化大革命"，就無法結束"文化大革命"。然而，毛澤東依然希望在肯定"文化大革命"的理論和實踐的前提下，結束"文化大革命"。

出於這樣的考慮，1975 年 11 月 20 日，毛澤東提議要鄧小平主持中共中央政治局會議，做出一個肯定"文化大革命"的決議，總的評價是"七分成

1　《鄧小平文選》第 3 卷，人民出版社 1993 年版，第 81 頁。

2　《周恩來傳》（四），中央文獻出版社 1998 年版，第 2135 頁。

績，三分錯誤"。鄧小平婉言拒絕了這個提議，表示："由我主持寫這個決議不合適，我是桃花源中人，不知有漢，無論魏晉。"[1]

1975 年底，正當整頓逐步發展成為對"文化大革命"錯誤的系統糾正之時，形勢急轉直下。毛澤東提出："有兩種態度：一是對文化大革命不滿意。二是要算賬，算文化大革命的賬。"[2] 他還對整頓的綱領提出尖銳批評，說："什麼'三項指示為綱'，安定團結不是不要階級鬥爭，階級鬥爭是綱，其餘都是目。"[3] 並且再次重申對"文化大革命"要"三七開"的評價，即"七分成績，三分錯誤"。[4]

這年年底，毛澤東批准發動"批鄧、反擊右傾翻案風"，全國再度陷入混亂之中。

1976 年伊始，周恩來總理病逝。接著，眾望所歸的鄧小平，在主持了周恩來的追悼會以後，被再次打倒。隨之而來的，是一浪高過一浪的"批鄧、反擊右傾翻案風"的大批判浪潮。2 月 2 日，中共中央根據毛澤東的提議，決定由華國鋒擔任國務院代總理。

在關鍵時刻，毛澤東始終沒有讓江青集團染指黨和國家的重要權力。在他心中，儘管放不下"文化大革命"這個心結，卻始終把黨和人民的最高利益放在至高無上的地位。

從 1976 年 1 月到 4 月，人民悼念周總理的各種活動有增無減。4 月 5 日清明節前後，一場聲勢浩大的悼念周總理、聲討"四人幫"的群眾運動席捲全國。

"四五運動"的發生，絕非偶然。它是林彪事件以來，人民群眾對極左思潮多年觀察反省的結果。這場運動，集中地表現出人民對極左思潮的代表者——江青集團的痛恨，表現出人民群眾對黨內健康力量的代表者——周恩來、鄧小平等人的懷念和呼喚。為了表達擁護以鄧小平同志為代表的黨的正

1　中共中央文獻研究室、中央電視台：《大型電視文獻紀錄片〈鄧小平〉》，中央文獻出版社 1997 年版，第 116 頁。

2　《中國共產黨歷史大事記（1915.5—1990.12）》，人民出版社 1991 年版，第 317 頁。

3　《人民日報》1976 年 2 月 29 日。

4　胡繩主編：《中國共產黨的七十年》，中共黨史出版社 1991 年版，第 458 頁。

確領導的意志，許多人甘冒受批判、被關押的風險。

"四五運動"雖然被鎮壓了，但是，結束"文化大革命"的願望並沒有消失。它使中共中央領導層的相當一批人看清了人民的意志。並為後來粉碎"四人幫"奠定了堅實的群眾基礎。

1976年9月9日，毛澤東逝世。

毛澤東去世後不久，一場黨內健康力量同極左思潮的最後堡壘——江青集團的總決戰，終於不可避免地到來了。這場較量，實際上是鄧小平在全面整頓中同江青集團鬥爭的繼續。鬥爭的結果，中共中央政治局執行黨和人民的意志，一舉粉碎了江青集團，"文化大革命"終於以人民的勝利宣告結束。

"文化大革命"是一場嚴重的動亂，其錯誤理論與實踐必須從根本上否定。但整個"文化大革命"十年，並非歷史空白。

這一時期，社會主義現代化建設受到極大干擾，但還在繼續發展。工農業總產值，1966年為2534億元，1976年達到4536億元[1]。糧食產量，1965年為19453萬噸，1976年為28631萬噸[2]。鋼產量，1965年為1223萬噸，1976年為2046萬噸[3]。原油產量，1965年為1131萬噸，1976年為8716萬噸[4]。原煤產量，1965年為2.32億噸，1976年為4.83億噸[5]。但與此同時，也存在著經濟效益全面下降和人民生活水平下降的問題。工業每百元資金實現的利潤稅金，由1966年的34.5元，降到1976年的19.3元。全民所有制職工工資，長期沒有調整。從1966年到1976年，平均工資不僅沒有增加，反而降低了4.9%。廣大農民收入，10年間也沒有增加。[6]

國防科技和航天科技繼續取得重要成就。繼1964年10月16日我國成功爆炸第一顆原子彈後，1966年10月第一次成功地進行了發射導彈核武器的試驗，1967年6月成功地爆炸了第一顆氫彈，1969年9月首次成功地進行了地

1　《中國統計年鑒（1985年）》，中國統計出版社1985年版，第24頁。

2　《中國統計年鑒（1985年）》，中國統計出版社1985年版，第255頁。

3　《中國統計年鑒（1985年）》，中國統計出版社1985年版，第337頁。

4　《中國統計年鑒（1985年）》，中國統計出版社1985年版，第337頁。

5　《中國統計年鑒（1985年）》，中國統計出版社1985年版，第337頁。

6　蘇星：《新中國經濟史（修訂本）》，中共中央黨校出版社2007年版，第474頁。

下核試驗，1970 年 4 月成功發射第一顆人造地球衛星，1971 年 9 月第一艘核潛艇建成並試航成功，1971 年 9 月洲際火箭首次飛行試驗基本成功，1975 年11 月第一顆返回式遙感人造地球衛星發射成功。

環境保護工作第一次列入國家重要工作日程。1973 年 8 月，國務院召開首次全國環境保護會議。會議研究了有關環境保護的方針、政策，設立了國務院環境保護領導小組辦公室，制定了新中國第一部環境保護的綜合性法規——《關於保護和改善環境的若干規定（試行草案）》。

新中國的外交工作也取得了新的重大進展。1971 年 10 月 25 日，第 26屆聯合國大會通過恢復中華人民共和國在聯合國的一切合法權利的提案，成為新中國外交的重大突破。以 1972 年 2 月在毛澤東直接決策和推動下打開中美關係正常化大門為契機，形成了西方國家同新中國建交熱。毛澤東還提出"三個世界劃分"理論，鄭重宣告中國永遠屬第三世界，中國永遠不稱霸。

對這一時期取得的成就，第二個歷史決議給予公正的評價："正是由於全黨和廣大工人、農民、解放軍指戰員、知識分子、知識青年和幹部的共同鬥爭，使'文化大革命'的破壞受到了一定程度的限制。我國國民經濟雖然遭到巨大損失，仍然取得了進展。糧食生產保持了比較穩定的增長。工業交通、基本建設和科學技術方面取得了一批重要成就，其中包括一些新鐵路和南京長江大橋的建成，一些技術先進的大型企業的投產，氫彈試驗和人造衛星發射回收的成功，秈型雜交水稻的育成和推廣，等等。在國家動亂的情況下，人民解放軍仍然英勇地保衛著祖國的安全。對外工作也打開了新的局面。當然，這一切決不是'文化大革命'的成果，如果沒有'文化大革命'，我們的事業會取得大得多的成就。"[1]

"文化大革命"是中華民族在攀登高峰中遭受的一次嚴重挫折。其歷史教訓，是非常深刻的。

——進入社會主義之後，社會主要矛盾不再是階級鬥爭，必須堅持以經濟建設為中心不動搖。

——社會主義的主要任務是集中力量解放和發展社會生產力，實現社會

1　《三中全會以來重要文獻選編》（下），中央文獻出版社 2011 年版，第 148 頁。

主義現代化，絕不能再搞所謂"一個階級推翻一個階級"的政治大革命。

——社會主義必須有民主與法制。各項工作都必須在社會主義民主與法制的軌道上進行，而不能隨意踐踏社會主義民主與法制。要使各級人民代表大會及其常設機構成為有權威的人民權力機關。

——自下而上的群眾監督必須在中國共產黨領導下有序推進，而不能採取"大鳴、大放、大字報、大辯論"的方式來進行，更不能脫離或破壞黨的領導。

——一定要樹立黨必須由在群眾鬥爭中產生的德才兼備的領袖們實行集體領導的馬克思主義觀點，禁止任何形式的個人崇拜。

牢記這些歷史教訓，並不會成為繼續前進的"包袱"，恰恰相反，會轉化為寶貴的財富，激勵中國共產黨更好地帶領中國人民為繼續實現民族復興的使命而繼續探索。

"文化大革命"已經結束。歷史和人民期待著一個新時期的到來。

第六章　改革開放的偉大覺醒

　　1978 年 12 月 18 日至 22 日在北京京西賓館召開的中共十一屆三中全會，是一次解放思想、實事求是、團結一致向前看的劃時代歷史性會議。以這次全會為標誌，實現了中華人民共和國成立以來黨的歷史上具有深遠意義的偉大轉折，開啟了改革開放和社會主義現代化建設的新時期，開啟了中華民族偉大復興具有決定意義的新長征。

　　全會公報莊嚴宣告："全黨工作的著重點應該從一九七九年轉移到社會主義現代化建設上來。""實現四個現代化，要求大幅度地提高生產力，也就必然要求多方面地改變同生產力發展不適應的生產關係和上層建築，改變一切不適應的管理方式、活動方式和思想方式，因而是一場廣泛、深刻的革命。"[1]

　　推動這次全會實現這一偉大歷史性轉折的靈魂，是鄧小平。全會公報的主要內容，正是根據他在為這次全會做準備的中共中央工作會議上的重要講話形成的。鄧小平這篇講話題為《解放思想，實事求是，團結一致向前看》。

　　"沒有毛澤東思想，就沒有今天的中國共產黨，這也絲毫不是什麼誇張。毛澤東思想永遠是我們全黨、全軍、全國各族人民的最寶貴的精神財富。我們要完整地準確地理解和掌握毛澤東思想的科學原理，並在新的歷史條件下加以發展。"

　　"一個黨，一個國家，一個民族，如果一切從本本出發，思想僵化，迷信盛行，那它就不能前進，它的生機就停止了，就要亡黨亡國。"

　　"當前最迫切的是擴大廠礦企業和生產隊的自主權，使每一個工廠和生產隊能夠千方百計地發揮主動創造精神。"

1　《三中全會以來重要文獻選編》（上），中央文獻出版社 2011 年版，第 1、4 頁。

"為了保障人民民主，必須加強法制。必須使民主制度化、法律化，使這種制度和法律不因領導人的改變而改變，不因領導人的看法和注意力的改變而改變。"

"實現四個現代化是一場深刻的偉大的革命。在這場偉大的革命中，我們是在不斷地解決新的矛盾中前進的。因此，全黨同志一定要善於學習，善於重新學習。"

正是鄧小平這些振聾發聵的話，開啟了一個新的歷史時期。

路向何方的深邃思考

這個和新中國成立同樣載入中華民族追夢歷程的歷史時刻，是怎樣到來的呢？回答這個問題，我們的目光，就要回到結束 "文化大革命" 的 1976 年 10 月。

舉國上下在經歷了粉碎 "四人幫" 的喜悅後，開始面對一個嚴肅的問題：新中國向何處去。面對這個問題，當時有不同的主張。

一種是歷史的慣性，繼續沿著 "以階級鬥爭為綱" 的指導思想走下去。當時的領導者提出 "抓綱治國" 口號，還提出 "兩個凡是"[1] 方針。但實際上，"文化大革命" 的結束，已經宣告了這條路走不通。

另一種是歷史的插曲。極少部分人將 "文化大革命" 的失敗當成社會主義的失敗，錯誤地認為中國不能再走社會主義道路，需要 "全盤西化"。實際上，這種 "全盤西化" 的主張，走資本主義道路的可能，早已被中國近代以來的歷史證明：此路在中國行不通。

還有一種主張，中國需要在堅持社會主義道路的前提下，按照社會主義現代化要求實行改革開放，大膽闖出一條建設社會主義的新路。當時，儘管對什麼是改革開放、怎樣搞改革開放還不可能形成系統的思路和方案，但是

---

1 "兩個凡是"，是在 1977 年 2 月 7 日《人民日報》、《解放軍報》、《紅旗》雜誌社論《學好文件抓住綱》中提出的。即 "凡是毛主席作出的決策，我們都堅決維護，凡是毛主席的指示，我們都始終不渝地遵循。"

從中共八大以來的經驗積累中，"大躍進""文化大革命"的沉痛教訓中，已經可以看到大致的方向與輪廓。當時的嚴重性，正如鄧小平指出："如果現在再不實行改革，我們的現代化事業和社會主義事業就會被葬送。"

第二種主張，由於根本背離了中國的基本國情，成不了氣候，但在改革開放進程中，也時不時出來擾亂人們的思想。

當時的思想交鋒，主要是在走老路還是走新路的主張之間展開。這一交鋒儘管涉及政治方向的大是大非，有時還很激烈，但基本上屬認識上的問題。由於有過去的教訓，沒有採取"上綱上線"的方式來簡單處理，最終達到了明辨是非、統一思想、團結一致向前看的目的。這成為成功處理黨內不同意見分歧與爭論的一個範例。

在最初的思想交鋒中，人們強烈地感受到，要衝破"兩個凡是"的思想束縛，必須有一個具有豐富政治經驗和閱歷的靈魂式的人物。這個人就是鄧小平。

鄧小平在得知"四人幫"被粉碎的消息後，曾於 1976 年 10 月 10 日致信汪東興轉華國鋒並中共中央，表示："我同全國人民一樣，對這個偉大鬥爭的勝利，由衷地感到萬分的喜悅。"[1]

與此同時，鄧小平敏銳地察覺到"兩個凡是"是一個危險而錯誤的方針。就在 1977 年 2 月"兩個凡是"提出不久，他對前來看望的王震明確表示，這不是馬克思主義，不是毛澤東思想。[2]

這時，要求為"天安門事件"平反、鄧小平復出的呼聲日益高漲。在 1977 年 3 月 14 日中央工作會議的講話中，華國鋒也表示，要在適當時候讓鄧小平出來工作。[3]

1977 年 5 月 24 日上午，鄧小平同王震、鄧力群談話中，明確表示：按

1　冷溶、汪作玲主編：《鄧小平年譜（1975—1997）》（上），中央文獻出版社 2004 年版，第 152 頁。

2　冷溶、汪作玲主編：《鄧小平年譜（1975—1997）》（上），中央文獻出版社 2004 年版，第 155 頁。

3　冷溶、汪作玲主編：《鄧小平年譜（1975—1997）》（上），中央文獻出版社 2004 年版，第 156 頁。

照"兩個凡是",就說不通為我平反的問題,也說不通肯定1976年廣大群眾在天安門廣場的活動"合乎情理"的問題。把毛澤東同志在這個問題上講的移到另外的問題上,在這個地點講的移到另外的地點,在這個時間講的移到另外的時間,在這個條件下講的移到另外的條件下,這樣做,不行嘛!毛澤東同志自己多次說過,他有些話講錯了。他說,一個人只要做工作,沒有不犯錯誤的。又說,馬恩列斯都犯過錯誤,如果不犯錯誤,為什麼他們的手稿常常改了又改呢?改了又改就是因為原來有些觀點不完全正確,不那麼完備、準確嘛。毛澤東同志說,他自己也犯過錯誤。一個人講的每句話都對,一個人絕對正確,沒有這回事情。他說:一個人能夠"三七開"就很好了,很不錯了,我死了,如果後人能夠給我以"三七開"的估計,我就很高興、很滿意了。這是個重要的理論問題,是個是否堅持歷史唯物主義的問題。徹底的唯物主義者,應該像毛澤東同志說的那樣對待這個問題。馬克思、恩格斯沒有說過"凡是",列寧、斯大林沒有說過"凡是",毛澤東同志自己也沒有說過"凡是"。[1]

同年7月16日至21日召開的中共十屆三中全會,通過《關於恢復鄧小平同志職務的決議》,決定恢復鄧小平中共中央委員,中央政治局委員、常委,中央副主席,中央軍委副主席,國務院副總理,中國人民解放軍總參謀長的職務。

鄧小平在最後一天的會議上講話,重申"對我們黨的現狀來說,我個人覺得,群眾路線和實事求是特別重要"。強調:"我們要創造這樣一種政治局面,在黨中央領導下,全黨、全軍和全國人民團結起來,既有統一意志,又有個人心情舒暢,生動活潑,什麼問題都可以擺到桌面上來,對領導人有意見,也可以批評。"[2]

他還特別表達了這樣一種意願:作為一名老的共產黨員,還能在不多的餘年裏為黨為國家為人民做一點力所能及的事情,在我個人來說是高興的。出來工作,可以有兩種態度,一個是做官,一個是做點工作。我想,誰叫你

1　參見《鄧小平文選》第2卷,人民出版社1994年版,第38—39頁。

2　參見《鄧小平文選》第2卷,人民出版社1994年版,第45、46頁。

當共產黨人呢，既然當了，就不能夠做官，不能夠有私心雜念，不能夠有別的選擇，應該老老實實地履行黨員的責任，聽從黨的安排。[1]

這次全會還做出一個重要決定，提前召開中國共產黨第十一次全國代表大會。中共十大，是在 1973 年 8 月召開的。按照黨章規定，中共十一大應當在五年後即 1978 年舉行。全會根據當時情況，決定提前一年，即在 1977 年 8 月召開中共十一大。

1977 年 8 月 12 日至 18 日，召開了中共十一大。在 19 日召開的十一屆一中全會上，鄧小平當選為中共中央副主席、中央軍委副主席。

鄧小平重新回到黨和國家重要領導崗位後，以其特有的乾脆利落、敢說敢幹、大刀闊斧的工作風格，為呼喚實事求是、解放思想的黨風政風做出了重要貢獻。

——在這年 8 月召開的科學和教育工作座談會上，鄧小平當場採納意見，決定"高等院校今年就要下決心恢復從高中畢業生中直接招考學生，不要再搞群眾推薦"[2]。從此，重新恢復闊別了 12 年的高考，為培養改革開放和社會主義現代化人才敞開了大門。

——在 1978 年 3 月召開的全國科學大會上，鄧小平響亮地提出："科學技術是生產力。""現代科學技術正在經歷著一場偉大的革命。""沒有科學技術的高速度發展，也就不可能有國民經濟的高速度發展。"[3] 從此，開啟了奮力攻克科學堡壘、勇攀科學高峰的偉大競賽，為以科學技術優先發展帶動中國經濟騰飛打開了通道。

——在 1978 年 6 月召開的全軍政治工作會議上，鄧小平支持正在開展的真理標準問題大討論，他尖銳指出："我們也有一些同志天天講毛澤東思想，卻往往忘記、拋棄甚至反對毛澤東同志的實事求是、一切從實際出發、理論與實踐相結合的這樣一個馬克思主義的根本觀點、根本方法。不但如

1　冷溶、汪作玲主編：《鄧小平年譜（1975—1997）》（上），中央文獻出版社 2004 年版，第 162 頁。

2　冷溶、汪作玲主編：《鄧小平年譜（1975—1997）》（上），中央文獻出版社 2004 年版，第 179 頁。

3　《鄧小平文選》第 2 卷，人民出版社 1994 年版，第 87、86 頁。

此，有的人還認為誰要是堅持實事求是，從實際出發，理論和實踐相結合，誰就是犯了彌天大罪。""實事求是，是毛澤東思想的出發點、根本點。這是唯物主義。不然，我們開會就只能講空話，不能解決任何問題。" 強調："撥亂反正，打破精神枷鎖，使我們的思想來個大解放，這確實是一個十分嚴重的任務。"[1] 在鄧小平堅定有力的支持下，通過真理標準問題大討論，為成功召開中共十一屆三中全會創造了思想條件。

——1978 年 9 月，鄧小平訪問朝鮮後，在東北地區視察工作期間，率先提出揭批"四人幫"運動總有個底，要適時轉到四個現代化建設上來。隨後，在同年 10 月 9 日中國工會第九次全國代表大會的致詞中，他代表中共中央提出："這個鬥爭在全國廣大範圍內已經取得決定性的勝利，我們已經能夠在這一勝利的基礎上開始新的戰鬥任務。"[2] 這個講話，成為中共十一屆三中全會實現全黨工作重心轉移的先導。

——1978 年 9 月東北視察期間，鄧小平提出若干涉及什麼是社會主義、怎樣建設社會主義的重要思想。他指出：我們關起門來不行，不動腦筋永遠陷於落後不行。現在在世界上我們算貧困的國家，就是在第三世界，我們也屬比較不發達的那部分。我們是社會主義國家，社會主義制度優越性的根本表現，就是能夠允許社會生產力以舊社會所沒有的速度迅速發展，使人民不斷增長的物質文化生活需要能夠逐步得到滿足。我們一定要根據現在的有利條件加速發展生產力，使人民的物質生活好一些，使人民的文化生活、精神面貌好一些。還指出：我們要以世界先進的科學技術成果作為我們發展的起點。我們要有這個雄心壯志。引進先進技術設備後，一定要按照國際先進的管理方法、先進的經營方法、先進的定額來管理，也就是按照經濟規律管理經濟。一句話，就是要革命，不要改良，不要修修補補。"現在我們的上層建築非改不行。"[3] 這些在當時是石破天驚、振聾發聵的話，在神州大地吹響了改革開放的時代號角。

1　《鄧小平文選》第 2 卷，人民出版社 1994 年版，第 114、119 頁。

2　《鄧小平文選》第 2 卷，人民出版社 1994 年版，第 135 頁。

3　《鄧小平文選》第 2 卷，人民出版社 1994 年版，第 128、129—130、131 頁。

——在中美建交談判的關鍵時刻，親自主持談判，中美兩國政府於 1978 年 12 月 16 日發表《關於建立外交關係的聯合公報》，為自 1972 年 2 月中美上海公報發表後開啟的中美關係正常化進程畫上了句號，開啟了中美關係新的一頁。這為中共十一屆三中全會後推進改革開放、加速進行社會主義現代化建設，創造了良好外部環境。

實現歷史性轉折

就是在以鄧小平同志為代表的老一輩革命家的振臂高呼中，在全黨和全國人民對盡快清除極 "左" 思想嚴重束縛、盡快革除長期積累的體制機制弊端、盡快趕上世界科學技術發展大潮、早日實現社會主義現代化的強烈願望和呼聲中，召開中共十一屆三中全會、實現新中國成立以來的歷史性轉折的時機與條件成熟了。

同時，鄧小平作為全黨和全國人民矚目與擁護的中央領導核心，作為真正能夠領導實現這一偉大歷史轉折的思想靈魂，也在實踐中確立起來。這一實踐，不僅包括他在中共十屆三中全會後重新走上中央領導崗位後的所作所為，更包括他在 "文化大革命" 後期大刀闊斧主持 1975 年治理整頓，治理大大小小幫派體系，特別是同 "四人幫" 做針鋒相對、毫不妥協的鬥爭，因而得到全黨和全國人民的衷心擁戴。

事實表明，如同當年的遵義會議一樣，有這樣一個核心與靈魂，是中共十一屆三中全會取得成功的關鍵。

1978 年 12 月 18 日至 22 日，中共十一屆三中全會在北京召開。在這次全會召開前，先舉行了為期一個多月（同年 11 月 10 日至 12 月 15 日）的中央工作會議，為全會的順利舉行準備了條件。

這一次中央工作會議，可以說是中共十一屆三中全會的前奏。在中央工作會議期間，鄧小平在陳雲等老一輩革命家的支持下，做了幾件扭轉乾坤的大事，為中共十一屆三中全會的成功召開指明了方向，創造了條件。

一是扭轉了會議的主題。中央工作會議原定議題有三項。一是討論農業問題；二是商定 1979 年、1980 年兩年國民經濟計劃的安排；三是討論李先念在國務院經濟工作務虛會上的講話。會前，根據鄧小平的提議，中央政治局常委會議、中央政治局會議決定，會議先用兩三天的時間討論從 1979 年起把全黨工作重點轉移到社會主義現代化建設上來的問題。這實際上成為中共十一屆三中全會和中央工作會議的總基調，為結束"抓綱治國"創造了條件。

二是將集中解決歷史遺留問題提上中共中央重大議事日程。針對"對於那些在揭批'四人幫'遺留的問題，應由有關機關進行細緻的工作，妥善解決"的意見，陳雲在東北組的發言中指出："對有些遺留的問題，影響大或者涉及面很廣的問題，是需要由中央考慮和作出決定的。"[1] 鄧小平對陳雲等的意見全力支持，並多次強調：我們處理這些問題就是要把過去的問題了結一下，使全國人民向前看。所有錯案、冤案，人民和幹部不滿意的事，一起解決。了結了這些問題，大家心情就舒暢了，一心一意向前看，搞四個現代化。[2]

三是鄧小平在 1978 年 12 月 13 日發表《解放思想，實事求是，團結一致向前看》，對中央工作會議討論的重大議題做了高屋建瓴的總結，成為中共十一屆三中全會的主題報告。這個報告，為中共十一屆三中全會起了一錘定音的作用，全會發表的公報，許多重要段落和文字，就直接出自這個報告。

1978 年 12 月 22 日通過並發表的《中國共產黨第十一屆中央委員會第三次全體會議公報》（以下簡稱《公報》），共有五個部分，以及前言和結束語。

在前言中，《公報》首先宣佈："鑒於中央在二中全會以來的工作進展順利，全國範圍的大規模的揭批林彪、'四人幫'的群眾運動已經基本上勝利完成，全黨工作的著重點應該從一九七九年轉移到社會主義現代化建設上來。"這一宣佈，順黨心、合民意，宣告了新中國一個新的歷史時期的開始。

前言中還宣佈："為了適應社會主義現代化建設的需要，全會決定在黨的生活和國家政治生活中加強民主，明確黨的思想路線，加強黨的領導機構和成立中央紀律檢查委員會。"

1　《陳雲文選》第 3 卷，第 232 頁。
2　冷溶、汪作玲主編：《鄧小平年譜（1975—1997）》（上），中央文獻出版社 2004 年版，第 437 頁。

《公報》第一部分，回顧了中共十一大以來的工作成績，指明了實行工作重點轉移的重大意義，並指出："實現四個現代化，要求大幅度地提高生產力，也就必然要求多方面地改變同生產力發展不適應的生產關係和上層建築，改變一切不適應的管理方式、活動方式和思想方式，因而是一場廣泛、深刻的革命。"

《公報》第二部分，著重回顧了新中國成立後經濟建設的經驗教訓，鮮明指出："現在我國經濟管理體制的一個嚴重缺點是權力過於集中。"要求從四個方面著手[1]，"充分發揮中央部門、地方、企業和勞動者個人四個方面的主動性、積極性、創造性，使社會主義經濟的各個部門各個環節普遍地蓬蓬勃勃地發展起來"。還以集中主要精力把農業盡快搞上去為基本出發點，提出了當前發展農業生產的一系列政策措施和經濟措施。[2]

《公報》第三部分，主要涉及"文化大革命"中發生的一些重大政治事件，以及"文化大革命"前遺留下來的某些歷史問題。《公報》宣佈：全會決定撤銷中央發出的有關"反擊右傾翻案風"運動和"天安門事件"的錯誤文件；會議審查和糾正了過去對彭德懷、陶鑄、薄一波、楊尚昆等同志所做的錯誤結論，肯定了他們對黨和人民的貢獻；過去那種脫離黨和群眾的監督，

1　這四個方面是："應該有領導地大膽下放，讓地方和工農業企業在國家統一計劃的指導下有更多的經營管理自主權；應該著手大力精簡各級經濟行政機構，把它們的大部分職權轉交給企業性的專業公司或聯合公司；應該堅決實行按經濟規律辦事，重視價值規律的作用，注意把思想政治工作和經濟手段結合起來，充分調動幹部和勞動者的生產積極性；應該在黨的一元化領導之下，認真解決黨政企不分、以黨代政、以政代企的現象，實行分級分工分人負責，加強管理機構和管理人員的權限和責任，減少會議公文，提高工作效率，認真實行考核、獎懲、升降等制度。"

2　這方面的措施主要有："人民公社、生產大隊和生產隊的所有權和自主權必須受到國家法律的切實保護；不允許無償調用和佔有生產隊的勞力、資金、產品和物資；公社各級經濟組織必須認真執行按勞分配的社會主義原則，按照勞動的數量和質量計算報酬，克服平均主義；社員自留地、家庭副業和集市貿易是社會主義經濟的必要補充部分，任何人不得亂加干涉；人民公社要堅決實行三級所有、隊為基礎的制度，穩定不變；人民公社各級組織都要堅決實行民主管理、幹部選舉、賬目公開。"還宣佈：全國糧食徵購指標繼續穩定在1971年到1975年"一定五年"的基礎上不變；糧食統購價格從1979年夏糧上市的時候起提高20%，超購部分在這個基礎上再加價50%；農用工業品的出廠價格和銷售價格，在降低成本的基礎上，在1979年和1980年降低10%—15%，把降低成本的好處基本上給農民。

設立專案機構審查幹部的方式，弊病極大，必須永遠廢止。《公報》特別強調加強社會主義民主和社會主義法制，指出："為了保障人民民主，必須加強社會主義法制，使民主制度化、法律化，使這種制度和法律具有穩定性、連續性和極大的權威，做到有法可依，有法必依，執法必嚴，違法必究。從現在起，應當把立法工作擺到全國人民代表大會及其常務委員會的重要議程上來。檢察機關和司法機關要保持應有的獨立性；要忠實於法律和制度，忠實於人民利益，忠實於事實真相；要保證人民在自己的法律面前人人平等，不允許任何人有超於法律之上的特權。"

《公報》第四部分，高度評價關於實踐是檢驗真理的唯一標準問題的討論，認為這對於促進全黨同志和全國人民解放思想，端正思想路線，具有深遠的歷史意義。一個黨，一個國家，一個民族，如果一切從本本出發，思想僵化，那它就不能前進，它的生機就停止了，就要亡黨亡國。黨中央在理論戰線上的崇高任務，就是領導、教育全黨和全國人民歷史地、科學地認識毛澤東同志的偉大功績，完整地、準確地掌握毛澤東思想的科學體系。

《公報》第五部分強調，根據黨的歷史的經驗教訓，全會決定健全黨的民主集中制，健全黨規黨法，嚴肅黨紀。"全會選舉產生了以陳雲同志為首的由一百人組成的中央紀律檢查委員會。這是保障黨的政治路線的貫徹執行的一個重要措施。紀律檢查委員會的根本任務，就是維護黨規黨法，切實搞好黨風。"《公報》強調："黨的各級領導幹部必須帶頭嚴守黨紀。對於違犯黨紀的，不管是什麼人，都要執行紀律，做到功過分明，賞罰分明，伸張正氣，打擊邪氣。"[1]

這次全會，標註了歷史新起點。

它標誌著中國共產黨有了新覺醒，重新確立馬克思主義的思想路線、政治路線、組織路線，重新調正載著初心和使命的偉大航船，帶領中國人民開始了新的長征。

它標誌著中國社會主義建設有了新起點，沿著這一新起點，開闢了中國

---

1 以上有關中共十一屆三中全會公報的引文，參見《三中全會以來重要文獻選編》（上），中央文獻出版社 2011 年版，第 1—13 頁。

特色社會主義道路，創立了中國特色社會主義理論體系，建立了中國特色社會主義制度，發展了中國特色社會主義文化，不斷為馬克思主義發展、科學社會主義發展注入新活力、提升新境界。

它標誌著中華民族偉大復興中國夢有了新方向，這就是以經濟建設為中心，始終堅持四項基本原則這個立國之本，始終堅持改革開放這個強國之路，緊密團結在中國共產黨周圍，為使中華民族在站起來的基礎上，進一步富起來、強起來。

在中華人民共和國歷史上，一個新的歷史時期，改革開放和社會主義現代化建設新時期，以中共十一屆三中全會為標誌，就這樣開始了。

此刻，改革開放的大方向、大政策已經明確。但是，改革開放具體應該怎樣搞？應該從何處下手，又向何處推進？一時還難以拿出一個完整的頂層設計。這需要時間和實踐。

但是，由於有了“文化大革命”刻骨銘心的教訓，有了“大躍進”違背客觀經濟規律的深刻教訓，又有了對高度集中的計劃經濟體制弊端的深刻反思，便容易在探索中逐漸形成規律性認識，通過正常的內部討論與爭論逐步形成共識。而不斷探索、形成共識的核心人物，始終是鄧小平。正是在集中全黨智慧和人民創造性經驗的基礎上，鄧小平成為當之無愧的中國改革開放的總設計師。

歷史中常有這樣的現象，新的時期已經開始，但還需要付出很大精力來清理歷史“舊賬”。不過，換個角度看問題，清理“舊賬”，也恰恰是為開創新局鋪平道路。

中共十一屆三中全會後，徹底告別“文化大革命”的影響，徹底完成撥亂反正的任務，還很繁重。而推動改革開放起步的任務，又刻不容緩。慶幸的是，在鄧小平的主導下，這雙重歷史使命，在 1978 年 12 月中共十一屆三中全會召開後，到 1982 年 9 月中共十二大之前，這短短的三年半多一點的時間裏，就順利實現了。這為後來中國的高速發展，贏得了寶貴的時間。

在立與破中開啟改革開放

在很多的歷史記載中，都習慣按照不同的領域來分別敘事。這樣的好處是，按照知識結構體系來梳理繁雜的歷史內容和歷史關係，易於讀者接受。但也容易帶來一個印象，好像歷史與歷史的推動者，就是這樣分門別類地有序推進。實際上，大量的歷史事件是在縱橫交錯中發生作用，逐漸完成的。尤其是重大歷史轉折時期，尤為如此。

這裏，我們就嘗試著用歷史編年的敘事方式，來展現一下這段歷史，讓讀者感受到當年這些歷史的推動者和決策者，是多麼地不容易。

當時的中國人，是懷著喜悅的心情進入 1979 年的。這一年，已經有一些新氣象、新變化、新開端，正在醞釀著重大調整與變化。

爭取祖國和平統一的新開端。元旦這一天，《中華人民共和國全國人民代表大會常務委員會告台灣同胞書》發表，鄭重宣告："中國政府已經命令人民解放軍從今天起停止對金門等島嶼的炮擊。" 從 1958 年起實行了 20 年的對金門等島嶼的炮擊，戛然而止。更重要的，是提出了實現兩岸通商通郵通航，爭取實現祖國和平統一的大政方針。祖國統一的新的歷史時期，由此到來。

同一天，鄧小平在全國政協舉行的座談會上講話，表示："這是個不平凡的日子。說它不平凡，不同於過去的元旦，有三個特點：第一，是我們全國工作的著重點轉移到四個現代化建設上來了；第二，中美關係實現了正常化；第三，把台灣歸回祖國、完成祖國統一的大業提到具體的日程上來了。"[1]

對外開放的起步。1 月 17 日，鄧小平同胡厥文、胡子昂、榮毅仁等工商界領導人談話。他表示，一直在考慮怎樣做到既要搞得快點，又要不重犯 1958 年 "大躍進" 的錯誤。進而提出："現在搞建設，門路要多一點，可以利用外國的資金和技術，華僑、華裔也可以回來辦工廠。吸收外資可以採取補償貿易的方法，也可以搞合營，先選擇資金周轉快的行業做起。"[2] 同月，中

1　《鄧小平文選》第 2 卷，人民出版社 1994 年版，第 154 頁。

2　《鄧小平文選》第 2 卷，人民出版社 1994 年版，第 156 頁。

共中央和國務院做出決策，在廣東蛇口設立工業區，成為全國第一個按照對外開放模式運行的工業區。

4月，中央工作會議期間，廣東省委向中央提出，希望允許在深圳、珠海、汕頭舉辦出口加工區。福建省委也提出類似的想法。鄧小平明確表態："中央沒有錢，可以給些政策，你們自己去搞，殺出一條血路來。"[1]7月15日，中共中央、國務院批轉了廣東省委、福建省委的報告。

國民經濟調整的起步。1月6日，鄧小平同余秋里、方毅、谷牧、康世恩談經濟建設方針問題。針對當時的"大幹快上"指出：現在國內外都擔心我們借外債的償還能力問題，這個問題不能不考慮。因此，我們對經濟建設的方針、規劃要進行一些調整，先搞那些容易搞、見效快、能賺錢、創外匯多的，寧肯減少一些鋼鐵廠和一些大項目。還說：對今明兩年的計劃，陳雲同志提了意見，這個意見很重要。請計委再作考慮。有些指標要壓縮一下，不然不踏實、不可靠。[2]4月5日至28日召開的中央工作會議上，正式通過對國民經濟實行"調整、改革、整頓、提高"方針。這次國民經濟調整工作，到1981年12月宣告完成，為中共十二大開始全面開創社會主義現代化建設的新局面打下了很好的基礎。

提出"四項基本原則"。3月30日，鄧小平在理論務虛會上受中共中央委託發表講話，針對否定中國共產黨領導、否定社會主義道路、否定毛澤東思想的錯誤思潮，指出："中央認為，我們要在中國實現四個現代化，必須在思想政治上堅持四項基本原則。這是實現四個現代化的根本前提。這四項是：第一，必須堅持社會主義道路；第二，必須堅持無產階級專政；第三，必須堅持共產黨的領導；第四，必須堅持馬列主義、毛澤東思想。"[3]

社會主義民主與法制開始加強。6月18日至7月1日召開的五屆全國人大二次會議，通過了包括《地方各級人民代表大會和地方各級人民政府組織

---

1 中共中央黨史研究室：《中國共產黨的九十年》（改革開放和社會主義現代化建設新時期），中共黨史出版社、黨建讀物出版社2016年版，第702頁。

2 參見冷溶、汪作玲主編《鄧小平年譜（1975—1997）》（上），中央文獻出版社2004年版，第465、466頁。

3 《鄧小平文選》第2卷，人民出版社1994年版，第165頁。

法》《中外合資經營企業法》在內的 7 部法律。會議期間，鄧小平對外賓表示："這次會議以後，要接著制定一系列的法律。我們的民法還沒有，要制定；經濟方面的很多法律，比如工廠法等等，也要制定。我們的法律是太少了，成百個法律總要有的，這方面有很多工作要做，現在只是開端。"[1]

部分地區農民在農村改革中先走一步。據 1978 年統計，全國還有 2.5 億人口沒有解決溫飽問題。[2]這部分人口，大多數集中在農村。9 月 25 日至 28 日召開的中共十一屆四中全會，做出《中共中央關於加快農業發展若干問題的決定》。在此之前，安徽省鳳陽縣小崗村農民創造了"包干到戶"的做法，其他一些省份也先後採取類似做法，拉開了農村改革的序幕。這個決定儘管還有"除某些副業生產的特殊需要和邊遠山區、交通不便的單家獨戶外，也不要包產到戶"的規定，但總的精神是強調："我們的一切政策是否符合發展生產力的需要，就是要看這種政策能否調動勞動者的生產積極性。""除有法律規定者外，不得用行政命令的方法強制社、隊執行，應該允許他們在國家統一計劃的指導下因時因地制宜，保障他們在這方面的自主權，發揮他們的主動性。"[3]這為發揮億萬農民的創造精神敞開了大門。

提出"建設高度的社會主義精神文明"。10 月 30 日，鄧小平在中國文學藝術工作者第四次代表大會上發表祝詞，首次提出"兩個文明"的思想，指出："我們要在建設高度物質文明的同時，提高全民族的科學文化水平，發展高尚的豐富多彩的文化生活，建設高度的社會主義精神文明。"[4]

提出建設小康社會的奮鬥目標。鑒於在社會主義現代化建設上，存在目標過高、要求過急的問題，鄧小平提出要實現"中國式的現代化"，強調"中國式的現代化，必須從中國的特點出發"[5]。12 月 6 日，鄧小平在會見日本首相大平正芳時，提出："我們的四個現代化的概念，不是像你們那樣的現代化的

1　《鄧小平文選》第 2 卷，人民出版社 1994 年版，第 189 頁。

2　中共中央黨史研究室：《中國共產黨的九十年》（改革開放和社會主義現代化建設新時期），中共黨史出版社、黨建讀物出版社 2016 年版，第 688 頁。

3　《三中全會以來重要文獻選編》（上），中央文獻出版社 2011 年版，第 162、161、176 頁。

4　《鄧小平文選》第 2 卷，人民出版社 1994 年版，第 208 頁。

5　《鄧小平文選》第 2 卷，人民出版社 1994 年版，第 164 頁。

概念，而是‘小康之家’。到本世紀末，中國的四個現代化即使達到了某種目標，我們的國民生產總值人均水平也還是很低的。”[1] 不久，他還談道：“既要有雄心壯志，也要腳踏實地。也許目標放低一點好，可以超過它。”[2] 這標誌著，在對社會主義現代化建設宏偉藍圖的頂層設計和指導思想上，開始醞釀重大調整。

1980 年 6 月 30 日至 7 月 23 日，鄧小平還到陝西、四川、湖北、河南等地調研。他說：“這次出來到幾個省看看，最感興趣的是兩個問題，一個是如何實現農村奔小康，達到人均一千美元，一個是選拔青年幹部。對如何實現小康，我作了一些調查，讓江蘇、廣東、山東、湖北、東北三省等省份，一個省一個省算賬。我對這件事最感興趣。八億人口能夠達到小康水平，這就是一件很了不起的事情。”[3] 由此可見實現“小康”，在鄧小平心中的地位。

此外，在這一年裏，還在全國政協五屆二次會議上明確了新時期統一戰線和政協工作的基本方針，通過紀念新中國成立 30 週年對新中國成立後的經驗教訓做了初步總結。

1980 年，是以撥亂反正邁出決定性步伐載入史冊的。

明確提出三項戰略任務。1 月 16 日，鄧小平在中共中央召集的幹部會議上發表《目前的形勢和任務》的講話，明確提出 80 年代要做的三件大事。第一件事，是在國際事務中反對霸權主義，維護世界和平。第二件事，是台灣歸回祖國，實現祖國統一。第三件事，要加緊經濟建設，就是加緊四個現代化建設。他特別強調：“三件事的核心是現代化建設。這是我們解決國際問題、國內問題的最主要的條件。一切決定於我們自己的事情幹得好不好。我們在國際事務中起的作用的大小，要看我們自己經濟建設成就的大小。”[4] 這三件大事，從提出之日起，一直延續至今，成為實現中華民族偉大復興中國夢

1　《鄧小平文選》第 2 卷，人民出版社 1994 年版，第 237 頁。

2　冷溶、汪作玲主編：《鄧小平年譜（1975—1997）》（上），中央文獻出版社 2004 年版，第 586 頁。

3　冷溶、汪作玲主編：《鄧小平年譜（1975—1997）》（上），中央文獻出版社 2004 年版，第 659 頁。

4　《鄧小平文選》第 2 卷，人民出版社 1994 年版，第 240 頁。

的三件大事。[1]

幹部年輕化、專業化提上日程。1 月 1 日，鄧小平在參加全國政協舉行的新年茶話會上的講話裏，就把"要建立一支堅持社會主義道路的、有專業知識的幹部隊伍"[2] 作為 80 年代四件大事之一。同月，在中央政治局會議討論《關於黨內政治生活的若干準則》時，他提出，要加這麼一條：要有一支具有專業知識的幹部隊伍。[3] 在正式通過的文件裏，這一內容寫入了第十二條。

2 月 26 日，鄧小平在中央政治局常委會上，詳細談了他對黨中央逐步實現年輕化的總體設想。他說："對於中央政治局常委中歲數大的同志，我總的傾向是，包括我在內，慢慢脫鉤，以後逐步增加比較年輕的、身體好的、年輕力壯的人。這是一個總的決策。全國人大[4] 以後，陳雲同志、先念同志和我都不兼副總理了，逐步地、慢慢地推一些年輕的、身體好的同志在第一線。建立書記處的目的也是這個意思，書記處作為第一線。中央政治局成員，我傾向在相當一個時期內歲數大一點、人數稍微多一點也可以，因為有書記處了。老同志可以在政治局裏發揮作用。以後的人事安排要慢慢年輕化。我們這些人是安排後事的問題，不再放到第一線了。當然，這也要根據實際情況和實際可能。我自己定了個奮鬥目標，時間定在 1985 年，就是要辦一件事，精心地選拔身體比較好的，比較年輕的同志上來搞事情。這次全會[5] 開始注意

1 2017 年 10 月 18 日，習近平總書記在中共十九大上所作政治報告《決勝全面建成小康社會奪取新時代中國特色社會主義偉大勝利》的結束語中，依然強調："為實現推進現代化建設、完成祖國統一、維護世界和平與促進共同發展三大歷史任務"而奮鬥。變化的只是提法與先後次序。

2 冷溶、汪作玲主編：《鄧小平年譜（1975—1997）》（上），中央文獻出版社 2004 年版，第588 頁。

3 冷溶、汪作玲主編：《鄧小平年譜（1975—1997）》（上），中央文獻出版社 2004 年版，第596 頁。

4 指 1980 年 8 月 30 日至 9 月 10 日召開的五屆全國人大三次會議。會議通過決議，接受華國鋒辭去國務院總理職務，鄧小平、李先念、陳雲、徐向前、王震、王任重辭去國務院副總理職務的請求。

5 指 1980 年 2 月 23 日至 29 日舉行的中共十一屆五中全會。這次全會決定重新設立中央書記處，選舉胡耀邦為中央委員會總書記，選舉萬里、王任重、方毅、谷牧、宋任窮、余秋里、楊得志、胡喬木、胡耀邦、姚依林、彭冲為中央書記處書記。

這件事，但沒有做完，還要繼續做。"

　　鄧小平規劃的這項工作，到 1985 年 9 月 18 日至 23 日召開的中共全國代表會議，圓滿告一階段。一批老同志不再擔任中央委員會委員[1]、中央顧問委員會委員[2]、中央紀律檢查委員會委員[3]；會議以無記名投票方式，增選中央委員 56 人，候補委員 35 人；還以同樣方式增選了中央顧問委員會委員和中央紀律檢查委員會委員。用陳雲在會上的講話說："經過反覆考察，一批優秀的中青年同志，被選進了中央和地方的各級領導班子。""這是近幾年來，我們黨反覆強調的一項重要工作。"[4]

　　徹底糾正冤假錯案，重建黨內政治紀律和政治規矩。2 月 23 日至 29 日召開的中共十一屆五中全會，作了兩個非常重要的決定，一是通過《關於黨內政治生活的若干準則》，二是通過《關於為劉少奇同志平反的決議》。前者，總結新中國成立以來黨內政治生活方面的成功經驗與教訓，把被"文化大革命"嚴重破壞的黨內制度規矩重新確立起來，並根據新的形勢加以發展完善，對於當時恢復和健全黨內民主、維護黨的集中統一、嚴肅黨的紀律、促進黨的團結，實現政治上、思想上、組織上、作風上的撥亂反正，實現全黨工作中心的轉移，發揮了極其重要的作用。後者，為"文化大革命"中最大的冤

1　不再擔任中央委員、候補中央委員的 64 位老同志是：葉劍英、鄧穎超、徐向前、聶榮臻、烏蘭夫、王震、韋國清、李德生、宋任窮、張廷發、于桑、馬文瑞、王謙、王六生、王金山、王恩茂、王鶴壽、白棟材、朱穆之、任仲夷、劉震、劉華清、劉志堅、劉明輝、劉復之、許家屯、孫大光、孫國治、李銳、李化民、李啟明、楊易辰、肖全夫、汪東興、張震、張愛萍、張銍秀、陳偉達、陳國棟、林乎加、周子健、鄭三生、趙守一、趙蒼璧、胡立教、洪學智、袁寶華、錢學森、鐵瑛、高厚良、黃華、黃新廷、康克清、梁必業、梁靈光、蔣南翔、韓先楚、覃應機、魯大東、謝振華、廖漢生、譚友林、譚啟龍、譚善和。

2　不再擔任中顧委委員的 36 位老同志是：李井泉、肖勁光、何長工、傅鍾、萬毅、王必成、王尚榮、區夢覺、方志純、帥孟奇、馮鉉、劉曉、李達、李貞、李卓然、李楚離、楊尚奎、楊獻珍、張蘇、張令彬、張啟龍、張維楨、范式人、林鐵、周揚、周里、奎璧、鍾漢華、鍾期光、袁任遠、夏衍、錢之光、郭化若、黃歐東、詹才芳、魏文伯。

3　不再擔任中央紀委委員的 31 位老同志是：黃克誠、王從吾、李昌、馬國瑞、蔡順禮、王凌、王堯山、王鶴峰、毛鐸、朱紹清、劉英、劉漢生、嚴克倫、李耀、吳信泉、張海峰、陳坦、林一心、金昭典、段雲、饒正錫、徐深吉、郭建、唐延傑、黃民偉、曹廣化、曹幼民、彭儒、譚申平、蹇先任、戚元靖。

4　《陳雲文選》第 3 卷，人民出版社 1995 年版，第 349 頁。

假錯案平反，恢復劉少奇作為偉大的馬克思主義者和無產階級革命家、黨和國家的主要領導人之一的名譽，並為受到牽連的近 3 萬人平反昭雪，極大地推動全國平反冤假錯案工作進程。到 1982 年底，這項工作基本結束，共糾正 300 多萬幹部的冤假錯案，為 47 萬多黨員恢復了黨籍。與此同時，被錯劃為右派的 54 萬多人得到改正，並恢復了政治名譽。[1]

正式啟動第二個歷史決議起草工作。3 月 19 日，鄧小平同胡耀邦、胡喬木、鄧力群談話，對起草第二個歷史決議提出三點要求。第一，確立毛澤東同志的歷史地位，堅持和發展毛澤東思想。這是最核心的一條。第二，對中華人民共和國成立三十年以來歷史上的大事，哪些是正確的，哪些是錯誤的，要進行實事求是的分析，包括一些負責同志的功過是非，要做出公正的評價。第三，通過這個決議對過去的事情做個基本的總結。還是過去的話，這個總結宜粗不宜細。總結過去是為了引導大家團結一致向前看。爭取在決議通過以後，黨內、人民中間思想得到明確，認識得到一致，歷史上重大問題的議論到此基本結束。[2] 這個意見，對起草第二個歷史決議，起了一錘定乾坤的作用。

農村改革迅速推開。5 月 31 日，鄧小平同胡喬木、鄧力群談話，充分肯定安徽省肥西縣、鳳陽縣等地農村實行包產到戶的做法。指出："農村政策放寬以後，一些適宜搞包產到戶的地方搞了包產到戶，效果很好，變化很快。安徽肥西縣絕大多數生產隊搞了包產到戶，增產幅度很大。'鳳陽花鼓'中唱的那個鳳陽縣，絕大多數生產隊搞了大包干，也是一年翻身，改變面貌。有的同志擔心，這樣搞會不會影響集體經濟。我看這種擔心是不必要的。我們總的方向是發展集體經濟。實行包產到戶的地方，經濟的主體現在也還是生產隊。這些地方將來會怎麼樣呢？可以肯定，只要生產發展了，農村的社會分工和商品經濟發展了，低水平的集體化就會發展到高水平的集體化，集體經濟不鞏固的也會鞏固起來。關鍵是發展生產力，要在這方面為集體化的進

1　中共中央黨史研究室：《中國共產黨的九十年》（改革開放和社會主義現代化建設新時期），中共黨史出版社、黨建讀物出版社 2016 年版，第 669 頁。

2　《鄧小平文選》第 2 卷，人民出版社 1994 年版，第 291、292 頁。

一步發展創造條件。"他特別強調,要為農村發展創造四個條件:機械化水平提高;管理水平提高;多種經營發展;集體收入增加。他還指出:"總的說來,現在農村工作中的主要問題還是思想不夠解放。"[1]

根據鄧小平的意見,9月14日至22日召開的各省市自治區黨委第一書記座談會形成《關於進一步加強和完善農業生產責任制的幾個問題》,指出:"在黨的三中全會精神鼓舞下,兩年來,各地幹部和社員群眾從實際出發,解放思想,大膽探索,建立了多種形式的生產責任制,總起來可分為兩類:一類是小段包工,定額計酬;一類是包工包產,聯產計酬。實行結果,多數增產,並且摸索到一些新的經驗。特別是出現了專業承包聯產計酬責任制,更為社員所歡迎。這是一個很好的開端。"[2]9月27日,中共中央轉發這個文件,要求各地及時組織傳達討論,澄清思想,統一認識,結合當地具體情況貫徹執行。

農村改革,是億萬農民的偉大創造,同時又極大地推動了農業生產發展,為改革向城市拓展並實現全方位展開鋪平了道路。

鄭重提出黨和國家領導體制改革問題。8月18日,鄧小平在中共中央政治局擴大會議上,發表《黨和國家領導制度的改革》講話。8月30日,中央政治局會議討論通過這篇講話。9月11日,中共中央將這篇講話正式印發。鄧小平指出:黨和國家現行的一些具體制度中,還存在不少的弊端,妨礙甚至嚴重妨礙社會主義優越性的發揮。從黨和國家的領導制度、幹部制度方面來說,主要的弊端就是官僚主義現象,權力過分集中的現象,家長制現象,幹部領導職務終身制現象和形形色色的特權現象。我們過去發生的各種錯誤,固然與某些領導人的思想、作風有關,但是組織制度、工作制度方面的問題更重要。這些方面的制度好可以使壞人無法任意橫行,制度不好可以使好人無法充分做好事,甚至會走向反面。他特別強調:"領導制度、組織制度問題更帶有根本性、全局性、穩定性和長期性。這種制度問題,關係到黨和

---

1 《鄧小平文選》第2卷,人民出版社1994年版,第315、316頁。

2 《三中全會以來重要文獻選編》(上),中央文獻出版社2011年版,第472頁。

國家是否改變顏色，必須引起全黨的高度重視。"[1]改革黨和國家領導制度及其他制度，是為了充分發揮社會主義制度的優越性，加速現代化建設事業的發展。我們進行社會主義現代化建設，是要在經濟上趕上發達的資本主義國家，在政治上創造比資本主義國家的民主更高更切實的民主，並且造就比這些國家更多更優秀的人才。黨和國家的各種制度究竟好不好，完善不完善，必須用是否有利於實現這三條來檢驗。

鄧小平在講話中，還提出了當前推進黨和國家領導制度改革的重大改革措施。一是十一屆五中全會決定成立書記處，中共中央已經邁出第一步。二是這次國務院領導成員的變動，是改善政府領導制度的第一步。[2]準備繼續推進的，還有 6 項重大改革：第一，中央將向五屆人大三次會議提出修改憲法的建議。第二，中央正在考慮再設立一個顧問委員會。第三，真正建立從國務院到地方各級政府從上到下的強有力的工作系統。第四，有準備有步驟地改變黨委領導下的廠長負責制、經理負責制，經過試點，逐步推廣、分別實行工廠管理委員會、公司董事會、經濟聯合體的聯合委員會領導和監督下的廠長負責制、經理負責制。還有黨委領導下的校長、院長、所長負責制等，也考慮有準備有步驟地加以改革。第五，各企業事業單位普遍成立職工代表大會或職工代表會議。第六，各級黨委要真正實行集體領導和個人分工負責相結合的制度。[3]

他特別強調："改革黨和國家的領導制度，不是要削弱黨的領導，渙散黨的紀律，而正是為了堅持和加強黨的領導，堅持和加強黨的紀律。""問題是黨要善於領導；要不斷地改善領導，才能加強領導。"[4]

他還表示："毛澤東同志和其他已經去世的老一輩革命家，沒有能夠完成這個任務。這個擔子已經落在我們的肩上。""這個任務，我們這一代人也許不能全部完成，但是，至少我們有責任為它的完成奠定鞏固的基礎，確立正

1　《鄧小平文選》第 2 卷，人民出版社 1994 年版，第 333 頁。

2　《鄧小平文選》第 2 卷，人民出版社 1994 年版，第 321 頁。

3　參見《鄧小平文選》第 2 卷，人民出版社 1994 年版，第 339—341 頁。

4　參見《鄧小平文選》第 2 卷，人民出版社 1994 年版，第 341、342 頁。

確的方向。我相信，這一點是一定可以做到的。"[1]

提出擴大企業自主權。高度集中的計劃經濟體制的突出弊端，是企業經營缺乏必要的自主權。鄧小平多次提出，要按照經濟規律管理經濟，並要求多向日本企業學習管理經驗。7 月 17 日至 20 日，他在同胡耀邦等談制定"六五"計劃和長遠規劃的一些基本設想時提出要搞公司制，"公司完全按照經濟辦法搞，要有獨立經營權、用人權。要用經濟的辦法管理經濟，不然就是吃大鍋飯。""不能什麼都靠上級推動，而應當運用經濟槓桿。"[2]

9 月 2 日，國務院批轉國家經委《關於擴大企業自主權試點工作情況和今後意見的報告》，決定從 1981 年起把擴大企業自主權的工作，在國營工業企業中全面推開，使企業在人財物、產供銷等方面，擁有更大的自主權。在此之前，擴大企業自主權試點工作已進行了一年，各省、市、自治區試點企業有 6600 多個。[3] 與此同時，自 1979 年 6 月 18 日至 7 月 1 日五屆全國人大二次會議以來，國務院有關部門已經和正在起草的經濟法規達到 70 多個。[4]

在關鍵時刻科學評價毛澤東和毛澤東思想的歷史地位和歷史貢獻。8 月 21 日和 23 日，鄧小平應邀接受了意大利記者奧琳埃娜·法拉奇採訪。在回答"天安門上的毛主席像，是否要永遠保留下去？"時，鄧小平斬釘截鐵地說："儘管毛主席過去有段時間也犯了錯誤，但他終究是中國共產黨、中華人民共和國的主要締造者。拿他的功和過來說，錯誤畢竟是第二位的。他為中國人民做的事情是不能抹殺的。從我們中國人民的感情來說，我們永遠把他作為我們黨和國家的締造者來紀念。"[5] 他還明確表示："我們不會像赫魯曉夫對待斯大林那樣對待毛主席。"[6] 他還指出，很多問題是由制度造成的。"我們這個國家有幾千年封建社會的歷史，缺乏社會主義的民主和社會主義的法制。現

1　參見《鄧小平文選》第 2 卷，人民出版社 1994 年版，第 342—343 頁。

2　冷溶、汪作玲主編：《鄧小平年譜（1975—1997）》（上），中央文獻出版社 2004 年版，第 656、657 頁。

3　《人民日報》1980 年 9 月 7 日第 1 版。

4　《人民日報》1980 年 9 月 3 日第 1 版。

5　《鄧小平文選》第 2 卷，人民出版社 1994 年版，第 344 頁。

6　《鄧小平文選》第 2 卷，人民出版社 1994 年版，第 347 頁。

在我們要認真建立社會主義的民主制度和社會主義法制。只有這樣，才能解決問題。"[1] 這就表明：第一，中國共產黨決不會全盤否定毛澤東、全盤否定毛澤東思想、全盤否定新中國成立以來黨和國家的歷史；第二，中國共產黨決不會就史論史、就事論事，而要以史為鑒，把成功經驗和失誤教訓轉化為推動社會主義改革的寶貴財富和強大動力。這篇講話，為正在起草討論之中的第二個歷史決議指明了正確方向。

公開審判林彪、江青反革命集團案主犯。1980 年 11 月 20 日至 1981 年 1 月 25 日，最高人民法院特別法庭開庭公審林彪、江青反革命集團案主犯。

1981 年，對於處於關鍵時刻的全面撥亂反正和推進改革開放來說，都是至關重要的。最突出的兩大成果，一是系統總結新中國成立以來黨的歷史，對新中國成立以來的重大歷史問題做出結論，二是比較系統地提出改革開放的指導方針。這兩件大事，都是由第二個歷史決議的通過完成的。這本身就體現了鄧小平的主張：總結歷史，是為了團結一致向前看。

第二個歷史決議，是在中共中央政治局、中央書記處領導下，由鄧小平、胡耀邦主持進行的。起草小組主要由胡喬木負責。[2] 鄧小平在其中起了關鍵性作用。

中共中央對起草第二個歷史決議，採取了非常慎重的態度。起草組根據鄧小平的意見反覆修改後，1980 年 10 月中旬至 11 月下旬，根據中央政治局決定，將修改後的討論稿在黨內 4000 人範圍內展開討論。隨後，又經過反覆修改，直到 1981 年 3 月 18 日，鄧小平在同《歷史決議》起草小組負責同志的談話中明確表示："決議稿的輪廓可以定下來了。"[3] 這以後，起草工作轉入進一步徵求意見和完善階段。1981 年 3 月至 4 月，先後提交中央政治局、中央書記處和老幹部 40 多人討論。同年 5 月，又提交中央政治局擴大會議討論。隨後，提交中共十一屆六中全會預備會議討論。經過充分討論修改後，6 月 27 日至 29 日召開的中共十一屆六中全會，通過了《關於建國以來黨的若

1　《鄧小平文選》第 2 卷，人民出版社 1994 年版，第 348 頁。

2　參見《鄧小平文選》第 2 卷，人民出版社 1994 年版，第 291 頁題解。

3　《鄧小平文選》第 2 卷，人民出版社 1994 年版，第 302 頁。

干歷史問題的決議》（即"第二個歷史決議"）。全會發表的公報說："這次會議將以在黨的指導思想上完成撥亂反正的歷史任務而載入史冊。"[1] 這一點，早已被歷史所證明。

具體來說，第二個歷史決議有三個最重要的歷史貢獻。

第一，既全面糾正了新中國成立以來所犯的錯誤，又充分肯定了新中國歷史的主流和本質。第二個歷史決議，堅持馬克思主義的歷史唯物主義和唯物辯證法，充分體現實事求是優良傳統，從根本上否定了"文化大革命"和"無產階級專政下繼續革命"的錯誤理論，對一些重大歷史事件和重要歷史人物做出了實事求是的評價，科學總結了新中國成立以來社會主義革命和社會主義建設的歷史經驗。強調中國共產黨在新中國成立以後的歷史，總的來說是在馬克思列寧主義、毛澤東思想指導下，領導全國各族人民進行社會主義革命和社會主義建設並取得巨大成就的歷史。"我們的成就和成功經驗是黨和人民創造性地運用馬克思列寧主義的結果，是社會主義制度優越性的表現，是全黨和全國各族人民繼續前進的基礎。'堅持真理，修正錯誤'，這是我們黨必須採取的辯證唯物主義的根本立場。"[2]

第二，既勇敢地糾正了毛澤東的晚年錯誤，特別是"無產階級專政下繼續革命"的錯誤理論與實踐，又實事求是地科學評價毛澤東同志的卓越歷史貢獻和毛澤東思想指導地位。第二個歷史決議指出："毛澤東同志是偉大的馬克思主義者，是偉大的無產階級革命家、戰略家和理論家。他雖然在'文化大革命'中犯了嚴重錯誤，但是就他的一生來看，他對中國革命的功績遠遠大於他的過失。他的功績是第一位的，錯誤是第二位的。他為我們黨和中國人民解放軍的創立和發展，為中國各族人民解放事業的勝利，為中華人民共和國的締造和我國社會主義事業的發展，建立了永遠不可磨滅的功勳。他為世界被壓迫民族的解放和人類進步事業作出了重大的貢獻。"還鄭重指出："毛澤東思想是馬克思列寧主義在中國的運用和發展，是被實踐證明了的關於中國革命的正確的理論原則和經驗總結，是中國共產黨集體智慧的結晶。"特

1　《人民日報》1981 年 6 月 30 日第 1 版。

2　《三中全會以來重要文獻選編》（下），中央文獻出版社 2011 年版，第 132 頁。

別強調：“我們必須珍視半個多世紀以來在中國革命和建設過程中把馬克思列寧主義普遍原理和中國實際相結合的一切積極成果，在新的實踐中運用和發展這些成果，以符合實際的新原理和新結論豐富和發展我們黨的理論，保證我們的事業沿著馬克思列寧主義、毛澤東思想的科學軌道繼續前進。”[1]

第三，深刻總結新中國成立以來的全部歷史經驗，將沉痛教訓轉化為寶貴財富，形成中國特色社會主義的雛形。第二個歷史決議指出：“三中全會以來，我們黨已經逐步確立了一條適合我國情況的社會主義現代化建設的正確道路。這條道路還將在實踐中不斷充實和發展，但是它的主要點，已經可以從建國以來正反兩方面的經驗、特別是‘文化大革命’的教訓中得到基本的總結。”[2]（一）在社會主義改造基本完成以後，我國所要解決的主要矛盾，是人民日益增長的物質文化需要同落後的社會生產之間的矛盾。（二）社會主義經濟建設必須從我國國情出發，量力而行，積極奮鬥，有步驟分階段地實現現代化的目標。（三）社會主義生產關係的變革和完善必須適應於生產力的狀況，有利於生產的發展。其中特別強調：“社會主義生產關係的發展並不存在一套固定的模式，我們的任務是要根據我國生產力發展的要求，在每一個階段上創造出與之相適應和便於繼續前進的生產關係的具體形式。”[3]這裏提出了改革理論的雛形。（四）在剝削階級作為階級消滅以後，階級鬥爭已經不是主要矛盾。由於國內的因素和國際的影響，階級鬥爭還將在一定範圍內長期存在，在某種條件下還有可能激化。（五）逐步建設高度民主的社會主義政治制度，是社會主義革命的根本任務之一。（六）社會主義必須有高度的精神文明。（七）改善和發展社會主義的民族關係，加強民族團結，這對於我們這個多民族國家具有重大意義。（八）在戰爭危險依然存在的國際條件下，必須加強現代化的國防建設。國防建設要同國家的經濟建設相適應。（九）在對外關係上，必須繼續堅持反對帝國主義、霸權主義、殖民主義和種族主義，維護世界和平。（十）根據“文化大革命”的教訓和黨的現狀，必須把我們黨建

1　《三中全會以來重要文獻選編》（下），中央文獻出版社 2011 年版，第 155—156、166 頁。

2　《三中全會以來重要文獻選編》（下），中央文獻出版社 2011 年版，第 168 頁。

3　《三中全會以來重要文獻選編》（下），中央文獻出版社 2011 年版，第 169 頁。

設成為具有健全的民主集中制的黨。這十條總結，實際上形成了鄧小平理論的雛形，同時也是中國特色社會主義理論體系的雛形。由此，再次彰顯了總結歷史與開闢未來的內在邏輯，彰顯了堅持真理與理論創新的內在聯繫。正因為如此，決議中充滿自信地指出："我們黨對社會主義革命和建設的認識程度，顯然超過了建國以來任何一個時期的水平。"[1] 決議還初步提出社會主義初級階段理論[2]。

第二個歷史決議，實際上起到了從"文化大革命"歷史迷霧和歷史誤區中重現改革開放蓬勃生機的作用，在總結歷史、結束歷史與找到新路、開闢未來之間搭起了一座從勝利走向新的勝利的橋樑，為 1982 年 9 月勝利召開中共十二大準備了各方面的條件。

在中共十二大召開之前，還發生了幾件對後來影響深遠的事情。

一是 1981 年 2 月 28 日，中共中央宣傳部、教育部、文化部、衛生部、公安部聯合發出《關於開展文明禮貌活動的通知》。《通知》肯定全國總工會、共青團中央、全國婦聯等 9 個單位發出的倡議，開展以講文明、講禮貌、講衛生、講秩序、講道德和心靈美、語言美、行為美、環境美為主要內容的"五講四美"文明禮貌活動。認為"這是我國社會主義精神文明建設的一項重要工作和具體形式"[3]。由此開了社會主義精神文明創建活動的先河。

二是 1981 年 7 月 31 日，國務院批准《關於在湖北省沙市市進行經濟體制改革綜合試點的報告》。沙市市成為第一個經濟體制改革綜合試點城市。展示了經濟體制改革向城市延伸的動向。

三是 1981 年 9 月 17 日至 19 日，鄧小平在華北某地觀看中國人民解放軍北京軍區和空軍部隊舉行的合成軍軍事演習，並在檢閱參加演習部隊時講話，提出"把我軍建設成為一支強大的現代化、正規化的革命軍隊"的目標[4]。拉開了精兵強軍的國防和軍隊現代化改革帷幕。

四是 1982 年 1 月 11 日，鄧小平在會見美國華人協會主席李耀滋時，首

1　《三中全會以來重要文獻選編》（下），中央文獻出版社 2011 年版，第 173 頁。

2　參見《三中全會以來重要文獻選編》（下），中央文獻出版社 2011 年版，第 167 頁。

3　《三中全會以來重要文獻選編》（下），中央文獻出版社 2011 年版，第 65 頁。

4　《鄧小平文選》第 2 卷，人民出版社 1994 年版，第 395 頁。

次完整提出“一個國家兩種制度”的概念[1]。出現了用“一國兩制”實現祖國統一的新構想。

五是 1982 年 1 月 13 日，鄧小平在中共中央政治局會議討論精簡機構時，發表重要講話，完整提出“實現幹部隊伍的革命化、年輕化、知識化、專業化”的要求。他強調：“所有老幹部都要認識，實現幹部隊伍的革命化、年輕化、知識化、專業化，是革命和建設的戰略需要，也是我們老幹部的最光榮最神聖的職責；是我們對黨的最後一次歷史性貢獻，也是對我們每個人黨性的一次嚴重考驗。所以，這件事情必須解決，而且早就應該解決。”[2]

從十二大到十三大

1982 年 9 月 1 日至 11 日，對改革開放產生深遠影響的中國共產黨第十二次全國代表大會隆重舉行。

同 1978 年 12 月中共十一屆三中全會實行偉大歷史轉折之時相比，此刻的國內外形勢都發生了重大變化。

就國內來說，撥亂反正的繁重任務已經完成，黨和國家完全可以集中精力面向未來。作為國民經濟與民生基礎的農業，出現了前所未有的繁榮景象。通過恢復和擴大農村社隊的自主權，恢復自留地、家庭副業、集體副業和集市貿易，逐步實行各種形式聯產計酬的生產責任制，提高糧食和其他部分農產品的收購價格，隨後又解決了多種經營的方針問題，從而使農業面貌很快發生顯著變化，由原來的停滯不前變得欣欣向榮。

中國是個人口大國，“無糧不穩”，“手中有糧，心中不慌”的特點格外鮮明。農業穩了，民生穩民心也穩，政治才能安定。農業改革的成功，為進一步改革發展奠定了堅實基礎。

就國際形勢來說，儘管中蘇關係還沒有出現緩和，但中美建交、中日關

1　冷溶、汪作玲主編：《鄧小平年譜（1975—1997）》（下），中央文獻出版社 2004 年版，第797 頁。

2　《鄧小平文選》第 2 卷，人民出版社 1994 年版，第 396 頁。

係迅速發展，中國同西歐發達國家關係發展，國內改革發展創造了極為有利的國際環境。

沒有了歷史包袱，農業打牢了穩定的基礎，國際環境又十分有利，這些都使得中共十二大能夠集中精力解決國內改革發展的重大問題。在這方面，中共十二大為後來的改革發展做出了三大歷史性貢獻。

第一，為改革發展提出了"建設有中國特色的社會主義"這個鮮明的時代主題。這是由鄧小平在 1982 年 9 月 1 日大會開幕詞中提出的。他指出："把馬克思主義的普遍真理同我國的具體實際結合起來，走自己的道路，建設有中國特色的社會主義，這就是我們總結長期歷史經驗得出的基本結論。"[1] 他特別強調三個立足點。一是獨立自主、自力更生。"任何外國不要指望中國做他們的附庸，不要指望中國會吞下損害我國利益的苦果。"二是"堅定不移地實行對外開放政策，在平等互利的基礎上積極擴大對外交流"。三是"堅決抵制外來腐朽思想的侵蝕，決不允許資產階級生活方式在我國氾濫"。[2]

第二，提出了到 20 世紀末 20 年發展目標和兩步走戰略部署。在不斷提高經濟效益的前提下，力爭使全國工農業的年總產值翻兩番，即由 1980 年的 7100 億元增加到 2000 年的 2.8 萬億元左右[3]。到那時，我國國民收入總額和主要工農業產品的產量將居於世界前列，城鄉人民的收入將成倍增長，人民的物質文化生活可以達到小康水平，經濟實力和國防實力將大為增強。還提出，為了實現二十年的奮鬥目標，在戰略部署上要分兩步走：前十年主要是打好基礎，積蓄力量，創造條件，後十年要進入一個新的經濟振興時期。[4]

同時，確定了社會主義現代化的以下重大方針：一是"我們在建設高度物質文明的同時，一定要努力建設高度的社會主義精神文明"。二是"建設高度的社會主義民主，是我們的根本目標和根本任務之一"。三是"把黨建設成

1　《鄧小平文選》第 3 卷，人民出版社 1993 年版，第 3 頁。

2　《鄧小平文選》第 3 卷，人民出版社 1993 年版，第 3 頁。

3　這個指標是按照當時的指標體系，即以工農業總產值來衡量的。後來，國民經濟指標體系發生變化，改由國內生產總值取代了工農業總產值指標。按照國內生產總值衡量，1980 年國內生產總值為 4587.6 億元人民幣，2000 年達到 100280.1 億元人民幣。

4　《十二大以來重要文獻選編》（上），人民出版社 1986 年版，第 14、16 頁。

為領導社會主義現代化事業的堅強核心"。[1] 以上這些方針，為改革開放和社會主義現代化建設始終沿著正確方向進行，提供了根本保證。

第三，制定了新的黨章。原有的黨章，受到"文化大革命"錯誤理論和實踐的影響。中共十二大通過的《中國共產黨章程》清除了"左"的錯誤，繼承和發展黨的七大和八大黨章的優點，成為現行黨章的基礎。後來，中國共產黨歷次全國代表大會通過的黨章修正案，都是以中共十二大通過的這部黨章為基礎的。

中共十二大後，完成的又一件為改革開放和社會主義現代化建設打下長遠發展基礎的事情，就是制定了 1982 年憲法。

這項工作，在 1981 年 9 月 9 日鄧小平同外賓的談話中就已經提出。他表示：過去我們有一個比較完備的憲法，就是 1954 年通過的憲法。我們現在就是以它作為基礎來修改。設國家主席問題是這次修改憲法的一個重要內容，同時還有其他一些重要內容，但都比較好處理。因為我們從 1978 年 12 月黨的十一屆三中全會以來，一系列的方針、政策已經確立下來，而且已經見效了。兩年多的時間證明，我們的路線、方針、政策符合中國的國情，是行之有效的，當然可以反映到憲法中去。中國要搞社會主義，堅持社會主義，憲法中要肯定這一點。要建設一個高度民主、高度文明的現代化的社會主義國家。四個現代化，特別是高度民主、高度文明，過去沒有反映到憲法裏，這次要反映進去。[2]

1982 年 12 月 4 日，五屆全國人大五次會議[3] 通過了《中華人民共和國憲法》（通稱 1982 年憲法）。

這部憲法，全面反映中共十一屆三中全會後徹底清理"文化大革命"錯

1　《十二大以來重要文獻選編》（上），人民出版社 1986 年版，第 25、33、47 頁。

2　冷溶、汪作玲主編：《鄧小平年譜（1975—1997）》（下），中央文獻出版社 2004 年版，第 768—769 頁。

3　這次會議於 1982 年 11 月 26 日至 12 月 10 日召開。會議還根據 1982 年憲法通過全國人民代表大會組織法、國務院組織法、關於修改地方各級人民代表大會和地方各級人民政府組織法的若干規定的決議、關於修改全國人民代表大會和地方各級人民代表大會選舉法的若干規定的決議，審議批准《中華人民共和國國民經濟和社會發展第六個五年計劃》。

誤，深入總結新中國成立以來的歷史經驗，實行改革開放一系列重大方針和政策，使國家的政治生活、經濟生活和文化生活發生巨大變化的最新成果。同時，又繼承和發展了 1954 年憲法的基本原則，使之成為一部有中國特色的、適應改革開放和社會主義現代化建設新時期需要的、長期穩定的新憲法。在當時，被稱為"新時期治國安邦的總章程"。後來的歷次修改，都是在這部現行憲法基礎上進行的。

在鄧小平的決策下，在鄧小平等老一輩革命家的主持下，1982 年相繼問世的一部黨章、一部憲法，一個新時期黨的建設的總章程，一個新時期治國安邦的總章程，奠定了中國特色社會主義與改革發展的千秋大業。

中共十二大後，改革開放和社會主義現代化建設逐漸走上了健康發展、持續發展、穩定發展的快車道。

改革開放，成為這一時期的主題詞。

它使人民實踐衝破了僵化的經濟體制，使經濟活躍起來。社會主義商品經濟以不可阻擋之勢蓬勃發展，生產力獲得了新的解放。

它使民族精神衝破傳統社會主義觀念的嚴重束縛，獲得了新的解放，崇尚變革，勇於開拓，講求實效，開始形成潮流。

它使當時擁有 10 億人口的中國開始走上小康之路。部分地區開始向小康生活前進。還有部分地區，溫飽問題尚未完全解決，但也有了改善。在農村改革成功的基礎上，農村中鄉鎮企業異軍突起，給農村帶來新的希望。市場供應大為改觀，初步告別過去那種消費品長期嚴重匱乏的局面。

在新的基礎上，1987 年 10 月 25 日至 11 月 1 日，中共十三大成功舉行。這次大會，距離中共十一屆三中全會實現偉大歷史性轉折已近 9 年，中共十二大之後又有 5 年，完全有條件對改革開放和社會主義現代化建設新時期形成的新道路和新理論作比較系統的總結。

從改革開放歷史長周期的眼光看，中共十三大有以下歷史性貢獻。第一，首次系統闡述社會主義初級階段理論，確立中國共產黨在社會主義初級階段的基本路線。第二，明確提出"我國經濟建設的戰略部署大體分三步走"的發展戰略。第三，為堅定不移實行改革開放基本國策提出了一整套重大方針原則。

報告還從馬克思主義同中國實踐相結合的歷史，提出了兩次飛躍的重要論點，指出：“馬克思主義與我國實踐的結合，經歷了六十多年。在這個過程中，有兩次歷史性飛躍。第一次飛躍，發生在新民主主義革命時期，中國共產黨人經過反覆探索，在總結成功和失敗經驗的基礎上，找到了有中國特色的革命道路，把革命引向勝利。第二次飛躍，發生在十一屆三中全會以後，中國共產黨人在總結建國三十多年來正反兩方面經驗的基礎上，在研究國際經驗和世界形勢的基礎上，開始找到一條建設有中國特色的社會主義的道路，開闢了社會主義建設的新階段。”[1]

以上這些重要貢獻，為改革開放提供了最為基本的理論、路線、方針依據，集中體現了中共十一屆三中全會以來改革開放帶來的思想解放和理論自覺的階段性成果。

就是這樣，從中共十一屆三中全會後，在以鄧小平同志為核心的中共中央領導集體領導和決策下，在短短的十年間，中國經歷了從農村改革到城市改革，從經濟體制的改革到各方面體制的改革，從對內搞活到對外開放，社會主義物質文明和精神文明建設一起抓的偉大歷史進程，社會生產力得到突飛猛進的發展，人民生活得到很大的提高，國家面貌發生深刻變化。

中華民族偉大復興，在改革開放偉大覺醒的強有力推動下，終於走上了中國特色社會主義康莊大道。

當時，包括鄧小平在內，對改革開放的未來並沒有十分清晰的答案，但是從切膚之痛中，特別是從對“文化大革命”的深切感受中，至少人們十分清楚地知道，什麼樣的事情不能再繼續搞下去了。對於未來，可能還在眾說紛紜；對當下，人們卻能異口同聲。

貧窮不是社會主義。

平均主義大鍋飯，不是社會主義。

社會主義不能沒有民主，不能沒有法制。

社會主義要允許一部分人、一部分地區先富起來。

社會主義可以搞“包干制”“包產到戶”。

1　《十三大以來重要文獻選編》（上），中央文獻出版社 2011 年版，第 56 頁。

就是在這些看似最普通的認識中，在高度集中的計劃經濟體制中為改革開放打開了一道道缺口，在僵化的傳統社會主義認識中為解放思想打開了一個個思想閘門。

這些涓涓溪水，最後匯為改革開放的海洋，歸結為四個字："開放""搞活"。

第七章　大踏步趕上時代

經過中共十一屆三中全會到中共十三大的九年發展，改革開放的大思路逐步明晰，成效也日益顯著。改革開放已成為新時期最為顯著的時代特徵和主題詞。

在社會主義各國方興未艾的改革浪潮中，中國起步並不算早。早在 20 世紀 50 年代中期，蘇聯已經開始了經濟體制改革。進入 20 世紀 70 至 80 年代，蘇聯和東歐各國的改革逐漸進入了關鍵時刻。

歷史表明，社會主義國家的改革，往往會遇到兩道難題。一個難題是計劃（政府）與市場，一個難題是改革與穩定。計劃與市場的關鍵，是黨和政府對經濟的主導權問題。改革與穩定的關鍵，則是黨對國家和社會的領導地位問題。這兩者，任何一個出了問題，都會導致災難性後果。

中國改革的特點，雖然是由易到難，卻抓住了經濟體制改革的關鍵，即計劃（政府）與市場問題，採取了循序漸進的方式。

搞活城鄉經濟

為鞏固農村改革成果，從 1982 年到 1984 年，中央連續發出 3 個 "一號文件"[1]。到 1987 年，全國有 1.8 億農戶實行了家庭聯產承包責任制，佔全國農戶總數的 98%。人民公社體制普遍存在的平均主義 "大鍋飯" 弊端得以克服。

---

[1] 這三個中央一號文件分別是：1982 年 1 月 1 日中共中央批轉《全國農村工作會議紀要》；1983 年 1 月 2 日中共中央關於印發《當前農村經濟政策的若干問題》的通知；1984 年 1 月 1 日《中共中央關於一九八四年農村工作的通知》。

人民公社體制的另一個弊端"政社合一"，在 1982 年 12 月五屆全國人大五次會議通過的《中華人民共和國憲法（1982 年）》中，規定設立鄉政府作為基層政權，成立村民委員會作為群眾性自治組織。這為解決"政社合一"的體制問題指明了方向。1983 年 10 月 12 日，中共中央、國務院發出《關於實行政社分開建立鄉政府的通知》。年底，全國各地基本完成了政社分設，建立起9.1 萬個鄉（鎮）政府，92.7 萬個村民委員會。到 1985 年春，撤社建鄉（鎮）工作完成。實行了近 27 年的人民公社制度，完成了自己的歷史使命。

農村改革後的又一個突破口，是從放開城鄉市場開始的。它的前提條件，便是農村改革首獲成功，長期短缺的農副產品有了較大的豐富，使得在保持統購統銷政策基本穩定的情況下，可以逐步放開城鄉集市貿易。

從 1979 年起，除糧、棉、油等重要農產品外，其他農副產品可以自由上市。1980 年又進一步放寬農副產品的購銷政策，允許除棉花以外的農副產品，在完成徵購、派購、計劃收購任務後，可以自由運銷。同時對城市商品流通體制也進行同向改革，減少工業品計劃管理的品種，發展多種經濟形式，採用多種購銷方式，開闢多條流通渠道。通過這些改革，使得原先被計劃經濟體制分割的城鄉市場，得以打通，開始形成城鄉互相開放的商品市場流通體制。在此基礎上，1985 年 1 月 1 日，中共中央、國務院發出《關於進一步活躍農村經濟的十項政策》，即第四個"一號文件"。其中，第一項政策，便是取消了 30 年來農副產品統購派購的制度，鄭重宣佈："從今年起，除個別品種外，國家不再向農民下達農產品統購派購任務，按照不同情況，分別實行合同定購和市場收購。"[1]

在放開、搞活的政策氛圍下，一個困擾政府和社會多年的老大難問題，也有了破解的渠道。這就是在"文化大革命"結束後陸續返城的上千萬下鄉知識青年就業問題。在原有體制下，這種就業問題，是由各級政府分配給國營企業和集體企業招工指標來完成的。但如此數量巨大的就業人員，單靠國營企業和集體企業，不可能接納。

從 1979 年起，中共中央、國務院為廣開勞動就業渠道、搞活經濟，明

1　《十二大以來重要文獻選編》（中），中央文獻出版社 2011 年版，第 611 頁。

確了支持城鎮集體經濟和個體經濟發展的方針。1980 年 8 月，中共中央召開全國勞動就業工作會議。會議提出，在解決勞動就業問題上，實行在國家統籌規劃和指導下，勞動部門介紹就業、自願組織起來就業和自謀職業相結合的方針，鼓勵和扶持個體經濟適當發展。8 月 17 日，中央轉發了會議形成的《進一步做好城鎮勞動就業工作》文件。到 1980 年底，通過興辦各種類型的集體經濟，包括街道辦集體企業和民辦集體企業，吸收全國城鎮 651 萬人就業。就業壓力有所緩解。

1981 年 10 月 17 日，中共中央、國務院發出《關於廣開門路，搞活經濟，解決城鎮就業問題的若干決定》（以下簡稱《決定》）。通過總結前一段的實踐認識到，“發展與人民生活關係密切的商業、服務性行業和消費品生產行業的前景是廣闊的，解決城鎮勞動就業的潛力是很大的”。一方面，要“逐步形成一套有利於發展國民經濟和改善人民生活的勞動就業制度”；另一方面，要“堅決地迅速地改變那些歧視、限制、打擊、併吞集體經濟和個體經濟的政策措施，代之以引導、鼓勵、促進、扶持的政策措施”。這樣，就把擴大城鎮勞動就業同搞活經濟結合起來。為此，《決定》強調：“在社會主義公有制經濟佔優勢的根本前提下，實行多種經濟形式和多種經營方式長期並存，是我黨的一項戰略決策，決不是一種權宜之計。只有這樣，才能搞活整個經濟，較快較好地發展各項建設事業，擴大城鎮勞動就業。”這實際上提出了建立與社會主義初級階段相適應的社會主義所有制結構和基本經濟制度問題。

就這樣，一個逐步放開城鄉集市貿易，一個擴大就業渠道、搞活經濟，繼農村改革成功之後，成為改革從農村向城市迅速拓展的強大助推器。

積極對外開放

對外開放，是支撐改革的另外一極，這方面也有迅速拓展。對外開放，之所以成為基本國策，一方面是因為中國需要向西方發達國家引進先進技術、先進設備、先進管理經驗，引進現代化所需要的外國投資；另一方面也是由於出現了於我有利的國際環境，使我們可以抓住西方經濟結構調整、經濟全球化加快發展的有利時機，借鑒新加坡等國家的成功經驗，運用國際通行的做法，積極拓展對外開放的方式和渠道。

在通過各種方式引進外資方面，1979 年 10 月，中國國際信託投資公司成立，其主要任務是引導、吸收和運用外國的資金，引進先進技術，進口先進設備，對我國進行建設投資。該公司於 1982 年 1 月在日本成功發行 100 億日元私募債券，實現中國國內機構在境外發行外幣債券的新突破。中國在國際貨幣基金組織和世界銀行的代表權，也得以恢復。中國是國際貨幣基金組織和世界銀行的創始國之一。1980 年 4 月 17 日，國際貨幣基金組織正式恢復中國的代表權。同年 5 月 15 日，世界銀行執行董事會決定恢復中國在世界銀行、國際開發協會和國際金融公司的代表權。到 1982 年底，全國實際使用外資總額 126 億多美元。

創辦經濟特區，是實行對外開放的關鍵之舉。1980 年 5 月 16 日，中共中央、國務院發出《關於廣東、福建兩省會議紀要》的批示，充分肯定廣東、福建兩省"在對外經濟活動中，實行特殊政策和靈活措施"所取得的顯著成效。《會議紀要》指出："深圳、珠海兩個經濟特區正在積極籌建，深圳的蛇口工業區已開始施工，進度較快。兩省對外經濟活動開始出現一個蓬勃發展的新局面。實踐表明，中央的決策是完全正確的。"同年 8 月舉行的五屆全國人大常委會第十五次會議通過批准國務院提出的《廣東省經濟特區條例》，標誌著經濟特區的創辦走上了健康發展的軌道。

1981 年 7 月 19 日，中共中央、國務院發出批轉《廣東、福建兩省和經濟特區工作會議紀要》的通知。經中央批准的這次會議，對兩省經濟體制改革提出六點要求，對一定要把特區辦好制定了 10 項政策措施。同年 11 月 26 日，五屆全國人大常委會第二十一次會議通過決議，授權廣東省、福建省人民代表大會及其常務委員會，根據有關的法律、法令、政策規定的原則，按照各該省經濟特區的具體情況和實際需要，制定經濟特區的各項單行經濟法規，並報全國人民代表大會常務委員會和國務院備案。

經濟特區的成功創辦，在改革開放史上，具有特別重大的意義。經濟特區的創辦及其發展，不僅使中國對外開放有了直接的窗口，而且成為中國深入推進改革的先行地和試驗區。

經濟改革的第一個頂層設計

改革是自上而下的自主行為，離不開頂層設計，但這種頂層設計又不能是主觀臆想，必須來自基層實踐創造，順應發展要求和人民期盼。

正是在"摸著石頭過河"的改革開放實踐探索中，形成了經濟改革的第一個頂層設計。這就是 1984 年 10 月 20 日中共十二屆三中全會通過的《關於經濟體制改革的決定》（下文簡稱《決定》）。

這個決定對推動改革開放向縱深發展，做出以下重要貢獻。

第一，進一步明確了改革的性質、基本要求、根本目的、衡量標準。

關於改革的性質和基本要求，《決定》指出："這種改革，是在黨和政府的領導下有計劃、有步驟、有秩序地進行的，是社會主義制度的自我完善和發展。改革的進行，只應該促進而絕不能損害社會的安定、生產的發展、人民生活的改善和國家財力的增強。"

關於改革的根本任務，《決定》指出："按照黨歷來要求的把馬克思主義基本原理同中國實際相結合的原則，按照正確對待外國經驗的原則，進一步解放思想，走自己的路，建立起具有中國特色的、充滿生機和活力的社會主義經濟體制，促進社會生產力的發展，這就是我們這次改革的基本任務。"

關於衡量改革成效的主要標準，《決定》指出："全黨同志在進行改革的過程中，應該緊緊把握住馬克思主義的這個基本觀點[1]，把是否有利於發展社會生產力作為檢驗一切改革得失成敗的最主要標準。"[2]

第二，明確"增強企業活力是經濟體制改革的中心環節"。

這是根據當時改革從農村向城市深化發展、亟須衝破高度集中的計劃經濟體制和政企不分、責權利不明的經濟管理體制障礙，提出的重大判斷。

《決定》提出："圍繞這個中心環節，主要應該解決好兩個方面的關係問題，即確立國家和全民所有制企業之間的正確關係，擴大企業自主權；確立職工和企業之間的正確關係，保證勞動者在企業中的主人翁地位。"

1　主要指社會主義社會的基本矛盾仍然是生產關係和生產力、上層建築和經濟基礎之間的矛盾。

2　以上參見《十二大以來重要文獻選編》（中），人民出版社 1986 年版，第 563、564 頁。

《決定》著重對第一個關係做了部署。一是提出了改革目標，"要使企業真正成為相對獨立的經濟實體，成為自主經營、自負盈虧的社會主義商品生產者和經營者，具有自我改造和自我發展的能力，成為具有一定權利和義務的法人"；二是提出改革舉措，主要是"六個有權"："在服從國家計劃和管理的前提下，企業有權選擇靈活多樣的經營方式，有權安排自己的產供銷活動，有權擁有和支配自留資金，有權依照規定自行任免、聘用和選舉本企業的工作人員，有權自行決定用工辦法和工資獎勵方式，有權在國家允許的範圍內確定本企業產品的價格，等等。"[1]

第三，明確"建立自覺運用價值規律的計劃體制，發展社會主義商品經濟"的經濟體制改革目標。

由於這個問題既涉及衝破傳統社會主義觀念束縛，又涉及打破傳統計劃經濟體制障礙，《決定》從理念與體制這兩個角度作了闡述。

在理念觀念上，《決定》第一次概括提出"在公有制基礎上的有計劃的商品經濟"，指出："改革計劃體制，首先要突破把計劃經濟同商品經濟對立起來的傳統觀念，明確認識社會主義計劃經濟必須自覺依據和運用價值規律，是在公有制基礎上的有計劃的商品經濟。商品經濟的充分發展，是社會經濟發展的不可逾越的階段，是實現我國經濟現代化的必要條件。""在商品經濟和價值規律問題上，社會主義經濟同資本主義經濟的區別不在於商品經濟是否存在和價值規律是否發揮作用，而在於所有制不同，在於剝削階級是否存在，在於勞動人民是否當家做主，在於為什麼樣的生產目的服務，在於能否在全社會的規模上自覺地運用價值規律，還在於商品關係的範圍不同。"

在體制機制上，《決定》立足於基本國情，在原有高度集中的計劃經濟體制上找到了突破口："必須實事求是地認識到，在很長的歷史時期內，我們的國民經濟計劃就總體來說只能是粗線條的和有彈性的，只能是通過計劃的綜合平衡和經濟手段的調節，做到大的方面管住管好、小的方面放開放活，保證重大比例關係比較適當，國民經濟大體按比例地協調發展。"

在此基礎上，《決定》對"在公有制基礎上的有計劃的商品經濟"的基本

1　以上參見《十二大以來重要文獻選編》（中），人民出版社 1986 年版，第 565—566、565 頁。

框架作了規定："根據歷史的經驗和十一屆三中全會以來的實踐，應該對我國計劃體制的基本點進一步作出如下的概括：第一，就總體說，我國實行的是計劃經濟，即有計劃的商品經濟，而不是那種完全由市場調節的市場經濟；第二，完全由市場調節的生產和交換，主要是部分農副產品、日用小商品和服務修理行業的勞務活動，它們在國民經濟中起輔助的但不可缺少的作用；第三，實行計劃經濟不等於指令性計劃為主，指令性計劃和指導性計劃都是計劃經濟的具體形式；第四，指導性計劃主要依靠運用經濟槓桿的作用來實現，指令性計劃則是必須執行的，但也必須運用價值規律。"《決定》還提出："按照以上要點改革現行的計劃體制，就要有步驟地適當縮小指令性計劃的範圍，適當擴大指導性計劃的範圍。對關係國計民生的重要產品中需要由國家調撥分配的部分，對關係全局的重大經濟活動，實行指令性計劃；對其他大量產品和經濟活動，根據不同情況，分別實行指導性計劃或完全由市場調節。計劃工作的重點要轉到中期和長期計劃上來，適當簡化年度計劃，並相應改革計劃方法，充分重視經濟信息和預測，提高計劃的科學性。"[1]

《決定》沒有更多地糾纏於計劃經濟與市場經濟的理論爭論，而是從國情和實際出發，通過調整計劃經濟的管控強度與範圍，即"適當縮小指令性計劃的範圍，適當擴大指導性計劃的範圍"，使現實中的計劃經濟與將要大力發展的基於市場的商品經濟，在國家政策指導的宏觀層面直至企業經營的微觀層面高度統一協調起來。

這實際上勾畫出從高度集中的計劃經濟體制，穩步向社會主義市場經濟體制轉變的藍圖與現實路徑。而此刻，美國經濟學家正在向南美國家推銷所謂"休克療法"。中共十二屆三中全會的決定，為中國日後發展避免了一次災難。

第四，提出建立同在公有制基礎上的有計劃的商品經濟相適應的多種經濟形式。

《決定》依據"在公有制基礎上有計劃的商品經濟"這個經濟體制改革

1　以上參見《十二大以來重要文獻選編》（中），人民出版社 1986 年版，第 568、569、569—570 頁。

的大框架，對全民所有制經濟、集體經濟、個體經濟的地位作用，作了新的定位，指出："全民所有制經濟是我國社會主義經濟的主導力量，對於保證社會主義方向和整個經濟的穩定發展起著決定性的作用，但是全民所有制經濟的鞏固和發展決不應以限制和排斥其他經濟形式和經營方式的發展為條件。""集體經濟是社會主義經濟的重要組成部分，許多領域的生產建設事業都可以放手依靠集體來興辦。""我國現在的個體經濟是和社會主義公有制相聯繫的，不同於和資本主義私有制相聯繫的個體經濟，它對於發展社會生產、方便人民生活、擴大勞動就業具有不可代替的作用，是社會主義經濟必要的有益的補充，是從屬社會主義經濟的。"

《決定》還指出，當前的側重點，是為城市和鄉鎮集體經濟和個體經濟的發展掃除障礙，創造條件，並給予法律保護。特別是在以勞務為主和適宜分散經營的經濟活動中，個體經濟應該大力發展。同時，要在自願互利的基礎上廣泛發展全民、集體、個體經濟相互之間靈活多樣的合作經營和經濟聯合，有些小型全民所有制企業還可以租給或包給集體或勞動者個人經營。

《決定》強調："堅持多種經濟形式和經營方式的共同發展，是我們長期的方針，是社會主義前進的需要，決不是退回到建國初期那種社會主義公有制尚未在城鄉佔絕對優勢的新民主主義經濟，決不會動搖而只會有利於鞏固和發展我國的社會主義經濟制度。"[1]

此外，《決定》還對建立合理的價格體系，充分重視經濟槓桿的作用；實行政企職責分開，正確發揮政府機構管理經濟的職能；建立多種形式的經濟責任制，認真貫徹按勞分配原則；進一步擴大對外的和國內的經濟技術交流；起用一代新人，造就一支社會主義經濟管理幹部的宏大隊伍；加強黨的領導，保證改革的順利進行等，提出要求，做出部署。

鄧小平對中共十二屆三中全會決定十分滿意，稱之為是"一個政治經濟學的初稿"，"是馬克思主義基本原理和中國社會主義實踐相結合的政治經濟學"[2]。

1　以上參見《十二大以來重要文獻選編》(中)，人民出版社 1986 年版，第 579—580、580 頁。
2　《鄧小平文選》第 3 卷，人民出版社 1993 年版，第 83 頁。

以中共十二屆三中全會決定為標誌，改革開放結束了在實踐中探索的第一階段，實際上開始進入逐步向社會主義市場經濟轉變的新階段。

這一時期的改革開放成果，儘管是初步的，但是十分顯著，與原先高度集中的計劃經濟體制相比，使中國特色社會主義充滿了生機與活力。其深刻變化，主要體現在兩個方面。一是所有制結構的變化；二是指令性計劃與市場調節比重的變化。

在所有制結構上，同改革前的 1978 年相比，1987 年在全國工業總產值中，全民所有制企業產值所佔的比重由 77.6% 下降到 59.79%，集體經濟由 22.40% 上升到 34.6%，個體經濟、私營經濟、"三資" 企業和其他非公有制經濟成分則由幾乎為零上升到 5.7%。全國城鎮個體工商等各行業從業人員由 1978 年的 15 萬人增加到 1987 年的 569 萬人。[1]

指令性計劃與市場調節比重上，與改革前相比，1987 年由國家計委管理的指令性計劃的工業產品從 120 種減少到 60 種，其產值佔工業總產值的比重由 40% 下降到 17%；國家統配物資由 259 種減少到 26 種；國家計劃管理的商品由 188 種減少到 23 種。[2] 在價格體系中，除國家定價（平價）及國家指導價（浮動價）外，由市場調節、價格完全放開（議價）的商品及服務越來越多，出現了價格上的 "雙軌制" 現象。

與此同時，股份制改革試點也已開始。到 1986 年底，全國共有股份制企業 6000 餘家[3]。

科學技術體制改革、教育體制改革相繼啟動。1985 年 3 月 13 日，中共中央做出《關於科學技術體制改革的決定》。同年 5 月 27 日，做出《關於教育體制改革的決定》。

進入 20 世紀 80 年代，科學技術呈現迅猛發展勢頭。美國等西方發達國

1　中共中央黨史研究室：《中國共產黨的九十年》（改革開放和社會主義現代化建設新時期），
　　中共黨史出版社、黨建讀物出版社 2016 年版，第 721—722 頁。

2　中共中央黨史研究室：《中國共產黨的九十年》（改革開放和社會主義現代化建設新時期），
　　中共黨史出版社、黨建讀物出版社 2016 年版，第 722 頁。

3　中共中央黨史研究室：《中國共產黨的九十年》（改革開放和社會主義現代化建設新時期），
　　中共黨史出版社、黨建讀物出版社 2016 年版，第 721 頁。

家，紛紛把發展高技術列為國家發展戰略的重要組成部分，聚集頂尖人才，投入巨資，加以重要保障。在這一背景下，1986 年 3 月 3 日，王大珩、王淦昌、楊嘉墀、陳芳允給鄧小平、胡耀邦寫信，提出要全面追蹤世界高技術的發展，制訂中國高科技的發展計劃。兩天后，3 月 5 日，鄧小平迅即做出批示，要求找些專家和有關負責同志討論，提出意見，以憑決策。特別強調："此事宜速作決斷，不可拖延。"[1] 同年 11 月，中共中央、國務院批准《高技術研究發展計劃綱要》，明確從對中國未來經濟和社會發展有重大影響的生物技術、航天技術、信息技術、先進防禦技術、自動化技術、能源技術和新材料技術 7 個領域，確立了 15 個主題項目作為突破重點。"863"計劃的實施，是科技體制改革的重大成果，體現了"科學技術是第一生產力"，為中國在世界高科技領域佔有一席之地奠定了更加堅實的基礎。

在嚴峻考驗中堅持改革開放

改革開放是前無古人的事業，既不可能十全十美，更不可能一帆風順。在改革開放過程中，大力發展商品經濟後出現的市場逐利性對價值觀念、道德觀念的負面影響，強調加速發展經濟後出現的物質文明建設與精神文明建設"一手硬、一手軟"現象，為糾正長期存在的黨政不分而實行"黨政分開"改革措施後出現的黨的領導在一定程度被弱化的現象，都在很大程度上造成了黨內外和社會上的思想混亂，思想政治教育的優良傳統受到嚴重衝擊，社會主義觀念和集體主義意識被削弱，個人主義、拜金主義抬頭。再加上西方錯誤思潮乘機興風作浪，致使資產階級自由化思潮滋長蔓延。

在改革、發展、穩定中，穩定始終是第一位的。"中國的問題，壓倒一切的是需要穩定。沒有穩定的環境，什麼都搞不成，已經取得的成果也會失掉。""中國一定要堅持改革開放，這是解決中國問題的希望。但是要改革，就一定要有穩定的政治環境。""凡是妨礙穩定的就要對付，不能讓步，不能

1　冷溶、汪作玲主編：《鄧小平年譜（1975—1997）》（下），中央文獻出版社 2004 年版，第 1107 頁。

遷就。不要怕外國人議論，管他們說什麼。"[1]

鄧小平始終牢記一個歷史教訓，就是黨和國家的工作重心和主要注意力不被突發事變所轉移。因此，他反覆強調一點："要堅定不移地執行黨的十一屆三中全會以來制定的一系列路線、方針、政策，要認真總結經驗，對的要繼續堅持，失誤的要糾正，不足的要加點勁。"[2]

具體來說，哪些是要繼續堅持的？哪些是要糾正的？哪些是要加點勁的？鄧小平向新一屆中央領導集體囑咐說：

第一，經濟不能滑坡。當時，由於價格上採取"雙軌制"，一些人藉機在緊俏物資上倒買倒賣，賺取非法高額利潤，既擾亂了經濟秩序，加重了企業負擔，又成為腐敗的溫床。因此，鄧小平強調："這次解決經濟滑坡的問題，要清理一下急需解決哪些問題。應該解決的問題要加快解決，要用快刀斬亂麻的辦法解決，不能拖。"同時，"看準了的，積極方面的，有利於發展事業的，抓著就可以幹。要在今後的十一年半中爭取一個比較滿意的經濟發展速度。如果再翻一番，沒有水分的翻一番，那時候人民就會看到我們的國家、我們的社會主義事業是興旺發達的。"他還強調："黨中央、國務院應當是有權威的，有能力的。沒有權威不行啊。""我建議組織一個班子，研究下一個世紀前五十年的發展戰略和規劃，主要是制定一個基礎工業和交通運輸的發展規劃。要採取有力的步驟，使我們的發展能夠持續、有後勁。"[3]

第二，做幾件使人民滿意的事情。主要是兩個方面，一個是更大膽地改革開放，另一個是抓緊懲治腐敗。在改革開放方面，鄧小平強調："現在國際上擔心我們會收，我們就要做幾件事情，表明我們改革開放的政策不變，而且要進一步地改革開放。"他還提到，外資合作經營要搞，各地的開發區可以搞，為外資服務的行業可以搞一些。消除機構臃腫，加強法制，這些都是改革。

在懲治腐敗方面，鄧小平指出："在這次事件中，沒有反對改革開放的

1　《鄧小平文選》第 3 卷，人民出版社 1993 年版，第 284、286 頁。

2　《鄧小平文選》第 3 卷，人民出版社 1993 年版，第 308 頁。

3　以上引文參見《鄧小平文選》第 3 卷，人民出版社 1993 年版，第 312 頁。

口號，口號比較集中的是反對腐敗。當然，這個口號在某些人來說是一個陪襯，其目的是用反腐敗來蠱惑人心。但對我們來說，要整好我們的黨，實現我們的戰略目標，不懲治腐敗，特別是黨內的高層的腐敗現象，確實有失敗的危險。"他強調："懲治腐敗，至少抓一二十件大案，透明度要高，處理不能遲。"他還指出："對懲治腐敗，過去說了不少的話，但沒有認真貫徹，趁此機會把自己的隊伍純潔一下也有好處。"[1]

鄧小平看到了懲治腐敗鬥爭的長期性，指出："我們一手抓改革開放，一手抓懲治腐敗，這兩件事結合起來，對照起來，就可以使我們的政策更加明朗，更能獲得人心。"[2]

第三，平息暴亂抓到底。鄧小平指出："這是個好機會，一下子就把全國的非法組織取締了，這實在是好事情。""對於罪大惡極的不能手軟。當然還是要分別是非輕重，要以事實為根據，以法律為準繩。"[3]

這三件事，鄧小平最後歸結到一點，語重心長地囑託說："常委會的同志要聚精會神地抓黨的建設，這個黨該抓了，不抓不行了。"[4]

1989 年 6 月 23 日至 24 日召開的中共十三屆四中全會，選舉產生以江澤民同志為核心的新的中共中央領導集體。江澤民當選為中共中央總書記。

江澤民在全會上講話，指出："我們黨已經制定和形成了一條建設有中國特色社會主義的路線和一系列基本政策。概括地說，就是小平同志多次指出、最近再次強調的，以經濟建設為中心，堅持四項基本原則，堅持改革開放。這是我們有信心做好工作的根本的、堅實的基礎。"對此，他表示："在這個最基本的問題上，我要十分明確地講兩句話：一句是堅定不移，毫不動搖；一句是全面執行，一以貫之。"[5]

1　冷溶、汪作玲主編：《鄧小平年譜（1975—1997）》（下），中央文獻出版社 2004 年版，第 1275 頁。

2　以上引文（除註明出處者）參見《鄧小平文選》第 3 卷，人民出版社 1993 年版，第 313—314 頁。

3　《鄧小平文選》第 3 卷，人民出版社 1993 年版，第 314 頁。

4　《鄧小平文選》第 3 卷，人民出版社 1993 年版，第 314 頁。

5　《十三大以來重要文獻選編》（中），中央文獻出版社 1991 年版，第 547 頁。

他還特別指出："幾年來，物質生活水平提高了，但是'一切向錢看'，追求高消費，追求眼前實惠而放棄遠大理想，計較個人私利而不顧國家、民族整體利益，鄙薄自己的祖國和人民而崇洋媚外等思想傾向滋長了，甚至腐化、墮落的不良風氣發生了，建國初期就早已絕跡的種種醜惡現象再度出現了。面對這個嚴峻的現實，我們必須認真思考小平同志所指出的堅持四項基本原則缺乏一貫性、十年最大的失誤是教育的問題，並從中引出深刻的教訓。"[1]

他還強調懲治腐敗的重要性："這次動亂中所以有那麼多人被陰謀分子煽動起來，一個重要原因，是一些黨員幹部、特別是極少數領導幹部中存在嚴重腐敗現象。全國各族人民的眼睛盯著我們，看我們能不能拿出懲治腐敗的實際行動來。必須在近期辦幾件使黨心民心為之振奮的事情。再經過一定時間的努力，制定防止和懲治腐敗的制度，使黨風有根本好轉，恢復和加強黨和群眾的密切聯繫。"[2]

以江澤民同志為核心的新的中共中央領導集體，受命於危難之際，不負歷史重託，採取一系列切實有效的措施，迅速地穩定了國內改革開放大局。

——7月28日，中共中央、國務院做出《關於近期做幾件群眾關心的事的決定》。提出在懲治腐敗和帶頭廉潔奉公、艱苦奮鬥方面要做的7件事：進一步清理整頓公司；堅決制止高幹子女經商；取消對領導同志少量食品的"特供"；嚴格按規定配車，禁止進口小轎車；嚴格禁止請客送禮；嚴格控制領導幹部出國；嚴肅認真地查處貪污、受賄、投機倒把等犯罪案件，特別要抓緊查處大案要案。還要求"涉及對領導幹部的要求，首先從黨中央和國務院的領導同志做起"[3]。

——8月17日，中共中央、國務院做出《關於進一步清理整頓公司的決定》。為制止黨政機關和事業單位辦公司的亂象，規定："各級黨的機關、國家權力機關、行政機關、審判機關、檢察機關和群眾組織、社會團體，一律

1　《十三大以來重要文獻選編》（中），中央文獻出版社 1991 年版，第 551 頁。

2　《十三大以來重要文獻選編》（中），中央文獻出版社 1991 年版，第 553 頁。

3　《十三大以來重要文獻選編》（中），中央文獻出版社 1991 年版，第 555—557 頁。

不得用行政經費、事業費、專項撥款、預算外資金、銀行貸款、自有資金和以任何方式集資開辦公司，也不得向公司投資入股。""凡仍在公司兼職的黨和國家機關幹部（含已不擔任現職、尚未辦理離休退休手續的幹部），應嚴格按照中央有關規定辦完辭去一頭職務的手續。"[1]

——8月28日，中共中央政治局會議通過《關於加強黨的建設的通知》。針對黨內思想混亂、組織渙散、紀律鬆弛，腐敗現象的滋生，黨群關係受到損害，黨的戰鬥力被削弱等問題，提出包括認真做好清查和清理工作、加強領導班子建設、加強黨的思想教育、克服消極腐敗現象、切實加強黨的基層組織建設、加強黨建理論的學習宣傳和研究在內的10項重要措施。

——11月6日至9日召開的中共十三屆五中全會做出《關於進一步治理整頓和深化改革的決定》。針對一個時期出現的經濟過熱、貨幣發行過多、國民收入超額分配等現象，提出採取一系列措施，用三年或者更長一些時間基本完成治理整頓任務。

——12月21日，中共中央發出《關於加強和改善黨對工會、共青團、婦聯工作領導的通知》。

——12月30日，中共中央發出《關於堅持和完善中國共產黨領導的多黨合作和政治協商制度的意見》。

——1990年1月14日，中共中央、國務院發出《關於組織黨政機關幹部下基層的通知》。

——3月9日至12日召開的中共十三屆六中全會做出《關於加強黨同人民群眾聯繫的決定》。

——4月2日，中共中央發出《關於維護社會穩定加強政法工作的通知》。

——7月14日，中共中央發出《關於加強統一戰線工作的通知》。

——8月14日，中共中央發出《關於進一步加強和改進知識分子工作的通知》。

在短短一年間，如此密集地發出一系列文件，出台一系列重大政策，對

1　《十三大以來重要文獻選編》（中），中央文獻出版社1991年版，第560頁。

於堅持和穩定改革開放大政方針、彌補和糾正工作與政策上的不足、穩定凝聚人心，起到十分重要的作用。

當時，影響國內改革開放大局的最重要的外部因素，是以美國為首的西方國家對華實行"經濟制裁"。

1989年國內政治風波後，以美國為首的西方國家掀起一股反華浪潮。同年6月，美國政府和國會發表聲明，對中國宣佈一系列"制裁"措施，對中國內政橫加干涉。7月，西方七國首腦和歐洲共同體會議宣佈，對華採取中止高層政治接觸、延緩世界銀行貸款等"制裁"措施。

面對美國等西方國家的"制裁"，中國政府不為所動，積極開展全方位外交。1990年至1992年，中國同印度尼西亞恢復外交關係，中越關係實現正常化，中印關係有了改善，中國還同沙特阿拉伯、新加坡、以色列、韓國以及蘇聯解體後新建立的國家等23個國家建立了外交關係。1990年9月22日至10月7日，在北京成功舉辦第十一屆亞洲運動會。中國還成功爭取到聯合國第四次世界婦女大會1995年在北京召開，這是中華人民共和國成立以來中國承辦的規模最大的一次國際會議。

事實上，類似於"制裁"一類冷戰思維下的產物，在一個開放的世界裏，只能是一把"雙刃劍"。西方國家也逐漸認識到，"制裁"對自身利益也有不小的損害。在中國政府的積極推動下，日本率先於1990年取消對華"制裁"。到1991年底，中國同大多數西方國家的關係基本上回到正常軌道。

在這一背景下，美國克林頓政府藉首次亞太經濟合作組織領導人非正式會議於1993年11月在美國西雅圖舉行之機，向中國國家主席江澤民發出邀請，實現了兩國最高領導人的正式會晤。中美建交以來，兩國關係最艱難的時期宣告結束。

這一輪西方國家對華"制裁"，不但未能縮小中國的對外開放和外交空間，反而促使中國沿著全方位外交的軌道大踏步前進。

這一時期，對中國影響更大的事件，是蘇聯解體與東歐劇變。這對中國來說，既有有利的一面，也有不利的一面。有利的一面，是第二次世界大戰結束後長達半個世紀的冷戰格局結束，迎來了經濟全球化加速發展的有利局面；不利的一面，是世界社會主義運動跌入低谷，美國等西方國家為和平演變策略的勝利衝昏頭腦，進一步宣稱 20 世紀將是 "共產主義終結" 的世紀，中國等社會主義國家面臨前所未有的巨大壓力和內外考驗。

自改革開放以來，中國從未遇到這樣複雜的國際環境急劇變化，也沒有完全做好應對的準備。在關鍵時刻，又是鄧小平果斷提出應對的基本方針。他指出：第一位的是保持國內穩定，繼續堅持改革開放不動搖。對國際局勢，要堅持冷靜觀察、穩住陣腳、沉著應付、韜光養晦、善於守拙、決不當頭、有所作為。鄧小平提出的一系列指導方針，使中國有效地避免陷入冷戰思維的漩渦，同時又加快國內改革開放步伐，抓住冷戰結束後稍縱即逝有利時機，藉助經濟全球化浪潮發展壯大自己。

鄧小平憑藉豐富的政治閱歷與經驗指出："中國能不能頂住霸權主義、強權政治的壓力，堅持我們的社會主義制度，關鍵就看能不能爭得較快的增長速度，實現我們的發展戰略。"[1]

與此同時，在鄧小平 "一個國家，兩種制度" 構想指導下，中國政府還分別同英國政府、葡萄牙政府妥善解決了香港、澳門主權回歸中國的歷史遺留問題，祖國統一大業又向前推進了一步。

"事非經過不知難。" 對於改革開放帶來的巨大變化、政治風波造成的嚴重後果，都有切身感受的江澤民，後來總結出一個深刻的規律，一定要把握和處理好改革、發展、穩定三者的關係。1994 年 3 月 11 日，他在參加八屆全國人大二次會議上海代表團審議時的講話中指出："要實現黨和國家的工作大局，關鍵是要正確處理改革、發展、穩定的關係。既要努力深化改革、擴大開放、促進發展，又要注意保持穩定的社會政治環境，努力做到在穩定中推進改革和發展，以改革和發展確保社會的長期穩定。"還說："改革、發展、穩定，好比是我國現代化建設棋盤上的三著緊密關聯的戰略性棋子，每一著棋都下好了，相互促進，就會全局皆活；如果有一著下不好，其他兩著也會陷入困境，就可能全局受挫。所以把握好改革、發展、穩定的關係，是現代化建設的一項重要領導藝術。"[2]

1　《鄧小平文選》第 3 卷，人民出版社 1993 年版，第 356 頁。

2　《人民日報》1994 年 3 月 11 日第 1 版。

從鄧小平提出"穩定壓倒一切",到江澤民總結提出把握好改革、發展、穩定的關係,這一規律性認識對於降低改革和體制轉型帶來的社會陣痛、使中國在不斷深化改革中保持長期穩定發展,具有極為重要而深遠的意義。

鄧小平發表"南方談話"

就在應對冷戰格局結束後新的國際格局變動的過程中,中國的改革開放也進入了一個前所未有的關鍵期。政府與市場的關係問題,再次提上改革議程。

其實,這個問題醞釀已久。但因為黨內意見不盡一致,又涉及價格體系改革等敏感問題,因而暫時被放下。特別是在剛剛平息了 1989 年政治風波後,鄧小平在同年 6 月 16 日的談話中,就曾明確表示:"如果在這個時候開展一個什麼理論問題的討論,比如對市場、計劃等問題的討論,提出這類問題,不但不利於穩定,還會誤事。"[1]

時過境遷。到了 1990 年,不但著手解決這個問題的條件日漸成熟,而且這個問題日益成為改革必須跨越的重大現實課題。12 月 24 日,鄧小平在同江澤民、李鵬、楊尚昆的談話中提出:"我們必須從理論上搞懂,資本主義與社會主義的區分不在於是計劃還是市場這樣的問題。社會主義也有市場經濟,資本主義也有計劃控制。資本主義就沒有控制,就那麼自由?最惠國待遇也是控制嘛!不要以為搞點市場經濟就是資本主義道路,沒有那麼回事。計劃和市場都得要。不搞市場,連世界上的信息都不知道,是自甘落後。"[2]

經過一段時間的觀察和思考,鄧小平在 1992 年 1 月至 2 月發表著名的南方談話,對改革開放和社會主義現代化建設中遇到的若干重大理論和現實問題,做出提綱挈領的闡述,衝破了在這些問題上的思想迷霧和思想禁錮,引發了在什麼是社會主義、怎樣建設社會主義上的又一次思想解放。

關於社會主義本質,鄧小平指出:"社會主義的本質,是解放生產力,發

1　《鄧小平文選》第 3 卷,人民出版社 1993 年版,第 312 頁。

2　《鄧小平文選》第 3 卷,人民出版社 1993 年版,第 364 頁。

展生產力，消滅剝削，消除兩極分化，最終達到共同富裕。"[1]

關於計劃與市場，鄧小平指出："計劃多一點還是市場多一點，不是社會主義與資本主義的本質區別。計劃經濟不等於社會主義，資本主義也有計劃；市場經濟不等於資本主義，社會主義也有市場。計劃和市場都是經濟手段。"[2]

關於改革的地位作用，鄧小平強調："革命是解放生產力，改革也是解放生產力。""社會主義基本制度確立以後，還要從根本上改變束縛生產力發展的經濟體制，建立起充滿生機和活力的社會主義經濟體制，促進生產力的發展，這是改革，所以改革也是解放生產力。"[3]

關於衡量改革開放成效的標準，鄧小平強調："判斷的標準，應該主要看是否有利於發展社會主義社會的生產力，是否有利於增強社會主義國家的綜合國力，是否有利於提高人民的生活水平。"[4]

關於發展戰略，鄧小平指出："我國的經濟發展，總要力爭隔幾年上一個台階。""抓住時機，發展自己，關鍵是發展經濟。""能發展就不要阻擋，有條件的地方要盡可能搞快點，只要是講效益，講質量，搞外向型經濟，就沒有什麼可以擔心的。低速度就等於停步，甚至等於後退。要抓住機會，現在就是好機會。我就擔心喪失機會。"[5]

關於共同富裕，鄧小平指出："走社會主義道路，就是要逐步實現共同富裕。共同富裕的構想是這樣提出的：一部分地區有條件先發展起來，一部分地區發展慢點，先發展起來的地區帶動後發展的地區，最終達到共同富裕。如果富的愈來愈富，窮的愈來愈窮，兩極分化就會產生，而社會主義制度就應該而且能夠避免兩極分化。"他還指出："可以設想，在本世紀末達到小康水平的時候，就要突出地提出和解決這個問題。到那個時候，發達地區要繼續發展，並通過多交利稅和技術轉讓等方式大力支持不發達地區。不發達地

1　《鄧小平文選》第 3 卷，人民出版社 1993 年版，第 373 頁。
2　《鄧小平文選》第 3 卷，人民出版社 1993 年版，第 373 頁。
3　《鄧小平文選》第 3 卷，人民出版社 1993 年版，第 370 頁。
4　《鄧小平文選》第 3 卷，人民出版社 1993 年版，第 372 頁。
5　《鄧小平文選》第 3 卷，人民出版社 1993 年版，第 375 頁。

區又大都是擁有豐富資源的地區，發展潛力是很大的。總之，就全國範圍來說，我們一定能夠逐步順利解決沿海同內地貧富差距的問題。"[1]

對鄧小平南方談話的意義，江澤民作過這樣的評價：這篇談話"科學地總結了十一屆三中全會以來黨的基本實踐和基本經驗，從理論上深刻地回答了長期困擾和束縛人們思想的許多重大認識問題，不僅對開好黨的第十四次全國代表大會具有重要指導作用，而且對整個社會主義現代化建設事業具有深遠意義。以鄧小平同志南方談話和十四大為標誌，中國社會主義改革開放和現代化建設進入新階段"[2]。

1992 年 10 月 12 日至 18 日召開的中國共產黨第十四次全國代表大會，明確提出我國經濟體制改革的目標，是建立社會主義市場經濟體制。這是前無古人的偉大創舉，是中共十一屆三中全會開啟的改革開放事業的最重要的理論與制度成果，是中國共產黨人對馬克思主義的重大發展，也是社會主義發展史上的重大突破。

歷史表明，能否正確處理政府與市場關係，順利通過從計劃經濟向社會主義市場經濟的轉變，把社會主義制度同市場經濟有機結合起來，這對所有社會主義國家的改革來說，都是一個嚴峻的考驗。蘇聯和東歐一些國家的改革，就是在這個問題上誤入所謂"休克療法"的歧途，再加上在政治體制改革中削弱以致放棄共產黨領導，搞所謂的"公開性"或"多黨制"，最終產生了災難性後果。

中國能夠在平穩渡過國內政治風波、國際上蘇聯解體與東歐劇變考驗的同時，順利渡過向社會主義市場經濟轉變這一關，鄧小平和以江澤民為核心的中共中央領導集體的正確決策，起了關鍵性作用。這也證明了一個規律，如鄧小平所說，"中國問題的關鍵在於共產黨要有一個好的政治局，特別是好的政治局常委會。只要這個環節不發生問題，中國就穩如泰山"[3]。

1　《鄧小平文選》第 3 卷，人民出版社 1993 年版，第 373、374 頁。

2　《十四大以來重要文獻選編》（下），中央文獻出版社 2011 年版，第 370 頁。

3　《鄧小平文選》第 3 卷，人民出版社 1993 年版，第 365 頁。

對五大歷史性課題的破解

南方談話，無疑是鄧小平理論發展的一個高峰，繼社會主義初級階段理論之後，為中國特色社會主義理論大廈奠定了堅實基礎。

南方談話，既是對蘇聯解體、東歐劇變後，中國將如何發展、怎樣發展的積極因應，也是對黨的十一屆三中全會以來改革開放成功實踐的科學總結。

回顧十一屆三中全會後的理論路程與實踐歷程，就會發現，鄧小平帶領中國共產黨和全國人民順利地渡過了一道道關口，在不做無謂的爭論中，破解了五大歷史性課題。這些課題，既是中國的，也是包括蘇聯在內的世界社會主義運動史上曾經遇到的重大課題。

這五大歷史性課題，一是社會主義向何處去；二是如何使中國人民整體擺脫貧困；三是如何認識和把握正在變化著的國際局勢；四是如何應對西化分化等資產階級自由化圖謀；五是如何使黨的領導在改革中得到加強。

下面，我們依次來看，鄧小平理論是如何破解這五大歷史性課題的。

第一，概括提出"什麼是社會主義、怎樣建設社會主義"的探索課題，確立"建設有中國特色的社會主義"的時代主題。

任何一種理論，都有自身的邏輯起點。科學理論的邏輯起點，來源於實踐自身。改革開放的邏輯起點，開創中國特色社會主義的邏輯起點，創立鄧小平理論的邏輯起點，都是從傳統社會主義的思想束縛中徹底解放出來，對"什麼是社會主義、怎樣建設社會主義"這個基本問題來一個重新認識。正如鄧小平後來所說："現在我們搞經濟改革，仍然要堅持社會主義道路，堅持共產主義的遠大理想，年輕一代尤其要懂得這一點。但問題是什麼是社會主義，如何建設社會主義。我們的經驗教訓有許多條，最重要的一條，就是要搞清楚這個問題。"[1]

鄧小平在黨的十一屆三中全會前夕發表的開闢改革開放和社會主義現代化建設新時期宣言書，以"解放思想，實事求是，團結一致向前看"命名，將解放思想、實事求是放在首位，飽含著深意，充滿著深刻的政治邏輯。因

---

[1] 《鄧小平文選》第 3 卷，人民出版社 1993 年版，第 116 頁。

為，不確立解放思想、實事求是的思想路線，就不可能衝破傳統社會主義觀念的嚴重束縛。

正是由此出發，鄧小平講出了一段流芳千古的名言："一個黨，一個國家，一個民族，如果一切從本本出發，思想僵化，迷信盛行，那它就不能前進，它的生機就停止了，就要亡黨亡國。這是毛澤東同志在整風運動中反覆講過的。"他接著指出："只有解放思想，堅持實事求是，一切從實際出發，理論聯繫實際，我們的社會主義現代化建設才能順利進行，我們黨的馬列主義、毛澤東思想的理論也才能順利發展。從這個意義上說，關於真理標準問題的爭論，的確是個思想路線問題，是個政治問題，是個關係到黨和國家的前途和命運的問題。"[1]

改革開放初期，在搞清楚"什麼是社會主義、怎樣建設社會主義"問題上邁出的又一個關鍵步驟，就是由鄧小平親自主持起草並在黨的十一屆六中全會上一致通過的中共中央《關於建國以來黨的若干歷史問題的決議》（以下簡稱"第二個歷史決議"）。

第二個歷史決議在系統總結黨在新中國成立以後的歷史基礎上，對毛澤東思想科學體系及其活的靈魂作了完整系統的闡述，高度評價了毛澤東思想的現實指導地位和寶貴思想價值，實際上也就科學地回答了在探索"什麼是社會主義、怎樣建設社會主義"過程中，在改革開放過程中，毛澤東思想還有沒有現實指導作用的問題。

第二個歷史決議並沒有就此止步，而是本著總結歷史是為了更好地"團結一致向前看"的精神，在最後一部分"團結起來，為建設社會主義現代化強國而奮鬥"裏，（一）明確提出"我們黨在新的歷史時期的奮鬥目標，就是要把我們的國家，逐步建設成為具有現代農業、現代工業、現代國防和現代科學技術的，具有高度民主和高度文明的社會主義強國"。（二）初步形成關於社會主義初級階段的理論。指出，"只有社會主義才能救中國。這是中國各族人民從一百多年來的切身體驗中得出的不可動搖的結論，也是建國三十二年來最基本的歷史經驗。儘管我們的社會主義制度還是處於初級的階段，但

1　《鄧小平文選》第 2 卷，人民出版社 1994 年版，第 143 頁。

是毫無疑問，我國已經建立了社會主義制度，進入了社會主義社會，任何否認這個基本事實的觀點都是錯誤的"。(三)進一步明確了改革的任務。指出，"我們的社會主義制度由比較不完善到比較完善，必然要經歷一個長久的過程。這就要求我們在堅持社會主義基本制度的前提下，努力改革那些不適應生產力發展需要和人民利益的具體制度，並且堅決地同一切破壞社會主義的活動作鬥爭。隨著我們事業的發展，社會主義的巨大優越性必將越來越充分地顯示出來。"這些都是在"什麼是社會主義、怎樣建設社會主義"問題上取得的重大成果。儘管這些探索還是初步的，但是基本方向和基本思路已經十分明確。

不僅如此，第二個歷史決議還鄭重宣告："三中全會以來，我們黨已經逐步確立了一條適合我國情況的社會主義現代化建設的正確道路。這條道路還將在實踐中不斷充實和發展，但是它的主要點，已經可以從建國以來正反兩方面的經驗、特別是'文化大革命'的教訓中得到基本的總結。"

這條適合我國情況的社會主義現代化建設的正確道路，正是毛澤東等老一輩革命家孜孜探索、夢寐以求的，如今在鄧小平領導下初見雛形。對於這條道路，第二個歷史決議一共總結概括了10條。其要點如下：

（一）在社會主義改造基本完成以後，我國所要解決的主要矛盾，是人民日益增長的物質文化需要同落後的社會生產之間的矛盾。黨和國家工作的重點必須轉移到以經濟建設為中心的社會主義現代化建設上來，大大發展社會生產力，並在這個基礎上逐步改善人民的物質文化生活。（二）社會主義經濟建設必須從我國國情出發，量力而行，積極奮鬥，有步驟分階段地實現現代化的目標。我們必須看到我國經濟文化還比較落後這個基本事實，同時又必須看到我國經濟建設已經取得的成就和積累的經驗以及國際經濟技術交流的擴大等國內國際的有利條件，並充分利用這些有利條件。既反對急於求成，也反對消極情緒。（三）社會主義生產關係的變革和完善必須適應於生產力的狀況，有利於生產的發展。國營經濟和集體經濟是我國基本的經濟形式，一定範圍的勞動者個體經濟是公有制經濟的必要補充。必須實行適合於各種經濟成分的具體管理制度和分配制度。必須在公有制基礎上實行計劃經濟，同時發揮市場調節的輔助作用。要大力發展社會主義的商品生產和商品交換。

社會主義生產關係的發展並不存在一套固定的模式，我們的任務是要根據我國生產力發展的要求，在每一個階段上創造出與之相適應和便於繼續前進的生產關係的具體形式。（四）在剝削階級作為階級消滅以後，階級鬥爭已經不是主要矛盾。由於國內的因素和國際的影響，階級鬥爭還將在一定範圍內長期存在，在某種條件下還有可能激化。既要反對把階級鬥爭擴大化的觀點，又要反對認為階級鬥爭已經熄滅的觀點。（五）逐步建設高度民主的社會主義政治制度，是社會主義革命的根本任務之一。決不能讓類似“文化大革命”的混亂局面在任何範圍內重演。（六）社會主義必須有高度的精神文明。（七）改善和發展社會主義的民族關係，加強民族團結。（八）在戰爭危險依然存在的國際條件下，必須加強現代化的國防建設。國防建設要同國家的經濟建設相適應。（九）在對外關係上，必須繼續堅持反對帝國主義、霸權主義、殖民主義和種族主義，維護世界和平。（十）根據“文化大革命”的教訓和黨的現狀，必須把我們黨建設成為具有健全的民主集中制的黨。

正是在黨的十一屆三中全會以後提供的豐厚的實踐創新和理論創新的基礎上，1982 年 9 月 1 日，鄧小平在中國共產黨第十二次全國代表大會開幕詞裏，鄭重提出：“我們的現代化建設，必須從中國的實際出發。無論是革命還是建設，都要注意學習和借鑒外國經驗。但是，照抄照搬別國經驗、別國模式，從來不能得到成功。這方面我們有過不少教訓。把馬克思主義的普遍真理同我國的具體實際結合起來，走自己的道路，建設有中國特色的社會主義，這就是我們總結長期歷史經驗得出的基本結論。”[1]

在此之前，1979 年 11 月，鄧小平曾經講過：“當然我們不要資本主義，但是我們也不要貧窮的社會主義，我們要發達的、生產力發展的、使國家富強的社會主義。我們相信社會主義比資本主義的制度優越。它的優越性應該表現在比資本主義有更好的條件發展社會生產力。”[2] 經過一段時間的思考，他認定“有中國特色的社會主義”就是這樣的社會主義。

“建設有中國特色的社會主義”命題的提出，標誌著我們黨已經找到了中

1　《鄧小平文選》第 3 卷，人民出版社 1993 年版，第 2—3 頁。

2　《鄧小平文選》第 2 卷，人民出版社 1994 年版，第 231 頁。

國特色社會主義道路，在創立中國特色社會主義理論體系、確立中國特色社會主義制度方面進入了高度自覺的發展階段。

第二，概括提出"貧窮不是社會主義"，確立社會主義現代化"三步走"戰略。

當時的中國，儘管已經解決了工業化起步時期工業體系和國民經濟體系從無到有的問題，但還遠沒有擺脫貧困。再加上國門大開，生活水平上同西方發達國家的巨大差距形成了強大的衝擊和反差。因此，迅速擺脫貧困、迅速富裕起來，成為人民群眾的迫切期盼。

在這個問題上打開突破口，同樣需要首先從思想解放開始。鄧小平指出："從一九五八年到一九七八年這二十年的經驗告訴我們：貧窮不是社會主義，社會主義要消滅貧窮。不發展生產力，不提高人民的生活水平，不能說是符合社會主義要求的。"[1]

怎樣使社會主義真正擺脫貧困，實現社會主義現代化？在這個問題上，鄧小平堅持了改革開放的辯證法和"兩點論"。一方面，既要堅持以社會主義公有制經濟為主體，又要"有計劃地利用外資，發展一部分個體經濟，都是服從於發展社會主義經濟這個總要求的"[2]。另一方面，既要堅持共同富裕，又要"鼓勵一部分地區、一部分人先富裕起來，也正是為了帶動越來越多的人富裕起來，達到共同富裕的目的"[3]。

接下來的問題，就是實現什麼樣的現代化。1979 年 12 月，鄧小平在會見日本首相大平正芳時，談了他對"中國式的現代化"的構想："我們要實現的四個現代化，是中國式的四個現代化。我們的四個現代化的概念，不是像你們那樣的現代化的概念，而是'小康之家'。到本世紀末，中國的四個現代化即使達到了某種目標，我們的國民生產總值人均水平也還是很低的。要達到第三世界中比較富裕一點的國家的水平，比如國民生產總值人均一千美元，也還得付出很大的努力。就算達到那樣的水平，同西方來比，也還是落

1　《鄧小平文選》第 3 卷，人民出版社 1993 年版，第 116 頁。

2　《鄧小平文選》第 3 卷，人民出版社 1993 年版，第 142 頁。

3　《鄧小平文選》第 3 卷，人民出版社 1993 年版，第 142 頁。

後的。所以，我只能說，中國到那時也還是一個小康的狀態。當然，比現在畢竟要好得多了。到了那個時候，我們有可能對第三世界的貧窮國家提供更多一點的幫助。那個時候，中國國內市場比較大了，相應的，與國外的經濟交往，包括發展貿易，前景就更加寬廣了。"[1] 這就是著名的關於建設小康社會的戰略構想，可以說是社會主義現代化"三步走"戰略的雛形。

到了 1982 年 9 月黨的十二大，首先提出了到 20 世紀末的社會主義現代化建設構想，即："從一九八一年到本世紀末的二十年，我國經濟建設總的奮鬥目標是，在不斷提高經濟效益的前提下，力爭使全國工農業的年總產值翻兩番，即由一九八〇年的七千一百億元增加到二〇〇〇年的二萬八千億元左右。""實現了這個目標，我國國民收入總額和主要工農業產品的產量將居於世界前列，整個國民經濟的現代化過程將取得重大進展，城鄉人民的收入將成倍增長，人民的物質文化生活可以達到小康水平。到那個時候，我國按人口平均的國民收入還比較低，但同現在相比，經濟實力和國防實力將大為增強。"這一戰略被稱為"翻兩番"戰略，是繼建設"小康社會"戰略構想之後，"三步走"戰略的又一個雛形。

5 年之後召開的黨的十三大上，正式確立了社會主義現代化建設的"三步走"戰略。即："在社會主義初級階段，發展社會生產力所要解決的歷史課題，是實現工業化和生產的商品化、社會化、現代化。我國的經濟建設，肩負著既要著重推進傳統產業革命，又要迎頭趕上世界新技術革命的雙重任務。完成這個任務，必須經過長期的有步驟分階段的努力奮鬥。""黨的十一屆三中全會以後，我國經濟建設的戰略部署大體分三步走。第一步，實現國民生產總值比一九八〇年翻一番，解決人民的溫飽問題。這個任務已經基本實現。第二步，到本世紀末，使國民生產總值再增長一倍，人民生活達到小康水平。第三步，到下個世紀中葉，人均國民生產總值達到中等發達國家水平，人民生活比較富裕，基本實現現代化。然後，在這個基礎上繼續前進。"

"三步走"戰略的形成和實施，標誌著我們黨在深刻認識"什麼是社會主義、怎樣建設社會主義"基礎上，為了人民徹底擺脫貧困、進而逐步走上富

1　《鄧小平文選》第 2 卷，人民出版社 1994 年版，第 237—238 頁。

起來的康莊大道又邁出了關鍵性的一大步。他後來曾經說過："我們奮鬥了幾十年，就是為了消滅貧困。第一步，本世紀末，達到小康水平，就是不窮不富，日子比較好過的水平。第二步，再用三五十年的時間，在經濟上接近發達國家的水平，使人民生活比較富裕。這是大局。"[1]

第三，概括提出當今世界存在著和平與發展兩大問題，確立中國和平發展戰略和獨立自主的全方位和平外交。

進入 20 世紀 80 年代，世界格局發生重大變化。一是中美建立外交關係，徹底打破了美國等西方國家敵視遏制中國的堅冰；二是第二次世界大戰後的民族獨立浪潮，已發展為維護經濟權益的鬥爭；三是美蘇兩強控制世界的能力在下降，相繼進入全球戰略的調整期；四是在美蘇兩極格局之下，世界多極化浪潮湧動，已成為勢不可當的大趨勢。種種跡象表明，繼續堅持原來關於世界格局的論斷，已經難以適應變化著的世界形勢，必須做出新的判斷。

做出一個有關國際問題的負責任的重大判斷，往往要經過一個比較長久的醞釀時期。鄧小平的心中很清楚，世界形勢如何發展，直接關係著國內現代化建設。在這個時間段裏，最重要的與其說是如何表達和闡述這一論斷，毋寧說是這一論斷能否經受住長期實踐的經驗，因此需要反覆思考、反覆權衡、反覆觀察。直到 1984 年 5 月，鄧小平提出：現在世界上問題很多，有兩個比較突出。一是和平問題。二是南北問題。南北問題在目前十分突出。發達國家應該清楚地看到，第三世界國家經濟不發展，發達國家的經濟也不可能得到較大的發展。[2] 此後，他多次同外賓談論這個問題。

到了 1985 年 3 月，鄧小平在同外賓的一次談話中，正式使用了和平和發展是當代世界的兩大問題的提法。他說："再從經濟角度來說。現在世界上真正大的問題，帶全球性的戰略問題，一個是和平問題，一個是經濟問題或者說發展問題。和平問題是東西問題，發展問題是南北問題。概括起來，就是東西南北四個字。南北問題是核心問題。歐美國家和日本是發達國家，

1　《鄧小平文選》第 3 卷，人民出版社 1993 年版，第 109 頁。
2　見《鄧小平文選》第 3 卷，人民出版社 1993 年版，第 56 頁。

繼續發展下去，面臨的是什麼問題？你們的資本要找出路，貿易要找出路，市場要找出路，不解決這個問題，你們的發展總是要受到限制的。……很難說這十一二億人口的繼續發展能夠建築在三十多億人口的繼續貧困的基礎上。""總之，南方得不到適當的發展，北方的資本和商品出路就有限得很，如果南方繼續貧困下去，北方就可能沒有出路。"[1]

到了 1985 年 6 月召開的中央軍委擴大會議上，鄧小平明確地闡述了中國國際戰略和外交政策正在實行的兩大轉變。他說："粉碎'四人幫'以後，特別是黨的十一屆三中全會以後，我們對國際形勢的判斷有變化，對外政策也有變化，這是兩個重要的轉變。"[2]"第一個轉變，是對戰爭與和平問題的認識。過去我們的觀點一直是戰爭不可避免，而且迫在眉睫。我們好多的決策，包括一、二、三線的建設佈局，'山、散、洞'的方針在內，都是從這個觀點出發的。這幾年我們仔細地觀察了形勢，認為就打世界大戰來說，……世界戰爭的危險還是存在的，但是世界和平力量的增長超過戰爭力量的增長。……世界很大，複雜得很，但一分析，真正支持戰爭的沒有多少，人民是要求和平、反對戰爭的。還要看到，世界新科技革命蓬勃發展，經濟、科技在世界競爭中的地位日益突出，這種形勢，無論美國、蘇聯、其他發達國家和發展中國家都不能不認真對待。由此得出結論，在較長時間內不發生大規模的世界戰爭是有可能的，維護世界和平是有希望的。根據對世界大勢的這些分析，以及對我們周圍環境的分析，我們改變了原來認為戰爭的危險很迫近的看法。"[3]"第二個轉變，是我們的對外政策。過去有一段時間，針對蘇聯霸權主義的威脅，我們搞了'一條線'的戰略，就是從日本到歐洲一直到美國這樣的'一條線'。現在我們改變了這個戰略，這是一個重大的轉變。……我們奉行獨立自主的正確的外交路線和對外政策，高舉反對霸權主義、維護世界和平的旗幟，堅定地站在和平力量一邊，誰搞霸權就反對誰，誰搞戰爭就反對誰。……根據獨立自主的對外政策，我們改善了同美國的關

1　《鄧小平文選》第 3 卷，人民出版社 1993 年版，第 105—106 頁。

2　《鄧小平文選》第 3 卷，人民出版社 1993 年版，第 126 頁。

3　《鄧小平文選》第 3 卷，人民出版社 1993 年版，第 126—127 頁。

係，也改善了同蘇聯的關係。我們中國不打別人的牌，也不允許任何人打中國牌，這個我們說到做到。這就增強了中國在國際上的地位，增強了中國在國際問題上的發言權。"[1] "總之，一個是對國際形勢的判斷，一個是根據這個判斷相應地調整對外政策，這是我們的兩個大變化。現在看來，這兩個變化是正確的，對我們是有益的，我們要堅持下去。只要堅持這樣的判斷和這樣的政策，我們就能放膽地一心一意地好好地搞我們的四個現代化建設。我們的立足點還是自力更生，但是我們搞開放政策，利用國際和平環境更多地吸收對我們有用的東西，這對加速我們的發展比較有利。"[2]

這兩個重大轉變，即在國際戰略上確認和平與發展是當今世界的兩大問題，而且發展問題更為突出，從而確認世界和平力量的增長超過戰爭力量的增長；在外交政策上確認奉行同時謀求同美國、蘇聯改善關係的獨立自主的對外政策，不允許任何人打中國牌，對於確保改革開放的成功，確保在變動中的國際格局中維護好中國和平發展的根本利益，確保中國始終走和平發展道路，具有跨世紀的深遠的戰略意義。

第四，確立"四項基本原則"，旗幟鮮明地抵制各種錯誤思潮，旗幟鮮明地提出要從根本上扭轉社會風氣和黨風。

以黨的十一屆三中全會為標誌，黨和國家工作重心轉移到了以經濟建設為中心的正確軌道上來。與此同時，撥亂反正的步伐明顯加快。為了更好地在撥亂反正中統一全黨思想，以便更好地集中精力團結一致向前看，黨中央決定在適當的時候起草一個包括"文化大革命"問題在內的有關新中國成立以後黨的若干歷史問題的決議。然而，"樹欲靜而風不止"。這時，出現了極少數別有用心的人從根本上否定毛澤東思想、毛澤東同志歷史地位，進而根本上否定中國共產黨領導、社會主義道路的錯誤思潮。如不及時對這一思潮給予必要的回應，就會干擾前進方向。

1979 年 3 月 30 日，鄧小平在理論工作務虛會上發表題為《堅持四項基本原則》的講話，在關鍵時刻為未來中國發展指明了航向。

1　《鄧小平文選》第 3 卷，人民出版社 1993 年版，第 127—128 頁。
2　《鄧小平文選》第 3 卷，人民出版社 1993 年版，第 128 頁。

鄧小平明確指出了堅持四項基本原則的出發點："過去搞民主革命，要適合中國情況，走毛澤東同志開闢的農村包圍城市的道路。現在搞建設，也要適合中國情況，走出一條中國式的現代化道路。"[1]

接著，他明確提出一個重要論斷，就是"實現四個現代化必須堅持四項基本原則"。他說："中央認為，我們要在中國實現四個現代化，必須在思想政治上堅持四項基本原則。這是實現四個現代化的根本前提。這四項是：第一，必須堅持社會主義道路；第二，必須堅持無產階級專政；第三，必須堅持共產黨的領導；第四，必須堅持馬列主義、毛澤東思想。大家知道，這四項基本原則並不是新的東西，是我們黨長期以來所一貫堅持的。粉碎'四人幫'以至三中全會以來，黨中央實行的一系列方針政策，一直是堅持這四項基本原則的。"[2]後來，這四項基本原則發展成為"一個中心、兩個基本點"的中國共產黨在社會主義初級階段的基本路線，奠定了中國特色社會主義大廈的政治基石。

鄧小平後來在 1993 年 9 月的一次談話中回顧說："我們在改革開放初期就提出'四個堅持'。沒有這'四個堅持'，特別是黨的領導，什麼事情也搞不好，會出問題。出問題就不是小問題。社會主義市場經濟優越性在哪裏？就在四個堅持。""四個堅持是'成套設備'。在改革開放的同時，搞好四個堅持，我是打下個基礎，這個話不是空的。"[3]

鄧小平在改革開放之初就看到的這兩個問題，即社會主義江山的政治基石問題、黨風和社會風氣以及精神文明建設問題，都是帶有根本性的問題。正如習近平總書記所指出的那樣："鞏固黨的群眾基礎和執政基礎，不能說只要群眾物質生活好就可以了，這個認識是不全面的。黨的群眾基礎和執政基礎包括物質和精神兩方面。精神上喪失群眾基礎，最後也要出問題。只有物質文明建設和精神文明建設都搞好，國家物質力量和精神力量都增強，全國各族人民物質生活和精神生活都改善，中國特色社會主義事業才能順利向前

1　《鄧小平文選》第 2 卷，人民出版社 1994 年版，第 163 頁。

2　《鄧小平文選》第 2 卷，人民出版社 1994 年版，第 164—165 頁。

3　《鄧小平年譜（1975—1997）》（下），中央文獻出版社 2004 年版，第 1363—1364 頁。

推進。"這個真理性的認識，已經被改革開放 40 多年的歷史所一再證明。

第五，概括提出"加強和改善黨的領導"，確立黨的政治領導原則和新時期黨內政治生活準則。

由中國共產黨在國家政權的核心領導地位所決定，由中國共產黨在整個社會主義建設事業中的領導核心地位所決定，加強和改善黨的領導永遠在路上，一刻也不能鬆懈。然而，在"文化大革命"中受到最大破壞的，正是黨的領導。在整個改革開放過程中不斷受到西方敵對勢力和國內極少數人質疑的，也正是黨的領導。當然，這是來自兩個不同方向的衝擊。前者是極左勢力，將黨的領導推向極端，實際上是以黨代政、"包辦一切"，其結果恰恰是極大地削弱而不是加強黨的領導。後者是西化、分化的圖謀，企圖徹底擺脫黨的領導，使中國陷入群龍無首的境地。無論是極左還是極右，其結果給黨和國家、民族帶來的災害都是難以估量的。

"加強和改善黨的領導"是一個永恆課題。但是，從哪一方面著手，則需要因時而異、適時而動。鄧小平著手破解這個課題的時候，適值"文化大革命"剛剛結束、改革開放將起之時，加強黨的領導的任務固然十分艱巨，但是徹底扭轉極左時期在黨的領導方面的種種誤區、使黨的建設重歸正確軌道，這一艱巨任務更加迫在眉睫。

1980 年 8 月 18 日，鄧小平發表《黨和國家領導制度的改革》，成為中國共產黨在改革開放時期關於堅持什麼樣的黨的領導、怎樣堅持黨的領導的一篇綱領性文獻。

首先，堅持和改善黨的領導必須要有科學的標準。鄧小平開宗明義，明確指出："我們進行社會主義現代化建設，是要在經濟上趕上發達的資本主義國家，在政治上創造比資本主義國家的民主更高更切實的民主，並且造就比這些國家更多更優秀的人才。達到上述三個要求，時間有的可以短些，有的要長些，但是作為一個社會主義大國，我們能夠也必須達到。所以，黨和國家的各種制度究竟好不好，完善不完善，必須用是否有利於實現這三條來檢驗。"[1]

1　《鄧小平文選》第 2 卷，人民出版社 1994 年版，第 322 頁。

其次，從這一標準出發，來反思黨和國家現行具體制度中的弊端，從而找到黨和國家領導制度改革的突破口。鄧小平指出："黨和國家現行的一些具體制度中，還存在不少的弊端，妨礙甚至嚴重妨礙社會主義優越性的發揮。如不認真改革，就很難適應現代化建設的迫切需要，我們就要嚴重地脫離廣大群眾。""從黨和國家的領導制度、幹部制度方面來說，主要的弊端就是官僚主義現象，權力過分集中的現象，家長制現象，幹部領導職務終身制現象和形形色色的特權現象。"[1]隨後，他逐一分析了這些現象，鞭闢入裏，很多分析至今讀來仍有振聾發聵、引人深思的感覺。

接下來，鄧小平談到了制度建設的極端重要性，一些話至今仍是經典名句。他深刻指出："我們過去發生的各種錯誤，固然與某些領導人的思想、作風有關，但是組織制度、工作制度方面的問題更重要。這些方面的制度好可以使壞人無法任意橫行，制度不好可以使好人無法充分做好事，甚至會走向反面。"[2]他還回憶起當年毛澤東的談話，說："斯大林嚴重破壞社會主義法制，毛澤東同志就說過，這樣的事件在英、法、美這樣的西方國家不可能發生。他雖然認識到這一點，但是由於沒有在實際上解決領導制度問題以及其他一些原因，仍然導致了'文化大革命'的十年浩劫。這個教訓是極其深刻的。"[3]他由此得出結論："不是說個人沒有責任，而是說領導制度、組織制度問題更帶有根本性、全局性、穩定性和長期性。這種制度問題，關係到黨和國家是否改變顏色，必須引起全黨的高度重視。"[4]"如果不堅決改革現行制度中的弊端，過去出現過的一些嚴重問題今後就有可能重新出現。只有對這些弊端進行有計劃、有步驟而又堅決徹底的改革，人民才會信任我們的領導，才會信任黨和社會主義，我們的事業才有無限的希望。"[5]這些話斬釘截鐵，顯示出鄧小平已經痛下決心，無論遇到什麼樣的障礙，也一定要在制度問題上為中國共產黨的長期執政、長治久安，為國家治理和民族復興奠定更為長久

---

1 《鄧小平文選》第 2 卷，人民出版社 1994 年版，第 327 頁。

2 《鄧小平文選》第 2 卷，人民出版社 1994 年版，第 333 頁。

3 《鄧小平文選》第 2 卷，人民出版社 1994 年版，第 333 頁。

4 《鄧小平文選》第 2 卷，人民出版社 1994 年版，第 333 頁。

5 《鄧小平文選》第 2 卷，人民出版社 1994 年版，第 333 頁。

的基業。

在鄧小平的心目中，改革並完善黨和國家各方面的制度，是一篇大文章。改革並完善黨和國家的領導制度，是這一系列改革中的關鍵一環。黨的十一屆三中全會以來的種種努力，使“我們有了一個很好的前進陣地”[1]；“現在提出改革並完善黨和國家領導制度的任務，以適應現代化建設的需要，時機和條件都已成熟”[2]。對這一系列改革的長期性、艱巨性、反覆性，鄧小平有清醒的認識。他在這篇講話的結尾，語重心長地表示：“這個任務，我們這一代人也許不能全部完成，但是，至少我們有責任為它的完成奠定鞏固的基礎，確立正確的方向。我相信，這一點是一定可以做到的。”[3]

歷史已經證明，這五個歷史性課題的成功破解，對於使中國通過改革開放大踏步趕上時代，具有決定性意義。由此也奠定了鄧小平作為社會主義改革開放和現代化建設總設計師的歷史地位。

1 《鄧小平文選》第 2 卷，人民出版社 1994 年版，第 342 頁。

2 《鄧小平文選》第 2 卷，人民出版社 1994 年版，第 342—343 頁。

3 《鄧小平文選》第 2 卷，人民出版社 1994 年版，第 343 頁。

第八章　以新姿態跨入 21 世紀

　　從中共十四大到十六大，改革開放在兩個方面取得突破性進展。一是建立和完善了社會主義市場經濟體制，實現了科學社會主義在理論與實踐上的重大創新；二是通過加入世界貿易組織，全方位對外開放格局進一步完善。與此同時，跨世紀發展戰略的成功實施，確保"三步走"戰略部署的前兩步提前實現，開啟了人民生活從總體小康向全面小康邁進的新征程。

　　中共十六大後到十八大前，全面建設小康社會穩步推進，中國特色社會主義總體佈局進一步完善，戰勝了突如其來的"非典"疫情和嚴重自然災害，果斷應對國際金融危機，成功舉辦第 29 屆奧運會，推動黨和國家工作取得新的重大成就，經濟平穩較快發展，人民生活水平顯著提高，民主法制建設邁出新步伐，文化建設邁上新台階，社會主義和諧社會建設取得突破性進展。

社會主義市場經濟的創舉

　　中共十四大確立的，是建立社會主義市場經濟的大原則和大框架，還需要進一步的頂層設計。一年之後，1993 年 11 月 11 日至 14 日召開中共十四屆三中全會，做出《關於建立社會主義市場經濟體制若干問題的決定》（下文簡稱《決定》），為建立和完善社會主義市場經濟體制提供了總體規劃。

　　《決定》重申中共十四大報告提出的總目標和總方針："社會主義市場經濟體制是同社會主義基本制度結合在一起的。建立社會主義市場經濟體制，就是要使市場在國家宏觀調控下對資源配置起基礎性作用。"以此為指導，提出下一步改革要在以下體制機制上取得突破：

　　一是堅持以公有制為主體、多種經濟成分共同發展的方針，進一步轉換國有企業經營機制，建立適應市場經濟要求，產權清晰、權責明確、政企分開、管理科學的現代企業制度；

二是建立全國統一開放的市場體系，實現城鄉市場緊密結合，國內市場與國際市場相互銜接，促進資源的優化配置；

三是轉變政府管理經濟的職能，建立以間接手段為主的完善的宏觀調控體系，保證國民經濟的健康運行；

四是建立以按勞分配為主體，效率優先、兼顧公平的收入分配制度，鼓勵一部分地區一部分人先富起來，走共同富裕的道路；

五是建立多層次的社會保障制度，為城鄉居民提供同我國國情相適應的社會保障，促進經濟發展和社會穩定。

《決定》把以上這五點，稱為“社會主義市場經濟體制的基本框架”。要求“圍繞這些主要環節，建立相應的法律體系，採取切實措施，積極而有步驟地全面推進改革，促進社會生產力的發展”。[1]

社會主義市場經濟體制改革，涉及經濟社會發展各個領域，國計民生方方面面，特別是要從長期形成的主要由政府對資源配置起主導作用的計劃經濟體制，轉變到市場對資源配置起基礎性作用的社會主義市場經濟體制，這實際上是涉及經濟體制改革、政治體制改革、社會保障體系改革等的一場前所未有的深刻社會革命，同時也是思想觀念與工作方式上的一次革命性變革。對此，以江澤民同志為核心的中共中央領導集體作了周密的頂層設計和部署，出台了一系列帶有根本性的政策措施。主要有：

——1993年12月15日，國務院做出《關於實行分稅制財政管理體制的決定》。

——12月25日，國務院做出《關於金融體制改革的決定》。

——1994年1月11日，國務院做出《關於進一步深化對外貿易體制改革的決定》。

——3月25日，國務院第十六次常務會議審議通過實施《九十年代國家產業政策綱要》。

1　《十四大以來重要文獻選編》（上），中央文獻出版社2011年版，第453頁。

——4 月 15 日，國務院印發並實施《國家八七扶貧攻堅計劃》。

　　——6 月 14 日至 17 日，中共中央、國務院召開改革開放以來的第二次全國教育工作會議，要求從我國社會主義現代化建設的全局和國家、民族前途命運的高度，進一步確立教育優先發展的戰略地位，認真落實《中國教育改革和發展綱要》。

　　——7 月 5 日，第八屆全國人民代表大會常務委員會第八次會議通過《中華人民共和國勞動法》，並於 1995 年 1 月 1 日起施行。

　　——同日，國務院做出《關於進一步加強知識產權保護工作的決定》。

　　——7 月 18 日，國務院做出《關於深化城鎮住房制度改革的決定》。

　　——10 月 25 日，國務院下發《關於在若干城市試行國有企業破產有關問題的通知》。

　　——1995 年 2 月 27 日，中共中央、國務院做出《關於深化供銷合作社改革的決定》。

　　——3 月 1 日，國務院發出《關於深化企業職工養老保險制度改革的通知》。

　　與此同時，還提出抓緊時機努力做好社會主義市場經濟立法工作，努力建立社會主義市場經濟法律體系。

　　這一系列圍繞建立和完善社會主義市場經濟體制的改革舉措，標誌著中共十一屆三中全會開啟的改革開放，進入了一個新的發展階段。

　　這一系列改革實踐，也深化了對改革開放和社會主義現代化建設規律的認識。在 1994 年 9 月 25 日至 28 日召開的中共十四屆五中全會上，江澤民在講話中系統闡述社會主義現代化建設中的 12 個若干重大關係。包括：改革、發展、穩定的關係；速度和效益的關係；經濟建設和人口、資源、環境的關係；第一、第二、第三產業的關係；東部地區和中西部地區的關係；市場機制和宏觀調控的關係；公有制經濟和其他經濟成分的關係；收入分配中國家、企業和個人的關係；擴大對外開放和堅持自力更生的關係；中央和地方的關係；國防建設和經濟建設的關係；物質文明建設和精神文明建設的關係。[1]

1　見《江澤民文選》第 1 卷，人民出版社 2006 年版，第 460—475 頁。

中共十四大以後，改革開放和社會主義現代化建設，有了社會主義市場經濟這個制度平台，走上了國內持續快速發展與國際加快全方位開放 "雙輪驅動" 的快車道。鄧小平 "隔幾年上一個台階" 的願望成為現實。

當時，經濟全球化浪潮迅猛發展。能否實現國內快速發展與對外全方位開放 "雙輪驅動"，在很大程度上取決於中國能否在加入世界貿易組織的談判中獲得雙贏。

早在 1986 年 7 月，中國政府做出申請恢復中國關貿總協定締約國地位的決定。隨後開始長達 15 年的 "復關" 談判。1994 年 4 月 15 日，關貿總協定烏拉圭回合部長會議，決定成立更具全球性的世界貿易組織，以取代成立於 1947 年的關貿總協定。1995 年 1 月 1 日，世界貿易組織成立，一年後取代關貿總協定。中國政府的 "復關" 談判，從此變為加入世界貿易組織的談判。1999 年 11 月 15 日，中美雙方達成雙邊協議。2001 年 11 月 10 日，在卡塔爾首都多哈舉行的世界貿易組織第四屆部長級會議，通過了中國加入世界貿易組織的決定。12 月 11 日，中國正式成為世貿組織的第 143 個成員。加入世界貿易組織，使中國經濟在全球化進程中獲得參與制定規則和競爭的有利位置，從而得到更為廣闊的發展空間，對經濟體制改革和現代化建設產生深刻影響，標誌著我國對外開放進入了一個新的階段。

跨世紀發展的戰略擘畫

1997 年 2 月 19 日，鄧小平去世。鄧小平開啟了改革開放和社會主義現代化建設新時期，開創了中國特色社會主義，確定了中國共產黨在社會主義初級階段的基本路線。鄧小平逝世後，中國舉什麼旗、走什麼路的問題，再次成為舉世關注的問題。

1997 年 9 月 12 日至 18 日召開的中國共產黨第十五次全國代表大會，以鮮明的大會主題，即 "高舉鄧小平理論偉大旗幟，把建設有中國特色社會主義事業全面推向二十一世紀"，回應了國內外的普遍關切。

這次大會在理論上的一大貢獻，是以社會主義初級階段理論和基本路線為指導，系統提出了中國共產黨在社會主義初級階段的經濟、政治、文化綱領，深入闡述我國社會主義基本經濟制度和基本分配制度，闡明了中國特色社會主義經濟、政治、文化的基本特徵和基本要求。這些理論概括，標誌著改革開放以來各個領域、各方面工作的方針政策，已經進入圍繞社會主義市場經濟發展要求，進一步系統化、整體化的階段，對改革的整體性、協調性提出了更高的要求。

這次大會的又一個重要貢獻，是確立了依法治國基本方略。大會強調："依法治國，是黨領導人民治理國家的基本方略，是發展社會主義市場經濟的客觀需要，是社會文明進步的重要標誌，是國家長治久安的重要保障。""依法治國把堅持黨的領導、發揚人民民主和嚴格依法辦事統一起來，從制度和法律上保證黨的基本路線和基本方針的貫徹實施，保證黨始終發揮總攬全局、協調各方的領導核心作用。"[1]

這次大會還有一個重要貢獻，是從鄧小平所確立的社會主義現代化建設"三步走"戰略中的第二步目標即將實現的情況出發，對到 21 世紀中葉的第三步發展戰略作了進一步的規劃。報告提出："展望下世紀，我們的目標是，第一個十年實現國民生產總值比二〇〇〇年翻一番，使人民的小康生活更加寬裕，形成比較完善的社會主義市場經濟體制；再經過十年的努力，到建黨一百年時，使國民經濟更加發展，各項制度更加完善；到世紀中葉建國一百年時，基本實現現代化，建成富強民主文明的社會主義國家。"[2]

按照這一奮鬥目標，中共十五大前後，相繼提出和確立若干重大發展戰略，包括實施科教興國戰略、可持續發展戰略、西部大開發戰略、"走出去"戰略等，以確保跨世紀發展的速度和後勁。

在世紀之交，還先後發生了亞洲金融危機、1998 年特大洪澇災害，進行了反對"法輪功"邪教組織的重大政治鬥爭，抗議美國悍然轟炸中國駐南斯拉夫使館的重大外交鬥爭等。中共中央和國務院依靠黨政軍民各界、全國各族人民團結一致的力量，依靠中國特色社會主義制度優勢，成功地取得了這一系列鬥爭的勝利，展現了改革開放激發起來的國家綜合國力與軟實力。

1　《十五大以來重要文獻選編》（上），中央文獻出版社 2011 年版，第 26—27 頁。

2　《十五大以來重要文獻選編》（上），中央文獻出版社 2011 年版，第 4 頁。

2000 年，是難得的"千禧年"，也是中華民族復興史上值得濃墨重彩地記錄的一年。

"九五"計劃的完成，使我國實現了現代化建設第二步戰略目標，人民生活總體上達到小康水平。這是改革開放和社會主義現代化建設事業的豐碩成果，在中華民族發展史上矗立起新的里程碑。

到 2000 年，我國主要工農業產品產量位居世界前列，商品短缺狀況基本結束。

國家綜合實力顯著提高。經過從 1953 年開始的國民經濟九個五年計劃持續不斷的工業化和現代化建設，到 2000 年，國內生產總值達到 99776 億元人民幣，國家財政收入達 13395 億元，人均國民生產總值比 1980 年翻兩番的目標在 1997 年提前 3 年完成。

人民生活持續改善。2000 年，城鄉居民收入大幅度增加，農村居民家庭人均純收入達到 2253 元，城鎮居民家庭人均可支配收入達到 6280 元，"九五"時期平均每年實際增長 4.7％和 5.7％。

全方位對外開放格局基本形成。2000 年進出口總額達 4743 億美元，其中出口 2492 億美元，分別比 1995 年增長 69％和 67％。國家外匯儲備 2000 年底達到 1656 億美元，比 1995 年底增加 920 億美元。

到 2000 年，我國成功實現了由計劃經濟體制向社會主義市場經濟體制的轉變，社會主義市場經濟體制基本框架初步建立。至 1996 年，鋼鐵、煤炭等重要生產資料價格"雙軌制"基本結束。2000 年，市場調節價在社會商品零售總額、農副產品收購總額和生產資料銷售總額中所佔比例分別達到 95.8％、92.5％和 87.4％。

實施跨世紀發展戰略

進入 20 世紀 90 年代，世界科技革命出現新的高潮，科學技術對經濟社會發展的推動作用日益明顯，成為決定國家綜合國力和國際地位的重要因素。與此同時，增強發展中的可持續後勁，增強區域發展中的協調平衡，加快對外開放中的雙向互動，也成為迫切需要解決的重要課題。黨中央及時提出並實施科教興國、可持續發展、西部大開發、對外開放 "走出去" 等發展戰略，對中國特色社會主義事業的跨世紀發展起到了強有力的推動作用。

經濟社會快速發展，離不開科學技術和教育的強有力支撐。

面對新一輪科技革命的機遇和挑戰，1992 年 3 月國務院頒佈《國家中長期科學技術發展綱領》，對面向新世紀的科技發展做出規劃。1993 年 7 月，八屆全國人大常委會第二次會議通過《中華人民共和國科學技術進步法》，成為新中國成立以來第一部關於科學技術的法律。

1995 年 5 月 6 日，黨中央、國務院進一步做出《關於加速科學技術進步的決定》（下文簡稱《決定》），正式提出科教興國戰略。這是我國實施科教興國戰略的綱領性文件。《決定》明確提出了我國科技工作的基本方針，即堅持科學技術是第一生產力的思想，經濟建設必須依靠科學技術，科學技術工作必須面向經濟發展，努力攀登科學技術高峰；同時，明確指出了實施科教興國戰略的十項基本內容與基本要求。

1995 年 5 月 26 日至 30 日，中共中央、國務院在北京舉行全國科學技術大會，江澤民發表重要講話，明確提出 "實施科教興國的戰略，關鍵是人才" 的重大戰略判斷，強調科學技術人員應該大力弘揚愛國主義精神、求實創新精神、拚搏奉獻精神、團結協作精神。這四種精神，是我國數代科技工作者崇高品質的結晶，也是科技事業繁榮的重要保證。

為推進科教興國戰略，1997 年 6 月，國家科技領導小組第三次會議決定，制定和實施《國家重點基礎研究發展規劃》，加強國家戰略目標導向的基礎研究工作。在繼續實施 "863" 計劃的同時，由科技部組織實施了國家重點基礎研究發展計劃（"973" 計劃）。從 1998 年起，國家逐年加大了對科技事業的投入，中央財政 5 年內投入 25 億元用於國家重點基礎研究。國務院先後對 10 個國家局所屬 242 個應用型科研機構實行了企業化轉制。這些舉措有力地推動了科技成果的產業化，促進了科技與經濟的緊密結合。

科技創新，離不開教育的發展與提高。1993 年 2 月，黨中央、國務院頒佈《中國教育改革和發展綱要》，提出到 20 世紀末我國教育發展的總目標是："全民受教育水平有明顯提高；城鄉勞動者的職前、職後教育有較大發展；各類專門人才的擁有量基本滿足現代化建設的需要；形成具有中國特色的、面向 21 世紀的社會主義教育體系的基本框架。再經過幾十年的努力，建立起比較成熟和完善的社會主義教育體系，實現教育的現代化。"[1] 1995 年 3 月 18 日，八屆全國人大三次會議通過《中華人民共和國教育法》，極大地提升了教育的基礎地位。

以科教興國戰略為導向，國家實施了加強重點高校建設的"211 工程"，旨在面向 21 世紀重點建設 100 所左右的高等學校和一批重點學科，推動高等教育改革和多種形式聯合辦學，促使高校佈局和結構趨於合理，提高辦學規模效益和教育質量。還通過深化教育體制改革，逐步改變了高等教育長期存在的條塊分割、重複建設狀況，教育資源配置更加合理；基礎教育和職業技術教育逐步形成了政府為主與社會參與相結合的辦學新體制。

隨著經濟快速發展、經濟規模迅速擴大，資源、環境和人口等多種因素的制約日益凸顯，可持續發展問題日益引起黨和國家的高度重視。

1992 年聯合國環境與發展大會後，中共中央、國務院批准並轉發《關於出席聯合國環境與發展大會的情況及有關對策的報告》，明確提出將實施可持續發展戰略。

1994 年，我國發表《中國 21 世紀議程——中國 21 世紀人口、環境與發展白皮書》，提出可持續發展的總體戰略、對策和行動方案。

1996 年 3 月，八屆全國人大四次會議的政府工作報告明確提出：實施科教興國戰略和可持續發展戰略，對於今後 15 年的發展乃至整個現代化的實現，具有重要意義。會議批准的《中華人民共和國國民經濟和社會發展"九五"計劃和 2010 年遠景目標綱要》，對實施這兩大戰略作了具體規劃。

我國提出與實施可持續發展戰略，既是對 1992 年 6 月聯合國環境與發展大會通過的《里約環境與發展宣言》《21 世紀議程》等人類社會可持續發展新思想與國際共識的積極回應，也是適應國內經濟社會發展新要求、實現全面協調可持續發展的戰略選擇。

在中共中央、國務院的積極推動下，我國持續推動與實施可持續發展戰

1　《中國教育改革和發展綱要》（1993 年 2 月 13 日），載中共中央文獻研究室編《十四大以來重要文獻選編》（上），中央文獻出版社 2011 年版，第 54—55 頁。

略，在一些領域取得了重大進展。1996 年 8 月，國務院發佈《關於環境保護若干問題決定》，要求堅決貫徹執行《中華人民共和國水污染防治法》《中華人民共和國大氣污染防治法》《中華人民共和國固體廢物污染環境防治法》等，全面開展 "33211" 環境治理工程，即 "三河"（淮河、海河、遼河）、"三湖"（太湖、滇池、巢湖）水污染防治，"兩控區"（酸雨污染和二氧化硫污染控制區）大氣污染防治，"一市"（北京市）、"一海"（渤海）的污染防治，大力推進 "一控雙達標"（控制主要污染物排放總量、工業污染源達標和重點城市的環境質量按功能區達標）工作。

西部大開發戰略，是中共中央總攬全局、協調東西沿海地區與西部地區發展 "兩個大局" 戰略思想、面向新世紀做出的一項重大戰略決策。

改革開放初期，具有各方面有利條件的沿海地區，率先發展起來。經過十多年發展，到 1998 年，東部地區國內生產總值為 48114.90 億元，佔全國總量的 58.12%。同年西部 10 個省區市國內生產總值為 1.155 萬億元，只佔全國的 14.7%。世紀之交，我國綜合國力顯著增強，國家支持西部地區加快發展的條件基本具備，時機已經成熟。

1999 年 9 月，黨的十五屆四中全會明確提出國家要實施西部大開發戰略，通過優先安排基礎設施建設、增加財政轉移支付等措施，支持中西部地區和少數民族地區加快發展。

2000 年 10 月，十五屆五中全會進一步強調：實施西部大開發戰略，加快中西部地區發展，是實現現代化建設第三步戰略目標的重大舉措，是一項艱巨的歷史任務。既要有緊迫感，又要有長期奮鬥的思想準備。

會後，國務院就西部大開發中的資金投入、投資環境、對外對內開放、吸引人才和發展科技教育等制定了若干具體政策措施，明確規定當前和今後一個時期的重點任務和目標：力爭用五到十年時間，使西部地區基礎設施和生態環境建設取得突破性進展，西部開發有一個良好開局；到 21 世紀中葉，要建成一個經濟繁榮、社會進步、生活安定、民族團結、山川秀美的新西部。西部大開發戰略由此全面啟動。

2000 年，西部地區十大重點工程全部開工。2001 年，又一批重點工程相繼開工。基礎設施建設加快，有力地推動了西部地區的經濟發展和社會進步。

全方位對外開放，有力地推動了國內改革發展。國內改革發展的順利推進，又對對外開放提出新的要求，增添新的內容。

1998 年 2 月，江澤民在十五屆二中全會上提出，在積極擴大出口的同時，要有領導有步驟地組織和支持一批有實力有優勢的國有企業走出去，到國外主要是到非洲、中亞、中東、東歐、南美等地投資辦廠。既要"引進來"，又要"走出去"，這是我們對外開放基本國策兩個緊密聯繫、相互促進的方面，缺一不可[1]。

此後，"走出去"戰略逐漸成為一項既定國策。2000 年 10 月，中共十五屆五中全會通過《中共中央關於制定國民經濟和社會發展第十個五年計劃的建議》，提出："實施'走出去'戰略，努力在利用國內國外兩種資源、兩個市場方面有新的突破。"

"走出去"戰略的實施，進一步豐富和發展了對外開放基本國策，推動我國的對外開放從過去的側重引進為主發展為"引進來"和"走出去"相結合，我國國內企業的國際競爭力明顯加強。2001 年新簽訂涉及電力、交通、建築、石化等行業的大型工程項目 15 個。到 2001 年底，我國累計參與境外資源合作項目 195 個，總投資 46 億美元；累計設立各種境外企業 6610 家，其中中方投資 84 億美元；境外項目平均投資達 252 萬美元，比上年提高近 30％。

"引進來"和"走出去"相結合的開放戰略促進了開放型經濟的發展，使全方位、多層次、寬領域的對外開放格局更加清晰。中國經濟進一步融入經濟全球化進程，獲得了更廣闊的發展空間。這是中共中央在跨世紀發展道路上做出的又一項富有遠見的決策。

香港澳門回歸祖國

實現祖國統一大業，是中國共產黨的三大歷史任務之一。根據鄧小平提

1　江澤民：《做好經濟工作，增強承受和抵禦風險的能力》（1998 年 2 月 2 日），《江澤民文選》第 2 卷，人民出版社 2006 年版，第 105 頁。

出的"一國兩制"構想成功實現香港、澳門回歸,是 20 世紀 90 年代令中華民族備感自豪的兩件大事。

"千禧年"到來之前,香港、澳門相繼回歸祖國懷抱,祖國統一大業收穫一份厚禮。1997 年 6 月 30 日午夜至 7 月 1 日凌晨,在香港會議展覽中心大會堂隆重舉行了中英兩國政府香港政權交接儀式。中華人民共和國主席江澤民莊嚴宣告:"中國對香港恢復行使主權。中華人民共和國香港特別行政區正式成立。這是中華民族的盛事,也是世界和平與正義事業的勝利。""經歷了百年滄桑的香港回歸祖國,標誌著香港同胞從此成為祖國這塊土地上的真正主人,香港的發展從此進入一個嶄新的時代。"[1]

香港位於中國南部、珠江口以東,西與澳門隔海相望,北與深圳市相鄰,陸地總面積 1106.66 平方公里,海域面積 1648.69 平方公里,自古以來就是中國的領土。

香港與祖國一樣,在近代以來飽受殖民侵略的恥辱。第一次鴉片戰爭中,英國強佔香港島。1842 年,英國強迫清政府簽訂《南京條約》,永久割讓香港島。在第二次鴉片戰爭中,1860 年英國迫使清政府簽訂《北京條約》,永久割讓九龍半島尖端。1898 年英國又乘列強在中國劃分勢力範圍之機,逼迫清政府簽訂《展拓香港界址專條》,強行租借九龍半島界限街以北的大片土地以及附近二百多個島嶼(後統稱新界)。

新中國成立後,中國政府對香港的一貫立場:香港是中國的領土,中國不承認帝國主義強加的三個不平等條約,並主張在適當時機通過談判解決這一問題。改革開放以後,鄧小平提出按照"一個國家、兩種制度"方案解決台灣和香港問題的構想。隨著 1997 年的日益臨近,解決香港問題的時機已經成熟。

從 1982 年至 1984 年,中英兩國就落實香港前途問題進行談判。1984 年 12 月 19 日,中英兩國政府首腦在北京正式簽署了《中華人民共和國政府和大不列顛及北愛爾蘭聯合王國政府關於香港問題的聯合聲明》,明確 1997 年 7 月 1 日中華人民共和國對香港恢復行使主權。1990 年 4 月 4 日,第七屆全國

1　《江澤民文選》第 1 卷,人民出版社 2006 年版,第 651 頁。

人民代表大會第三次會議通過了《中華人民共和國香港特別行政區基本法》，自 1997 年 7 月 1 日起施行。

香港回歸祖國，開啟了繁榮穩定發展的新篇章。澳門回歸祖國，也隨之提上日程。

兩年以後，1999 年 12 月 19 日午夜至 20 日凌晨，中葡兩國政府舉行澳門政權交接儀式。葡萄牙國旗和澳門市政廳旗降下，中華人民共和國國旗和中華人民共和國澳門特別行政區區旗冉冉升起。中華民族的百年心願，終於在改革開放的新時期得以實現。

鄧小平在為解決香港回歸問題提出"一國兩制"構想時，曾經指出："中國政府為解決香港問題所採取的立場、方針、政策是堅定不移的。我們多次講過，我國政府在一九九七年恢復行使對香港的主權後，香港現行的社會、經濟制度不變，法律基本不變，生活方式不變，香港自由港的地位和國際貿易、金融中心的地位也不變，香港可以繼續同其他國家和地區保持和發展經濟關係。我們還多次講過，北京除了派軍隊以外，不向香港特區政府派出幹部，這也是不會改變的。我們派軍隊是為了維護國家的安全，而不是去干預香港的內部事務。"

他提出："港人治港有個界線和標準，就是必須由以愛國者為主體的港人來治理香港。未來香港特區政府的主要成分是愛國者，當然也要容納別的人，還可以聘請外國人當顧問。什麼叫愛國者？愛國者的標準是，尊重自己民族，誠心誠意擁護祖國恢復行使對香港的主權，不損害香港的繁榮和穩定。"

他還指出："不能籠統地擔心干預，有些干預是必要的。要看這些干預是有利於香港人的利益，有利於香港的繁榮和穩定，還是損害香港人的利益，損害香港的繁榮和穩定。現在看起來，香港從現在到一九九七年會有秩序地度過十三年，十三年之後，會有秩序地度過五十年。這我是有信心的。但切不要以為沒有破壞力量。這種破壞力量可能來自這個方面，也可能來自那個方面。如果發生動亂，中央政府就要加以干預。"[1]

1　《鄧小平文選》第 3 卷，人民出版社 1993 年版，第 58、61、73—74 頁。

鄧小平的這些預見，已經為後來的發展所證明。

在香港、澳門回歸的同時，海峽兩岸關係也在發展。繼 1987 年 10 月台灣當局有限制地開放探親後，一個重要進展就是海峽兩岸實現了"汪辜會談"。

1992 年 3 月，海峽兩岸關係協會（簡稱海協會）與台灣海峽交流基金會（簡稱台灣海基會）開始進行事務性商談。同年 11 月，雙方達成各自以口頭方式表述"海峽兩岸均堅持一個中國原則"的共識（"九二共識"）。

在此基礎上，1993 年 4 月 27 日至 29 日，海峽兩岸關係協會會長汪道涵與台灣海峽交流基金會董事長辜振甫，在新加坡舉行"汪辜會談"。這是海峽兩岸高層人士在長期隔絕之後的首度正式接觸。雙方簽署《汪辜會談共同協議》《兩岸公證書使用查證協議》《兩岸掛號函件查詢、補償事宜協議》《兩會聯繫與會談制度協議》等四項協議，由此突破了以往台灣當局規定的同大陸"不接觸、不談判、不妥協"的"三不"政策。

1994 年 3 月 5 日八屆全國人大常委會第六次會議通過《中華人民共和國台灣同胞投資保護法》，為台商在祖國大陸投資提供法律保障，創造更為有利和方便的條件。

1995 年春節前夕，江澤民發表《為促進祖國統一大業的完成而繼續奮鬥》講話，繼 1979 年 1 月全國人民代表大會常務委員會發表《告台灣同胞書》後，再次系統闡述對台大政方針。講話提出現階段發展兩岸關係、推動祖國和平統一進程的八項主張。

八項主張是：（一）堅持一個中國的原則，是實現和平統一的基礎和前提；（二）對於台灣同外國發展民間性經濟文化關係，我們不持異議；（三）進行海峽兩岸和平統一談判，是我們的一貫主張；（四）努力實現和平統一，中國人不打中國人；（五）面向二十一世紀世界經濟的發展，要大力發展兩岸經濟交流與合作，以利於兩岸經濟共同繁榮，造福整個中華民族；（六）中華各族兒女共同創造的五千年燦爛文化，始終是維繫全體中國人的精神紐帶，也是實現和平統一的一個重要基礎；（七）兩千一百萬台灣同胞，不論是台灣省籍還是其他省籍，都是中國人，都是骨肉同胞、手足兄弟；（八）我們歡迎台灣當局的領導人以適當身份前來訪問；我們也願意接受台灣方面的邀請，前往台灣。[1]

這個講話，既體現了中國政府完成祖國統一大業的堅定決心，又充分考慮到 2100 萬台灣同胞的願望和台灣的實際情況，表達了 "堅持統一，反對分裂" 的原則立場，為發展兩岸關係、推動祖國統一開闢了新的前景。

黨的建設新的偉大工程

1992 年 10 月召開的中共十四大，確立了建立社會主義市場經濟體制的改革目標。這為在新的歷史條件下加強黨的建設提出了新情況新要求。這就需要進一步明確黨的建設的總目標總任務，科學回答建設一個什麼樣的黨、怎樣建設黨的基本問題。

十四大報告指出，黨所處的環境和所肩負的任務有了很大變化，黨的建設面臨許多新情況新問題，"一定要結合新的實際，遵循黨的基本路線，堅持黨要管黨和從嚴治黨，加強和改進黨的建設，努力提高黨的執政水平和領導水平，使我們這個久經考驗的馬克思主義的黨，在建設有中國特色社會主義的偉大事業中更好地發揮領導核心作用"[2]。

為貫徹落實中共十四大精神，1994 年 9 月，黨的十四屆四中全會做出《關於加強黨的建設幾個重大問題的決定》，把黨的建設作為 "新的偉大工程"，明確了黨的建設的總目標和總任務，指出："在當代世界風雲變幻的條件下，在當代中國改革開放和現代化建設的偉大變革中，把黨建設成為用建設有中國特色社會主義理論武裝起來、全心全意為人民服務、思想上政治上組織上完全鞏固、能夠經受住各種風險、始終走在時代前列的馬克思主義政黨。"[3]

正式提出新時期黨的建設新的偉大工程，是 1997 年 10 月召開的中共

1　《江澤民文選》第 1 卷，人民出版社 2006 年版，第 421—423 頁。

2　江澤民：《加快改革開放和現代化建設步伐，奪取有中國特色社會主義事業的更大勝利》（1992 年 10 月 12 日），《江澤民文選》第 1 卷，人民出版社 2006 年版，第 245 頁。

3　《中共中央關於加強黨的建設幾個重大問題的決定》（1994 年 9 月 28 日），載中共中央文獻研究室編《十四大以來重要文獻選編》（中），中央文獻出版社 2011 年版，第 4 頁。

十五大一個歷史性決策。

十五大報告對黨的建設的總目標和總任務做出新概括，強調"要把黨建設成為用鄧小平理論武裝起來、全心全意為人民服務、思想上政治上組織上完全鞏固、能夠經受住各種風險、始終走在時代前列、領導全國人民建設有中國特色社會主義的馬克思主義政黨"。要求全黨"按照新的偉大工程的總目標，從思想上、組織上、作風上全面加強黨的建設，不斷提高領導水平和執政水平，不斷增強拒腐防變的能力，以新的面貌和更強大的戰鬥力，帶領人民完成新的歷史任務"。

不斷提高領導水平和執政水平，不斷增強拒腐防變的能力，是黨的建設的重大理論命題和實踐任務。2000 年 1 月 14 日，江澤民在十五屆中央紀委第四次全會上，完整地提出了"提高領導水平和執政水平、增強拒腐防變和抵禦風險的能力"這兩大歷史性課題。這些黨的建設理論的發展創新，適應了發展社會主義市場經濟對黨的建設的新要求，為新的歷史條件下加強和改進黨的建設指明了方向。

1998 年 11 月，中共中央印發《關於在縣級以上黨政領導班子、領導幹部中深入開展以"講學習、講政治、講正氣"為主要內容的黨性黨風教育的意見》。"三講"教育採取自上而下的辦法，分級分批進行。從 1998 年 11 月到 2000 年底，共有 70 萬縣（處）級以上領導幹部參加"三講"教育活動，其中省部級領導班子成員達 2100 多人。黨內外幹部群眾對"三講"教育十分關注，表現出很高的參與熱情，僅直接聽動員報告、參加民主測評和幫助整改的就有 500 萬人以上。通過"三講"教育，廣大幹部普遍受到一次深刻的馬克思主義教育，經受了一次黨內政治生活的鍛煉，貫徹黨的基本路線和民主集中制原則的自覺性得到提高。

1998 年 7 月，中共中央做出決定：軍隊、武警部隊和政法機關一律不再從事經商活動。這是加強黨的建設、政權建設和軍隊建設，從源頭上預防和治理腐敗的一項重大決策。當年底，軍隊、武警部隊和各級政法機關與所辦經營性企業徹底脫鉤。到 2000 年 3 月，這項工作基本結束。

為進一步推進黨風廉政建設，2001 年 9 月，黨的十五屆六中全會通過《關於加強和改進黨的作風建設的決定》，對加強作風建設做出全面部署，提出"八個堅持、八個反對"的要求。即：堅持解放思想、實事求是，反對因循守舊、不思進取；堅持理論聯繫實際，反對照抄照搬、本本主義；堅持密切聯繫群眾，反對形式主義、官僚主義；堅持民主集中制原則，反對獨斷專行、軟弱渙散；堅持黨的紀律，反對自由主義；堅持清正廉潔，反對以權謀私；堅持艱苦奮鬥，反對享樂主義；堅持任人唯賢，反對用人上的不正之風。

這一時期，先後制定或修訂了《中國共產黨章程》《中國共產黨紀律檢查機關控告申訴工作條例》《中國共產黨地方組織選舉工作條例》《中國共產黨紀律檢查機關案件檢查工作條例》《中國共產黨黨員權利保障條例（試行）》《中國共產黨地方委員會工作條例（試行）》《中國共產黨紀律處分條例（試行）》《中國共產黨黨員領導幹部廉潔從政若干準則（試行）》《中國共產黨黨和國家機關基層組織工作條例》等近 10 部黨內基本法規，為加強黨的建設、從嚴治黨、堅持與加強黨的領導奠定了必要的法規制度保障。

開啟全面建設小康社會新征程

2002 年 11 月召開的中共十六大，開啟了全面建設小康社會的新征程。

這次大會莊嚴宣告："經過全黨和全國各族人民的共同努力，我們勝利實現了現代化建設'三步走'戰略的第一步、第二步目標，人民生活總體上達到小康水平。這是社會主義制度的偉大勝利，是中華民族發展史上一個新的里程碑。"

大會根據歷史方位將全面建設小康社會確立為 21 世紀頭 20 年的奮鬥目標，指出："綜觀全局，二十一世紀頭二十年，對我國來說，是一個必須緊緊抓住並且可以大有作為的重要戰略機遇期。""我們要在本世紀頭二十年，集中力量，全面建設惠及十幾億人口的更高水平的小康社會，使經濟更加發展、民主更加健全、科教更加進步、文化更加繁榮、社會更加和諧、人民生活更加殷實。這是實現現代化建設第三步戰略目標必經的承上啟下的發展階段，也是完善社會主義市場經濟體制和擴大對外開放的關鍵階段。"同時強調，"必須毫不放鬆地加強和改善黨的領導，全面推進黨的建設新的偉大工程"。[1]

回望歷史，從中共十一屆三中全會開啟改革開放新時期算起，在過去的24年間，中國已經大踏步趕上時代，並且成為經濟全球化的重要推動力量。

展望未來，繼中共十二大提出"翻兩番"的奮鬥目標，中共十三大提出"三步走"戰略之後，中共十六大確立了"全面建設小康社會"奮鬥目標，並且要在中國共產黨建黨100週年之際加以實現。

這在中華民族偉大復興的追夢歷程中，又開啟了一個新征程。在這個新征程中，中華民族不僅要徹底告別貧困，實現從站起來到富起來的歷史飛躍，而且還要朝著強起來的目標繼續前進。

在前面的24年間，中國奇蹟靠的是改革開放。

在未來的新世紀新征程中，中國更離不開改革開放。

改革開放鑄就的偉大改革開放精神，極大豐富了民族精神內涵，成為當代中國人民最鮮明的精神標識，成為實現中華民族偉大復興中國夢的強大精神力量。

此時，經過二十多年經濟高速增長後，中國經濟社會發生了深刻變化，改革開放面臨的情況與中共十一屆三中全會後已有很大不同。歷史方位變化與形勢變化，對中國共產黨的執政能力和領導方式、工作方式提出更高要求，對改革開放和社會主義現代化建設也提出更高要求。

這種深刻變化和階段性特徵，概括起來說，一方面是改革開放取得的巨大成就和歷史性變化，另一方面是歷史積累和遺留下來的新老問題亟待繼續深化改革開放求得根本解決。對此，以胡錦濤為總書記的中共中央領導集體有比較清醒的認識，對"進入新世紀新階段，我國發展呈現一系列新的階段性特徵"作了系統分析，提出八個顯著特徵。

一是在經濟增長方式上，經濟實力顯著增強，同時生產力水平總體上還不高，自主創新能力還不強，長期形成的結構性矛盾和粗放型增長方式尚未根本改變；

二是在體制改革上，社會主義市場經濟體制初步建立，同時影響發展的

1　《十六大以來重要文獻選編》（上），中央文獻出版社2011年版，第14、14—15、38頁。

體制機制障礙依然存在，改革攻堅面臨深層次矛盾和問題；

三是在民生上，人民生活總體上達到小康水平，同時收入分配差距拉大趨勢還未根本扭轉，城鄉貧困人口和低收入人口還有相當數量，統籌兼顧各方面利益難度加大；

四是在城鄉與區域發展上，協調發展取得顯著成績，同時農業基礎薄弱、農村發展滯後的局面尚未改變，縮小城鄉、區域發展差距和促進經濟社會協調發展任務艱巨；

五是在民主政治建設上，社會主義民主政治不斷發展、依法治國基本方略扎實貫徹，同時民主法制建設與擴大人民民主和經濟社會發展的要求還不完全適應，政治體制改革需要繼續深化；

六是在文化建設上，社會主義文化更加繁榮，同時人民精神文化需求日趨旺盛，人們思想活動的獨立性、選擇性、多變性、差異性明顯增強，對發展社會主義先進文化提出了更高要求；

七是在社會建設上，社會活力顯著增強，同時社會結構、社會組織形式、社會利益格局發生深刻變化，社會建設和管理面臨諸多新課題；

八是在對外開放上，對外開放日益擴大，同時面臨的國際競爭日趨激烈，發達國家在經濟科技上佔優勢的壓力長期存在，可以預見和難以預見的風險增多，統籌國內發展和對外開放要求更高。

這就需要在新的形勢下，進一步解決好實現什麼樣的發展、怎樣發展的問題。

促進統籌發展與科學發展

2003 年，中國人均國內生產總值突破 1000 美元，跨上了一個重要台階。一些國家和地區的發展歷程表明，在人均國內生產總值突破 1000 美元之後，經濟社會就進入一個關鍵的發展階段。從國際上看，在這個階段，既有舉措得當，促進經濟快速發展和社會平穩進步的成功經驗；也有應對失誤，導致經濟徘徊不前和社會長期動盪的失敗教訓。能不能抓住新機遇、解決新問題、實現新發展，是對中國共產黨治國理政能力的重大考驗。

不同時期，不同階段，各有不同的問題。以上這些特徵表明，發展起來以後產生的新問題，以及在發展起來以後繼續存在但又有新變化的老問題，正在成為影響改革發展穩定的突出問題。正如鄧小平所說："過去我們講先發展起來。現在看，發展起來以後的問題不比不發展時少。"[1]

清醒認識國情，是採取正確行動的開始。中共十六大後所採取的重大舉措，正是從解決突出矛盾和問題入手的。

按照中共十六大的部署，改革發展的重點，是要"使經濟總量、綜合國力和人民生活水平再上一個大台階"。為此確定：大力實施科教興國戰略和可持續發展戰略，走新型工業化道路；統籌城鄉經濟社會發展，全面繁榮農村經濟，加快城鎮化進程；積極推進西部大開發等區域發展戰略，促進區域經濟協調發展；繼續調整國有經濟的佈局和結構，改革國有資產管理體制；理順分配關係，深化分配制度改革，健全社會保障體系；健全民主制度，豐富民主形式，擴大基層民主，擴大公民有序的政治參與；始終把社會效益放在首位，積極發展文化事業和文化產業，繼續深化文化體制改革。

就在各條戰線按照部署展開工作之時，一場突如其來的公共衛生事件從天而降。2003 年 2 月中下旬，"非典"疫情在廣東局部地區流行。由於"非典"有較強的傳染性，又沒有特別有效的預防治療辦法，加上我國人口多、流動性大，一些地方和部門在應對突發公共衛生事件上準備不足，疫情很快蔓延到我國大部分省區市，廣東、北京等地的疫情尤為嚴重，呈暴發狀態。

中共中央、國務院迅速成立統一指揮和協調全國防治工作的指揮部，中央明確提出了沉著應對、措施果斷，依靠科學、有效防治，加強合作、完善機制的總要求，確定了早發現、早報告、早隔離、早治療的措施，制定了就地預防、就地觀察、就地治療的原則，提出提高治癒率、降低病死率的要求。還嚴格疫情監測報告制度，派出督察組赴各地檢查指導工作，建立省市縣三級政府防治工作領導機制，加強重點部位和重點環節的防控工作。同時，堅持一手抓防治"非典"這件大事不放鬆、一手抓經濟建設這個中心不

1　冷溶、汪作玲主編：《鄧小平年譜（1975—1997）》（下），中央文獻出版社 2004 年版，第 1364 頁。

動搖的重大戰略決策，形成萬眾一心抗非典、迎難而上促發展的良性互動局面。

2003 年 6 月 24 日，世界衛生組織宣佈解除對北京的旅行警告。至此，我國抗擊"非典"取得階段性重大勝利。

"非典"的發生和蔓延，暴露出一些短板。主要是：經濟發展和社會發展、城市發展和農村發展不夠協調；公共衛生事業發展滯後，公共衛生體系存在缺陷；突發事件應急機制不健全，處理和管理危機能力不強；一些地方和部門缺乏應對突發事件的準備和能力，極少數黨員幹部作風不實，在緊急情況下工作不力、舉措失當。實事求是地正視這些短板，扎扎實實地採取有效措施克服這些短板，恰恰可以使黨和國家的領導水平、執政方式、工作理念、工作方式更好適應新世紀新形勢提出的要求。

在這一背景下，時任中共中央總書記、國家主席胡錦濤在同年 7 月 28 日召開的全國防治非典工作會議上講話，提出要做好進一步加強經濟社會協調發展、統籌城鄉經濟社會發展、公共衛生建設、社會管理體制的建設和創新、關心群眾生產生活等工作。並明確提出："要更好地堅持全面發展、協調發展、可持續發展的發展觀。"[1] 隨後又進一步形成並創立了科學發展觀，完成了發展規律、發展理念上的一次躍升。

8 月 28 日至 9 月 1 日在江西考察期間，胡錦濤提出："要牢固樹立協調發展、全面發展、可持續發展的科學發展觀，積極探索符合實際的發展新路子，進一步完善社會主義市場經濟體制，把加大結構調整力度同培育新的經濟增長點結合起來，把推進城市發展和推進農村發展結合起來，把發揮科學技術的作用和發揮人力資源的優勢結合起來，把發展經濟和保護資源環境結合起來，把對外開放和對內開放結合起來，努力走出一條生產發展、生活富裕、生態良好的文明發展道路。"[2]

2003 年 10 月 11 日至 14 日召開的中共十六屆三中全會通過《關於完善

1　《十六大以來重要文獻選編》（上），中央文獻出版社 2011 年版，第 396 頁。

2　胡錦濤：《胡錦濤在江西考察工作對強調繼承發揚黨的優良革命傳統加快全面建設小康社會步伐》，《人民日報》（海外版）2003 年 9 月 3 日第 1 版。

社會主義市場經濟體制若干問題的決定》，第一次正式提出科學發展觀，要求
"堅持以人為本，樹立全面、協調、可持續的發展觀"，按照"五個統籌"[1]的
要求，完善社會主義市場經濟體制。

10 月 14 日，胡錦濤在中共十六屆三中全會第二次全體會議上講話，指
出：科學發展觀"是二十多年改革開放實踐的經驗總結，是戰勝非典疫情給
我們的重要啟示，也是推進全面建設小康社會的迫切要求"。強調："樹立和
落實科學發展觀，十分重要的一環就是要正確處理增長數量和質量、速度和
效益的關係。"[2]

中共十六屆三中全會通過《關於完善社會主義市場經濟體制若干問題的
決定》（以下簡稱《決定》），是在科學發展觀指導下形成的。因此，它在規
定完善社會主義市場經濟體制的主要任務時，重點放在有效解決經濟結構不
合理、分配關係尚未理順、農民收入增長緩慢、就業矛盾突出、資源環境壓
力加大、經濟整體競爭力不強等問題上。針對這些問題，《決定》提出：完善
社會主義市場經濟體制的主要任務是："完善公有制為主體、多種所有制經濟
共同發展的基本經濟制度；建立有利於逐步改變城鄉二元經濟結構的體制；
形成促進區域經濟協調發展的機制；建設統一開放競爭有序的現代市場體
系；完善宏觀調控體系、行政管理體制和經濟法律制度；健全就業、收入分
配和社會保障制度；建立促進經濟社會可持續發展的機制。"[3]

下大力氣統籌城鄉發展。城鄉二元結構，一直是制約新中國經濟社會發
展的瓶頸性障礙。消除城鄉二元結構，是從農業大國向工業化國家轉變的重
要歷史任務。科學發展觀提出後，將統籌城鄉發展作為"五個統籌"的重要
一環，下大力氣加以解決。

2003 年 12 月 31 日，中共中央、國務院印發《關於促進農民增加收入若
干政策的意見》，強調按照統籌城鄉經濟社會發展的要求，堅持"多予、少
取、放活"的方針。提出以下措施：集中力量支持糧食主產區發展糧食產業，

1　"五個統籌"，即統籌城鄉發展、區域發展、經濟社會發展、人與自然和諧發展、國內發展
　　和對外開放。
2　《胡錦濤文選》第 2 卷，人民出版社 2016 年版，第 104、105 頁。
3　《十六大以來重要文獻選編》（上），中央文獻出版社 2011 年版，第 465 頁。

促進種糧農民增加收入；繼續推進農業結構調整，挖掘農業內部增收潛力；發展農村二、三產業，拓寬農民增收渠道；改善農民進城就業環境，增加外出務工收入；發揮市場機制作用，搞活農產品流通；加強農村基礎設施建設，為農民增收創造條件；深化農村改革，為農民增收減負提供體制保障。此後，中共中央、國務院每年下發一號文件，為統籌城鄉發展提供方針指導和政策保障。

——2004年12月31日，印發《關於進一步加強農村工作提高農業綜合生產能力若干政策的意見》。

——2005年12月31日，印發《中共中央國務院關於推進社會主義新農村建設的若干意見》。

——2006年12月31日，印發《關於積極發展現代農業扎實推進社會主義新農村建設的若干意見》。

——2007年12月31日，印發《關於切實加強農業基礎建設進一步促進農業發展農民增收的若干意見》。

——2008年12月31日，印發《關於2009年促進農業穩定發展農民持續增收的若干意見》。

——2009年12月31日，印發《關於加大統籌城鄉發展力度進一步夯實農業農村發展基礎的若干意見》。

——2010年12月31日，印發《中共中央國務院關於加快水利改革發展的決定》。

——2011年12月31日，印發《關於加快推進農業科技創新持續增強農產品供給保障能力的若干意見》。

上述9個關於解決"三農"問題的一號文件，涉及新農村建設、農村產業結構調整、農民創收增收、科技支農興農等重要領域，再加上2005年12月29日十屆全國人大常委會第十九次會議決定廢止《中華人民共和國農業稅條例》，2008年10月9日至12日召開的中共十七屆三中全會專題研究並做出《關於推進農村改革發展若干重大問題的決定》，使新中國成立以來對解決"三農"問題的重視程度和政策力度，達到了前所未有的程度。

在增加農民收入、減輕農民負擔的同時，國家按照廣覆蓋、保基本、多層次、可持續的原則，將社會保障制度向農村覆蓋。以農村最低生活保障、新型農村合作醫療、新型農村社會養老保險、農村五保供養等為主要內容的農村社會保障體系逐步形成，被徵地農民社會保障、農民工工傷和醫療等社會保險逐步健全。

中共中央、國務院之所以下決心切實解決城鄉二元結構問題，同在 21 世紀得出的一個重要判斷有直接關係，這就是"我國總體上已到了以工促農、以城帶鄉的發展階段"[1]。2004 年 9 月 19 日，胡錦濤在中共十六屆四中全會上的講話中指出："綜觀一些工業化國家發展的歷程，在工業化初始階段，農業支持工業、為工業提供積累是帶有普遍性的趨向；但在工業化達到相當程度以後，工業反哺農業、城市支持農村，實現工業與農業、城市與農村協調發展，也是帶有普遍性的趨向。"[2] 做出建設社會主義新農村的目的，就是要自覺順應這一趨勢，實行工業反哺農業、城市支持農村的方針，進一步調整國民收入分配格局，加大各級財政對農業和農村的支持力度，充分發揮工業對農業的支持和反哺作用、城市對農村的輻射和帶動作用，建立以工補農、城鄉互動、協調發展的新型城鄉關係。

下大力氣補齊社會建設和民生短板。改革開放後，儘管民生也有顯著的改善，但與經濟高速發展相比，仍然相對滯後。同時，高收入與低收入的差距明顯過大，區域之間不平衡現象比較突出，影響了共同富裕原則的實現。對此，中共中央下決心著力解決經濟社會發展"一條腿長、一條腿短"的問題，在發展經濟的同時，大力加強社會建設，切實保障和改善民生。

2006 年 10 月 8 日至 11 日召開的中共十六屆六中全會通過《關於構建社會主義和諧社會若干重大問題的決定》（以下簡稱《決定》），成為新中國歷史上第一個有關社會建設的中央全會文件。該《決定》把社會建設作為中國特色社會主義總體佈局之一，並把構建社會主義和諧社會明確為現代化建設奮鬥目標之一。在這個《決定》中，提出到 2020 年基本建立覆蓋城鄉居民的社會保障體系。

1　《十六大以來重要文獻選編》（中），中央文獻出版社 2011 年版，第 1092 頁。

2　《十六大以來重要文獻選編》（中），中央文獻出版社 2011 年版，第 311 頁。

新中國成立後，一直高度重視社會保障工作。在計劃經濟時期，主要是依靠勞動者的工作單位進行。作為政府提過立法實施的國民收入再分配形式的社會保障，是在改革開放後，從 20 世紀 90 年代起逐步推廣進行的。中共十六大後，這方面步伐明顯加快。2008 年末，養老保險參保人數達到 21891 萬人，比 1989 年增加 16181 萬人；醫療保險參保人數達到 31822 萬人，比 1994 年增加 31422 萬人；失業保險達到 12400 萬人，比 1994 年增加 4432 萬人；工傷保險 13787 萬人，比 1994 年增加 11965 萬人；生育保險達到 9254 萬人，比 1994 年增加 8338 萬人。[1]

2010 年 10 月，全國人大常委會頒佈《中華人民共和國社會保險法》，自 2011 年 7 月 1 日起施行，進一步推動社會保障向覆蓋城鄉發展。2011 年末，全國城鎮職工基本養老、城鎮基本醫療、失業、工傷、生育保險參保人數分別達到 2.84 億人、4.73 億人、1.43 億人、1.77 億人、1.39 億人，全國列入新型農村社會養老保險試點地區的參保人數達到 3.26 億人。全民醫療保障體系初步形成，覆蓋人數超過 13 億。最低生活保障制度實現全覆蓋。2011 年末，2277 萬城市居民得到政府最低生活保障，5306 萬農村居民得到政府最低生活保障，分別比 2002 年增加 212 萬人和 4898 萬人。[2]

這一時期加大了扶貧工作力度，農村貧困人口不斷下降。以低收入標準測算，農村貧困人口從 2002 年末的 8645 萬人下降到 2010 年末的 2688 萬人。[3]2011 年，中央決定將農民年人均純收入 2300 元（2010 年不變價）作為新的國家扶貧標準，這一標準比 2009 年提高了 92%，更多低收入人口將被納入扶貧範圍。扶貧標準的提高，一方面是全面建設小康社會的客觀需要，另一方面也反映出農村基本生活水平的逐步提高。

1 《人力資源社會保障部公佈 2008 年全國社會保險情況》，中國政府網，2009 年 6 月 12 日，http://www.gov.cn/gzdt/2009-06/12/concent_1338252.html。

2 《2011 年度人力資源和社會保障事業發展統計公報》，2012 年 6 月 5 日，http://www.mohrss.gov.cn/SYrlzyhshbzb/szrs/tjgb/201206/t20120605_69908.html。

3 國家統計局綜合司：《新世紀實現新跨越　新征程譜寫新篇章——以十六大到十八大經濟社會發展成就系列報告之一》，國家統計局網站，2018 年 8 月 15 日，http://www.stats.gov.cn/ztjc/ztfx/kxfzcjhn/201208/t20120815_72837.html。

2008 年，實現城鄉義務教育全部免費，惠及 1.6 億學生。[1] 15 歲及以上人口的受教育年限由 2000 年的 7.9 年提高到 2010 年的 9 年以上。

千方百計保持社會就業穩定。2011 年末，我國城鄉就業人數達到 7.6 億人，比 2002 年增加 2825 萬人。農民工數量不斷擴大，2011 年總量達到 2.53 億人。[2]

多措並舉增加城鄉居民收入。2011 年，城鎮居民人均可支配收入 2.2 萬元，比 2002 年增長 1.8 倍，扣除價格因素，年均實際增長 9.2%。農村居民人均純收入 6977 元，比 2002 年增長 1.8 倍，扣除價格因素，年均實際增長 8.1%。2010 年、2011 年農村居民收入增速，連續兩年快於城鎮。據有關調查，有近 70% 的城鄉居民認為生活水平比五年前有所上升，有近 60% 的城鄉居民認為未來五年的生活狀況還將繼續改善。[3]

社會工作得到重視和加強。中共十六屆六中全會提出建設宏大社會工作人才隊伍的決策部署。截至 2011 年底，專業社會工作人才達 20 餘萬人，心理疏導、心理撫慰、人文關懷等服務需求得到較大滿足。公共安全體系逐步健全，"一案三制"（應急預案和體制、機制、法制）不斷完善，形成了基本覆蓋各行業、各領域的較為完善的應急預案體系，應急管理體制機制進一步建立健全。

著力推動區域協調發展。本著重點先行、適當超前方針穩步推進西部大開發戰略，重點展開了青藏鐵路、西電東送、西氣東輸等標誌性工程建設，西部基礎設施建設取得重要進展。2003 年 10 月，中共十六屆三中全會提出要振興東北地區等老工業基地。同月，中共中央、國務院印發《關於實施東北地區等老工業基地振興戰略的若干意見》。

2004 年 9 月 16 日至 19 日召開的中共十六屆四中全會，明確提出促進中部地區崛起。2006 年 4 月，中共中央、國務院印發《關於促進中部地區崛起

1　《義務教育為教育強國奠基》，《人民日報》2011 年 4 月 2 日第 7 版。

2　《2011 年度人力資源和社會保障事業發展統計公報》，2012 年 6 月 5 日，http://www.mohrss.gov.cn/SYrlzyhshbzb/szrs/tjgb/201206/t20120605_69908.html。

3　中共中央黨史研究室：《中國共產黨的九十年》（改革開放和社會主義現代化建設新時期），中共黨史出版社、黨建讀物出版社 2016 年版，第 948 頁。

的若干意見》，加大了促進中部地區發展的支持力度。武漢城市圈、中原城市群、長（沙）株（洲）（湘）潭城市群、皖江城市帶、鄱陽湖生態經濟區、太原城市圈等重點經濟區加快發展，成為帶動中部地區發展的重要增長極。

為改革開放做出重要貢獻的東部地區繼續率先發展。2006 年 5 月，國務院批准天津濱海新區為全國綜合配套改革試驗區。2008 年 9 月，發出《關於進一步推進長江三角洲地區改革開放和經濟社會發展的指導意見》。2009 年 5 月，國務院發佈《關於支持福建省加快建設海峽西岸經濟區的若干意見》。

2007 年 10 月 15 日至 21 日，中國共產黨第十七次全國代表大會召開。大會對改革開放以來的歷史進程和歷史經驗作了系統回顧和總結，對中國特色社會主義理論體系作了完整闡發，對科學發展觀的科學內涵和精神實質作了全面闡發，對全面建設小康社會提出更高要求，並做出全面部署。大會還將科學發展觀寫入黨章，提出促進國民經濟又好又快發展、建設創新型國家、加快轉變經濟發展方式、全面落實依法治國基本方略、提高國家文化軟實力等，對以改革創新精神全面推進黨的建設新的偉大工程提出明確要求。

應對重大災害和考驗

中共十七大後，改革發展穩定面臨的國際國內形勢進一步發生變化，既提供了有利的發展機遇，也提出了新的考驗與挑戰。

2008 年 5 月 12 日 14 時 28 分，四川省汶川發生里氏 8.0 級特大地震，造成 69227 名同胞遇難、17923 名同胞失蹤、374644 名同胞受傷。這是新中國成立以來破壞性最強、波及範圍最廣、救災難度最大的一次地震。涉及四川、甘肅、陝西、重慶等 10 個省區市 417 個縣（市、區）、4667 個鄉（鎮）、48810 個村莊。災區總面積約 50 萬平方公里，受災群眾 4625 萬多人。[1]

在黨中央、國務院和中央軍委堅強領導下，四川等受災省份各級黨委、政府和中央各有關部門緊急行動、全力以赴，奮力抗震救災，搶險救援、醫療衛生、群眾生活安置、基礎設施搶修、資金物資保障、信息發佈等各項工

1　胡錦濤：《在全國抗震救災總結表彰大會上的講話》，《人民日報》2008 年 10 月 9 日第 2 版。

作有力有序有效進行。14.6 萬名人民解放軍指戰員和武警部隊官兵，7.5 萬名民兵預備役人員，公安民警以最快速度奔赴抗震救災第一線，發揮了主力軍和突擊隊的重大作用。全國各地區各部門和社會各界大力發揚"一方有難、八方支援"的精神。在汶川抗震救災中，培育和弘揚了萬眾一心、眾志成城，不畏艱險、百折不撓，以人為本、尊重科學的偉大抗震救災精神。84017 名群眾被從廢墟中搶救出來，149 萬名被困群眾得到解救，1510 萬名緊急轉移安置受災群眾基本生活得到妥善安排，881 萬名災區困難群眾得到救助。430 多萬名傷病員得到及時救治，其中 1 萬多名重傷員被快速轉送全國 20 個省區市375 家醫院。中小學校在新學期開始前全面復課開學，採取有效措施確保大災之後無大疫，切切實實做到了讓災區人民有飯吃、有衣穿、有乾淨水喝、有住處、有病能及時得到醫治。到 2010 年 9 月底，三年重建任務在兩年內基本完成。[1]

為強化全民減災防災意識，國家自 2009 年起，將每年 5 月 12 日確定為全國防災減災日。

2008 年，還遇到國際金融危機的巨大壓力。這次國際金融危機從 2007年美國次貸危機開始，到 2008 年發展為國際性的金融危機，由金融領域迅速擴散到實體經濟領域，使經濟全球化發展面臨嚴重挑戰。其來勢之猛、擴散之快、影響之深，遠超過 20 世紀 20 年代至 30 年代世界經濟危機。

受國際金融危機強烈衝擊，2008 年第四季度，我國經濟增速急劇下滑，大批企業出現停產、半停產甚至倒閉，就業壓力迅速加大，經濟社會發展面臨很大困難。

中共中央、國務院迅即制定應對措施。同年 10 月 9 日至 12 日召開的中共十七屆三中全會，從穩定經濟基本面入手，強調要採取靈活審慎的宏觀經濟政策，著力擴大國內需求特別是消費需求，保持經濟穩定、金融穩定、資本市場穩定。11 月初，國務院研究提出進一步擴大內需、促進經濟平穩較快增長的十項措施。11 月 6 日，中央政治局常委會議決定把促進經濟平穩較快增長作為經濟工作的首要任務，實施積極的財政政策和適度寬鬆的貨幣政

1　胡錦濤：《在全國抗震救災總結表彰大會上的講話》，《人民日報》2008 年 10 月 9 日第 2 版。

策，大規模增加政府投資。2009 年初，中央又出台一系列政策措施，形成了應對國際金融危機、促進經濟平穩較快增長的一攬子計劃。主要包括：大規模增加政府投資，實行結構性減稅，大範圍實施汽車、鋼鐵等十個重點產業調整振興規劃，大力推進科技進步和自主創新，大幅度提高社會保障水平等。

從 2009 年第二季度起，我國經濟止跌回升，全年經濟增長 9.2％。我國在世界上率先實現經濟回升向好。

國際金融危機對國內外深化改革、擴大開放，形成巨大壓力，但在中共中央、國務院的正確決策下，使這些壓力轉化成為深化改革、擴大開放的倒逼機制。

在新型工業化道路推進中，電子信息產業發展引人矚目。到 2011 年，我國已成為世界第一電子信息製造大國，計算機、移動電話、電視機等電子產品產量居世界第一，建成了全球最大的寬帶通信網絡，互聯網網民數量居世界第一位。但在關鍵技術上依賴發達國家的情況，還沒有根本改變。

在財稅體制改革方面，從 2009 年 1 月 1 日起，在全國範圍內推行由增值稅改為增值稅改革。在金融體制改革方面，2009 年 1 月 15 日，中國農業銀行股份有限公司成立，並於 2010 年 7 月成功上市。至此，我國大型商業銀行股份制改革基本完成。2009 年 4 月，國務院決定在上海等地開展跨境貿易人民幣結算試點。2011 年 8 月，又將跨境貿易人民幣結算地區擴大至全國。2009 年 10 月，創業板市場正式推出，促進了資本資源與技術創新的有機融合。

對外開放不但沒有因國際金融危機減緩，反而有進一步發展。2002 年至 2011 年中國加入世界貿易組織的 10 年間，出口和進口分別以年均 21.7％和 21.8％的速度增長，遠高於同期世界 11.5％和 11.1％的年平均增長速度。中國貨物貿易額的全球排名由第六位上升到第二位，累計外商直接投資居發展中國家首位；對外直接投資 2010 年居世界第五位。

中國還頂住國際金融危機造成的經濟發展下滑壓力，繼續保持高速增長的奇蹟。我國經濟總量 2005 年超過法國，居世界第五；2006 年超過英國，居第四；2007 年超過德國，居第三；2010 年超過日本，居第二。此後，穩定地成為世界第二大經濟體。這是改革開放長期深入發展的結果。

2008 年，既有重大災害，也有國際金融危機衝擊，還有成功舉辦 2008

年北京奧運會的喜悅。

2008 年 8 月 8 日至 24 日，第 29 屆夏季奧運會在北京舉行。這次奧運會，以"同一個世界、同一個夢想"為口號，共有參賽國家及地區 204 個，參賽運動員 11438 人，設 28 個大項、302 小項，共有 6 萬多名運動員、教練員和官員參加。北京奧運會期間，整個中國沉浸在節日的喜慶氣氛中。中國體育代表團不負眾望，取得了 51 枚金牌、21 枚銀牌、28 枚銅牌的優異成績，位居金牌榜第一位，創造了中國體育代表團參加奧運會以來的最好成績，實現了中華民族的百年期盼。

1908 年，《天津青年》發表的一篇文章裏，提出了三個奧運會中國之問：中國何時才能派一位選手參加奧運會？中國人何時才能在奧運會上奪得金牌？中國何時才能舉辦奧運會？時光荏苒。1984 年 7 月，美國洛杉磯第 23 屆奧運會召開，中國不但派出大型體育代表團參加這次盛會，而且中國選手許海峰在男子手槍慢射比賽中，獲得了中國首枚奧運會金牌，圓了第二個夢想。如今，2008 年中國北京第 29 屆奧運會的成功舉辦，使 100 年前提出的奧運會中國之問終於有了圓滿的答案。

這之後，上海還於 2010 年 5 月 1 日至 10 月 31 日成功舉辦世界博覽會。在 184 天的時間裏，有 246 個國家和國際組織參展，7308 萬人次參觀展覽，刷新了世博會歷史紀錄。

2010 年 10 月 15 日至 18 日召開的中共十七屆五中全會，通過了《關於制定國民經濟和社會發展第十二個五年規劃的建議》。2011 年 3 月 5 日至 14 日召開的十一屆全國人大四次會議，審議批准了《國民經濟和社會發展第十二個五年規劃綱要》。

第十一個五年規劃的勝利完成，第十二個五年計劃開始實施，標誌著我國在全面建設小康社會征途上，又邁上了一個新台階。

從 2006 年至 2010 年的"十一五"時期，國內生產總值年均增長 11.2%，2010 年國內生產總值達到 413030.3 億元。財政收入從 2005 年的 3.16 萬億元增加到 8.31 萬億元，貨物進出口總額從 1.42 萬億美元增加到 2.97 萬億美元。城鎮居民人均可支配收入年均增長 9.7%，農村居民人均純收入年均增長 8.9%。[1]

創新型國家戰略取得重要進展，載人航天、探月工程、超級計算機有重大突破。繼 2003 年"神舟五號"飛船成功實現載人航天飛行之後，2008 年 9 月 27 日，"神舟七號"飛船航天員成功進行中國人的第一次太空漫步。"十一五"期間，2007 年 10 月 24 日，我國成功發射首顆繞月探測衛星"嫦娥一號"。2010 年 10 月 1 日，成功發射月球探測衛星"嫦娥二號"。中國人古老的奔月夢想，成為現實。

1　《2011 年政府工作報告》，《人民日報》2011 年 3 月 16 日第 1 版。

第九章　開創新時代

　　時代的發展有一個從量變到質變的過程。經過長期努力，中共十八大後，中國特色社會主義進入新時代，這為中華民族偉大復興標註了新的歷史方位。這意味著近代以來久經磨難的中華民族迎來了從站起來、富起來到強起來的偉大飛躍，迎來了實現中華民族偉大復興的光明前景；意味著科學社會主義在 21 世紀的中國煥發出強大生機活力，在世界上高高舉起了中國特色社會主義偉大旗幟；意味著中國特色社會主義道路、理論、制度、文化不斷發展，拓展了發展中國家走向現代化的途徑，給世界上那些既希望加快發展又希望保持自身獨立性的國家和民族提供了全新選擇，為解決人類問題貢獻了中國智慧和中國方案。

開啟民族復興新航程

　　轉眼間全面建成小康社會征程就要進入第二個 10 年。在這關鍵時刻，2012 年 11 月 8 日至 14 日，中國共產黨第十八次全國代表大會隆重舉行。大會根據經濟社會發展實際，提出到 2020 年實現全面建成小康社會的宏偉目標。

　　以中共十八大為起點，以習近平同志為核心的中共中央帶領全黨全軍全國各族人民，推動中國特色社會主義進入新時代。

　　中國特色社會主義新時代，最重要的特徵是社會主要矛盾發生深刻變化。

　　自 1956 年社會主義改造完成後，中國社會的主要矛盾一直是人民日益增長的物質文化需要同落後的社會生產之間的矛盾。經過新中國長達二十多年的社會主義現代化建設，又經過長達三十多年改革開放帶來的高速發展，儘管中國還處於社會主義初級階段，中華民族偉大復興的歷史任務尚未完成，發展依然是中國共產黨面臨的主要問題和執政興國的第一要務，但是社會主要矛盾已經轉化為人民日益增長的美好生活需要和不平衡不充分的發展之間的矛盾。從社會總供給看，我國已告別短缺經濟，總體實現生活資料與生產資料極大豐富，然而也面臨質量不高、高精尖品種不全、滿足需求多樣化能力不強等問題。從綜合國力看，我國已穩定地成為世界第二大經濟體，成為世界製造大國和出口大國，主要問題是如何在成為製造強國中實現高質量發展和國內國際雙循環相互促進的新發展格局。從人民生活水平看，我國穩定解決了十幾億人的溫飽問題，總體上實現小康，正在向全面建成小康社會邁進，主要問題是人均水平不高、分配領域和教育醫療住房的公平公正問題凸顯。

如此深刻的社會變化，不可能一蹴而就，而是長期發展積累的結果，有一個從量變積累到部分質變的階段性提升，再到根本性質變的歷史過程。對於社會主要矛盾的這種變化，中共十八大以來，已經強烈地感受到了。2012年 11 月 15 日，習近平帶領十八屆中共中央政治局常委同中外記者見面時的講話中，在提出"人民對美好生活的嚮往，就是我們的奮鬥目標"時，就指出："我們的人民熱愛生活，期盼有更好的教育、更穩定的工作、更滿意的收入、更可靠的社會保障、更高水平的醫療衛生服務、更舒適的居住條件、更優美的環境，期盼孩子們能成長得更好、工作得更好、生活得更好。"[1]這實際上已經昭示著，人民物質文化需要正在發生從衣食住行基本生活需要向對更加美好生活的物質文化精神健康全方位需要的歷史性跨越。

中國特色社會主義新時代，另一個重要變化是在發展理念與發展方式上的。種種跡象表明，中國經濟發展方式必須告別過去那種長期形成的主要依靠投資、出口加工和增加物質資源消耗粗放型增長方式，逐步走上高質量發展道路，從製造大國向製造強國轉變，從人口資源大國向人力資源強國轉變，從中國製造向中國創造轉變。而經濟發展方式的轉變，又迫切要求發展理念的深刻變革，要求領導幹部政績觀的根本轉變，要求國家治理體系和治理能力的重大提升。這表明，無論是改革也好，發展也好，穩定也好，都迫

1　習近平：《人民對美好生活的嚮往　就是我們的奮鬥目標》，《人民日報》2012 年 11 月 16 日第 4 版。

切需要切實加強綜合性、系統性、協調性，都迫切需要加強頂層設計與統籌推進。也就是說，經濟發展方式的深刻變化，所引起的變化是全方位的，所提出的要求是更高層次、更高標準的，已經遠遠超越了經濟發展與經濟改革本身，而覆蓋到了國家、政府、社會、家庭各個層面，涉及經濟、政治、文化、社會、生態等各個領域。如果說，從前的改革發展需要的是從具體領域突破、先行取得成功，再向其他領域拓展的話；如今的改革發展更需要的則是首先做好頂層設計和系統規劃，再向重點層面、重點領域突破，以點帶面、點面結合式地向前推進。也正是從這時起，"穩中求進"與"精準"，成為談及改革發展問題時經常出現的高頻詞組。

中國特色社會主義新時代，另一個顯著變化是偉大復興所處歷史方位的變化。正如 2012 年 11 月 29 日，習近平總書記和中共中央政治局常委參觀《復興之路》展覽時發表的講話所說："中華民族的昨天，可以說是'雄關漫道真如鐵'。""中華民族的今天，正可謂'人間正道是滄桑'。""中華民族的明天，可以說是'長風破浪會有時'。""經過鴉片戰爭以來 170 多年的持續奮鬥，中華民族偉大復興展現出光明的前景。現在，我們比歷史上任何時期都更接近中華民族偉大復興的目標，比歷史上任何時期都更有信心、有能力實現這個目標。"這種感覺，也只有站在中華民族迎來從站起來、富起來到強起來偉大飛躍的新時代，才能深切地體會到。因此，他提出了一個代表新時代的響亮口號："實現中華民族偉大復興，就是中華民族近代以來最偉大的夢想。"[1]

中國特色社會主義進入新時代，儘管是一個客觀發展過程，但也必須以前所未有的加倍努力，才能通過不懈奮鬥得來。中共十八大報告，有一句意義非同尋常的話："發展中國特色社會主義是一項長期的艱巨的歷史任務，必須準備進行具有許多新的歷史特點的偉大鬥爭。"習近平總書記多次說過，這是他提出並堅持寫進去的。

---

1   習近平：《承前啟後　繼往開來　繼續朝著中華民族偉大復興目標奮勇前進》，《人民日報》
     2012 年 11 月 30 日第 1 版。

打鐵還需自身硬

要進行偉大鬥爭來開創新時代，就必須在當時國內外最為關切的三個方面取得重大突破。一是全面從嚴治黨，一是全面深化改革，一是全面依法治國。下不好這三著棋，就談不上全面建成小康社會，更談不上實現中華民族偉大復興中國夢。

當時，中國共產黨內的狀況不容樂觀。腐敗現象正處在高發多發的風險期，黨內不正之風得不到有效遏制，管黨治黨存在"寬鬆軟"狀況。習近平總書記在 2012 年 11 月 15 日同中外記者見面時的講話中指出："新形勢下，我們黨面臨著許多嚴峻挑戰，黨內存在著許多亟待解決的問題。尤其是一些黨員幹部中發生的貪污腐敗、脫離群眾、形式主義、官僚主義等問題，必須下大氣力解決。全黨必須警醒起來。"

他用一句話表達了全面從嚴治黨的堅強決心："打鐵還需自身硬。"此後，從中央以上率下、雷厲風行"八項規定"開始，到嚴懲周永康、薄熙來、郭伯雄、徐才厚、孫政才、令計劃等大案要案，堅持反腐敗無禁區、全覆蓋、零容忍，堅定不移"打虎""拍蠅""獵狐"，始終保持懲治腐敗高壓態勢，持續形成強大威懾，不敢腐的目標初步實現，不能腐的籠子越紮越牢，不想腐的堤壩正在構築。中共十八大以來，經中共中央批准立案審查的省軍級以上黨員幹部及其他中管幹部 440 人；處分廳局級幹部 8900 餘人，縣處級幹部 6.3 萬人，涉嫌犯罪被移送司法機關處理 5.8 萬人 [1]。經過不懈努力，到 2017 年中共十九大召開前，反腐敗鬥爭壓倒性態勢已經形成並鞏固發展。人民群眾對中國共產黨的滿意度和信任度空前提高。

全面從嚴治黨，強有力地推動了中國共產黨制度建設，並將制度建設貫穿於政治建設、思想建設、組織建設、作風建設、紀律建設之中。秉持紀嚴於法、紀在法前理念，全面加強中國共產黨的紀律法規制度建設，實行巡視巡察每屆全覆蓋，紀檢監察全覆蓋，建立健全紀檢監察制度，突出嚴肅黨內

1　《十八屆中央紀律檢查委員會向中國共產黨第十九次全國代表大會的工作報告》，《人民日報》2017 年 10 月 30 日第 1 版。

政治生活，推動形成良好黨內政治生態。

全面從嚴治黨的目的，是使中國共產黨始終成為中國人民的領導核心，切實加強中國共產黨對一切工作的全面領導，通過自我革命推動社會革命。改革開放以後，曾經提出解決黨政分開問題，目的是解決效率不高、機構臃腫、人浮於事、作風拖拉等問題。在這個問題上，當時的理論認識和實踐經驗都不夠，對如何解決好我們面臨的國家治理體系和治理能力問題是探索性的。經過反覆實踐探索證明，處理好黨政關係，首先要堅持黨的領導，在這個大前提下才是各有分工，而且無論怎麼分工，出發點和落腳點都是堅持和完善黨的領導。不能簡單講黨政分開或黨政合一，而是要適應不同領域特點和基礎條件，不斷改進和完善黨的領導方式和執政方式。正如習近平總書記所指出的："在充分發揚民主的基礎上進行集中，堅持黨中央權威和集中統一領導，集中全黨智慧，體現全黨共同意志，是我們黨的一大創舉，也是中國共產黨領導和我國社會主義制度的優勢所在。"[1]

將改革進行到底

全面深化改革，是中共十八大後舉世矚目的大事。當時的情況是，經過三十多年持續不斷改革開放，取得了巨大成就，中國特色社會主義的優越性日益凸顯。同時，一些深層次問題，以及隨之而來的各種利益固化的藩籬，亟需破解。用句通俗的話來說，就是好吃的肉基本上都吃完了，剩下的都是難啃的骨頭。改革在中共十八大以後，真正進入攻堅期和深水區。是迎難而上，還是維持現狀，這對中國共產黨領導水平和執政能力是一個嚴峻考驗。

中共十八大剛剛落下帷幕不久，習近平總書記考察的第一站，就選擇了改革開放的前沿陣地——深圳和廣東。在那裏，他深情緬懷鄧小平開創改革開放事業的豐功偉績，全面回顧改革開放走過的艱難歷程，發出要將改革進行到底的誓言。

1　《在黨的十九屆三中全會第二次全體會議上的講話》（2018 年 2 月 28 日），《習近平關於"不忘初心、牢記使命"論述摘編》，黨建讀物出版社、中央文獻出版社 2019 年版，第 119 頁。

經過一段周密調研和精心謀劃，2013 年 11 月 9 日至 12 日召開的中共十八屆三中全會，通過《中共中央關於全面深化改革若干重大問題的決定》（以下簡稱《決定》），形成了全面深化改革的綱領性文獻。

《決定》繼承了中共十一屆三中全會後改革的好傳統，將全面深化改革的重點繼續放在經濟體制改革上，聚焦在經濟體制改革的核心問題——政府與市場的關係上，並在這一核心問題上取得新突破。

全面深化改革的突破口選在哪裏，雖然涉及理論問題，但主要不是由理論所決定的，而是取決於實際發展狀況。1992 年中共十四大後，經過二十多年實踐，社會主義市場經濟體制在我國已經初步建立，但仍存在不少問題，主要是市場秩序不規範，以不正當手段謀取經濟利益的現象廣泛存在；生產要素市場發展滯後，要素閒置和大量有效需求得不到滿足並存；市場規則不統一，部門保護主義和地方保護主義大量存在；市場競爭不充分，阻礙優勝劣汰和結構調整；等等。這些問題不解決好，不僅完善的社會主義市場經濟體制難以形成，發展方式從高速增長向高質量發展轉變也不可能實現。

為什麼這樣說呢？決定發展方式轉變的關鍵問題，說到底，是推動經濟發展的各種資源要素能否有效配置，以及如何有效配置。經濟發展就是要提高資源尤其是稀缺資源的配置效率，以盡可能少的資源投入生產盡可能多的產品、獲得盡可能大的效益。決定資源配置的力量，主要有兩個，一是政府作用，二是市場作用。解決好資源配置問題，就必須抓住政府與市場這個牛鼻子。

從中共十一屆三中全會以來，對政府和市場關係，一直在根據對改革的實踐拓展和認識深化尋找新的科學定位。

1982 年 9 月召開的中共十二大提出："正確貫徹計劃經濟為主、市場調節為輔的原則，是經濟體制改革中的一個根本性問題。"[1]

1984 年 10 月召開的中共十二屆三中全會，突破把計劃經濟同商品經濟對立起來的傳統觀念，提出社會主義經濟是"在公有制基礎上的有計劃的商品經濟"。[2]

1　《十二大以來重要文獻選編》（上），人民出版社 1986 年版，第 23 頁。
2　《十二大以來重要文獻選編》（中），人民出版社 1986 年版，第 568 頁。

1987 年 10 月召開的中共十三大，進一步明確 "社會主義有計劃商品經濟的體制，應該是計劃與市場內在統一的體制"。"新的經濟運行機制，總體上來說應當是 '國家調節市場，市場引導企業' 的機制。"[1]

1990 年 12 月召開的中共十三屆七中全會提出："按照發展社會主義有計劃商品經濟的要求，建立計劃經濟與市場調節相結合的經濟運行機制，是深化經濟體制改革的基本方向。"[2]

1992 年 10 月召開的中共十四大提出："我國經濟體制改革的目標是建立社會主義市場經濟體制。""我們要建立的社會主義市場經濟體制，就是要使市場在社會主義國家宏觀調控下對資源配置起基礎性作用。"[3]

1997 年 10 月召開的中共十五大在闡述中國特色社會主義經濟綱領時提出："堅持和完善社會主義市場經濟體制，使市場在國家宏觀調控下對資源配置起基礎性作用"。[4]

2002 年 11 月召開的中共十六大提出："在更大程度上發揮市場在資源配置中的基礎性作用，健全統一、開放、競爭、有序的現代市場體系。"[5]

2007 年 10 月召開的中共十七大提出："要深化對社會主義市場經濟規律的認識，從制度上更好發揮市場在資源配置中的基礎性作用，形成有利於科學發展的宏觀調控體系。"[6]

2012 年 11 月召開的中共十八大提出："經濟體制改革的核心問題是處理好政府和市場的關係，必須更加尊重市場規律，更好發揮政府作用。""要加快完善社會主義市場經濟體制，完善公有制為主體、多種所有制經濟共同發展的基本經濟制度，完善按勞分配為主體、多種分配方式並存的分配制度，更大程度更廣範圍發揮市場在資源配置中的基礎性作用，完善宏觀調控體

1　《十三大以來重要文獻選編》（上），中央文獻出版社 2011 年版，第 26、27 頁。
2　《十三大以來重要文獻選編》（中），中央文獻出版社 2011 年版，第 1404—1405 頁。
3　《十四大以來重要文獻選編》（上），中央文獻出版社 2011 年版，第 16 頁。
4　《十五大以來重要文獻選編》（上），中央文獻出版社 2011 年版，第 16 頁。
5　《十六大以來重要文獻選編》（上），中央文獻出版社 2011 年版，第 20—21 頁。
6　《十七大以來重要文獻選編》（上），中央文獻出版社 2009 年版，第 17 頁。

系，完善開放型經濟體系，推動經濟更有效率、更加公平、更可持續發展。"[1]

以上變化可以看出，隨著改革實踐的深化拓展，對政府和市場關係的認識也在不斷深化。

隨著中國經濟體量與產能的迅速增長，資源能耗的硬約束制約也日益增強。如何更加有效地配置資源，關係到能否順利實現從高速增長向高質量發展轉變。理論和實踐都證明，市場配置資源是最有效率的形式。市場決定資源配置是市場經濟的一般規律，市場經濟本質上就是市場決定資源配置的經濟。健全社會主義市場經濟體制要遵循這條規律，著力解決市場體系不完善、政府干預過多和監管不到位問題。

中共十八屆三中全會《決定》提出："經濟體制改革是全面深化改革的重點，核心問題是處理好政府和市場的關係，使市場在資源配置中起決定性作用和更好發揮政府作用。"[2] 做出 "使市場在資源配置中起決定性作用" 的定位，有利於在全黨全社會樹立關於政府和市場關係的正確觀念，有利於轉變經濟發展方式，有利於轉變政府職能，有利於抑制消極腐敗現象。

中共十八屆三中全會《決定》的又一個重要貢獻，是將完善和發展中國特色社會主義制度，推進國家治理體系和治理能力現代化，作為全面深化改革的總目標。這是改革深化發展的必然要求。

鄧小平在 1992 年提出，再有 30 年的時間，我們才會在各方面形成一整套更加成熟更加定型的制度。這既是一種前瞻性戰略判斷，也體現了一種客觀要求。這就是要適時將改革的穩定性成果在制度層面確定下來，在改革的長過程中逐步形成一整套成熟定型的制度。這個時機，在中共十八大後已經到來。

全面深化改革所面臨的問題，很多都是長期積累下來的深層次問題，也是非積累到一定程度才有條件解決的問題。這些問題，往往具有綜合性、寬領域、牽一髮而動全身的特點，不是像以往那樣單靠某個領域或某幾個領域的配套改革就可以解決問題。全面深化改革，從根本上說，不是推進一個領域改革，也不是推進幾個領域改革，而是推進所有領域改革。這就需要更加

1　《十八大以來重要文獻選編》（上），中央文獻出版社 2014 年版，第 16、14—15 頁。
2　《十八大以來重要文獻選編》（上），中央文獻出版社 2014 年版，第 513 頁。

注重改革的頂層設計。這個頂層設計，只能是完善和發展中國特色社會主義制度，推進國家治理體系和治理能力現代化。

怎樣治理社會主義社會這樣全新的社會，在以往的世界社會主義中沒有解決得很好。中國共產黨在全國執政以後，不斷探索這個問題，雖然也發生了嚴重曲折，但在國家治理體系和治理能力上積累了豐富經驗、取得了重大成果，改革開放以來的進展尤為顯著。

國家治理體系和治理能力是一個國家制度和制度執行能力的集中體現。國家治理體系是在黨領導下管理國家的制度體系，包括經濟、政治、文化、社會、生態文明和黨的建設等各領域體制機制、法律法規安排，也就是一整套緊密相連、相互協調的國家制度；國家治理能力則是運用國家制度管理社會各方面事務的能力，包括改革發展穩定、內政外交國防、治黨治國治軍等各個方面。國家治理體系和治理能力是一個有機整體，相輔相成，有了好的國家治理體系才能提高治理能力，提高國家治理能力才能充分發揮國家治理體系的效能。

為了實現這一總目標，中共十八屆三中全會《決定》，從中國共產黨的自身建設和中國特色社會主義"五位一體"總體佈局出發，提出六個"緊緊圍繞"。

——緊緊圍繞使市場在資源配置中起決定性作用深化經濟體制改革，堅持和完善基本經濟制度，加快完善現代市場體系、宏觀調控體系、開放型經濟體系，加快轉變經濟發展方式，加快建設創新型國家，推動經濟更有效率、更加公平、更可持續發展。

——緊緊圍繞堅持黨的領導、人民當家作主、依法治國有機統一深化政治體制改革，加快推進社會主義民主政治制度化、規範化、程序化，建設社會主義法治國家，發展更加廣泛、更加充分、更加健全的人民民主。

——緊緊圍繞建設社會主義核心價值體系、社會主義文化強國深化文化體制改革，加快完善文化管理體制和文化生產經營機制，建立健全現代公共文化服務體系、現代文化市場體系，推動社會主義文化大發展大繁榮。

——緊緊圍繞更好保障和改善民生、促進社會公平正義深化社會體制改革，改革收入分配制度，促進共同富裕，推進社會領域制度創新，推進基本公共服務均等化，加快形成科學有效的社會治理體制，確保社會既充滿活力又和諧有序。

——緊緊圍繞建設美麗中國深化生態文明體制改革，加快建立生態文明制度，健全國土空間開發、資源節約利用、生態環境保護的體制機制，推動形成人與自然和諧發展現代化建設新格局。

——緊緊圍繞提高科學執政、民主執政、依法執政水平深化黨的建設制度改革，加強民主集中制建設，完善黨的領導體制和執政方式，保持黨的先進性和純潔性，為改革開放和社會主義現代化建設提供堅強政治保證。

這就使中共十一屆三中全會以來不斷深化、持續推進的改革偉業，有了前所未有的系統完整配套的頂層設計，真正稱得起是新時代全面深化改革的宏偉綱領。

在中共十八屆三中全會形成的全面深化改革“四樑八柱”的大格局下，《決定》共推出 336 項重大改革舉措。經過五年多的努力，啃下了不少硬骨頭，攻克了不少難關，衝破了不少利益固化的藩籬，解決了許多長期想解決而沒有解決的難題，辦成了許多過去想辦而沒有辦成的大事。到中共十九大後，重要領域和關鍵環節改革取得突破性進展，主要領域基礎性制度體系基本形成，為推進國家治理體系和治理能力現代化打下了堅實基礎。

中共十八屆三中全會，在改革開放發展史和中華民族復興史上，佔有極其重要的地位。正如習近平總書記指出：“在改革開放 40 多年歷程中，黨的十一屆三中全會是劃時代的，開啟了改革開放和社會主義現代化建設歷史新時期；黨的十八屆三中全會也是劃時代的，開啟了全面深化改革、系統整體設計推進改革的新時代，開創了我國改革開放的新局面。”[1]

實行依法治國新方略

全面深化改革，既需要良好的制度環境，也需要良好的法治環境。中共十八大後，以習近平同志為核心的中共中央全力推進全面依法治國，形成與

---

[1] 習近平：《關於〈中共中央關於堅持和完善中國特色社會主義制度　推進國家治理體系和治理能力現代化若干重大問題的決定〉的說明》，《人民日報》2019 年 11 月 6 日第 4 版。

全面深化改革"兩輪驅動"的工作格局。

自中共十五大提出依法治國基本方略後，依法治國取得重大進展。到 2011 年 3 月，中國特色社會主義法律體系基本形成。

與此同時，法治建設還存在許多不適應、不符合的問題，主要表現為：有的法律法規未能全面反映客觀規律和人民意願，針對性、可操作性不強，立法工作中部門化傾向、爭權諉責現象較為突出；有法不依、執法不嚴、違法不究現象比較嚴重，執法體制權責脫節、多頭執法、選擇性執法現象仍然存在，執法司法不規範、不嚴格、不透明、不文明現象較為突出，群眾對執法司法不公和腐敗問題反映強烈；部分社會成員尊法信法守法用法、依法維權意識不強，一些國家工作人員特別是領導幹部依法辦事觀念不強、能力不足，知法犯法、以言代法、以權壓法、徇私枉法現象依然存在。

針對這些情況，2014 年 10 月 20 日至 23 日召開的中共十八屆四中全會，通過《中共中央關於全面推進依法治國若干重大問題的決定》（以下簡稱《決定》）。該《決定》提出，為了更好統籌社會力量、平衡社會利益、調節社會關係、規範社會行為，使我國社會在深刻變革中既生機勃勃又井然有序，實現經濟發展、政治清明、文化昌盛、社會公正、生態良好，必須全面推進依法治國。

《決定》強調要處理好三個重大關係。一是堅持中國共產黨領導和依法治國的關係。強調黨和法治的關係是法治建設的核心問題。中國共產黨領導是中國特色社會主義最本質的特徵，是社會主義法治最根本的保證。中國特色社會主義制度是中國特色社會主義法治體系的根本制度基礎，是全面推進依法治國的根本制度保障。中國特色社會主義法治理論是中國特色社會主義法治體系的理論指導和學理支撐，是全面推進依法治國的行動指南。以上這三個方面，實質上是中國特色社會主義法治道路的核心要義，規定和確保了中國特色社會主義法治體系的制度屬性和前進方向。

二是科學立法、嚴格執法、公正司法、全民守法的關係。強調全面推進依法治國，必須從目前法治工作基本格局出發，突出重點任務，扎實有序推進。推進科學立法，關鍵是完善立法體制，深入推進科學立法、民主立法，抓住提高立法質量這個關鍵。推進嚴格執法，重點是以建設法治政府為目標，解決執法不規範、不嚴格、不透明、不文明以及不作為、亂作為等突出問題。推進公正司法，要以優化司法職權配置為重點，健全司法權力分工負責、相互配合、相互制約的制度安排，構建開放、動態、透明、便民的陽光司法機制，杜絕暗箱操作，堅決遏制司法腐敗。推進全民守法，必須著力增強全民法治觀念，堅持把全民普法和守法作為依法治國的長期基礎性工作，要堅持法治教育從娃娃抓起，把法治教育納入國民教育體系和精神文明創建內容，使尊法守法成為全體人民共同追求和自覺行動。

三是依法治國和以德治國的關係。強調堅持依法治國和以德治國相結合。治理國家、治理社會必須一手抓法治、一手抓德治，既重視發揮法律的規範作用，又重視發揮道德的教化作用，實現法律和道德相輔相成、法治和德治相得益彰。發揮好法律的規範作用，道德是法律的基礎，法律是道德的保障，以法治體現道德理念、強化法律對道德建設的促進作用。把一些基本道德規範轉化為法律規範，使法律法規更多體現道德理念和人文關懷，通過法律的強制力來強化道德作用、確保道德底線，推動全社會道德素質提升。發揮好道德的教化作用，以道德滋養法治精神，強化道德對法治文化的支撐作用，為依法治國創造良好人文環境。

《決定》還提出，完善以憲法為核心的中國特色社會主義法律體系，加強憲法實施，並確定將每年 12 月 4 日（現行憲法通過的日期）定為國家憲法日。

通過中共十八大、十八屆三中全會、四中全會，協調推進全面建成小康社會、全面深化改革、全面依法治國、全面從嚴治黨這 "四個全面" 戰略佈局，已經完整形成，成為統籌推進 "五位一體" 總體佈局的戰略抓手。

2015 年 2 月 2 日，習近平總書記在省部級主要領導幹部學習貫徹十八屆四中全會精神全面推進依法治國專題研討班的講話中，闡釋了 "四個全面" 之間的相互關係，指出："黨的十八大以來，黨中央從堅持和發展中國特色社會主義全局出發，提出並形成了全面建成小康社會、全面深化改革、全面依法治國、全面從嚴治黨的戰略佈局。這個戰略佈局，既有戰略目標，也有戰略舉措，每一個 '全面' 都具有重大戰略意義。全面建成小康社會是我們的戰略目標，全面深化改革、全面依法治國、全面從嚴治黨是三大戰略舉措。要把全面依法治國放在 '四個全面' 的戰略佈局中來把握，深刻認識全面依法治國同其他 3 個'全面'的關係，努力做到'四個全面'相輔相成、相互促進、相得益彰。"[1]

中共中央還先後成立中央全面深化改革領導小組（後改為中央全面深化改革委員會）、中央全面依法治國委員會，領導全面深化改革、全面依法治國工作。

新發展理念推動高質量發展

中共十八大後，國際金融危機持續發展，中國經濟發展的下行壓力進一步加大。加上我國經濟發展方式在發生歷史性轉變，由高速增長轉向高質量發展。在這種情況下，以習近平同志為核心的黨中央提出我國經濟發展進入新常態，提出創新、協調、綠色、開放、共享新發展理念，堅決實施供給側結構性改革，推動中國經濟繼續保持中高速發展，穩步邁向國際產業鏈的中高端。

正是在這樣的背景下，2015 年 10 月 26 日至 29 日召開的中共十八屆五中全會，審議通過了《中共中央關於制定國民經濟和社會發展第十三個五年規劃的建議》。習近平總書記在全會上，著重闡明新發展理念，並對貫徹落實新發展理念做出部署。

"十三五"規劃與以往的五年計劃相比，發展環境有了深刻變化。

最大變化是社會主要矛盾變化，主要矛盾的聚焦點由著力解決不發展、不平衡問題轉變為著力解決不充分、不平衡問題。同時，經過改革開放 30 多年的發展，增長速度進入換擋期，結構調整面臨陣痛期，前期刺激政策消化期，"三期疊加"效應日益顯現。

另一個重大變化是經濟發展方式上的，由著力確保高速增長轉變為確保高質量發展，而且由著重經濟發展發展為統籌推進五位一體總體佈局、協調推進"四個全面"戰略佈局。

第三個重大變化是我國已經進入經濟發展新常態，這既是國際金融危機

---

1   習近平：《領導幹部要做尊法學法守法用法的模範　帶動全黨全國共同全面推進依法治國》，《人民日報》2015 年 2 月 3 日第 1 版。

影響的結果，更是順應客觀發展規律化危為機、主動求變做出的重大決策。新常態下，我國經濟發展表現出速度變化、結構優化、動力轉換三大特點，增長速度要從高速轉向中高速，發展方式要從規模速度型轉向質量效率型，經濟結構調整要從增量擴能為主轉向調整存量、做優增量並舉，發展動力要從主要依靠資源和低成本勞動力等要素投入轉向創新驅動。這些變化不以人的意志為轉移，是我國經濟發展階段性特徵的必然要求。

因此，2014 年 12 月 9 日至 11 日中央經濟工作會議上，習近平總書記系統闡述了經濟發展新常態的判斷，指出："認識新常態，適應新常態，引領新常態，是當前和今後一個時期我國經濟發展的大邏輯。"[1] 在研究制定"十三五"時期經濟社會發展建議時，又提出要按照適應新常態、把握新常態、引領新常態的總要求進行戰略謀劃。

這就意味著，一定要避免"穿新鞋走老路"，而要首先從發展理念上來一個革命。習近平總書記在這次全會上指出："發展理念是發展行動的先導，是管全局、管根本、管方向、管長遠的東西，是發展思路、發展方向、發展著力點的集中體現。發展理念搞對了，目標任務就好定了，政策舉措也就跟著好定了。為此，建議稿提出了創新、協調、綠色、開放、共享的發展理念，並以這五大發展理念為主線對建議稿進行謀篇佈局。這五大發展理念，是'十三五'乃至更長時期我國發展思路、發展方向、發展著力點的集中體現，也是改革開放 30 多年來我國發展經驗的集中體現，反映出我們黨對我國發展規律的新認識。"[2]

新發展理念，每一個都體現著問題導向，都充滿著創新思維和辯證思維。

創新發展注重的是解決發展動力問題。它針對的是創新能力不強，科技發展水平總體不高，科技對經濟社會發展的支撐能力不足，科技對經濟增長的貢獻率遠低於發達國家水平的問題。看到的是新一輪科技革命所帶來的全球範圍更加激烈的科技競爭。要求把創新作為引領發展的第一動力，把人才

1　《人民日報》2014 年 12 月 12 日第 1 版。

2　習近平：《關於〈中共中央關於制定國民經濟和社會發展第十三個五年規劃的建議〉的說明》，《人民日報》2015 年 11 月 4 日第 2 版。

作為支撐發展的第一資源，把創新擺在國家發展全局的核心位置，不斷推進理論創新、制度創新、科技創新、文化創新等各方面創新。

協調發展注重的是解決發展不平衡問題。它針對的是發展不協調這一長期存在的問題，突出表現在區域、城鄉、經濟和社會、物質文明和精神文明、經濟建設和國防建設等關係上。看到的是"木桶"效應加深社會矛盾、降低發展整體效能的負面影響。要求牢牢把握中國特色社會主義事業總體佈局，正確處理發展中的重大關係，不斷增強發展整體性。

綠色發展注重的是解決人與自然和諧問題。它針對的是十分嚴峻的資源約束趨緊、環境污染嚴重、生態系統退化問題。看到的是當今時代科技革命和產業變革的方向和最有前途的發展領域，即綠色循環低碳發展。要求堅持節約資源和保護環境的基本國策，堅定走生產發展、生活富裕、生態良好的文明發展道路，加快建設資源節約型、環境友好型社會，推進美麗中國建設。

開放發展注重的是解決發展內外聯動問題。它針對的是對外開放水平總體上不夠高，用好國際國內兩個市場、兩種資源的能力不夠強，應對國際經貿摩擦、爭取國際經濟話語權的能力比較弱，運用國際經貿規則的本領不夠強。看到的是國際經濟合作和競爭局面的深刻變化，全球經濟治理體系和規則的重大調整，應對外部經濟風險、維護國家經濟安全的壓力是過去所不能比擬的。要求堅持對外開放的基本國策，奉行互利共贏的開放戰略，完善對外開放區域佈局、對外貿易佈局、投資佈局，形成對外開放新體制，發展更高層次的開放型經濟，以擴大開放帶動創新、推動改革、促進發展。

共享發展注重的是解決社會公平正義問題。它針對的是分配不公問題比較突出，收入差距、城鄉區域公共服務水平差距較大的問題。強調的是社會主義的本質要求，中國共產黨的根本宗旨與初心使命的重要體現。要求堅持發展為了人民、發展依靠人民、發展成果由人民共享，做出更有效的制度安排，使全體人民朝著共同富裕方向穩步前進。

新發展理念，是關係我國發展全局的一場深刻變革，為新時代解決好社會主要矛盾變化，實現高質量可持續的科學發展指明了方向。這五大發展理念相互貫通、相互促進，是具有內在聯繫的集合體。

"十三五"規劃是全面建成小康社會的收官規劃。習近平總書記提出，必須緊緊扭住全面建成小康社會存在的短板，在補齊短板上多用力，著力提高發展的協調性和平衡性。"我們不能一邊宣佈全面建成了小康社會，另一邊還有幾千萬人口的生活水平處在扶貧標準線以下，這既影響人民群眾對全面建成小康社會的滿意度，也影響國際社會對我國全面建成小康社會的認可度。"[1]

經過中共十八大後 5 年的不懈努力，中國特色社會主義經濟建設、政治建設、文化建設、社會建設、生態文明建設邁上新的台階，全面建設小康社會、全面深化改革、全面依法治國、全面從嚴治黨取得重大進展，中國共產黨和人民軍隊得到革命性重塑，國家綜合實力顯著增強，人民生活水平得到全面提升。

經濟保持中高速增長，在世界主要國家中名列前茅，國內生產總值從 54 萬億元增長到 80 萬億元，穩居世界第二，對世界經濟增長貢獻率超過 30%。供給側結構性改革深入推進，高鐵、公路、橋樑、港口、機場等基礎設施建設快速推進。農業現代化穩步推進，糧食生產能力達到 1.2 萬億斤。城鎮化率年均提高 1.2 個百分點，8000 多萬農業轉移人口成為城鎮居民。創新型國家建設成果豐碩，天宮、蛟龍、天眼、悟空、墨子、大飛機等重大科技成果相繼問世。南海島礁建設積極推進。開放型經濟新體制逐步健全，對外貿易、對外投資、外匯儲備穩居世界前列。

教育事業全面發展，中西部和農村教育明顯加強。就業狀況持續改善，城鎮新增就業年均 1300 萬人以上。城鄉居民收入增速超過經濟增速，中等收入群體持續擴大。6000 多萬貧困人口穩定脫貧，貧困發生率從 10.2% 下降到 4% 以下。覆蓋城鄉居民的社會保障體系基本建立，保障性住房建設穩步推進。

實現指導思想的新飛躍

2017 年 10 月 18 日至 24 日，中國共產黨第十九次全國代表大會隆重舉行。這是在中國特色社會主義進入新時代後召開的中國共產黨全國代表大會。

1　習近平：《關於〈中共中央關於制定國民經濟和社會發展第十三個五年規劃的建議〉的說明》，《人民日報》2015 年 11 月 4 日第 2 版。

這次大會是在中華民族偉大復興的戰略全局、世界前所未有之大變局都出現重大階段性變化的重要歷史時刻召開的，大會做出中國特色社會主義進入了新時代、我國社會主要矛盾已經轉化為人民日益增長的美好生活需要和不平衡不充分的發展之間的矛盾等重大政治論斷，深刻闡述了新時代中國共產黨的歷史使命，要求進行偉大鬥爭、建設偉大工程、推進偉大事業、實現偉大夢想。

　　這次大會是在中共十八大以來黨和國家事業取得歷史性成就、發生歷史性變革的重要歷史時刻召開的。以習近平同志為核心的黨中央以巨大的政治勇氣和強烈的責任擔當，提出一系列新理念新思想新戰略，出台一系列重大方針政策，推出一系列重大舉措，推進一系列重大工作，解決了許多長期想解決而沒有解決的難題，辦成了許多過去想辦而沒有辦成的大事，取得的歷史性成就是全方位、開創性的，發生的歷史性變革是深層次的、根本性的。大會系統闡述習近平新時代中國特色社會主義思想的時代主題、科學內涵、核心內容，確立習近平新時代中國特色社會主義思想的歷史地位，提出了新時代堅持和發展中國特色社會主義的基本方略，把習近平新時代中國特色社會主義思想確立為黨必須長期堅持的指導思想並莊嚴地寫入黨章，實現了黨的指導思想的與時俱進。

　　這次大會是在全面建成小康社會目標即將實現、即將開啟全面建設社會主義現代化強國新征程的“兩個一百年”奮鬥目標的歷史交匯期重要歷史時刻召開的。大會確定從現在到 2020 年，是全面建成小康社會決勝期，要堅決打好防範化解重大風險、精準脫貧、污染防治的攻堅戰，使全面建成小康社會得到人民認可、經得起歷史檢驗。從 2020 年到本世紀中葉可以分兩個階段來安排。第一個階段，從 2020 年到 2035 年，在全面建成小康社會的基礎上，再奮鬥 15 年，基本實現社會主義現代化；第二個階段，從 2035 年到本世紀中葉，在基本實現現代化的基礎上，再奮鬥 15 年，把我國建成富強民主文明和諧美麗的社會主義現代化強國。大會做出的從全面建成小康社會到基本實現現代化、再到全面建成社會主義現代化強國的遠景規劃，是新時代中國特色社會主義發展的戰略安排。

　　中共十九大後，首先要完成的戰略任務，就是決勝全面建成小康社會，實現第一個百年奮鬥目標。這在中華民族偉大復興史上，是一個重要的里程碑。

按照全面建成小康社會 "覆蓋的領域要全面" "覆蓋的人口要全面" "覆蓋的區域要全面" 的要求，需要堅決打好防範化解重大風險、精準脫貧、污染防治三大攻堅戰。

為打贏防範化解重大風險攻堅戰，習近平總書記強調要進行具有許多新的歷史特點的偉大鬥爭，始終做到增強憂患意識、防範風險挑戰要一以貫之。

古今中外的歷史告訴我們，越是取得成績的時候，越是要有如履薄冰的謹慎，越是要有居安思危的憂患，絕不能犯戰略性、顛覆性錯誤。中華民族偉大復興，絕不是輕輕鬆鬆、敲鑼打鼓就能實現的。面對波譎雲詭的國際形勢、複雜敏感的周邊環境、艱巨繁重的改革發展穩定任務，我們既要有防範風險的先手，也要有應對和化解風險挑戰的高招；既要打好防範和抵禦風險的有準備之戰，也要打好化險為夷、轉危為機的戰略主動戰。要充分做好應對各種複雜局面的準備，隨時準備戰勝一切艱難險阻，朝著中華民族偉大復興目標奮勇前進。

當前，涉及黨和國家安全和人民根本利益的重大風險，主要來自哪些方面？習近平總書記給予明確回答："要更加自覺地堅持黨的領導和我國社會主義制度，堅決反對一切削弱、歪曲、否定黨的領導和我國社會主義制度的言行；更加自覺地維護人民利益，堅決反對一切損害人民利益、脫離群眾的行為；更加自覺地投身改革創新時代潮流，堅決破除一切頑瘴痼疾；更加自覺地維護我國主權、安全、發展利益，堅決反對一切分裂祖國、破壞民族團結和社會和諧穩定的行為；更加自覺地防範各種風險，堅決戰勝一切在政治、經濟、文化、社會等領域和自然界出現的困難和挑戰。"[1] 也就是說，這些重大風險，既有來自敵對勢力的，也有來自國際競爭的，還有來自損害人民利益的腐敗現象和 "四風" 問題的，還有來自經濟社會活動和自然災害的。

這場偉大鬥爭將伴隨實現中華民族偉大復興的全過程，伴隨中華民族實

1　習近平：《決勝全面建成小康社會　奪取新時代中國特色社會主義偉大勝利——在中國共產黨第十九次全國代表大會上的報告》，人民出版社 2017 年版，第 15—16 頁。

現強起來的歷史飛躍的全過程，伴隨新時代新征程的全過程。要充分認識這場偉大鬥爭的長期性、複雜性、艱巨性，發揚鬥爭精神，提高鬥爭本領。要團結一切可以團結的力量，調動一切積極因素，在鬥爭中爭取團結，在鬥爭中謀求合作，在鬥爭中爭取共贏。

為打贏精準脫貧攻堅戰，一是習近平總書記親自部署、親自督戰。自2015年以來，習近平總書記就打贏脫貧攻堅戰召開了7個專題會議[1]，部署並督促扶貧攻堅工作。會前還到貧困地區調研，以增強會議的針對性。二是提出一系列重大舉措。主要包括"精準扶貧"理念，"兩不愁三保障"目標（不愁吃、不愁穿，保障義務教育、基本醫療和住房安全）、"六個精準"要求（扶貧對象精準、項目安排精準、資金使用精準、措施到戶精準、因村派人精準、脫貧成效精準），切實做到發展生產脫貧一批，易地搬遷脫貧一批，生態補償脫貧一批，發展教育脫貧一批，社會兜底保障脫貧一批。並通過層層立下軍令狀，簽訂責任書，形成"五級書記抓扶貧"格局。三是選派大批駐村工作隊和村黨支部第一書記，加強基層帶領群眾脫貧致富力量。全國共派出25.5萬個駐村工作隊、累計選派290多萬名縣級以上黨政機關和國有企事業單位幹部到貧困村和軟弱渙散村擔任第一書記或駐村幹部，目前在崗第一書記或駐村幹部達91.8萬名。[2]

脫貧攻堅目標任務接近完成。在20世紀80年代開始持續扶貧的基礎上，貧困人口從2012年底的9899萬人減到2019年底的551萬人，貧困發生率由10.2%降至0.6%，連續7年每年減貧1000萬人以上。到2020年2月底，全國832個貧困縣中已有601個宣佈摘帽，179個正在進行退出檢查，未摘帽縣還有52個，區域性整體貧困基本得到解決。[3]全國易地扶貧搬遷960

---

1 習近平總書記主持召開的這7個扶貧攻堅專題會議是：2015年2月13日在延安召開的革命老區脫貧致富座談會；2015年6月18日在貴陽召開的部分省區市扶貧攻堅與"十三五"時期經濟社會發展座談會；2016年7月20日在銀川召開的東西部扶貧協作座談會；2017年6月23日在太原召開的深度貧困地區脫貧攻堅座談會；2018年2月12日在成都召開的打好精準脫貧攻堅戰座談會；2019年4月16日在重慶召開的解決"兩不愁三保障"突出問題座談會；2020年3月6日在北京召開的決戰決勝脫貧攻堅座談會。

2 習近平：《在決戰決勝脫貧攻堅座談會上的講話》，《人民日報》2020年3月7日第2版。

3 習近平：《在決戰決勝脫貧攻堅座談會上的講話》，《人民日報》2020年3月7日第2版。

多萬貧困人口，中西部地區還同步搬遷 500 萬非貧困人口。截至 2020 年 8 月中旬，全國已建成集中安置區約 3.5 萬個，建成安置住房 266 萬多套。"十三五"易地扶貧搬遷住房建設任務和配套設施掃尾工程已全部完成，建檔立卡貧困搬遷群眾基本實現全部入住。[1]

2020 年 3 月 6 日，習近平總書記在決戰決勝扶貧攻堅座談會上又提出："確保剩餘建檔立卡貧困人口如期脫貧，對 52 個未摘帽貧困縣和 1113 個貧困村實施掛牌督戰。"[2] 中華民族向貧困宣戰的這場持久戰，已經看到全面勝利的曙光。

為打贏污染防治攻堅戰，一是加大頂層設計力度。中共中央、國務院相繼出台《關於加快推進生態文明建設的意見》（2015 年 4 月 25 日）、《生態文明體制改革總體方案》（2015 年 9 月），制定了四十多項涉及生態文明建設的改革方案，從總體目標、基本理念、主要原則、重點任務、制度保障等方面對生態文明建設進行全面系統部署安排。二是強化監督懲治力度。生態文明建設目標評價考核、自然資源資產離任審計、生態環境損害責任追究等制度出台實施，省以下環保機構監測監察執法垂直管理、生態環境監測數據質量管理、排污許可、河（湖）長制、禁止洋垃圾入境等環境治理制度加快推進，還制定和修改環境保護法、環境保護稅法以及大氣、水污染防治法和核安全法等法律，對環境污染和生態破壞界定入罪標準，加大懲治力度，形成高壓態勢。

大氣、水污染治理初見成效。同 2013 年相比，2017 年全國 338 個地級及以上城市可吸入顆粒物（PM10）平均濃度下降 22.7%，京津冀地區 PM2.5 平均濃度下降 39.6%，北京 PM2.5 平均濃度從 89.5 微克 / 立方米降至 58 微克 / 立方米。地表水國控斷面 I — III 類水體比例增加到 67.9%，劣 V 類水體比例下降到 8.3%。森林覆蓋率由 21 世紀初的 16.6% 提高到 22% 左右。

1　安蓓、林碧鋒、楊洪濤、彭韻佳：《"挪窮窩""奔富路"——易地搬遷　讓貧困人口開啟安居樂業新生活》，新華網，2020 年 4 月 27 日，http://www.xinhuanet.com/politics/2020-04/27/c_1125913863.htm。

2　習近平：《在決戰決勝脫貧攻堅座談會上的講話》，《人民日報》2020 年 3 月 7 日第 2 版。

推進機構改革與國家治理

如果說，部署堅決打贏三大攻堅戰，是為了確保決勝全面建成小康社會如期圓滿收官，深入推進黨和國家機構改革、對國家治理體系和治理能力現代化做出全面部署，則是進一步從頂層設計和制度保障上為開啟全面建設社會主義現代化強國保駕護航。

2018年2月26日至28日召開的中共十九屆三中全會，審議通過《中共中央關於深化黨和國家機構改革的決定》和《深化黨和國家機構改革方案》，同意把《深化黨和國家機構改革方案》的部分內容按照法定程序提交十三屆全國人大一次會議審議。

同年3月5日至20日召開的第十三屆全國人大一次會議審議通過《中華人民共和國監察法》，決定設立國家監察委員會，並通過對現行憲法作相應修正的修正案；審議通過國務院機構改革方案。

"兩會"閉幕兩個月後，5月底，改革方案中確定的25個應掛牌的新組建或重新組建的部門就全部亮相。改革力度規模之大、涉及範圍之廣、觸及利益之深、推進速度之快前所未有。

2019年7月5日，深化黨和國家機構改革總結會議召開。習近平總書記在講話中充分肯定了這次機構改革的成就，指出："深化黨和國家機構改革，是貫徹落實黨的十九大決策部署的一個重要舉措，是全面深化改革的一個重大動作，是推進國家治理體系和治理能力現代化的一次集中行動。黨的十九屆三中全會閉幕後，各地區各部門堅決貫徹黨中央決策部署，加大統的力度、明確改的章法、做好人的工作、執行嚴的紀律，短短一年多時間，十九屆三中全會部署的改革任務總體完成，取得一系列重要理論成果、制度成果、實踐成果。加強黨的全面領導得到有效落實，維護黨的集中統一領導的機構職能體系更加健全；黨和國家機構履職更加順暢高效，各類機構設置和職能配置更加適應統籌推進'五位一體'總體佈局和協調推進'四個全面'戰略佈局需要；省市縣主要機構設置和職能配置同中央保持基本對應，構建起從中央到地方運行順暢、充滿活力的工作體系；跨軍地改革順利推進；同步推進相關各類機構改革，改革整體效應進一步增強。"

關於這次黨和國家機構改革的重大意義，習近平總書記說："深化黨和國家機構改革是對黨和國家組織結構和管理體制的一次系統性、整體性重構。我們整體性推進中央和地方各級各類機構改革，重構性健全黨的領導體系、政府治理體系、武裝力量體系、群團工作體系，系統性增強黨的領導力、政府執行力、武裝力量戰鬥力、群團組織活力，適應新時代要求的黨和國家機構職能體系主體框架初步建立，為完善和發展中國特色社會主義制度、推進國家治理體系和治理能力現代化提供了有力組織保障。"[1]

通過這次黨和國家機構改革，中國共產黨對一切工作全面領導的制度體系進一步加強和完善，新時代黨和國家工作佈局進一步彰顯，為系統推進國家治理體系和治理能力現代化積累了經驗，創造了有利條件。

2019 年 10 月 28 日至 31 日召開的中共十九屆四中全會，是新中國成立以來首次專題研究國家治理問題的歷史性會議。全會審議通過《中共中央關於堅持和完善中國特色社會主義制度　推進國家治理體系和治理能力現代化若干重大問題的決定》（下文簡稱《決定》）。

這次以國家制度和國家治理作為議題，集中反映了新時代全面深化改革的新特點新要求。

相比過去，新時代改革開放具有許多新的內涵和特點，其中很重要的一點就是制度建設分量更重，改革更多面對的是深層次體制機制問題，對改革頂層設計的要求更高，對改革的系統性、整體性、協同性要求更強，相應地建章立制、構建體系的任務更重。從這個意義上說，將堅持和完善中國特色社會主義制度、推進國家治理體系和治理能力現代化作為全會主題，實際上是全面深化改革的再深化，也是在中共十八屆三中全會頂層設計基礎上的再深化。

與此同時，在日趨激烈的國際競爭中，國家治理軟實力繼科技競爭力、文化軟實力之後，成為一個新的制高點。正如習近平總書記指出："當今世界正經歷百年未有之大變局，國際形勢複雜多變，改革發展穩定、內政外交國防、治黨治國治軍各方面任務之繁重前所未有，我們面臨的風險挑戰之嚴峻前所未有。這些風險挑戰，有的來自國內，有的來自國際，有的來自經濟社

1　《習近平談治國理政》第 3 卷，外文出版社 2020 年版，第 105—106 頁。

會領域，有的來自自然界。我們要打贏防範化解重大風險攻堅戰，必須堅持和完善中國特色社會主義制度、推進國家治理體系和治理能力現代化，運用制度威力應對風險挑戰的衝擊。"[1]

全會充分肯定新中國成立以來確立的社會主義根本制度和基本制度，充分肯定中共十一屆三中全會以來不斷推進體制機制改革取得的豐碩成果和重要經驗，充分肯定中國特色社會主義進入新時代後全面深化改革、全面依法治國、全面從嚴治黨取得的歷史性成就和歷史性變革。指出：中國特色社會主義制度和國家治理體系是以馬克思主義為指導、植根中國大地、具有深厚中華文化根基、深得人民擁護的制度和治理體系，是具有強大生命力和巨大優越性的制度和治理體系，是能夠持續推動擁有近十四億人口大國進步和發展、確保擁有五千多年文明史的中華民族實現"兩個一百年"奮鬥目標進而實現偉大復興的制度和治理體系。

《決定》的總體考慮是，從黨的十九大確立的戰略目標和重大任務出發，著眼於堅持和鞏固中國特色社會主義制度、確保黨長期執政和國家長治久安，著眼於完善和發展中國特色社會主義制度、全面建設社會主義現代化國家，著眼於充分發揮中國特色社會主義制度優越性、推進國家治理體系和治理能力現代化，全面總結黨領導人民在我國國家制度建設和國家治理方面取得的成就、積累的經驗、形成的原則，重點闡述堅持和完善支撐中國特色社會主義制度的根本制度、基本制度、重要制度，部署需要深化的重大體制機制改革、需要推進的重點工作任務。

《決定》系統總結了我國國家制度和國家治理體系具有的顯著優勢，強調要堅持和完善以下根本制度和基本制度。包括：堅持和完善黨的領導制度體系，提高黨科學執政、民主執政、依法執政水平；堅持和完善人民當家作主制度體系，發展社會主義民主政治；堅持和完善中國特色社會主義法治體系，提高黨依法治國、依法執政能力；堅持和完善中國特色社會主義行政體制，構建職責明確、依法行政的政府治理體系；堅持和完善社會主義基本經

1　習近平：《關於〈中共中央關於堅持和完善中國特色社會主義制度　推進國家治理體系和治理能力現代化若干重大問題的決定〉的說明》，《人民日報》2019 年 11 月 6 日第 4 版。

濟制度，推動經濟高質量發展；堅持和完善繁榮發展社會主義先進文化的制度，鞏固全體人民團結奮鬥的共同思想基礎；堅持和完善統籌城鄉的民生保障制度，滿足人民日益增長的美好生活需要；堅持和完善共建共治共享的社會治理制度，保持社會穩定、維護國家安全；堅持和完善生態文明制度體系，促進人與自然和諧共生；堅持和完善黨對人民軍隊的絕對領導制度，確保人民軍隊忠實履行新時代使命任務；堅持和完善"一國兩制"制度體系，推進祖國和平統一；堅持和完善獨立自主的和平外交政策，推動構建人類命運共同體；堅持和完善黨和國家監督體系，強化對權力運行的制約和監督。

《決定》還提出堅持和完善中國特色社會主義制度、推進國家治理體系和治理能力現代化的指導思想和總體目標。要求到中國共產黨成立一百年時，在各方面制度更加成熟更加定型上取得明顯成效；到 2035 年，各方面制度更加完善，基本實現國家治理體系和治理能力現代化；到新中國成立一百年時，全面實現國家治理體系和治理能力現代化，使中國特色社會主義制度更加鞏固、優越性充分展現。

在中國共產黨治國理政經驗日益豐富，駕馭國內國際兩個大局、防範和抵禦各種風險能力顯著提升中，先後迎來了慶祝改革開放 40 週年和慶祝新中國成立 70 週年。

2018 年 12 月 18 日，慶祝改革開放 40 週年大會在首都北京隆重舉行。慶祝大會上，宣讀了《中共中央國務院關於表彰改革開放傑出貢獻人員的決定》，授予于敏等 100 名傑出貢獻者改革先鋒稱號，並頒授改革先鋒獎章；向阿蘭·梅里埃等 10 名國際友人頒授中國改革友誼獎章。

這是 2017 年 7 月中共中央批准實施《國家功勳榮譽表彰條例》《"共和國勳章"和國家榮譽稱號授予辦法》後的一次重大表彰活動。

習近平總書記在慶祝大會上講話。他指出："建立中國共產黨、成立中華人民共和國、推進改革開放和中國特色社會主義事業，是五四運動以來我國發生的三大歷史性事件，是近代以來實現中華民族偉大復興的三大里程碑。""改革開放是我們黨的一次偉大覺醒，正是這個偉大覺醒孕育了我們黨從理論到實踐的偉大創造。改革開放是中國人民和中華民族發展史上一次偉大革命，正是這個偉大革命推動了中國特色社會主義事業的偉大飛躍！"

他用若干個"從……到……"的句式，回顧和總結了改革開放 40 年經歷的滄桑巨變：

——農村改革，"從實行家庭聯產承包、鄉鎮企業異軍突起、取消農業稅牧業稅和特產稅到農村承包地'三權'分置、打贏脫貧攻堅戰、實施鄉村振興戰略"；

——對外開放，"從興辦深圳等經濟特區、沿海沿邊沿江沿線和內陸中心城市對外開放到加入世界貿易組織、共建'一帶一路'、設立自由貿易試驗區、謀劃中國特色自由貿易港、成功舉辦首屆中國國際進口博覽會"；

——實體經濟改革發展，"從'引進來'到'走出去'，從搞好國營大中小企業、發展個體私營經濟到深化國資國企改革、發展混合所有制經濟"；

——所有制結構改革，"從單一公有制到公有制為主體、多種所有制經濟共同發展和堅持'兩個毫不動搖'"；

——經濟體制改革，"從傳統的計劃經濟體制到前無古人的社會主義市場經濟體制再到使市場在資源配置中起決定性作用和更好發揮政府作用"；

——逐步形成全面深化改革，"從以經濟體制改革為主到全面深化經濟、政治、文化、社會、生態文明體制和黨的建設制度改革，黨和國家機構改革、行政管理體制改革、依法治國體制改革、司法體制改革、外事體制改革、社會治理體制改革、生態環境督察體制改革、國家安全體制改革、國防和軍隊改革、黨的領導和黨的建設制度改革、紀檢監察制度改革等一系列重大改革扎實推進，各項便民、惠民、利民舉措持續實施，使改革開放成為當代中國最顯著的特徵、最壯麗的氣象"。

習近平總書記號召繼續發揚民族的奮鬥精神："40 年來取得的成就不是天上掉下來的，更不是別人恩賜施捨的，而是全黨全國各族人民用勤勞、智慧、勇氣幹出來的！我們用幾十年時間走完了發達國家幾百年走過的工業化歷程。在中國人民手中，不可能成為了可能。我們為創造了人間奇蹟的中國人民感到無比自豪、無比驕傲！"[1]

---

1 習近平：《在慶祝改革開放 40 週年大會上的講話》（2018 年 12 月 18 日），《人民日報》2018 年 12 月 19 日第 2 版。

2019 年 10 月 1 日，迎來了中華人民共和國成立 70 週年。為隆重慶祝新中國成立 70 週年，黨和國家組織了持續近一年的各類紀念慶祝活動。

利用重大慶典和歷史時間節點，適時進行愛國主義教育和革命傳統教育，是一個成功經驗，也是一個行之有效的優良傳統。而新中國成立 70 週年，適逢全面建成小康社會第一個百年奮鬥目標勝利在即，意義格外重大。

10 月 1 日，在北京天安門廣場隆重舉行慶祝中華人民共和國成立 70 週年大會，會後舉行了氣壯山河的盛大閱兵儀式和多姿多彩、喜慶熱烈的群眾遊行。

從新華社報道中，可以了解當時的盛況："雄壯的軍樂聲中，習近平乘車沿著寬闊的長安街，依次檢閱 15 個徒步方隊、32 個裝備方隊。近 15000 名受閱官兵整齊列陣、英姿勃發，580 台受閱裝備在陽光下熠熠生輝。這是中國特色社會主義進入新時代的首次國慶閱兵，也是共和國武裝力量改革重塑後的首次整體亮相。"

在當天晚上舉行的盛大聯歡活動上，還打出了"人民萬歲"字樣的焰火。

習近平總書記在慶祝大會上的講話中，深情地回顧說："70 年前的今天，毛澤東同志在這裏向世界莊嚴宣告了中華人民共和國的成立，中國人民從此站起來了。這一偉大事件，徹底改變了近代以後 100 多年中國積貧積弱、受人欺凌的悲慘命運，中華民族走上了實現偉大復興的壯闊道路。"

他還莊嚴宣告："今天，社會主義中國巍然屹立在世界東方，沒有任何力量能夠撼動我們偉大祖國的地位，沒有任何力量能夠阻擋中國人民和中華民族的前進步伐。"[1]

這錚錚話語，使人聯想到正在進行的美國極少數勢力對華全面打壓的種種逆行，中國人的自豪與自信油然而生。

中華民族在新時代，確實迎來了從站起來、富起來到強起來的歷史性飛躍。

2019 年 6 月起，一場猝不及防的"修例風波"嚴重擾亂了香港的正常秩

1　習近平：《在慶祝中華人民共和國成立 70 週年大會上的講話》（2019 年 10 月 1 日），《人民日報》2019 年 10 月 2 日第 2 版。

序。香港反對派與外部勢力沆瀣一氣，不斷製造非法暴力事件，把矛頭直指中央政府和香港特區政府，挑戰"一國兩制"底線，衝擊法治基石，危及民眾安全，重創經濟民生，嚴重危害國家主權、安全、發展利益。

這件事表面上起因於香港特區政府 2019 年 4 月向立法會提交《2019 年逃犯及刑事事宜相互法律協助法例（修訂）條例草案》，以使香港可與尚無長期司法互助安排的司法管轄區展開個案合作。

這個草案的提出，源於一樁涉台灣的刑事案件。2018 年 2 月，香港居民陳同佳涉嫌在台灣殺害女友後潛逃回港。因港台之間沒有簽訂刑事司法協助安排和移交逃犯協議，陳同佳無法被移交至案發地台灣受審。為維護法治與公義，堵住法律漏洞，香港特區政府提出修訂《逃犯條例》和《刑事事宜相互法律協助條例》。

一直在尋機滋事的香港反對派，認為時機已到，便抓住修訂《逃犯條例》和《刑事事宜相互法律協助條例》大做文章，造謠惑眾，煽動不明真相的民眾和青年學生對特區政府的對立情緒。香港特區立法會原定於 2019 年 6 月 12 日舉行會議，開展《逃犯條例》修訂草案審議工作，但因示威人群在立法會附近佔據道路、聚眾滋事，暴力衝擊警察防線，會議被迫取消。香港特區政府於 6 月 15 日宣佈，暫緩修訂《逃犯條例》的工作，打掉了反對派的口實。

此後，反對派掀起的暴力行動不斷升級，其勾結外國敵對勢力、圖謀"香港獨立"的真面目逐漸暴露在世人面前，激起了香港廣大愛國同胞的痛恨。

2020 年 5 月 28 日，十三屆全國人大三次會議通過《關於建立健全香港特別行政區維護國家安全的法律制度和執行機制的決定》，強調："維護國家主權、統一和領土完整是香港特別行政區的憲制責任。香港特別行政區應當盡早完成香港特別行政區基本法規定的維護國家安全立法。香港特別行政區行政機關、立法機關、司法機關應當依據有關法律規定有效防範、制止和懲治危害國家安全的行為和活動。"並決定："授權全國人民代表大會常務委員會就建立健全香港特別行政區維護國家安全的法律制度和執行機制制定相關法律，切實防範、制止和懲治任何分裂國家、顛覆國家政權、組織實施恐怖活動等嚴重危害國家安全的行為和活動以及外國和境外勢力干預香港特別行政區事務的活動。"[1]

在廣泛徵求香港各界意見的基礎上，6月30日，十三屆全國人大常委會第二十次會議通過《中華人民共和國香港特別行政區維護國家安全法》（以下簡稱《香港國安法》）。同日晚，香港特區政府新聞處發佈公告，《香港國安法》30日在香港特區刊憲公佈，即日晚11時生效。

7月2日，依照《香港國安法》有關規定，根據香港特別行政區行政長官林鄭月娥提名，國務院發佈兩個任命：陳國基為香港特別行政區維護國家安全委員會秘書長；區嘉宏為香港特別行政區政府入境事務處處長。

7月3日，香港特區政府發言人宣佈，根據《香港國安法》第十二條，香港特別行政區設立維護國家安全委員會。林鄭月娥擔任主席，成員包括特區政府政務司司長張建宗、財政司司長陳茂波、律政司司長鄭若驊、保安局局長李家超、警務處處長鄧炳強、警務處副處長（國家安全）劉賜蕙、入境事務處處長區嘉宏、香港海關關長鄧以海和行政長官辦公室主任陳國基。職責是：分析研判香港特別行政區維護國家安全形勢，規劃有關工作，制定香港特別行政區維護國家安全政策；推進香港特別行政區維護國家安全的法律制度和執行機制的建設；協調香港特別行政區維護國家安全的重點工作和重大行動。

同日，國務院任命駱惠寧（國務院港澳事務辦公室副主任、中央人民政府駐香港特別行政區聯絡辦公室主任）為香港特別行政區維護國家安全委員會國家安全事務顧問。還任命鄭雁雄為中央人民政府駐香港特別行政區維護國家安全公署署長；任命李江舟、孫青野為中央人民政府駐香港特別行政區維護國家安全公署副署長。

7月6日，香港特別行政區維護國家安全委員會舉行首次會議。

同日，香港特區政府將《中華人民共和國香港特別行政區維護國家安全法第四十三條實施細則》刊憲公佈，實施細則於7月7日生效。

7月8日，中央人民政府駐香港特別行政區維護國家安全公署在香港舉

1　《關於〈全國人民代表大會關於建立健全香港特別行政區維護國家安全的法律制度和執行機制的決定（草案）〉的說明》，《人民日報》2020年5月29日第5版。

行揭牌儀式，宣告駐香港國家安全公署正式成立並運行。

這一系列重大決策，標誌著"一國兩制"方略在新時代又有了新突破新發展，標誌著香港繁榮穩定即將進入一個新階段。中國政府合理合法的舉措，遭到美國等西方國家的反對，甚至還以制裁香港特區政府等有關官員相要挾，但已是"無可奈何花落去"。

創造抗擊新冠肺炎疫情的中國奇蹟

2019 年 12 月底，正當人們忙著迎接新一年到來時，一種來源不明的病毒正悄然向武漢襲來。12 月 27 日，湖北省中西醫結合醫院向武漢市江漢區疾控中心報告不明原因肺炎病例。湖北省武漢市疾控中心監測發現不明原因肺炎病例。一場"遭遇戰"猝不及防打響。

歷史發展到了關鍵的門檻上，往往會有這樣的情況，既有喜事連連，也有突發事件不斷。

這場突如其來的新型冠狀病毒肺炎疫情（以下簡稱"新冠肺炎疫情"），是新中國成立以來發生的傳播速度最快、感染範圍最廣、防控難度最大的一次重大突發公共衛生事件，對中國是一次危機，也是一次大考。

2020 年 1 月 7 日，習近平總書記在主持召開中央政治局常委會會議時，對做好疫情防控工作提出要求。

1 月 9 日，國家衛生健康委專家評估組對外發佈武漢不明原因病毒肺炎病原信息，病原體初步判斷為新型冠狀病毒。

同日，中方將武漢不明原因的病毒性肺炎疫情病原學鑒定取得的初步進展分享給世界衛生組織。世界衛生組織網站發佈關於中國武漢聚集性肺炎病例的聲明，稱其在短時間內初步鑒定出新型冠狀病毒是一項顯著成就。

1 月 12 日，武漢市衛生健康委在情況通報中首次將"不明原因的病毒性肺炎"更名為"新型冠狀病毒感染的肺炎"。[1]

1　中華人民共和國國務院新聞辦公室：《抗擊新冠肺炎疫情的中國行動》（2020 年 6 月），《人民日報》2020 年 6 月 8 日第 10 版。

新冠肺炎疫情是百年來全球發生的最嚴重的傳染病大流行，是新中國成立以來我國遭遇的傳播速度最快、感染範圍最廣、防控難度最大的重大突發公共衛生事件，對黨和國家防控治理能力是一次嚴峻考驗。

據當時報道，截至 2020 年 1 月 20 日 18 時，境內累計報告新型冠狀病毒感染的肺炎病例 224 例，其中確診病例 217 例（武漢市 198 例，北京市 5 例，廣東省 14 例）；疑似病例 7 例（四川省 2 例，雲南省 1 例，上海市 2 例，廣西壯族自治區 1 例，山東省 1 例）。

對此，習近平總書記做出重要指示，他指出：湖北武漢市等地近期陸續發生新型冠狀病毒感染的肺炎疫情，必須引起高度重視，全力做好防控工作。目前正值春節期間，人員大範圍密集流動，做好疫情防控工作十分緊要。各級黨委和政府及有關部門要把人民群眾生命安全和身體健康放在第一位，制訂周密方案，組織各方力量開展防控，採取切實有效措施，堅決遏制疫情蔓延勢頭。要全力救治患者，盡快查明病毒感染和傳播原因，加強病例監測，規範處置流程。要及時發佈疫情信息，深化國際合作。要加強輿論引導，加強有關政策措施宣傳解讀工作，堅決維護社會大局穩定，確保人民群眾度過一個安定祥和的新春佳節。[1]

人類對未知事物總有一個認識過程。在這場前所未有的公共衛生安全遭遇戰中，新冠病毒的感染情況逐漸"浮出水面"。

1 月 18 日晚，一支彙聚了中國呼吸病學、流行病學、重症醫學、微生物學、疾病預防控制等相關學科"頂級力量"的高級別專家組趕至武漢。鍾南山等臨危受命，深夜到達武漢，馬不停蹄調研、了解情況，第二天又到武漢市金銀潭醫院、武漢市疾控中心等實地考察。經過考察，確認新冠病毒存在人傳人的情況。

這一重大進展，為隨後中共中央、國務院的一系列重大決策提供了科學依據。

兵貴神速，分秒必爭。鑒於疫情迅速蔓延、防控工作面臨嚴峻挑戰，1

1　《習近平對新型冠狀病毒感染的肺炎疫情作出重要指示強調　要把人民群眾生命安全和身體健康放在第一位　堅決遏制疫情蔓延勢頭》，《人民日報》2020 年 1 月 21 日第 1 版。

月 22 日，習近平總書記做出重要指示，要求立即對湖北省、武漢市人員流動和對外通道實行嚴格封閉的交通管控。日後的實踐證明，這既是一個大膽的決策，也是一個人民生命至上的英明決策。此舉為打贏全國抗疫阻擊戰贏得了寶貴時間，也成為在抗擊新冠肺炎疫情鬥爭中變被動為主動、化危為機的轉折點。

1 月 23 日，武漢疫情防控指揮部發佈 1 號通告，10 時起機場、火車站離漢通道暫時關閉。交通運輸部緊急通知，全國暫停進入武漢道路水路客運班線發班。國家衛生健康委等六部門發佈《關於嚴格預防通過交通工具傳播新型冠狀病毒感染的肺炎的通知》，要求做好汽車、火車、飛機等交通工具和車站、機場、碼頭等重點場所衛生管理工作，最大限度防止疫情擴散蔓延。此時，離除夕（1 月 24 日）只差一天。

1 月 23 日至 29 日，全國各省份陸續啟動重大突發公共衛生事件省級一級應急響應。

——1 月 24 日起，從各地和軍隊調集 346 支國家醫療隊、4.26 萬名醫務人員和 965 名公共衛生人員馳援湖北省和武漢市，並迅速開設火神山、雷神山等集中收治醫院和方艙醫院，優先保障武漢和湖北需要的醫用物資，並組織省區市對口幫扶除武漢以外的 16 個市州。在此前後，54 萬名湖北省和武漢市醫務人員同病毒短兵相接，率先打響了疫情防控遭遇戰。

1 月 25 日是農曆正月初一。習近平總書記主持召開中共中央政治局常委會會議，專門聽取新型冠狀病毒感染的肺炎疫情防控工作彙報，對疫情防控特別是患者治療工作進行再研究、再部署、再動員。會議決定，黨中央成立應對疫情工作領導小組，在中央政治局常務委員會領導下開展工作。黨中央向湖北等疫情嚴重地區派出指導組，推動有關地方全面加強防控一線工作。這次會議還確定 "集中患者、集中專家、集中資源、集中救治" 原則，強調 "依法科學有序防控"，重申 "早發現、早報告、早隔離、早治療"。

在以習近平同志為核心的黨中央果斷決策下，英雄城市、英雄人民聞風而動，一場空前的武漢保衛戰、湖北保衛戰全面打響。一場新中國成立以來最全面最嚴格最徹底的全國疫情防控正式展開。中華民族在偉大復興征程上，再次譜寫出一曲感天地、泣鬼神的抗疫壯歌。

——1 月 26 日起，中共中央政治局常委、國務院總理、中央應對新型冠狀病毒感染肺炎疫情工作領導小組組長李克強，接連召開中央應對新型冠狀病毒感染肺炎疫情工作領導小組會議，全面貫徹落實習近平總書記和黨中央的決策部署。

　　——1 月 27 日，受習近平總書記委託，李克強赴武漢考察指導疫情防控工作，代表黨中央、國務院慰問疫情防控一線的醫務人員。

　　——1 月 27 日起，中共中央政治局委員、國務院副總理孫春蘭率領中央指導組在湖北開展疫情防控指導工作，全面貫徹落實習近平總書記重要指示和中央政治局常委會會議精神。

　　——2 月 23 日，習近平總書記在統籌推進新冠肺炎疫情防控和經濟社會發展工作部署會議上講話，提出“武漢勝則湖北勝，湖北勝則全國勝”；“緊緊扭住城鄉社區防控和患者救治兩個關鍵，切實提高收治率和治癒率、降低感染率和病亡率”；“用藥如用兵，用醫如用將”；“加快科技研發攻關”，“擴大國際和地區合作”；一手抓打贏疫情防控這場人民戰爭，一手抓保持我國經濟社會良好發展勢頭。

　　病毒突襲而至，疫情來勢洶洶。僅用了半年光景，中國人民就降服了新型冠狀病毒這條“毒龍”，取得了抗疫鬥爭與經濟社會恢復發展雙勝利。在這場疫情防控的人民戰爭、總體戰、阻擊戰中，經過 1 個多月的時間初步遏制疫情蔓延勢頭，經過 2 個月左右的時間將本土每日新增病例控制在個位數以內，經過 3 個月左右的時間取得武漢保衛戰、湖北保衛戰的決定性成果，進而又接連在北京、新疆、遼寧等打了幾場局部地區聚集性疫情殲滅戰，奪取了全國抗疫鬥爭重大戰略成果。

　　在新冠肺炎疫情仍在全球肆虐的情況下，中國的抗疫鬥爭，充分展現了中國精神、中國力量、中國擔當，充分展現了中國特色社會主義道路自信、理論自信、制度自信、文化自信。

　　中華民族有一種特殊的力量，越是危難關頭，越能“萬眾一心”，築起新的長城。在這場鬥爭中，各行各業扛起責任，國有企業、公立醫院勇挑重擔，460 多萬個基層黨組織衝鋒陷陣，400 多萬名社區工作者在全國 65 萬個城鄉社區日夜值守，各類民營企業、民辦醫院、慈善機構、養老院、福利院等積極出力，廣大黨員、幹部帶頭拚搏，人民解放軍指戰員、武警部隊官兵、公安民警奮勇當先，廣大科研人員奮力攻關，數百萬快遞員冒疫奔忙，180 萬名環衛工人起早貪黑，新聞工作者深入一線，千千萬萬志願者和普通人默默奉獻。

中華民族有一種善良的願望，越是世界有難，越是會伸出道義援助之手。中國在抗疫過程中，對國際社會釋放出最大的善意。第一時間向世界衛生組織、有關國家和地區組織主動通報疫情信息，第一時間發佈新冠病毒基因序列等信息，第一時間公佈診療方案和防控方案，盡己所能為國際社會提供援助，宣佈向世界衛生組織提供兩批共 5000 萬美元現匯援助，向 32 個國家派出 34 支醫療專家組，向 150 個國家和 4 個國際組織提供 283 批抗疫援助，向 200 多個國家和地區提供和出口防疫物資。從 3 月 15 日至 9 月 6 日，我國總計出口口罩 1515 億隻、防護服 14 億件、護目鏡 2.3 億個、呼吸機 20.9 萬台、檢測試劑盒 4.7 億人份、紅外測溫儀 8014 萬件，以實際行動幫助挽救了全球成千上萬人的生命。

2020 年 5 月 18 日，國家主席習近平在第 73 屆世界衛生大會視頻會議開幕式上發表致辭，提出全力搞好疫情防控、發揮世衛組織領導作用、加大對非洲國家支持、加強全球公共衛生治理、恢復經濟社會發展、加強國際合作 6 項建議，提出："人類是命運共同體，團結合作是戰勝疫情最有力的武器"，"是各國人民合作抗疫的人間正道"。[1]

在抗擊疫情過程中，堅持內防反彈、外防輸入，創造了抗擊疫情的中國經驗。以確診患者、疑似患者、發熱患者、確診患者的密切接觸者等"四類人員"為重點，實行"早發現、早報告、早隔離、早治療"和"應收盡收、應治盡治、應檢盡檢、應隔盡隔"的防治方針，最大限度降低傳染率。醫療救治始終以提高收治率和治癒率、降低感染率和病亡率的"兩提高""兩降低"為目標，堅持集中患者、集中專家、集中資源、集中救治"四集中"原則，堅持中西醫結合，實施分類救治、分級管理。對重症患者，調集最優秀的醫

1　習近平：《團結合作戰勝疫情　共同構建人類衛生健康共同體》，《人民日報》2020 年 5 月 19 日第 2 版。

生、最先進的設備、最急需的資源，不惜一切代價進行救治，大幅度降低病亡率；對輕症患者及早干預，盡可能在初期得以治癒，大幅度降低轉重率。同時，第一時間切斷病毒傳播鏈；牢牢守住社區基礎防線；遵循科學規律開展防控；實施分級、分類、動態精準防控；為疫情防控提供及時有效法治保障。還建立嚴格的疫情發佈機制，依法、及時、公開、透明發佈疫情信息；建立分級分層新聞發佈制度，建立多層次多渠道多平台信息發佈機制，持續發佈權威信息，及時回應國內外關注的疫情形勢、疫情防控、醫療救治、科研攻關等熱點問題；依法適時訂正病例數據，在深入開展涉疫大數據與流行病學調查的基礎上，對確診和死亡病例數進行訂正，並向社會公開發佈。

2020 年 9 月 8 日，對中國人民來說，是一個經過不尋常鬥爭後迎來勝利喜悅的日子。全國抗擊新冠肺炎疫情表彰大會 8 日上午在北京人民大會堂隆重舉行。

"共和國勳章"獲得者鍾南山，"人民英雄"國家榮譽稱號獲得者張伯禮、張定宇、陳薇等集體乘坐禮賓車從住地出發，由國賓護衛隊護衛前往人民大會堂，並沿著紅毯拾級而上，進入人民大會堂。習近平總書記親自為他們授勳，並發表重要講話。

習近平總書記在講話中，概括闡述了"偉大抗疫精神"："在這場同嚴重疫情的殊死較量中，中國人民和中華民族以敢於鬥爭、敢於勝利的大無畏氣概，鑄就了生命至上、舉國同心、捨生忘死、尊重科學、命運與共的偉大抗疫精神。"

習近平總書記在講話中，強調了民族精神的力量："人無精神則不立，國無精神則不強。唯有精神上站得住、站得穩，一個民族才能在歷史洪流中屹立不倒、挺立潮頭。同困難作鬥爭，是物質的角力，也是精神的對壘。"

習近平總書記在講話中，強調要補短板、夯實防範重大風險的根基："我們要加快補齊治理體系的短板弱項，為保障人民生命安全和身體健康夯實制度保障。這場抗疫鬥爭是對國家治理體系和治理能力的一次集中檢驗。要抓緊補短板、堵漏洞、強弱項，加快完善各方面體制機制，著力提高應對重大突發公共衛生事件的能力和水平。要構築強大的公共衛生體系，完善疾病預防控制體系，建設平戰結合的重大疫情防控救治體系，強化公共衛生法治保障和科技支撐，提升應急物資儲備和保障能力，夯實聯防聯控、群防群控的基層基礎。要完善城市治理體系和城鄉基層治理體系，樹立全周期的城市健康管理理念，增強社會治理總體效能。要重視生物安全風險，提升國家生物安全防禦能力。"[1]

2020 年，在統籌推進新冠肺炎疫情防控和經濟社會發展中，迎來了制定"十四五"規劃的重要歷史時刻。

此刻，傳來了好消息：2020 年上半年我國經濟先降後升，二季度經濟增長由負轉正，主要指標恢復性增長，經濟運行穩步復甦，基本民生保障有力，市場預期總體向好，社會發展大局穩定。國家統計局 7 月 16 日對外公佈，初步核算，上半年國內生產總值 456614 億元，按可比價格計算，同比下降 1.6%。分季度看，一季度同比下降 6.8%，二季度增長 3.2%。[2]10 月 19 日，國家統計局發佈 2020 年前三季度中國經濟數據。第三季度，國內生產總值實現 4.9% 的更快增長，延續穩定恢復態勢。前三季度，國內生產總值同比增長 0.7%，增速由負轉正。[3]

2020 年 7 月 21 日，習近平總書記在企業家座談會上講話，強調保護和激發市場主體活力，弘揚企業家精神，充分肯定市場主體的作用與貢獻。指出："到 2019 年底，我國已有市場主體 1.23 億戶，其中企業 3858 萬戶，個體工商戶 8261 萬戶。這些市場主體是我國經濟活動的主要參與者、就業機會的主要提供者、技術進步的主要推動者，在國家發展中發揮著十分重要的作用。"

講話還闡述了"要逐步形成以國內大循環為主體、國內國際雙循環相互促進的新發展格局"的重大論斷。指出：提出這一論斷的"主要考慮是：當今世界正經歷百年未有之大變局，新一輪科技革命和產業變革蓬勃興起。以前，在經濟全球化深入發展的外部環境下，市場和資源'兩頭在外'對我國快速發展發揮了重要作用。在當前保護主義上升、世界經濟低迷、全球市場

1　習近平：《在全國抗擊新冠肺炎疫情表彰大會上的講話》（2020 年 9 月 8 日），《人民日報》2020 年 9 月 9 日第 2 版。
2　《上半年農產品市場總體平衡》，《人民日報》2020 年 7 月 17 日第 2 版。
3　《前三季度中國經濟增長 0.7%》，《人民日報》2020 年 10 月 20 日第 1 版。

萎縮的外部環境下，我們必須充分發揮國內超大規模市場優勢，通過繁榮國內經濟、暢通國內大循環為我國經濟發展增添動力，帶動世界經濟復甦。"[1]

7月28日，習近平總書記主持召開中共中央黨外人士座談會，就當前經濟形勢和下半年經濟工作聽取各民主黨派中央、全國工商聯負責人和無黨派人士代表的意見和建議。

7月30日，習近平總書記主持召開中共中央政治局會議，分析研究當前經濟形勢，部署下半年經濟工作，決定10月召開中共十九屆五中全會，研究關於制定國民經濟和社會發展第十四個五年規劃和2035年遠景目標的建議。

這次會議做出三個重大判斷。一是關於戰略機遇期的，指出"當前和今後一個時期，我國發展仍然處於戰略機遇期，但機遇和挑戰都有新的發展變化"；二是關於時代主題的，指出"當今世界正經歷百年未有之大變局，和平與發展仍然是時代主題，同時國際環境日趨複雜，不穩定性不確定性明顯增強"；三是關於我國發展階段的，指出"我國已進入高質量發展階段，發展具有多方面優勢和條件，同時發展不平衡不充分問題仍然突出"。

會議據此提出工作要求，突出強調機遇與風險並存的新特點，"增強機遇意識和風險意識，把握發展規律，發揚鬥爭精神，善於在危機中育新機、於變局中開新局，抓住機遇，應對挑戰，趨利避害，奮勇前進"。

會議突出強調統籌發展與安全，強調持久作戰思想，指出："當前經濟形勢仍然複雜嚴峻，不穩定性不確定性較大，我們遇到的很多問題是中長期的，必須從持久戰的角度加以認識，加快形成以國內大循環為主體、國內國際雙循環相互促進的新發展格局，建立疫情防控和經濟社會發展工作中長期協調機制，堅持結構調整的戰略方向，更多依靠科技創新，完善宏觀調控跨周期設計和調節，實現穩增長和防風險長期均衡。"

會議對"十四五"規劃寄予厚望，指出："'十四五'時期是我國全面建成小康社會、實現第一個百年奮鬥目標之後，乘勢而上開啟全面建設社會主

1　習近平：《在企業家座談會上的講話》（2020年7月21日），《人民日報》2020年7月22日第2版。

義現代化國家新征程、向第二個百年奮鬥目標進軍的第一個五年。"[1]

中共十九大在對新時代堅持和發展中國特色社會主義做出戰略安排的時候，曾將這一時期稱作"歷史交匯期"。

如今，這個歷史交匯期的一端，已經以輝煌的頂點宣告收官。而另一端，也在期待著有個良好的開局。

1　《人民日報》2020 年 7 月 31 日第 1 版。

第十章　馬克思主義中國化新飛躍

　　在中華民族偉大復興的歷程中，馬克思主義作為科學真理，發揮了極其巨大的指導作用。這種作用，主要是沿著兩個方面發揮的。

　　一方面，中國共產黨誕生後，把馬克思主義寫在了自己的思想旗幟上，始終堅持以馬克思主義為指導思想。同時，又在指導和推動中國革命、建設和改革的長期實踐中，深深地懂得了一個基本道理：再好的理論，也必須同中國實際相結合，同中華優秀傳統文化相結合，使其具有中國特點、中國風格、中國氣派，使馬克思主義中國化。中國共產黨的歷史，就是一部不斷推進馬克思主義中國化的歷史，就是一部不斷推進理論創新、進行理論創造的歷史。一百年來，中國共產黨堅持解放思想和實事求是相統一、培元固本和守正創新相統一，不斷開闢馬克思主義新境界，產生了毛澤東思想、鄧小平理論、"三個代表"重要思想、科學發展觀，產生了習近平新時代中國特色社會主義思想，為黨和人民事業發展提供了科學理論指導。

　　另一方面，真理的力量，不僅在於解釋世界，更在於改造世界。馬克思主義真理，必須為全體中國共產黨黨員、全體中國人民所掌握，才能轉化為推動中國革命、建設和改革的強大物質力量，才能彰顯真理的無窮力量。中國共產黨的歷史，同時也是一部不斷推進思想立黨、理論強黨的歷史，是一部不斷推進理論武裝、理論宣傳、理論普及的歷史。在這一過程中，馬克思主義的命運同中國共產黨的命運、中國人民的命運、中華民族的命運緊緊連在一起，它的科學性和真理性在中國得到了充分檢驗，它的人民性和實踐性在中國得到了充分貫徹，它的開放性和時代性在中國得到了充分彰顯。

既一脈相承又與時俱進的理論創新

　　黨的十九大，在馬克思主義中國化進程中具有十分重要的地位和深遠影響。

　　黨的十九大概括和提出了習近平新時代中國特色社會主義思想，確立為黨必須長期堅持的指導思想並寫進黨章，實現了黨的指導思想的與時俱進。這是黨的十九大最重大的理論創新、最重要的政治成果、最深遠的歷史貢獻，體現了黨在政治上理論上的高度成熟、高度自信。十三屆全國人大一次會議通過的憲法修正案，鄭重地把習近平新時代中國特色社會主義思想載入憲法，實現了從黨的指導思想向國家指導思想的轉化，實現了國家指導思想的與時俱進，反映了全國各族人民的共同意志和全社會的共同意願。

　　馬克思主義中國化的歷史進程，伴隨著中華民族迎來了從站起來、富起來到強起來的新時代，經歷了從毛澤東思想到鄧小平理論、"三個代表"重要思想、科學發展觀，直至習近平新時代中國特色社會主義思想的歷史跨越。這是中國共產黨理論創新史上帶有標誌性的重要成果，它表明馬克思主義中國化又實現了一次新飛躍。

　　為了更好地認識和理解馬克思主義中國化新飛躍，有必要結合中華民族復興歷程，簡要回顧馬克思主義中國化的發展歷程。

　　毛澤東思想，是馬克思主義中國化的第一個理論成果。

　　在一個半殖民地半封建的東方大國裏進行革命，必然遇到許多特殊的複雜問題。在毛澤東思想形成之前，中國共產黨人已經圍繞中國革命道路的基本問題，以馬克思主義為指導，進行了艱難曲折的探索，積累了正反兩方面的豐富經驗。特別是這段歷史證明，靠背誦馬克思列寧主義一般原理和照搬外國經驗，不可能解決這些問題。這為毛澤東思想的形成和發展提供了重要的前提。

　　毛澤東思想形成發展，有一個獨特的歷史背景。這就是：主要在 20 世紀 20 年代後期和 30 年代前期在國際共產主義運動中和我們黨內盛行的把馬克思主義教條化、把共產國際決議和蘇聯經驗神聖化的錯誤傾向，曾使中國革命幾乎陷於絕境。毛澤東思想是在同這種錯誤傾向作鬥爭並深刻總結這方面的歷史經驗的過程中逐漸形成和發展起來的。1935 年召開的具有歷史轉折意義的遵義會議，1938 年召開的黨的六屆六中全會，是兩個具有重要標誌性的重大會議，對促進馬克思主義中國化起了至關重要的作用。

毛澤東思想開闢了馬克思主義中國化的正確道路，確立了實事求是思想路線和群眾路線，創造性地解決了馬克思列寧主義基本原理同中國實際相結合的一系列重大問題，深刻分析中國社會形態和階級狀況，經過不懈探索，弄清了中國革命的性質、對象、任務、動力，提出通過新民主主義革命走向社會主義的兩步走戰略，制定了新民主主義革命總路線，開闢了以農村包圍城市、最後奪取全國勝利的革命道路。毛澤東思想通過創立黨的建設思想及其成功實踐，創造性地解決了在中國這種特殊的社會歷史條件下建設馬克思主義政黨的一系列重大問題，把黨建設成為用科學理論和革命精神武裝起來的、同人民群眾有著血肉聯繫的、思想上政治上組織上完全鞏固的馬克思主義政黨。毛澤東思想通過創立人民軍隊建設思想及其成功實踐，創造性地解決了締造一個在黨的絕對領導下的人民武裝力量的一系列重大問題，建成一支具有一往無前精神、能壓倒一切敵人而決不被敵人所屈服的新型人民軍隊。毛澤東思想通過創立統一戰線思想及其成功實踐，創造性地解決了團結全民族最大多數人共同奮鬥的革命統一戰線的一系列重大問題，為黨和人民事業凝聚了一支最廣大的同盟軍。

經過延安整風，毛澤東思想在 1945 年召開的黨的七大上，確立為全黨的指導思想，為奪取抗日戰爭偉大勝利和中國革命徹底勝利發揮了關鍵作用。新中國成立後，毛澤東思想作為全黨全國人民的指導思想，指引著黨和國家勝利實現社會主義革命，確立社會主義根本制度和基本制度，進行社會主義現代化建設。

新中國成立後，在毛澤東思想指引下，黨和國家創造性地完成了由新民主主義革命向社會主義革命的轉變，使中國這個佔世界四分之一人口的東方大國進入了社會主義社會，成功實現了中國歷史上最深刻最偉大的社會變革。新民主主義革命的勝利，社會主義基本制度的確立，為當代中國一切發展進步奠定了根本政治前提和制度基礎。

社會主義基本制度確立以後，如何在中國建設社會主義，是中國共產黨面臨的嶄新課題。在毛澤東思想指引下，全黨對適合中國情況的社會主義建設道路進行了艱苦探索，總結提出社會主義現代化建設中的十大關係，創造性地提出正確處理人民內部矛盾的學說，制定把我國建設成為一個強大的社會主義國家的戰略思想。在不長的時間裏，我國社會就發生了翻天覆地的變化，建立起獨立的比較完整的工業體系和國民經濟體系，獨立研製出"兩彈一星"，成為在世界上有重要影響的大國，積累起在中國這樣一個社會生產力水平十分落後的東方大國進行社會主義建設的重要經驗，為黨和人民事業勝利發展、為中華民族闊步趕上時代發展潮流創造了根本前提，奠定了堅實的理論和實踐基礎。

以毛澤東同志為代表的中國共產黨人，把辯證唯物主義和歷史唯物主義運用於無產階級政黨的全部工作，在中國革命的長期艱苦鬥爭中形成了具有中國共產黨人特色的這些立場、觀點和方法，這就是作為毛澤東思想活的靈魂的實事求是、群眾路線、獨立自主。

黨的十一屆三中全會，開啟了改革開放和社會主義現代化建設的新時期，開啟了中華民族從站起來到富起來的新征程。以鄧小平理論形成發展為標誌，馬克思主義中國化進入一個新階段。鄧小平理論也成為馬克思主義中國化的第二個理論成果。

以鄧小平同志為主要代表的中國共產黨人，總結新中國成立以來正反兩方面的經驗，解放思想，實事求是，實現全黨工作中心向經濟建設的轉移，實行改革開放，開闢了社會主義事業發展的新時期，逐步形成了建設中國特色社會主義的路線、方針、政策，闡明了在中國建設社會主義、鞏固和發展社會主義的基本問題，創立了鄧小平理論。

鄧小平理論堅持科學社會主義理論和實踐的基本成果，抓住"什麼是社會主義、怎樣建設社會主義"這個根本問題，第一次比較系統地初步回答了中國這樣的經濟文化比較落後的國家如何建設社會主義、如何鞏固和發展社會主義的一系列基本問題，把對社會主義的認識提高到新的科學水平。新時期的思想解放，關鍵就是在這個問題上的思想解放。我國社會主義在改革開放前所經歷的曲折和失誤，改革開放以來在前進中遇到的一些困惑，歸根到底都在於對這個問題沒有完全搞清楚。撥亂反正，全面改革，從以階級鬥爭為綱到以經濟建設為中心，從封閉半封閉到改革開放，從計劃經濟到社會主義市場經濟，就是逐漸搞清楚這個根本問題的進程。

鄧小平理論的基石，是社會主義初級階段理論。在此基礎上，形成中國共產黨在社會主義初級階段的基本路線，提出社會主義現代化"三步走"戰略，明確和平與發展兩大時代主題。從撥亂反正到全面改革，從農村改革到城市改革，從經濟體制改革到各方面體制改革，從在沿海興辦經濟特區到形成全國範圍對外開放格局，強調科學技術是第一生產力，提出社會主義物質文明和精神文明建設一起抓、兩手都要硬，充分彰顯了鄧小平理論的指導作用。在國際上出現蘇聯解體、東歐劇變，國內發生政治風波的複雜情況下，毫不動搖堅持"一個中心、兩個基本點"的基本路線，繼續解放思想、推進改革開放，深刻回答長期束縛人們思想的許多重大認識問題，開闢了一條把社會主義同市場經濟結合起來、以更好地解放和發展生產力的新道路，把改革開放和現代化建設推進到新階段。

鄧小平理論具有鮮明的時代精神，是在和平與發展成為時代主題的歷史條件下，在我國改革開放和現代化建設的實踐中，在總結我國社會主義勝利和挫折的歷史經驗並借鑒其他社會主義國家興衰成敗歷史經驗的基礎上，逐步形成和發展起來的。鄧小平理論堅持用馬克思主義的寬廣眼界觀察世界，科學判斷時代特徵和總體國際形勢，科學總結世界上其他社會主義國家的成敗得失。世界變化很大很快，特別是日新月異的科學技術進步深刻地改變了並將繼續改變當代經濟社會生活和世界面貌，任何國家的馬克思主義者都不能不認真對待。鄧小平理論科學地把握社會主義的本質，第一次比較系統地初步回答了中國社會主義的發展道路、發展階段、根本任務、發展動力、外部條件、政治保證、戰略步驟、黨的領導和依靠力量以及祖國統一等一系列基本問題，指導我們黨制定了在社會主義初級階段的基本路線。它是貫通哲學、政治經濟學、科學社會主義等領域，涵蓋經濟、政治、科技、教育、文化、民族、軍事、外交、統一戰線、黨的建設等方面比較完備的科學體系。

1997 年 9 月召開的黨的十五大，把鄧小平理論確立為黨的指導思想，明確規定中國共產黨以馬克思列寧主義、毛澤東思想、鄧小平理論作為自己的行動指南。1999 年 3 月召開的九屆全國人大二次會議通過《中華人民共和國憲法修正案》，確立鄧小平理論在國家政治和社會生活中的指導地位。鄧小平理論是馬克思列寧主義的基本原理同當代中國實踐和時代特徵相結合的產物，是毛澤東思想在新的歷史條件下的繼承和發展，是馬克思主義在中國發展的新階段，是中國特色社會主義理論體系的開篇之作，是中國共產黨和中國人民寶貴的精神財富，是我國改革開放和社會主義現代化建設的科學指南。

鄧小平逝世後，中華民族偉大復興繼續沿著中國特色社會主義道路這一康莊大道向前推進，馬克思主義中國化同樣繼續沿著中國特色社會主義理論指引的正確方向與時俱進，先後產生了"三個代表"重要思想和科學發展觀。

20世紀80年代末90年代初，國內發生嚴重政治風波，國際上出現蘇聯解體、東歐劇變，世界社會主義出現嚴重曲折，我國社會主義事業的發展面臨空前巨大的困難和壓力，我們黨和國家處在決定前途命運的重大歷史關頭。以江澤民同志為主要代表的中國共產黨人，科學判斷形勢，全面把握大局，進行艱辛探索，從容應對困難和風險，全面推進社會主義現代化建設，開創了中國特色社會主義事業新局面。

以江澤民同志為主要代表的中國共產黨人，在建設中國特色社會主義的實踐中，加深了對什麼是社會主義、怎樣建設社會主義和建設什麼樣的黨、怎樣建設黨的認識，積累了治黨治國新的寶貴經驗，形成了"三個代表"重要思想。"三個代表"重要思想是加強和改進黨的建設、推進我國社會主義自我完善和發展的強大理論武器，豐富和發展了中國特色社會主義理論體系，實現了中國特色社會主義的跨世紀發展。

2002年1月召開的黨的十六大，把"三個代表"重要思想同馬克思列寧主義、毛澤東思想、鄧小平理論一道，作為中國共產黨必須長期堅持的指導思想寫入黨章。2004年3月召開的十屆全國人大二次會議通過《中華人民共和國憲法修正案》，確立"三個代表"重要思想在國家政治和社會生活中的指導地位。"三個代表"重要思想是對馬克思列寧主義、毛澤東思想、鄧小平理論的繼承和發展，反映了當代世界和中國的發展變化對黨和國家工作的新要求，是加強和改進黨的建設、推進我國社會主義自我完善和發展的強大理論武器，是中國共產黨集體智慧的結晶，是黨必須長期堅持的指導思想。始終做到"三個代表"，是我們黨的立黨之本、執政之基、力量之源。

科學發展觀是以胡錦濤同志為主要代表的中國共產黨人，堅持以鄧小平理論和"三個代表"重要思想為指導，在新世紀新階段全面建設小康社會進程中，在新的歷史起點上推進中國特色社會主義事業過程中形成和發展起來的。科學發展觀總結了我國改革開放和現代化建設的成功經驗，揭示了經濟社會發展的客觀規律，反映了我們黨對發展問題的新認識，深刻認識和回答了新形勢下實現什麼樣的發展、怎樣發展等重大問題。科學發展觀是同馬克思列寧主義、毛澤東思想、鄧小平理論、"三個代表"重要思想既一脈相承又與時俱進的科學理論，是馬克思主義關於發展的世界觀和方法論的集中體現，是馬克思主義中國化重大成果，是中國共產黨集體智慧的結晶，是發展中國特色社會主義必須長期堅持的指導思想。

2012 年 11 月召開的黨的十八大，將科學發展觀同馬克思列寧主義、毛澤東思想、鄧小平理論、"三個代表"重要思想一道，確立為中國共產黨必須長期堅持的指導思想。2018 年 3 月召開的十三屆全國人大一次會議通過《中華人民共和國憲法修正案》，把科學發展觀、習近平新時代中國特色社會主義思想同馬克思列寧主義、毛澤東思想、鄧小平理論、"三個代表"重要思想寫在一起，確立其在國家政治和社會生活中的指導地位。

習近平新時代中國特色社會主義思想的創立

以黨的十八大為起點，在奮力開創中國特色社會主義新時代的進程中，習近平新時代中國特色社會主義思想應運而生。同時，正因為有習近平新時代中國特色社會主義思想為指導，以習近平同志為核心的黨中央團結帶領全黨、全軍和全國各族人民，統攬偉大鬥爭、偉大工程、偉大事業、偉大夢想，推動中國特色社會主義進入了新時代。

黨的十八大以來，國內外形勢變化和我國各項事業發展都給我們提出了一個重大時代課題，這就是必須從理論和實踐結合上系統回答新時代堅持和發展什麼樣的中國特色社會主義、怎樣堅持和發展中國特色社會主義。正是圍繞這個重大時代課題，以習近平同志為核心的黨中央堅持解放思想、實事求是、與時俱進、求真務實，堅持辯證唯物主義和歷史唯物主義，緊密結合新的時代條件和實踐要求，以全新的視野深化對共產黨執政規律、社會主義建設規律、人類社會發展規律的認識，進行艱辛理論探索，取得重大理論創新成果，創立了新時代中國特色社會主義思想，開闢了馬克思主義新境界、中國特色社會主義新境界、黨治國理政新境界、管黨治黨新境界。

人民情懷、問題導向、堅強意志、文韜武略、戰略謀劃、踏石留印，是習近平總書記的領袖風範和意志品質。這一點深深地印記在他所創立的習近平新時代中國特色社會主義思想之中，深深地印記在他帶領全黨全國各族人民共同開闢的中國特色社會主義新時代之中。

第一，習近平新時代中國特色社會主義思想，是在全面從嚴治黨、嚴懲腐敗中創立的。

習近平總書記堅持問題導向，以頑強的鬥爭精神、補天填海的氣概，以"得罪千百人、不負十三億"的使命擔當，正風肅紀反腐，挽狂瀾於既倒，逆轉了多年形成的"四風"慣性。全面從嚴治黨從中央政治局立規矩開始，從落實中央八項規定精神破題，從"打虎""拍蠅"的反腐攻堅戰率先突破，嚴明黨的紀律，嚴肅黨內政治生活，強化黨內監督，解決"燈下黑"，打通"中梗阻"，破除體制機制障礙、衝破利益藩籬，果斷查處周永康、薄熙來、郭伯雄、徐才厚、孫政才、令計劃嚴重違紀違法問題，鏟除政治腐敗和經濟腐敗相互交織的利益集團，有力維護了黨中央權威和集中統一領導。黨的十八大以來波瀾壯闊的實踐充分證明，把全面從嚴治黨擺上戰略佈局英明正確，在實現偉大復興的關鍵時刻，校正了黨和國家事業前進的航向，使黨經歷了革命性鍛造。習近平新時代中國特色社會主義思想，正是在不斷推進黨的自我革命，實現黨自我淨化、自我完善、自我革新、自我提高的過程中創立並不斷豐富發展的。

第二，習近平新時代中國特色社會主義思想，是在正本清源、全面加強黨的領導中創立的。

黨政軍民學，東西南北中，黨是領導一切的。中國特色社會主義最本質的特徵是中國共產黨領導，中國特色社會主義制度的最大優勢是中國共產黨領導。但是很長時期以來，存在著黨的領導被嚴重弱化、虛化的現象，甚至不敢理直氣壯地講堅持黨的領導。黨的十八大以來，習近平總書記在主持召開的一系列重要會議上，開宗明義就是旗幟鮮明地強調堅持黨對一切工作的領導，無論哪個領域、哪個方面工作，無一不是從加強黨的領導抓起，最終落腳在強化黨的建設上。通過這些舉措，澄清了模糊認識，奪回丟失的陣地，把走彎了的路調直，樹立起黨中央的權威，弱化黨的領導的狀況得到根本性扭轉。黨內政治生態展現新氣象，反腐敗鬥爭取得壓倒性勝利，全面從嚴治黨取得重大成果。

第三，習近平新時代中國特色社會主義思想，是在形成"四個全面"戰略佈局中創立的。

黨的十八大以來，國內外形勢變化和我國各項事業發展都給我們提出了一個重大時代課題，這就是必須從理論和實踐結合上系統回答新時代堅持和發展什麼樣的中國特色社會主義、怎樣堅持和發展中國特色社會主義。從打通歷史與現實、理論與實踐、國內與國際的戰略層面來說，破解這一重大時代課題的總樞紐，就在於如何統攬偉大鬥爭、偉大工程、偉大事業、偉大夢想，如何統籌推進"五位一體"總體佈局。經過一段實踐探索創新，習近平總書記從堅持和發展中國特色社會主義全局出發，系統提出並形成了全面建成小康社會、全面深化改革、全面依法治國、全面從嚴治黨的"四個全面"戰略佈局，並通過十八屆三中、四中、五中、六中全會，形成了協調推進"四個全面"戰略佈局的時間表、路線圖、任務書、軍令狀。"四個全面"戰略佈局，既有戰略目標，也有戰略舉措，每一個"全面"都具有重大戰略意義。全面建成小康社會是我們的戰略目標，全面深化改革、全面依法治國、全面從嚴治黨是三大戰略舉措，形成了"四個全面"相輔相成、相互促進、相得益彰的治國理政新格局，使我們黨的長期執政水平進入了一個新境界。與此同時，還提出堅持"四個自信"，為中國特色社會主義注入新的時代內涵，進一步增強堅持和發展中國特色社會主義的政治定力，為實現黨和國家的宏偉目標提供強大精神支撐。習近平新時代中國特色社會主義思想，正是在對科學社會主義理論與實踐的深邃思考、深刻總結，對堅持和發展中國特色社會主義的不懈探索、砥礪前行中創立並不斷豐富發展的。

第四，習近平新時代中國特色社會主義思想，是在扎實推進"五位一體"總體佈局中創立的。

黨的十八大以來，我國經濟發展的顯著特徵就是進入新常態。增長速度要從高速轉向中高速，發展方式要從規模速度型轉向質量效率型，經濟結構調整要從增量擴能為主轉向調整存量、做優增量並舉，發展動力要從主要依靠資源和低成本勞動力等要素投入轉向創新驅動。這些變化，是我國經濟向形態更高級、分工更優化、結構更合理的階段演進的必經過程。能不能帶領全黨和全國人民實現如此廣泛而深刻的轉變，對黨的治國理政能力是一個新的巨大挑戰。

　　為了緊緊抓住並處理好適應、把握引領經濟發展新常態這個貫穿發展全局和全過程的大邏輯，習近平總書記深刻總結我國和世界各國發展經驗，提出了創新、協調、綠色、開放、共享的新發展理念，把它作為轉換思想的新理念、推動工作的指揮棒，推動中國特色社會主義"五位一體"建設總體佈局在頂住巨大風險壓力、攻堅克難中上了新台階，開創了穩中求進的新格局。

　　經濟建設上，提出要堅持質量第一、效益優先，貫徹落實以人民為中心的發展思想，以供給側結構性改革為主線，推動經濟發展質量變革、效率變革、動力變革，提高全要素生產率，堅定實施科教興國戰略、人才強國戰略、創新驅動發展戰略、鄉村振興戰略、區域協調發展戰略、可持續發展戰略、軍民融合發展戰略，突出抓重點、補短板、強弱項，堅決打好防範化解重大風險、精準脫貧、污染防治的攻堅戰。

　　政治建設上，提出堅持中國特色社會主義政治發展道路，發展社會主義協商民主，健全民主制度，豐富民主形式，拓寬民主渠道，保證人民當家作主落實到國家政治生活和社會生活之中。提出全面依法治國是中國特色社會主義的本質要求和重要保障。必須把黨的領導貫徹落實到依法治國全過程和各方面，堅定不移走中國特色社會主義法治道路，完善以憲法為核心的中國特色社會主義法律體系，建設中國特色社會主義法治體系，建設社會主義法治國家。

　　文化建設上，提出要培育和踐行社會主義核心價值觀，牢牢掌握意識形態工作領導權，不斷鞏固馬克思主義在意識形態領域的指導地位，鞏固全黨全國人民團結奮鬥的共同思想基礎。提出推動中華優秀傳統文化創造性轉化、創新性發展，繼承革命文化，發展社會主義先進文化，提高國家文化軟實力。

社會建設上，提出增進民生福祉是發展的根本目的。要在發展中補齊民生短板、促進社會公平正義，深入開展脫貧攻堅，保證全體人民在共建共享發展中有更多獲得感，不斷促進人的全面發展、全體人民共同富裕。加強和創新社會治理，維護社會和諧穩定，確保國家長治久安、人民安居樂業。

生態文明建設上，提出要堅持人與自然和諧共生。必須樹立和踐行綠水青山就是金山銀山的理念，像對待生命一樣對待生態環境，統籌山水林田湖草系統治理，實行最嚴格的生態環境保護制度，形成綠色發展方式和生活方式，堅定走生產發展、生活富裕、生態良好的文明發展道路，建設美麗中國，為全球生態安全做出貢獻。

第五，習近平新時代中國特色社會主義思想，是在構建中國特色大國外交、構建人類命運共同體中創立的。

黨的十八大以來，中國正在前所未有地穩步走進世界舞台中心，中國理念、中國發展、中國方案也前所未有地受到國際社會特別是廣大發展中國家的關心關注和讚譽。同時，中國強大起來以後，會不會重蹈"國強必霸"的歷史覆轍，也成為國際社會關注的話題。習近平總書記提出，中國人民的夢想同各國人民的夢想息息相通，實現中國夢離不開和平的國際環境和穩定的國際秩序。中國始終高舉和平發展合作共贏的旗幟，始終不渝走和平發展道路，堅持正確義利觀，樹立共同、綜合、合作、可持續的新安全觀。習近平總書記還首創"一帶一路"建設，提出並倡導共商共建共享原則。堅持推動構建人類命運共同體，堅決反對逆全球化和貿易保護主義，始終做世界和平的建設者、全球發展的貢獻者、國際秩序的維護者。習近平新時代中國特色社會主義思想，正是在把握世界發展大勢、應對全球共同挑戰、維護人類共同利益的過程中創立並不斷豐富發展的。

以上這些新理念新思想新戰略，從時代和實踐中來，具有堅實的實踐基礎，又強有力地指導和推動黨的十八大以來的偉大實踐，使黨和國家事業發展出現了歷史性變革，為新時代堅持和發展中國特色社會主義、推進黨和國家事業提供了基本遵循，為發展 21 世紀馬克思主義、當代中國馬克思主義做出了歷史性貢獻，充分顯示了習近平新時代中國特色社會主義思想的科學性、時代性、真理性、實踐性的高度統一。

2017 年 10 月召開的黨的十九大，把習近平新時代中國特色社會主義思想確立為黨必須長期堅持的指導思想，成為指導進行偉大鬥爭、偉大工程、偉大事業、偉大夢想的行動指南，實現了黨的指導思想又一次與時俱進。這是一個歷史性決策和歷史性貢獻，體現了黨在政治上理論上的高度成熟、高度自信。習近平新時代中國特色社會主義思想，是新時代中國共產黨的思想旗幟，是國家政治生活和社會生活的根本指針，是當代中國馬克思主義、21世紀馬克思主義。

2018 年 3 月召開的第十三屆全國人民代表大會第一次會議通過的憲法修正案，鄭重地把習近平新時代中國特色社會主義思想載入憲法，實現了國家指導思想的與時俱進，反映了全國各族人民共同意志和全社會共同意願。

習近平新時代中國特色社會主義思想，作為馬克思主義中國化的新飛躍，不是偶然的。習近平新時代中國特色社會主義思想的創立過程深刻生動地說明，習近平總書記所指出的"要根據時代變化和實踐發展，不斷深化認識，不斷總結經驗，不斷實現理論創新和實踐創新良性互動，在這種統一和互動中發展 21 世紀中國的馬克思主義"，實際上是對馬克思主義中國化基本經驗的深刻總結。

馬克思主義中國化，立足點是馬克思主義基本原理同中國實際相結合，同中華傳統文化精華相融合；取之不盡用之不竭的力量源泉是時代變化和實踐發展；有效途徑是"三個不斷"，即不斷深化認識，不斷總結經驗，不斷實現理論創新和實踐創新良性互動。

不斷深化認識，是理論創新的基本前提。如果思想僵化了、停滯了，甚至偏離了正確政治方向，就會犯顛覆性的無可挽回的歷史性錯誤。所以黨的十九大報告告誡全黨同志要"永不僵化、永不停滯"。

不斷總結經驗，是理論創新的根本途徑。總結經驗的大忌有二。一是淺嘗輒止，浮於表面。二是虛誇浮誇，"工作幹得好，不如總結搞得好"。總結好的經驗，必須靠真抓實幹，必須靠真正解決問題，必須靠實踐創新。

不斷實現理論創新和實踐創新良性互動，是理論創新的最佳狀態和最高境界。時代是思想之母，實踐是理論之源。當代中國正經歷著我國歷史上最為廣泛而深刻的社會變革，正進行著人類歷史上最為宏大而獨特的實踐創新。世界正在經歷百年未有之大變局，中國正前所未有地走近世界舞台中央。要在迅速變化的時代中贏得主動，要在新的偉大鬥爭中贏得勝利，要在偉大實踐中推進實踐基礎上的理論創新，就要在堅持馬克思主義基本原理的基礎上，以更寬廣的視野、更長遠的眼光來思考和把握國家未來發展面臨的一系列重大戰略問題，在理論上不斷拓展新視野、做出新概括，不斷推進理論創新、實踐創新、制度創新、文化創新以及其他各方面創新。

要珍惜並自覺運用馬克思主義中國化的上述基本經驗，在理論創新和實踐創新的統一和互動中發展 21 世紀中國的馬克思主義，21 世紀中國的馬克思主義一定能夠展現出更強大、更有說服力的真理力量。

指引實現中華民族偉大復興的科學理論

習近平新時代中國特色社會主義思想，是在中華民族迎來從站起來、富起來到強起來的偉大飛躍中創立並不斷發展完善的，具有系統完備的科學體系、特色鮮明的理論品格。

第一，緊扣習近平新時代中國特色社會主義思想的核心要義和時代主題。

在新時代堅持和發展中國特色社會主義，是習近平新時代中國特色社會主義思想的核心要義。新時代堅持和發展什麼樣的中國特色社會主義、怎樣堅持和發展中國特色社會主義，是習近平新時代中國特色社會主義思想的時代主題。習近平新時代中國特色社會主義思想，從理論和實踐結合上系統回答了新時代堅持和發展什麼樣的中國特色社會主義、怎樣堅持和發展中國特色社會主義這個重大時代課題，回答了新時代堅持和發展中國特色社會主義的總目標、總任務、總體佈局、戰略佈局和發展方向、發展方式、發展動力、戰略步驟、外部條件、政治保證等基本問題，並且根據新的實踐對經濟、政治、法治、科技、文化、教育、民生、民族、宗教、社會、生態文明、國家安全、國防和軍隊、"一國兩制"和祖國統一、統一戰線、外交、黨的建設等各方面做出理論分析和政策指導。

第二，全面準確深刻把握"八個明確"思想內涵。

"八個明確"是習近平新時代中國特色社會主義思想最為核心關鍵的組成部分，是支撐習近平新時代中國特色社會主義思想的四樑八柱，最直接地回答了在新時代堅持和發展中國特色社會主義的核心要求。

　　（一）明確堅持和發展中國特色社會主義，總任務是實現社會主義現代化和中華民族偉大復興，在全面建成小康社會的基礎上分兩步走，在本世紀中葉建成富強民主文明和諧美麗的社會主義現代化強國。通過第一個明確，指明了新時代堅持和發展中國特色社會主義的總任務及其實現途徑。

　　（二）明確新時代我國社會主要矛盾是人民日益增長的美好生活需要和不平衡不充分的發展之間的矛盾，必須堅持以人民為中心的發展思想，不斷促進人的全面發展、全體人民共同富裕。通過第二個明確，指明了新時代我國社會主要矛盾的轉化及其解決途徑。

　　（三）明確中國特色社會主義事業總體佈局是"五位一體"、戰略佈局是"四個全面"，強調堅定道路自信、理論自信、制度自信、文化自信。通過第三個明確，使中國特色社會主義事業總體佈局、戰略佈局和"四個自信"的地位作用更加凸顯。特別是習近平總書記在十九屆五中全會講話中，根據全面建成小康社會歷史任務完成後戰略佈局的新變化新特點，及時提出了"協調推進全面建設社會主義現代化國家、全面深化改革、全面依法治國、全面從嚴治黨"這一新的"四個全面"戰略佈局，為邁上新征程、奪取全面建設社會主義現代化國家新勝利指明了正確方向。

　　（四）明確全面深化改革總目標是完善和發展中國特色社會主義制度、推進國家治理體系和治理能力現代化。通過第四個明確，指明了全面深化改革總目標。

　　（五）明確全面推進依法治國總目標是建設中國特色社會主義法治體系、建設社會主義法治國家。通過第五個明確，指明了全面推進依法治國總目標。

　　（六）明確黨在新時代的強軍目標是建設一支聽黨指揮、能打勝仗、作風優良的人民軍隊，把人民軍隊建設成為世界一流軍隊。通過第六個明確，指明了黨在新時代的強軍目標。

　　（七）明確中國特色大國外交要推動構建新型國際關係，推動構建人類命運共同體。通過第七個明確，指明了中國特色大國外交的兩大歷史任務，即：推動構建新型國際關係，推動構建人類命運共同體。

（八）明確中國特色社會主義最本質的特徵是中國共產黨領導，中國特色社會主義制度的最大優勢是中國共產黨領導，黨是最高政治領導力量，提出新時代黨的建設總要求，突出政治建設在黨的建設中的重要地位。通過第八個明確，指明加強黨的全面領導的極端重要性，將加強黨的全面領導同加強黨的自身建設緊密結合，指明政治建設在黨的建設中的重要地位。

第三，全面準確深刻把握"十四個堅持"的基本要求。

"十四個堅持"作為新時代堅持和發展中國特色社會主義的基本方略，涵蓋堅持黨的領導和"五位一體"總體佈局、"四個全面"戰略佈局，涵蓋國防和軍隊建設、維護國家安全、對外戰略，是對黨的治國理政重大方針、原則的最新概括，是實現"兩個一百年"奮鬥目標、實現中華民族偉大復興中國夢的"路線圖"和"方法論"。

（一）堅持黨對一切工作的領導。黨政軍民學，東西南北中，黨是領導一切的。必須增強政治意識、大局意識、核心意識、看齊意識，自覺維護黨中央權威和集中統一領導，自覺在思想上政治上行動上同黨中央保持高度一致，完善堅持黨的領導的體制機制，堅持穩中求進工作總基調，統籌推進"五位一體"總體佈局，協調推進"四個全面"戰略佈局，提高黨把方向、謀大局、定政策、促改革的能力和定力，確保黨始終總攬全局、協調各方。

（二）堅持以人民為中心。人民是歷史的創造者，是決定黨和國家前途命運的根本力量。必須堅持人民主體地位，堅持立黨為公、執政為民，踐行全心全意為人民服務的根本宗旨，把黨的群眾路線貫徹到治國理政全部活動之中，把人民對美好生活的嚮往作為奮鬥目標，依靠人民創造歷史偉業。

（三）堅持全面深化改革。只有社會主義才能救中國，只有改革開放才能發展中國、發展社會主義、發展馬克思主義。必須堅持和完善中國特色社會主義制度，不斷推進國家治理體系和治理能力現代化，堅決破除一切不合時宜的思想觀念和體制機制弊端，突破利益固化的藩籬，吸收人類文明有益成果，構建系統完備、科學規範、運行有效的制度體系，充分發揮我國社會主義制度優越性。

（四）堅持新發展理念。發展是解決我國一切問題的基礎和關鍵，發展必須是科學發展，必須堅定不移貫徹創新、協調、綠色、開放、共享的發展理念。必須堅持和完善我國社會主義基本經濟制度和分配制度，毫不動搖鞏固和發展公有制經濟，毫不動搖鼓勵、支持、引導非公有制經濟發展，使市場在資源配置中起決定性作用，更好發揮政府作用，推動新型工業化、信息化、城鎮化、農業現代化同步發展，主動參與和推動經濟全球化進程，發展更高層次的開放型經濟，不斷壯大我國經濟實力和綜合國力。

（五）堅持人民當家作主。堅持黨的領導、人民當家作主、依法治國有機統一是社會主義政治發展的必然要求。必須堅持中國特色社會主義政治發展道路，堅持和完善人民代表大會制度、中國共產黨領導的多黨合作和政治協商制度、民族區域自治制度、基層群眾自治制度，鞏固和發展最廣泛的愛國統一戰線，發展社會主義協商民主，健全民主制度，豐富民主形式，拓寬民主渠道，保證人民當家作主落實到國家政治生活和社會生活之中。

（六）堅持全面依法治國。全面依法治國是中國特色社會主義的本質要求和重要保障。必須把黨的領導貫徹落實到依法治國全過程和各方面，堅定不移走中國特色社會主義法治道路，完善以憲法為核心的中國特色社會主義法律體系，建設中國特色社會主義法治體系，建設社會主義法治國家，發展中國特色社會主義法治理論，堅持依法治國、依法執政、依法行政共同推進，堅持法治國家、法治政府、法治社會一體建設，堅持依法治國和以德治國相結合，依法治國和依規治黨有機統一，深化司法體制改革，提高全民族法治素養和道德素質。

（七）堅持社會主義核心價值體系。文化自信是一個國家、一個民族發展中更基本、更深沉、更持久的力量。必須堅持馬克思主義，牢固樹立共產主義遠大理想和中國特色社會主義共同理想，培育和踐行社會主義核心價值觀，不斷增強意識形態領域主導權和話語權，推動中華優秀傳統文化創造性轉化、創新性發展，繼承革命文化，發展社會主義先進文化，不忘本來、吸收外來、面向未來，更好構築中國精神、中國價值、中國力量，為人民提供精神指引。

（八）堅持在發展中保障和改善民生。增進民生福祉是發展的根本目的。必須多謀民生之利、多解民生之憂，在發展中補齊民生短板、促進社會公平正義，在幼有所育、學有所教、勞有所得、病有所醫、老有所養、住有所居、弱有所扶上不斷取得新進展，深入開展脫貧攻堅，保證全體人民在共建共享發展中有更多獲得感，不斷促進人的全面發展、全體人民共同富裕。建設平安中國，加強和創新社會治理，維護社會和諧穩定，確保國家長治久安、人民安居樂業。

（九）堅持人與自然和諧共生。建設生態文明是中華民族永續發展的千年大計。必須樹立和踐行綠水青山就是金山銀山的理念，堅持節約資源和保護環境的基本國策，像對待生命一樣對待生態環境，統籌山水林田湖草系統治理，實行最嚴格的生態環境保護制度，形成綠色發展方式和生活方式，堅定走生產發展、生活富裕、生態良好的文明發展道路，建設美麗中國，為人民創造良好生產生活環境，為全球生態安全做出貢獻。

（十）堅持總體國家安全觀。統籌發展和安全，增強憂患意識，做到居安思危，是我們黨治國理政的一個重大原則。必須堅持國家利益至上，以人民安全為宗旨，以政治安全為根本，統籌外部安全和內部安全、國土安全和國民安全、傳統安全和非傳統安全、自身安全和共同安全，完善國家安全制度體系，加強國家安全能力建設，堅決維護國家主權、安全、發展利益。

（十一）堅持黨對人民軍隊的絕對領導。建設一支聽黨指揮、能打勝仗、作風優良的人民軍隊，是實現“兩個一百年”奮鬥目標、實現中華民族偉大復興的戰略支撐。必須全面貫徹黨領導人民軍隊的一系列根本原則和制度，確立新時代黨的強軍思想在國防和軍隊建設中的指導地位，堅持政治建軍、改革強軍、科技興軍、依法治軍，更加注重聚焦實戰，更加注重創新驅動，更加注重體系建設，更加注重集約高效，更加注重軍民融合，實現黨在新時代的強軍目標。

（十二）堅持“一國兩制”和推進祖國統一。保持香港、澳門長期繁榮穩定，實現祖國完全統一，是實現中華民族偉大復興的必然要求。必須把維護中央對香港、澳門特別行政區全面管治權和保障特別行政區高度自治權有機結合起來，確保“一國兩制”方針不會變、不動搖，確保“一國兩制”實踐不變形、不走樣。必須堅持一個中國原則，堅持“九二共識”，推動兩岸關係和平發展，深化兩岸經濟合作和文化往來，推動兩岸同胞共同反對一切分裂國家的活動，共同為實現中華民族偉大復興而奮鬥。

（十三）堅持推動構建人類命運共同體。中國人民的夢想同各國人民的夢想息息相通，實現中國夢離不開和平的國際環境和穩定的國際秩序。必須統籌國內國際兩個大局，始終不渝走和平發展道路、奉行互利共贏的開放戰略，堅持正確義利觀，樹立共同、綜合、合作、可持續的新安全觀，謀求開放創新、包容互惠的發展前景，促進和而不同、兼收並蓄的文明交流，構築尊崇自然、綠色發展的生態體系，始終做世界和平的建設者、全球發展的貢獻者、國際秩序的維護者。

（十四）堅持全面從嚴治黨。勇於自我革命，從嚴管黨治黨，是我們黨最鮮明的品格。必須以黨章為根本遵循，把黨的政治建設擺在首位，思想建黨和制度治黨同向發力，統籌推進黨的各項建設，抓住"關鍵少數"，堅持"三嚴三實"，堅持民主集中制，嚴肅黨內政治生活，嚴明黨的紀律，強化黨內監督，發展積極健康的黨內政治文化，全面淨化黨內政治生態，堅決糾正各種不正之風，以零容忍態度懲治腐敗，不斷增強黨自我淨化、自我完善、自我革新、自我提高的能力，始終保持黨同人民群眾的血肉聯繫。

第四，把握和理解好"八個明確"和"十四個堅持"的相互關係。

"八個明確"和"十四個堅持"緊密聯繫又各有側重。從緊密聯繫來說，兩者都是習近平新時代中國特色社會主義思想科學體系的核心內容和組成部分，不能割裂。從各有側重來說，黨的十九大報告用"八個明確"概括了習近平新時代中國特色社會主義思想的主要內容。同時，為貫徹落實習近平新時代中國特色社會主義思想，黨的十九大報告又將"十四個堅持"作為新時代堅持和發展中國特色社會主義的基本方略。

從回答的時代課題看，"八個明確"重點回答的是新時代堅持和發展什麼樣的中國特色社會主義的問題，"十四個堅持"則是著重回答新時代怎樣堅持和發展中國特色社會主義的問題。兩者共同體現了怎麼看與怎樣幹的統一。

從指導思想層面與行動綱領層面看，習近平新時代中國特色社會主義思想中的"八個明確"，是指導思想層面的表述。"十四個堅持"則是在行動綱領層面表述，稱之為中國特色社會主義基本方略。要全面貫徹黨的基本理論、基本路線、基本方略，更好引領黨和人民事業發展。

從理論創新與實踐創新的關係看，"八個明確"偏重於理論層面的高度概括和凝練，每一個"明確"都是具有原創性的新思想新觀點，集中反映著我們黨對科學社會主義在當今時代的理論思考和理論貢獻。"十四個堅持"偏重於實踐層面、方略層面的展開，從結構和邏輯看，第一條是"堅持黨對一切工作的領導"，最後一條是"堅持全面從嚴治黨"，體現著堅持和加強黨的全面領導這一當代中國的最高政治原則，貫穿著以自我革命引領社會革命的內在邏輯。

總之，"八個明確"和"十四個堅持"有機融合、有機統一，都凝結著我們黨堅持和發展中國特色社會主義的經驗總結，特別是凝結著以習近平同志為核心的黨中央對中國特色社會主義規律性認識的深化、拓展、升華，體現了理論與實際相結合、戰略和戰術相一致、認識論和方法論相統一的鮮明特色。

一系列領域的思想結晶

從黨的十九大起，在把習近平新時代中國特色社會主義思想確立為黨的指導思想的同時，還概括提出習近平強軍思想、習近平新時代中國特色社會主義經濟思想、習近平生態文明思想、習近平外交思想、習近平法治思想，對指導和推動中國特色社會主義理論創新和實踐創新起到重要作用。

習近平強軍思想，是在黨的十九大報告中提出來的。黨的十九大報告，對習近平強軍思想的科學內涵作了精闢的概括。報告指出：建設一支聽黨指揮、能打勝仗、作風優良的人民軍隊，是實現"兩個一百年"奮鬥目標、實現中華民族偉大復興的戰略支撐。必須全面貫徹黨領導人民軍隊的一系列根本原則和制度，確立新時代黨的強軍思想在國防和軍隊建設中的指導地位，堅持政治建軍、改革強軍、科技興軍、依法治軍，更加注重聚焦實戰，更加注重創新驅動，更加注重體系建設，更加注重集約高效，更加注重軍民融合，實現黨在新時代的強軍目標。

習近平強軍思想的核心要義與基本要求是：明確強國必須強軍，鞏固國防和強大人民軍隊是新時代堅持和發展中國特色社會主義、實現中華民族偉大復興的戰略支撐；明確黨在新時代的強軍目標是建設一支聽黨指揮、能打勝仗、作風優良的人民軍隊，必須同國家現代化進程相一致，力爭到 2035 年基本實現國防和軍隊現代化，到本世紀中葉把人民軍隊全面建成世界一流軍隊；明確黨對軍隊絕對領導是人民軍隊建軍之本、強軍之魂，必須全面貫徹黨領導軍隊的一系列根本原則和制度，確保部隊絕對忠誠、絕對純潔、絕對可靠；明確軍隊是要準備打仗的，必須聚焦能打仗、打勝仗，創新發展軍事戰略指導，構建中國特色現代作戰體系，全面提高新時代備戰打仗能力，有效塑造態勢、管控危機、遏制戰爭、打贏戰爭；明確作風優良是我軍鮮明特色和政治優勢，必須加強作風建設、紀律建設，堅定不移正風肅紀、反腐懲惡，大力弘揚我黨我軍光榮傳統和優良作風，永葆人民軍隊性質、宗旨、本色；明確推進強軍事業必須堅持政治建軍、改革強軍、科技興軍、依法治軍，更加注重聚焦實戰、更加注重創新驅動、更加注重體系建設、更加注重集約高效、更加注重軍民融合，全面提高革命化現代化正規化水平；明確改革是強軍的必由之路，必須推進軍隊組織形態現代化，構建中國特色現代軍事力量體系，完善中國特色社會主義軍事制度；明確創新是引領發展的第一動力，必須堅持向科技創新要戰鬥力，統籌推進軍事理論、技術、組織、管理、文化等各方面創新，建設創新型人民軍隊；明確現代化軍隊必須構建中國特色軍事法治體系，推動治軍方式根本性轉變，提高國防和軍隊建設法治化水平；明確軍民融合發展是興國之舉、強軍之策，必須堅持發展和安全兼顧、富國和強軍統一，形成全要素、多領域、高效益軍民融合深度發展格局，構建一體化的國家戰略體系和能力。

習近平強軍思想立論於馬克思主義基本原理，立足於新時代國防和軍隊鮮活實踐，統籌發展和安全兩件大事，統籌經濟建設和國防建設兩大領域，統籌國際和國內兩個大局，統籌軍隊和地方兩大部門，深刻回答了強軍興軍的使命任務、目標方向、原則制度、根本指向、戰略佈局、重要路徑等一系列根本性問題，涵蓋戰爭指導、建軍治軍和改革創新等各方面，是一個邏輯嚴密、意蘊深遠的科學軍事理論體系。

習近平新時代中國特色社會主義經濟思想，是在 2017 年 12 月召開的中央經濟工作會議上提出來的。黨的十八大以來，在以習近平同志為核心的黨中央堅強領導下，堅持觀大勢、謀全局、幹實事，成功駕馭了我國經濟發展大局，我國經濟發展取得歷史性成就、發生歷史性變革，為其他領域改革發展提供了重要物質條件，在實踐中形成了以新發展理念為主要內容的習近平新時代中國特色社會主義經濟思想。

習近平總書記在講話中，闡明了習近平新時代中國特色社會主義經濟思想的科學內涵。主要是：堅持加強黨對經濟工作的集中統一領導，保證我國經濟沿著正確方向發展；堅持以人民為中心的發展思想，貫穿到統籌推進"五位一體"總體佈局和協調推進"四個全面"戰略佈局之中；堅持適應把握引領經濟發展新常態，立足大局，把握規律；堅持使市場在資源配置中起決定性作用，更好發揮政府作用，堅決掃除經濟發展的體制機制障礙；堅持適應我國經濟發展主要矛盾變化完善宏觀調控，相機抉擇，開準藥方，把推進供給側結構性改革作為經濟工作的主線；堅持問題導向部署經濟發展新戰略，對我國經濟社會發展變革產生深遠影響；堅持正確工作策略和方法，穩中求進，保持戰略定力、堅持底線思維，一步一個腳印向前邁進。

2020 年 8 月，在聽取對"十四五"規劃編制的意見和建議過程中，習近平總書記主持召開經濟社會領域專家座談會，並發表重要講話。他在講話中，總結概括了黨在發展理念、所有制、分配體制、政府職能、市場機制、宏觀調控、產業結構、企業治理結構、民生保障、社會治理等重大問題上的重要論斷和理論創新。比如，關於社會主義本質的理論，關於社會主義初級階段基本經濟制度的理論，關於創新、協調、綠色、開放、共享發展的理論，關於發展社會主義市場經濟、使市場在資源配置中起決定性作用和更好發揮政府作用的理論，關於我國經濟發展進入新常態、深化供給側結構性改革、推動經濟高質量發展的理論，關於推動新型工業化、信息化、城鎮化、農業現代化同步發展和區域協調發展的理論，關於農民承包的土地具有所有權、承包權、經營權屬性的理論，關於用好國際國內兩個市場、兩種資源的理論，關於加快形成以國內大循環為主體、國內國際雙循環相互促進的新發展格局的理論，關於促進社會公平正義、逐步實現全體人民共同富裕的理論，關於統籌發展和安全的理論，等等。他還強調指出，這些理論成果，不僅有力指導了我國經濟發展實踐，而且開拓了馬克思主義政治經濟學新境界。

圍繞“十四五”規劃編制，黨的十九屆五中全會以來，習近平總書記做出一系列重大決策和判斷，提出一系列重要觀點，進一步豐富和發展了習近平新時代中國特色社會主義經濟思想。2021年1月，習近平總書記在省部級主要領導幹部學習貫徹黨的十九屆五中全會精神專題研討班開班式上的講話中，集中闡述了這些新發展，指出：進入新發展階段、貫徹新發展理念、構建新發展格局，是由我國經濟社會發展的理論邏輯、歷史邏輯、現實邏輯決定的。進入新發展階段明確了我國發展的歷史方位，貫徹新發展理念明確了我國現代化建設的指導原則，構建新發展格局明確了我國經濟現代化的路徑選擇。新發展階段是我國社會主義發展進程中的一個重要階段。全面建設社會主義現代化國家、基本實現社會主義現代化，既是社會主義初級階段我國發展的要求，也是我國社會主義從初級階段向更高階段邁進的要求。我們黨領導人民治國理政，很重要的一個方面就是要回答好實現什麼樣的發展、怎樣實現發展這個重大問題。新發展理念是一個系統的理論體系，回答了關於發展的目的、動力、方式、路徑等一系列理論和實踐問題，闡明了我們黨關於發展的政治立場、價值導向、發展模式、發展道路等重大政治問題。加快構建以國內大循環為主體、國內國際雙循環相互促進的新發展格局，是“十四五”規劃《建議》提出的一項關係我國發展全局的重大戰略任務。構建新發展格局的關鍵在於經濟循環的暢通無阻，構建新發展格局最本質的特徵是實現高水平的自立自強。

　　習近平新時代中國特色社會主義經濟思想，是推動我國經濟發展實踐的理論結晶，是中國特色社會主義政治經濟學的最新成果，是黨和國家十分寶貴的精神財富，必須長期堅持、不斷豐富發展。

　　習近平生態文明思想，是在2018年5月召開的全國生態環境保護大會上提出來的。黨的十八大以來，以習近平同志為核心的黨中央，把生態文明建設作為統籌推進“五位一體”總體佈局和協調推進“四個全面”戰略佈局的重要內容，開展一系列根本性、開創性、長遠性工作，提出一系列新理念新思想新戰略，生態文明理念日益深入人心，污染治理力度之大、制度出台頻度之密、監管執法尺度之嚴、環境質量改善速度之快前所未有，推動生態環境保護發生歷史性、轉折性、全局性變化，形成習近平生態文明思想。

習近平生態文明思想，深刻回答了為什麼建設生態文明、建設什麼樣的生態文明、怎樣建設生態文明的重大理論和實踐問題，提出了包括“綠色發展”在內的一系列新理念新思想新戰略，明確了新時代推進生態文明建設必須堅持的重大原則：一是堅持人與自然和諧共生；二是堅持綠水青山就是金山銀山理念；三是堅持良好生態環境是最普惠的民生福祉；四是堅持山水林田湖草是生命共同體；五是堅持用最嚴格制度最嚴密法治保護生態環境；六是堅持共謀全球生態文明建設。

習近平新時代中國特色社會主義外交思想，是 2018 年 6 月召開的中央外事工作會議上提出來的。黨的十八大以來，在以習近平同志為核心的黨中央堅強領導下，面對國際形勢風雲變幻，我國對外工作攻堅克難、砥礪前行、波瀾壯闊，開創性推進中國特色大國外交，經歷了許多風險考驗，打贏了不少大仗硬仗，辦成了不少大事難事，取得了歷史性成就，形成了習近平新時代中國特色社會主義外交思想，即習近平外交思想。

習近平外交思想的科學內涵，概括起來主要有以下 10 個方面：堅持以維護黨中央權威為統領加強黨對對外工作的集中統一領導；堅持以實現中華民族偉大復興為使命推進中國特色大國外交；堅持以維護世界和平、促進共同發展為宗旨推動構建人類命運共同體；堅持以中國特色社會主義為根本增強戰略自信；堅持以共商共建共享為原則推動“一帶一路”建設；堅持以相互尊重、合作共贏為基礎走和平發展道路；堅持以深化外交佈局為依託打造全球夥伴關係；堅持以公平正義為理念引領全球治理體系改革；堅持以國家核心利益為底線維護國家主權、安全、發展利益；堅持以對外工作優良傳統和時代特徵相結合為方向塑造中國外交獨特風範。

習近平新時代中國特色社會主義外交思想是習近平新時代中國特色社會主義思想的重要組成部分，是以習近平同志為核心的黨中央治國理政思想在外交領域的重大理論成果，是新時代我國對外工作的根本遵循和行動指南。

習近平法治思想，是 2020 年 11 月召開的中央全面依法治國工作會議上提出來的。習近平法治思想內涵豐富、論述深刻、邏輯嚴密、系統完備，從歷史和現實相貫通、國際和國內相關聯、理論和實際相結合上深刻回答了新時代為什麼實行全面依法治國、怎樣實行全面依法治國等一系列重大問題。

習近平法治思想的科學內涵，習近平總書記在這次會議重要講話中概括了"十一個堅持"。這就是：堅持黨對全面依法治國的領導；堅持以人民為中心；堅持中國特色社會主義法治道路；堅持依憲治國、依憲執政；堅持在法治軌道上推進國家治理體系和治理能力現代化；堅持建設中國特色社會主義法治體系；堅持依法治國、依法執政、依法行政共同推進，法治國家、法治政府、法治社會一體建設；堅持全面推進科學立法、嚴格執法、公正司法、全民守法；堅持統籌推進國內法治和涉外法治；堅持建設德才兼備的高素質法治工作隊伍；堅持抓住領導幹部這個"關鍵少數"。這"十一個堅持"，既是重大工作部署，又是重大戰略思想。

習近平法治思想是順應實現中華民族偉大復興時代要求應運而生的重大理論創新成果，是馬克思主義法治理論中國化最新成果，是習近平新時代中國特色社會主義思想的重要組成部分，是全面依法治國的根本遵循和行動指南。

彰顯馬克思主義中國化鮮明品格

任何一個理論要被人所信服，既要能夠回答時代課題、指導推動實踐，又要有獨具特色的理論品質和富有感召的思想力量。習近平新時代中國特色社會主義思想，就是這樣一種閃耀著理性光輝和人格魅力的科學理論，集中反映著當代中國共產黨人的政治品格、價值追求、精神風範。

習近平新時代中國特色社會主義思想，是堅持和運用辯證唯物主義和歷史唯物主義的光輝典範。解放思想、實事求是、與時俱進，是習近平新時代中國特色社會主義思想活的靈魂。其中蘊含著豐富的馬克思主義思想方法和工作方法，既是世界觀、歷史觀，也是認識論、方法論；既講是什麼、怎麼看，又講怎麼辦、怎麼幹；既部署"過河"的任務，又指導解決"橋或船"的問題，為推進黨和國家事業發展提供了銳利思想武器。學習掌握這一思想，既要全面準確領會其中的豐富內涵、思想體系和實踐要求，又要深刻把握貫穿其中的科學思想方法和工作方法，不斷提高攻堅克難、化解矛盾、駕馭複雜局面的能力，在新時代更好地堅持和發展中國特色社會主義。

這些思想方法和工作方法主要有：第一，堅持實事求是原則。習近平總書記指出："實事求是，是馬克思主義的根本觀點，是中國共產黨人認識世界、改造世界的根本要求，是我們黨的基本思想方法、工作方法、領導方法。"實踐反覆證明，堅持實事求是，就能興黨興國；違背實事求是，就會誤黨誤國。第二，堅持戰略定力。習近平總書記指出："在這樣的複雜環境中，保持理論上的清醒、增強政治上的定力是很要緊的。""在道路、方向、立場等重大原則問題上，旗幟要鮮明，態度要明確，不能有絲毫含糊。""中國是一個大國，決不能在根本性問題上出現顛覆性錯誤，一旦出現就無法挽回、無法彌補。"進行偉大鬥爭、建設偉大工程、推進偉大事業、實現偉大夢想，不僅要有"不到長城非好漢"的進取精神，更要有"亂雲飛渡仍從容"的戰略定力。第三，堅持問題導向。問題無處不在、無時不有，關鍵在敢不敢於正視問題，善不善於發現問題。面對紛繁複雜的國內外形勢，要學會在國際國內相互聯繫中發現問題，形成既符合世界發展潮流又符合我國發展階段性特徵的發展戰略；在改革發展實踐中發現問題，結合各地區各部門實際，創造性地貫徹落實中央決策部署；在總結經驗教訓中發現問題，深入思考並及時發現事業進程中的新情況、新苗頭，由此全面把握矛盾，掌握解決問題的主動。第四，堅持全面協調。習近平總書記指出："在任何工作中，我們既要講兩點論，又要講重點論，沒有主次，不加區別，眉毛鬍子一把抓，是做不好工作的。"推進中國特色社會主義總體佈局和戰略佈局，既要注重總體謀劃，又要注重牽住"牛鼻子"。第五，堅持底線思維。習近平總書記反覆強調，當前和今後一個時期，我們在國際和國內面臨的矛盾和風險都不少，決不能掉以輕心，"各種風險我們都要防控，但重點要防控那些可能遲滯或中斷中華民族偉大復興的全局性風險，這是我一直強調底線思維的根本含義"。我們要提高底線思維能力，居安思危、未雨綢繆，寧可把形勢想得更複雜一點，把挑戰看得更嚴峻一些，做好應付最壞局面的思想準備。第六，堅持調查研究。習近平總書記指出："調查研究是謀事之基、成事之道。沒有調查，就沒有發言權，更沒有決策權。"調查研究要緊扣人民群眾生產生活，緊扣經濟社會發展實際，緊扣全面從嚴治黨面臨的現實問題，緊扣貫徹落實黨的十九大精神需要解決的問題，多到群眾意見多的地方去，多到工作做得差的地方去，既聽群眾的順耳話，也聽群眾的逆耳言，這樣才能切實把存在的矛盾和問題搞清搞透，把各項工作做實做好。第七，堅持抓鐵有痕。習近平總書記反覆強調，空談誤國，實幹興邦。要以踏石留印、抓鐵有痕的勁頭，切實幹出成效來，做到言必信、行必果。要在全社會大力弘揚真抓實幹、埋頭苦幹的良好風尚，特別是各級領導幹部要帶頭發揚實幹精神，出實策、鼓實勁、辦實事，不圖虛名，不務虛功，以身作則帶領群眾把各項工作扎扎實實做好。

為人民謀幸福、為民族謀復興、為世界謀大同，是深刻理解和把握習近平新時代中國特色社會主義思想的金鑰匙。這其中，貫穿著“我將無我，不負人民”的崇高境界與博大情懷，形成了習近平新時代中國特色社會主義思想的理論品格。

這種理論品格，與馬克思主義中國化的優良傳統一脈相承，又注入了豐富的時代內涵與實踐特色。這主要體現在：第一，彰顯著堅定理想信念。這一理論品格，體現了我們黨在新時代繼承優良傳統、傳承紅色基因的高度自覺，體現了馬克思主義的理論底色、共產黨人的政治本色。第二，展現著真摯人民情懷。這一理論品格彰顯了人民創造歷史、人民是真正英雄的唯物史觀，以人為本、人民至上的價值取向，立黨為公、執政為民的執政理念，是寫在億萬中國人民心中的科學理論。第三，貫穿著高度自覺自信。正是有了對傳承中華民族 5000 多年文明的自覺自信，對發揚黨的優良傳統的自覺自信，對堅持和發展中國特色社會主義的自覺自信，對我們正在做的事情的自覺自信，對黨和國家事業光明前景的自覺自信，這一思想才有這樣的大氣魄、大視野、大格局，才有這樣的理論成熟、戰略定力。第四，體現著鮮明問題導向。這一思想貫穿著強烈的問題意識、鮮明的問題導向，是在研究問題、解決問題中創立並不斷發展完善的，體現了共產黨人求真務實的科學態度，展現了馬克思主義者勇於創新、奮發有為的精神風貌。第五，充滿著無畏擔當精神。習近平總書記曾說過：“我的執政理念，概括起來就是：為人民服務，擔當起該擔當的責任。”這一思想始終貫穿著對民族命運的擔當、對人民幸福的擔當、對管黨治黨的擔當、對美好世界的擔當。這種擔當是一種現實的擔當，扛起一代人應當扛起的責任；這種擔當是一種無私的擔當，以身許黨許國、報黨報國；這種擔當是一種無畏的擔當，黨和人民需要的時候，毫不猶豫挺身而出。正因為有了這種擔當，這一思想才具有了強大之勢、浩然之氣。

中國共產黨是靠思想立黨、理論強黨的馬克思主義先進政黨，是勇立時代潮頭、引領時代發展的馬克思主義政黨。緊扣時代之問、實現創新發展，是中國共產黨安身立命、永葆青春的理論品格。習近平新時代中國特色社會主義思想作為 21 世紀馬克思主義、當代中國馬克思主義，同樣具有立足時代之基、緊扣時代之問的理論品格。

一個時代有一個時代的標識性問題，一個時代有一個時代標誌性的思想。歷史表明，緊扣時代之問，恰恰是形成新的理論、推動理論創新的重要源泉。

當年，資本主義生產方式一方面推動了社會生產力的革命性發展，另一方面不僅沒有解決已有的社會矛盾，而且使得這些社會矛盾日益尖銳。人類處於一個思想迷茫期。處在思想轉變過程中的馬克思，在寫給盧格的信裏曾經說過，他正在研究"從何處來"和"往何處去"的問題。正是緊扣這一時代之問，馬克思主義應運而生。

習近平新時代中國特色社會主義思想創立之時，面對的有哪些時代之問呢？

從國內來說，中國共產黨面對來自十個方面的嚴峻考驗。一是管黨治黨的考驗；二是轉變發展方式、推進經濟轉型的考驗；三是攻堅克難、深化改革的考驗；四是轉變執政方式、推進依法治國的考驗；五是意識形態和思想文化傳播的考驗；六是補足民生短板、推進社會治理的考驗；七是生態環境嚴重破壞的考驗；八是治軍強軍興軍、應對新軍事革命的考驗；九是穩定港澳、遏制台獨的考驗；十是營造良好外部條件的考驗。這十個方面的嚴峻考驗集中到一點，從不同側面反映出社會主要矛盾的深刻變化，從深層次提出了新時代堅持和發展什麼樣的中國特色社會主義、怎樣堅持和發展中國特色社會主義這個重大時代課題。正是在應對以上十個方面的嚴峻考驗的過程中，以習近平同志為核心的黨中央以巨大的政治勇氣和強烈的責任擔當，提出一系列新理念新思想新戰略，出台一系列重大方針政策，推出一系列重大舉措，推進一系列重大工作，解決了許多長期想解決而沒有解決的難題，辦成了許多過去想辦而沒有辦成的大事，才有黨的十九大報告所指出的十個方面的歷史性成就和歷史性變革，才有中國特色社會主義進入新時代。

從國際來說，三個重大變化使得世界處於前所未有的大變局之中，呈現出新一輪大發展大變革大調整的態勢。一是以美國為首的西方國家開始由盛轉衰，影響力大不如前；二是中國的成功使得中國正在迅速走向世界舞台的中心，影響力大大提升；三是非傳統安全因素的威脅持續不斷，以"伊斯蘭國"為代表的極端恐怖勢力在發展擴張。由此，國際社會圍繞政黨治理、國家治理、全球治理這三大治理問題，既面臨前所未有的重大挑戰，又面臨著前所未有的發展機遇。在這樣的背景下，提出了"世界怎麼了？""我們怎麼辦？""人類社會向何處去？"這些重大時代課題，亟須拿出解決問題、尋找出路的建設性方案。

正是在這樣的時代之問中，習近平新時代中國特色社會主義思想應運而生，反映了時代呼聲、人民期盼、國際期待。

習近平新時代中國特色社會主義思想是如何回答國內發展、國際變化提出的時代之問的呢？

我們先看國內。習近平新時代中國特色社會主義思想緊扣時代之問，登高望遠、通覽古今、面向未來，解答了許多前人所未解答的重大理論和實踐問題，解決了許多前人所未解決的難題難事，引領中國特色社會主義進入新時代，成為 21 世紀馬克思主義、當代中國馬克思主義。面對新時代堅持和發展什麼樣的中國特色社會主義、怎樣堅持和發展中國特色社會主義這個重大時代課題，精準確定黨和國家所處歷史新方位，做出中國特色社會主義進入新時代的科學判斷；科學分析我國社會主要矛盾新變化，做出我國社會主要矛盾已經轉化為人民日益增長的美好生活需要和不平衡不充分的發展之間的矛盾的重大論斷；概括提出中華民族迎來了從站起來、富起來到強起來的偉大新飛躍，科學謀劃了從全面建成小康社會到基本實現現代化、再到全面建成社會主義現代化強國的新時代中國特色社會主義發展戰略新安排；明確提出我們比歷史上任何時期都更接近、更有信心和能力實現中華民族偉大復興的目標，必須堅定"四個自信"，實現偉大夢想必須進行偉大鬥爭、建設偉大工程、推進偉大事業，始終做到堅持和發展中國特色社會主義要一以貫之，推進黨的建設新的偉大工程要一以貫之，增強憂患意識、防範風險挑戰要一以貫之。由此開創了馬克思主義新境界、中國特色社會主義新境界、治國理政新境界、管黨治黨新境界。

我們再來看國際。習近平新時代中國特色社會主義思想面對錯綜複雜、變化多端的國際局勢和國際問題，高舉和平發展合作共贏旗幟，提出構建人類命運共同體戰略構想，穩健推進中國特色大國外交，扎實推進“一帶一路”建設，加速推動形成中國全面開放新格局，以深刻改變中國來深刻影響世界，以中國之治的事實映襯西方之亂的無奈，中國特色社會主義的成功得到越來越多國際人士的稱讚，中國對國際問題的話語權和主導權日益提升，中國方案對世界發展的影響力、引領力日益增強。

改革開放的歷史證明，中國對世界的影響，中國對國際社會的貢獻，不是通過霸權主義或輸出“普世價值”實現的，而是通過自身的改革發展創新，通過深刻改變中國，來以榜樣的力量深刻影響世界的。特別是在政黨治理、國家治理、全球治理方面，中國以獨特的優勢開闢了破解之道，為世界樹立了榜樣，做出了舉世公認的貢獻。

在政黨治理方面，關鍵是三大難題。一是如何懲治腐敗，二是如何統一意志，三是如何具有強大的社會動員能力和組織實施能力。在這些方面，黨的十八大以來，在習近平新時代中國特色社會主義思想指引下，以全面從嚴治黨為引領，以嚴懲腐敗、嚴糾“四風”為突破口，充分發揮把紀律挺在前面、把權力關進制度籠子的強大威力，精心打造紀律檢查、政治巡視、黨內監督三把利劍，黨內政治生態展現新氣象，反腐敗鬥爭取得壓倒性勝利，全面從嚴治黨取得重大成果。特別是黨的十八屆六中全會，明確維護習近平總書記在黨中央和全黨的核心地位，強調維護黨中央權威和集中統一領導，全黨上下的政治意識、大局意識、核心意識、看齊意識顯著增強，為把中國共產黨建設成為世界上最強大的一個政黨奠定了堅實的政治基礎。中國共產黨的不可撼動、無可替代的政治領導力、思想引領力、群眾組織力、社會號召力、決策執行力、政策公信力，為世界所公認。事實一再證明，要想真正實現中華民族從站起來、富起來到強起來的偉大飛躍，要想真正把中國建設成為世界上的社會主義現代化強國，就必須把中國共產黨建成一個世界上強大的馬克思主義執政黨。黨興民族興，黨強國家強。

在國家治理方面，關鍵是四大環節。一是精準研判、科學決策、民主決策、高效決策環節，二是精準平衡、統領全局、協調各方、科學謀劃環節，三是精準施策、監督落實、及時糾偏環節，四是精準調控、防範風險、補齊短板環節。黨的十八大以來，在習近平新時代中國特色社會主義思想指引下，堅持以人民為中心的發展思想，堅持穩中求進工作總基調，把新發展理念作為定盤星和指揮棒，統籌推進"五位一體"總體佈局，協調推進"四個全面"戰略佈局，牢牢抓住適應把握引領經濟發展新常態這個主脈，堅定不移推進供給側結構性改革這個主線，全面做好穩增長、促改革、調結構、惠民生、防風險各項工作，全面帶動中國特色社會主義各項事業穩步走向質的飛躍新階段。特別是黨的十八屆三中全會、四中全會，將制度建設和國家治理提到前所未有的新高度，將完善和發展中國特色社會主義制度、推進國家治理體系和治理能力現代化作為全面深化改革的總目標、全面依法治國的重要內容，把馬克思主義民主政治理論和國家學說提升到了一個新境界，為"四個全面"戰略佈局的提出奠定了堅實的理論基石。全面建成小康社會、全面深化改革、全面依法治國、全面從嚴治黨的戰略佈局，既有戰略目標，也有戰略舉措，每一個"全面"都具有重大戰略意義，都是國家治理體系和治理能力建設的核心內容。全面建成小康社會作為國家治理的戰略目標，全面深化改革、全面依法治國、全面從嚴治黨作為國家治理的三大戰略舉措，共同勾畫出完善和發展中國特色社會主義制度、推進國家治理體系和治理能力現代化的戰略藍圖。中國之治與西方之亂恰成鮮明對比，進一步彰顯出中國制度優越性，極大地增強了中國特色社會主義道路自信、理論自信、制度自信、文化自信。

在全球治理方面，種種亂象集中體現在三大領域中。一是經濟全球化進程出現"逆全球化"的嚴重干擾，二是全球氣候治理出現美國悔約退出的嚴重阻力，三是各國共同應對傳統安全因素和非傳統安全因素的努力遭遇冷戰思維的嚴重威脅。黨的十八大以來，以習近平同志為核心的黨中央冷靜觀察、科學研判、把握大勢、主動作為，在堅定不移走和平發展道路、積極構建中國特色大國外交的同時，積極構建和平發展合作共贏的國際關係新格局，努力倡導構建人類命運共同體，為處於"十字路口"的全球治理提供了合理可行的中國方案，並通過"一帶一路"建設為全球治理樹立了中國榜樣。特別是習近平總書記圍繞國際形勢和中國大政方針做出一系列重要論述，一方面深刻指出人類正處在大發展大變革大調整時期，正處在一個挑戰層出不窮、風險日益增多的時代，和平赤字、發展赤字、治理赤字是擺在全人類面前的嚴峻挑戰；另一方面指出各國之間的聯繫從來沒有像今天這樣緊密，世界人民對美好生活的嚮往從來沒有像今天這樣強烈，人類戰勝困難的手段從來沒有像今天這樣豐富。在此前提下重申"四個決心"不會改變，即中國維護世界和平的決心不會改變，促進共同發展的決心不會改變，打造夥伴關係的決心不會改變，支持多邊主義的決心不會改變。並鄭重向世界各國發出倡議，堅持對話協商、共建共享、合作共贏、交流互鑒、綠色低碳，以建設一個持久和平、普遍安全、共同繁榮、開放包容、清潔美麗的世界。中國方案、中國榜樣，為陷入窘境的全球治理指明了前進方向。

當今世界，正處於百年不遇的大變局中。當今中國，正處於由大變強的關鍵時刻。當今中國與世界的關係，也在發生歷史性的重大變化，中國正以從容自信穩健步伐走進世界舞台的中心。在各種變化之中，有一點是可以肯定的，中國的發展強盛，帶給世界的絕不是新一輪"國強必霸"的角逐，而是和平發展合作共贏的希望。指引中國共產黨和中國人民走向美好未來的制勝法寶，正是習近平新時代中國特色社會主義思想。這一科學理論，集中體現了當代中國智慧與中國思維，它對政黨治理、國家治理、全球治理難題的成功破解，不但具有鮮明的中國特色、中國意義，而且具有深邃的時代價值、世界意義。

第十一章　為了人民美好生活

中國自進入 20 世紀後，除了渴望停止戰爭、取得和平之外，最大的民族期盼便是發展與民生。1840 年以來，中國人飽嘗落後就會捱打的苦頭，深知發展才能民富國強。

其實，戰爭、和平與發展、民生，又高度相關，猶如孿生兄妹，誰也離不開誰。不消除內外戰爭，就談不上和平，更談不到發展與解決民生。

孫中山先生的《建國大綱》，一言以蔽之，就是發展與民生的民族夢想。然而，這一宏偉藍圖，被軍閥戰爭和帝國主義劫掠化為泡影。

中華民國 20 世紀 30 年代的 "黃金年代"，給人民帶來最大的希望，也正是民族經濟的發展。然而，這一年代猶如曇花一現，很快就在日本侵華戰爭中毀於一旦。抗戰勝利，人民期盼和平民主建國，蔣介石帶來的卻是全面內戰。從此，人民越來越對中華民國不再抱任何幻想。

新中國給整個民族不僅帶來了獨立、和平與統一，還帶來了發展與民生的希望。

實現從無到有的跨越

新中國成立伊始的頭等大事，就是迅速恢復國民經濟，盡快開始大規模國家工業化建設。當時，毛澤東的設想是，"三年五年恢復，十年八年發展"[1]。1953 年，中華民族盼望近百年的大規模國家工業化建設，正式起步。

1　逄先知、馮蕙主編：《毛澤東年譜（1949—1976）》第 1 卷，中央文獻出版社 2013 年版，第 53 頁。

新中國在實現社會主義現代化的征程上，先後經歷了四次跨越。第一次跨越（1953—1980 年）的核心，是實現"從無到有"的轉變，完成的標誌是建成獨立的比較完整的工業體系和國民經濟體系。

在新中國第一個五年計劃開始實施的時候，中國是一個什麼樣的發展水平呢？

當時中國總體還處在農業國階段。1952 年國民經濟恢復工作完成時，現代工業在工農業總產值中的比重只有 26.6%，重工業在工業總產值中的比重只有 35.5%。蘇聯在第一個五年計劃開始前的 1928 年，這兩個比重已經分別達到 45.2% 和 39.5%。[1]

以工業產品總產量來比較，中國與當時主要資本主義國家工業水平的差距至少在 100 年以上。1952 年，中國許多重要工業產品的人均產量不僅遠遠落後於美國，甚至落後於印度。如鋼產量，美國為 538.3 公斤，印度為 4 公斤，中國為 2.37 公斤；發電量，美國為 2949 度，印度為 10.9 度，中國為 2.76 度。[2] 新中國成立前，中國生鐵在歷史上的最高年產量不過 180 多萬噸，鋼不過 90 多萬噸。1952 年，雖然生鐵和鋼產量都超過了新中國成立前，但生鐵只有 190 萬噸，鋼只有 135 萬噸[3]。

因此，第一個五年計劃把優先發展重工業作為工業化起步的基點。隨後的幾個五年計劃，儘管方針有所調整，但基本上都是把重點放在建立獨立完整的工業體系和國民經濟體系上。也就是說，是要實現從農業國向工業國的轉變，實現獨立工業基礎從無到有的轉變。

1953 年到 1980 年，新中國先後制訂和執行了五個五年計劃，實現了建立獨立的比較完整的工業體系和國民經濟體系的目標。儘管這段時間歷經曲折，既受到經濟建設指導思想上急於求成的影響，也受到"以階級鬥爭為綱"錯誤指導思想支配下的政治運動，特別是"文化大革命"的影響，五年計劃的執行也曾因三年困難時期而一度中斷，但從總體而言，能夠取得這一歷史

---

1 《中國近現代史綱要（2018 年版）》，高等教育出版社 2018 年版，第 229 頁。

2 《中國近現代史綱要（2018 年版）》，高等教育出版社 2018 年版，第 229 頁。

3 《建國以來重要文獻選編》第 6 冊，中央文獻出版社 1993 年版，第 407 頁。

性成就，實現這一歷史性跨越，仍然是中華民族偉大復興史上的一個了不起的成就，是一個重要的里程碑。

從第一個五年計劃到第五個五年計劃期間，中國發展有了堅實的工業化基礎。

據國家統計局發佈的《新中國成立 70 週年經濟社會發展成就系列報告》，一是初級工業化任務基本完成。1952 年，第一、二、三產業增加值佔國內生產總值的比重分別為 50.5%、20.8% 和 28.7%。1978 年，第一、二、三產業比重分別為 27.7%、47.7% 和 24.6%。

二是經濟實力有了質的變化。1952 年我國國內生產總值僅為 679 億元，人均國內生產總值為 119 元。經過長期努力，1978 年我國國內生產總值增加到 3679 億元，佔世界經濟的比重為 1.8%，居全球第 11 位。

三是國家財力有了大幅度提升。1950 年全國財政收入僅為 62 億元，1978 年增加到 1132 億元。

四是主要工業品的生產能力達到一個新水平。鋼產量從 1949 年的 16 萬噸增至 1976 年的 2046 萬噸。發電量從 1949 年的 43 億度增至 1976 年的 2031 億度。原油從 1949 年的 12 萬噸增至 1976 年的 8716 萬噸。原煤從 1949 年的 3200 萬噸增至 1976 年的 4.83 億噸。汽車產量從 1955 年年產 100 輛增至 1976 年的 13.52 萬輛。

五是人民生活水平有了較大提高，初步滿足了基本生活需求。全國居民的人均消費水平，農民從 1952 年的 62 元增加到 1976 年的 125 元，城市居民同期從 148 元增加到 340 元。全國人口的死亡率從 1949 年的 20 下降到 1976 年的 7.25。人均預期壽命，1949 年為 35 歲，1975 年提高到 63.8 歲。

六是尖端科學技術領域取得一系列標誌性成就。1964 年 10 月 16 日，中國成功地爆炸了第一顆原子彈。1967 年 6 月，爆炸了第一顆氫彈。1970 年 1 月，第一枚中遠程導彈發射成功。同年 4 月，第一顆人造地球衛星發射成功。1975 年，可回收人造地球衛星試驗成功。

同時，經濟社會發展和民生建設，也存在很多短板。主要表現在：一是城鎮化水平很低。新中國成立初期，城鎮人口佔總人口的比重僅為 10.6%。1978 年末常住人口城鎮化率也僅為 17.9%。二是居民收入和消費增長緩慢，水平很低。1956 年，全國居民人均可支配收入為 98 元，人均消費支出為 88 元。1978 年全國居民人均可支配收入為 171 元，人均消費支出為 151 元。三是服務業發展相對緩慢。1952 年我國第三產業增加值為 195 億元，到 1978 年為 905 億元。四是教育、醫療、衛生事業有較大發展，但總體水平仍然不高。五是外匯儲備嚴重不足，對外貿易水平不高。1952 年末，外匯儲備為 1.08 億美元，1978 年末為 1.67 億美元。1950 年，貨物進出口總額為 11.3 億美元。1978 年，貨物進出口總額為 206 億美元。

這一方面是高度集中的計劃經濟體制存在的弊端造成的，另一方面也是在國家財力和資源短缺情況下，集中進行大規模基礎設施建設，造成的歷史欠賬。

從短缺經濟到人民總體小康

1978 年 12 月中共十一屆三中全會開啟的改革開放和社會主義現代化建設，就是在新中國艱苦奮鬥 28 年創立的基業上開始起航的。1982 年 9 月召開的中共十二大，根據鄧小平提出的設想，提出到 20 世紀末 "翻兩番" 的奮鬥目標。這成為從 "六五" 計劃到 "九五" 計劃的基本發展目標。通過新中國經濟發展的第二次跨越（1981—2000 年），不僅告別了短缺經濟，還實現了人民生活水平的總體小康。

經五屆全國人大五次會議 1982 年 12 月 10 日審議批准的第六個五年計劃，直至 2000 年完成的第九個五年計劃，根據中共十二大確定的目標，集中全力完成到 2000 年實現工農業年總產值（後改為國民生產總值）比 1980 年翻兩番的戰略目標，並且取得提前五年實現的歷史好成績。這在新中國經濟發展史上，樹立起一座新的里程碑。

按照第六個五年計劃的設想，是要 "從 1981 年到本世紀末的二十年間，我國經濟建設的戰略目標，是在不斷提高經濟效益的前提下，力爭使全國工農業的年總產值翻兩番，在國民收入總額和主要產品產量方面進入世界的前列，國民經濟在現代化過程中取得重大進展，人民的物質文化生活達到小康水平"[1]。這個目標，到 1995 年底第八個五年計劃結束時，提前完成。1995年，中國的國民生產總值達到 57600 億元，扣除物價因素，是 1980 年的4.3 倍，提前完成了"翻兩番"的任務。"八五"期間國民生產總值年均增長12%，是新中國成立後增長速度最快、波動最小的 5 年。

在第八個五年計劃提前實現"翻兩番"目標的情況下，第九個五年計劃提出更高水平的"翻兩番"目標，即"人均國民生產總值比 1980 年翻兩番"，同時提出：全面完成現代化建設的第二步戰略部署，基本消除貧困現象，人民生活達到小康水平。[2]

上述目標，在 2000 年第九個五年計劃完成之時，圓滿實現。中共十五屆五中全會莊嚴宣告："二十多年的改革開放和發展，使我國的生產力水平邁上了一個大台階，商品短缺狀況基本結束，市場供求關係發生了重大變化；社會主義市場經濟體制初步建立，市場機制在配置資源中日益明顯地發揮基礎性作用，經濟發展的體制環境發生了重大變化；全方位對外開放格局基本形成，開放型經濟迅速發展，對外經濟關係發生了重大變化。我們已經實現了現代化建設的前兩步戰略目標，經濟和社會全面發展，人民生活總體上達到了小康水平，開始實施第三步戰略部署。這是中華民族發展史上一個新的里程碑。"[3]

從 1981 年第六個五年計劃開始實施到 2000 年第九個五年計劃完成的這20 年，在改革開放和社會主義現代化建設的歷史上，佔有十分重要的地位。它是改革開放起步並深入推進的 20 年，實現了從計劃經濟向社會主義市場經濟的歷史性轉變；是社會主義現代化建設快速推進的 20 年，提前完成三步走戰略目標中的"翻兩番"任務；也是人民生活水平開始歷史性跨越的 20 年，從短缺經濟走向物質極大豐富。

1　《中華人民共和國國民經濟和社會發展第六個五年計劃（1981—1985）》，《人民日報》1982年 12 月 13 日第 1 版。

2　《中華人民共和國國民經濟和社會發展"九五"計劃和 2010 年遠景目標綱要》，《人民日報》1996 年 3 月 19 日第 1 版。

3　《中共中央關於制定國民經濟和社會發展第十個五年計劃的建議》，《人民日報》2000 年 10月 19 日第 1 版。

1981 年，國內生產總值為 4935.8 億元，人均 497 元。到 2000 年，國內生產總值達到 100280.1 億元，人均達到 7942 元。人均國民生產總值比 1980 年翻兩番的任務，已經超額完成。

　　實現了農產品供給由長期短缺到總量基本平衡、豐年有餘的歷史性轉變。糧食年產量，1981 年 32502 萬噸，2000 年 46217.5 萬噸。油料年產量，1981 年 1020.5 萬噸，2000 年 2954.8 萬噸。棉花年產量，1981 年 296.8 萬噸，2000 年 441.7 萬噸。肉類年產量，1981 年 1260.9 萬噸，2000 年 6125.4 萬噸。水產品年產量，1981 年 460.57 萬噸，2000 年 4278.48 萬噸。奶類年產量，1981 年牛奶 129.1 萬噸、羊奶 25.8 萬噸，2000 年 919.1 萬噸。水果年產量，1981 年 780.085 萬噸，2000 年 6225.147 萬噸。茶葉年產量，1981 年 34.26 萬噸，2000 年 67.5871 萬噸。

　　主要工業產品產量位居世界前列，商品短缺狀況基本結束。鋼年產量，1981 年 3560 萬噸，2000 年 12850 萬噸。水泥年產量，1981 年 8290 萬噸，2000 年 59700 萬噸。平板玻璃年產量，1981 年 2701 萬重量箱，2000 年 18352.2 萬重量箱。原煤年產量，1981 年 6.22 億噸，2000 年 9.98 億噸。原油年產量，1981 年 10122 萬噸，2000 年 16300 萬噸。天然氣年產量，1981 年 127.4 億立方米，2000 年 272 億立方米。年發電量，1981 年 3093 億千瓦小時，2000 年 13556 億千瓦小時。集成電路年產量，1981 年 1279 萬塊，2000 年 58.8 億塊。

　　市場商品豐富，與人民生活密切相關的產品生產能力大幅提升。從 "六五" 計劃起，增加適合社會現實需要的農產品、輕紡產品和其他日用工業品的生產。化學纖維年產量，1981 年 52.73 萬噸，2000 年 694 萬噸。布年產量，1981 年 142.7 億米，2000 年 277 億米。糖年產量，1981 年 317 萬噸，2000 年 700 萬噸。啤酒年產量，1981 年 91 萬噸，2000 年 2231.32 萬噸。捲煙年產量，1981 年 1704 萬箱，2000 年 3397 萬箱。照相機年產量，1981 年 62.3 萬架，2000 年 5514.52 萬架。彩色電視機年產量，1981 年 15.21 萬台，2000 年 3936 萬台。家用冰箱年產量，1981 年 5.56 萬台，2000 年 1279 萬台。家用洗衣機年產量，1981 年 1.4 萬台，2000 年 1826.67 萬台。房間空調器年產量，1981 年 5.56 萬台，2000 年 1279 萬台。微型電腦年產量，1986 年

4.21 萬部，2000 年 672 萬部。轎車年產量，1981 年 0.34 萬輛，2000 年 60.7 萬輛。居民消費水平不斷提高，社會消費品零售總額平均每年增長 10.6%。

基礎設施建設成績顯著，能源、交通、通信和原材料的"瓶頸"制約得到緩解。國有大中型企業改革和脫困的三年目標基本實現。2000 年國有及國有控股工業企業實現利潤 2392 億元，為 1997 年的 2.9 倍。

人民生活繼續改善，總體上達到小康水平。1981 年，根據 28 個省、市、自治區所屬 568 個縣的 18529 戶農民家庭收支抽樣調查，全年平均每人收入（包括農業、副業收入和通過再分配得到的收入）為 223 元；根據 28 個省、市、自治區所屬 46 個城市的 8715 戶職工家庭收支抽樣調查，全年平均每人可用於生活費的收入為 463 元。全國職工平均貨幣工資為 772 元，其中全民所有制單位職工平均為 812 元，城鎮集體所有制單位職工平均為 642 元。2000 年，農村居民人均純收入達到 2253 元，城鎮居民人均可支配收入達到 6280 元。城鄉居民住房、電信和用電等生活條件有較大改善。基本普及九年義務教育和基本掃除青壯年文盲的目標初步實現。農村貧困人口大幅度減少，"八七"扶貧攻堅目標基本實現。[1]

第二次跨越之所以實現，從經濟層面來說，主要得益於三個因素。一是改革開放決策所釋放出的巨大發展動能和發展空間，一方面把受原有體制弊端制約的大量潛能與空間充分釋放出來，另一方面又開拓和創造出許多發展空間和動能，使在改革中正在形成的新體制充滿了活力。二是社會主義市場經濟的形成發展完善，市場對資源配置的基礎性作用的建立與拓展，調正了市場供需關係對企業生產的導向作用，企業對市場與民生需求反應更加直接，也更加靈敏。三是通過中外合資等多種方式引進外資，帶來先進技術和先進管理經驗，縮小了與發達國家的差距，提升了國內生產能力和經濟效益。這種效應，在轎車生產行業、電子信息生產領域、家電行業等，特別顯著。

1　以上數據，主要依據：國家統計局編：《中國統計年鑒（2001）》，中國統計出版社 2001 年版；國家統計局編：《中國統計年鑒（1983）》，中國統計出版社 1983 年版；《中華人民共和國國家統計局關於一九八一年國民經濟計劃執行結果的公報》（1982 年 4 月 29 日），《人民日報》1982 年 4 月 30 日第 2 版。

積極參與和推動經濟全球化

在中國經濟發展的第三次跨越（2001—2010 年）中，依據對 21 世紀頭 20 年重要戰略機遇期的科學判斷，做出了兩大決策。一是確立全面建設小康社會奮鬥目標，二是積極參與和推動經濟全球化。

這時，我國經濟發展狀況，可以用兩句話來表述。一是變化巨大，二是任重道遠。由於我國的現代化建設，肩負著既要著重推進傳統產業革命，又要迎頭趕上世界新技術革命的雙重任務，所以既要不斷與自己的過去比較，也要與發達國家的現在與未來比較。

就當時的狀況而言，一方面，自己與自己相比，的確實現了一個巨大的歷史性跨越，距離基本實現現代化更加近了；另一方面，與發達國家相比，還有不小的差距，馬上提出達到中等發達國家水平的目標，還不現實。因此，客觀上提出了要對第三步戰略目標進一步細化的任務，在保持第三步戰略目標不變的情況下，進一步做出切實可行的分階段戰略安排。

黨和國家通過制訂第十個五年計劃到籌備召開中共十二大，用了兩年時間，終於圓滿完成了這一歷史任務。

按照既定的現代化建設“三步走”設想，第一步，實現國民生產總值比 1980 年翻一番，解決人民的溫飽問題；第二步，到 20 世紀末，使國民生產總值再增長一倍，人民生活達到小康水平。到 2000 年，這兩步目標已經實現。現在的問題，是如何繼續前進，以實現第三步發展目標，到 21 世紀中葉，人均國民生產總值達到中等發達國家水平，人民生活比較富裕，基本實現現代化。

將我國社會主義現代化目標，確定為到達中等發達國家水平，並在這之前確立一個小康目標，這是鄧小平的一個重要貢獻。

現在的問題是，2000 年前後所達到的小康水平，是一個什麼樣的發展水平，能不能直接提出基本實現現代化的奮鬥目標。這對確立下一步發展目標極為重要。

經過認真分析，中共十二大報告提出：現在達到的小康還是低水平的、不全面的、發展很不平衡的小康，人民日益增長的物質文化需要同落後的社會生產之間的矛盾仍然是我國社會的主要矛盾。這個重要論斷的提出,對於科學制定從 21 世紀初到 21 世紀中葉這 50 年間的發展戰略和階段性目標,至關重要。

這個"低水平的、不全面的、發展很不平衡的小康",按照當時的分析,又是什麼狀況?有哪些突出矛盾呢?

一是國民經濟整體素質不高,國際競爭力不強;社會主義市場經濟體制尚不完善,阻礙生產力發展的體制因素仍很突出。

二是與社會生產力的突飛猛進相比,科學技術發展和教育發展相對滯後,影響到國家總體創新能力不強,長期面臨發達國家在經濟科技等方面佔優勢的壓力與制約。

三是城鄉差距、東中西部地區差距較大。城鄉二元經濟結構還沒有改變,地區差距擴大的趨勢尚未扭轉。收入分配關係尚未理順。農民和城鎮部分居民收入增長緩慢,收入差距拉大。貧困人口為數不少,有些群眾的生活還很困難。人口總量繼續增加,老齡人口比重上升,失業人員增多,就業和社會保障壓力增大。

四是生態環境、自然資源和經濟社會發展的矛盾日益突出。水、石油等重要資源短缺,部分地區生態環境惡化。

五是一些領域市場經濟秩序相當混亂,市場經濟秩序有待繼續整頓和規範。一些地方社會治安狀況不好。貪污腐敗、奢侈浪費現象和形式主義、官僚主義作風還比較嚴重。

根據以上狀況,2000 年 10 月中共十五屆五中全會在提出《中共中央關於制定國民經濟和社會發展第十個五年計劃的建議》時,做出了"從新世紀開始,我國將進入全面建設小康社會,加快推進社會主義現代化的新的發展階段"[1] 的戰略判斷,並提出:"今後五到十年,是我國經濟和社會發展的重要時期,是進行經濟結構戰略性調整的重要時期,也是完善社會主義市場經濟體制和擴大對外開放的重要時期。"在這個時期,"要把發展作為主題,把結構調整作為主線,把改革開放和科技進步作為動力,把提高人民生活水平作

---

1 《十五大以來重要文獻選編》(中),中央文獻出版社 2011 年版,第 487 頁。

為根本出發點"。[1]

　　兩年後，2002 年 11 月中共十六大，進一步做出兩個重要判斷。一是提出"綜觀全局，二十一世紀頭二十年，對我國來說，是一個必須緊緊抓住並且可以大有作為的重要戰略機遇期"。二是進一步明確："我們要在本世紀頭二十年，集中力量，全面建設惠及十幾億人口的更高水平的小康社會，使經濟更加發展、民主更加健全、科教更加進步、文化更加繁榮、社會更加和諧、人民生活更加殷實。"這個 20 年的重要地位在於，"這是實現現代化建設第三步戰略目標必經的承上啟下的發展階段，也是完善社會主義市場經濟體制和擴大對外開放的關鍵階段"。[2]

　　以上兩個重要判斷，特別是關於全面建設小康社會的重大決策，使 1997 年 9 月中共十五大提出的戰略設想，即"展望下世紀，我們的目標是，第一個十年實現國民生產總值比二〇〇〇年翻一番，使人民的小康生活更加寬裕，形成比較完善的社會主義市場經濟體制；再經過十年的努力，到建黨一百年時，使國民經濟更加發展，各項制度更加完善；到世紀中葉建國一百年時，基本實現現代化，建成富強民主文明的社會主義國家"[3]，進一步發展成為實際的戰略部署。

　　這時，歷史機緣再一次落到了中國人身上。

　　就在舉國上下積極準備向全面建設小康社會奮鬥目標邁進的時候，傳來了一個振奮人心的消息。世界貿易組織第四屆部長級會議一致通過了中國加入世貿組織的決定。

　　當地時間 2001 年 11 月 10 日 18 時 30 分，在卡塔爾首都多哈喜來登酒店薩爾瓦會議大廳舉行世貿組織第四屆部長級會議。會議主席，卡塔爾財政、經濟和貿易大臣卡邁勒宣佈：大會開始討論下一個重要議題——中國加入世貿組織問題。世貿組織中國工作組主席吉拉德向大會報告工作組的工作，並向大會提交了部長級會議《關於中國加入世貿組織的決定》草案，請大會審

1　《十五大以來重要文獻選編》（中），中央文獻出版社 2011 年版，第 487、489 頁。

2　《十六大以來重要文獻選編》（上），中央文獻出版社 2011 年版，第 14—15 頁。

3　《十五大以來重要文獻選編》（上），中央文獻出版社 2011 年版，第 4 頁。

議和通過。在沒有任何反對意見的情況下，會議主席卡邁勒手中擊槌輕落，標誌著中國長達 15 年復關和加入世貿組織進程的結束，宣告了一個歷史性時刻的誕生。

第二天，11 月 11 日晚，中國代表團團長、外經貿部部長石廣生向世貿組織總幹事邁克爾·穆爾遞交了由時任中國國家主席江澤民簽署的《中國加入世貿組織批准書》。按照世貿組織的規定，同年 12 月 11 日，即遞交批准書 30 日後，中國正式成為世界貿易組織成員。

中國加入世界貿易組織，意味著當時經濟總量和進出口總值均居世界第七位、擁有龐大國內市場的最大發展中國家，可以更加順暢無阻地加入經濟全球化浪潮，通過更好地融入世界經濟，求得更快更好的發展。

據統計，中國加入世界貿易組織後，出口增長了 4.9 倍，進口增長了 4.7 倍，成為世界第一大出口國和世界第二大進口國。

外因是變化的條件，內因是變化的根本。中國的顯著變化，首要的是依靠自身的改革發展。但隨著加入世界貿易組織，外部環境的改變，也賦予改革開放一項新的重要任務，就是迅速提升國際競爭力，在做大自身的同時，努力做強自己。這是前所未有的挑戰，也是前所未有的機遇。

為此，以江澤民同志為核心的黨中央做了大量未雨綢繆的工作。

2002 年 2 月，中共中央舉辦省部級主要領導幹部"國際形勢與世貿組織"專題研究班。2 月 25 日，江澤民在同專題研究班學員座談時講話指出：任何時代的國際競爭，都是以實力為基礎的。我國加入世貿組織的談判之所以能取得成功，說到底，就是因為改革開放二十多年來我國的綜合國力不斷增強，國際地位日益提高。我國社會主義市場經濟的發展，全方位對外開放格局的形成，再加上巨大的潛在市場，這是我國加入世貿組織最重要的推動力量。從 21 世紀國際競爭日趨激烈的大環境看，我們搞現代化建設，必須到國際市場的大海中去游泳，並且要奮力地去游，力爭上游，不斷提高我們搏風擊浪的本領。這對提高我國的國際競爭力、在國際綜合國力的較量中掌握主動有利。

2001 年 11 月 17 日，國務院辦公廳轉發國家經貿委《關於發展具有國際競爭力的大型企業集團的指導意見》，出台若干重大舉措，確保"十五"計劃提出的"形成一批擁有著名品牌和自主知識產權、主業突出、核心能力強的大公司和企業集團"目標如期實現。

2001 年 12 月，江澤民在《加快我國的信息化建設》一文中提出：材料、能源和信息，是現代社會發展的三大資源。信息技術的迅猛發展，使信息資源的重要性日益突出。信息化是一場帶有深刻變革意義的科技創新。信息智能工具能極大地提高生產力，促進生產力產生新的飛躍。我們應積極推動工業化與信息化的結合，以信息化帶動工業化，把我國工業化提高到廣泛採用信息智能工具的水準上來，用信息技術武裝工業和國民經濟，以提高國際競爭力，實現跨越式發展。

2001 年 8 月，為進一步加強對推進我國信息化建設和維護國家信息安全工作的領導，中共中央、國務院決定重新組建國家信息化領導小組。同年 12 月 25 日，時任中共中央政治局常委、國務院總理、國家信息化領導小組組長朱鎔基主持召開了國家信息化領導小組第一次會議。會議認為，20 世紀 90 年代以來，我國信息產業持續高速發展，已經成為國民經濟的重要支柱產業。但總體來說，我國的信息化正處在起步階段。為防止走彎路，會議明確了推進國家信息化必須遵循的方針。

2001 年 11 月 26 日，國務院召開推進企業管理信息化工作現場會。時任國務院副總理吳邦國在講話中強調，信息化已經成為一種趨勢，是參與國際競爭與合作的重要條件，也是應對加入世界貿易組織挑戰的迫切需要。當今國際經濟的競爭，就是跨國公司之間的競爭。我國已經加入世界貿易組織，企業將實實在在面對國外大型跨國公司的競爭，能不能在競爭中取得優勢，關鍵是要有一批具有國際競爭力的大公司和企業集團。

與此同時，在金融市場、資本市場、科技市場、人才市場、引進外資、對外投資、進出口貿易等各個方面，都通過深化改革和加大對外開放力度，迅速地、有條不紊地實現同國際市場的對接，並取得顯著成效。

事實證明，通過加入世界貿易組織，不僅做到了趨利避害，而且極大地提升了中國實體經濟的國際競爭力。

2002 年，國內生產總值躍上 10 萬億元新台階，達到 102398 億元，按可比價格計算，比上年增長 8%。其中，第一產業增加值 14883 億元，增長

2.9%；第二產業增加值 52982 億元，增長 9.9%；第三產業增加值 34533 億元，增長 7.3%。[1]

全年對外貿易順差 304 億美元。實際使用外商直接投資 527 億美元，比上年增長 12.5%。年末國家外匯儲備達到 2864 億美元，比上年末增加 742 億美元。人民幣匯率保持穩定，年末 1 美元兌 8.2773 元人民幣。[2]

出口導向型產品、高技術產品、適應消費結構升級的消費產品產量快速增長。汽車增長 38.8%，其中轎車增長 55.2%；微型電子計算機、移動電話機、半導體集成電路、彩色電視機等電子通信產品產量比上年增長 25.9% 以上；紗、布、絲織品、服裝增長 8.5% 至 19.9%。[3]

在全年出口貿易總額 3256 億美元（增幅為 22.3%）中，機電產品為 1571 億美元，增幅 32.3%；高新技術產品為 679 億美元，增幅達 46.1%。[4]

工業企業全年實現利潤 5620 億元，按可比口徑計算，比上年增長 20.6%，其中國有及國有控股企業實現利潤 2636 億元，增長 15.3%。規模以上工業企業實現利潤創歷史新高。[5]

整個"十五"計劃時期（2001—2005 年），國內生產總值從 2001 年的 109655 億元增長到 2005 年的 182321 億元，年增長速度分別為 8.3%（2001 年）、9.1%（2002 年）、10%（2003 年）、10.1%（2004 年）、9.9%（2005 年）。[6]

2005 年末國家外匯儲備達到 8189 億美元，比上年末增加 2089 億美元。2005 年 7 月 21 日，對人民幣匯率形成機制進行了改革，年末人民幣對美元匯

---

1 中華人民共和國國家統計局：《中華人民共和國 2002 年國民經濟和社會發展統計公報》，中國統計出版社 2003 年版。

2 中華人民共和國國家統計局：《中華人民共和國 2002 年國民經濟和社會發展統計公報》，中國統計出版社 2003 年版。

3 中華人民共和國國家統計局：《中華人民共和國 2002 年國民經濟和社會發展統計公報》，中國統計出版社 2003 年版。

4 中華人民共和國國家統計局：《中華人民共和國 2002 年國民經濟和社會發展統計公報》，中國統計出版社 2003 年版。

5 中華人民共和國國家統計局：《中華人民共和國 2002 年國民經濟和社會發展統計公報》，中國統計出版社 2003 年版。

6 中華人民共和國國家統計局：《中華人民共和國 2005 年國民經濟和社會發展統計公報》，中國統計出版社 2006 年版。

率為 8.0702，比上年末升值 2.56%。[1]

　　工業增加值從 2001 年的 43581 億元增長至 2005 年的 76190 億元，年增長速度分別為 8.7%（2001 年）、10.0%（2002 年）、12.8%（2003 年）、11.5%（2004 年）、11.4%（2005 年），均快於同期國內生產總值年增長速度。全年規模以上工業中，高技術產業增加值 7839 億元，比上年增長 19.8%。[2]

　　2005 年全年規模以上工業企業中，國有及國有控股企業實現利潤 6447 億元，比上年增長 17.4%；集體企業實現利潤 551 億元，增長 32.0%；股份制企業實現利潤 7420 億元，增長 28.7%；外商及港澳台投資企業實現利潤 3967 億元，增長 6.9%；私營企業實現利潤 1975 億元，增長 47.3%。[3]

　　固定資產投資保持較高增長勢頭。"十五"計劃時期，年固定資產投資從 2001 年的 37214 億元增加到 2005 年的 88604 億元，年固定資產投資比上年增長，2001 年為 13%，2002 年為 16.9%，2003 年為 27.7%，2004 年為 26.6%，2005 年為 25.7%。[4]

　　"十五"計劃取得的成就，得益於三個因素。

　　一是社會主義市場經濟的完善與發展，為各類市場主體注入巨大發展活力，特別是刺激實體經濟迅速發展壯大。以 2005 年為例，第二產業投資 31598 億元，增長 38.4%，明顯快於第一產業（投資 823 億元，增長 27.5%）和第三產業（投資 42675 億元，增長 20.0%）。[5]

　　二是國家持續加大對基礎設施投資力度，從交通運輸、電力能源等方面，為社會主義市場經濟發展和國內生產能力與消費能力拓展，創造了前所

1　中華人民共和國國家統計局：《中華人民共和國 2005 年國民經濟和社會發展統計公報》，中國統計出版社 2006 年版。

2　中華人民共和國國家統計局：《中華人民共和國 2005 年國民經濟和社會發展統計公報》，中國統計出版社 2006 年版。

3　中華人民共和國國家統計局：《中華人民共和國 2005 年國民經濟和社會發展統計公報》，中國統計出版社 2006 年版。

4　中華人民共和國國家統計局：《中華人民共和國 2005 年國民經濟和社會發展統計公報》，中國統計出版社 2006 年版。

5　中華人民共和國國家統計局：《中華人民共和國 2005 年國民經濟和社會發展統計公報》，中國統計出版社 2006 年版。

未有的良好環境。"十五"計劃時期，固定資產投資新增生產能力中，新增發電機組容量累計 17655 萬千瓦，新建鐵路投產 7063 公里，增建鐵路複線投產 3556 公里，電氣化鐵路投產 5494 公里，新建公路 351173 公里，萬噸級碼頭泊位新增吞吐能力 45232 萬噸，新增光纜線路 214 萬公里。三峽電站工程已投產運行 14 台發電機組，累計發電 940 億千瓦時；西電東送北通道、中通道、南通道共形成輸送能力超過 3250 萬千瓦；青藏鐵路全線鋪通，結束了西藏地區不通鐵路的歷史；南水北調東、中線一期工程累計完成投資 38 億元；治淮骨幹工程累計完成投資 250 億元。[1]

三是在加入世界貿易組織和深度參與經濟全球化浪潮過程中，為國內發展特別是實體經濟發展注入了新的動力。"十五"計劃期間，進出口貿易增長明顯，特別是 2002 年起受加入世界貿易組織的推動效應顯著。年進出口總額從 2001 年的 5098 億美元，迅速增長至 2005 年的 14221 億美元。年進出口總額比上年增長，2001 年為 7.5%，2002 年為 21.8%，2003 年為 37.1%，2004 年為 35.7%，2005 年為 23.2%。又以 2005 年對主要國家和地區出口增長情況為例，對美國出口 1629 億美元，比上年增長 30.4%；對歐盟出口 1437 億美元，增長 34.1%；對東盟出口 554 億美元，增長 29.1%；對韓國出口 351 億美元，增長 26.2%；對俄羅斯出口 132 億美元，增長 45.2%。[2]

"十五"計劃完成之際，2005 年 10 月 11 日中共十六屆五中全會通過了《中共中央關於制定國民經濟和社會發展第十一個五年規劃的建議》。2006 年 3 月 14 日，十屆全國人大四次會議審議批准《中華人民共和國國民經濟和社會發展第十一個五年規劃綱要》。

"十一五"規劃的五年，2006 年至 2010 年，恰好處於全面建設小康社會的前十年，要在"十五"計劃期間實現良好開局的基礎上，進一步拓展和深化成果，為後十年打好基礎，贏得時間。"十一五"計劃，明確以科學發展觀

---

1 國家統計局綜合司：《"十五"期間宏觀調控成效顯著　固定資產投資碩果累累》，國家統計局網站，2006 年 3 月 20 日，http://www.stats.gov.cn/ztjc/ztfx/15cj/200603/t20060320_56322. html。

2 中華人民共和國國家統計局：《中華人民共和國 2005 年國民經濟和社會發展統計公報》，中國統計出版社 2006 年版。

為指導，提出要堅持"六個必須"。即必須保持經濟平穩較快發展，必須加快轉變經濟增長方式，必須提高自主創新能力，必須促進城鄉區域協調發展，必須加強和諧社會建設，必須不斷深化改革開放。[1]

"十一五"規劃實施期間，遇到了2008年國際金融危機。黨和國家有效應對國際金融危機巨大衝擊，戰勝了四川汶川特大地震、青海玉樹強烈地震、甘肅舟曲特大山洪泥石流等重大自然災害，保持了經濟平穩較快發展良好態勢。

"十一五"期間，綜合國力進一步提升。年國內生產總值從2006年的21.6萬億元，躍升至2010年的39.8萬億元。經濟總量從世界第六位躍居世界第二位。國內生產總值的年增長速度，分別為12.7%（2006年）、14.2%（2007年）、9.6%（2008年）、9.2%（2009年）、10.3%（2010年）。國家財政收入從2006年的38760億元增至2010年的83080億元。[2] 載人航天、探月工程、超級計算機等尖端科技領域實現重要突破。

農業特別是糧食生產連續5年獲得較好收成。糧食產量，2006年為49804萬噸，增幅2.9%；2007年為50160萬噸，增幅0.7%；2008年為52871萬噸，增幅5.4%；2009年為53082萬噸，增幅0.4%；2010年為54641萬噸，增幅2.9%。[3]

對外開放邁上新台階，進出口總額位居世界第二位，利用外資水平提升，境外投資明顯加快。2010年末國家外匯儲備28473億美元，比上年末增加4481億美元；年末人民幣匯率為1美元兌6.6227元人民幣，比上年末升值3.0%。2010年全年貨物進出口總額29728億美元，比上年增長34.7%。其中，貨物出口15779億美元，增長31.3%；貨物進口13948億美元，增長

1　溫家寶：《關於制定國民經濟和社會發展第十一個五年規劃建議的說明》（2005年10月8日），《人民日報》2005年10月20日第1版。

2　中華人民共和國國家統計局：《中華人民共和國2010年國民經濟和社會發展統計公報》，《中國統計》2011年第3期。

3　中華人民共和國國家統計局：《中華人民共和國2010年國民經濟和社會發展統計公報》，《中國統計》2011年第3期。

38.7%。[1]

"十一五" 取得了顯著成就。同時，也暴露出我國發展中不平衡、不協調、不可持續的問題相當突出。主要表現在，經濟增長的資源環境約束強化，投資和消費關係失衡，收入分配差距較大，科技創新能力不強，產業結構不合理，農業基礎薄弱，城鄉區域發展不協調，就業總量壓力和結構性矛盾並存，社會矛盾明顯增多，加快轉變經濟發展方式已經刻不容緩。在國際金融危機衝擊下，經濟發展壓力持續增強，更使這些問題進一步放大。這就為 "十二五" 規劃的實施提出了更高要求。

2010 年 10 月，中共十七屆五中全會提出《中共中央關於制定國民經濟和社會發展第十二個五年規劃的建議》。2011 年 3 月，十一屆全國人大四次會議審議批准《中華人民共和國國民經濟和社會發展第十二個五年規劃綱要》。

就在 "十二五" 規劃實施的關鍵時刻，2012 年 11 月，中共十八大勝利召開。中國改革開放事業和經濟社會發展掀開了新的一章。

進入高質量發展新階段

這是中國經濟正在經歷的第四次跨越，即決勝全面建成小康社會，中國經濟進入高質量發展新階段。

中國經濟進入高質量發展新階段，有中國改革開放發展的自身內在邏輯。

中國自改革開放後，保持了 30 多年高速增長態勢，創造了世界發展的中國奇蹟。然而，自 2008 年起，種種跡象表明，中國必須在發展方式上來一次革命，才能繼續保持持續增長。

這種變化，直接來自於國際發展環境的變化。

——2008 年國際金融危機，重創了美國等西方國家經濟與社會，使世界經濟長期不能走出低迷狀態。這給中國發展帶來了持續不斷的下行壓力。

——經濟全球化遭遇重大挫折，美國等西方國家出現逆全球化趨向，美

1　中華人民共和國國家統計局：《中華人民共和國 2010 年國民經濟和社會發展統計公報》，《中國統計》2011 年第 3 期。

國依靠其高科技上的壟斷地位和金融上的霸主地位，不斷向歐洲盟國、中國等金磚國家和廣大發展中國家輸出通貨膨脹，通過所謂"量化寬鬆政策"轉嫁危機，還大搞貿易摩擦。這給長期"兩頭在外"、對外依存度高的中國對外經濟造成極大的壓力，作為長期拉動中國經濟的"三駕馬車"之一的有效出口情況發生重大改變。

——國際金融危機及其陰雲長期不退，使美國等西方國家的社會矛盾、黨派紛爭、種族仇視達到了新階段。特別是美國，政治制度和社會制度的裂痕更是充分暴露，一時間找不到醫治癒合的良方。為了轉移國內公眾視線，緩和矛盾衝突，不少政客競相拿中國說事，製造了所謂華為事件等前所未聞的事端。這給繼續堅持全方位對外開放的中國，提出了新的挑戰。

這種變化，更多的還是來自國內。

——社會主要矛盾正在醞釀著新的變化。原先最為突出的溫飽問題，已經得到有效解決，當前更為突出的是分配不公等問題；原先最為突出的生活必需品短缺問題，已經得到根本解決，當前更為突出的是食品安全問題和消費品質量問題；原先最為突出的是基本物質文化需求的滿足問題，已經得到有效緩解，當前更為突出的是休閒、娛樂、國內外旅遊、養老、教育、醫療、健康、中檔住房等方面的多樣化需求得到滿足的問題。此外，共同富裕問題，司法執法公正問題，社會保障城鄉統籌問題，環境問題，也成為公眾極為關心關注的熱點問題。

——經濟發展方式正在醞釀著新的變化。從消費需求看，模仿型排浪式消費階段基本結束，傳統消費需求趨於飽和，迫切需要通過創新供給來激活新需求、創造新需求；從投資需求看，經歷了30多年高強度大規模開發建設後，傳統產業相對飽和，迫切需要創新投融資方式，推動金融"脫虛向實"轉變；從出口和國際收支看，全球總需求不振，國際競爭中我國低成本比較優勢在弱化，迫切需要培育新的比較優勢；從生產能力和產業組織方式看，現在傳統產業供給能力大幅超出需求，迫切需要解決結構性產能過剩，推動產業轉型升級；從生產要素相對優勢看，現在人口老齡化日趨發展，農業富餘勞動力減少，要素的規模驅動力減弱，迫切需要全方位提高人口素質，推動人口大國向人力資源強國轉型；從資源配置模式和宏觀調控方式看，全面刺激政策的邊際效果明顯遞減，化解以高槓桿和泡沫化為主要特徵的各類風險將持續一段時間，迫切需要更加充分發揮市場機制在資源配置中的作用和更好發揮政府作用，科學進行宏觀調控。

——以 GDP 高速增長為單一目標的高耗能、高污染的傳統發展模式難以為繼。經過 30 多年高速增長，這種發展模式付出的代價已經充分顯現。以霧霾為代表的空氣污染，以江河湖泊水質急劇下降為代表的水源污染，以重金屬污染為代表的土壤污染，已經嚴重威脅到人民健康、食品安全、民族永續生存發展，達到非大力整治不可的程度。必須順應人民群眾對良好生態環境的期待，推動形成綠色低碳循環發展新方式。

變化作為一種經濟社會發展的徵兆，有些是長期的、根本性的，有些是暫時的、偶發性的。而以上這些變化的出現，絕非偶然。這些趨勢性變化說明，中國經濟正在向形態更高級、分工更複雜、結構更合理的階段演化。

正是在這一背景下，中共十八大後，以習近平同志為核心的黨中央做出一系列重大決策，提出新發展理念，推動中國經濟從高速度增長向高質量發展轉變，黨和國家各方面事業發展取得了歷史性成就、發生了歷史性變革，中國特色社會主義進入新時代。

中共十八大後，中國特色社會主義進入新時代。這個新時代最顯著的標誌，是社會主要矛盾發生了歷史性變化。經過從 1956 年進入社會主義初級階段後半個世紀的發展，無論是社會生產力發展水平還是人民生活水平都發生了質的變化，向著更好、更優、更加均衡、更加多樣化與個性化的方向發展。儘管中國經濟社會發展仍將長期處於社會主義初級階段，但是社會主要矛盾已經由人民日益增長的物質文化需要同落後的社會生產之間的矛盾，轉化為人民日益增長的美好生活需要和不平衡不充分的發展之間的矛盾。這是一個歷史性跨越。

這個新時代的另一個重要變化，是經濟發展基本特徵上的。經過改革開放三十多年的發展，中國經濟已由高速增長階段進入高質量發展階段，進入了經濟發展新常態。在新常態下，我國經濟發展的環境、條件、任務、要求等都發生了新的變化，增長速度從高速轉向中高速，發展方式從規模速度型轉向質量效率型，經濟結構調整從增量擴能為主轉向調整存量、做優增量並舉，發展動力從主要依靠資源和低成本勞動力等要素投入轉向創新驅動。這些變化，是我國經濟向形態更高級、分工更優化、結構更合理的階段演進的必經過程。推動高質量發展，是保持經濟持續健康發展的必然要求，是適應我國社會主要矛盾變化和全面建成小康社會、全面建設社會主義現代化國家的必然要求。

這個新時代還有一個顯著變化，就是從國際地位看，當代中國已不再是國際秩序的被動接受者，而是積極的參與者、建設者、引領者。世界對中國的關注，從未像今天這樣廣泛、深切、聚焦；中國對世界的影響，也從未像今天這樣全面、深刻、長遠。

對新時代這些重大變化，有一個逐步適應、科學應對的過程。對新時代這些重大變化的認識，也有一個逐步深化的過程。

在世界經濟長期低迷的背景下，2013 年上半年，中國經濟同比增長7.3%。儘管這個速度在世界主要經濟體中名列前茅，但還是引起國際社會的種種擔心和猜測。

2013 年 10 月 7 日，習近平總書記在亞太經合組織工商領導人峰會上的演講中，明確指出：“中國經濟增速有所趨緩是中國主動調控的結果。”一是中國經濟增速從之前的兩位數增長到 2011 年的 9.3％和 2012 年的 7.8％，再到 2013 年上半年的 7.6％，總體上實現了平穩過渡。“中國經濟增速處在合理區間和預期目標內”。二是實現到 2020 年國內生產總值和城鄉居民人均收入比 2010 年翻一番的目標，只要 7％的增速就夠了。為了從根本上解決中國經濟長遠發展問題，必須堅定推動結構改革，寧可將增長速度降下來一些，為全面深化改革留下更大的空間。三是中國經濟發展的特點是總體平穩、穩中有進。“穩” 是指經濟增長處在合理區間，“進” 是指經濟發展方式轉變步伐加快。中國經濟發展正在從以往過於依賴投資和出口拉動向更多依靠國內需求特別是消費需求拉動轉變。“我們不再簡單以國內生產總值增長率論英雄，而是強調以提高經濟增長質量和效益為立足點。”

這些都昭示著一個經濟發展的新時代正在到來。

早在 2013 年 12 月 10 日，習近平總書記在中央經濟工作會議上的講話中，提出一個重要判斷，即我國經濟正處於“三期疊加”的重要階段。他說：

"面對世界經濟持續低迷的複雜局面，面對我國經濟增長速度換擋期、結構調整陣痛期、前期刺激政策消化期'三期疊加'的狀況，經濟形勢可以說是變幻莫測、瞬息萬變。我們強調要冷靜觀察、謹慎從事、謀定而後動。"[1]

2014 年 12 月 9 日，習近平總書記在中央經濟工作會議上，進一步提出認識、適應、引領經濟發展新常態的要求。在回顧這段認識發展時，他說："去年，中央作出一個判斷，即我國經濟發展正處於增長速度換擋期、結構調整陣痛期、前期刺激政策消化期'三期疊加'階段。今年年中，在中央政治局會議上，我對'三期疊加'進一步作了分析，強調經濟工作要適應經濟發展新常態。不久前，在北京亞太經合組織工商領導人峰會上，我概要分析了我國經濟發展新常態下速度變化、結構優化、動力轉換三大特點。"[2]

解決了對經濟發展新常態怎麼看的問題後，就要解決好怎麼幹的問題。

在以往的宏觀調控中，在經濟運行中遇到大的波動，往往會出台一些重大刺激政策與措施。事實證明，這是非常有效的。問題在於，在世界經濟長期處於低迷狀態下，我國經濟又處於由高速向中高速、中低端向中高端轉變的時刻，怎樣把握好宏觀調控的時效度。以習近平同志為核心的黨中央對此做出一個重要決策，只要經濟運行在合理區間，就不出台大的宏觀調控措施，堅持以提高經濟增長質量和效益為中心，主要通過全面深化改革、加快推動向高質量發展轉變來解決經濟社會發展中遇到的問題。習近平總書記還總結提出"穩中求進工作總基調"。

2012 年 11 月 30 日，習近平總書記在中共中央召開的黨外人士座談會的講話中，提出"穩中求進的工作總基調"。[3]2016 年 12 月 14 日，習近平總書記在中央經濟工作會議上強調："穩中求進工作總基調是治國理政的重要原則，也是做好經濟工作的方法論。"[4]

1　中共中央文獻研究室編：《習近平關於社會主義經濟建設論述摘編》，中央文獻出版社 2017 年版，第 73 頁。

2　中共中央文獻研究室編：《習近平關於全面建成小康社會論述摘編》，中央文獻出版社 2016 年版，第 23—24 頁。

3　《人民日報》2012 年 12 月 7 日第 1 版。

4　《人民日報》2016 年 12 月 17 日第 1 版。

"穩中求進"的前提是穩。"穩"的關注點和發力點在哪裏？經過一段摸索，習近平總書記相繼提出"六穩"和"六保"。"六穩"是在 2018 年 7 月 30 日召開的中共中央政治局會議上提出來的，即穩就業、穩金融、穩外貿、穩外資、穩投資、穩預期[1]。在 2020 年 4 月 17 日中共中央政治局會議上，習近平總書記根據抗擊新冠肺炎疫情中遇到的新情況新問題，進一步提出，要在加大"六穩"工作力度的同時，"保居民就業、保基本民生、保市場主體、保糧食能源安全、保產業鏈供應鏈穩定、保基層運轉"[2]。

　　正是在認識、適應、引領經濟發展新常態的背景下，2015 年 10 月 29 日，中共十八屆五中全會通過《中共中央關於制定國民經濟和社會發展第十三個五年規劃的建議》。2016 年 3 月，十二屆全國人大四次會議審議批准《中華人民共和國國民經濟和社會發展第十三個五年規劃綱要》。

　　在醞釀提出"十三五"規劃中，習近平總書記提出創新、協調、綠色、開放、共享新發展理念，做出供給側結構性改革的重大決策部署。"十三五"規劃綱要明確提出："堅持全面建成小康社會、全面深化改革、全面依法治國、全面從嚴治黨的戰略佈局，堅持發展是第一要務，牢固樹立和貫徹落實創新、協調、綠色、開放、共享的發展理念，以提高發展質量和效益為中心，以供給側結構性改革為主線，擴大有效供給，滿足有效需求，加快形成引領經濟發展新常態的體制機制和發展方式，保持戰略定力，堅持穩中求進，統籌推進經濟建設、政治建設、文化建設、社會建設、生態文明建設和黨的建設，確保如期全面建成小康社會，為實現第二個百年奮鬥目標、實現中華民族偉大復興的中國夢奠定更加堅實的基礎。"

　　中共中央關於"十三五"規劃建議在分析我國經濟社會發展形勢時還指出："我國物質基礎雄厚、人力資本豐富、市場空間廣闊、發展潛力巨大，經濟發展方式加快轉變，新的增長動力正在孕育形成，經濟長期向好基本面沒有改變。同時，發展不平衡、不協調、不可持續問題仍然突出。"從這個意義上可以說，"十三五"規劃所確立和體現的新發展理念、經濟發展新常態、

1　《人民日報》2018 年 8 月 1 日第 1 版。
2　《人民日報》2020 年 4 月 18 日第 1 版。

供給側結構性改革、實現經濟高質量發展等重大理念、思想、決策和部署，恰恰是為解決好社會主要矛盾變化做出的正確戰略選擇與應對之道。

第一個百年目標完滿實現

"十三五"規劃的實施，取得了非常顯著的成效。

2019 年 4 月 22 日，習近平總書記在中央財經委員會第四次會議上講話指出："自改革開放之初黨中央提出小康社會的戰略構想以來，經過幾代人一以貫之、接續奮鬥，總體而言，我國已經基本實現全面建成小康社會目標，成效比當初預期的還要好。作出這個重要判斷，是有充分依據的。"[1]

一是從綜合發展指標看。2018 年經濟總量 90 萬億元，人均國內生產總值折合約 9770 美元，在中等收入國家中位居前列。從人類發展指數看，2017 年在世界 189 個國家和地區中我國排在第 86 位。我國城鎮化率接近 60%，高於中等收入國家 52% 的平均水平。

二是從人民生活水平看。中共十八大確定的 2020 年城鄉居民人均收入比 2010 年翻番目標，可以如期實現。脫貧攻堅戰取得決定性進展，到 2018 年底農村貧困人口還有 1660 萬人，2012 年底以來累計減少 8239 萬人。我國形成了世界上規模最大的中等收入群體，如以家庭年收入 10 萬元至 50 萬元作為標準，已超過 4 億人。2018 年全國居民恩格爾係數（食品佔居民消費支出比重）已降至 28.4%。家電全面普及，汽車快速進入尋常百姓家，2018 年全國居民每百戶家用汽車擁有量為 33 輛，高於新加坡和我國香港。2017 年我國城鎮和農村居民人均住房建築面積分別為 36.9 平方米和 46.7 平方米，高於一些發達國家。

三是從基礎設施和公共服務看。九年義務教育全面普及，高等教育正在由大眾化階段進入普及化階段，毛入學率 2018 年已達 48.1%。覆蓋城鄉居民的社會保障體系基本建立，人均預期壽命 2017 年達 76.7 歲，比世界平均預期壽命高 4.2 歲。我國農村居民接入電力的比例為 100%（2016 年），飲用安

1　習近平：《關於全面建成小康社會補短板問題》，《求是》2020 年第 11 期。

全水源的人口比例達 95.8%（2015 年），均遠高於 87.4% 和 71% 的世界平均水平。

這是中華民族偉大復興史上前所未有的成就，也是中華民族夢寐以求的"小康"夢想。

如今，全面建成小康社會的第一個百年奮鬥目標已經實現。中國共產黨正在制訂踏上實現第二個百年奮鬥目標新征程的第一個五年規劃——"十四五"規劃。在這一背景下，2020 年 8 月 24 日，習近平總書記在經濟社會領域專家座談會上的講話中，提出一個重大判斷："我國將進入新發展階段。"

第一，這是一個國內發展環境經歷深刻變化的新階段。我國已進入高質量發展階段，社會主要矛盾已經轉化為人民日益增長的美好生活需要和不平衡不充分的發展之間的矛盾，人均國內生產總值達到 1 萬美元，城鎮化率超過 60%，中等收入群體超過 4 億人，人民對美好生活的要求不斷提高。我國制度優勢顯著，治理效能提升，經濟長期向好，物質基礎雄厚，人力資源豐厚，市場空間廣闊，發展韌性強大，社會大局穩定，繼續發展具有多方面優勢和條件。同時，我國發展不平衡不充分問題仍然突出，創新能力不適應高質量發展要求，農業基礎還不穩固，城鄉區域發展和收入分配差距較大，生態環保任重道遠，民生保障存在短板，社會治理還有弱項。

第二，這是一個外部發展環境發生深刻變化的新階段。當今世界正經歷百年未有之大變局。當前，新冠肺炎疫情全球大流行使這個大變局加速變化，保護主義、單邊主義上升，世界經濟低迷，全球產業鏈供應鏈因非經濟因素而面臨衝擊，國際經濟、科技、文化、安全、政治等格局都在發生深刻調整，世界進入動盪變革期。今後一個時期，我們將面對更多逆風逆水的外部環境，必須做好應對一系列新的風險挑戰的準備。

第三，這是一個新機遇與新挑戰同時出現的新階段。進入新發展階段，國內外環境的深刻變化既帶來一系列新機遇，也帶來一系列新挑戰，是危機並存、危中有機、危可轉機。要辯證認識和把握國內外大勢，統籌中華民族偉大復興戰略全局和世界百年未有之大變局，深刻認識我國社會主要矛盾發展變化帶來的新特徵新要求，深刻認識錯綜複雜的國際環境帶來的新矛盾新挑戰，增強機遇意識和風險意識，準確識變、科學應變、主動求變，勇於開頂風船，善於轉危為機，努力實現更高質量、更有效率、更加公平、更可持續、更為安全的發展。

第四，這是一個以暢通國民經濟循環為主構建新發展格局的新階段。近年來，隨著外部環境和我國發展所具有的要素稟賦的變化，市場和資源兩頭在外的國際大循環動能明顯減弱，而我國內需潛力不斷釋放，國內大循環活力日益強勁，客觀上有著此消彼長的態勢。自 2008 年國際金融危機以來，我國經濟已經在向以國內大循環為主體轉變，經常項目順差同國內生產總值的比率由 2007 年的 9.9% 降至現在的不到 1%，國內需求對經濟增長的貢獻率有 7 個年份超過 100%。未來一個時期，國內市場主導國民經濟循環特徵會更加明顯，經濟增長的內需潛力會不斷釋放。要堅持供給側結構性改革這個戰略方向，扭住擴大內需這個戰略基點，使生產、分配、流通、消費更多依託國內市場，提升供給體系對國內需求的適配性，形成需求牽引供給、供給創造需求的更高水平動態平衡，推動形成以國內大循環為主體、國內國際雙循環相互促進的新發展格局。

第五，這是一個以科技創新催生新發展動能的新階段。實現高質量發展，必須實現依靠創新驅動的內涵型增長。我們更要大力提升自主創新能力，盡快突破關鍵核心技術。要充分發揮我國社會主義制度能夠集中力量辦大事的顯著優勢，打好關鍵核心技術攻堅戰。依託我國超大規模市場和完備產業體系，創造有利於新技術快速大規模應用和迭代升級的獨特優勢，加速科技成果向現實生產力轉化，提升產業鏈水平，維護產業鏈安全。

站在邁向全面建設社會主義現代化強國新征程的新的歷史起點上，回顧中華民族從站起來、富起來走向強起來的奮鬥歷程，可以看到中國特色社會主義經濟建設有這樣幾個顯著的特點與優勢。

第一，持續不斷發揮改革開放強大動力的優勢。社會主義制度強大的生命力，在於它的自我完善與自我發展，集中地體現在改革開放成為社會主義的強大動力上。這一改革開放，從起步開始，再到已建立和完善社會主義市場經濟體制為目標，再到從經濟高速度增長向高質量發展轉變，再到推動進入發展新階段，不斷為提升綜合國力、解放和發展社會生產力提供強勁動力。

第二，持續不斷發揮國家宏觀經濟計劃與規劃指導作用的優勢。正如習近平總書記所說："用中長期規劃指導經濟社會發展，是我們黨治國理政的一種重要方式。"從 1953 年開始，我國已經編制實施了十三個五年規劃（計劃），其中改革開放以來編制實施八個，有力推動了經濟社會發展、綜合國力提升、人民生活改善，創造了世所罕見的經濟快速發展奇蹟和社會長期穩定奇蹟。實踐證明，中長期發展規劃既能充分發揮市場在資源配置中的決定性作用，又能更好發揮政府作用。正是在中長期發展規劃的指導下，社會主義集中力量辦大事的制度優勢得以充分有效發揮。

第三，持續不斷發揮中國共產黨對經濟工作全面領導的優勢。在長期治國理政實踐中，中國共產黨形成一整套行之有效的堅持對經濟工作全面領導的制度。每五年一次的中國共產黨全國代表大會，將總結五年來工作特別是經濟工作放在首要位置，在此基礎上判斷發展所處的歷史方位，科學規劃未來，提出和進一步明確指導思想，對未來五年工作做出全面謀劃部署。每年一次的中央全會，著重研究和解決實踐創新和理論創新中提出的重要問題，在理論上加以闡釋，在戰略上加以規劃，在實踐上加以部署。在國家五年規劃（計劃）完成之際，還要對下一個五年規劃提出指導原則和具體建議。此外，中央政治局、中央政治局常委會經常審議關係經濟社會發展全局的重大問題。中央財經委員會在中央政治局、中央政治局常委會領導下，研究確定經濟社會發展和改革開放的重要方針和政策，研究提出處理重大財經問題、重大生產力佈局、重大建設項目的原則和措施。各級黨委也在本地區、本部門的貫徹落實中，創造性地發揮著重要作用。事實證明，沒有中國共產黨的堅強領導，就沒有改革開放，就沒有中國特色社會主義，就沒有中國發展的今天，更沒有中國奇蹟。

以上，我們分階段回顧了中國在 1953 年至今通過十三個五年規劃（計劃）所走過的道路及取得的成就。中國社會主義經濟發展的根本目的，是為了人民幸福美好的生活。這是發展經濟的根本出發點與落腳點。

人民生活的滄桑巨變

在七十多年的經濟發展中，人民生活有了翻天覆地的巨大變化。從初步解決衣食住行基本生活需求，到根本解決溫飽問題；從告別短缺經濟和日用品匱乏時期，到物質文化生活日益豐富多彩；從人民生活實現總體小康，到全面建成小康社會。人民生活水平實現了大幅度的躍升。舊中國帶給中國人民的深重苦難生活，一去不復返了！

先看從 1949 年中華人民共和國成立到 2018 年的近七十年間人民生活水平的總體變化。

（一）從居民可支配收入看。1949 年我國居民人均可支配收入僅為 49.7元，2018 年居民人均可支配收入達到 28228 元，名義增長 566.6 倍，扣除物價因素實際增長 59.2 倍，年均實際增長 6.1%。[1]

（二）從居民消費支出看。1956 年我國居民人均消費支出僅為 88.2 元，2018 年居民人均消費支出達到 19853 元，名義增長 224.1 倍，扣除物價因素實際增長 28.5 倍，年均實際增長 5.6%。[2]

（三）從農村貧困人口減貧脫貧看。按照 2010 年農村貧困標準，1978 年末我國農村貧困人口 7.7 億人，2018 年末我國農村貧困人口減少至 1660 萬人，比 1978 年末減少約 7.5 億人。[3]

再分發展階段來看人民生活水平的變化過程和具體變化。

第一階段，從 1949 年新中國成立到 1978 年實行改革開放以前。這一階段在人民生活水平上的突出矛盾，是人民基本衣食住行需求得不到滿足。因

1　《人民生活實現歷史性跨越　闊步邁向全面小康——新中國成立 70 週年經濟社會發展成就系列報告之十四》，國家統計局網站，2019 年 8 月 9 日，http://www. stats.gov.cn/tjsj/zxfb/201908/t20190809_1690098.html。

2　《人民生活實現歷史性跨越　闊步邁向全面小康——新中國成立 70 週年經濟社會發展成就系列報告之十四》，國家統計局網站，2019 年 8 月 9 日，http://www. stats.gov.cn/tjsj/zxfb/201908/t20190809_1690098.html。

3　《人民生活實現歷史性跨越　闊步邁向全面小康——新中國成立 70 週年經濟社會發展成就系列報告之十四》，國家統計局網站，2019 年 8 月 9 日，http://www. stats.gov.cn/tjsj/zxfb/201908/t20190809_1690098.html。

而主要任務，是千方百計解決人民的溫飽問題。

首先是從根本上告別舊中國民不聊生的悲慘境遇。到"一五"時期結束時，城鎮居民人均可支配收入從 1949 年的 99.5 元增加到 1957 年的 254 元，年均實際增長 9.1%；農村居民人均可支配收入由 1949 年的 44 元增加到 1957 年的 73 元，年均實際增長 3.5%。

接著是在確保基本經濟建設的前提下，盡可能解決好人民群眾基本生活需求。由於受到經濟的和政治的各種因素影響，人民生活水平提升的幅度比較緩慢，但總體上保證了城鄉人民群眾的基本生活，並且有所提高。到 1978 年，城鎮居民人均可支配收入 343 元，比 1957 年名義增長 35.4%，年均實際增長 0.8%；農村居民人均可支配收入 134 元，比 1957 年名義增長 83.1%，年均實際增長 2.3%。1978 年城鎮居民人均消費支出 311 元，比 1957 年名義增長 40.2%，年均實際增長 1.0%；農村居民人均消費支出 116 元，比 1957 年名義增長 63.7%，年均實際增長 1.7%。1978 年城鎮居民和農村居民的恩格爾係數分別為 57.5% 和 67.7%。[1]

主要由於歷史原因，這一階段，城鄉居民生活水平的提高，很不均衡。大量貧困人口集中在廣大農村。按照 2010 年農村貧困標準，1978 年末我國農村貧困人口 7.7 億人，農村貧困發生率高達 97.5%。[2]

第二階段，從中共十一屆三中全會後的 1979 年到 1991 年確立社會主義市場經濟改革目標之前。這一階段在人民生活水平上的突出矛盾，是農民中貧困人口過多，人民日常生活離不開的農產品和輕工業品匱乏。因而主要任務，是在發展經濟、深化改革的基礎上，充分調動農民勤勞致富奔小康的積極性，加大農產品和輕工業品投資與生產力度，千方百計搞活城鄉商品市場。

這 13 年間，城鄉居民收入和生活水平較改革開放初期都有了明顯提高。
（1）從城鎮居民生活水平看。城鎮居民人均可支配收入從 1978 年的 343 元

1　《人民生活實現歷史性跨越　闊步邁向全面小康 —— 新中國成立 70 週年經濟社會發展成就系列報告之十四》，新華網，2019 年 8 月 9 日，http://www.xinhuanet.com/fortune/2019-08/09/c_1210235018.htm。

2　《史上最大的"貧困普查"，改變了多少人命運》，《人民日報》，2019 年 9 月 19 日，https://baijiahao.baidu.com/s?id=1645078947030169907&wfr=spider&for=pc。

增加到 1991 年的 1701 元，年均實際增長 6.0%；人均消費支出從 1978 年的 311 元增加到 1991 年的 1454 元，年均實際增長 5.5%；恩格爾係數從 1978 年的 57.5% 下降到 1991 年的 53.8%，下降 3.7 個百分點。（2）從農村居民生活水平看。農村居民人均可支配收入從 1978 年的 134 元增加到 1991 年的 709 元，年均實際增長 9.3%；人均消費支出從 1978 年的 116 元增加到 1991 年的 620 元，年均實際增長 7.5%；恩格爾係數從 1978 年的 67.7% 下降到 1991 年的 57.6%。[1]（3）從農村貧困人口變化看。"七五"期間解決大多數貧困地區群眾溫飽問題的目標已初步實現，大部分農村居民解決了溫飽問題。全國扶貧開發工作開始進入一個新的階段。

第三階段，從 1992 年鄧小平發表南方談話和中共十四大召開到 2012 年中共十六大確立全面建設小康社會目標之前。隨著人民生活日用品的極大豐富和升級換代，隨著大部分農村居民解決了溫飽問題，隨著改革開放進入建立和完善社會主義市場經濟的新階段，這一階段在人民生活水平上的突出矛盾，是城鄉二元結構突出，農民生活水平亟須進一步改善，與城鄉居民衣食住行相關的基礎設施建設需要進一步加強。因而主要任務，是加強就業工作，大幅度提高吸納大批農村富餘勞動力的就業能力，大力發展社會主義市場經濟和多種所有制經濟，進一步推進社會主義新農村建設，進一步加大扶貧力度，為人民生活水平總體達到小康而做全方位的努力。

這 10 年間，在增加城鄉居民收入和改善人民生活方面取得顯著成效。（1）從城鎮居民生活水平看。城鎮居民人均可支配收入從 1992 年的 2027 元增加到 2012 年的 24127 元，年均實際增長 8.3%；人均消費支出從 1992 年的 1672 元增加到 2012 年的 17107 元，年均實際增長 7.3%；恩格爾係數從 1992 年的 53.0% 下降到 2012 年的 32.0%，下降 21.0 個百分點。[2]（2）從農村居民生活水平看。最顯著的變化，是農戶家庭收入結構和來源發生了歷史性變化。國家先後出台了減免農業稅、實行糧食直補等一系列惠農措施，大批農村富

1　《居民生活水平不斷提高　消費質量明顯改善》，中華人民共和國中央人民政府網，2018 年 8 月 31 日，http://www.gov.cn/xinwen/2018-08/31/content_5319211.htm。

2　《居民生活水平不斷提高　消費質量明顯改善》，中華人民共和國中央人民政府網，2018 年 8 月 31 日，http://www.gov.cn/xinwen/2018-08/31/content_5319211.htm。

餘勞動力向二、三產業轉移，為農民增收提供重要支撐，使農民改變了單純靠種田吃飯的狀況。農村居民人均可支配收入從 1992 年的 784 元增加到 2012 年的 8389 元，年均實際增長 6.7%；人均消費支出從 1992 年的 659 元增加到 2012 年的 6667 元，年均實際增長 6.9%；恩格爾係數從 1992 年的 57.5% 下降到 2012 年的 35.9%，下降 21.6 個百分點。（3）從農村貧困人口變化看。農村貧困人口大幅減少，按照 2010 年農村貧困標準，2012 年末我國農村貧困人口降至 9899 萬人，農村貧困發生率降至 10.2%。[1]

第四階段，2013 年以後到現在決勝全面建成小康社會勝利實現。這一階段，突出強調堅持以人民為中心的發展思想，把保障和改善民生作為工作的根本出發點和落腳點，把保就業、保民生、保基本作為重中之重，把打贏精準脫貧攻堅戰作為戰略重點，把努力擴大中等收入群體作為新的工作著力點。

在 2013 年至 2018 年的 6 年間，人民生活水平提高取得歷史性成就，人民群眾的獲得感、幸福感、安全感顯著增強。（1）從城鎮居民生活水平看。城鎮居民人均可支配收入從 2013 年的 26467 元增加到 2018 年的 39251 元，年均實際增長 6.3%；人均消費支出從 2013 年的 18488 元增加到 2018 年的 26112 元，年均實際增長 5.2%；恩格爾係數從 2013 年的 30.1% 下降到 2018 年的 27.7%，下降 2.4 個百分點。[2]（2）從農村居民生活水平看。農村居民人均可支配收入從 2013 年的 9430 元增加到 2018 年的 14617 元，年均實際增長 7.7%；人均消費支出從 2013 年的 7485 元增加到 2018 年的 12124 元，年均實際增長 8.5%；恩格爾係數從 2013 年的 34.1% 下降到 2018 年的 30.1%，下降 4.0 個百分點。[3]（3）從打贏精準脫貧攻堅戰的實際成效看。這一時期，我國取

1 《人民生活實現歷史性跨越　闊步邁向全面小康 —— 新中國成立 70 週年經濟社會發展成就系列報告之十四》，新華網，2019 年 8 月 9 日，http://www.xinhuanet.com/fortune/2019-08/09/c_1210235018.htm。

2 《人民生活實現歷史性跨越　闊步邁向全面小康 —— 新中國成立 70 週年經濟社會發展成就系列報告之十四》，新華網，2019 年 8 月 9 日，http://www.xinhuanet.com/fortune/2019-08/09/c_1210235018.htm。

3 《人民生活實現歷史性跨越　闊步邁向全面小康 —— 新中國成立 70 週年經濟社會發展成就系列報告之十四》，新華網，2019 年 8 月 9 日，http://www.xinhuanet.com/fortune/2019-08/09/c_1210235018.htm。

得了舉世矚目的減貧成就。按照每人每年 2300 元（2010 年不變價）的農村貧困標準計算，2018 年末我國農村貧困人口減少至 1660 萬人，比 2012 年末減少 8239 萬人；農村貧困發生率降至 1.7%，比 2012 年末下降 8.5 個百分點。2019 年末農村貧困人口 551 萬人，比上年末減少 1109 萬人；貧困發生率為 0.6%，比上年下降 1.1 個百分點。2019 年全年貧困地區農村居民人均可支配收入 11567 元，比上年名義增長 11.5%，扣除價格因素，實際增長 8.0%。中國成為首個實現聯合國減貧目標的發展中國家，為全球減貧事業做出了重要貢獻。[1]

城鄉居民生活水平大幅度提高，不僅體現在量的增長上，還體現在質的提升上。

食物消費結構上，城鄉居民的糧食消費量明顯減少，肉蛋奶等食品消費量顯著增加。（1）從城鎮居民食物消費結構看。2018 年城鎮居民人均糧食消費量 110.0 公斤，比 1956 年下降 36.6%；人均豬肉消費量 22.7 公斤，比 1956 年增長 2.9 倍；人均牛羊肉消費量 4.2 公斤，比 1956 年增長 1.6 倍；人均蛋類消費量 10.8 公斤，比 1956 年增長 2.2 倍；人均奶類消費量 16.5 公斤，比 1985 年增長 6.5 倍。（2）從農村居民食物消費結構看。2018 年農村居民人均糧食消費量 148.5 公斤，比 1954 年下降 33.0%；人均豬肉消費量 23 公斤，比 1954 年增長 5.2 倍；人均牛羊肉消費量 2.2 公斤，比 1954 年增長 1.4 倍；人均蛋類消費量 8.4 公斤，比 1954 年增長 9.5 倍；人均奶類消費量 6.9 公斤，比 1983 年增長 8.9 倍。[2]

耐用消費品不斷升級換代。（1）新中國建設初期。1956 年城鎮居民平均每百戶擁有自行車 6.7 輛，機械手表 10 隻，電子管收音機 2.7 部。（2）改革開放初期。城鄉居民家庭擁有的耐用消費品主要是自行車、手錶、縫紉機

---

1 《人民生活實現歷史性跨越　闊步邁向全面小康——新中國成立 70 週年經濟社會發展成就系列報告之十四》，新華網，2019 年 8 月 9 日，http://www.xinhuanet.com/fortune/2019-08/09/c_1210235018.htm。

2 《人民生活實現歷史性跨越　闊步邁向全面小康——新中國成立 70 週年經濟社會發展成就系列報告之十四》，新華網，2019 年 8 月 9 日，http://www.xinhuanet.com/fortune/2019-08/09/c_1210235018.htm。

和收音機。1979 年，城鎮居民平均每百戶擁有自行車 113.0 輛、手錶 204.0 隻、縫紉機 54.3 架、收音機 70.5 部；農村居民平均每百戶擁有自行車 36.2 輛、手錶 27.8 隻、縫紉機 22.6 架、收音機 26.1 部。當時，電視機還屬稀缺消費品。直到 1980 年，城鎮居民平均每百戶擁有電視機 32.0 台，農村居民平均每百戶擁有電視機僅 0.4 台。（3）進入新時代。至 2018 年，不僅冰箱、洗衣機、彩色電視機在城鄉居民家庭普及，移動電話、計算機、汽車也逐漸走向尋常百姓家，居民生活更加便捷和舒適。2018 年，城鎮居民平均每百戶擁有移動電話 243.1 部、計算機 73.1 台、汽車 41.0 輛、空調 142.2 台、熱水器 97.2 台；農村居民平均每百戶擁有移動電話 257.0 部、計算機 26.9 台、汽車 22.3 輛、空調 65.2 台、熱水器 68.7 台。[1]

城鄉居民居住條件明顯改善。2018 年城鎮居民人均住房建築面積達到 39.0 平方米，比 1956 年增加 33.3 平方米，增長 5.8 倍。2018 年農村居民人均住房建築面積達到 47.3 平方米，比 1978 年增加 39.2 平方米，增長 4.8 倍。2018 年，城鄉居民居住在鋼筋混凝土或磚混材料結構住房的戶比重為 95.8% 和 71.2%，分別比 2013 年提高 4.0 和 15.5 個百分點。[2]

人民受教育程度大幅度提升。經過近 70 年的不懈奮鬥，2018 年九年義務教育鞏固率達 94.2%，高等教育毛入學率達 48.1%。[3]

人民健康水平顯著提高。經過近 70 年的建設和發展，醫療衛生資源總量和質量、醫療服務水平和服務能力、群眾就醫便利程度等方面都發生了顯著的變化。2018 年末，全國共有醫療衛生機構 99.7 萬個，衛生技術人員 952 萬人，醫療衛生機構床位 840 萬張，覆蓋城鄉居民的衛生服務體系日益完善。

---

1 《人民生活實現歷史性跨越　闊步邁向全面小康 —— 新中國成立 70 週年經濟社會發展成就系列報告之十四》，新華網，2019 年 8 月 9 日，http://www.xinhuanet.com/fortune/2019-08/09/c_1210235018.htm。

2 《人民生活實現歷史性跨越　闊步邁向全面小康 —— 新中國成立 70 週年經濟社會發展成就系列報告之十四》，新華網，2019 年 8 月 9 日，http://www.xinhuanet.com/fortune/2019-08/09/c_1210235018.htm。

3 《人民生活實現歷史性跨越　闊步邁向全面小康 —— 新中國成立 70 週年經濟社會發展成就系列報告之十四》，新華網，2019 年 8 月 9 日，http://www.xinhuanet.com/fortune/2019-08/09/c_1210235018.htm。

2018 年城鎮居民人均醫療保健消費支出 2046 元，佔人均消費支出的比重為 7.8%，比 1985 年增加 7.0 個百分點。2018 年農村居民人均醫療保健消費支出 1240 元，佔人均消費支出的比重為 10.2%，比 1985 年增加 7.8 個百分點。[1]

文化娛樂消費成為拉動城鄉居民消費的一大亮點。2018 年城鎮居民人均教育文化娛樂支出為 2974 元，比 1985 年增長 41.9 倍；佔消費支出的比重為 11.4%，比 1985 年增加 1.1 個百分點。2018 年農村居民人均教育文化娛樂支出為 1302 元，比 1985 年增長 104.0 倍；佔消費支出的比重為 10.7%，比 1985 年增加 6.8 個百分點。[2]

以上，我們回顧了新中國成立以來至今的經濟發展與人民生活改善的歷史性變遷。

一般地說，經濟發展是民生改善的物質基礎和根本保證。具體地說，經濟發展究竟能否給人民帶來福祉，以及這種福祉的大小程度與質量，則取決於一個國家的根本社會制度，以及執政黨治國理政的根本方向。中國近代以來的歷史，特別是新中國發展史和改革開放發展史充分證明，只有在中國共產黨領導下，才能真正實現民富國強的民族夙願，才能真正同步實現國家繁榮富強與人民幸福安康。

在中國共產黨領導下，中國這個世界上最大的發展中國家，在短短三十多年裏擺脫貧困並躍升為世界第二大經濟體，創造了人類社會發展史上的發展奇蹟，黨的面貌、國家的面貌、人民的面貌、軍隊的面貌、中華民族的面貌發生了前所未有的變化，近代以來久經磨難的中華民族迎來了從站起來、富起來到強起來的偉大飛躍，迎來了實現中華民族偉大復興的光明前景。

---

1 《人民生活實現歷史性跨越　闊步邁向全面小康 —— 新中國成立 70 週年經濟社會發展成就系列報告之十四》，新華網，2019 年 8 月 9 日，http://www.xinhuanet.com/fortune/2019-08/09/c_1210235018.htm。

2 《人民生活實現歷史性跨越　闊步邁向全面小康 —— 新中國成立 70 週年經濟社會發展成就系列報告之十四》，新華網，2019 年 8 月 9 日，http://www.xinhuanet.com/fortune/2019-08/09/c_1210235018.htm。

第十二章　打贏三大攻堅戰

　　中共十八大以後，隨著決勝全面建成小康社會的展開，以習近平同志為核心的黨中央把防範化解重大風險、精準脫貧、污染防治確定為決勝全面建成小康社會的三大攻堅戰，做出全面部署，嚴格督察落實。

　　為什麼這三大攻堅戰會成為決勝全面建成小康社會必須打贏的三大難點問題與重點環節呢？這是與這一時期的一個重要特徵緊密聯繫的。

　　這個重要特徵是，不發展帶來的老問題與發展起來以後出現的新問題疊加，社會主要矛盾變化與"兩個一百年"奮鬥目標歷史交匯期相互交織。用歷史長周期的眼光看問題，從新中國成立直到現在，直到 21 世紀中葉，中國始終處於經過不同發展階段逐步實現社會主義現代化的進程之中。這一進程的起點，是一個經濟文化落後的農業國，又要在 100 年的時間內，迅速完成從農業國到工業國、從社會主義計劃經濟到社會主義市場經濟、從人民生活總體小康到全面建成小康社會、從社會主義現代化國家到社會主義現代化強國，這樣幾個歷史階段的宏偉跨越。在這個過程中，勢必會遇到前一階段的矛盾、問題、風險、挑戰還沒有徹底解決，下一階段的矛盾、問題、風險、挑戰就接踵而至，這既節約了現代化進程中的時間成本，充分抓住和利用了歷史機遇期與窗口期，也帶來了新老矛盾與問題疊加的考驗與挑戰，在很大程度上增加了解決問題、應對風險的複雜程度與難題。當前中國面對的風險挑戰，既有歷史留下的煩惱，也有成長帶來的煩惱，更有正在強起來的煩惱；既有不發展造成的老問題，也有發展起來以後遇到的新問題。這就更需要治國理政的高超藝術與智慧，更需要"堅如磐石""穩如泰山"的戰略定力。在全面建成小康社會中，必須打贏也一定能打贏的三大攻堅戰，就是這一類複雜問題的集合體。打贏了這三大攻堅戰，就會彌補全面建成小康社會的歷史短板，也就提升了國家治理體系和治理能力現代化的現實水平，增加了向著全面建設社會主義現代化強國邁進的"四個自信"。

防範化解重大風險

應該說，防範化解重大風險，始終伴隨著新中國的發展過程。然而，從來沒有像今天這樣，成為直接影響全面建成小康社會進程的全局性工作。這是為什麼呢？

一是體量大了，複雜程度高了。中國一直是幅員遼闊、人口眾多的世界大國，但長期以來，經濟總量偏低，市場化程度不高，對外經濟聯繫也有限。經過改革開放 30 多年的迅速發展，特別是社會主義市場經濟的建立與完善，以及加入世界貿易組織後，在經濟全球化浪潮推動下，全方位對外開放經濟體系的加速形成與拓展，中國不僅成為世界上首屈一指的製造大國，成為世界第二大經濟體和拉動世界經濟的重要引擎，還形成了世界上最大、最複雜，同時具有超大製造能力與消費能力的市場經濟體。這種變化，不僅對各級政府特別是中央政府的駕馭能力提出了新的挑戰，而且極大地增加了發生各種重大風險的概率，也大幅度提升了應對和防範各種風險的經濟成本與社會成本。

二是與國際社會的關聯度高了，對世界經濟特別是國際金融市場波動的敏感度大大增強。改革開放之前和改革開放初期，中國的主要任務是盡快形成獨立的、比較完整的工業體系和國民經濟體系，這個體系還屬內斂發展的經濟體。隨著改革開放的不斷發展深化，特別是在 21 世紀到來之際加入世界貿易組織之後，中國由先前內斂發展的經濟體，迅速成為全方位對外開放的經濟體。這個經濟體，一方面對世界經濟發展起著舉足輕重的推動作用，另一方面世界經濟的發展與波動，特別是國際金融市場的發展與波動甚至是震盪，都會對中國經濟產生多種多樣的影響。特別是在經濟全球化的迅猛推動下，中國同美國、歐盟、各金磚國家、東盟、阿拉伯國家、"一帶一路"沿線國家、日本、韓國、拉美國家等，在經濟體的關聯上形成了"你中有我、我中有你"的格局。儘管有 2008 年以來國際金融危機的嚴重影響，以及"逆全球化"的負面作用，但在世界各國共同克服金融危機影響的種種努力下，這種"你中有我、我中有你"的格局在總體上，不是日趨淡化，反而愈加緊密。如今，習近平總書記審時度勢，提出"推動形成以國內大循環為主體、國內國際雙循環相互促進的新發展格局"[1]。這既是中國進入高質量發展新階段的必然選擇，是重塑我國國際合作和競爭新優勢的戰略抉擇，也是同世界經濟聯繫的一次重大變革。它的意義在於，中國通過高質量發展新階段的改革發展提升，能夠給世界經濟與國際社會提供全方位、多樣化、多層次的優質產品和優質服務，能夠以更加開放包容暢通的國內市場接納世界各國的優質產品與優質服務。正如習近平總書記所指出："我國在世界經濟中的地位將持續上升，同世界經濟的聯繫會更加緊密，為其他國家提供的市場機會將更加廣闊，成為吸引國際商品和要素資源的巨大引力場。"[2] 在這一過程中，也給中國發展提出了新的挑戰與新的考驗。這就是如何有效應對世界經濟特別是國際金融市場的波動和震盪，如何有效應對逆全球化、霸權主義、保護主義、單邊主義上升帶來的震盪、風險與不確定性。

根據各種風險增加、不確定因素明顯增多的複雜情況，習近平總書記在中共十八大閉幕不久，就強調："面對複雜多變的國際形勢和艱巨繁重的國內改革發展穩定任務，我們一定要居安思危，增強憂患意識、風險意識、責任意識，堅定必勝信念，積極開拓進取，全面做好改革發展穩定各項工作，著力解決經濟社會發展中的突出矛盾和問題，有效防範各種潛在風險，努力實現全年經濟社會發展預期目標，努力保持社會和諧穩定。"[3]

2013 年 1 月 5 日，習近平總書記在新進中央委員會的委員、候補委員學習貫徹黨的十八大精神研討班上講話中指出："我們的事業越前進、越發展，新情況新問題就會越多，面臨的風險和挑戰就會越多，面對的不可預料的事

1　習近平：《在經濟社會領域專家座談會上的講話》，人民出版社 2020 年版，第 4 頁。

2　習近平：《在經濟社會領域專家座談會上的講話》（2020 年 8 月 24 日），人民出版社 2020年版，第 5—6 頁。

3　汪曉東、董絲雨：《下好先手棋　打好主動仗——習近平總書記關於防範化解重大風險重要論述綜述》，《人民日報》2021 年 4 月 15 日第 1 版。

353

情就會越多。我們必須增強憂患意識，做到居安思危。"[1]

2015 年，在制訂"十三五"規劃時，更是根據兩年多經濟社會運行中出現的問題，把防風險擺在更加突出的全局地位。習近平總書記在中共十八屆五中全會第二次全體會議的講話中，特別講了防風險的問題。他做出一個重大判斷："今後 5 年，可能是我國發展面臨的各方面風險不斷積累甚至集中顯露的時期。"

他認為，這些風險主要是在發展起來以後帶來的。他指出："過去，我們常常以為，一些矛盾和問題是由於經濟發展水平低、老百姓收入少造成的，等經濟發展水平提高了、老百姓生活好起來了，社會矛盾和問題就會減少。現在看來，不發展有不發展的問題，發展起來有發展起來的問題，而發展起來後出現的問題並不比發展起來前少，甚至更多更複雜了。新形勢下，如果利益關係協調不好、各種矛盾處理不好，就會導致問題激化，嚴重的就會影響發展進程。"

他在講話中，提醒領導幹部充分注意發展起來以後產生的這些重大風險的廣泛性，指出："我們面臨的重大風險，既包括國內的經濟、政治、意識形態、社會風險以及來自自然界的風險，也包括國際經濟、政治、軍事風險等。如果發生重大風險又扛不住，國家安全就可能面臨重大威脅，全面建成小康社會進程就可能被迫中斷。我們必須把防風險擺在突出位置，'圖之於未萌，慮之於未有'，力爭不出現重大風險或在出現重大風險時扛得住、過得去。"

他特別強調要把防範的重點放在遏制系統性風險上，強調："各種風險往往不是孤立出現的，很可能是相互交織並形成一個風險綜合體。"為了防範系統性風險，他提出了一個"力爭把風險化解在源頭"的完整思路，即"五個不讓"："不讓小風險演化為大風險，不讓個別風險演化為綜合風險，不讓局部風險演化為區域性或系統性風險，不讓經濟風險演化為社會政治風險，不讓國際風險演化為國內風險。"

他在講話中，還把防風險能力上升到中國共產黨的治國理政能力的高

1　《十八大以來重要文獻選編》（上），中央文獻出版社 2014 年版，第 114—115 頁。

度，指出："能不能駕馭好世界第二大經濟體，能不能保持經濟社會持續健康發展，從根本上講取決於黨在經濟社會發展中的領導核心作用發揮得好不好。"要求廣大領導幹部"努力成為領導經濟社會發展的行家裏手"。[1]

這篇講話，為黨和國家有效防範化解重大風險指明了方向。

2019年1月21日，習近平總書記在省部級主要領導幹部堅持底線思維著力防範化解重大風險專題研討班上，就這一專題發表講話。

他在講話中進一步強調："面對波譎雲詭的國際形勢、複雜敏感的周邊環境、艱巨繁重的改革發展穩定任務，我們必須始終保持高度警惕，既要高度警惕'黑天鵝'事件，也要防範'灰犀牛'事件；既要有防範風險的先手，也要有應對和化解風險挑戰的高招；既要打好防範和抵禦風險的有準備之戰，也要打好化險為夷、轉危為機的戰略主動戰。"

他特別強調："黨的十八大以來，我們以自我革命精神推進全面從嚴治黨，清除了黨內存在的嚴重隱患，成效是顯著的，但這並不意味著我們就可以高枕無憂了。黨面臨的長期執政考驗、改革開放考驗、市場經濟考驗、外部環境考驗具有長期性和複雜性，黨面臨的精神懈怠危險、能力不足危險、脫離群眾危險、消極腐敗危險具有尖銳性和嚴峻性，這是根據實際情況作出的大判斷。"[2]

警惕"黑天鵝""灰犀牛"事件

中國在由大向強的發展道路上，面對的重大風險主要有哪些呢？

首先是金融風險。

國際金融危機，給境外投機資本興風作浪，提供了極好的機會。美國強力轉嫁危機，搞"量化寬鬆"政策，也給國際匯市和股市帶來很大風險。國內銀行業盲目追求總量擴張和高額利潤，致使脫實向虛傾向嚴重。再加上國

1　《十八大以來重要文獻選編》（中），中央文獻出版社2016年版，第834—835頁。
2　《習近平在省部級主要領導幹部堅持底線思維著力防範化解重大風險專題研討班開班式上發表重要講話強調　提高防控能力著力防範化解重大風險　保持經濟持續健康發展社會大局穩定》，《人民日報》2019年1月22日第1版。

內地方政府債務率居高不下，國有銀行經營管理不善，更加大了金融風險發生的可能。

對此，2017 年 7 月 14 日至 15 日，召開全國金融工作會議。習近平在會上的講話中強調：“金融是國家重要的核心競爭力，金融安全是國家安全的重要組成部分，金融制度是經濟社會發展中重要的基礎性制度。”“防止發生系統性金融風險是金融工作的永恆主題。”

這次會議明確了服務實體經濟、防控金融風險、深化金融改革三項任務，要求加快轉變金融發展方式，推進構建現代金融監管框架，守住不發生系統性金融風險底線，促進經濟和金融良性循環、健康發展。

在服務實體經濟方面，強調要回歸金融本源，把為實體經濟服務作為出發點和落腳點，全面提升服務效率和水平，把更多金融資源配置到經濟社會發展的重點領域和薄弱環節，更好滿足人民群眾和實體經濟多樣化的金融需求。

在防控金融風險方面，強調把主動防範化解系統性金融風險放在更加重要的位置，推動經濟去槓桿，把國有企業降槓桿作為重中之重，嚴控地方政府債務增量，堅決整治嚴重干擾金融市場秩序的行為，加強社會信用體系建設，健全符合我國國情的金融法治體系。

在深化金融改革方面，強調優化金融機構體系，完善國有金融資本管理，完善外匯市場體制機制。設立國務院金融穩定發展委員會，強化人民銀行宏觀審慎管理和系統性風險防範職責。同時，還要繼續擴大金融對外開放，深化人民幣匯率形成機制改革，穩步推進人民幣國際化，穩步實現資本項目可兌換。

這次會後，逐漸形成了國務院金融穩定發展委員會、中國人民銀行、銀保監會和證監會為主體的金融監管架構，將所有金融業務都納入監管，把國有企業降槓桿作為重中之重，嚴控地方政府債務增量，整治嚴重干擾金融市場秩序行為，健全符合我國國情的金融法治體系，穩步推進防範和化解金融風險工作，取得了階段性成果。當前，我國宏觀經濟槓桿率趨於平穩，金融風險得到有效遏制和化解，金融安全與穩定的基礎進一步鞏固。

2019 年 12 月召開的中央經濟工作會議，在分析防範金融風險取得的成效時指出：“我國金融體系總體健康，具備化解各類風險的能力。要保持宏觀槓桿率基本穩定，壓實各方責任。”[1]

其次是網絡安全風險。

進入 21 世紀，隨著 3G、4G 技術的普及，大數據的廣泛應用，以移動用戶為主體的互聯網應用在中國迅速發展起來，深刻地改變了人們的生活方式、交往方式、娛樂方式，也深刻地改變了新聞輿論傳播方式。同時，也給網絡安全提出了前所未有的新挑戰。

2013 年 8 月 19 日，習近平總書記在全國宣傳思想工作會議的講話中指出：互聯網已經成為輿論鬥爭的主戰場。在互聯網這個戰場上，我們能否頂得住、打得贏，直接關係我國意識形態安全和政權安全。

2014 年 2 月 27 日，新成立的中央網絡安全和信息化領導小組召開第一次會議。習近平總書記親自擔任組長，並講話指出：“網絡安全和信息化是一體之兩翼、驅動之雙輪，必須統一謀劃、統一部署、統一推進、統一實施。做好網絡安全和信息化工作，要處理好安全和發展的關係，做到協調一致、齊頭並進，以安全保發展、以發展促安全，努力建久安之勢、成長治之業。”[2]

2016 年 4 月，召開了新中國成立後第一次網絡安全和信息化工作座談會。習近平總書記在講話中，順應信息革命要求，提出“讓互聯網更好造福人民”的重要思想，指明了互聯網發展的大好前景：“可以做好信息化和工業化深度融合這篇大文章，發展智能製造，帶動更多人創新創業；可以瞄準農業現代化主攻方向，提高農業生產智能化、經營網絡化水平，幫助廣大農民增加收入；可以發揮互聯網優勢，實施‘互聯網＋教育’‘互聯網＋醫療’‘互聯網＋文化’等，促進基本公共服務均等化；可以發揮互聯網在助推脫貧攻堅中的作用，推進精準扶貧、精準脫貧，讓更多困難群眾用上互聯網，讓農產品通過互聯網走出鄉村，讓山溝裏的孩子也能接受優質教育；可以加快推進電子政務，鼓勵各級政府部門打破信息壁壘、提升服務效率，讓百姓少跑

1　《中央經濟工作會議在北京舉行》，《人民日報》2019 年 12 月 13 日第 1 版。

2　《習近平主持召開中央網絡安全和信息化領導小組第一次會議強調　總體佈局統籌各方創新發展　努力把我國建設成為網絡強國》，《人民日報》2014 年 2 月 28 日第 1 版。

腿、信息多跑路，解決辦事難、辦事慢、辦事繁的問題，等等。"這些後來都成為現實，特別是在 2020 年抗擊新冠肺炎疫情中，發揮了積極的巨大作用。

他同時指出："互聯網不是法外之地。"利用網絡鼓吹推翻國家政權，煽動宗教極端主義，宣揚民族分裂思想，教唆暴力恐怖活動，等等，這樣的行為要堅決制止和打擊，決不能任其大行其道。利用網絡進行欺詐活動，散佈色情材料，進行人身攻擊，兜售非法物品，等等，這樣的言行也要堅決管控，決不能任其大行其道。沒有哪個國家會允許這樣的行為氾濫開來。我們要本著對社會負責、對人民負責的態度，依法加強網絡空間治理，加強網絡內容建設，為廣大網民特別是青少年營造一個風清氣正的網絡空間。

在習近平總書記的倡導下，從 2014 年 11 月起，每年在浙江省烏鎮召開互聯網大會。2015 年 12 月 16 日，他還出席第二屆世界互聯網大會開幕式，並在講話中提出"尊重網絡主權"主張，強調："我們應該尊重各國自主選擇網絡發展道路、網絡管理模式、互聯網公共政策和平等參與國際網絡空間治理的權利，不搞網絡霸權，不干涉他國內政，不從事、縱容或支持危害他國國家安全的網絡活動。""維護網絡安全不應有雙重標準，不能一個國家安全而其他國家不安全，一部分國家安全而另一部分國家不安全，更不能以犧牲別國安全謀求自身所謂絕對安全。"世界互聯網大會的成功舉辦，有力推動了互聯網發展，也為國際社會攜手進行網絡安全治理做出積極貢獻。

2018 年 4 月，再次召開全國網絡安全和信息化工作會議。習近平總書記在會上提出一個重要判斷，"信息化為中華民族帶來了千載難逢的機遇"。他強調，我們必須敏銳抓住信息化發展的歷史機遇，加強網上正面宣傳，維護網絡安全，推動信息領域核心技術突破，發揮信息化對經濟社會發展的引領作用，主動參與網絡空間國際治理進程，自主創新推進網絡強國建設。他還根據國際形勢的新變數，提出："核心技術是國之重器。要下定決心、保持恆心、找準重心，加速推動信息領域核心技術突破。"[1]

---

1 《習近平在全國網絡安全和信息化工作會議上強調　敏銳抓住信息化發展歷史機遇　自主創新推進網絡強國建設》，《人民日報》2018 年 4 月 22 日第 1 版。

有人擔心，網絡安全治理，會限制互聯網發展。實際結果正好相反。

20 世紀 90 年代中國正式接入國際互聯網後，互聯網企業進入發展的快車道。2008 年後，智能手機以及 3G、4G 通信網絡的普遍使用，促使上網人數大幅攀升，至 2018 年底互聯網上網人數達 8.3 億人，深刻影響普通大眾的日常生活。

2012 年以來，大數據、雲計算、人工智能等現代信息技術不斷發展成熟，推動了 "互聯網 +" 的發展，共享經濟、數字經濟深刻改變了社會生產生活方式，加速重構經濟發展模式。2012 年至 2018 年，信息傳輸、軟件和信息技術服務業增加值從 11929 億元增長到 32431 億元。在互聯網的推動下，批發和零售業、住宿和餐飲業等傳統服務業加速轉型升級，紛紛依託新技術發展電子商務、網絡訂餐、網上零售等新業務新商業模式。2015 年至 2018 年，我國電子商務交易額、網上零售額年均增速分別為 17.8%、28.8%；2018 年，實物商品網上零售額佔社會消費品零售總額的比重達到 18.4%。

還有中美經貿摩擦，以及美國不斷在高科技等領域挑起事端帶來的風險。

中美經貿摩擦，是由美國政府蓄意挑起來的。

2017 年美國特朗普政府上任以來，在 "美國優先" 的口號下，在中美貿易關係上實行單邊主義、保護主義和經濟霸權主義，利用不斷加徵關稅等手段進行經濟恫嚇，試圖採取極限施壓方法將自身利益訴求強加於中國。

在這種情況下，中國政府從維護兩國共同利益和世界貿易秩序大局出發，堅持通過對話協商解決爭議的基本原則，以最大的耐心和誠意回應美國關切，同美國開展多輪對話磋商。然而，美國出爾反爾、不斷發難，導致中美經貿摩擦在短時間內持續升級，使兩國政府和人民多年努力培養起來的中美經貿關係受到極大損害，也使多邊貿易體制和自由貿易原則遭遇嚴重威脅。

隨後，美國政府又發起對中國高科技企業華為集團的封堵，並將這一高科技領域的 "圍剿" 擴大到字節跳動旗下抖音短視頻國際版 TikTok 等。這些舉動，實際上將中美經貿摩擦進一步擴展到芯片製造技術、互聯網技術等高科技領域。對此，許多有識之士，包括美國企業界人士，都紛紛指出，美國政府的這些所作所為，不僅在法理上完全站不住腳，而且實際效果也是損人不利己，無助於 "美國優先" 目標的實現。

美國前駐華大使馬克斯·鮑卡斯針對美國國內一些美中經濟"脫鈎"的聲音，指出，"推動'脫鈎'的人顯然忘記，美中兩國經濟是緊密相連、相互依賴的，難以割裂"。"我們除了與中國合作，沒有其他選項。"[1]

面對美國政府蓄意挑起的中美經貿摩擦，以及後來種種不斷升級、推波助瀾的反常做法，中國政府沉著應對，表現出鎮靜自若的大國風範。一方面，據理力爭、嚴守底線，決不在涉及國家主權、安全問題上退讓；另一方面，立足於把國內的事情做好，主動開展全方位外交，避免落入"冷戰思維"陷阱。中國政府的表現，贏得了包括歐盟在內的國際社會的普遍稱道。

2020 年 7 月 21 日，美方突然要求中方關閉駐休斯敦總領館，進一步惡化中美關係，嚴重違反國際法和國際關係基本準則，嚴重違反中美領事條約有關規定。在忍無可忍的情況下，中國外交部 24 日上午通知美國駐華使館，中方決定撤銷對美國駐成都總領事館的設立和運行許可，並對該總領事館停止一切業務和活動提出具體要求。

8 月 5 日，中共中央政治局委員、國務委員兼外交部長王毅在回答新華社記者問時，明確指出："當前，中美關係正面臨建交以來最嚴峻的局面，各領域交流合作均受到嚴重干擾，根本原因是美國國內一部分政治勢力出於對中國的偏見和仇視，利用手中掌握的權力，編造各種謊言惡意抹黑中國，製造各種藉口阻撓中美之間的正常往來。他們這麼做，就是想復活麥卡錫主義的幽靈，破壞中美之間的聯繫，煽動兩國民意的對立，損害兩國互信的根基，從而把中美再次拖進衝突與對抗，把世界重新推入動盪與分裂。"他還指出：面對中美關係建交以來的最複雜局面，我們有必要為中美關係樹立清晰框架。一要明確底線，避免對抗；二要暢通渠道，坦誠對話；三要拒絕脫鈎，保持合作；四要放棄零和，共擔責任。[2]

8 月 8 日，中共中央政治局委員、中央外事工作委員會辦公室主任楊潔篪發表文章，鄭重表示："中國對發展中美關係的政策立場一以貫之，保持

1　胡澤曦：《"除了與中國合作，沒有其他選項"——訪美國前駐華大使馬克斯·鮑卡斯》，《人民日報》2020 年 8 月 21 日第 3 版。

2　《王毅就當前中美關係接受新華社專訪　有必要為中美關係樹立清晰框架》，《人民日報》2020 年 8 月 6 日第 3 版。

高度的穩定性和連續性。我們致力於發展不衝突不對抗、相互尊重、合作共贏的中美關係，同時將堅定捍衛國家主權安全發展利益。中國發展的根本目標，是為讓中國人民過上更好的日子，為地區和世界和平、穩定、發展和繁榮作出更大貢獻。中美對話合作不是單行道，不是單方面的恩惠，是平等互利的。"同時提出要尊重彼此核心利益和重大關切，避免戰略誤判、管控分歧，拓展各領域互利合作，維護中美關係的民意基礎。[1]

對於近年來中美關係出現的一些新情況新變化，以習近平同志為核心的黨中央已有預見、早有思想準備。2013 年 3 月 11 日，習近平總書記在出席十二屆全國人大一次會議解放軍代表團全體會議的講話中就曾指出："中華民族偉大復興絕不是輕輕鬆鬆、順順當當就能實現的，我們越發展壯大，遇到的阻力就會越大，面臨的外部風險就會越多。這是我國由大向強發展進程中無法迴避的挑戰，是實現中華民族偉大復興繞不過的門檻。"[2]

2020 年 9 月 3 日，習近平總書記在紀念中國人民抗日戰爭暨世界反法西斯戰爭勝利 75 週年座談會上的講話中，重申中國堅定不移走和平發展道路、推動構建人類命運共同體的堅強意志和決心，同時莊嚴宣告："任何人任何勢力企圖通過霸凌手段把他們的意志強加給中國、改變中國的前進方向、阻撓中國人民創造自己美好生活的努力，中國人民都絕不答應！""任何人任何勢力企圖破壞中國人民的和平生活和發展權利、破壞中國人民同其他國家人民的交流合作、破壞人類和平與發展的崇高事業，中國人民都絕不答應！"[3]

在中美關係面臨冷戰結束後最嚴峻的新考驗的背景下，中國政府妥善應對了南海問題、加拿大政府非法扣留孟晚舟事件、香港"修例風波"、印度軍隊在班公湖地區挑起衝突等突發事件。在應對過程中，既挫敗了境外反華勢力的險惡用心，穩定了有關地區局勢，又持續不斷地釋放出以下強烈信號：

1　楊潔篪：《尊重歷史 面向未來　堅定不移維護和穩定中美關係》，《人民日報》2020 年 8 月 8 日。

2　中共中央黨史和文獻研究院編：《習近平關於防範風險挑戰、應對突發事件論述摘編》，中央文獻出版社 2020 年版，第 4 頁。

3　習近平：《在紀念中國人民抗日戰爭暨世界反法西斯戰爭勝利 75 週年座談會上的講話》（2020 年 9 月 3 日），《人民日報》2020 年 9 月 4 日第 2 版。

中國始終屬發展中國家，中國發展不對任何國家構成威脅；中國無論發展到什麼程度，永遠不稱霸，永遠不搞擴張；中國的強大不是為了謀取霸權，而是為了維護世界和平、推動構建人類命運共同體；中國決不會以犧牲別國利益為代價來發展自己，也決不放棄自己的正當權益，任何人不要幻想讓中國吞下損害自身利益的苦果。

歷史性解決絕對貧困問題

精準脫貧，既是一個世界級的硬骨頭，也是決勝全面建成小康社會必須堅決打贏的攻堅戰。

精準扶貧歷史任務，從來沒有像今天這樣緊迫，也從來沒有像今天這樣艱巨而重大。

在習近平總書記眼中，精準扶貧是一項歷史責任。2015 年 11 月 27 日，他在中央扶貧開發工作會議上說："全面建成小康社會、實現第一個百年奮鬥目標，農村貧困人口全部脫貧是一個標誌性指標。對這個問題，我一直在思考，也一直在強調，就是因為心裏還有些不托底。所以，我說小康不小康，關鍵看老鄉，關鍵看貧困老鄉能不能脫貧。全面建成小康社會，是我們對全國人民的莊嚴承諾，必須實現，而且必須全面實現，沒有任何討價還價的餘地。不能到了時候我們說還實現不了，再幹幾年。也不能到了時候我們一邊宣佈全面建成了小康社會，另一邊還有幾千萬人生活在扶貧標準線以下。如果是那樣，必然會影響人民群眾對全面小康社會的滿意度和國際社會對全面小康社會的認可度，也必然會影響我們黨在人民群眾中的威望和我們國家在國際上的形象。我們必須動員全黨全國全社會力量，向貧困發起總攻，確保到 2020 年所有貧困地區和貧困人口一道邁入全面小康社會。"[1]

在習近平總書記心目中，這也是一種特殊的情感與情懷。2015 年 10 月 16 日，習近平總書記在 2015 減貧與發展高層論壇的主旨演講《攜手消除貧困促進共同發展》中說過："回顧中國幾十年來減貧事業的歷程，我有著深刻

1　《十八大以來重要文獻選編》（下），中央文獻出版社 2018 年版，第 29—30 頁。

的切身體會。上個世紀 60 年代末，我還不到 16 歲，就從北京來到了陝北一個小村莊當農民，一幹就是 7 年。那時，中國農村的貧困狀況給我留下了刻骨銘心的記憶。我當時和村民們辛苦勞作，目的就是要讓生活能夠好一些，但這在當年幾乎比登天還難。40 多年來，我先後在中國縣、市、省、中央工作，扶貧始終是我工作的一個重要內容，我花的精力最多。我到過中國絕大部分最貧困的地區，包括陝西、甘肅、寧夏、貴州、雲南、廣西、西藏、新疆等地。這兩年，我又去了十幾個貧困地區，到鄉親們家中，同他們聊天。他們的生活存在困難，我感到揪心。他們生活每好一點，我都感到高興。"

他還回憶起在福建寧德工作時一段刻骨銘心的經歷："25 年前，我在中國福建省寧德地區工作，我記住了中國古人的一句話：'善為國者，遇民如父母之愛子，兄之愛弟，聞其飢寒為之哀，見其勞苦為之悲。' 至今，這句話依然在我心中。"[1]

在習近平總書記看來，這還是關係中國共產黨長期執政根基是否鞏固的全局性問題。他指出："得民心者得天下。從政治上說，我們黨領導人民開展了大規模的反貧困工作，鞏固了我們黨的執政基礎，鞏固了中國特色社會主義制度。在國際風雲激烈變幻的過程中，我們黨和我國社會主義制度巋然不動，就是因為我們黨的路線方針政策給億萬人民帶來了好處。'民為邦本，未有本搖而枝葉不動者。' '天下之治亂，不在一姓之興亡，而在萬民之憂樂。' 我們共產黨人必須有這樣的情懷。中國共產黨在中國執政就是要為民造福，而只有做到為民造福，我們黨的執政基礎才能堅如磐石。"[2]

習近平總書記也深知打贏脫貧攻堅戰的難度。他指出："打贏脫貧攻堅戰，不是輕輕鬆鬆一衝鋒就能解決的，全黨在思想上一定要深刻認識到這一點。按照《中國農村扶貧開發綱要（2011—2020 年）》要求，'十三五'期間脫貧攻堅的目標是，到 2020 年實現 '兩不愁、三保障'。'兩不愁'，就是穩定實現農村貧困人口不愁吃、不愁穿；'三保障'，就是農村貧困人口義務教育、基本醫療、住房安全有保障；同時，實現貧困地區農民人均可支配收

1 《十八大以來重要文獻選編》（中），中央文獻出版社 2016 年版，第 719—720 頁。
2 《十八大以來重要文獻選編》（下），中央文獻出版社 2018 年版，第 31—32 頁。

入增長幅度高於全國平均水平，基本公共服務主要領域指標接近全國平均水平。這個目標實現起來並不容易。"[1]

打贏精準脫貧攻堅戰的難度在哪裏呢？

——經過多年努力，容易脫貧的地區和人口已經解決得差不多了，越往後脫貧成本越高，難度越大。按照既定目標，要實現到 2020 年 7000 多萬農村貧困人口脫貧目標，必須確保平均每年減貧 1000 多萬人。這些人口，大都生活在自然條件差、經濟基礎弱、貧困程度高的地區，是越來越難啃的硬骨頭。

——在群體分佈上，這些貧困人口，大都是殘疾人、孤寡老人、長期患病者等"無業可扶、無力脫貧"的，以及部分教育文化水平低、缺乏技能的貧困群眾。不少貧困戶穩定脫貧能力差，因災、因病、因學返貧情況時有發生。

——在脫貧目標上，實現不愁吃、不愁穿"兩不愁"相對容易，解決保障義務教育、基本醫療、住房安全"三保障"難度較大。

——鞏固脫貧成果難度很大。已脫貧的地區和人口中，有的產業基礎比較薄弱，有的產業項目同質化嚴重，有的就業不夠穩定，有的政策性收入佔比高。據各地初步摸底，已脫貧人口中有近 200 萬人存在返貧風險，邊緣人口中還有近 300 萬存在致貧風險。

——深度貧困地區脫貧攻堅，是硬仗中的硬仗。到 2020 年上半年，全國還有 52 個貧困縣未摘帽、2707 個貧困村未出列、建檔立卡貧困人口未全部脫貧。雖然同過去相比總量不大，但都是貧中之貧、困中之困，是最難啃的硬骨頭。"三保障"問題基本解決了，但穩定住、鞏固好還不是一件容易的事情，有的孩子反覆失學輟學，不少鄉村醫療服務水平低，一些農村危房改造質量不高，有的地方安全飲水不穩定，還存在季節性缺水。剩餘建檔立卡貧困人口中，老年人、患病者、殘疾人的比例達到 45.7%。

突如其來的新冠肺炎疫情，在以上困難之外，又給關鍵時刻的脫貧攻堅帶來新的挑戰。疫情對脫貧攻堅的影響主要表現在這樣幾個方面。

1　《十八大以來重要文獻選編》（下），中央文獻出版社 2018 年版，第 33 頁。

一是外出務工受阻。據國務院扶貧辦統計，2019 年全國有 2729 萬建檔立卡貧困勞動力在外務工，這些家庭三分之二左右的收入來自外出務工，涉及三分之二左右建檔立卡貧困人口。現在，一些貧困勞動力外出務工受到影響，如不採取措施，短時間內收入就會減少。

二是扶貧產品銷售和產業扶貧困難。貧困地區農畜牧產品賣不出去，農用物資運不進來，生產和消費下降，影響產業扶貧增收。

三是扶貧項目停工。易地扶貧搬遷配套、飲水安全工程、農村道路等項目開工不足，不能按計劃推進。

四是幫扶工作受到影響。一些疫情嚴重的地區，掛職幹部和駐村工作隊暫時無法到崗。

在這種情況下，習近平總書記於 2020 年 3 月 6 日主持召開決戰決勝脫貧攻堅座談會，對克服疫情影響、堅決打贏精準脫貧攻堅戰做出全面部署。

中共十八大以來，習近平總書記為了如期打贏精準脫貧攻堅戰，實現"兩個確保"的目標，召開了一系列會議，每次圍繞一個主題，分析情況，提出要求，做出部署。為了確保會議取得實效，"每次座談會前，我都先到貧困地區調研，實地了解情況，聽聽基層幹部群眾意見，根據了解到的情況，召集相關省份負責同志進行工作部署"。[1]

在新中國的歷史上，黨和國家主要領導人就精準脫貧或扶貧工作如此密集地召開專題會議，親自調研、親自督促、親自部署，這還是第一次。

——2015 年 2 月 13 日，習近平總書記在中國延安幹部學院主持召開陝甘寧革命老區脫貧致富座談會。他在講話中指出，革命老區是黨和人民軍隊的根，我們永遠不能忘記自己是從哪裏走來的，永遠都要從革命的歷史中汲取智慧和力量。我們要實現第一個百年奮鬥目標，全面建成小康社會，沒有老區的全面小康，沒有老區貧困人口脫貧致富，那是不完整的。各級黨委和政府要讓老區人民都過上幸福美滿的日子，使老區人民同全國人民一道進入

1　習近平：《在決戰決勝脫貧攻堅座談會上的講話》（2020 年 3 月 6 日），《人民日報》2020 年 3 月 7 日第 2 版。

全面小康社會。[1]

——2015 年 6 月 18 日，習近平總書記在貴州召開部分省區市黨委主要負責同志座談會。這次座談會，涉及武陵山、烏蒙山、滇桂黔集中連片特困地區扶貧攻堅工作。他在會上提出精準扶貧的基本思路，指出：扶貧開發貴在精準，重在精準，成敗之舉在於精準。各地都要在扶持對象精準、項目安排精準、資金使用精準、措施到戶精準、因村派人（第一書記）精準、脫貧成效精準上想辦法、出實招、見真效。要堅持因人因地施策，因貧困原因施策，因貧困類型施策，區別不同情況，做到對症下藥、精準滴灌、靶向治療，不搞大水漫灌、走馬觀花、大而化之。要因地制宜研究實施"四個一批"的扶貧攻堅行動計劃，即通過扶持生產和就業發展一批，通過移民搬遷安置一批，通過低保政策兜底一批，通過醫療救助扶持一批，實現貧困人口精準脫貧。[2]

——2015 年 10 月 26 日至 29 日，中共十八屆五中全會在北京召開。這次全會在提出關於"十三五"規劃建議時，將"扶貧攻堅"的提法正式改為"脫貧攻堅"，立下"兩個確保"軍令狀，即到 2020 年確保我國現行標準下農村貧困人口實現脫貧、貧困縣全部摘帽、解決區域性整體貧困。習近平總書記在講話中指出："我們不能一邊宣佈全面建成了小康社會，另一邊還有幾千萬人口的生活水平處在扶貧標準線以下，這既影響人民群眾對全面建成小康社會的滿意度，也影響國際社會對我國全面建成小康社會的認可度。"

他對"兩個確保"作了詳細說明，指出："農村貧困人口脫貧是全面建成小康社會最艱巨的任務。我國現行脫貧標準是農民年人均純收入按 2010 年不變價計算為 2300 元，2014 年現價脫貧標準為 2800 元。按照這個標準，2014 年末全國還有 7017 萬農村貧困人口。綜合考慮物價水平和其他因素，逐年更新按現價計算的標準。據測算，若按每年 6% 的增長率調整，2020 年全國脫貧標準約為人均純收入 4000 元。今後，脫貧標準所代表的實際生活水平，大

1　《習近平春節前夕赴陝西看望慰問廣大幹部群眾 向全國人民致以新春祝福　祝祖國繁榮昌盛人民幸福安康》，《人民日報》2015 年 2 月 17 日第 1 版。

2　《習近平在部分省區市黨委主要負責同志座談會上強調　謀劃好"十三五"時期扶貧開發工作　確保農村貧困人口到 2020 年如期脫貧》，《人民日報》2015 年 6 月 20 日第 1 版。

致能夠達到 2020 年全面建成小康社會所要求的基本水平，可以繼續採用。"

他還算了一筆今後幾年實現 "兩個確保" 的細賬："通過實施脫貧攻堅工程，實施精準扶貧、精準脫貧，7017 萬農村貧困人口脫貧目標是可以實現的。2011 年至 2014 年，每年農村脫貧人口分別為 4329 萬、2339 萬、1650 萬、1232 萬。因此，通過採取過硬的、管用的舉措，今後每年減貧 1000 萬人的任務是可以完成的。具體講，到 2020 年，通過產業扶持，可以解決 3000 萬人脫貧；通過轉移就業，可以解決 1000 萬人脫貧；通過易地搬遷，可以解決 1000 萬人脫貧，總計 5000 萬人左右。還有 2000 多萬完全或部分喪失勞動能力的貧困人口，可以通過全部納入低保覆蓋範圍，實現社保政策兜底脫貧。"[1]

這次全會通過的《中共中央關於制定國民經濟和社會發展第十三個五年規劃的建議》，完整系統地提出了打贏脫貧攻堅戰的各項政策措施。

——2015 年 11 月 27 日至 28 日，為進一步貫徹落實十八屆五中全會關於精準脫貧的決策，召開中央扶貧開發工作會議。習近平總書記在講話中提出，脫貧攻堅要重點解決 "扶持誰" "誰來扶" "怎麼扶" "如何退" 四個問題。

要解決好 "扶持誰" 的問題。"扶貧必先識貧。" 確保把真正的貧困人口弄清楚，把貧困人口、貧困程度、致貧原因等搞清楚，以便做到因戶施策、因人施策。

要解決好 "誰來扶" 的問題。"推進脫貧攻堅，關鍵是責任落實到人。" 加快形成中央統籌、省（自治區、直轄市）負總責、市（地）縣抓落實的扶貧開發工作機制，做到分工明確、責任清晰、任務到人、考核到位。

要解決好 "怎麼扶" 的問題。"開對了 '藥方子'，才能拔掉 '窮根子'。" 按照貧困地區和貧困人口的具體情況，實施 "五個一批" 工程。一是發展生產脫貧一批；二是易地搬遷脫貧一批；三是生態補償脫貧一批；四是發展教育脫貧一批；五是社會保障兜底一批。

要解決好 "如何退" 的問題。"精準扶貧是為了精準脫貧"。要設定時間

1　習近平：《關於〈中共中央關於制定國民經濟和社會發展第十三個五年規劃的建議〉的說明》，《人民日報》2015 年 11 月 4 日第 2 版。

表，實現有序退出，既要防止拖延病，又要防止急躁症。要留出緩衝期，在一定時間內實行摘帽不摘政策。要實行嚴格評估，按照摘帽標準驗收。要實行逐戶銷號，做到脫貧到人，脫沒脫貧要同群眾一起算賬，要群眾認賬。[1]

——2016 年 7 月 20 日，習近平總書記在寧夏銀川主持召開東西部扶貧協作座談會。這次座談會，與眾不同的是，參加者有北京、天津、遼寧、上海、江蘇、浙江、福建、山東、廣東和大連、蘇州、杭州、寧波、廈門、青島、廣州、深圳、珠海有幫扶任務的東部 9 個省市和 9 個城市的黨委書記，以及內蒙古、廣西、重慶、四川、貴州、雲南、西藏、陝西、甘肅、青海、寧夏、新疆接受幫扶的西部 12 個省區市的黨委書記，體現了習近平總書記關於對口幫扶脫貧攻堅的大思路。

他在講話中強調："東西部扶貧協作和對口支援，是推動區域協調發展、協同發展、共同發展的大戰略，是加強區域合作、優化產業佈局、拓展對內對外開放新空間的大佈局，是實現先富幫後富、最終實現共同富裕目標的大舉措，必須認清形勢、聚焦精準、深化幫扶、確保實效，切實提高工作水平，全面打贏脫貧攻堅戰。"他特別強調："要真扶貧、扶真貧、真脫貧。"[2]

他還指出：東西部扶貧協作和對口支援，是實現先富幫後富、最終實現共同富裕目標的大舉措，充分彰顯了中國共產黨領導和我國社會主義制度的政治優勢，必須長期堅持下去。西部地區特別是民族地區、邊疆地區、革命老區、集中連片特困地區貧困程度深、扶貧成本高、脫貧難度大，是脫貧攻堅的短板。必須採取系統的政策和措施，做好東西部扶貧協作和對口支援工作，全面打贏脫貧攻堅戰。[3]

——2017 年 6 月 23 日，習近平總書記在山西太原召開深度貧困地區脫

1 參見《習近平在中央扶貧開發工作會議上強調　脫貧攻堅戰衝鋒號已經吹響　全黨全國咬定目標苦幹實幹》，《人民日報》2015 年 11 月 29 日第 1 版；《十八大以來重要文獻選編》（下），中央文獻出版社 2018 年版，第 38—45 頁。

2 參見《習近平在東西部扶貧協作座談會上強調　認清形勢聚焦精準深化幫扶確保實效　切實做好新形勢下東西部扶貧協作工作》，《人民日報》2016 年 7 月 22 日第 1 版。

3 轉引自習近平《在深度貧困地區脫貧攻堅座談會上的講話》（2017 年 6 月 23 日），《人民日報》2017 年 9 月 1 日第 2 版。

貧攻堅座談會。他在講話中，談了這次會議召開的緣由："今年 2 月 21 日，中央政治局舉行第三十九次集體學習時，國務院扶貧辦準備了一個專題片，反映深度貧困地區問題，看到一些地區還很落後、群眾生活還很艱苦，大家感到心裏沉甸甸的。因此，我想請省市縣三級書記來，研究推進深度貧困地區脫貧攻堅工作。"

他還說："黨的十八大以來，我最關注的工作之一就是貧困人口脫貧。每到一個地方調研，我都要到貧困村和貧困戶了解情況，有時還專門到貧困縣調研。這次到呂梁山區後，全國 11 個山區集中連片特困地區，包括六盤山區、秦巴山區、武陵山區、烏蒙山區、滇桂黔石漠化區、滇西邊境山區、大興安嶺南麓山區、燕山—太行山區、呂梁山區、大別山區、羅霄山區，我都走到了。2012 年 12 月底，我就到河北保定市阜平縣就扶貧攻堅工作進行考察調研，到了貧困村，訪問了貧困戶，並主持會議聽取了河北省、保定市、阜平縣扶貧開發工作的彙報。今天這個座談會，是我主持召開的第四個跨省區的脫貧攻堅座談會。"

這次座談會，請了山西、雲南、西藏、青海、新疆 5 個省區，江西贛州市、湖北恩施州、湖南湘西州、四川涼山州、甘肅定西市 5 個市州，河北康保縣、內蒙古科爾沁右翼中旗、廣西都安縣、陝西山陽縣、寧夏同心縣 5 個縣旗，以及山西呂梁山區、燕山—太行山區 2 個集中連片特困地區涉及的 4 個地級市和 21 個縣的黨委書記參加會議。體現了精準脫貧、精準施策的精神。

他肯定精準脫貧取得的成就："黨的十八大以來，黨中央把貧困人口脫貧作為全面建成小康社會的底線任務和標誌性指標，在全國範圍全面打響了脫貧攻堅戰。脫貧攻堅力度之大、規模之廣、影響之深，前所未有。""脫貧攻堅成績顯著，每年農村貧困人口減少都超過 1000 萬人，累計脫貧 5500 多萬人；貧困發生率從 2012 年底的 10.2% 下降到 2016 年底的 4.5%，下降 5.7 個百分點；貧困地區農村居民收入增幅高於全國平均水平，貧困群眾生活水平明顯提高，貧困地區面貌明顯改善。"

他分析了當前脫貧的難點："脫貧攻堅的主要難點是深度貧困。"主要難在以下幾種地區，一是連片的深度貧困地區，西藏和四省藏區、南疆四地州、四川涼山、雲南怒江、甘肅臨夏等地區；二是深度貧困縣，貧困發生率平均在 23%，縣均貧困人口近 3 萬人，分佈在 14 個省區；三是貧困村，全國 12.8 萬個建檔立卡貧困村居住著 60% 的貧困人口，四分之三的村無合作經濟組織，三分之二的村無集體經濟，無人管事、無人幹事、無錢辦事現象突出。

他還深入分析了深度貧困的成因："深度貧困地區、貧困縣、貧困村，致貧原因和貧困現象有許多共同點。"一是集革命老區、民族地區、邊疆地區於一體；二是基礎設施和社會事業發展滯後；三是社會發育滯後，社會文明程度低；四是生態環境脆弱，自然災害頻發；五是經濟發展滯後，人窮村也窮。

針對上述情況，習近平總書記提出"確保深度貧困地區和貧困群眾同全國人民一道進入全面小康社會"的總體要求，並對深度貧困地區脫貧提出 8 項舉措：一是合理確定脫貧目標；二是加大投入支持力度；三是集中優勢兵力打攻堅戰；四是深度貧困地區促進區域發展的措施必須圍繞精準扶貧發力；五是加大各方幫扶力度；六是加大內生動力培育力度，扶貧要同扶智、扶志結合起來；七是加大組織領導力度；八是加強檢查督察。還強調指出："脫貧攻堅工作要實打實幹，一切工作都要落實到為貧困群眾解決實際問題上，切實防止形式主義，不能搞花拳繡腿，不能搞繁文縟節，不能做表面文章。"

這次座談會，是向深度貧困地區的貧困宣戰的動員大會，對推動精準脫貧攻堅起到重要影響。

——2018 年 2 月 12 日，習近平總書記在成都召開打好精準脫貧攻堅戰座談會。這次是黨的十九大後由他主持召開的第一次脫貧攻堅座談會。

他在講話中，充分肯定十八大以來精準脫貧攻堅戰取得的決定性進展，"創造了我國減貧史上最好成績"：全國現行標準下的農村貧困人口由 2012 年底的 9899 萬人減少到 2017 年底的 3046 萬人，5 年累計減貧 6853 萬人，減貧幅度達到 70% 左右。貧困發生率由 2012 年底的 10.2% 下降到 2017 年底的 3.1%，下降 7.1 個百分點。年均脫貧人數 1370 萬人，是 1994 年至 2000 年"八七扶貧攻堅計劃"實施期間年均脫貧人數 639 萬的 2.14 倍，是 2001 年至 2010 年第一個十年扶貧綱要實施期間年均脫貧人數 673 萬的 2.04 倍，也打破了以往新標準實施後脫貧人數逐年遞減的格局。貧困縣數量實現了首次減少，2016 年有 28 個貧困縣脫貧摘帽，解決區域性整體貧困邁出堅實步伐。

他還充分肯定了精準脫貧幫扶取得的成就："通過組織開展貧困識別和貧困退出、扶貧項目實施，貧困地區基層治理能力和管理水平明顯提高，增強了農村基層黨組織凝聚力和戰鬥力。通過選派第一書記和駐村工作隊，鍛煉了機關幹部，培養了農村人才。全國累計選派 43.5 萬名幹部擔任第一書記，派出 277.8 萬名幹部駐村幫扶。目前，在崗第一書記 19.5 萬名、駐村幹部 77.5 萬名。這些同志肩負重任，同當地基層幹部並肩戰鬥，帶領貧困群眾脫貧致富，用自己的辛苦換來貧困群眾的幸福，有的甚至獻出了寶貴生命，詮釋了扶貧幹部的擔當和情懷。"

他強調指出，最大的成就是建立了中國特色脫貧攻堅制度體系："我們加強黨對脫貧攻堅工作的全面領導，建立各負其責、各司其職的責任體系，精準識別、精準脫貧的工作體系，上下聯動、統一協調的政策體系，保障資金、強化人力的投入體系，因地制宜、因村因戶因人施策的幫扶體系，廣泛參與、合力攻堅的社會動員體系，多渠道全方位的監督體系和最嚴格的考核評估體系，為脫貧攻堅提供了有力制度保障。這個制度體系中，根本的是中央統籌、省負總責、市縣抓落實的管理體制，從中央到地方逐級簽訂責任書，明確目標，增強責任，強化落實。這些制度成果，為全球減貧事業貢獻了中國智慧和中國方案。"

在這次會上，他批評了一些地區存在的形式主義、官僚主義、"數字脫貧"、虛假脫貧的惡劣現象，強調："貧困縣黨委和政府對脫貧攻堅負主體責任，黨政一把手是第一責任人，攻堅期內幹部隊伍要保持穩定，把主要精力用在脫貧攻堅上。對於不能勝任的要及時撤換，對於弄虛作假的要堅決問責。"[1]

——2019 年 4 月 16 日，習近平總書記在重慶召開解決"兩不愁三保障"突出問題座談會。他在講話中開宗明義道出召開這次會議的用意："召開這次

1　習近平：《在打好精準脫貧攻堅戰座談會上的講話》（2018 年 2 月 12 日），《求是》2020 年第 9 期。

座談會，主要是考慮距離完成脫貧攻堅目標任務只剩下不到兩年時間，2019年尤為關鍵。"

他回顧了 2015 年 11 月中央扶貧開發工作會議以來，在解決 "扶持誰" "誰來扶" "怎麼扶" "如何退" 問題上取得的進展，以及精準脫貧攻堅戰取得的四項歷史性成就：

一是脫貧摘帽有序推進。現行標準下農村貧困人口從 2012 年的 9899 萬人減少到 2018 年的 1660 萬人，累計減少 8239 萬人，連續 6 年每年減貧規模都在 1000 萬人以上，貧困發生率由 10.2% 降至 1.7%，改變了以往新標準實施後減貧人數逐年遞減的趨勢，打破了前兩輪扶貧每當貧困人口減到 3000 萬左右就減不動的瓶頸。全國 832 個貧困縣，153 個已宣佈摘帽，284 個正在進行摘帽評估，改變了貧困縣越扶越多的局面。今年再完成減貧 1000 萬人以上、摘帽 330 個縣的任務，到 2020 年初預計全國只剩下 600 萬左右貧困人口和 60 多個貧困縣。

二是 "兩不愁" 總體實現。貧困群眾不愁吃、不愁穿應該說普遍做到了，困擾群眾的行路難、吃水難、用電難、通訊難、上學難、就醫難、住危房等問題在大部分地區得到了較好解決。

三是易地扶貧搬遷建設任務即將完成。"十三五" 期間，將對 "一方水土養活不了一方人" 的地方易地搬遷 1000 萬左右建檔立卡貧困人口。到 2018 年底已經完成 870 萬貧困人口的搬遷建設任務，大部分搬遷人口脫了貧，2019 年剩餘建設任務將全面完成。

四是黨在農村的執政基礎更加鞏固。一大批幹部在脫貧攻堅戰中得到錘煉，農村基層黨組織凝聚力和戰鬥力明顯增強，農村基層治理能力和管理水平明顯提高，黨群幹群關係不斷改善。

他對 2020 年集中解決 "兩不愁三保障" 突出問題，做出一個基本判斷："總的看，'兩不愁' 基本解決了，'三保障' 還存在不少薄弱環節。"

在義務教育保障方面，全國有 60 多萬義務教育階段孩子輟學。鄉鎮寄宿制學校建設薄弱，一部分留守兒童上學困難。

在基本醫療保障方面，一些貧困人口沒有參加基本醫療保險，一些貧困人口常見病、慢性病得不到及時治療，貧困縣鄉村醫療設施薄弱，有的貧困村沒有衛生室或者沒有合格村醫。

在住房安全保障方面，全國需要進行危房改造的 4 類重點對象大約 160 萬戶，其中建檔立卡貧困戶約 80 萬戶。一些地方農房沒有進行危房鑒定，或者鑒定不準。

在飲水安全方面，還有大約 104 萬貧困人口飲水安全問題沒有解決，全國農村有 6000 萬人飲水安全需要鞏固提升。

針對這些問題，他提出具體措施和要求，強調："現在，脫貧攻堅戰進入決勝的關鍵階段，打法要同初期的全面部署、中期的全面推進有所區別，最要緊的是防止鬆懈、防止滑坡。各地區各部門務必一鼓作氣、頑強作戰，不獲全勝決不收兵。"[1]

——2020 年 3 月 6 日，習近平總書記在北京召開決戰決勝脫貧攻堅座談會。這是在舉國上下抗擊新冠肺炎重大疫情的複雜情況下召開的脫貧攻堅會，集中體現了以習近平同志為核心的黨中央對這項工作的高度重視。

他在講話中提出："克服新冠肺炎疫情影響，凝心聚力打贏脫貧攻堅戰，確保如期完成脫貧攻堅目標任務，確保全面建成小康社會。" 這是在抗擊疫情非常時刻，向全黨全國人民發出的反貧困衝鋒號令。

近一年前，2019 年 4 月 22 日，他在中央財經委員會第四次會議上的講話中，提出了一個重大判斷："總體而言，我國已經基本實現全面建成小康社會目標，成效比當初預期的還要好。"[2] 在這次會議上，他又做出一個重要判斷："脫貧攻堅目標任務接近完成。" 這兩個重大判斷，預示著中華民族偉大復興的第一個百年奮鬥目標已經勝券在握，第二個百年奮鬥目標的新征程即將開啟。這是一個期盼已久的偉大時刻，也是一個令人激動不已的歷史時刻。

他在講話中列舉了 "脫貧攻堅目標任務接近完成" 的標誌性成就：

一是 "兩個確保" 目標基本實現。我國從 20 世紀 80 年代開始扶貧，有兩個基本情況。一個是以當時的扶貧標準，貧困人口減到 3000 萬左右就減不

1　習近平：《在解決 "兩不愁三保障" 突出問題座談會上的講話》（2019 年 4 月 16 日），《求是》2019 年第 16 期。

2　習近平：《關於全面建成小康社會補短板問題》（2019 年 4 月 22 日），《求是》2020 年第 11 期。

動了，另一個是戴貧困縣帽子的越扶越多。這次脫貧攻堅扭轉了這種趨勢。貧困人口從 2012 年底的 9899 萬人減到 2019 年底的 551 萬人，貧困發生率由 10.2% 降至 0.6%，連續 7 年每年減貧 1000 萬人以上。到 2020 年 2 月底，全國 832 個貧困縣中已有 601 個宣佈摘帽，179 個正在進行退出檢查，未摘帽縣還有 52 個，區域性整體貧困基本得到解決。

二是貧困群眾"兩不愁"質量水平明顯提升，"三保障"突出問題總體解決。在建檔立卡貧困人口中，90% 以上得到了產業扶貧和就業扶貧支持，三分之二以上主要靠外出務工和產業脫貧，工資性收入和生產經營性收入佔比上升，轉移性收入佔比逐年下降，自主脫貧能力穩步提高。2013 年至 2019 年，832 個貧困縣農民人均可支配收入由 6079 元增加到 11567 元，年均增長 9.7%，比同期全國農民人均可支配收入增幅高 2.2 個百分點。全國建檔立卡貧困戶人均純收入由 2015 年的 3416 元增加到 2019 年的 9808 元，年均增幅 30.2%。

三是貧困地區基本生產生活條件明顯改善。具備條件的建制村全部通硬化路，村村都有衛生室和村醫，10.8 萬所義務教育薄弱學校的辦學條件得到改善，農網供電可靠率達到 99%，深度貧困地區貧困村通寬帶比例達到 98%，960 多萬貧困人口通過易地扶貧搬遷擺脫了"一方水土養活不了一方人"的困境。貧困地區群眾出行難、用電難、上學難、看病難、通信難等長期沒有解決的老大難問題普遍解決，義務教育、基本醫療、住房安全有了保障。

四是貧困地區經濟社會發展明顯加快。特色產業不斷壯大，產業扶貧、電商扶貧、光伏扶貧、旅遊扶貧等較快發展，貧困地區經濟活力和發展後勁明顯增強。通過生態扶貧、易地扶貧搬遷、退耕還林還草等，貧困地區生態環境明顯改善，貧困戶就業增收渠道明顯增多，基本公共服務日益完善，貧困地區呈現出新的發展局面。

五是貧困治理能力明顯提升。全國共派出 25.5 萬個駐村工作隊、累計選派 290 多萬名縣級以上黨政機關和國有企事業單位幹部到貧困村及軟弱渙散村擔任第一書記或駐村幹部，目前在崗 91.8 萬，特別是青年幹部了解了基層，學會了做群眾工作，在實踐鍛煉中快速成長。在這次新冠肺炎疫情防控中，貧困地區基層幹部展現出較強的戰鬥力，許多駐村工作隊拉起來就是防"疫"隊、戰"疫"隊，這同他們經受了這幾年脫貧工作歷練是分不開的。

六是中國減貧方案和減貧成就得到國際社會普遍認可。2020 年脫貧攻堅任務完成後，我國將有 1 億左右貧困人口實現脫貧，提前 10 年實現聯合國 2030 年可持續發展議程的減貧目標，世界上沒有哪一個國家能在這麼短的時間內幫助這麼多人脫貧，這對中國乃至世界都具有重大意義。聯合國秘書長古特雷斯表示，精準扶貧方略是幫助貧困人口、實現 2030 年可持續發展議程設定的宏偉目標的唯一途徑，中國的經驗可以為其他發展中國家提供有益借鑒。

習近平總書記還談了自己的切身感受："黨的十八大以來，我每年都到貧困地區考察調研，前幾年去，沿途山路顛顛簸簸，進了村坑坑窪窪，晴天塵土滿鞋，雨天道路泥濘，貧困戶房子破破爛爛、有的家徒四壁，一些貧困群眾一年也吃不上幾次肉，不少孩子沒有上學或中途輟學，很多人生病基本靠扛，看了心裏確實很沉重。這幾年，我再去一些貧困村，看到了實實在在的變化，道路平坦通暢，新房子一片連著一片，貧困群眾吃穿不成問題。看到群眾臉上洋溢著真誠淳樸的笑容，我心裏非常高興。"

他在講話中，對克服疫情嚴重影響、奪取打贏精準脫貧攻堅戰最後勝利，做出全面部署。他特別強調："脫貧摘帽不是終點，而是新生活、新奮鬥的起點。要針對主要矛盾的變化，理清工作思路，推動減貧戰略和工作體系平穩轉型，統籌納入鄉村振興戰略，建立長短結合、標本兼治的體制機制。這項工作，中央有關部門正在研究。總的要有利於激發欠發達地區和農村低收入人口發展的內生動力，有利於實施精準幫扶，促進逐步實現共同富裕。有條件的地方，也可以結合實際先做起來，為面上積累經驗。"[1]

這預示著，在打贏精準脫貧攻堅戰後，又一場新的強國富民的重大戰役即將打響。

在領導打贏精準脫貧攻堅戰中，習近平總書記走遍了全國各地深度貧困

1　習近平：《在決戰決勝脫貧攻堅座談會上的講話》（2020 年 3 月 6 日），《人民日報》2020 年 3 月 7 日第 2 版。

地區，足跡遍佈貧困地區的村落與農戶，強有力地推動了科學決策、精準施策，指揮精準扶貧攻堅戰取得前所未有的成就，彰顯了中國共產黨領導和中國特色社會主義制度的政治優勢。

確保中華民族永續發展

污染防治攻堅戰，是決勝全面建成小康社會的一場硬戰，也是補齊發展短板、保障中華民族永續發展的戰略舉措。

習近平總書記 2018 年 5 月 18 日在全國生態環境保護大會上的講話中指出："黨的十八大以來，我們把生態文明建設作為統籌推進'五位一體'總體佈局和協調推進'四個全面'戰略佈局的重要內容，開展一系列根本性、開創性、長遠性工作，提出一系列新理念新思想新戰略，生態文明理念日益深入人心，污染治理力度之大、制度出台頻度之密、監管執法尺度之嚴、環境質量改善速度之快前所未有，推動生態環境保護發生歷史性、轉折性、全局性變化。"

通過打贏污染防治攻堅戰、實現建設美麗中國戰略目標，確保中華民族永續發展，是中華民族偉大復興賦予當代中國共產黨人的神聖使命。

中國是一個文明古國，經過數千年持續不斷的開發和發展。從我國自身經歷來看，生態退化一直是威脅中華民族永續發展的歷史與現實問題。據史料記載，現在植被稀少的黃土高原、渭河流域、太行山脈也曾是森林遍佈、山清水秀，地宜耕植、水草便畜。由於毀林開荒、亂砍濫伐，這些地方生態環境遭到嚴重破壞。塔克拉瑪干沙漠的蔓延，湮沒了盛極一時的絲綢之路。河西走廊沙漠的擴展，毀壞了敦煌古城。科爾沁、毛烏素沙地及烏蘭布和沙漠的蠶食，侵佔了富饒美麗的蒙古草原。樓蘭古城因屯墾開荒、盲目灌溉，導致孔雀河改道而衰落。河北北部的圍場，早年樹海茫茫、水草豐美，但從同治年間開圍放墾，致使千里松林幾乎蕩然無存，出現了幾十萬畝的荒山禿嶺。

我國在現代化建設上起步晚，人口壓力大，經過數千年的開發，又經過近代以來上百年的嚴重戰亂破壞和殖民掠奪，自然資源和自然環境的潛力和承載能力有限。再加上歷史形成的發展不平衡，造成國土佈局很不均衡、不盡合理，主要的發展壓力長期集中在東部沿海地區。這一基本國情，決定了我國環境容量有限，生態系統脆弱。

獨特的地理環境，又進一步加劇了地區間的不平衡。"胡煥庸線"東南方 43% 的國土，居住著全國 94% 左右的人口，以平原、水網、低山丘陵和喀斯特地貌為主，生態環境壓力巨大；該線西北方 57% 的國土，供養大約全國 6% 的人口，以草原、戈壁沙漠、綠洲和雪域高原為主，生態系統非常脆弱。

在這種社會歷史條件下，我國國情的一個基本特點，就是自然生態環境先天不足，整體生態環境系統脆弱。

新中國成立後，加緊進行社會主義工業化和現代化建設。改革開放以來，我國經濟發展取得歷史性成就。同時也積累了大量生態環境問題，成為明顯的短板，成為人民群眾反映強烈的突出問題。主要表現在：

第一，水資源緊缺，用水安全存在風險。人均水資源擁有量僅為世界平均水平的四分之一，按國際標準屬重度缺水國家。全國的水資源供需矛盾不斷凸顯，中國部分地區已超過或接近水資源開發的極限。

第二，耕地資源緊缺，耕地安全存在風險。人均耕地少，不到世界人均水平的一半。全國優質耕地比例不足 3%，中、低等級的比例為超過 70%。

第三，能源和礦產資源短缺，能源安全存在風險。我國石油的對外依存度接近 70%。

第四，水資源污染嚴重，全國江河水系、地下水污染和飲用水出現安全問題，這對原本緊缺的水資源問題無疑是雪上加霜。

第五，大氣污染嚴重。霧霾成為環境問題的風向標。由環保部等 13 個部門共同編制的《2016 中國環境狀況公報》顯示，2016 年，全國 338 個地級及以上城市中，只有 84 個城市環境空氣質量達標，佔全部城市數的 24.9%；254 個城市環境空氣質量超標，佔 75.1%。

第六，土壤污染潛在風險不斷累積。部分地區土壤污染較重，耕地土壤環境質量堪憂，工礦業廢棄地土壤環境問題突出。這些土壤中的污染物質通過食物鏈最終又進入人體內，對人體健康構成極大危害。近年來，"鎘大米""重金屬蔬菜"等由土壤污染引發的農產品質量安全問題和群體性事件逐年增多，成為影響群眾身體健康和社會穩定的重要因素。

第七，農村環境污染，帶來潛在風險。污水亂潑、垃圾亂倒、糞土亂堆、柴草亂垛、畜禽亂跑是農村比較普遍的景象。很多農村地區幾乎找不到未被污染的河流。

第八，生態系統受到過度開發造成的風險。掠奪式的採石開礦、挖河取沙、毀田取土、荒坡墾殖、圍湖造田、毀林開荒等行為大量存在，很多生態系統功能被嚴重損害。

面對這種情況，中共十八大將生態文明建設列入中國特色社會主義總體佈局之中，中共十九大又將打贏污染防治攻堅戰作為三大攻堅戰之一。污染防治、生態保護、能源節約，越來越作為全局性問題受到高度重視。

打贏污染防治攻堅戰與生態文明建設戰略地位的提升，是中國由大向強轉變的必然過程。其中，全面建成小康社會的急迫要求，不容樂觀的生態環境形勢，新時代社會主要矛盾變化，經濟由高速度增長向高質量發展轉變的內在要求，是推動這一轉變與提升的四個最為重要的決定性因素。

從全面建成小康社會的迫切要求看，必須堅決打好污染防治攻堅戰。全面小康，覆蓋的領域要全面，是五位一體全面進步。經濟建設、政治建設、文化建設、社會建設、生態文明建設五大建設，不能長的很長、短的很短。"小康全面不全面，生態環境質量是關鍵。"在這五大建設中，生態文明建設就是突出短板。在40多年持續快速發展中，我國農產品、工業品、服務產品的生產能力迅速擴大，但提供優質生態產品的能力卻在減弱，一些地方生態環境還在惡化。這就要求我們堅決打好污染防治攻堅戰，從根本上扭轉生態環境惡化的趨勢，盡力補上生態文明建設這塊短板，切實把生態文明的理念、原則、目標融入經濟社會發展各方面，貫徹落實到各級各類規劃和各項工作中。

從當前生態環境的實際狀況看，必須堅決打好污染防治攻堅戰。中共十八大以來，我國生態環境質量持續好轉，出現了穩中向好趨勢，但成效並不穩固。我國生態文明建設正處於壓力疊加、負重前行的關鍵期，已進入提供更多優質生態產品以滿足人民日益增長的優美生態環境需要的攻堅期，也到了有條件有能力解決生態環境突出問題的窗口期。這就是說，在生態文明建設上，現在面臨的形勢是等不起、慢不得、不遲疑，必須以最大的決心、最果敢的行動堅決打好污染防治攻堅戰，不達目的決不收兵。

從新時代社會主要矛盾變化看，必須堅決打好污染防治攻堅戰。中國特色社會主義進入新時代，我國社會主要矛盾已經轉化為人民日益增長的美好生活需要和不平衡不充分的發展之間的矛盾。在人民日益增長的美好生活需要中，對清新的空氣、乾淨的水、優美的生態環境等要求越來越高、越來越迫切，生態文明建設發展的不平衡不充分狀況日益凸顯，人民群眾對優美生態環境的需要已經成為這一矛盾的重要方面，廣大人民群眾熱切期盼加快提高生態環境質量。因此，我們要把生態文明建設作為重大政治問題和關係民生的重大社會問題，全力以赴打好污染防治攻堅戰。

從經濟由高速度增長向高質量發展轉變的內在要求看，必須堅決打好污染防治攻堅戰。在實現高質量發展、構建現代經濟體系爬坡過坎的過程中，機遇與挑戰並存。最大的坡和坎，莫過於生態資源環境的硬約束和軟約束。同時，最大的"絕路逢生"的發展機遇，也來自於由這種硬約束和軟約束造成的倒逼機制。在從"寧要金山銀山，不要綠水青山"向"綠水青山就是金山銀山"的轉變中，就可以釋放出許多發展機遇。在從國土空間無序開發利用向國土空間和主體功能區科學開發保護的轉變中，同樣可以釋放出許多前所未有的發展機遇。此外，實施山水林田湖生態保護和修復工程，加大環境治理力度，改革環境治理基礎制度，全面提升自然生態系統穩定性和生態服務功能，都會極大地保護和發展社會生產力，推動高質量發展。

在指導打贏污染防治攻堅戰的過程中，習近平總書記多次強調，要打幾場標誌性的重大戰役，集中力量攻克老百姓身邊的突出生態環境問題。

一是堅決打贏藍天保衛戰。編制實施打贏藍天保衛戰三年作戰計劃，以京津冀及周邊、長三角、汾渭平原等重點區域為主戰場，調整優化產業結構、能源結構、運輸結構、用地結構，強化區域聯防聯控和重污染天氣應對，進一步明顯降低 PM2.5 濃度，明顯減少重污染天數，明顯改善大氣環境質量，明顯增強人民的藍天幸福感。要加強工業企業大氣污染綜合治理，大力推進散煤治理和煤炭消費減量替代，打好柴油貨車污染治理攻堅戰，強化國土綠化和揚塵管控，有效應對重污染天氣。

二是著力打好碧水保衛戰。深入實施水污染防治行動計劃，扎實推進河長制湖長制，堅持污染減排和生態擴容兩手發力，加快工業、農業、生活污染源和水生態系統整治，保障飲用水安全，消除城市黑臭水體，減少污染嚴重水體和不達標水體。要打好水源地保護攻堅戰，打好城市黑臭水體治理攻堅戰，打好長江保護修復攻堅戰，打好渤海綜合治理攻堅戰，打好農業農村污染治理攻堅戰。

三是扎實推進淨土保衛戰。針對土壤重金屬污染、化學污染嚴重的突出生態環境問題，明確提出要全面落實土壤污染防治行動計劃，推動制定和實施土壤污染防治法。突出重點區域、行業和污染物，強化土壤污染管控和修復。加快推進垃圾分類處理，強化固體廢物污染防治。

四是針對垃圾圍城等民心之痛、民生之患的突出生態環境問題，明確提出打一場污染防治攻堅的人民戰爭。這些問題嚴重影響人民群眾生產生活，老百姓意見大、怨言多，甚至成為誘發社會不穩定的重要因素，必須下大氣力解決好這些問題。

五是針對部分企業技術裝備嚴重落後、污染嚴重、管理混亂造成的突出生態環境問題，結合去產能等供給側結構性改革，在全國展開“散亂污”企業治理。關停取締一批，整改提升一批，搬遷入園一批。通過調整能源結構，減少煤炭消費比重，加快清潔能源發展。

六是針對北方冬季大氣污染嚴重的突出生態環境問題，明確提出堅持因地制宜、多措並舉，宜電則電、宜氣則氣，堅定不移推進北方地區冬季清潔取暖。加快天然氣產供儲銷體系建設，優化天然氣來源佈局，加強管網互聯互通，保障氣源供應。要提供補貼政策和價格支持，確保“煤改氣”“煤改電”後老百姓用得上、用得起。要加大燃煤小鍋爐淘汰力度，暫停一部分污染重的煤電機組，加快升級改造。

七是針對公路運輸污染嚴重的突出生態環境問題，明確提出要調整運輸結構，減少公路運輸量，增加鐵路運輸量。要抓緊治理柴油貨車污染，推動貨運經營整合升級、提質增效，加快規模化發展、連鎖化經營。

八是針對洋垃圾污染嚴重的突出生態環境問題，明確提出要全面禁止洋垃圾入境，大幅減少進口固體廢物種類和數量，嚴厲打擊危險廢物破壞環境違法行為，堅決遏制住危險廢物非法轉移、傾倒、利用和處理處置。

九是針對農村環境中存在的突出生態環境問題，明確提出要調整農業投入結構，減少化肥農藥使用量，增加有機肥使用比重，完善廢舊地膜回收處理制度。要持續開展農村人居環境整治行動，實現全國行政村環境整治全覆蓋，基本解決農村的垃圾、污水、廁所問題，打造美麗鄉村，為老百姓留住鳥語花香田園風光。

如果說，以上應急之策迅速扭轉了生態環境急劇惡化趨勢的話，那麼，一系列著眼於生態文明建設長遠之策的出台，更使生態環境保護硬約束成為帶電的高壓線。

一是大力推進生態文明制度改革。通過全面深化改革，加快推進生態文明頂層設計和制度體系建設，相繼出台《關於加快推進生態文明建設的意見》《生態文明體制改革總體方案》，制訂了40多項涉及生態文明建設的改革方案，從總體目標、基本理念、主要原則、重點任務、制度保障等方面對生態文明建設進行全面系統部署安排。

二是大力推進生態文明制度創新。生態文明建設目標評價考核、自然資源資產離任審計、生態環境損害責任追究等制度出台實施，主體功能區制度逐步健全，省以下環保機構監測監察執法垂直管理、生態環境監測數據質量管理、排污許可、河（湖）長制、禁止洋垃圾入境等環境治理制度加快推進，綠色金融改革、自然資源資產負債表編制、環境保護稅開徵、生態保護補償等環境經濟政策制定和實施進展順利。

三是大力推進重點地區生態環境治理。京津冀大氣污染治理、長江經濟帶生態環境保護取得階段性成效，京津冀及周邊地區"散亂污"企業整治力度空前。

四是大力推進生態文明立法執法。制定和修改環境保護法、環境保護稅法以及大氣、水污染防治法和核安全法等法律。全國人大常委會、最高人民法院、最高人民檢察院對環境污染和生態破壞界定入罪標準，加大懲治力度，形成高壓態勢。

五是大力推進環境保護督察制度落地生效。中央環境保護督察制度建得好、用得好，敢於動真格，不怕得罪人，咬住問題不放鬆，成為推動地方黨委和政府及其相關部門落實生態環境保護責任的硬招實招。

在一系列重大舉措的綜合施策作用下，我國生態文明建設在中共十八大以後取得了一批標誌性的成就，開創了生態文明建設和環境保護新局面。

——大力推動綠色發展。國土空間佈局得到優化，京津冀、長江經濟帶省區市和寧夏等 15 個省區市的生態保護紅線已經劃定。供給側結構性改革深入推進，產業結構不斷優化，一大批高污染企業有序退出。能源消費結構發生積極變化，我國成為世界利用新能源和可再生能源第一大國。全面節約資源有效推進，資源消耗強度大幅下降。

——深入實施大氣、水、土壤污染防治三大行動計劃，我國是世界上第一個大規模開展 PM2.5 治理的發展中大國，形成全世界最大的污水處理能力。同 2013 年相比，2017 年全國 338 個地級及以上城市可吸入顆粒物（PM10）平均濃度下降 22.7%，京津冀地區 PM2.5 平均濃度下降 39.6%，北京 PM2.5 平均濃度從 89.5 微克 / 立方米降至 58 微克 / 立方米。地表水國控斷面 I — III 類水體比例增加到 67.9%，劣 V 類水體比例下降到 8.3%。森林覆蓋率由本世紀初的 16.6% 提高到 22% 左右。

——我國率先發佈《中國落實 2030 年可持續發展議程國別方案》，實施《國家應對氣候變化規劃（2014—2020 年）》，向聯合國交存《巴黎協定》批准文書。我國消耗臭氧層物質的淘汰量佔發展中國家總量的 50% 以上，成為對全球臭氧層保護貢獻最大的國家。2017 年，同聯合國環境署等國際機構一道發起，建立“一帶一路”綠色發展國際聯盟。

中共十九大以來，進一步昭示了生態文明建設的美好前景。十九大明確了到本世紀中葉把我國建設成為富強民主文明和諧美麗的社會主義現代化強國的目標，十三屆全國人大一次會議通過的憲法修正案，將這一目標載入國家根本法，進一步凸顯了建設美麗中國的重大現實意義和深遠歷史意義，進一步深化了我們黨對社會主義建設規律的認識，為建設美麗中國、實現中華民族永續發展提供了根本遵循和保障。

中共十八大以來在生態文明建設上發生的這些歷史性、轉折性、全局性變化，有其深刻的社會歷史背景。一方面，日益惡化的生態資源環境狀況難以繼續支撐長期以來形成的以高速度增長為標誌的經濟發展模式，亟須在發展理念與發展方式上來一次革命性變革；另一方面，我們黨對生態文明建設的規律性認識和把握也產生了一次重大飛躍，創立了習近平生態文明思想。生態文明建設實踐呼喚著理論創新，生態文明建設理論創新又強有力地推動著實踐發展，形成了理論創新與實踐創新的良性互動。

2018 年 5 月 18 日，習近平總書記在全國生態環境保護大會上發表重要講話，全面闡述了習近平生態文明思想，成為新時代指導生態文明建設的綱領性文獻。

講話首先明確了一個分兩步實現的奮鬥目標，即第一步，"確保到 2035 年節約資源和保護環境的空間格局、產業結構、生產方式、生活方式總體形成，生態環境質量實現根本好轉，生態環境領域國家治理體系和治理能力現代化基本實現，美麗中國目標基本實現"。第二步，"到本世紀中葉，建成富強民主文明和諧美麗的社會主義現代化強國，物質文明、政治文明、精神文明、社會文明、生態文明全面提升，綠色發展方式和生活方式全面形成，人與自然和諧共生，生態環境領域國家治理體系和治理能力現代化全面實現，建成美麗中國"。

講話還明確了《關於加快推進生態文明建設的意見》《生態文明體制改革總體方案》等兩項重要制度和配套的一系列改革方案。即"黨的十八大以來，我們通過全面深化改革，加快推進生態文明頂層設計和制度體系建設，相繼出台《關於加快推進生態文明建設的意見》《生態文明體制改革總體方案》，制訂了 40 多項涉及生態文明建設的改革方案，從總體目標、基本理念、主要原則、重點任務、制度保障等方面對生態文明建設進行全面系統部署安排"。

講話集中回答了三個重大時代課題。即"黨的十八大以來，我們黨深刻回答了為什麼建設生態文明、建設什麼樣的生態文明、怎樣建設生態文明的重大理論和實踐問題，提出了一系列新理念新思想新戰略"。

講話闡明了四個方面的重要思想。即生態文明建設是關係中華民族永續發展的根本大計；生態環境是關係黨的使命宗旨的重大政治問題，也是關係民生的重大社會問題；要集中優勢兵力，採取更有效的政策舉措，堅決打好防範化解重大風險、精準脫貧、污染防治的攻堅戰，使全面建成小康社會得到人民認可、經得起歷史檢驗；加強黨對生態文明建設的領導，全面貫徹落實黨中央、國務院印發的《關於全面加強生態環境保護堅決打好污染防治攻堅戰的意見》，堅決維護黨中央權威和集中統一領導，堅決擔負起生態文明建設的政治責任，全面貫徹落實黨中央決策部署。

講話明確了加快建立健全解決歷史交匯期的生態環境問題的生態文明五大體系。即"加快解決歷史交匯期的生態環境問題，必須加快建立健全以生態價值觀念為準則的生態文化體系，以產業生態化和生態產業化為主體的生態經濟體系，以改善生態環境質量為核心的目標責任體系，以治理體系和治理能力現代化為保障的生態文明制度體系，以生態系統良性循環和環境風險有效防控為重點的生態安全體系"。

講話還概括提出新時代推進生態文明建設必須堅持的六項原則。第一，堅持人與自然和諧共生。第二，綠水青山就是金山銀山。第三，良好生態環境是最普惠的民生福祉。第四，山水林田湖草是生命共同體。第五，用最嚴格制度、最嚴密法治保護生態環境。第六，共謀全球生態文明建設。這六項原則構成了一個完整全面的體系，科學回答了生態文明建設中的價值取向、發展導向、民生觀、系統觀、法治觀、全球觀，是我們進行生態文明建設的根本遵循。可以說，把握好理解好處理好這六項原則，就掌握了習近平生態文明思想的精髓。

習近平生態文明思想是習近平新時代中國特色社會主義思想的重要組成部分，深刻回答了為什麼建設生態文明、建設什麼樣的生態文明、怎樣建設生態文明的重大理論和實踐問題，集中體現為生態興則文明興、生態衰則文明衰的深邃歷史觀，人與自然和諧共生的科學自然觀，綠水青山就是金山銀山的綠色發展觀，良好生態環境是最普惠的民生福祉的基本民生觀，山水林田湖草是生命共同體的整體系統觀，用最嚴格制度保護生態環境的嚴密法治觀，全社會共同建設美麗中國的全民行動觀，共謀全球生態文明建設的共贏全球觀。

推動發展觀和財富觀的深刻變革

一個深刻影響社會歷史發展進程的思想的形成，總是緊扣時代提出的重大問題，在實踐不斷探索與思想不斷思考中實現的。習近平生態文明思想也是如此。

這一場由發展理念變化帶來的生態革命，是由習近平同志在主持浙江工作時提出的"兩山"理念引發的。

2005 年 8 月 15 日，時任浙江省委書記的習近平同志來到浙江省安吉余村考察，首次明確提出"綠水青山就是金山銀山"，強調不以環境為代價去推動經濟增長。15 年後，習近平總書記在抗擊新型冠狀病毒重大疫情期間，再一次來到余村，再次對"兩山"理念作了深刻闡發。15 年間，"兩山"理念從浙江成功實踐躍升為以習近平同志為核心的黨中央戰略指導的新發展理念，使美麗中國的夢想正在變為強國夢的現實。"兩山"理念的提出，在人類發展史上是一次重大變革，在人類財富認識史上更是一次偉大變革。

我們先來看"兩山"理念在人類發展史上帶來的變革。

自有人類社會以來，人類與大自然的關係，人類社會人與人、人與社會的關係，始終是綿延不絕、割捨不斷的兩大問題。

從歷史到今日，人類一直高度關注自身發展問題，而把自身發展凌駕於人與自然的關係之上，結果造成了"竭澤而漁"，造成了自然環境的嚴重破壞，導致了一系列著名的公害事件。恩格斯在《自然辯證法》中深刻地指出："我們不要過分陶醉於我們人類對自然界的勝利。對於每一次這樣的勝利，自然界都對我們進行報復。"[1] 自 1972 年羅馬俱樂部發表《增長的極限》研究報告起，人與自然的關係重新引起有識之士的關注。在這一背景下，"可持續發展問題"成為經濟社會發展的國際議程。1992 年 6 月，聯合國在里約熱內盧召開的"環境與發展大會"，通過了以可持續發展為核心的《里約環境與發展宣言》《21 世紀議程》等文件。這表明，人類發展到今天，越來越多的人開始認識到，如果不正確處理好人與自然的關係，人類社會文明發展成果也會難以為繼，甚至會毀於一旦。

這樣，在人類社會發展中，如何處理好人與自然的關係，就成為當今人類發展的世界性問題。

1　《馬克思恩格斯文集》第 9 卷，人民出版社 2009 年版，第 559—560 頁。

中國是發展中國家，嚴格意義上的大規模工業化建設，大踏步推動從農業國向工業國轉變，都是從新中國成立後開始的。毫無疑問，也經歷了 "先污染，後治理" 的過程。但難能可貴的是，1973 年 8 月召開了第一次全國環境保護會議，面對當時存在比較嚴重的環境問題，首次確定了 "全面規劃，合理佈局，綜合利用，化害為利，依靠群眾，大家動手，保護環境，造福人民" 的環境保護工作方針。此次會議為環境保護工作在改革開放後的蓬勃發展，奠定了基礎。

中國共產黨人之所以能比較早地意識到生態環境保護問題，並開始著手探索解決問題的途徑，在很大程度上得益於源遠流長的中華文明，始終具有尊重自然、熱愛自然、人與自然和諧相處的優良傳統，而社會主義發展的目的又是造福於人民。

改革開放後，我國經濟社會發展進入了高速、穩步、健康、協調的快車道，充分顯示了改革開放和中國特色社會主義的優越性。與此同時，持續 30 多年的高速發展，也使資源環境的增長極限問題日益突出，到了非解決不可的程度。黨的十五大，確立可持續發展戰略。黨的十六大以後，逐步提出以人為本，樹立全面、協調、可持續的科學發展觀，提出 "統籌人與自然和諧發展"。這些為探索一條中國特色社會主義文明發展之路做出了貢獻。

真正要找到打開中國特色文明發展道路的鎖鑰，必須從世界觀和方法論的高度，有一個總的把握，才能真正實現根本性突破。就是在這一關鍵時刻，習近平總書記提出 "兩山" 理念，為從根本上破解發展與生態、發展與環境、發展與資源這一當今人類發展的關鍵問題，指明了方向。

以往的發展理念，都是站在發展談發展，因而找不到如何實現文明發展的新道路。要麼，就是把發展與環境對立起來，叫作 "寧要金山銀山，不要綠水青山"。要麼，就是儘管主觀上謀求發展與環境統一，但在實際工作中，還是把環境置於發展的從屬地位。這是長期以來，為什麼主觀認識上力圖避免 "先污染、後治理" 的老路，而在實際工作中卻往往陷入 "邊污染、邊治理" 兩難境地的重要原因。

"綠水青山就是金山銀山" 的 "兩山" 理念，第一次跳出發展看發展，把人與自然的關係擺在與人類社會發展同等重要的地位，從發展理念上堵住了以犧牲生態環境為代價換取經濟的一時發展的老路。

正如習近平總書記 2018 年 5 月 18 日在全國生態環境保護大會上的講話中所說："綠水青山就是金山銀山。這是重要的發展理念，也是推進現代化建設的重大原則。綠水青山就是金山銀山，闡述了經濟發展和生態環境保護的關係，揭示了保護生態環境就是保護生產力、改善生態環境就是發展生產力的道理，指明了實現發展和保護協同共生的新路徑。"

可以說，"兩山"理念，在發展理念上把顛倒了的關係重新顛倒過來，實現了人類發展史上的一次重大變革。

第一，"兩山"理念重新擺正了近期與長遠的關係，從生態文明與民族永續發展的關係看發展問題。

"兩山"理念的出發點和立足點，是確保中華民族永續發展。正如習近平總書記指出，生態環境是人類生存和發展的根基，生態環境變化直接影響文明興衰演替。[1] 在世界歷史上，許多文明古國最後都灰飛煙滅。除了戰亂等複雜的社會歷史原因，生態系統的嚴重破壞也是一個重要原因。歷史證明，生態興則文明興，生態衰則文明衰。中華文明之所以能夠綿延 5000 多年從未中斷，很重要的一點，是得益於中華文明中的生態觀和自然觀。中華民族向來尊重自然、熱愛自然，悠久的中華文明滋養著豐富的生態文化。這是我們取之不盡、用之不竭的思想養料。特別是在中華民族從站起來、富起來走向強起來的民族復興關鍵時刻，決不能幹那種竭澤而漁、吃祖宗飯、砸子孫碗的蠢事。生態文明建設是關係中華民族永續發展的根本大計。越是在走向強起來的偉大征途中，越要把確保中華民族永續發展放在首要位置，下最大決心走高質量發展之路，走文明發展之路。

第二，"兩山"理念重新擺正了人與自然的關係，從人與自然是生命共同體的關係看發展問題。

"兩山"理念貫穿著人與自然和諧共生理念，這是人類社會發展必須遵循的基本準則，也是大自然對人類活動的基本要求。人類既屬社會，也屬自

1　《習近平新時代中國特色社會主義思想學習綱要》，學習出版社、人民出版社 2019 年版，第 167 頁。

然，是大自然長期發展到達高級階段的產物。在處理好人與自然的關係中，樹立什麼樣的自然觀至關重要。由資本主義的生產方式所決定，資本至上、個人至上、物質享受至上的觀念佔據支配和主導地位，必然會把自然看作是人類的從屬。而馬克思主義的自然觀，第一次把這種顛倒了的關係重新顛倒了過來，正確地指出，人不是自然界的主宰者，而是自然界的一部分，人靠自然界生活。"兩山"理念堅持人與自然和諧共生觀點，深刻闡明"人與自然是生命共同體""山水林田湖草是生命共同體""人類是命運共同體"的規律，努力推動形成人與自然和諧發展現代化建設新格局。

第三，"兩山"理念重新擺正了經濟發展與民生福祉的關係，從生態環境與民生福祉的關係看發展問題。

習近平總書記早就提出："我們既要 GDP，又要綠色 GDP。"[1] 新時代，我國經濟從高速度增長向高質量發展轉變，是伴隨著我國社會主要矛盾的深刻變化出現的。在這一深刻變化中，生態環境狀況不僅成為進一步發展的硬約束和突出短板，也成為人民群眾的熱切期盼。正如習近平總書記所說："良好生態環境是最普惠的民生福祉。""人民群眾對優美生態環境需要已經成為這一矛盾的重要方面，廣大人民群眾熱切期盼加快提高生態環境質量。"要全面貫徹包括綠色發展在內的新發展理念，就必須轉變對 GDP 的片面理解。發展經濟是為了民生，保護生態環境同樣也是為了民生。既要創造更多的物質財富和精神財富以滿足人民日益增長的美好生活需要，也要提供更多優質生態產品以滿足人民日益增長的優美生態環境需要，以實現生態惠民、生態利民、生態為民。在物質文明與生態文明的關係上，同樣需要"兩手抓，兩手都要硬"。

中華民族從站起來、富起來到強起來的歷史必將雄辯地證明，這三大關係的革命性變革，對實現中華民族偉大復興，對構建人類命運共同體，都具有深遠的戰略意義。

我們再來看"兩山"理念在人類財富認識史上帶來的變革。

什麼是國民財富？人們首先會聯想到，土地、礦藏、森林、廠房、房屋

1　習近平：《之江新語》，浙江人民出版社 2007 年版，第 37 頁。

是國民財富，鋼鐵、煤炭、石油、糧食、棉花、蔬菜、油料、飛機、汽車等有形的物質產品是國民財富，其他各種以資本或貨幣形式存在的物質資料的等價物，也被視為國民財富。然而，誰也沒有想過，綠水青山等自然資源是不是國民財富。

這不是人們的意識落後，而是存在決定意識的規律所使然。為什麼這樣說呢？因為在很長時間的人類社會發展中，特別是現代化的進程中，人們看重的是物質財富，看重的是那些可以給人帶來財富增值效應的有形價值，也就是習近平總書記所說的"金山銀山"。對於我們天天見到的綠水青山，則以為是大自然的稟賦，只顧一味索取，很少考慮它的承載能力與再生能力。這也就是習近平總書記所總結的，在"兩山"關係上，人的認識的第一階段。

到了第二個階段，經濟開發、經濟建設的強度，遠遠超過了大自然的承載能力，出現了霧霾、重金屬污染等，人們才認識到資源環境的寶貴，為了"金山銀山"，也要保住"綠水青山"。這是個過渡狀態，還不是理想狀態。但沒有這一階段，也就沒有第三個階段。這就是歷史的辯證法。

只有到第三個階段，也就是從高速度增長向高質量發展轉變之時，才會從切身的體驗中感受到，綠水青山是人世間最可珍貴的國民財富。表面看，它無法用現有的價值體系來衡量，但又實實在在地、源源不斷地給人們帶來金山銀山，讓貧困地區因為擁有最稀缺的綠水青山，而使其成為脫貧致富奔小康的"搖錢樹"。這個新階段，即是形成"綠水青山就是金山銀山"理念的新階段，就是全面貫徹落實新發展理念的新時代。

"兩山"理念的價值，就在於破除了以"唯GDP"為代表的片面追求物質財富和社會資本增殖的狹隘財富觀。從綠色發展理念出發，確立起綠色財富觀。

正如習近平總書記指出的那樣："綠水青山既是自然財富、生態財富，又是社會財富、經濟財富。保護生態環境就是保護自然價值和增值自然資本，就是保護經濟社會發展潛力和後勁，使綠水青山持續發揮生態效益和經濟社會效益。"這段論述，進一步闡發了"兩山"理念的豐富內涵。

特別需要指出的是，以什麼樣的財富觀看待綠水青山，是由生產方式和社會制度決定的。恩格斯在《自然辯證法》中指出："到目前為止的一切生產方式，都僅僅以取得勞動的最近的、最直接的效益為目的。那些只是在晚些時候才顯現出來的、通過逐漸的重複和積累才產生效應的較遠的結果，則完全被忽視了。""為此需要對我們的直到目前為止的生產方式，以及同這種生產方式一起對我們的現今的整個社會制度實行完全的變革。"[1] "兩山"理念正是人類財富認識史上的一次帶有革命性的"完全的變革"，只能產生於中國特色社會主義的偉大實踐。

第一，綠水青山既是自然稟賦，更具有社會稟賦。作為自然稟賦，它看似尋常，沒有價值，似乎是大自然對人類的恩賜。但在人類社會加速推進工業化、城鎮化、信息化的過程中，大量綠水青山被高樓道路佔用、被廢棄污水重金屬等污染之後，它的社會蔭雇 K 日益顯露出來。生態環境沒有替代品，用之不覺，失之難存。習近平總書記深刻地指出："當人類合理利用、友好保護自然時，自然的回報常常是慷慨的；當人類無序開發、粗暴掠奪自然時，自然的懲罰必然是無情的。人類對大自然的傷害最終會傷及人類自身，這是無法抗拒的規律。"換句話說，綠水青山的社會稟賦，是由人類在現代化過程中的行為方式所賦予的。它的價值，要到"失之難存"之時，才會被人們充分地認識到。而要恢復綠水青山，一定會付出高昂的代價。

第二，生態本身就是經濟，保護生態環境就是保護生產力、改善生態環境就是發展生產力。綠水青山的社會稟賦，是可以用價值來衡量與計算的，其社會稟賦可以轉化為社會財富和經濟財富，其生態效益可以轉化為經濟效益、社會效益。但綠水青山作為社會財富、經濟財富的保值增值方式，與一般資本的保值增值有著根本區別。它的保值增值的前提，就是一定要保護好綠水青山，發展好綠水青山。這就決定了，要破除狹隘財富觀，樹立以新發展理念為核心導向和價值取向的新財富觀。不能用功利主義和實用主義的態度搞生態文明建設，更不能搞成形式主義、政績工程。生態文明建設是功在當代、利在千秋的大事，必須要有"功成不必在我""我將無我"的大格局，必須要有"水滴石穿""久久為功"的長周期，才能使之成為積累社會財富、實現國民財富保值增值的千秋萬代工程，成為確保中華民族永續發展的偉大

1　《馬克思恩格斯文集》第 9 卷，人民出版社 2009 年版，第 561—562 頁。

工程。這就是習近平總書記強調的：「保護生態環境就是保護自然價值和增值自然資本，就是保護經濟社會發展潛力和後勁，使綠水青山持續發揮生態效益和經濟社會效益。」脫貧攻堅戰的成功實踐也充分證明，一些貧困地區，同時又是生態環境資源豐富且沒有受到破壞的地區，只要通過改革創新，讓土地、勞動力、資產、自然風光等要素活起來，完全可以把綠水青山蘊含的生態產品價值轉化為金山銀山，讓資源變資產、資金變股金、農民變股東。

我們現在正走在這樣一條康莊大道上，正在艱苦的爬坡階段，決不能半途而廢。要以久久為功的韌勁，讓綠水青山源源不斷地帶來金山銀山。

通過打贏防範化解重大風險攻堅戰，全面推進國家治理體系和治理能力現代化，確保黨和國家長治久安，確保經濟社會穩定發展。

通過打贏污染防治攻堅戰，補齊生態文明建設的制度短板和建設短板，堅定不移走文明發展道路，為中華民族永續發展奠定堅實基礎。

通過打贏精準脫貧攻堅戰，實現中國共產黨對中國人民和中華民族的莊嚴承諾，在中華民族幾千年歷史發展上首次整體消除絕對貧困現象，使人民獲得感、幸福感、安全感更加完善、更有保障、更可持續。

這三大攻堅戰的勝利推進，是中國特色社會主義進入新時代的顯著標誌。

這三大攻堅戰的如期完成，對中華民族是功在當代、利在千秋的偉業。

第十三章　用自我革命引領社會革命

　　中國共產黨在民族磨難中誕生，在人民苦難中成長，始終肩負著通過不斷進行偉大鬥爭，不斷推動偉大社會革命，來實現為人民謀幸福、為民族謀復興的初心與使命。在這一長達百年的歷練中，形成了中國共產黨以不斷實現自身建設上的自我革命，來推動中華民族偉大復興社會革命的邏輯關係。

　　在這一對關係中，中國共產黨的狀況，始終居於決定性的地位。要加強中國共產黨的全面領導，就必須首先全面加強黨的自身建設；要把社會革命搞好，就必須首先把自我革命搞好。

解決長期執政歷史性課題

　　在領導中國革命過程中，毛澤東提出了思想建黨，並提出黨的建設偉大工程，創造出全黨整風這一加強馬克思主義思想建設、政治建設、組織建設、作風建設的有效途徑，培育出理論聯繫實際、密切聯繫群眾、批評和自我批評三大優良傳統作風。

　　在創建新中國、中國共產黨即將成為執政黨之際，毛澤東又向全黨發出"務必使同志們繼續地保持謙虛、謹慎、不驕、不躁的作風，務必使同志們繼續地保持艱苦奮鬥的作風"[1]的號召。在中共七屆二中全會上，他還向黨內高級領導幹部約法幾章，提出：一曰不作壽；二曰不送禮；三曰少敬酒；四曰少拍掌；五曰不以人名作地名；六曰不要把中國同志和馬、恩、列、斯平

1　《毛澤東選集》第 4 卷，人民出版社 1991 年版，第 1438—1439 頁。

列。[1]

在領導改革開放和社會主義現代化建設過程中，鄧小平提出黨要管黨的總要求，通過整黨和修改黨章，制定黨內政治生活若干準則，重新恢復和確立黨的思想路線、政治路線、組織路線，推進黨和國家領導制度改革，開創中國特色社會主義，使中國共產黨發展成為領導中國人民沿著中國特色社會主義道路實現民族復興的堅強領導核心。

20世紀80年代末至90年代初，面對來勢凶猛的國內政治風波和蘇聯解體、東歐劇變，面對國內繁重的改革開放和現代化建設任務，鄧小平殷殷囑託說：＂任何一個領導集體都要有一個核心，沒有核心的領導是靠不住的。＂＂國家的命運、黨的命運、人民的命運需要有這樣一個領導集體。＂這個領導集體、這個領導核心，要成為團結的、努力工作的榜樣，在艱苦創業反對腐敗方面成為榜樣，什麼亂子出來都擋得住。他還囑咐新的中央領導集體＂現在需要聚精會神地做幾件使人民滿意、高興的事情，同時要趕快注意那些對我們前進不利的事情＂。＂主要是兩個方面，一個是更大膽地改革開放，另一個是抓緊懲治腐敗。＂＂常委會的同志要聚精會神地抓黨的建設，這個黨該抓了，不抓不行了。＂＂要整好我們的黨，實現我們的戰略目標，不懲治腐敗，特別是黨內的高層的腐敗現象，確實有失敗的危險。＂[2]

中國共產黨的自身建設與自我革命，是在一代又一代的接力中堅持、發展和創新的。

在鄧小平開創中國特色社會主義之後，江澤民概括提出＂三個代表＂重要思想，繼續深化對社會主義建設規律、馬克思主義執政黨建設規律、人類社會發展規律的認識，在將中國特色社會主義全面推向21世紀的同時，開啟新時期黨的建設新的偉大工程，緊緊圍繞進一步解決提高黨的領導水平和執政水平、提高拒腐防變和抵禦風險能力這兩大歷史性課題，堅持黨要管黨、從嚴治黨方針，確保中國共產黨始終代表中國先進生產力的發展要求，代表

1　逄先知、馮蕙主編：《毛澤東年譜（1949—1976）》第2卷，中央文獻出版社2013年版，第150頁。

2　參見《鄧小平文選》第3卷，人民出版社1993年版，第310、312、313—314頁。

中國先進文化的前進方向，代表中國最廣大人民的根本利益。

中共十六大後，在新的歷史起點上堅持和發展中國特色社會主義的同時，繼續推進黨的執政能力建設和先進性建設，強調建設學習型、服務型、創新型的馬克思主義執政黨，強調把以人為本、執政為民作為檢驗黨一切執政活動的最高標準。胡錦濤強調指出，在新形勢下，黨面臨的執政考驗、改革開放考驗、市場經濟考驗、外部環境考驗是長期的、複雜的、嚴峻的，精神懈怠危險、能力不足危險、脫離群眾危險、消極腐敗危險更加尖銳地擺在全黨面前。

歷史證明，全面從嚴治黨、堅持自我革命，是中國共產黨建設的永恆主題。而且越往後，情況越複雜，挑戰越巨大，地位越緊要。中國革命時期，建黨治黨就是道難題。改革開放時期，管黨治黨更難。而在大力發展社會主義市場經濟時期，在全方位對外開放條件下，管黨治黨更是難上加難。

為什麼會如此呢？

一是國內外環境變了。就國內來說，黨長期面臨改革與社會主義市場經濟的新環境，市場經濟的逐利性與等價交換原則，對黨的肌體會產生侵蝕作用。就國際來說，黨長期面臨對外開放和世界社會主義運動處於低潮的局面，國外先進管理經驗與西方錯誤思潮泥沙俱下，對主流意識形態、理想信念與價值觀形成挑戰。

二是黨情國情變了。在改革開放和社會主義現代化建設新時期，黨的領導更多地需要處理經濟社會發展中出現的大量新情況新問題，更多地需要處理以各種物質利益關係為基礎的社會矛盾和人民內部矛盾。過去的經驗已不完全適用，新的經驗需要重新學習、重新探索。特別是圍繞經濟建設、社會發展、民生改善，黨的各級領導機關和領導幹部不僅掌握著權力，而且掌握著大量經濟社會資源，腐敗的風險比以往任何時期都大為提高。在改革發展的特定階段，往往是矛盾凸顯期和風險高發期。在處理各種矛盾的過程中，各級黨組織及其所領導的政府，又容易成為各種社會矛盾的焦點，由此加大了黨執政的風險與成本。在腐敗危險加大、執政風險加大的同時，大量黨員和領導幹部又在逐步年輕化，不但對黨的優良傳統、規矩紀律不甚熟悉，對黨的理論和歷史經驗也不甚了解，遇事容易帶有專業技術的局限，容易陷入事務主義的旋渦。

三是對領導核心的要求變了。在領導中國革命時期，人民群眾的迫切要求是推翻三座大山，翻身得解放，贏得和平建設環境，滿足基本生活要求。在領導中國建設時期，人民群眾的迫切要求，是盡快改變“一窮二白”的落後面貌，盡快改變“落後捱打”的國際地位，加快推進社會主義現代化建設。在領導中國改革開放和現代化建設事業中，人民群眾的迫切要求，是始終堅持以經濟建設為中心，加快改革開放，使中國大踏步趕上時代，使人民物質文化生活需求得到極大滿足，盡快從徹底解決溫飽問題進入全面建設小康社會新階段。在中國特色社會主義進入新時代後，人民群眾對中國共產黨領導提出了更高要求，不僅要有好的生活保障、就業保障，更期盼有更好的教育、更穩定的工作、更滿意的收入、更可靠的社會保障、更高水平的醫療衛生服務、更舒適的居住條件、更優美的環境，期盼孩子們能成長得更好、工作得更好、生活得更好，期盼黨和政府切實解決貪污腐敗、脫離群眾、形式主義、官僚主義等問題。

正因為如此，黨的十八大後，以習近平同志為核心的黨中央發出“打鐵還需自身硬”的誓言，緊緊抓住實現中華民族偉大復興中國夢、人民對美好生活的嚮往、中國共產黨的革命性重塑這三大關鍵問題，緊緊抓住在自我革命中面臨的腐敗現象高發頻發、管黨治黨失之於寬鬆軟、黨對一切工作的全面領導被嚴重弱化虛化、黨員特別是領導幹部理想信念淡漠和紀律觀念薄弱等突出問題，以堅定決心、頑強意志、空前力度推進全面從嚴治黨，開始了一場以全面自我革命推動全面社會革命的深刻變革，實現了黨的革命性重塑，用黨的自我革命推動黨和國家事業發生歷史性變革、取得歷史性成就，從根本上扭轉了黨風政風和社會風氣，黨的面貌、國家的面貌、人民的面貌、軍隊的面貌、中華民族的面貌發生了前所未有的變化。

強力反腐敗反“四風”

通過強力反腐敗糾“四風”，使管黨治黨從“寬鬆軟”轉變為“嚴緊硬”。這是習近平總書記全面從嚴治黨做出的一大歷史性貢獻。

習近平總書記強調，打鐵必須自身硬。治國必先治黨，治黨務必從嚴。全面從嚴治黨永遠在路上。全面從嚴治黨是我們黨立下的軍令狀。中國共產黨是世界上最大的政黨，大就要有大的樣子。黨要團結帶領人民進行偉大鬥爭、推進偉大事業、實現偉大夢想，必須毫不動搖堅持和完善黨的領導，毫不動搖把黨建設得更加堅強有力。要清醒認識到，我們黨面臨的執政環境是複雜的，影響黨的先進性、弱化黨的純潔性的因素也是複雜的，黨內存在的思想不純、組織不純、作風不純等突出問題尚未得到根本解決。要深刻認識黨面臨的執政考驗、改革開放考驗、市場經濟考驗、外部環境考驗的長期性和複雜性，深刻認識黨面臨的精神懈怠危險、能力不足危險、脫離群眾危險、消極腐敗危險的尖銳性和嚴峻性，堅持問題導向，保持戰略定力，推動全面從嚴治黨向縱深發展。只有全面從嚴治黨，才能把全黨凝聚起來，統一思想、統一行動，確保黨中央的大政方針和決策部署落到實處，不斷增強人民群眾對黨的信心、信任和信賴。不忘初心，方得始終。中國共產黨人的初心和使命，就是為中國人民謀幸福，為中華民族謀復興。這個初心和使命是激勵中國共產黨人不斷前進的根本動力。要牢記黨的歷史使命，以許黨許國、報黨報國的擔當，堅定不移全面從嚴治黨，推進新時代黨的建設新的偉大工程，確保黨始終成為中國特色社會主義事業的堅強領導核心。

腐敗是黨執政面臨的最大威脅，嚴重侵蝕黨的執政基礎，人民群眾深惡痛絕。以習近平同志為核心的黨中央對反腐敗鬥爭形勢有著清醒認識，在1993年以來一直沿用"依然嚴峻"基礎上，增加"複雜"二字，並強調指出：黨風廉政建設和反腐敗鬥爭是一場輸不起的鬥爭，不得罪成百上千的腐敗分子，就要得罪十三億人民。這是一筆再明白不過的政治賬、人心向背的賬。

黨的十八大以來，習近平總書記堅持問題導向，以頑強的鬥爭精神、補天填海的氣概，以"得罪千百人、不負十三億"的使命擔當，正風肅紀反腐，挽狂瀾於既倒，以零容忍的態度重拳反腐，堅定不移"打虎""拍蠅""獵狐"，不敢腐的目標初步實現，不能腐的籠子越紮越牢，不想腐的堤壩正在構築，反腐敗鬥爭壓倒性態勢已經形成並鞏固發展，推動反腐敗鬥爭壓倒性態勢向壓倒性勝利轉化，校正了黨和國家事業前進的航向。

政治腐敗和經濟腐敗相互交織形成利益集團，嚴重危害黨和國家政治安全。周永康、孫政才、令計劃等人嚴重違反黨的政治紀律和政治規矩，政治野心膨脹，搞陰謀活動。以習近平同志為核心的黨中央及時察覺、果斷處置，堅決鏟除這些野心家、陰謀家，消除重大政治隱患。

堅持國際追逃追贓不停步，堅決堵住腐敗分子跳向國外的路。有關部門持續推進"天網行動"，推動聯合國、二十國集團、亞太經合組織、上海合作組織、金磚國家等建立反腐敗合作機制，主導制定《北京反腐敗宣言》和《反腐敗追逃追贓高級原則》，設立二十國集團反腐敗追逃追贓研究中心，協調建立亞太經合組織反腐敗執法合作網絡。與一些國家建立雙邊執法合作機制，搭建聯合調查、快速遣返、資產追繳便捷通道。據《十八屆中央紀律檢查委員會向中國共產黨第十九次全國代表大會的工作報告》，2014 年以來，共從 90 多個國家和地區追回外逃人員 3453 名、追贓 95.1 億元，"百名紅通人員"中已有 48 人落網。[1]

習近平總書記反覆強調，我們黨反腐敗不是看人下菜的"勢利店"，不是爭權奪利的"紙牌屋"，也不是有頭無尾的"爛尾樓"。"老虎"露頭就要打，"蒼蠅"亂飛更要拍。深入進行反腐敗鬥爭，要堅持無禁區、全覆蓋、零容忍，堅持重遏制、強高壓、長震懾。推動全面從嚴治黨向基層延伸，嚴厲整治發生在群眾身邊的腐敗問題，把掃黑除惡同反腐敗結合起來，既抓涉黑組織，也抓後面的"保護傘"。通過深化改革和制度創新切斷利益輸送的鏈條，加強對權力運行的制約和監督，形成不敢腐、不能腐、不想腐的體制機制，保證幹部清正、政府清廉、政治清明，贏來海晏河清、朗朗乾坤。

黨的十八大以來，全面從嚴治黨從中央政治局立規矩開始，從落實中央八項規定精神破題，馳而不息糾正"四風"。紀檢監察機關從治理公款大吃大喝、旅遊、送禮等奢靡之風入手，緊盯公款購買贈送月餅、賀卡、煙花爆竹等問題，一個節點一個節點抓，一年接著一年幹，以一個個具體問題的突破，帶動了作風整體轉變。據《十八屆中央紀律檢查委員會向中國共產黨第十九次全國代表大會的工作報告》，五年來，各級紀檢監察機關共查處違反中

1　《十八屆中央紀律檢查委員會向中國共產黨第十九次全國代表大會的工作報告》，《人民日報》2017 年 10 月 30 日第 1 版。

央八項規定精神問題 18.9 萬起，處理黨員幹部 25.6 萬人。[1]

嚴明黨的紀律，加強執紀問責，讓紀律成為帶電的高壓線。據《十八屆中央紀律檢查委員會向中國共產黨第十九次全國代表大會的工作報告》，2015年以來，全國紀檢監察機關實踐 "四種形態"，用嚴明的紀律管全黨治全黨，共處理 204.8 萬人次。其中，運用第一種形態批評教育、談話函詢 95.5萬人次、佔 46.7%，使紅臉出汗成為常態；第二種形態紀律輕處分、組織調整 81.8 萬人次、佔 39.9%；第三種形態紀律重處分、重大職務調整 15.6 萬人次、佔 7.6%，有力維護了紀律的嚴肅性；第四種形態嚴重違紀涉嫌違法立案審查 11.9 萬人次、佔 5.8%，被開除黨籍、移送司法機關的真正成為極少數。2014 年以來，全國共有 7020 個單位黨委（黨組）、黨總支、黨支部，430 個紀委（紀檢組）和 6.5 萬餘名黨員領導幹部被問責。[2]

習近平總書記強調指出，我們黨作為馬克思主義執政黨，不但要有強大的真理力量，而且要有強大的人格力量。真理力量集中體現為我們黨的正確理論，人格力量集中體現為我們黨的優良作風。黨的作風就是黨的形象，關係人心向背，關係黨的生死存亡。我們黨作為一個在中國長期執政的馬克思主義政黨，對作風問題任何時候都不能掉以輕心。作風建設的核心問題是保持黨同人民群眾的血肉聯繫。全心全意為人民服務是黨的根本宗旨，人民立場是黨的根本政治立場。始終堅持人民立場，堅持人民主體地位，虛心向人民學習，傾聽人民呼聲，汲取人民智慧，把人民擁護不擁護、贊成不贊成、高興不高興、答應不答應作為衡量一切工作得失的根本標準，凡是群眾反映強烈的問題都要嚴肅認真對待，凡是損害群眾利益的行為都要堅決糾正。始終堅持走群眾路線，增強群眾觀念和群眾感情，鍥而不捨落實中央八項規定精神，持之以恆正風肅紀，堅決反對形式主義、官僚主義、享樂主義和奢靡之風，讓幹部知敬畏、群眾有信心，以優良黨風凝聚黨心民心。作風建設永遠在路上，永遠沒有休止符。作風問題具有頑固性和反覆性，形成優良作風

---

1 《十八屆中央紀律檢查委員會向中國共產黨第十九次全國代表大會的工作報告》，《人民日報》2017 年 10 月 30 日第 1 版。

2 《十八屆中央紀律檢查委員會向中國共產黨第十九次全國代表大會的工作報告》，《人民日報》2017 年 10 月 30 日第 1 版。

不可能一勞永逸,克服不良作風也不可能一蹴而就。作風建設是攻堅戰、持久戰,既要以滾石上山的勁頭、爬坡過坎的勇氣,深化整治、見底見效,又要堅持抓常、抓細、抓長,鍥而不捨、持之以恆。

勇於自我革命,從嚴管黨治黨,是我們黨最鮮明的品格,也是我們黨最大的優勢。要把新時代堅持和發展中國特色社會主義這場偉大社會革命進行好,我們黨必須勇於進行自我革命。我們黨之所以有自我革命的勇氣,是因為我們黨始終不忘初心、牢記使命,堅持為中國人民謀幸福、為中華民族謀復興。除了國家、民族、人民的利益,我們黨沒有任何自己的特殊利益。不謀私利才能謀根本、謀大利,才有資格、有底氣敢於直面問題、勇於自我革命。

黨的十九大明確提出了新時代黨的建設總要求,強調要堅持和加強黨的全面領導,堅持黨要管黨、全面從嚴治黨,以加強黨的長期執政能力建設、先進性和純潔性建設為主線,以黨的政治建設為統領,以堅定理想信念宗旨為根基,以調動全黨積極性、主動性、創造性為著力點,全面推進黨的政治建設、思想建設、組織建設、作風建設、紀律建設,把制度建設貫穿其中,深入推進反腐敗鬥爭,不斷提高黨的建設質量,把黨建設成為始終走在時代前列、人民衷心擁護、勇於自我革命、經得起各種風浪考驗、朝氣蓬勃的馬克思主義執政黨。總要求的提出,既是對黨的十八大以來全面從嚴治黨成功經驗的科學總結,也是對黨在領導中國革命、建設和改革的偉大實踐中不斷加強自身建設全部歷史經驗的科學總結。

把權力關進制度的籠子

把大大小小的權力關進制度的籠子,用鐵的紀律管黨治黨,不斷紮牢制度籠子,淨化黨內政治生態。這是習近平總書記全面從嚴治黨做出的又一大歷史性貢獻。

加強紀律建設是全面從嚴治黨的治本之策。中國共產黨是靠革命理想和鐵的紀律組織起來的馬克思主義政黨,紀律嚴明是黨的光榮傳統和獨特優勢。習近平總書記強調:黨要管黨、從嚴治黨,靠什麼管,憑什麼治?就要靠嚴明紀律。只有把紀律挺在前面，堅持紀嚴於法、紀在法前，才能用紀律管住全體黨員，激發出全黨步調一致向前進的氣勢。堅持高標準毫不動搖，守住紀律底線一寸不讓，實現自律與他律相結合，以治標促進治本，以治本鞏固治標成果，不斷增強黨的先進性和純潔性。

黨的十八大以來，以習近平同志為核心的黨中央堅持全面從嚴治黨、依規治黨，堅持紀嚴於法、紀在法前，實現紀法分開，大力加強黨內法規制度建設，取得重大進展和顯著成效。黨內法規制定步伐明顯加快，先後制定和修訂了 180 多部中央黨內法規，出台了一批標誌性、關鍵性、基礎性法規制度，黨內法規制度體系的"四樑八柱"基本立起來了，總體上實現了有規可依，管黨治黨的"螺栓"越擰越緊。

到目前為止，形成了以《中國共產黨章程》為核心的中國共產黨黨內法規體系。在這個體系中，首先，《黨章》是最高層次，黨章對黨的性質和宗旨、路線和綱領、指導思想和奮鬥目標、組織原則和組織機構、黨員義務權利以及黨的紀律等做出根本規定，是最根本的黨內法規，是制定其他黨內法規的基礎和依據，由黨的全國代表大會制定或修訂。其次，是黨內準則，對全黨政治生活、組織生活和全體黨員行為等做出基本規定，由黨的中央委員會制定或修訂。再次，是黨內條例，對黨的某一領域重要關係或者某一方面重要工作做出全面規定。至於黨內規定、辦法、規則、細則，則是對黨的某一方面重要工作的要求和程序等做出具體規定。根據《中國共產黨黨內法規制定條例》規定，中央紀律檢查委員會以及黨中央工作機關和省、自治區、直轄市黨委制定的黨內法規，可以使用規定、辦法、規則、細則的名稱。

目前已經出台並實行的準則，共三部。即《關於新形勢下黨內政治生活的若干準則》（2016 年 10 月 27 日中共十八屆六中全會通過）、《中國共產黨廉潔自律準則》（2015 年 10 月中共中央印發）、《關於黨內政治生活的若干準則》（1980 年 2 月 29 日中共十一屆五中全會通過）。條例主要有《中國共產黨黨內監督條例》《中國共產黨紀律處分條例》《中國共產黨問責條例》《中國共產黨巡視工作條例》《中國共產黨重大事項請示報告條例》《黨政領導幹部選拔任用工作條例》等。

嚴明黨的紀律，首先要嚴格遵守黨章。黨章是黨的根本大法，是全黨必須遵循的總規矩，是管黨治黨的總章程，集中體現了黨的思想和行動綱領，每一條都凝結著黨的建設的歷史經驗。黨章規定的理想信念宗旨就是共產黨人的"德"，黨性教育是共產黨人的"心學"。中華民族的道德規範向來是追求高標準。依法治國，公民不能都踩到法律底線；依規治黨，黨員也決不能全站在紀律的邊緣。要堅持高標準在前，把理想信念堅定起來、宗旨意識確立起來，培養高尚道德情操，弘揚優良傳統和作風。每一個共產黨員都要牢固樹立黨章意識，自覺用黨章規範自己的一言一行，在任何情況下都要做到政治信仰不變、政治立場不移、政治方向不偏。把學習黨章作為必修課，自覺遵守黨章、貫徹黨章、維護黨章，做認真學習黨章、嚴格遵守黨章的模範。

嚴明黨的紀律，必須全方位紮牢制度的籠子。制度事關根本，關乎長遠。推進全面從嚴治黨，既要解決思想問題，也要解決制度問題。全面推進黨的各項建設必須讓思想建黨和制度治黨同向發力，把制度建設貫穿其中，加快形成覆蓋黨的領導和黨的建設各方面的黨內法規制度體系，全方位紮牢制度的籠子。紀律和規矩是道德的保障，崇德向善必須與遵規守紀相輔而行。依規治黨和以德治黨有機結合，思想建黨與制度治黨相互促進，是黨的十八大以來管黨治黨興黨的重要經驗，標誌著我們黨對執政黨建設規律的認識進入新境界。

以政治建設統領各項建設

習近平總書記強調指出：黨的十九大提出黨的政治建設這個重大命題，是有很深的考慮的。任何政黨都有政治屬性，都有自己的政治使命、政治目標、政治追求。旗幟鮮明講政治是我們黨作為馬克思主義政黨的根本要求。馬克思主義政黨具有崇高政治理想、高尚政治追求、純潔政治品質、嚴明政治紀律。

他還強調指出："旗幟鮮明講政治是我們黨作為馬克思主義政黨的根本要求。我們黨歷來重視提高黨員的政治覺悟。一九二七年十月毛澤東同志親自撰寫的'犧牲個人，努力革命，階級鬥爭，服從組織，嚴守秘密，永不叛黨'入黨誓詞，句句都是共產黨人政治覺悟的生動寫照。總結我們黨的歷史經驗特別是黨的十八大以來加強黨的全面領導和全面從嚴治黨實踐取得的成效，黨的十九大旗幟鮮明地把黨的政治建設擺在首位，並強調要以黨的政治建設為統領。"[1]

黨的政治建設是黨的根本性建設，決定黨的建設方向和效果。如果馬克思主義政黨政治上的先進性喪失了，黨的先進性和純潔性就無從談起。這就是我們把黨的政治建設作為黨的根本性建設的道理所在。黨的十八大以來，在全面從嚴治黨實踐中，我們把黨的政治建設擺上突出位置，在堅定政治信仰、增強"四個意識"、維護黨中央權威和集中統一領導、嚴明黨的政治紀律和政治規矩、加強和規範新形勢下黨內政治生活、淨化黨內政治生態、正風肅紀、反腐懲惡等方面取得明顯成效。實踐使我們深刻認識到，黨的政治建設決定黨的建設方向和效果，不抓黨的政治建設或背離黨的政治建設指引的方向，黨的其他建設就難以取得預期成效。黨的政治建設是一個永恆課題。保證全黨服從中央，堅持黨中央權威和集中統一領導，是黨的政治建設的首要任務。全黨要堅定執行黨的政治路線，嚴格遵守政治紀律和政治規矩，在政治立場、政治方向、政治原則、政治道路上同黨中央保持高度一致。

要把準政治方向，堅持黨的政治領導，夯實政治根基，涵養政治生態，防範政治風險，永葆政治本色，提高政治能力，為我們黨不斷發展壯大、從勝利走向勝利提供重要保證。

政治方向是黨生存發展第一位的問題，事關黨的前途命運和事業興衰成敗。加強黨的政治建設就是要發揮政治指南針作用，引導全黨堅定理想信念、堅定"四個自信"，把全黨智慧和力量凝聚到新時代堅持和發展中國特色社會主義偉大事業中來；就是要推動全黨把堅持正確政治方向貫徹到謀劃重大戰略、制定重大政策、部署重大任務、推進重大工作的實踐中去，經常對錶對標，及時校準偏差，堅決糾正偏離和違背黨的政治方向的行為，確保黨和國家各項事業始終沿著正確政治方向發展；就是要把各級黨組織建設成為堅守正確政治方向的堅強戰鬥堡壘，教育廣大黨員、幹部堅定不移沿著正確政治方向前進。

1　習近平：《論堅持黨對一切工作的領導》，中央文獻出版社 2019 年版，第 219 頁。

在領導幹部的所有能力中，政治能力是第一位的。加強黨的政治建設，要緊扣民心這個最大的政治，把贏得民心民意、彙集民智民力作為重要著力點；要把營造良好政治生態作為黨的政治建設的基礎性、經常性工作，浚其源、涵其林，養正氣、固根本，鍥而不捨、久久為功，以良好政治文化涵養風清氣正的政治生態；要應對各種政治風險，始終保持強烈的憂患意識、風險意識，增強政治敏銳性和政治鑒別力，做到眼睛亮、見事早、行動快；要以永遠在路上的堅定和執著，堅決把反腐敗鬥爭進行到底，使我們黨永不變質、永不變色；黨的政治建設落實到幹部隊伍建設上，就要不斷提高各級領導幹部特別是高級幹部把握方向、把握大勢、把握全局的能力，辨別政治是非、保持政治定力、駕馭政治局面、防範政治風險的能力，善於從政治上分析問題、解決問題，切實擔負起黨和人民賦予的政治責任。

補足理想信念之鈣

習近平總書記強調指出：思想建設是黨的基礎性建設。革命理想高於天。共產主義遠大理想和中國特色社會主義共同理想，是中國共產黨人的精神支柱和政治靈魂，也是保持黨的團結統一的思想基礎。要把堅定理想信念作為黨的思想建設的首要任務，教育引導全黨牢記黨的宗旨，挺起共產黨人的精神脊樑，解決好世界觀、人生觀、價值觀這個“總開關”問題，自覺做共產主義遠大理想和中國特色社會主義共同理想的堅定信仰者和忠實實踐者。

堅定理想信念，堅守共產黨人精神追求，始終是共產黨人安身立命的根本。理想信念是共產黨人精神上的“鈣”，理想信念堅定，骨頭就硬，沒有理想信念，理想信念不堅定，精神上就會“缺鈣”，就會得“軟骨病”，就會在風雨面前東搖西擺。事實一再表明，理想信念動搖是最危險的動搖，理想信念滑坡是最危險的滑坡。一些黨員幹部出這樣那樣的問題，說到底是信仰迷茫、精神迷失。近百年來，共產主義遠大理想激勵了一代又一代共產黨人英勇奮鬥，成千上萬的烈士為了這個理想獻出了寶貴生命。歷史和實踐都充分證明，有了堅定的理想信念，站位才能高，眼界才能寬，心胸才能開闊，才能始終堅持正確政治方向，在勝利和順境時不驕傲不急躁，在困難和逆境時不消沉不動搖，經受住各種風險和困難考驗，自覺抵制各種腐朽思想的侵蝕，永葆共產黨人政治本色。每一名在黨旗下宣過誓的共產黨員都必須銘記，為了理想信念，就應該去拼搏、去奮鬥、去獻出全部精力乃至生命。

崇高信仰、堅定信念不會自發產生。習近平總書記指出："要煉就'金剛不壞之身'，必須用科學理論武裝頭腦，不斷培植我們的精神家園。"[1] 中華民族要實現偉大復興，一刻不能沒有理論思維。馬克思主義始終是我們黨和國家的指導思想，是我們認識世界、把握規律、追求真理、改造世界的強大思想武器。新時代，中國共產黨人仍然要學習馬克思，學習和實踐馬克思主義，不斷從中汲取科學智慧和理論力量，更有定力、更有自信、更有智慧地堅持和發展新時代中國特色社會主義，確保中華民族偉大復興的巨輪始終沿著正確航向破浪前行。堅持以馬克思主義為指導，首先要解決真懂真信的問題，核心是要解決好為什麼人的問題，最終要落實到怎麼用上來。

堅持以科學理論引領、用科學理論武裝，是我們黨永葆先進性純潔性的根本保證。回顧黨的奮鬥歷程可以發現，我們黨之所以能夠歷經艱難困苦不斷創造新的輝煌，很重要的一條就是始終重視思想建黨、理論強黨，堅持用科學理論武裝廣大黨員、幹部、群眾的頭腦。當前，全黨全國人民的首要政治任務，就是認真學習貫徹習近平新時代中國特色社會主義思想。學習貫徹習近平新時代中國特色社會主義思想，就要深刻領會新時代提出的重大時代課題，這就是新時代堅持和發展什麼樣的中國特色社會主義、怎樣堅持和發展中國特色社會主義；就要深刻領會這一思想的科學體系，包括堅持和發展中國特色社會主義是核心要義，"八個明確"是四樑八柱，"十四個堅持"是行動綱領和治國方略；就要深刻領會這一思想的精髓，是為人民謀幸福、為民族謀復興、為世界做貢獻，集中反映了當代中國共產黨人的人民立場、民族抱負、世界責任；就要深刻領會這一思想獨具特色的理論品質和富有感召的思想力量，彰顯著堅定理想信念，展現著真摯人民情懷，貫穿著高度自覺自信，體現著鮮明問題導向，充滿著無畏擔當精神。

1　《學習習近平總書記 8·19 重要講話》，人民出版社 2013 年版，第 18 頁。

堅持黨對一切工作的領導

習近平總書記深刻指出："黨政關係既是重大理論問題，也是重大實踐問題。改革開放以後，我們曾經討論過黨政分開問題，目的是解決效率不高、機構臃腫、人浮於事、作風拖拉等問題。應該說，在這個問題上，當時我們的理論認識和實踐經驗都不夠，對如何解決好我們面臨的國家治理體系和治理能力問題是探索性的。改革開放以來，無論我們對黨政關係進行了怎樣的調整，但有一條是不變的，就是鄧小平同志所說的：'我們要堅持黨的領導，不能放棄這一條，但是黨要善於領導'。"[1]

偉大的事業必須有堅強的黨來領導。中國共產黨的領導地位不是自封的，是歷史和人民選擇的，是由我國國體性質決定的，是由我國憲法明文規定的。辦好中國的事情關鍵在黨，堅持黨的領導是當代中國最高政治原則，中國共產黨領導是中國特色社會主義最本質特徵。黨政軍民學、東西南北中，黨是領導一切的。堅持黨對一切工作的全面領導，必須增強政治意識、大局意識、核心意識、看齊意識，堅決維護習近平總書記黨中央的核心、全黨的核心地位，堅決維護黨中央權威和集中統一領導，自覺在思想上政治上行動上同黨中央保持高度一致，完善堅持黨的領導的體制機制，堅持穩中求進工作總基調，統籌推進"五位一體"總體佈局，協調推進"四個全面"戰略佈局，提高黨把方向、謀大局、定政策、促改革的能力和定力，確保黨始終總攬全局、協調各方。堅持黨對一切工作的全面領導，必須體現在堅定理想信念宗旨、執行黨的路線方針政策，體現在堅持黨管幹部、選對人用好人，樹立鮮明價值觀和政治導向上。

全黨服從中央，是中國共產黨的優良傳統，也是中國共產黨作為百年大黨始終保持旺盛生命力和戰鬥力的根本所在。黨和國家大政方針的決定權在黨中央，必須以實際行動維護黨中央一錘定音、定於一尊的權威。黨的任何組織和成員，無論在哪個領域、哪個層級、哪個單位，都要服從黨中央集中統一領導。凡屬部門和地方職權範圍內的工作部署，都要以堅決貫徹黨中央

1　習近平：《論堅持黨對一切工作的領導》，中央文獻出版社 2019 年版，第 230 頁。

決策部署為前提，做到令行禁止。

黨的領導必須是全面的、系統的、整體的，必須體現到經濟建設、政治建設、文化建設、社會建設、生態文明建設和國防軍隊、祖國統一、外交工作、黨的建設等各方面。哪個領域、哪個方面、哪個環節缺失了弱化了，都會削弱黨的力量，損害黨和國家事業。

黨的全面領導是具體的，不是空洞的、抽象的，必須體現到治國理政的方方面面，體現到國家政權的機構、體制、制度等的設計、安排、運行之中，確保黨的領導全覆蓋，確保黨的領導更加堅強有力。堅持黨總攬全局、協調各方的領導核心地位，這是我國社會主義政治制度優越性的一個突出特點。這就像是"眾星捧月"，這個"月"就是中國共產黨。中央委員會、中央政治局、中央政治局常委會，這是黨的領導決策核心。黨中央做出的決策部署，黨的各個部門要貫徹落實，人大、政府、政協、監察委、法院、檢察院的黨組織要貫徹落實，事業單位、人民團體等的黨組織也要貫徹落實。在國家治理體系的大棋局中，黨中央是坐鎮中軍帳的"帥"，車馬炮各展其長，一盤棋大局分明，治國理政才有方向、有章法、有力量。

處理好黨政關係，首先要堅持黨的領導，在這個大前提下才是各有分工，而且無論怎麼分工，出發點和落腳點都是堅持和完善黨的領導。中國共產黨是執政黨，黨的領導地位和執政地位是緊密聯繫在一起的。黨的集中統一領導權力是不可分割的。不能簡單講黨政分開或黨政合一，而是要適應不同領域特點和基礎條件，不斷改進和完善黨的領導方式和執政方式。

深化黨和國家機構改革，健全黨中央實行全面領導的體制機制。深化黨和國家機構改革，是提高黨的執政能力和領導水平的必然要求，是推進國家治理體系和治理能力現代化的一場深刻變革。堅持和加強黨的全面領導，必須深化黨和國家機構改革，努力從機構職能上解決黨對一切工作領導的體制機制問題，解決黨長期執政條件下黨政軍群的機構職能關係問題，把黨的領導貫徹落實到黨和國家機關履行職責的各方面各環節。堅持黨的全面領導，確保黨的領導核心地位，首先要堅持黨中央的集中統一領導。黨中央對黨和國家工作的全方位領導，涵蓋了改革發展穩定、內政外交國防、治黨治國治軍的各個方面、各個領域，體現在統籌推進"五位一體"總體佈局、協調推進"四個全面"戰略佈局全過程。要建立健全黨對重大工作的領導體制機制，在中央政治局及其常委會領導下，優化黨中央決策議事協調機構，負責重大工作的頂層設計、總體佈局、統籌協調、整體推進。其他方面的議事協調機構要同黨中央議事協調機構的設立調整相銜接，保證令行禁止和工作高效。要構建系統完備、科學規範、運行高效的黨和國家機構職能體系，形成總攬全局、協調各方的黨的領導體系，職責明確、依法行政的政府治理體系，中國特色、世界一流的武裝力量體系，聯繫廣泛、服務群眾的群團工作體系，推動人大、政府、政協、監察機關、審判機關、檢察機關、人民團體、企事業單位、社會組織等在黨的統一領導下協調行動、增強合力，更好地適應新時代中國特色社會主義發展要求。

政治路線確定之後，幹部就是決定的因素。習近平總書記指出："黨的幹部是黨和國家事業的中堅力量。要堅持黨管幹部原則，堅持德才兼備、以德為先，堅持五湖四海、任人唯賢，堅持事業為上、公道正派，把好幹部標準落到實處。"[1] 我們黨歷來高度重視選賢任能，始終把選人用人作為關係黨和人民事業的關鍵性、根本性問題來抓，目的就在於培養造就一支具有鐵一般信仰、鐵一般信念、鐵一般紀律、鐵一般擔當的幹部隊伍。

堅持黨對一切工作的領導，既要政治過硬，也要本領高強。要著力提高黨把方向、謀大局、定政策、促改革的能力和定力，把黨總攬全局、協調各方落到實處。方向涉及根本、關係全局、決定長遠。黨的領導第一位的就是舉旗定向。把方向就是要高舉中國特色社會主義偉大旗幟，堅持以習近平新時代中國特色社會主義思想為指導，以高度自覺推進社會革命和自我革命，一以貫之堅持和發展中國特色社會主義，一以貫之推進黨的建設新的偉大工程，一以貫之增強憂患意識、防範風險挑戰。謀大局，既體現了辯證唯物主義和歷史唯物主義的思想方法和工作方法，也體現了中華優秀傳統文化的思維方法。不謀全局者不足謀一域，要善於觀大勢、謀大事，自覺在大局下想問題、做工作。政策是體現執政黨性質宗旨的試金石，是反映治國理政水平的標誌。在推進經濟社會發展中，要堅持以人民為中心，著眼解決人民日益

1　《中國共產黨第十九次全國代表大會文件彙編》，人民出版社 2017 年版，第 51 頁。

增長的美好生活需要和不平衡不充分的發展之間的矛盾，抓住群眾最關心最直接最現實的利益問題，制定切實管用的政策措施，努力做到科學決策、民主決策、依法決策。改革開放是決定當代中國命運的關鍵一招，也是實現"兩個一百年"奮鬥目標、實現中華民族偉大復興的關鍵一招，必須一鼓作氣、堅定不移，敢於啃硬骨頭、敢於涉險灘，進一步解放思想、進一步解放和發展社會生產力、進一步解放和增強社會活力。

堅持黨對一切工作的領導，必須充分調動廣大黨員幹部的積極性、主動性、創造性。要旗幟鮮明為那些敢於擔當、踏實做事、不謀私利的幹部撐腰鼓勁，形成有利於黨員幹部奮發有為的社會環境，激勵他們更好帶領群眾幹事創業。加快在新型經濟組織和社會組織中建立健全黨的組織機構，做到黨的工作進展到哪裏，黨的組織就覆蓋到哪裏。

以上這些圍繞以偉大工程確保偉大鬥爭、偉大事業、偉大夢想，以自我革命推動社會革命的新的時代特點所進行的重大理論創新與實踐創新，不但推動黨的建設新的偉大工程以舉世公認的歷史性成就和歷史性變革進入了新時代，重新塑造了改革創新、銳意進取、艱苦奮鬥、廉潔為民的馬克思主義執政黨的嶄新形象，使黨在長期執政、拒腐防變、抵禦風險課題的成功探索上向前跨越了決定性的一大步，使馬克思主義執政黨建設理論升華到了一個全新的境界。也正是在不斷推進黨的自我革命，實現黨自我淨化、自我完善、自我革新、自我提高的過程中，創立了習近平新時代中國特色社會主義思想，形成了習近平總書記關於新時代黨的建設偉大工程的重要論述。

原創性的理論貢獻

習近平總書記關於新時代黨的建設偉大工程的重要論述，是推動中國共產黨以自我革命推進社會革命的銳利思想武器，對馬克思主義黨的建設理論做出了原創性貢獻。

一是把自我革命放在更加突出的決定性地位，形成了以自我革命推動社會革命的重要思想；二是把全面從嚴治黨納入統籌推進"五位一體"總體佈局、協調推進"四個全面"戰略佈局之中，形成偉大工程與偉大事業有機融合、全面從嚴治黨與全面深化改革全面依法治國相互推動的嶄新戰略格局；三是以建設偉大工程為核心，奠定了推進偉大工程要結合偉大鬥爭、偉大事業、偉大夢想的實踐來進行的新時代建設偉大工程新格局；四是緊緊圍繞全面從嚴治黨，形成了以黨的政治建設為統領，全面推進黨的政治建設、思想建設、組織建設、作風建設、紀律建設，把制度建設貫穿其中的新時代黨的建設新思路；五是緊緊圍繞加強黨對一切工作的全面領導，推進黨和國家機構改革取得顯著成效，進一步完善和創新發展了中國共產黨領導制度體系；六是緊緊圍繞構築不敢腐、不能腐、不想腐的堤壩，破解反腐敗世界性難題，形成了從嚴懲到監管、從執政黨到政府全覆蓋的中國特色反腐敗制度體系。

中國共產黨的全面從嚴治黨和自我革命成功經驗與成功實踐，也具有國際意義。

透析當今世界種種亂象，癥結所在，集中在世界性的三大治理難題上。這就是，政黨治理、國家治理、全球治理。

首先是政黨治理。世界上不少政黨，黨首管不住自己的政黨，黨紀鬆弛，人心渙散。黨首也不像黨首的樣，結果鬧得政壇像秀場，相互攻訐、醜聞迭現。特別是西方模式的選舉黨，更是軟弱渙散，政見難以統一，更不要說採取統一行動了。

再就是國家治理。這一點在西方國家表現特別明顯。不但種族鴻溝在加劇，而且社會階層鴻溝也在迅速擴大。原先引以為榮的中產階層，如今也每況愈下，心態難以再保持平和。面對此起彼伏的社會矛盾和難題，整個國家機器的運轉陷入了逆循環，效率低下，難以達成共識，難以形成強有力的舉措，更不要說解決問題。而問題越是難以解決，政府與國會就越陷入指責和爭論之中，一籌莫展。

還有全球治理，更是亂象迭出、舉步維艱。原先，美國等西方發達國家那樣賣力地推銷經濟全球化、區域經濟一體化、全球氣候治理等，如今卻來了個一百八十度的"腦筋急轉彎"，變成"逆全球化"、"貿易保護主義"、脫歐廢約等的積極踐行者，把整個國際秩序攪得更加混亂。更有甚者，美國等西方國家繼續以過時的冷戰思維處理地緣政治危機、恐怖主義問題、難民問題、南海問題等，不僅沒有把矛盾平息下來，反而更加激化；不僅沒有使問題理出頭緒，反而更加複雜。

總之，當今世界的這三大治理難題恰恰是世界百年未有之大變局的集中表現。這些治理亂象，大多源自西方，又以西方國家表現為甚。其中，最根本的當屬政黨治理，而由政黨治理亂象殃及國家治理，又由國家治理亂象殃及全球治理。

與西方之亂鮮明對照的，是中國之治。在政黨治理、國家治理、全球治理方面，中國以獨特的優勢開闢了破解之道，為世界樹立了榜樣，做出了舉世公認的貢獻。這特別突出地體現在黨的十八大以來以習近平同志為核心的黨中央在治國理政方面的新成就新突破新境界上。

改革開放的歷史證明，中國對世界的影響，中國對國際社會的貢獻，不是通過霸權主義或輸出"普世價值"實現的，而是通過自身的改革發展創新，通過深刻改變中國，以榜樣的力量深刻影響世界的。特別是在政黨治理、國家治理、全球治理方面，中國以獨特的優勢開闢了破解之道，為世界樹立了榜樣，做出了舉世公認的貢獻。

在政黨治理方面，關鍵是三大難題。一是如何懲治腐敗，二是如何統一意志，三是如何具有強大的社會動員能力和組織實施能力。

在這些方面，黨的十八大以來，在習近平新時代中國特色社會主義思想指引下，以全面從嚴治黨為引領，以嚴懲腐敗、嚴糾"四風"為突破口，充分發揮把紀律挺在前面、把權力關進制度籠子的強大威力，精心打造紀律檢查、政治巡視、黨內監督三把利劍，黨內政治生態展現新氣象，反腐敗鬥爭取得壓倒性勝利，全面從嚴治黨取得重大成果。在巡視中，中央巡視組受理信訪159萬件，與幹部群眾談話5.3萬人次。在中央紀委審查的案件中，超過60%的線索來自巡視。特別是黨的十八屆六中全會，明確維護習近平總書記在黨中央和全黨的核心地位，強調維護黨中央權威和集中統一領導，全黨上下的政治意識、大局意識、核心意識、看齊意識顯著增強，為把中國共產黨建設成為世界上最強大的政黨奠定了堅實的政治基礎。中國共產黨的不可撼動、無可替代的政治領導力、思想引領力、群眾組織力、社會號召力、決策執行力、政策公信力，為世界所公認。事實一再證明，要想真正實現中華民族從站起來、富起來到強起來的偉大飛躍，要想真正把中國建設成為世界上的社會主義現代化強國，就必須把中國共產黨建成一個世界上強大的馬克思主義執政黨。黨興民族興，黨強國家強。

在國家治理方面，關鍵是四大環節。一是精準研判、科學決策、民主決策、高效決策環節，二是精準平衡、統領全局、協調各方、科學謀劃環節，三是精準施策、監督落實、及時糾偏環節，四是精準調控、防範風險、補齊短板環節。

黨的十八大以來，在習近平新時代中國特色社會主義思想指引下，堅持以人民為中心的發展思想，堅持穩中求進工作總基調，把新發展理念作為定盤星和指揮棒，統籌推進"五位一體"總體佈局，協調推進"四個全面"戰略佈局，牢牢抓住適應把握引領經濟發展新常態這個主脈，堅定不移推進供給側結構性改革這個主線，全面做好穩增長、促改革、調結構、惠民生、防風險各項工作，全面帶動中國特色社會主義各項事業穩步走向質的飛躍新階段。特別是黨的十八屆三中全會、四中全會，將制度建設和國家治理提到前所未有的新高度，將完善和發展中國特色社會主義制度、推進國家治理體系和治理能力現代化作為全面深化改革的總目標、全面依法治國的重要內容，把馬克思主義民主政治理論和國家學說提升到了一個新境界，為"四個全面"戰略佈局的提出奠定了堅實的理論基石。全面建成小康社會、全面深化改革、全面依法治國、全面從嚴治黨的戰略佈局，既有戰略目標，也有戰略舉措，每一個"全面"都具有重大戰略意義，都是國家治理體系和治理能力建設的核心內容。全面建成小康社會作為國家治理的戰略目標，全面深化改革、全面依法治國、全面從嚴治黨作為國家治理的三大戰略舉措，共同勾畫出完善和發展中國特色社會主義制度、推進國家治理體系和治理能力現代化的戰略藍圖。中國之治與西方之亂恰成鮮明對比，進一步彰顯出中國制度優越性，極大地增強了中國特色社會主義道路自信、理論自信、制度自信、文化自信。

在全球治理方面，種種亂象集中體現在三大領域中。一是經濟全球化進程出現"逆全球化"的嚴重干擾，二是全球氣候治理出現美國悔約退出的嚴重阻力，三是各國共同應對傳統安全因素和非傳統安全因素的努力遭遇冷戰思維的嚴重威脅。黨的十八大以來，以習近平同志為核心的黨中央冷靜觀察、科學研判、把握大勢、主動作為，在堅定不移走和平發展道路、積極構建中國特色大國外交的同時，積極構建和平發展合作共贏的國際關係新格局，努力倡導構建人類命運共同體，為處於"十字路口"的全球治理提供了合理可行的中國方案，並通過"一帶一路"建設為全球治理樹立了中國榜樣。特別是習近平總書記圍繞國際形勢和中國大政方針做出一系列重要論述，一方面深刻指出人類正處在大發展大變革大調整時期，正處在一個挑戰層出不窮、風險日益增多的時代，和平赤字、發展赤字、治理赤字是擺在全人類面前的嚴峻挑戰；另一方面指出各國之間的聯繫從來沒有像今天這樣緊密，世界人民對美好生活的嚮往從來沒有像今天這樣強烈，人類戰勝困難的手段從來沒有像今天這樣豐富。在此前提下重申"四個決心"不會改變，即中國維護世界和平的決心不會改變，促進共同發展的決心不會改變，打造夥伴關係的決心不會改變，支持多邊主義的決心不會改變。並鄭重向世界各國發出倡議，堅持對話協商、共建共享、合作共贏、交流互鑒、綠色低碳，以建設一個持久和平、普遍安全、共同繁榮、開放包容、清潔美麗的世界。中國方案、中國榜樣，為陷入窘境的全球治理指明了前進方向。

在未來全面建設社會主義現代化強國的道路上，還會有許多艱難險阻，還會有許多料想不到的"黑天鵝"與"灰犀牛"，還會有不少敵對勢力的破壞搗亂。這些都是不確定因素。但有一點是可以肯定的，任何力量、任何困難、任何風險、任何阻礙，都不能阻擋中華民族偉大復興的步伐。因為，有勇於自我革命的中國共產黨在，有富於鬥爭精神、犧牲精神、團結精神的中國人民在，面向社會主義現代化強國宏偉目標的偉大社會革命一定能夠勝利到達光輝的彼岸。

第十四章　破解國家治理難題

自近代以來，西方國家一直向東方國家及其他經濟文化落後的廣大發展中國家炫耀三樣東西。一是它的"船堅炮利"，強令這些國家的當政者和精英層敬畏西方；二是它的"國強民富"，吸引這些國家的當政者和精英層嚮往西方；三是它的"民主制度"，教育這些國家的當政者和精英層效法西方。

然而，歷史是最好的老師。廣大發展中國家從自身的境遇中逐漸發現，誰羨慕和效法它們的這三樣東西，誰就會淪為它們的附庸；要想贏得民族獨立與自主發展，就必須另闢蹊徑，走自己的道路。中國就是獨立自主走自己道路的典範。

中國特色社會主義制度的由來

新民主主義革命時期，中國共產黨在獨立自主探索中國革命道路的同時，就在不斷探索局部執政的方式與經驗。先是在中央蘇區，模仿蘇聯建立中華蘇維埃共和國臨時中央政府。隨後在陝甘寧邊區和各抗日根據地政權，探索建立帶有抗日民族統一戰線性質的邊區民主政府。在解放戰爭時期，中國共產黨局部執政方式和經驗日臻成熟，探索建立新民主主義經濟、政治、文化制度，為新中國建立人民當家作主的新型國家制度積累了寶貴經驗。

新中國成立前夕，毛澤東在 1949 年 3 月中共七屆二中全會報告和同年 6 月 30 日發表的《論人民民主專政》中，總結中國革命時期局部執政經驗，發展了馬克思主義國家學說，為領導各民主黨派、各革命團體、各革命階層召開中國人民政治協商會議，制定具有臨時憲法作用的《共同綱領》，奠定了理論基礎和政策依據。

中華人民共和國成立後，特別是進入社會主義社會後，中國國家制度建設掀開新的篇章。中國共產黨團結帶領全國各族人民進行社會主義改造，制定新中國第一部憲法，確立中國共產黨領導和人民當家作主的立國根本原則，確立社會主義基本制度，成功實現了中國歷史上最深刻最偉大的社會變革，為當代中國一切發展進步奠定了根本政治前提和制度基礎。

中共十一屆三中全會後，新中國國家治理體系建設和國家治理理論發展進入了一個新時期。中國共產黨團結帶領中國各族人民開創了中國特色社會主義，不斷完善中國特色社會主義制度和國家治理體系，使當代中國煥發出前所未有的生機活力。正如習近平總書記所說："中國特色社會主義制度和國家治理體系是以馬克思主義為指導、植根中國大地、具有深厚中華文化根基、深得人民擁護的制度和治理體系，是黨和人民長期奮鬥、接力探索、歷盡千辛萬苦、付出巨大代價取得的根本成就，我們必須倍加珍惜，毫不動搖堅持、與時俱進發展。"[1]

人類社會制度發展史告訴我們，任何一種社會制度和國家制度，都不是天上掉下來的，也不是人頭腦裏預先設想的，而是經濟社會長期發展的產物。一個國家選擇什麼樣的國家制度和國家治理體系，是由這個國家的歷史文化、社會性質、經濟發展水平決定的。

為了更好地看清中國特色社會主義制度，是怎樣在新中國奠定的社會主義基本制度基礎上，逐漸發展完善起來的，有必要先回顧一下，從改革開放之初到中共十八大以前的發展歷程。

首先把這個問題作為重大理論與現實問題提上議程的，是社會主義改革開放和現代化建設的總設計師鄧小平。

在全面糾正"文化大革命"對國家制度的嚴重破壞過程中，鄧小平指出："我們這個國家有幾千年封建社會的歷史，缺乏社會主義的民主和社會主義的法制。現在我們要認真建立社會主義的民主制度和社會主義法制。只有這

1　《習近平談治國理政》第 3 卷，外文出版社 2020 年版，第 121 頁。

樣，才能解決問題。"[1] 為此，他提出"使民主制度化、法律化"[2] 的目標，並強調："社會主義民主和社會主義法制是不可分的。不要社會主義法制的民主，不要黨的領導的民主，不要紀律和秩序的民主，決不是社會主義民主。"[3]

由吸取"文化大革命"沉痛教訓、加強社會主義民主與法制建設，又進一步涉及如何堅持黨的領導、改善黨的領導，涉及黨和國家領導制度改革等國家治理體系建設的重大問題。鄧小平在 1980 年 8 月 18 日《黨和國家領導制度的改革》重要講話中提出："領導制度、組織制度問題更帶有根本性、全局性、穩定性和長期性。這種制度問題，關係到黨和國家是否改變顏色，必須引起全黨的高度重視。"[4] 這就把黨和國家領導制度建設上升為黨和國家根本性戰略。這在國際共運史上還是第一次，也是對黨的八大在這個問題上探索的繼續與發展。

鄧小平還針對當時企圖削弱黨的領導的錯誤言論，旗幟鮮明地指出："改革黨和國家的領導制度，不是要削弱黨的領導，渙散黨的紀律，而正是為了堅持和加強黨的領導，堅持和加強黨的紀律。"[5]"問題是黨要善於領導；要不斷地改善領導，才能加強領導。"[6] 這樣，就把中國共產黨在黨和國家領導制度改革與國家治理問題上的"定海神針"地位和作用明確起來。這就同否定黨的領導的全盤西化錯誤思潮劃清了界限。

為確保黨和國家領導制度改革的正確方向，鄧小平在《黨和國家領導制度的改革》中，還明確提出三條要求。他強調："我們進行社會主義現代化建設，是要在經濟上趕上發達的資本主義國家，在政治上創造比資本主義國家的民主更高更切實的民主，並且造就比這些國家更多更優秀的人才。達到上述三個要求，時間有的可以短些，有的要長些，但是作為一個社會主義大國，我們能夠也必須達到。所以，黨和國家的各種制度究竟好不好，完善不

1　《鄧小平文選》第 2 卷，人民出版社 1994 年版，第 348 頁。

2　《鄧小平文選》第 2 卷，人民出版社 1994 年版，第 359 頁。

3　《鄧小平文選》第 2 卷，人民出版社 1994 年版，第 359 頁。

4　《鄧小平文選》第 2 卷，人民出版社 1994 年版，第 333 頁。

5　《鄧小平文選》第 2 卷，人民出版社 1994 年版，第 341 頁。

6　《鄧小平文選》第 2 卷，人民出版社 1994 年版，第 342 頁。

完善，必須用是否有利於實現這三條來檢驗。"[1]

後來，鄧小平對上述三條要求作了完善，在 1986 年 9 月同外賓談話中提出："我們政治體制改革總的目標是三條：第一，鞏固社會主義制度；第二，發展社會主義社會的生產力；第三，發揚社會主義民主，調動廣大人民的積極性。而調動人民積極性的最中心的環節，還是發展生產力，提高人民的生活水平。生產力發展了，人民積極性調動起來了，社會主義國家的力量就增強了，社會主義制度就鞏固了。"[2]

1987 年 3 月 27 日，鄧小平在同外賓談話中又回答了"怎樣評價一個國家的政治體制"的問題，實際上提出了評判標準。他指出："我們評價一個國家的政治體制、政治結構和政策是否正確，關鍵看三條：第一是看國家的政局是否穩定；第二是看能否增進人民的團結，改善人民的生活；第三是看生產力能否得到持續發展。"[3]

同年 6 月 12 日，鄧小平在同南斯拉夫客人談話時，又提出：政治體制改革"總的目的是要有利於鞏固社會主義制度，有利於鞏固黨的領導，有利於在黨的領導和社會主義制度下發展生產力"[4]。要通過三個方面的改革，達到上述目的："第一，黨和行政機構以及整個國家體制要增強活力，就是說不要僵化，要用新腦筋來對待新事物；第二，要真正提高效率；第三，要充分調動人民和各行各業基層的積極性。"[5]

在指導推進社會主義政治體制改革的背景下，鄧小平的思考逐步深入、日臻成熟。從黨和國家領導制度改革的三條要求，到社會主義政治體制改革的三條總目標，再到評價一個國家政治體制的三條標準，最後到完整形成社會主義政治體制改革的總目標與主要途徑，反映了鄧小平關於國家治理建設與改革的思想發展過程。

這一時期，黨和國家領導制度的改革，特別是中國特色社會主義制度的

1　《鄧小平文選》第 2 卷，人民出版社 1994 年版，第 322—323 頁。
2　《鄧小平文選》第 3 卷，人民出版社 1993 年版，第 178 頁。
3　《鄧小平文選》第 3 卷，人民出版社 1993 年版，第 213 頁。
4　《鄧小平文選》第 3 卷，人民出版社 1993 年版，第 241 頁。
5　《鄧小平文選》第 3 卷，人民出版社 1993 年版，第 241 頁。

創立，還處在起步階段，許多問題難以一下子提出完整的頂層設計方案。但是，已經積累了豐富的歷史經驗與教訓。這些經驗教訓主要來自兩個方面。一是自身的成功經驗與"文化大革命"沉痛教訓，二是蘇聯的經驗與教訓。正如鄧小平指出："我們兩國原來的政治體制都是從蘇聯模式來的。看來這個模式在蘇聯也不是很成功的。"[1]對這些經驗教訓的深刻反思與繼續探索，主要是在鄧小平領導下完成的，集中體現在《鄧小平文選》第 2 卷和第 3 卷的有關著作中。這些著作，既完整記錄了創立中國特色社會主義制度的全過程，也完整記錄了探索建立中國特色社會主義國家治理理論的艱辛歷程。

1992 年，鄧小平在南方談話中總結過去、寄語未來："現在建設中國式的社會主義，經驗一天比一天豐富。"[2]"恐怕再有三十年的時間，我們才會在各方面形成一整套更加成熟、更加定型的制度。在這個制度下的方針、政策，也將更加定型化。"[3]

國家治理問題的認識升華

以黨的十一屆三中全會為標誌，在鄧小平的指導和推動下，隨著改革開放和社會主義現代化的深入推進，隨著中國特色社會主義制度的創立與完善，中國共產黨對國家治理的認識也在逐步深化。

1982 年 9 月召開的黨的十二大，明確提出中國共產黨在新的歷史時期的總任務，並將"把我國建設成為高度文明、高度民主的社會主義國家"[4]作為奮鬥目標，將"大力推進社會主義物質文明和精神文明的建設，繼續健全社會主義民主和法制，認真整頓黨的作風和組織"[5]作為實現奮鬥目標的重要舉措。

1 《鄧小平文選》第 3 卷，人民出版社 1993 年版，第 178 頁。這是 1986 年 9 月 29 日鄧小平會見波蘭統一工人黨中央第一書記、國務委員會主席雅魯澤爾斯基時的談話。"兩國"，指中國和波蘭。

2 《鄧小平文選》第 3 卷，人民出版社 1993 年版，第 372 頁。

3 《鄧小平文選》第 3 卷，人民出版社 1993 年版，第 372 頁。

4 《十二大以來重要文獻選編》（上），中央文獻出版社 2011 年版，第 11 頁。

5 《十二大以來重要文獻選編》（上），中央文獻出版社 2011 年版，第 11 頁。

在國家治理理論上，黨的十二大報告對在"文化大革命"中被搞亂了的人民民主專政理論正本清源，回歸到它的本意，指出："我們的國家制度是人民民主專政制度。這種制度，一方面保證佔人口絕大多數的勞動人民當家作主，另一方面保證對極少數破壞社會主義的敵對分子實行專政。社會主義事業是全體人民的事業。只有建設高度的社會主義民主，才能使各項事業的發展符合人民的意志、利益和需要，使人民增強主人翁的責任感，充分發揮主動性和積極性，也才能對極少數敵對分子實行有效的專政，保障社會主義建設的順利進行。"[1] 也就是說，在民主與專政的關係上，人民當家作主是主導方面。只有建設高度的社會主義民主，確保人民當家作主，才能有效地鞏固人民民主專政。這是付出"文化大革命"的代價換來的一條重要經驗。

因此，黨的十二大報告提出："社會主義的物質文明和精神文明建設，都要靠繼續發展社會主義民主來保證和支持。建設高度的社會主義民主，是我們的根本目標和根本任務之一。"[2] 如何發展高度的社會主義民主？黨的十二大報告強調兩條舉措。一是"社會主義民主要擴展到政治生活、經濟生活、文化生活和社會生活的各個方面，發展各個企業事業單位的民主管理，發展基層社會生活的群眾自治。民主應當成為人民群眾進行自我教育的方法"[3]。二是"社會主義民主的建設必須同社會主義法制的建設緊密地結合起來，使社會主義民主制度化、法律化"[4]。

黨的十二大閉幕後，1982 年 12 月 4 日，全國人大五屆五次會議通過了現行的《中華人民共和國憲法》。這部憲法，在新中國國家治理理論的發展中，具有極其重要的地位和作用。它繼承和發展了 1954 年毛澤東主持起草的《中華人民共和國憲法》的基本原則，科學總結我國社會主義建設時期和改革開放新時期的成功經驗，認真糾正和摒棄"文化大革命"的錯誤理論與實踐，真正成為一部具有中國特色的、適應堅持和發展中國特色社會主義需要、確保黨和國家事業長治久安、長期穩定又不斷與時俱進的憲法。這部憲法的制

1　《十二大以來重要文獻選編》（上），中央文獻出版社 2011 年版，第 28 頁。

2　《十二大以來重要文獻選編》（上），中央文獻出版社 2011 年版，第 11 頁。

3　《十二大以來重要文獻選編》（上），中央文獻出版社 2011 年版，第 11 頁。

4　《十二大以來重要文獻選編》（上），中央文獻出版社 2011 年版，第 11 頁。

定與通過，標誌著中國特色社會主義政治發展和法治建設進入一個新的階段。

1987 年 10 月召開的黨的十三大，明確提出中國共產黨在社會主義初級階段的基本路線，並在這條基本路線中將 "把我國建設成為富強、民主、文明的社會主義現代化國家"[1] 作為奮鬥目標，將 "建立和發展充滿活力的社會主義經濟、政治、文化體制"[2] 作為社會主義初級階段的重要內涵，將有秩序有步驟地進行社會主義民主政治建設作為社會主義初級階段必須確立的具有長遠意義的指導方針之一，將 "關於社會主義民主政治和社會主義精神文明是社會主義重要特徵的觀點"[3] 作為圍繞 "建設有中國特色的社會主義的道路" 發揮和發展的一系列科學理論觀點之一。

黨的十三大還根據鄧小平的有關論述，將社會主義經濟體制改革目標與政治體制改革目標統一起來，明確提出："政治體制和經濟體制改革的目的，都是為了在黨的領導下和社會主義制度下更好地發展社會生產力，充分發揮社會主義的優越性。也就是說，我們最終要在經濟上趕上發達的資本主義國家，在政治上創造比這些國家更高更切實的民主，並且造就比這些國家更多更優秀的人才。要用這些要求來檢驗改革的成效。"[4] 在此基礎上，強調政治體制 "改革的長遠目標，是建立高度民主、法制完備、富有效率、充滿活力的社會主義政治體制"[5]。

在國家治理問題上，黨的十三大強調：人民代表大會制度，共產黨領導的多黨合作和政治協商制度，按照民主集中制的原則辦事，"是我們的特點和優勢，決不能丟掉這些特點和優勢，照搬西方的 '三權分立' 和多黨輪流執政"[6]。"社會主義民主政治的本質和核心，是人民當家作主。"[7] 在黨的制度建設上，強調："切實加強黨的制度建設，對於黨的正確路線的鞏固和發展，對於

---

1 《十三大以來重要文獻選編》（上），中央文獻出版社 2011 年版，第 13 頁。
2 《十三大以來重要文獻選編》（上），中央文獻出版社 2011 年版，第 11 頁。
3 《十三大以來重要文獻選編》（上），中央文獻出版社 2011 年版，第 48 頁。
4 《十三大以來重要文獻選編》（上），中央文獻出版社 2011 年版，第 30 頁。
5 《十三大以來重要文獻選編》（上），中央文獻出版社 2011 年版，第 30 頁。
6 《十三大以來重要文獻選編》（上），中央文獻出版社 2011 年版，第 30 頁。
7 《十三大以來重要文獻選編》（上），中央文獻出版社 2011 年版，第 38 頁。

黨的決策的民主化和科學化，對於充分發揮各級黨組織和黨員的積極性、創造性，十分重要。以黨內民主來逐步推動人民民主，是發展社會主義民主政治的一條切實可行、易於見效的途徑。"[1]體現著關於國家治理建設與改革思想的這些論述，都在黨的十二大基礎上，使中國特色社會主義國家治理理論繼續向前推進。

1992 年 10 月召開的黨的十四大，在鄧小平南方談話的強有力推動下，做出"我國經濟體制改革的目標是建立社會主義市場經濟體制，以利於進一步解放和發展生產力"[2]的重要決策，推動中國特色社會主義國家治理建設與改革進入了一個前所未有的全新環境。黨的十四大報告在明確提出加速改革開放、推動經濟發展和社會全面進步的 10 個關係全局的主要任務時，強調"積極推進政治體制改革，使社會主義民主和法制建設有一個較大的發展"[3]，強調"下決心進行行政管理體制和機構改革，切實做到轉變職能、理順關係、精兵簡政、提高效率"[4]。還明確提出，"人民民主是社會主義的本質要求和內在屬性。沒有民主和法制就沒有社會主義，就沒有社會主義的現代化"[5]；"決策的科學化、民主化是實行民主集中制的重要環節，是社會主義民主政治建設的重要任務"[6]；"物質文明和精神文明都搞好，才是有中國特色的社會主義"[7]。還重申，"我們的目標，仍然是努力造成又有集中又有民主，又有紀律又有自由，又有統一意志、又有個人心情舒暢、生動活潑，那樣一種政治局面"[8]；"把共產黨人的先進性在社會主義物質文明和精神文明建設中充分發揮出來"[9]。

黨的十四大報告還對鄧小平南方談話中有關制度建設的殷切期望做出回

1　《十三大以來重要文獻選編》（上），中央文獻出版社 2011 年版，第 43 頁。

2　《十四大以來重要文獻選編》（上），中央文獻出版社 2011 年版，第 16 頁。

3　《十四大以來重要文獻選編》（上），中央文獻出版社 2011 年版，第 24 頁。

4　《十四大以來重要文獻選編》（上），中央文獻出版社 2011 年版，第 26 頁。

5　《十四大以來重要文獻選編》（上），中央文獻出版社 2011 年版，第 24 頁。

6　《十四大以來重要文獻選編》（上），中央文獻出版社 2011 年版，第 25 頁。

7　《十四大以來重要文獻選編》（上），中央文獻出版社 2011 年版，第 26—27 頁。

8　《十四大以來重要文獻選編》（上），中央文獻出版社 2011 年版，第 38 頁。

9　《十四大以來重要文獻選編》（上），中央文獻出版社 2011 年版，第 38 頁。

應，提出："在九十年代，我們要初步建立起新的經濟體制，實現達到小康水平的第二步發展目標。再經過二十年的努力，到建黨一百週年的時候，我們將在各方面形成一整套更加成熟更加定型的制度。在這樣的基礎上，到下世紀中葉建國一百週年的時候，就能夠達到第三步發展目標，基本實現社會主義現代化。"[1]

1997年9月召開的黨的十五大，是在鄧小平逝世不久的重要歷史時刻舉行的。為了更好回應國內外的關切，大會響亮地提出"高舉鄧小平理論偉大旗幟，把建設有中國特色社會主義事業全面推向二十一世紀"[2]。

黨的十五大報告進一步科學闡述了社會主義初級階段理論，以此作為中國特色社會主義的理論依據和實踐依據，也是中國特色社會主義國家治理理論的依據。報告指出："我國進入社會主義的時候，就生產力發展水平來說，還遠遠落後於發達國家。這就決定了必須在社會主義條件下經歷一個相當長的初級階段，去實現工業化和經濟的社會化、市場化、現代化。這是不可逾越的歷史階段。"[3]

黨的十五大報告，對十三大報告有關社會主義初級階段基本特徵的描述，根據新的認識與實踐，作了更加全面準確的闡述。強調這個初級階段，"是通過改革和探索，建立和完善比較成熟的充滿活力的社會主義市場經濟體制、社會主義民主政治體制和其他方面體制的歷史階段"[4]；是"在建設物質文明的同時努力建設精神文明的歷史階段"[5]。還根據鄧小平南方談話的重要論述，增加了"這樣的歷史進程，至少需要一百年時間。至於鞏固和發展社會主義制度，那還需要更長得多的時間，需要幾代人、十幾代人，甚至幾十代人堅持不懈地努力奮鬥"[6]。

黨的十五大報告在改革理論上的一個重大發展，是提出了全面改革理

1　《十四大以來重要文獻選編》（上），中央文獻出版社 2011 年版，第 40 頁。

2　《十五大以來重要文獻選編》（上），中央文獻出版社 2011 年版，第 1 頁。

3　《十五大以來重要文獻選編》（上），中央文獻出版社 2011 年版，第 13 頁。

4　《十五大以來重要文獻選編》（上），中央文獻出版社 2011 年版，第 13—14 頁。

5　《十五大以來重要文獻選編》（上），中央文獻出版社 2011 年版，第 14 頁。

6　《十五大以來重要文獻選編》（上），中央文獻出版社 2011 年版，第 14 頁。

論，指出："改革是全面改革，是在堅持社會主義基本制度的前提下，自覺調整生產關係和上層建築的各個方面和環節，來適應初級階段生產力發展水平和實現現代化的歷史要求。"[1] 這實際上把先前突出強調的經濟領域改革同日後日益凸顯的全方位改革緊密聯繫起來，將經濟基礎的改革同上層建築改革緊密結合起來，以解放和發展社會生產力為總目標，全面推進國家治理的建設與改革。這實際上是黨關於改革觀的一次認識上的飛躍，其意義和影響都是深遠的。

黨的十五大報告從全面改革觀出發，完整提出中國特色社會主義經濟、政治、文化綱領，既實現了黨的基本路線在經濟、政治、文化等方面的展開，形成黨在社會主義初級階段的基本綱領，又實現了中國特色社會主義國家治理的具體化，為正確處理改革、發展同穩定的關係、保持穩定的政治環境和社會秩序提供了制度與體制機制保障。

在此基礎上，黨的十五大明確提出了"依法治國"和"建設社會主義法治國家"戰略任務，指出："依法治國，就是廣大人民群眾在黨的領導下，依照憲法和法律規定，通過各種途徑和形式管理國家事務，管理經濟文化事業，管理社會事務，保證國家各項工作都依法進行，逐步實現社會主義民主的制度化、法律化，使這種制度和法律不因領導人的改變而改變，不因領導人看法和注意力的改變而改變。"[2] 還強調："依法治國，是黨領導人民治理國家的基本方略，是發展社會主義市場經濟的客觀需要，是社會文明進步的重要標誌，是國家長治久安的重要保障。"[3] 中國共產黨領導與依法治國的關係是："黨領導人民制定憲法和法律，並在憲法和法律範圍內活動。依法治國把堅持黨的領導、發揚人民民主和嚴格依法辦事統一起來，從制度和法律上保證黨的基本路線和基本方針的貫徹實施，保證黨始終發揮總攬全局、協調各方的領導核心作用。"[4]

黨的十五大以後至黨的十八大以前，中國特色社會主義事業的迅速發

1　《十五大以來重要文獻選編》（上），中央文獻出版社 2011 年版，第 15 頁。

2　《十五大以來重要文獻選編》（上），中央文獻出版社 2011 年版，第 26 頁。

3　《十五大以來重要文獻選編》（上），中央文獻出版社 2011 年版，第 26—27 頁。

4　《十五大以來重要文獻選編》（上），中央文獻出版社 2011 年版，第 27 頁。

展，黨治國理政的經驗日益豐富和完善，有力推動了黨的指導思想的與時俱進和創新發展。以江澤民同志為核心的黨中央創立了"三個代表"重要思想，加深了對什麼是社會主義、怎樣建設社會主義和建設什麼樣的黨、怎樣建設黨的認識，積累了治黨治國新的寶貴經驗，反映了當代世界和中國的發展變化對黨和國家工作的新要求，是加強和改進黨的建設、推進我國社會主義自我完善和發展的強大理論武器。以胡錦濤為總書記的黨中央創立了科學發展觀，根據新的發展要求，深刻認識和回答了新形勢下實現什麼樣的發展、怎樣發展等重大問題，是馬克思主義關於發展的世界觀和方法論的集中體現。在指導思想的創新發展過程中，中國特色社會主義國家治理理論也在不斷發展。

2002 年 11 月召開的黨的十六大，將"堅持中國共產黨的領導，鞏固和完善人民民主專政的國體和人民代表大會制度的政體，堅持和完善共產黨領導的多黨合作和政治協商制度以及民族區域自治制度"[1]；"推進政治體制改革，發展民主，健全法制，依法治國，建設社會主義法治國家，保證人民行使當家作主的權利"[2]；"堅持物質文明和精神文明兩手抓，實行依法治國和以德治國相結合"[3]；"社會主義精神文明是中國特色社會主義的重要特徵"[4] 等內容，正式寫入"黨領導人民建設中國特色社會主義必須堅持的基本經驗"。

黨的十六大報告，在闡述貫徹落實"三個代表"重要思想時，突出強調"創新"在國家治理中的重要性，指出："創新是一個民族進步的靈魂，是一個國家興旺發達的不竭動力，也是一個政黨永葆生機的源泉"[5]；突出強調發展是"黨執政興國的第一要務"，指出："黨要承擔起推動中國社會進步的歷史責任，必須始終緊緊抓住發展這個執政興國的第一要務，把堅持黨的先進性和發揮社會主義制度的優越性，落實到發展先進生產力、發展先進文化、實

1　《十六大以來重要文獻選編》（上），中央文獻出版社 2011 年版，第 7 頁。

2　《十六大以來重要文獻選編》（上），中央文獻出版社 2011 年版，第 7 頁。

3　《十六大以來重要文獻選編》（上），中央文獻出版社 2011 年版，第 7 頁。

4　《十六大以來重要文獻選編》（上），中央文獻出版社 2011 年版，第 7 頁。

5　《十六大以來重要文獻選編》（上），中央文獻出版社 2011 年版，第 9 頁。

現最廣大人民的根本利益上來，推動社會全面進步，促進人的全面發展"[1]；突出強調保持黨的先進性，指出："黨的先進性是具體的、歷史的，必須放到推動當代中國先進生產力和先進文化的發展中去考察，放到維護和實現最廣大人民根本利益的奮鬥中去考察，歸根到底要看黨在推動歷史前進中的作用。"[2]

黨的十六大報告在闡述發展社會主義民主政治時，提出："最根本的是要把堅持黨的領導、人民當家作主和依法治國有機統一起來。"[3]"黨的領導是人民當家作主和依法治國的根本保證，人民當家作主是社會主義民主政治的本質要求，依法治國是黨領導人民治理國家的基本方略。"[4]提出："要著重加強制度建設，實現社會主義民主政治的制度化、規範化和程序化。"[5]同時，將"健全基層自治組織和民主管理制度"[6]作為"堅持和完善社會主義民主制度"的重要內容之一。

2007年10月召開的黨的十七大，總結改革開放的成功經驗，歸結為"十個結合"。這既是對中國特色社會主義基本經驗的總結，也是對黨治國理政成功經驗的總結。這"十個結合"是："把堅持馬克思主義基本原理同推進馬克思主義中國化結合起來，把堅持四項基本原則同堅持改革開放結合起來，把尊重人民首創精神同加強和改善黨的領導結合起來，把堅持社會主義基本制度同發展市場經濟結合起來，把推動經濟基礎變革同推動上層建築改革結合起來，把發展社會生產力同提高全民族文明素質結合起來，把提高效率同促進社會公平結合起來，把堅持獨立自主同參與經濟全球化結合起來，把促進改革發展同保持社會穩定結合起來，把推進中國特色社會主義偉大事業同推進黨的建設新的偉大工程結合起來。"[7]從而揭示了推進國家治理的理論指導、政治基石、根本力量、經濟政治文化社會支撐、國際聯繫，揭示了改革發展

---

1 《十六大以來重要文獻選編》（上），中央文獻出版社 2011 年版，第 11 頁。
2 《十六大以來重要文獻選編》（上），中央文獻出版社 2011 年版，第 10 頁。
3 《十六大以來重要文獻選編》（上），中央文獻出版社 2011 年版，第 24 頁。
4 《十六大以來重要文獻選編》（上），中央文獻出版社 2011 年版，第 24 頁。
5 《十六大以來重要文獻選編》（上），中央文獻出版社 2011 年版，第 24—25 頁。
6 《十六大以來重要文獻選編》（上），中央文獻出版社 2011 年版，第 25 頁。
7 《十七大以來重要文獻選編》（上），中央文獻出版社 2013 年版，第 8 頁。

穩定、偉大事業與偉大工程兩大基本關係。

黨的十七大的一個新特點，是更加重視制度建設。這一方面是社會主義市場經濟的發展與成熟度，要求進一步加強相關制度建設；另一方面也是依法治國基本方略確立後，有力地推動著中國特色社會主義制度建設和法律體系建設。黨的十七大報告在對全面建設小康社會提出的新的更高要求中，增加了有關制度的內容："成為各方面制度更加完善、社會更加充滿活力而又安定團結的國家"[1]；在經濟建設與改革上，提出："從制度上更好發揮市場在資源配置中的基礎性作用，形成有利於科學發展的宏觀調控體系"[2]；在政治建設與改革上，提出："堅持和完善人民代表大會制度、中國共產黨領導的多黨合作和政治協商制度、民族區域自治制度以及基層群眾自治制度，不斷推進社會主義政治制度自我完善和發展"[3]；在文化建設與改革上，提出："在時代的高起點上推動文化內容形式、體制機制、傳播手段創新，解放和發展文化生產力"[4]；在社會建設與改革上，提出："要健全黨委領導、政府負責、社會協同、公眾參與的社會管理格局，健全基層社會管理體制"[5]；在黨的建設上，提出："以健全民主集中制為重點加強制度建設"[6]。

以上，我們回顧了自黨的十一屆三中全會直至黨的十八大以前，在改革開放和社會主義現代化建設新時期對中國特色社會主義國家治理理論與實踐的創新發展。這些重大成果，既是在新中國成立以來奠定的堅實基礎上繼續開拓進取、創新發展的結果，也是開創中國特色社會主義新道路的結果。在這一過程中，鄧小平立下了不可磨滅的開創與奠基之功，同時也銘刻著幾代中國共產黨人接力發展的重要貢獻。這些都為在黨的十八大後中國特色社會主義進入新時代，最終系統形成中國特色社會主義國家治理理論，創造了必不可少的條件。

---

1 《十七大以來重要文獻選編》（上），中央文獻出版社 2013 年版，第 16 頁。

2 《十七大以來重要文獻選編》（上），中央文獻出版社 2013 年版，第 17 頁。

3 《十七大以來重要文獻選編》（上），中央文獻出版社 2013 年版，第 22 頁。

4 《十七大以來重要文獻選編》（上），中央文獻出版社 2013 年版，第 28 頁。

5 《十七大以來重要文獻選編》（上），中央文獻出版社 2013 年版，第 31 頁。

6 《十七大以來重要文獻選編》（上），中央文獻出版社 2013 年版，第 38 頁。

推進國家治理體系和治理能力現代化

黨的十八大後，以習近平同志為核心的黨中央團結帶領中國人民繼續解放思想、開拓創新、攻堅克難，實現了黨、國家、軍隊的革命性重塑，奮力將中國特色社會主義推向新時代。其中的一個顯著的革命性變革，就發生在堅持和完善中國特色社會主義制度、推進國家治理體系和治理能力現代化這個事關全局、事關長遠、事關根本的重要領域。

黨的十八大後，將制度問題與國家治理問題擺到突出位置，是新中國長期發展、改革開放深入推進的客觀歷史要求。

在堅持和發展社會主義制度的前提下，實現國家治理體系和治理能力現代化，本來就是社會主義現代化建設的應有之義。隨著改革開放逐步深化，中國共產黨對制度建設的認識越來越深入。鄧小平在 1992 年南方談話中提出的"恐怕再有三十年的時間，我們才會在各方面形成一整套更加成熟、更加定型的制度"這一願景，逐步具備了具體加以推進的各方面條件與可能。因此，黨的十四大、十五大、十六大、十七大，都對中國特色社會主義制度建設提出明確要求。

真正把國家治理作為一個完整概念提出來，並作為馬克思主義國家學說重要組成部分和重大現實問題加以認真研究，提出完整思路的，是在黨的十八大以後。

2013 年 11 月召開的黨的十八屆三中全會做出《中共中央關於全面深化改革若干重大問題的決定》，明確將"完善和發展中國特色社會主義制度，推進國家治理體系和治理能力現代化"作為全面深化改革的總目標。習近平總書記明確指出："這次全會在鄧小平同志戰略思想的基礎上，提出要推進國家治理體系和治理能力現代化。這是完善和發展中國特色社會主義制度的必然要求，是實現社會主義現代化的應有之義。我們之所以決定這次三中全會研究全面深化改革問題，不是推進一個領域改革，也不是推進幾個領域改革，而是推進所有領域改革，就是從國家治理體系和治理能力的總體角度考慮的。"[1]

1　習近平：《切實把思想統一到黨的十八屆三中全會精神上來》，《求是》2014 年第 1 期。

這標誌著中國特色社會主義國家治理理論的創立。

正如習近平總書記所說：「在改革開放 40 多年歷程中，黨的十一屆三中全會是劃時代的，開啟了改革開放和社會主義現代化建設歷史新時期；黨的十八屆三中全會也是劃時代的，開啟了全面深化改革、系統整體設計推進改革的新時代，開創了我國改革開放的新局面。」[1]

黨的十八屆三中全會推出 336 項重大改革舉措，實際上是全面深化改革緊緊圍繞國家治理體系和治理能力現代化這個重大主題的再出發、再深入。這以後，以習近平同志為核心的黨中央一直在縝密思考、扎實推進國家治理體系和治理能力現代化的理論創新、頂層設計和重大部署。經過不懈努力，重要領域和關鍵環節改革成效顯著，主要領域基礎性制度體系基本形成，為推進國家治理體系和治理能力現代化打下了堅實基礎。

黨的十八屆四中全會確立了全面依法治國，黨的十八屆五中全會在「十三五」規劃建議中提出「各方面制度更加成熟更加定型，國家治理體系和治理能力現代化取得重大進展，各領域基礎性制度體系基本形成」。黨的十九大在國家治理方面提出了與社會主義現代化強國戰略相應的要求，到 2035 年，「各方面制度更加完善，國家治理體系和治理能力現代化基本實現」；到本世紀中葉，「實現國家治理體系和治理能力現代化」。黨的十九屆二中、三中全會，從推進國家治理體系和能力現代化總體要求出發，在深化黨和國家機構改革上邁出重要步伐，做出重大部署。

經過六年的開創性實踐，2019 年 10 月，黨的十九屆四中全會做出《中共中央關於堅持和完善中國特色社會主義制度　推進國家治理體系和治理能力現代化若干重大問題的決定》，對堅持和完善中國特色社會主義制度、推進國家治理體系和治理能力現代化進行系統總結。這在馬克思主義國家治理理論發展史上，在新中國國家制度發展史上，在中國特色社會主義國家治理發展史上，都具有里程碑意義。它標誌著中國特色社會主義國家治理理論的系統形成。

事實證明，在黨的十八大後，對堅持和完善中國特色社會主義制度、推

1　《習近平談治國理政》第 3 卷，外文出版社 2020 年版，第 111 頁。

進國家治理體系和治理能力現代化進行系統總結和全面謀劃，順應了我國社會主要矛盾深刻變化的客觀要求，順應了大幅度提高中國共產黨治國理政能力與水平的客觀要求，順應了建設社會主義現代化強國、實現中華民族偉大復興的客觀要求，適逢其時。

新時代謀劃全面深化改革，必須以堅持和完善中國特色社會主義制度、推進國家治理體系和治理能力現代化為主軸，深刻把握我國發展要求和時代潮流，把制度建設和治理能力建設擺到更加突出的位置，繼續深化各領域各方面體制機制改革，推動各方面制度更加成熟更加定型，推進國家治理體系和治理能力現代化。

中國特色社會主義國家治理理論的創立與系統形成，有著特定的時代背景與社會歷史條件，也是改革開放和社會主義現代化建設發展到新時代的客觀要求。

從時代看，當今世界處於百年未有的大變動、大調整、大重組的時代。政黨治理、國家治理、全球治理三大治理難題，成為考驗各國政黨和政治家治國理政能力與水平的關鍵性問題，同時也是必須著力破解的影響全局、決定全局的重大現實問題。黨的十八大以來，以習近平同志為核心的黨中央在這三大治理上，都取得了決定性的突破。在政黨治理上，提出全面從嚴治黨、全面加強黨的領導，通過強力懲治腐敗、強力反"四風"，增強"四個意識"和"兩個維護"，使黨得以重塑，黨的執政地位和基礎得以鞏固。在國家治理上，確立以人民為中心的思想，樹立新發展理念，形成統籌推進"五位一體"總體佈局、協調推進"四個全面"戰略佈局，使國家治理體系得以全面重塑，國家治理能力得到全面提升，特別是在抗擊新型冠狀病毒特大疫情中，"中國之治"與"西方之亂"形成鮮明對照。在全球治理上，提出人類命運共同體構想，扎實推動"一帶一路"倡議，積極參與國際合作，中國方案、中國主張的影響力日益提升，中國話語、中國形象的公信力顯著增強。三大治理的核心，還是包括黨的建設在內的國家治理體系治理能力現代化。這是前無古人的偉大事業，要有科學的頂層設計為指導，就必須有科學的理論做指導。中國特色社會主義國家治理理論由此呼之欲出。

從社會歷史條件看，新中國的建設與改革，始終貫穿著國家治理問題。

正反兩方面的經驗告訴我們，什麼時候國家治理的理論科學、實踐正確、成效顯著，黨和國家各項事業就興旺發達，經濟發展、民族團結、社會穩定的大好局面就會長期持續；反之，什麼時候國家治理的指導思想出現嚴重偏差，黨和國家各項事業就會遭受嚴重破壞，人民代表大會制度等國家制度就會遭到不應有的損害。特別是“文化大革命”的沉痛教訓告訴我們，離開黨的領導的“大民主”，嚴重混淆兩類不同性質矛盾的“全面專政”，會給黨和國家事業帶來怎樣的危害。在“百廢待興”的情況下，黨的十一屆三中全會後，之所以能在加強和改善黨的領導、恢復和建立健全民主集中制、恢復和建立健全社會主義民主與法制等方面迅速取得重要進展，有力地推動和保證了改革開放事業發展，很重要的原因，就是通過第二個歷史決議深刻地記取了這方面的沉痛教訓，進一步明確了前進方向。然而，要在改革開放中逐步建立與社會主義市場經濟和社會主義現代化建設相適應的中國特色社會主義法律體系，進而推進國家治理體系和治理能力現代化，不可能一蹴而就，必須經過一個久久為功、日積月累的艱苦過程。為此，在新中國法制建設的基礎上，從黨的十一屆三中全會起，經過 30 多年的不懈努力，到 2011 年 1 月鄭重宣告，“一個立足中國國情和實際、適應改革開放和社會主義現代化建設需要、集中體現黨和人民意志的，以憲法為統帥，以憲法相關法、民法商法等多個法律部門的法律為主幹，由法律、行政法規、地方性法規等多個層次的法律規範構成的中國特色社會主義法律體系已經形成，國家經濟建設、政治建設、文化建設、社會建設以及生態文明建設的各個方面實現有法可依”[1]。同時，改革開放以來制度建設史和法制建設史都證明，制度的完善與法制的完善，都是動態過程。“我們用改革的辦法解決了黨和國家事業發展中的一系列問題。同時，在認識世界和改造世界的過程中，舊的問題解決了，新的問題又會產生，制度總是需要不斷完善，因而改革既不可能一蹴而就、也不可能一勞永逸。”[2]特別是黨的十八大後，隨著中國特色社會主義進入新時代，社

1　《十七大以來重要文獻選編》（下），中央文獻出版社 2013 年版，第 118—119 頁。

2　習近平：《關於〈中共中央關於全面深化改革若干重大問題的決定〉的說明》，《人民日報》2013 年 11 月 16 日第 1 版。

會主要矛盾發生深刻變化，對黨和國家的領導方式、決策方式、工作方式、思維方式都提出許多新要求。以習近平同志為核心的黨中央在全面深化改革的同時，提出全面依法治國，要求堅持依法治國、依法執政、依法行政共同推進，堅持法治國家、法治政府、法治社會一體建設，實現科學立法、嚴格執法、公正司法、全民守法，促進國家治理體系和治理能力現代化。

從應對新時代風險挑戰來看，實現中華民族偉大復興宏偉目標的進程，就是一個"無限風光在險峰"的登頂過程。越是往前走，面臨的風險考驗只會越來越複雜，甚至會遇到難以想像的驚濤駭浪；面臨的各種鬥爭不是短期的而是長期的，至少要伴隨實現第二個百年奮鬥目標全過程。這些風險挑戰，有的來自國內，有的來自國際，有的來自經濟社會領域，有的來自自然界。要化危為機、掌握主動，唯一的出路是堅持和完善中國特色社會主義制度、推進國家治理體系和治理能力現代化，運用制度威力贏得改革發展空間，贏得國泰民安。

從改革開放和社會主義現代化建設內在的發展規律看，進入新時代，隨著改革進入深水區、攻堅期和矛盾凸顯期，現代化建設進入從站起來、富起來到強起來的新階段，對改革的綜合性、全面性和頂層設計都提出了新的更高要求，對現代化發展的綜合性、全面性、聯動性也提出了新的更高要求。以習近平同志為核心的黨中央敏銳地捕捉到了這些客觀發展的新要求，提出了創新、協調、綠色、開放、共享的新發展理念，果斷地提出推動經濟從高速度增長向高質量發展轉變，果斷提出要實現以人民為中心的發展思想。這些轉變表面看是經濟改革與發展問題，實際上是一場關於國家治理體系和治理能力現代化的根本性轉變。正如習近平總書記所說："改革開放以來，我們黨開始以全新的角度思考國家治理體系問題，強調領導制度、組織制度問題更帶有根本性、全局性、穩定性和長期性。今天，擺在我們面前的一項重大歷史任務，就是推動中國特色社會主義制度更加成熟更加定型，為黨和國家事業發展、為人民幸福安康、為社會和諧穩定、為國家長治久安提供一整套更完備、更穩定、更管用的制度體系。這項工程極為宏大，必須是全面的系統的改革和改進，是各領域改革和改進的聯動和集成，在國家治理體系和治理能力現代化上形成總體效應、取得總體效果。"[1] 順應改革開放和現代化建設內在規律發展變化的客觀需要，順應社會主要矛盾深刻變化的客觀需要，站在黨和國家改革發展全局，站在國內國際兩個大局的交匯點，統籌推進"五位一體"總體佈局，協調推進"四個全面"戰略佈局，全面貫徹落實以人民為中心的發展思想和新發展理念，實現決勝全面建成小康社會、邁上建設社會主義現代化強國新征程的戰略謀劃，勢必要求提出國家治理的總思路、總戰略、總構想。

國家治理理論與實踐的集大成

以黨的十九屆四中全會做出《中共中央關於堅持和完善中國特色社會主義制度　推進國家治理體系和治理能力現代化若干重大問題的決定》為標誌，中國特色社會主義國家治理理論的誕生，用中國實踐破解了國家治理這道難題，對馬克思主義國家治理理論做出了開創性的歷史貢獻。這主要體現在以下方面。

第一，明確國家治理體系和治理能力建設的戰略任務，為解決建設一個什麼樣的國家治理體系、怎樣建設現代化的國家治理體系問題指明了正確方向。

堅持和完善中國特色社會主義制度、推進國家治理體系和治理能力現代化，是關係黨和國家事業興旺發達、國家長治久安、人民幸福安康的重大問題。科學社會主義的長期實踐證明，在打碎舊的國家機器之後，還要進一步解決好如何建設新型國家制度和治理體系問題。這既是關係社會主義新型國家長治久安的重大理論問題，也是關係馬克思主義執政黨長期執政的重大現實問題。世界上第一個社會主義國家蘇聯，正是因為沒有從根本上解決好國家治理問題，不是出現階級鬥爭擴大化錯誤，就是出現放棄黨的領導和社會

1　《習近平在省部級主要領導幹部學習貫徹十八屆三中全會精神全面深化改革專題研討班開班式上發表重要講話強調　完善和發展中國特色社會主義制度　推進國家治理體系和治理能力現代化》，《人民日報》2014 年 2 月 18 日第 1 版。

主義制度的顛覆性錯誤。因此，要實現黨和國家長治久安、人民幸福安康，就必須在建設社會主義現代化強國的過程中，高度重視和切實解決好國家治理體系和治理能力現代化。

國家治理體系和治理能力是一個國家的制度和制度執行能力的集中體現，兩者相輔相成。制度優勢是一個國家的最大優勢，制度競爭是國家間最根本的競爭。制度穩則國家穩。新中國成立 70 餘年來，中華民族之所以能迎來從站起來、富起來到強起來的偉大飛躍，最根本的是因為黨領導人民建立和完善了中國特色社會主義制度，形成和發展了黨的領導和經濟、政治、文化、社會、生態文明、軍事、外事等各方面制度，不斷加強和完善國家治理。

經過長期努力，形成了中國特色社會主義制度和國家治理體系的基本框架。這個基本框架，由以下緊密聯繫著的 13 個方面的制度體系組成：（1）黨的領導制度體系，確保黨不斷提高科學執政、民主執政、依法執政水平；（2）人民當家作主制度體系，確保社會主義民主政治不斷發展；（3）中國特色社會主義法治體系，確保黨依法治國、依法執政能力不斷提高；（4）中國特色社會主義行政體制，朝著構建職責明確、依法行政的政府治理體系目標發展；（5）社會主義基本經濟制度，推動經濟高質量發展；（6）繁榮發展社會主義先進文化的制度，不斷鞏固全體人民團結奮鬥的共同思想基礎；（7）統籌城鄉的民生保障制度，不斷滿足人民日益增長的美好生活需要；（8）共建共治共享的社會治理制度，保持社會穩定、維護國家安全；（9）生態文明制度體系，促進人與自然和諧共生；（10）黨對人民軍隊的絕對領導制度，確保人民軍隊忠實履行新時代使命任務；（11）"一國兩制"制度體系，推進祖國和平統一；（12）獨立自主的和平外交政策，推動構建人類命運共同體；（13）黨和國家監督體系，不斷強化對權力運行的制約和監督。這是關於建設一個什麼樣的國家治理體系、怎樣建設現代化的國家治理體系的中國經驗、中國方案。

堅持和完善中國特色社會主義制度、推進國家治理體系和治理能力現代化的總體目標是，到中國共產黨成立 100 年時，在各方面制度更加成熟更加定型上取得明顯成效；到 2035 年，各方面制度更加完善，基本實現國家治理體系和治理能力現代化；到新中國成立 100 年時，全面實現國家治理體系和治理能力現代化，使中國特色社會主義制度更加鞏固、優越性充分展現。

第二，明確國家治理體系的評判標準，為堅持和完善中國特色社會主義制度指明了正確方向。

一個國家選擇什麼樣的治理體系，是由這個國家的歷史傳承、文化傳統、經濟社會發展水平決定的，是由這個國家的人民決定的。我國今天的國家治理體系，是在我國歷史傳承、文化傳統、經濟社會發展的基礎上長期發展、漸進改進、內生性演化的結果。我國國家治理體系需要改進和完善，但怎麼改、怎麼完善，我們要有主張、有定力。中華民族是一個兼容並蓄、海納百川的民族，在漫長歷史進程中，不斷學習他人的好東西，把他人的好東西化成我們自己的東西，這才形成我們的民族特色。

看一個制度好不好、優越不優越，要從政治上、大的方面去評判和把握。評價一個國家政治制度是不是民主的、有效的，主要看國家領導層能否依法有序更替，全體人民能否依法管理國家事務和社會事務、管理經濟和文化事業，人民群眾能否暢通表達利益要求，社會各方面能否有效參與國家政治生活，國家決策能否實現科學化、民主化，各方面人才能否通過公平競爭進入國家領導和管理體系，執政黨能否依照憲法法律規定實現對國家事務的領導，權力運用能否得到有效制約和監督。

我們從來不排斥任何有利於中國發展進步的他國國家治理經驗，而是堅持以我為主、為我所用，去其糟粕、取其精華。比如，在社會主義建設時期，我國國家制度和國家治理體系就借鑒吸收了蘇聯的許多有益經驗。改革開放以來，我們不斷擴大對外開放，把社會主義制度和市場經濟有機結合起來，既充分發揮市場在資源配置中的決定性作用，又更好發揮政府作用，極大解放和發展了社會生產力，極大解放和增強了社會活力。在人類文明發展史上，除了中國特色社會主義制度和國家治理體系外，沒有任何一種國家制度和國家治理體系能夠在這樣短的歷史時期內創造出我國取得的經濟快速發展、社會長期穩定這樣的奇蹟。

推進國家治理體系和治理能力現代化的目的，是堅持和完善中國特色社會主義制度。沒有堅定的制度自信就不可能有全面深化改革的勇氣，同樣，離開不斷改革，制度自信也不可能徹底、不可能久遠。我們全面深化改革，是要使中國特色社會主義制度更好；我們說堅定制度自信，不是要故步自封，而是要不斷革除體制機制弊端，讓我們的制度成熟而持久。

我們既要堅持好、鞏固好經過長期實踐檢驗的我國國家制度和國家治理體系，又要完善好、發展好我國國家制度和國家治理體系，不斷把我國制度優勢更好轉化為國家治理效能。

第三，明確中國共產黨在國家治理體系中是最高政治領導力量，為堅持黨對一切工作的全面領導指明了正確方向。

堅持無產階級先進政黨對國家的領導地位，是馬克思主義國家學說的重要原則。中國共產黨長期執政的歷史證明，黨在國家治理體系中居於核心領導地位，這既是中國特色社會主義最本質的特徵，也是社會主義國家治理體系的最顯著優勢。

縱觀我們黨的歷史，在這個問題上曾經出現兩種偏向。一是過分強調黨的"一元化領導"，因而出現"以黨代政""包辦一切"的偏向。二是片面理解"黨政分開"，因而導致"黨政分家"，黨的領導被嚴重弱化的偏向。正反兩方面的經驗教訓告訴我們，一定要正確處理黨與政、集中統一與分工負責的關係，正確運用民主集中制原則，堅決維護黨中央權威，健全總攬全局、協調各方的黨的領導制度體系，把黨的領導落實到國家治理各領域各方面各環節。

健全總攬全局、協調各方的黨的領導制度體系，首先要完善堅定維護黨中央權威和集中統一領導的各項制度。這是確保黨對一切工作全面領導的根本政治前提。要推動全黨增強"四個意識"、堅定"四個自信"、做到"兩個維護"；健全黨中央對重大工作的領導體制，強化黨中央決策議事協調機構職能作用，完善推動黨中央重大決策落實機制，嚴格執行向黨中央請示報告制度，確保令行禁止；健全維護黨的集中統一的組織制度，形成黨的中央組織、地方組織、基層組織上下貫通、執行有力的嚴密體系，實現黨的組織和黨的工作全覆蓋。

健全黨的全面領導制度，是健全總攬全局、協調各方的黨的領導制度體系的關鍵環節。完善黨領導人大、政府、政協、監察機關、審判機關、檢察機關、武裝力量、人民團體、企事業單位、基層群眾自治組織、社會組織等制度，健全各級黨委（黨組）工作制度，確保黨在各種組織中發揮領導作用；完善黨領導各項事業的具體制度，把黨的領導落實到統籌推進"五位一體"總體佈局、協調推進"四個全面"戰略佈局各方面。

黨要實現全面領導，自身必須清正廉潔、堅強有力。加強黨對一切工作的全面領導，就必須全面從嚴治黨，完善全面從嚴治黨制度。全面從嚴治黨永遠在路上，構建不敢腐、不能腐、不想腐的堤壩，必須久久為功。要堅持黨要管黨、全面從嚴治黨，全面淨化黨內政治生態，增強憂患意識，不斷推進黨的自我革命，永葆黨的先進性和純潔性，堅決同一切影響黨的先進性、弱化黨的純潔性的問題作鬥爭，大力糾治形式主義、官僚主義，不斷增強黨的創造力、凝聚力、戰鬥力，確保黨始終成為中國特色社會主義事業的堅強領導核心。

第四，明確堅持中國共產黨領導、人民當家作主、依法治國有機統一在國家治理體系中的關鍵作用，為堅持和完善人民當家作主制度體系指明了正確方向。

堅持中國共產黨領導、人民當家作主、依法治國有機統一，科學地回答了推進社會主義國家治理的領導力量、主體力量、基本途徑。人民民主的核心和最高境界，是在國家政治生活中實現人民當家作主。人民民主專政的堅持與發展，是推進依法治國，建設社會主義法治國家。兩者都離不開中國共產黨領導。因此，中國共產黨領導、人民當家作主、依法治國的有機統一，既是社會主義民主政治的核心，也是依法治國的核心，更是國家治理體系的核心。

社會主義新型國家要堅持人民當家作主，是馬克思主義國家學說的基本要求。中國共產黨自誕生之日起，就把為人民謀幸福、為民族謀復興作為自己的初心與使命。新中國自誕生之日起，就把人民當家作主作為人民政權的最高原則。堅持中國共產黨領導同堅持人民當家作主，是高度統一的。始終代表最廣大人民根本利益，保證人民當家作主，體現人民共同意志，維護人民合法權益，是我國國家制度和國家治理體系的本質屬性，也是我國國家制度和國家治理體系有效運行、充滿活力的根本所在。我國國家制度和國家治理體系始終著眼於實現好、維護好、發展好最廣大人民根本利益，著力保障和改善民生，使改革發展成果更多更公平惠及全體人民，因而可以有效避免出現黨派紛爭、利益集團偏私、少數政治"精英"操弄等現象，具有無可比擬的先進性。

中國是工人階級領導的、以工農聯盟為基礎的人民民主專政的社會主義國家，國家的一切權力屬人民。必須堅持人民主體地位，堅定不移走中國特色社會主義政治發展道路，健全民主制度，豐富民主形式，拓寬民主渠道，依法實行民主選舉、民主協商、民主決策、民主管理、民主監督，使各方面制度和國家治理更好體現人民意志、保障人民權益、激發人民創造，確保人民依法通過各種途徑和形式管理國家事務，管理經濟文化事業，管理社會事務。

建設中國特色社會主義法治體系、建設社會主義法治國家是堅持和發展中國特色社會主義的內在要求。必須堅定不移走中國特色社會主義法治道路，全面推進依法治國，堅持依法治國、依法執政、依法行政共同推進，堅持法治國家、法治政府、法治社會一體建設，加快形成完備的法律規範體系、高效的法治實施體系、嚴密的法治監督體系、有力的法治保障體系，加快形成完善的黨內法規體系，全面推進科學立法、嚴格執法、公正司法、全民守法，推進法治中國建設。

第五，明確堅持和完善黨和國家監督體系在國家治理體系中的地位作用，為強化對權力運行的制約和監督指明了正確方向。

馬克思、恩格斯根據巴黎公社的實踐，提出了如何防止人民公僕成為主人的問題。列寧根據蘇俄的實踐，採取設置工農檢查院等機構以防止黨和國家工作人員滋長官僚主義和腐敗思想。事實證明，在中國共產黨長期執政條件下，必須將建立健全黨和國家監督體系作為國家治理體系建設的重要一環。

長期以來，黨內存在的一個突出問題，就是不願監督、不敢監督、抵制監督等現象不同程度存在。黨內監督缺位，必然導致黨的領導弱化、黨的建設缺失、全面從嚴治黨不力。黨內監督是永葆黨的肌體健康的生命之源。黨和國家監督體系是黨在長期執政條件下實現自我淨化、自我完善、自我革新、自我提高的重要制度保障。必須健全黨統一領導、全面覆蓋、權威高效的監督體系，增強監督嚴肅性、協同性、有效性，形成決策科學、執行堅決、監督有力的權力運行機制，確保黨和人民賦予的權力始終用來為人民謀幸福。

堅持民主集中制是強化黨內監督的核心。當前，黨內集中不夠和民主不夠的問題同時存在。強化黨內監督，必須堅持、完善、落實民主集中制，把民主基礎上的集中和集中指導下的民主有機結合起來，把上級對下級、同級之間以及下級對上級的監督充分調動起來，確保黨內監督落到實處、見到實效。

對我們黨來說，外部監督是必要的，但從根本上講，還在於強化自身監督。要營造黨內民主監督環境，暢通黨內民主監督渠道。黨內監督是全黨的任務，要堅持懲前毖後、治病救人，立足於小、立足於早，開展批評和自我批評，及時進行約談函詢、誡勉談話，及時發現問題、糾正偏差。各級紀委是黨內監督專責機關，履行監督執紀問責職責。要把維護政治紀律和政治規矩放在首位，加強對所轄範圍內遵守黨章黨規黨紀情況的監督，檢查黨的路線方針政策和決議的執行情況。巡視是黨內監督的戰略性制度安排。要強化巡視監督，發揮從嚴治黨利器作用，做到巡視全覆蓋。黨員民主監督是黨內監督的基本方式。各級黨組織要保障黨員知情權和監督權，鼓勵和支持黨員在黨內監督中發揮積極作用，對干擾妨礙監督、打擊報復監督的人要依紀嚴肅處理。監督國家公務員正確用權、廉潔用權是黨內監督的題中應有之義。要做好監督體系頂層設計，既加強黨的自我監督，又加強對國家機器的監督。

黨內監督在黨和國家各種監督形式中是最根本的、第一位的，但如果不與國家機關監督、民主黨派監督、群眾監督、輿論監督等結合起來，就不能形成監督合力。要支持人民政協依照章程進行民主監督，重視民主黨派和無黨派人士提出的意見、批評、建議，鼓勵黨外人士講真話、進諍言。要自覺接受群眾監督，暢通信訪舉報渠道，對違規違紀典型問題嚴肅處理，及時回應人民群眾關切。要加強輿論監督，通過對典型案例進行曝光剖析，發揮警示作用，為全面從嚴治黨營造良好輿論氛圍。

完善權力運行制約和監督機制，形成有權必有責、用權必擔責、濫權必追責的制度安排。實行權力清單制度，公開權力運行過程和結果，健全不當用權問責機制，把權力關進制度的籠子，讓權力在陽光下運行。

行政監察法要體現黨中央關於中央紀委、監察部合署辦公，中央紀委履行黨的紀律檢查和政府行政監察兩項職能，對黨中央全面負責的精神。監察對象要涵蓋所有公務員。要堅持黨對黨風廉政建設和反腐敗工作的統一領導，擴大監察範圍，整合監察力量，健全國家監察組織架構，形成全面覆蓋國家機關及其公務員的國家監察體系。

　　強化黨內監督是為了保證黨立黨為公、執政為民，強化國家監察是為了保證國家機器依法履職、秉公用權，強化群眾監督是為了保證權力來自人民、服務人民。要把黨內監督同國家監察、群眾監督結合起來，同法律監督、民主監督、審計監督、司法監督、輿論監督等協調起來，形成監督合力，推進國家治理體系和治理能力現代化。

　　國家制度和國家治理體系管不管用、有沒有效，實踐是最好的試金石。新中國成立 70 餘年來，我們黨領導人民創造了世所罕見的兩大奇蹟，一是經濟快速發展奇蹟，二是社會長期穩定奇蹟。可以說，在人類文明發展史上，除了中國特色社會主義制度和國家治理體系外，沒有任何一種國家制度和國家治理體系能夠在這樣短的歷史時期內創造出我國取得的經濟快速發展、社會長期穩定這樣的奇蹟。

　　鞋子合不合腳，只有穿的人才知道。中國特色社會主義制度好不好、優越不優越，中國人民最清楚，也最有發言權。要堅定中國特色社會主義道路自信、理論自信、制度自信、文化自信，真正做到"千磨萬擊還堅勁，任爾東西南北風"。

第十五章　環球同此涼熱

　　隨著工業化推進到信息革命階段，並出現政治多極化、經濟全球化之後，全球治理問題成為國際社會日益關注的重大問題。

　　在全球治理中，首先令人矚目的，是可持續發展問題和環境污染、大氣"溫室效應"、社會公害等問題。2001 年 "9‧11" 恐怖襲擊事件發生後，反對恐怖主義、宗教極端勢力等，成為全球治理中普遍關注的焦點問題。2008年國際金融危機發生後，單邊主義、逆全球化、貿易保護主義等，越來越成為全球治理中的突出問題。到了 2020 年新冠肺炎疫情在全球蔓延後，公共衛生安全問題凸顯，使一些國家在國家治理方面的制度性問題空前暴露，更給全球治理增加了許多不確定因素。

　　在全球治理新情況新問題不斷的情況下，原先一些長期存在的問題，如種族主義、霸權主義、強權政治、地緣政治衝突、第二次世界大戰後形成的國際經濟政治舊秩序難以適應劇烈變化的世界新格局等，不僅依然存在，而且有許多新發展新變化，形成了新舊矛盾交織、相互激盪的情況，更加劇了當今世界發展的不確定性，使得當今世界處在百年未有之大變局中。世界將向何處去，成為普遍關注的世界之問。

回答 21 世紀的世界之問

　　要搞清楚世界將向何處去，就要先搞清楚當今世界從哪裏來。

　　長期以來，人類生活在一個存在超級霸主的世界。因此，世界格局的變遷，常常受霸權變化的影響。這種霸權從結構上說，有時是單極，有時是雙極，有時是多極。在 20 世紀中葉，第二次世界大戰結束後，出現了美蘇兩極格局為標誌的戰後冷戰格局，持續了半個世紀。自從 20 世紀 90 年代美蘇兩極格局結束後，這個世界一直處於不確定的動盪之中，逐漸演變成當今的世界百年未有之大變局。

這個大變局中，最大的變化是兩極中的一極，隨著蘇聯解體不復存在。美國表面看似乎是一極獨大。

在這個大變局中，另一個重要變化是在諸多國際問題上與多邊關係上，美國開始感覺力不從心，美國的影響力和控制力日漸式微。美國實際上在用咄咄逼人的架勢，掩蓋其戰略收縮的實質，其政策重心也開始向更多關注與應對國內問題轉變。當然，這些僅僅還是開始，還有很大的不確定性，也不排除局部反覆的可能。

這個大變化中，還有一個重大變化，是前所未有的。這就是在自 20 世紀 80 年代後日益顯露的經濟全球化、政治多極化時代潮流推動下，再加上信息化、智能化、網絡化高科技浪潮的強有力支撐，整個世界逐漸形成你中有我、我中有你的網絡化格局。這種網絡化體現在經濟關係上，形成了當今世界的國際產業鏈；體現在政治關係上，推動著包括聯合國、世界貿易組織以及各種多邊組織的平等化改革。這些變化，與廣大發展中國家特別是金磚國家在世界經濟份額上佔比持續擴大成正比，使得與美國霸主地位相關的國際貨幣關係、國際金融關係、國際貿易關係、國際政治關係等，都在或顯著或漸進地發生改變。

在這一背景下，建立謀求多贏與共贏的世界經濟政治新秩序，以取代在冷戰時期和冷戰結束後長期存在的美國獨大的經濟政治舊秩序，這一呼聲越來越強烈，成為當今世界百年未有之大變局中的大趨勢。

這預示著，世界需要霸主、能夠持續不斷產生霸主，並且至少從表面看離不開霸主的那個舊時代，必將結束。取而代之的，不是一個新型霸主的時代，更不是一個所謂“新冷戰”時代，而是一個以平等互利為基礎，不需要任何形式的霸主或強權，順應和平發展合作共贏潮流的，更加平等化、扁平化、網絡化的新時代。

這樣，圍繞全球治理的核心問題，就是繼續維持舊有的霸權格局、強權政治，還是形成一個更加平等、公正、開放、包容、更能符合和平發展合作共贏趨勢的世界新格局。

正如習近平主席 2020 年 9 月 22 日在第七十五屆聯合國大會一般性辯論上的講話中所說："這場疫情啟示我們，全球治理體系亟待改革和完善。疫情不僅是對各國執政能力的大考，也是對全球治理體系的檢驗。我們要堅持走多邊主義道路，維護以聯合國為核心的國際體系。全球治理應該秉持共商共建共享原則，推動各國權利平等、機會平等、規則平等，使全球治理體系符合變化了的世界政治經濟，滿足應對全球性挑戰的現實需要，順應和平發展合作共贏的歷史趨勢。國家之間有分歧是正常的，應該通過對話協商妥善化解。國家之間可以有競爭，但必須是積極和良性的，要守住道德底線和國際規範。大國更應該有大國的樣子，要提供更多全球公共產品，承擔大國責任，展現大國擔當。"[1]

在這裏，對於未來全球治理的新時代應當是什麼樣子的，習近平總書記給出了中國答案：構建人類命運共同體。

提出全球治理的中國方案

構建人類命運共同體思想的提出，經歷了一個發展過程。

2013 年 3 月 23 日，習近平主席在莫斯科國際關係學院發表演講。這次出訪俄羅斯，是他當選為中共中央總書記、國家主席後的第一次出訪。而在莫斯科國際關係學院的演講，又是他作為國家主席出訪中的第一次正式演講。可見意義非同尋常。

在這次演講中，習近平主席提出："我們所處的是一個風雲變幻的時代，面對的是一個日新月異的世界。"

他指出，這個變化著的世界有幾個顯著特點，其中之一是："這個世界，各國相互聯繫、相互依存的程度空前加深，人類生活在同一個地球村裏，生活在歷史和現實交匯的同一個時空裏，越來越成為你中有我、我中有你的命

1　習近平：《在第七十五屆聯合國大會一般性辯論上的講話》（2020 年 9 月 22 日），《人民日報》2020 年 9 月 23 日第 3 版。

運共同體。"

他還指出："要跟上時代前進步伐，就不能身體已進入 21 世紀，而腦袋還停留在過去，停留在殖民擴張的舊時代裏，停留在冷戰思維、零和博弈老框框內。"[1]

2015 年 3 月 28 日，習近平主席在出席博鰲亞洲論壇 2015 年年會開幕式時，發表主旨演講，完整提出"建設人類命運共同體"。他指出："人類只有一個地球，各國共處一個世界。世界好，亞洲才能好；亞洲好，世界才能好。面對風雲變幻的國際和地區形勢，我們要把握世界大勢，跟上時代潮流，共同營造對亞洲、對世界都更為有利的地區秩序，通過邁向亞洲命運共同體，推動建設人類命運共同體。"[2]

對此，他進一步提出堅持各國相互尊重、平等相待，堅持合作共贏、共同發展，堅持實現共同、綜合、合作、可持續的安全，堅持不同文明兼容並蓄、交流互鑒四項主張。[3]

同年 9 月 28 日，習近平主席在第七十屆聯合國大會一般性辯論時發表題為《攜手構建合作共贏新夥伴　同心打造人類命運共同體》的講話，系統闡述了構建人類命運共同體主張。

他指出："和平、發展、公平、正義、民主、自由，是全人類的共同價值，也是聯合國的崇高目標。目標遠未完成，我們仍須努力。當今世界，各國相互依存、休戚與共。我們要繼承和弘揚聯合國憲章的宗旨和原則，構建以合作共贏為核心的新型國際關係，打造人類命運共同體。"[4]

其五項主張包括：建立平等相待、互商互諒的夥伴關係；營造公道正義、共建共享的安全格局；謀求開放創新、包容互惠的發展前景；促進和而不同、兼收並蓄的文明交流；構築尊崇自然、綠色發展的生態體系。

1　《習近平談治國理政》第 1 卷，外文出版社 2018 年版，第 272、273 頁。

2　習近平：《邁向命運共同體　開創亞洲新未來——在博鰲亞洲論壇 2015 年年會上的主旨演講》（2015 年 3 月 28 日），《人民日報》2015 年 3 月 29 日第 2 版。

3　參見習近平《論堅持推動構建人類命運共同體》，中央文獻出版社 2018 年版，第 206、207、208、209 頁。

4　《人民日報》2015 年 9 月 29 日第 2 版。

2017 年 1 月 18 日，習近平主席在聯合國日內瓦總部的演講中，進一步系統闡述了中國政府關於構建人類命運共同體主張，提出："構建人類命運共同體，關鍵在行動。我認為，國際社會要從夥伴關係、安全格局、經濟發展、文明交流、生態建設等方面作出努力。"[1] 一是堅持對話協商，建設一個持久和平的世界；二是堅持共建共享，建設一個普遍安全的世界；三是堅持合作共贏，建設一個共同繁榮的世界；四是堅持交流互鑒，建設一個開放包容的世界；五是堅持綠色低碳，建設一個清潔美麗的世界。

他在演講中重申四個"不會改變"：第一，中國維護世界和平的決心不會改變；第二，中國促進共同發展的決心不會改變；第三，中國打造夥伴關係的決心不會改變；第四，中國支持多邊主義的決心不會改變。[2]

2018 年 4 月 8 日，習近平主席在北京會見聯合國秘書長古特雷斯時指出：國際上的問題林林總總，歸結起來就是要解決好治理體系和治理能力的問題。我們需要不斷推進和完善全球治理，應對好這一挑戰。中國正在統籌推進經濟、政治、文化、社會、生態文明建設"五位一體"總體佈局，這五方面也是構建人類命運共同體的主要內容。我們追求的發展應該是高質量的發展，衡量標準就是以人民為中心。不論是國內治理、還是全球治理，都要以人民的獲得為目標，要不斷為民眾提供信心和穩定預期。前進的動力要在改革中尋找，要從創新中挖掘。黨的十九大和 2020 年的中國全國兩會，改革、開放、創新都是關鍵詞。我們所做的一切都是為人民謀幸福，為民族謀復興，為世界謀大同。中國倡導並推進"一帶一路"，目的也是謀求各國發展戰略對接，形成共同發展勢頭，增強對美好未來的信心。[3]

中國政府對構建人類命運共同體的建議，既是真誠的，又是切實可行的。同時，這作為一種大趨勢，也越來越被國際社會所認識。2017 年 2 月 10 日，聯合國社會發展委員會第 55 屆會議通過的"非洲發展新夥伴關係的社會層面"決議，首次將"構建人類命運共同體"理念寫入其中。同年 11 月 2 日，

1　《共同構建人類命運共同體——在聯合國日內瓦總部的演講》（2017 年 1 月 18 日），《人民日報》2017 年 1 月 20 日第 2 版。

2　參見《習近平談治國理政》第 2 卷，外文出版社 2017 年版，第 541—547 頁。

3　《習近平會見聯合國秘書長古特雷斯》，《人民日報》2018 年 4 月 9 日第 1 版。

第七十二屆聯大負責裁軍和國際安全事務第一委員會會議通過"防止外空軍備競賽進一步切實措施"和"不首先在外空放置武器"兩份安全決議。在這兩個決議中，均寫入了人類命運共同體理念。

這是新中國繼和平共處五項原則之後，對聯合國公認的國際準則與理念的又一個歷史性貢獻。

中國政府之所以能提出構建人類命運共同體倡議，絕不是偶然的，更非心血來潮之舉。早在美蘇冷戰時期，中國政府就從自身命運與國家利益出發，提出中國永遠屬第三世界，永遠不稱霸，永遠不做超級大國。這成為中國獨立自主和平外交政策的基石。而這種思想的歷史文化淵源，還可以上溯到更加久遠的時期。

中國有著悠久的歷史文化傳統，形成了中國人特有的世界總體觀。中國人自古就推崇"協和萬邦""得道多助，失道寡助"等理念，信奉"己所不欲，勿施於人""親仁善鄰，國之寶也""四海之內皆兄弟也""遠親不如近鄰""親望親好，鄰望鄰好""國雖大，好戰必亡"等行為準則。儘管在中國人的觀念裏，曾經滲透著"華夷之辨""萬邦來儀"的迂腐氣，但始終沒有西方列強那種"國強必霸"的歷史文化基因。

自 1840 年鴉片戰爭後，中華民族淪入了內憂外患的苦難深淵，一度到了瀕臨亡國滅種的危險境地。直到中國人民抗日戰爭取得偉大勝利，特別是中華人民共和國成立之後，中國人民才擺脫了積貧積弱、被動捱打的境遇，走上了從站起來、富起來到強起來的中華民族復興之路。中國人民深知，和平對人類就像陽光和空氣一樣重要，始終把維護世界和平、反對霸權主義、獨立自主走和平發展道路，作為立國的基本準則。

"三個世界"劃分理論

正是在反抗西方列強侵略、爭取民族獨立、實現人民解放的鬥爭中，中國同正在贏得民族獨立和人民解放的亞非拉廣大發展中國家結成了"窮親戚""一家親"的關係，形成了中國共產黨和中國人民對世界發展趨勢與發展格局的獨特看法。這就是毛澤東的國際關係理論。它經歷了從"中間地帶"

理論到"兩個中間地帶"理論,再到"三個世界"劃分理論的發展過程。搞清楚這個發展過程,及其與美蘇兩極格局的關係,對於認識提出構建人類命運共同體的意義,很有幫助。

早在中國人民抗日戰爭和世界反法西斯戰爭即將取得最後勝利之時,毛澤東對未來世界格局就作過分析。1945 年 4 月 24 日,毛澤東在中共七大上所作的《論聯合政府》的書面報告裏提出:"國際和平實現以後,反法西斯的人民大眾和法西斯殘餘勢力之爭,民主和反民主之爭,民族解放和民族壓迫之爭仍將充滿世界的大部分地方。"他認為,未來世界的發展儘管有曲折,但是"世界將走向進步,決不是走向反動"。他認為世界的發展方向不是由少數大國決定的,而是由各國人民來決定。"人民,只有人民,才是創造世界歷史的動力。"他說過一句很精闢的話:"戰爭教育了人民,人民將贏得戰爭,贏得和平,又贏得進步。"[1]

這些論斷,和當時斯大林試圖通過蘇美兩大國的妥協維持戰後國際和平的構想有很大的不同,構成了以毛澤東同志為代表的中國共產黨人估計戰後世界局勢的基本論點。

中國人民抗日戰爭剛剛結束,在中國迅速形成了蘇美等大國插手中國事務的複雜局面。而且,美蘇兩國都把各自對華政策的重點放在國民黨政府身上。在這種情況下,毛澤東判斷:"現在蘇美英三國均不贊成中國內戰,我黨又提出和平、民主、團結三大口號,並派毛澤東、周恩來、王若飛三同志赴渝和蔣介石商量團結建國大計,中國反動派的內戰陰謀,可能被挫折下去。"[2]他提出利用美英蘇等大國均表示不贊成中國發生內戰的有利情況,利用國際國內的大勢所趨和人心所向,同國民黨政府進行針鋒相對的鬥爭,把爭取勝利的基點放在自力更生上的方針。同時他估計,在二戰結束後維持一個時期的世界和平是有可能的。"資本主義國家和社會主義國家在許多國際事務上,還是會妥協的,因為妥協有好處。"

1946 年 4 月,毛澤東在國內短暫的和平局面即將被國民黨打破的關鍵時

1 　《毛澤東選集》第 3 卷,人民出版社 1991 年版,第 1031 頁。
2 　《毛澤東選集》第 4 卷,人民出版社 1991 年版,第 1153 頁。

刻，針對黨內對於國際局勢的一種悲觀估計，寫了《關於目前國際形勢的幾點估計》。

關於新的世界大戰的危險性問題，毛澤東認為："世界反動力量確在準備第三次世界大戰，戰爭危險是存在著的。但是，世界人民的民主力量超過世界反動力量，並且正在向前發展，必須和必能克服戰爭危險。"

關於兩大陣營之間妥協的可能性問題，毛澤東認為："美、英、法同蘇聯的關係，不是或者妥協或者破裂的問題，而是或者較早妥協或者較遲妥協的問題。所謂妥協，是指經過和平協商達成協議。所謂較早較遲，是指在幾年或者十幾年之內，或者更長時間。" 妥協的範圍，"不是說在一切國際問題上"，"是說在若干問題上，包括在某些重大問題上"。

在上述兩種情況下，中國共產黨應當採取什麼樣的鬥爭策略呢？毛澤東指出："這種妥協，並不要求資本主義世界各國人民隨之實行國內的妥協。各國人民仍將按照不同情況進行不同鬥爭。反動勢力對於人民的民主勢力的原則，是能夠消滅者一定消滅之，暫時不能消滅者準備將來消滅之。針對這種情況，人民的民主勢力對於反動勢力，亦應採取同樣的原則。"[1] 這實際上就是獨立自主、針鋒相對的鬥爭方針。

這篇重要的文件，當時沒有發表，只在中共中央部分領導人中間傳閱過。直到 1947 年 12 月召開的中共中央會議，才一致同意了這個文件，並向下傳達。它實際上代表了毛澤東在內戰爆發前後的整個歷史時期對於國際局勢的基本判斷。同時也反映出，在蘇聯斯大林多次向中共施加壓力，要求對國民黨實行重大妥協的情況下，毛澤東始終堅定不移地實行了一條符合獨立自主原則和實事求是原則的中國式的戰略路線。可以說，沒有這樣一條戰略路線，就沒有中國革命的勝利，也就沒有中國共產黨及其創建的新中國的國際地位。

毛澤東第一次正式提出他對國際戰略格局的不同看法，是在 1946 年 8 月，即全面內戰正式爆發之後，同美國記者安娜·路易斯·斯特朗的著名談話。當時，國際社會普遍關心美蘇兩大陣營之間新的世界大戰是否打得起

1　《毛澤東選集》第 4 卷，人民出版社 1991 年版，第 1184—1185 頁。

來。毛澤東卻把目光放在美蘇之間的廣大中間地帶，認為："美國和蘇聯中間隔著極其遼闊的地帶，這裏有歐、亞、非三洲的許多資本主義國家和殖民地、半殖民地國家。美國反動派在沒有壓服這些國家之前，是談不到進攻蘇聯的。"他還預言："我相信，不要很久，這些國家將會認識到真正壓迫它們的是誰，是蘇聯還是美國。美國反動派終有一天將會發現他們自己是處在全世界人民的反對中。"[1]

事實上，在美蘇兩個格局支配整個世界的時候，從 20 世紀 40 年代中期到 70 年代中期，廣大亞非拉美地區發生的民族獨立和民族解放運動也在席捲全球，使得從 19 世紀下半葉至 20 世紀上半葉形成的資本主義國家分割世界的全球殖民體系土崩瓦解。這是美蘇冷戰時期具有深遠影響的國際事件，新中國的誕生也是這個重大事件中的一部分。

新中國從成立之日起，就把自身命運同廣大民族獨立和民族解放國家緊緊聯繫在一起，寄予同情，寄予希望。毛澤東也始終關注著這些國家的新動向。1956 年 10 月 19 日，毛澤東在會見巴基斯坦總理蘇瓦拉底時指出：要注意中間地帶的重要性問題。他認為，中間地帶包括從英國一直到拉丁美洲。這個地區的一邊是社會主義陣營，另一邊是美國。這個地帶有最多的人口和最多的國家，包括有三種性質的國家。第一類是擁有殖民地的帝國主義國家，如英國、法國；第二類是亞洲、非洲、拉丁美洲的國家，有的已經取得民族解放，有的正在爭取民族解放；第三類是在歐洲的不擁有殖民地的自由國家。[2]

20 世紀 60 年代，隨著中蘇論戰發展，中蘇關係破裂，中國實際上退出了蘇聯社會主義陣營，成為獨樹一幟的國際力量。與此同時，以法國為代表的西方國家同美國的裂痕也日益擴大，矛盾趨於表面化。這樣，民族獨立和兩大陣營的分化暗流湧動，對美蘇兩極格局產生深刻影響。

在這一背景下，毛澤東的"中間地帶"理論，發展成為"兩個中間地帶"

---

1   《毛澤東選集》第 4 卷，人民出版社 1991 年版，第 1193、1194 頁。

2   參見逄先知、馮蕙主編《毛澤東年譜（1949—1976）》第 3 卷，中央文獻出版社 2013 年版，第 13 頁。

理論。1963 年 9 月 28 日，毛澤東在中共中央工作會議上講話指出："我看中間地帶有兩個，一個是亞、非、拉，一個是歐洲。日本、加拿大對美國是不滿意的。以戴高樂為代表的，有六國共同市場，都是些強大的資本主義國家。東方的日本，是個強大的資本主義國家，對美國不滿意，對蘇聯也不滿意。東歐各國對蘇聯赫魯曉夫就那麼滿意？我不相信。情況還在發展，矛盾還在暴露。"[1]

1964 年 1 月 5 日，毛澤東在同日共中央政治局委員聽濤克己談話時，進一步指出："中間地帶有兩部分：一部分是指亞洲、非洲和拉丁美洲的廣大經濟落後的國家，一部分是指以歐洲為代表的帝國主義國家和發達的資本主義國家。這兩部分都反對美國的控制。在東歐各國則發生反對蘇聯控制的問題。這種情況看起來比較明顯。"[2]

進入 20 世紀 70 年代，在美蘇兩極格局之下，國際局勢進一步發生新的變化。

最重要的變化，是中國與廣大發展中國家的國際影響力，都有了較大提升。

原子彈、氫彈和人造衛星的試製成功，中國作為一個同時擁有核技術和航天技術的亞洲大國，其戰略地位受到國際社會的普遍關注。

特別是 1971 年 10 月 25 日，在廣大第三世界國家長期支持和努力下，第二十六屆聯合國大會通過決議，恢復中華人民共和國在聯合國的合法權利。這既是新中國獨立自主外交的重要勝利，也是廣大發展中國家國際鬥爭的重要勝利。中國恢復在聯合國的合法席位，又進一步推動中國與廣大發展中國家的聯合，提升了發展中國家在聯合國的影響力。

與此同時，西歐國家的經濟一體化運動進一步發展，並在政治、防務等各方面加強合作。日本逐步成長為經濟巨人，同時積極擴大在東南亞等地的政治、經濟影響。美國為擺脫越南戰爭的困境，改變戰略上的下降趨勢，不得不對這些挑戰持容忍和克制態度，並開始調整其亞洲政策和歐洲政策。

1　《毛澤東文集》第 8 卷，人民出版社 1999 年版，第 343 頁。
2　《毛澤東文集》第 8 卷，人民出版社 1999 年版，第 344—345 頁。

東歐各國進一步走上改革的道路，並試圖改變對蘇聯過分依賴的狀況。"布拉格之春"的出現和蘇聯侵捷事件的發生，使蘇聯在同美國爭霸世界的同時，越來越強烈地感到了來自東歐各國的不滿和挑戰。

面對正在變化著的世界，毛澤東最終形成了關於三個世界劃分的理論。

1974年2月22日，毛澤東在會見贊比亞總統卡翁達時，專門談了三個世界劃分問題。他說："我看美國、蘇聯是第一世界。中間派，日本、歐洲、澳大利亞、加拿大，是第二世界。咱們是第三世界。""美國、蘇聯原子彈多，也比較富。第二世界，歐洲、日本、澳大利亞、加拿大，原子彈沒有那麼多，也沒有那麼富，但是比第三世界要富。""第三世界人口很多。""亞洲除了日本，都是第三世界。整個非洲都是第三世界，拉丁美洲也是第三世界。"他希望第三世界國家團結起來。[1]

同年4月10日，鄧小平在聯合國大會第六屆特別會議上發言，全面闡述了毛澤東三個世界劃分的理論。鄧小平在發言中指出："從國際關係的變化看，現在的世界實際上存在著互相聯繫又互相矛盾著的三個方面、三個世界。美國、蘇聯是第一世界。亞非拉發展中國家和其他地區的發展中國家，是第三世界。處於這兩者之間的發達國家是第二世界。"鄧小平代表中國政府鄭重聲明："中國是一個社會主義國家，也是一個發展中的國家。中國屬第三世界。中國政府和中國人民，一貫遵循毛主席的教導，堅決支持一切被壓迫人民和被壓迫民族爭取和維護民族獨立，發展民族經濟，反對殖民主義、帝國主義、霸權主義的鬥爭，這是我們應盡的國際主義義務。中國現在不是，將來也不做超級大國。"

當時，反對殖民主義和霸權主義的鬥爭，隨著廣大發展中國家先後贏得民族獨立，已經由政治鬥爭轉向維護自身發展權利的經濟鬥爭。針對這一潮流，鄧小平指出："殖民主義、帝國主義、特別是超級大國的掠奪和剝削，使得貧國愈貧，富國愈富，貧國和富國的差距越來越大。帝國主義是發展中國家解放和進步的最大障礙。發展中國家打破它們在經濟上的壟斷和掠奪，掃除這些障礙，採取一切必要的措施來保護國家的經濟資源和其他權益，這是

1　《毛澤東文集》第8卷，人民出版社1999年版，第441—442頁。

完全正當的。"

　　鄧小平在講話中重申："我們主張，國家之間的政治和經濟關係都應當建立在互相尊重主權和領土完整、互不侵犯、互不干涉內政、平等互利、和平共處五項原則的基礎上。我們反對任何國家違背這些原則，在任何地區建立霸權和勢力範圍。""我們主張，國家不論大小，不論貧富，應該一律平等，國際經濟事務應該由世界各國共同來管，而不應當由一、兩個超級大國來壟斷。我們支持佔世界人口絕大多數的發展中國家享有參與有關國際貿易、貨幣、航運等一切決定的充分權利。"[1]

　　在"三個世界"劃分理論提出以前，國際社會大行其道的是建立在"國強必霸"邏輯基礎上的強權政治理論。"三個世界"劃分理論的提出，在國際關係理論上第一次出現了代表廣大發展中國家願望，反映廣大發展中國家訴求的理論，出現了真正屬發展中國家的理論。因而一經問世，就得到國際社會的廣泛認同。

　　毛澤東提出三個世界劃分理論的最主要的動因，是要在急劇變動的世界格局中，為中國找到一個與國力和國家利益相符合的戰略地位，即中國屬第三世界。在這方面，中國的確獲得了最大的戰略利益。最直接的收穫，就是中國恢復在聯合國的一切合法席位。這才有中美關係的正常化，中國國際戰略地位的提高，以及中國外交新格局的出現。

　　從"兩個中間地帶"理論到"三個世界"劃分理論，毛澤東始終力圖在變動中的美蘇兩極格局中，為中國爭取一個有利於國內建設、發展國際地位，爭取一個有利於廣大發展中國家維護發展權益的國際環境。在短短的20多年間，中國就實現了從贏得國家獨立到在世界格局中取得重要戰略地位的歷史性飛躍。這種符合中國自身根本利益的戰略地位，蘇聯不可能給，美國同樣不可能給，只能靠中國自己獨立自主地去爭取。

1　《中華人民共和國代表團團長鄧小平在聯大特別會議上的發言》，《人民日報》1974年4月11日第1版。

和平發展的時代主題

進入 20 世紀 80 年代和 90 年代，世界格局發生了重大變化，中國的國際戰略指導思想也發生了新的飛躍。這種飛躍，既是客觀形勢的變化造成的，也是黨的十一屆三中全會後貫徹 "一個中心、兩個基本點" 的基本路線、對新中國成立後的中國外交指導進行認真反思的結果。

1985 年 6 月 4 日，鄧小平在軍委擴大會議的講話中，曾經把黨的十一屆三中全會以後中國外交指導思想上的飛躍，概括為兩個轉變。第一個轉變，是改變了原來認為戰爭的危險很迫近的看法，得出了在較長時間內不發生大規模的世界戰爭是有可能的結論。第二個轉變，是在對外政策上，改變了過去針對蘇聯霸權主義的 "一條線" 戰略，奉行維護世界和平與發展的、真正不結盟的、獨立自主的和平外交方針。這些重大變化，使中國獨立自主和平外交進入了一個更加活躍的、全方位對外開放的新時期。

在轉變過程中，中國獨立自主外交政策的基點始終沒有變。

1982 年 8 月 21 日，鄧小平會見聯合國秘書長德奎利亞爾時指出："中國的對外政策是一貫的，有三句話，第一句話是反對霸權主義，第二句話是維護世界和平，第三句話是加強同第三世界的團結和合作，或者叫聯合和合作。"[1]

1984 年 5 月 29 日，鄧小平在會見巴西總統菲格雷多時再次重申："中國的對外政策，主要是兩句話。一句話是反對霸權主義，維護世界和平，另一句話是中國永遠屬第三世界。中國現在屬第三世界，將來發展富強起來，仍然屬第三世界。中國和所有第三世界國家的命運是共同的。中國永遠不會稱霸，永遠不會欺負別人，永遠站在第三世界一邊。"

他特別強調："中國的對外政策是獨立自主的，是真正的不結盟。中國不打美國牌，也不打蘇聯牌，中國也不允許別人打中國牌。中國對外政策的目標是爭取世界和平。在爭取和平的前提下，一心一意搞現代化建設，發展自

---

[1] 《鄧小平文選》第 2 卷，人民出版社 1994 年版，第 415 頁。

己的國家，建設具有中國特色的社會主義。"[1]

　　鄧小平根據國際形勢變化，提出和平和發展是當代世界的兩大問題。其核心，是要建立公正平等的國際經濟政治新秩序。和平問題，主要是東西關係問題，即美蘇兩大陣營的問題；發展問題，主要是南北關係問題，即發達國家與廣大發展中國家的問題。他指出："現在世界上真正大的問題，帶全球性的戰略問題，一個是和平問題，一個是經濟問題或者說發展問題。和平問題是東西問題，發展問題是南北問題。概括起來，就是東西南北四個字。南北問題是核心問題。歐美國家和日本是發達國家，繼續發展下去，面臨的是什麼問題？你們的資本要找出路，貿易要找出路，市場要找出路，不解決這個問題，你們的發展總是要受到限制的。""現在世界人口是四十幾億，第三世界人口大約佔世界人口的四分之三。其餘四分之一的人口在發達國家，包括蘇聯，東歐（東歐不能算很發達），西歐，北美，日本，大洋洲的澳大利亞、新西蘭，共十一二億人口。很難說這十一二億人口的繼續發展能夠建築在三十多億人口的繼續貧困的基礎上。當然，第三世界有一部分國家開始好起來，但還不能說已經發達了，而大部分國家仍處於極其貧困的狀態，他們的經濟問題不解決，第三世界的發展，發達國家的繼續發展，都不容易。""總之，南方得不到適當的發展，北方的資本和商品出路就有限得很，如果南方繼續貧困下去，北方就可能沒有出路。"

　　他還談到中國發展的未來："中國這麼一個大的第三世界國家，對外貿易額去年才剛剛達到五百億美元。如果對外貿易額翻一番，達到一千億美元，國際上的市場不就擴大了嗎？如果翻兩番，達到兩千億美元，中國同國際上交往的範圍不就更大了嗎？貿易總是一進一出的，如果達到翻兩番，中國容納資金、商品的能力就大了。一些發達國家擔心，如果中國發展起來，貨物出口多了，會不會影響發達國家的商品輸出？是存在一個競爭問題。但是，發達國家技術領先，高檔的東西多，怕什麼！"[2]

　　在帝國主義強權政治依然存在、美蘇兩極格局依然存在的情況下，時代

1　《鄧小平文選》第 3 卷，人民出版社 1993 年版，第 56、57 頁。

2　《鄧小平文選》第 3 卷，人民出版社 1993 年版，第 105—106 頁。

主題從戰爭與和平轉變到和平與發展，這本身就預示著一個弱肉強食、靠訴諸戰爭解決問題的時代即將結束。

1989 年 11 月 23 日，鄧小平在同坦桑尼亞客人尼雷爾會談時，談到了他對國際局勢的一個擔心："美蘇雙方會談，裁軍的勢頭不錯，我們表示歡迎。我希望冷戰結束，但現在我感到失望。可能是一個冷戰結束了，另外兩個冷戰又已經開始。一個是針對整個南方、第三世界的，另一個是針對社會主義的。西方國家正在打一場沒有硝煙的第三次世界大戰。所謂沒有硝煙，就是要社會主義國家和平演變。東歐的事情對我們說來並不感到意外，遲早要出現的。東歐的問題首先出在內部。西方國家對中國也是一樣，他們不喜歡中國堅持社會主義道路。"[1] 這些分析，可以說是入木三分。

從以上的回顧可以看到，在 20 世紀 40 年代第二次世界大戰後形成了美蘇兩極的冷戰格局後，實際上一直有一個暗流在湧動、在發展、在變化。這就是戰後席捲亞非拉美廣大區域的民族獨立和民族解放運動。這一運動一直發展，從戰後初期爭取民族獨立與解放的政治鬥爭，到 20 世紀 70 年代後，成為獨立後的廣大發展中國家爭取經濟發展權益的鬥爭。到 20 世紀 90 年代美蘇冷戰格局結束後，這些力量又加入經濟全球化和政治多極化潮流之中，成為有力地推動著世界經濟全球化、政治多極化浪潮的重要力量，成為當今活躍在聯合國舞台和國際多邊舞台上不容忽視的重要力量。中國革命的勝利，新中國的成長發展，與廣大發展中國家的命運緊密聯繫、息息相關，早已結成了心心相印、利益相同、命運相通、攜手共進的關係，形成實際上的命運共同體。這是中國提出構建人類命運共同體最大的底氣、最深厚的基礎所在。

1991 年，蘇聯局勢出現急劇變化。先是蘇聯共產黨喪失執政地位，年底蘇聯宣告解體。持續了半個世紀之久的美蘇冷戰格局隨之結束。世界進入一個新的發展時期。

就在國際局勢劇烈變動，尚未"塵埃落定"之時，鄧小平指出："國際形勢的變化怎麼看？舊的格局是不是已經完了，新的格局是不是已經定了？國

1　《鄧小平文選》第 3 卷，人民出版社 1993 年版，第 344 頁。

際上議論紛紛，國內也有各種意見。看起來，我們過去對國際問題的許多提法，還是站得住的。現在舊的格局在改變中，但實際上並沒有結束，新的格局還沒有形成。和平與發展兩大問題，和平問題沒有得到解決，發展問題更加嚴重。"

在變化不定的國際形勢面前，他特別強調"冷靜觀察"，指出："對國際形勢還要繼續觀察，有些問題不是一下子看得清楚，總之不能看成一片漆黑，不能認為形勢惡化到多麼嚴重的地步，不能把我們說成是處在多麼不利的地位。實際上情況並不盡然。世界上矛盾多得很，大得很，一些深刻的矛盾剛剛暴露出來。我們可利用的矛盾存在著，對我們有利的條件存在著，機遇存在著，問題是要善於把握。"

他強調："我們對外政策還是兩條，第一條是反對霸權主義、強權政治，維護世界和平；第二條是建立國際政治新秩序和經濟新秩序。這兩條要反覆講。具體的做法，還是要堅持同所有國家都來往，對蘇聯對美國都要加強來往。不管蘇聯怎麼變化，我們都要同它在和平共處五項原則的基礎上從容地發展關係，包括政治關係，不搞意識形態的爭論。"[1]

鄧小平這些從自身豐富的政治閱歷和鬥爭經驗中得出的指導性意見，對於中國在劇烈變化的世界局勢面前保持沉著堅毅而穩健的步伐，起了關鍵的作用。

當時，中國一方面在經受東歐劇變等國際局勢變動的考驗，另一方面也在經受美國等西方國家對中國制裁的挑戰。1990 年 7 月 11 日，鄧小平在同加拿大前總理特魯多會談時指出："中國的特點是建國四十多年來大部分時間是在國際制裁之下發展起來的。我們別的本事沒有，但抵抗制裁是夠格的。所以我們並不著急，也不悲觀，泰然處之。儘管東歐、蘇聯出了問題，儘管西方七國制裁我們，我們堅持一個方針：同蘇聯繼續打交道，搞好關係；同美國繼續打交道，搞好關係；同日本、歐洲國家也繼續打交道，搞好關係。這一方針，一天都沒有動搖過。中國度量是夠大的，這點小風波吹不倒我們。"他特別強調："現在確實需要以和平共處五項原則作為新的國際政治、經濟秩

1　《鄧小平文選》第 3 卷，人民出版社 1993 年版，第 353、354 頁。

序的準則。現在出現的新的霸權主義、強權政治，是不能長久維持的。少數國家壟斷一切，這種形式過去多少年沒有解決任何問題，今後也不能解決任何問題。"[1]

同年 12 月 24 日，鄧小平又在一次談話中指出："現在國際形勢不可測的因素多得很，矛盾越來越突出。過去兩霸爭奪世界，現在比那個時候要複雜得多，亂得多。怎樣收拾，誰也沒有個好主張。第三世界有一些國家希望中國當頭。但是我們千萬不要當頭，這是一個根本國策。這個頭我們當不起，自己力量也不夠。當了絕無好處，許多主動都失掉了。中國永遠站在第三世界一邊，中國永遠不稱霸，中國也永遠不當頭。但在國際問題上無所作為不可能，還是要有所作為。作什麼？我看要積極推動建立國際政治經濟新秩序。"

他還表示："最關緊要的是有一個團結的領導核心。這樣保持五十年，六十年，社會主義中國將是不可戰勝的。"[2]

到了 1991 年夏天，國際局勢變化的大趨勢，已經看得很清楚了。8 月 20 日，鄧小平在談話中指出："現在世界發生大轉折，就是個機遇。" 他認為，現在中國局勢穩定，關鍵是不能過分強調 "穩" 而喪失時機。他強調："堅持改革開放是決定中國命運的一招。""根本的一條是改革開放不能丟，堅持改革開放才能抓住時機上台階。""我們不抓住機會使經濟上一個台階，別人會跳得比我們快得多，我們就落在後面了。"[3]

1992 年初，鄧小平在南方談話中，再次表達了抓住國際國內有利時機加快發展自己的強烈願望，並且對美蘇冷戰格局結束後的世界局勢表明了自己的判斷："世界和平與發展這兩大問題，至今一個也沒有解決。社會主義中國應該用實踐向世界表明，中國反對霸權主義、強權政治，永不稱霸。中國是維護世界和平的堅定力量。"[4]

歷史上的重大轉折期，並不多見。處置得當，順應大勢，就會如魚得

1　《鄧小平文選》第 3 卷，人民出版社 1993 年版，第 359、360 頁。

2　《鄧小平文選》第 3 卷，人民出版社 1993 年版，第 363、365 頁。

3　《鄧小平文選》第 3 卷，人民出版社 1993 年版，第 368、369 頁。

4　《鄧小平文選》第 3 卷，人民出版社 1993 年版，第 383 頁。

水、如虎添翼。處置不當，逆水行舟，就容易陷入被動，甚至捲入旋渦。鄧小平在這半個世紀一遇的轉折關頭，果斷提出冷靜觀察、穩住陣腳、沉著應付、韜光養晦、善於守拙、決不當頭、有所作為等方針，指引中國這條航船駛出了一個個激流險灘。正所謂"柳暗花明又一村"。

毛澤東在美蘇冷戰剛剛拉開帷幕、國民黨在美國支持下發動全面內戰之時，提出了"中間地帶"理論，隨後又在長期觀察國際局勢中不斷發展，形成了"三個世界"劃分理論。

鄧小平在半個世紀之後，美蘇冷戰格局結束、中國走上改革開放道路之時，經過審慎觀察，又提出抓住有利時機加快發展自己，重申堅持改革開放不動搖。

歷史不會有簡單的重複，卻會有驚人的相似之處。毛澤東和鄧小平，在世界格局發生重大變化的轉折關頭，面臨的形勢不同，解決的問題不同，做出的判斷和決斷也各不相同。但有一點是貫通其中的，這就是中國是維護世界和平的堅定力量，永遠不稱霸，永遠屬發展中國家，堅定不移反對霸權主義、強權政治。

這一點，在中國獨立自主和平外交中，在中國獨立自主和平發展道路中，始終是一條紅線貫穿其中，直至構建人類命運共同體的提出。這也成為深入理解構建人類命運共同體思想的一把鎖鑰。偏離開這條紅線，中國為什麼會在 21 世紀提出構建人類命運共同體思想，就得不到正解。

建立和平平等合作繁榮的新世界

如果說，新中國在很長一段時期裏，總的是處於美蘇兩極格局之下的話，那麼，從蘇聯解體、東歐劇變後，中國則面對一個更加多變的世界。現在看，這個時期，並不是一個穩定的時期，而是一個由短暫的單極格局世界向一個由多邊主義主導的、更加網絡化多極化平等化世界的過渡。

1992 年 10 月 12 日，江澤民在黨的十四大報告中分析說："當今世界正處在大變動的歷史時期。兩極格局已經終結，各種力量重新分化組合，世界正朝著多極化方向發展。新格局的形成將是長期的、複雜的過程。"在這種不確定性中，報告強調了三個基本趨向。其一，"和平與發展仍然是當今世界兩大主題"。其二，"霸權主義、強權政治的存在，始終是解決和平與發展問題的主要障礙"。其三，"世界要和平，國家要發展，社會要進步，經濟要繁榮，生活要提高，已成為各國人民的普遍要求"。[1]

在不確定性加大的世界局勢下，一方面牢牢把握對未來發展趨勢具有決定意義的基本因素，另一方面敏銳把握對未來發展具有先兆性意義的新趨勢，是中國共產黨觀察國際問題的重要方法。

1991 年初爆發的海灣戰爭，以陸海空天電一體化的方式，展示出現代戰爭向信息化高科技戰爭轉變的新趨勢。以江澤民同志為核心的中共中央敏銳地抓住了這一趨勢，進行深入的專題研究，在 1993 年 1 月召開的中央軍委擴大會議上，提出"必須把未來軍事鬥爭準備的基點放在打贏可能發生的現代技術特別是高技術條件下的局部戰爭上"的戰略決策，標誌著國防戰略方針的重大調整。

在這次會議上，江澤民進一步分析了正在變化中的國際局勢。他在講話中明確了三點判斷：第一，"當今世界正處於大變動的歷史時期"。"世界正朝著多極化方向發展，國際上相互制衡的因素增多，和平力量進一步增長。"第二，"在新格局的形成過程中，世界各種矛盾都在深入發展，各種力量正在重新分化組合，各種重大戰略關係也在調整變化"。第三，"與世界其他地區相比，亞太地區形勢保持了相對穩定，各國的經濟聯繫和合作日趨緊密，原有的熱點問題已經或正在實現政治解決"。

第一個判斷，說明"目前國際形勢對我國發展是有利的"。第二個判斷，說明"只要我們善於把握好一些大的戰略關係，善於利用一些重要矛盾，就能夠靈活應付、舉措自如，適應國際局勢的發展，進一步提高我國的國際地位"，第三個判斷，說明有條件有可能集中精力加快發展國民經濟。[2]

在作了上述分析和判斷後，江澤民還深刻地指出："通觀我國的安全環境，可以看出，不論是政治問題還是經濟問題，不論是外部軍事威脅還是完

1　《江澤民文選》第 1 卷，人民出版社 2006 年版，第 241、242 頁。
2　《江澤民文選》第 1 卷，人民出版社 2006 年版，第 278、279、280 頁。

成祖國統一的障礙問題和國內不穩定因素，大都直接或間接地同霸權主義和強權政治有關，大都可以看到霸權主義和強權政治的影子。對此，我們在戰略上必須深謀遠慮。對損害我們民族利益和國家主權的行為要堅決進行鬥爭。當然，鬥爭的方法要靈活掌握。"[1]

1995 年，是聯合國成立 50 週年。10 月 24 日，江澤民在美國紐約聯合國總部舉行的聯合國成立 50 週年特別紀念會議上，發表題為《讓我們共同締造一個更美好的世界》的講話。他肯定了聯合國憲章的制定和聯合國組織的創建，"反映了人類要求建立一個和平、平等、合作、繁榮的新世界的美好理想"，並指出："任何國家，自恃強大，迷信武力，謀求霸權，推行擴張政策，註定要失敗。製造藉口侵犯他國主權，干涉他國內政，終將自食其果。不顧當代世界豐富多彩的客觀實際，企圖把自己的社會制度、發展模式和價值觀念強加於人，動輒以孤立、制裁相威脅，這種霸道行為只能以損人開始、以害己告終。憑藉不公正不合理的國際經濟秩序，把自己的發展建立在他國貧困落後的基礎上，是不得人心的。企圖包攬世界事務，主宰別國人民命運的做法，越來越行不通了。"[2]

同年 11 月 20 日，江澤民在亞太經合組織第三次領導人非正式會議上的講話中，提出一個大膽的預言："如果說發展中國家在政治上的崛起是二十世紀下半葉國際局勢演變的一大特徵，那麼它們在經濟上的騰飛則將是二十一世紀世界新格局的一個重要標誌。" 這是因為，"發展中國家的興盛，還將為多極化格局奠定健康的基礎，為公正合理的國際經濟新秩序的建立提供有利條件，使持久的世界和平得到更加有力的保障。"[3]

綜合以上對具有顯著不確定性的國際局勢中的中國立場，可以清晰地看到三點確定性。一是反對霸權主義和強權政治，維護世界和平發展；二是將廣大發展中國家的政治崛起與經濟騰飛視為增強未來世界穩定性的重要積極因素；三是中國決不謀求霸權，中國堅持和平發展道路，永遠屬發展中國家。

1　《江澤民文選》第 1 卷，人民出版社 2006 年版，第 282 頁。

2　《江澤民文選》第 1 卷，人民出版社 2006 年版，第 476、478 頁。

3　《在亞太經合組織領導人非正式會議上江澤民主席發表講話》，《人民日報》1995 年 11 月 20 日第 1 版。

這一原則立場，在 1997 年 9 月黨的十五大報告中，2002 年 11 月黨的十六大報告中，都得到反覆的重申與強調。2007 年 10 月，胡錦濤在黨的十七大報告中強調指出：中國將始終不渝走和平發展道路。這是中國政府和人民根據時代發展潮流和自身根本利益做出的戰略抉擇。我們主張，各國人民攜手努力，推動建設持久和平、共同繁榮的和諧世界。

在美蘇冷戰格局剛剛結束時，許多人以為最大的贏家是美國。西方國家特別是美國，更是把蘇聯解體、東歐劇變和冷戰結束，看作對社會主義陣營和平演變的勝利，看作美國和北約在軍備競賽零和遊戲中的勝利，看作社會主義在 20 世紀的 "終結"。

其實，在對冷戰歷史的不同解讀中，就滲透著兩種完全不同的國際關係理論。

用傳統的國強必霸理論來解讀冷戰歷史，就會得出上述結論，並且會繼續以強權政治理論、國強必霸邏輯和冷戰思維，來看待冷戰後的世界格局，並用 "讓美國再次偉大" 等口號和單邊主義，維持美國獨大的國際格局。

而用站在廣大發展中國家立場的國際政治多極化理論，來解讀冷戰歷史，則認為整個世界發展到 20 世紀與 21 世紀之交，世界多極化是不以人的意志為轉移的客觀大趨勢，冷戰格局的結束，意味著極少數強國主宰世界各國命運的歷史的終結，和平發展合作共贏正在成為人類發展的客觀趨勢。這種國際政治多極化理論，表現在國際經濟政治關係上，便是多邊主義主張。

事實上，國際格局從冷戰結束後發展至今，人們等到的，不是一個美國獨大的單邊主義世界，而是一個具有更多不確定性的世界百年未有之大變局。

造成這個大變局的一個重要原因，正是美國奉行單邊主義，繼續維持世界霸權的結果。

冷戰結束後，美國既高估了自己的勝利，也高估了自身的作用和影響力，妄自尊大地以 "反對恐怖主義" 為旗幟，展開了新一輪世界攻勢。2001 年發生的 "9·11" 事件，也恰好給它以 "挾天子以令諸侯" 的有利道義地位。

然而好景不長。2001 年 10 月發動的阿富汗戰爭，2003 年 3 月發動的伊拉克戰爭，使它深陷國外戰爭泥潭，極大地暴露出多年來的致命戰略弱點：戰線過長，力不從心。由此促成它實行戰略收縮，並逐步向更多關注國內問題轉變。2008 年以來的國際金融危機，更促成了這種轉變。

總之，美國的戰略收縮與影響力下降，是促成世界百年未有之大變局的重要因素。但這絕非是唯一因素。

構建人類命運共同體

歷史發展的很多時候，往往形勢比人強。促成世界百年未有之大變局到來的最重要因素，還是和平發展合作共贏成為時代發展的大趨勢。

在世界經濟上，美國依然佔據並壟斷著高端產業鏈與金融鏈，它的經濟發展困難重重，但還在繼續增長。這一點沒有根本變化。變化的是，發展中國家特別是金磚國家在迅速發展，它們在世界經濟中的份額在增加。這不能不使習慣於"贏者通吃"的美國，感覺到危機。危機感不是來自自身衰退，而是來自對手的成長。更使它感到受威脅的是，在高端產業鏈與金融鏈中，開始有來自金磚國家企業嶄露頭角。這其實還遠夠不上威脅，但在"贏者通吃"的美國看來，已經讓人無法忍受。

美國就是這樣，用一種霸權主義的眼光看待國際上的經濟關係。所謂國際經濟秩序，就是要讓其他國家，包括它的盟友在內，永遠居於國際產業鏈、金融鏈、供應鏈的下端。稍有不利於它的變化，就要用經濟霸凌主義的超經濟強權來打壓。

然而，如今世界已經形成你中有我、我中有你的經濟依存關係。這種關係一旦形成，就不可能是哪一家獨大可以通吃的。從損害他人開始，必將以害己告終。美國挑起的中美經貿摩擦，就是這方面的典型案例。

在世界政治關係上，也有類似的情況。當今世界上的一系列國際組織，包括聯合國、世界貿易組織、世界衛生組織等，都是在美國推動下建立起來的。毫無疑問，當今世界所有重要問題，都需要美國的參與。這是客觀事實，也是世界格局長期發展的結果。與此同時，同樣不爭的客觀事實，同樣是世界格局長期發展的結果，就是廣大發展中國家在這些國際組織中的話語權與影響力也在增強。如果拋棄霸權主義和強權政治的思維，大國力量與發展中國家力量，通過國際組織和多邊合作機制，完全可以找到合作共贏的方式，達成合作共贏的共識。然而，習慣了"贏者通吃"規則的美國，從強權政治與零和遊戲的慣性思維出發，把這些都看作對自身地位的挑戰，最終做出"退群"的選擇。

2017 年 1 月 23 日，美國總統特朗普簽署行政命令，正式宣佈美國退出跨太平洋夥伴關係協定（TPP）。

2017 年 10 月 12 日，美國國務院宣佈，美國決定退出聯合國教科文組織。

2018 年 5 月 8 日，美國總統特朗普簽署關於美國退出伊朗核問題全面協議的文件。

2019 年 11 月 4 日，美國國務卿蓬佩奧發佈聲明稱，美國已正式通知聯合國將退出巴黎氣候協定。

2020 年 7 月 6 日，美國正式通知聯合國秘書長古特雷斯，將於 2021 年 7 月退出世界衛生組織。

這一系列的"退群"決定，當然會給這些國際協議與組織的正常運轉帶來一些困難，但更大的傷害者還是美國自身。這就是美國國際影響力的下降。

所有這些亂象與矛盾，都包含著一個明確的指向，在世界大變局中，要想求得各個國家平等相處，就必須從轉變理念破局，徹底摒棄國強必霸邏輯、冷戰思維和"贏者通吃"法則。

在這一背景下，習近平總書記提出構建人類命運共同體主張，既是對如何應對世界百年未有之大變局的積極回應，也是繼毛澤東"三個世界"劃分理論之後，對真正屬廣大發展中國家的當代國際關係理論的進一步創新發展，也為樹立順應和平發展合作共贏世界潮流的國際新理念帶來了希望。

人類命運共同體思想，是在世界百年未有之大變局中產生的。因此，它首先要回答的，就是這個大變局究竟變在哪裏？給人類帶來的希望在哪裏？

前面提到，2013 年 3 月 23 日，習近平同志在擔任國家主席後出訪的第一個國家是俄羅斯，正式發表的第一個演講是在莫斯科國際關係學院。

在這次演講中，他著重描述了我們面對的是一個什麼樣的時代、一個什麼樣的世界。他著重強調了以下四點：

——"這個世界，和平、發展、合作、共贏成為時代潮流，舊的殖民體系土崩瓦解，冷戰時期的集團對抗不復存在，任何國家或國家集團都再也無法單獨主宰世界事務。"

——"這個世界，一大批新興市場國家和發展中國家走上發展的快車道，十幾億、幾十億人口正在加速走向現代化，多個發展中心在世界各地區逐漸形成，國際力量對比繼續朝著有利於世界和平與發展的方向發展。"

——"這個世界，各國相互聯繫、相互依存的程度空前加深，人類生活在同一個地球村裏，生活在歷史和現實交匯的同一個時空裏，越來越成為你中有我、我中有你的命運共同體。"

——"這個世界，人類依然面臨諸多難題和挑戰，國際金融危機深層次影響繼續顯現，形形色色的保護主義明顯升溫，地區熱點此起彼伏，霸權主義、強權政治和新干涉主義有所上升，軍備競爭、恐怖主義、網絡安全等傳統安全威脅和非傳統安全威脅相互交織，維護世界和平、促進共同發展依然任重道遠。"[1]

在中華民族偉大復興中國夢提出後，一方面迫切需要從全面建設小康社會、全面深化改革、全面依法治國、全面從嚴治黨等方面，破解國內發展難題，轉變發展理念，實現轉型發展；另一方面，也迫切需要面對複雜多變的世界局勢，進一步拓展和深化戰略機遇期，實現外交格局的戰略性調整。

在這一背景下，2014 年 11 月召開的中央外事工作會議，習近平總書記在講話中對國際局勢做出分析："當今世界是一個變革的世界，是一個新機遇新挑戰層出不窮的世界，是一個國際體系和國際秩序深度調整的世界，是一個國際力量對比深刻變化並朝著有利於和平與發展方向變化的世界。我們看世界，不能被亂花迷眼，也不能被浮雲遮眼，而要端起歷史規律的望遠鏡去細心觀望。綜合判斷，我國發展仍然處於可以大有作為的重要戰略機遇期。我們最大的機遇就是自身不斷發展壯大，同時也要重視各種風險和挑戰，善於化危為機、轉危為安。"

在迅速變化的世界形勢中，既要有敏銳的眼光，戰略定力。他特別強調要把握好以下五個方面的變與不變："要充分估計國際格局發展演變的複雜

1　習近平：《論堅持推動構建人類命運共同體》，中央文獻出版社 2018 年版，第 5—6 頁。

性，更要看到世界多極化向前推進的態勢不會改變。要充分估計世界經濟調整的曲折性，更要看到經濟全球化進程不會改變。要充分估計國際矛盾和鬥爭的尖銳性，更要看到和平與發展的時代主題不會改變。要充分估計國際秩序之爭的長期性，更要看到國際體系變革方向不會改變。要充分估計我國周邊環境中的不確定性，更要看到亞太地區總體繁榮穩定的態勢不會改變。"

在此基礎上，習近平總書記提出：中國特色大國外交，"要高舉和平、發展、合作、共贏的旗幟，統籌國內國際兩個大局，統籌發展安全兩件大事，牢牢把握堅持和平發展、促進民族復興這條主線，維護國家主權、安全、發展利益，為和平發展營造更加有利的國際環境，維護和延長我國發展的重要戰略機遇期，為實現'兩個一百年'奮鬥目標、實現中華民族偉大復興的中國夢提供有力保障"[1]。

這以後，國際局勢進一步深度調整變化，單邊主義、逆全球化思潮、霸權主義都有不同程度的發展。2017年1月18日，習近平主席在聯合國日內瓦總部的演講中，著重從世界百年發展歷史與當代世界兩個角度，闡明他對"我們從哪裏來、現在在哪裏、將到哪裏去"這個"最基本的問題"的思考。

從世界百年發展歷史的角度，他強調："回首最近100多年的歷史，人類經歷了血腥的熱戰、冰冷的冷戰，也取得了驚人的發展、巨大的進步。""這100多年全人類的共同願望，就是和平與發展。然而，這項任務至今遠遠沒有完成。"

從當代世界的角度，他強調當今世界的兩個方面。一方面是充滿和平發展新希望："人類正處在大發展大變革大調整時期。世界多極化、經濟全球化深入發展，社會信息化、文化多樣化持續推進，新一輪科技革命和產業革命正在孕育成長，各國相互聯繫、相互依存，全球命運與共、休戚相關，和平力量的上升遠遠超過戰爭因素的增長，和平、發展、合作、共贏的時代潮流更加強勁。"另一方面，是對和平發展的新挑戰："人類也正處在一個挑戰層出不窮、風險日益增多的時代。世界經濟增長乏力，金融危機陰雲不散，發展鴻溝日益突出，兵戎相見時有發生，冷戰思維和強權政治陰魂不散，恐怖

1　習近平：《論堅持推動構建人類命運共同體》，中央文獻出版社2018年版，第199、198頁。

主義、難民危機、重大傳染性疾病、氣候變化等非傳統安全威脅持續蔓延。"

解決這些問題的出路在哪裏？他在演講中強調人類的整體利益："宇宙只有一個地球，人類共有一個家園。""珍愛和呵護地球是人類的唯一選擇。"[1] 正是從這個基點出發，他重申並闡述了構建人類命運共同體思想。

在這次演講的前一天，2017 年 1 月 17 日，習近平主席出席世界經濟論壇 2017 年年會開幕式，並發表演講。他在演講中著重從經濟全球化的角度，分析了當今世界問題的根源。他強調："困擾世界的很多問題，並不是經濟全球化造成的。""歷史地看，經濟全球化是社會生產力發展的客觀要求和科技進步的必然結果，不是哪些人、哪些國家人為造出來的。經濟全球化為世界經濟增長提供了強勁動力，促進了商品和資本流動、科技和文明進步、各國人民交往。"他也注意到問題的另一面："我們也要承認，經濟全球化是一把'雙刃劍'。當世界經濟處於下行期的時候，全球經濟'蛋糕'不容易做大，甚至變小了，增長和分配、資本和勞動、效率和公平的矛盾就會更加突出，發達國家和發展中國家都會感受到壓力和衝擊。反全球化的呼聲，反映了經濟全球化進程的不足，值得我們重視和深思。"解決問題的出路，不是"反全球化"，"我們不能就此把經濟全球化一棍子打死，而是要適應和引導好經濟全球化，消解經濟全球化的負面影響，讓它更好惠及每個國家、每個民族"。

接下來，他又進一步分析了當今世界經濟問題的根源究竟在哪裏。他指出："世界經濟長期低迷，貧富差距、南北差距問題更加突出。究其根源，是經濟領域三大突出矛盾沒有得到有效解決。"一是全球增長動能不足，難以支撐世界經濟持續穩定增長。二是全球經濟治理滯後，難以適應世界經濟新變化。三是全球發展失衡，難以滿足人們對美好生活的期待。

對此，習近平主席提出四點倡議：堅持創新驅動，打造富有活力的增長模式；堅持協同聯動，打造開放共贏的合作模式；堅持與時俱進，打造公正

1　習近平：《論堅持推動構建人類命運共同體》，中央文獻出版社 2018 年版，第 414—415 頁。

合理的治理模式；堅持公平包容，打造平衡普惠的發展模式。[1]

2019 年 3 月 26 日，習近平主席在中法全球治理論壇閉幕式上的講話中，分析了當今世界全球治理形勢，並提出中國政府的全球治理主張。

關於全球治理形勢，他用四種赤字來概括。第一是治理赤字。全球熱點問題此起彼伏、持續不斷，氣候變化、網絡安全、難民危機等非傳統安全威脅持續蔓延，保護主義、單邊主義抬頭，全球治理體系和多邊機制受到衝擊。第二是信任赤字。當前，國際競爭摩擦呈上升之勢，地緣博弈色彩明顯加重，國際社會信任和合作受到侵蝕。第三是和平赤字。人類今天所處的安全環境仍然堪憂，地區衝突和局部戰爭持續不斷，恐怖主義仍然猖獗，不少國家民眾特別是兒童飽受戰火摧殘。第四是發展赤字。逆全球化思潮正在發酵，保護主義的負面效應日益顯現，收入分配不平等、發展空間不平衡已成為全球經濟治理面臨的最突出問題。

對此，他提出四項主張。第一，堅持公正合理，破解治理赤字。堅持共商共建共享的全球治理觀，堅持全球事務由各國人民商量著辦，積極推進全球治理規則民主化。繼續高舉聯合國這面多邊主義旗幟，充分發揮世界貿易組織、國際貨幣基金組織、世界銀行、二十國集團、歐盟等全球和區域多邊機制的建設性作用，共同推動構建人類命運共同體。

第二，堅持互商互諒，破解信任赤字。信任是國際關係中最好的粘合劑。要堅持正確義利觀，以義為先、義利兼顧，構建命運與共的全球夥伴關係。要加強不同文明交流對話，加深相互理解和彼此認同，讓各國人民相知相親、互信互敬。

第三，堅持同舟共濟，破解和平赤字。要秉持共同、綜合、合作、可持續的新安全觀，摒棄冷戰思維、零和博弈的舊思維，摒棄弱肉強食的叢林法則，以合作謀和平、以合作促安全。

第四，堅持互利共贏，破解發展赤字。經濟全球化是推動世界經濟增長的引擎。要堅持創新驅動，打造富有活力的增長模式；堅持協同聯動，打造

---

1 習近平：《論堅持推動構建人類命運共同體》，中央文獻出版社 2018 年版，第 401—402、403—404、405—406 頁。

開放共贏的合作模式；堅持公平包容，打造平衡普惠的發展模式，讓世界各國人民共享經濟全球化發展成果。

以上這些主張，歸結到一點，就是"共同努力把人類前途命運掌握在自己手中"。[1]

進入 2020 年，新冠肺炎疫情席捲全球，成為百年來世界最嚴重的公共安全事件。在抗擊新冠肺炎疫情中，世界各國既有共同攜手的需求與願望，又不斷受到美國霸權主義、強權政治和單邊主義的嚴重阻礙。美國還聯合少數國家，試圖從高科技應用、人文交流、外交關係等領域打壓中國發展。

在這一背景下，2020 年 5 月 18 日，習近平主席在第 73 屆世界衛生大會視頻會議開幕式上發表致辭，提出"團結合作戰勝疫情，共同構建人類衛生健康共同體"倡議。

2020 年 9 月 21 日，習近平主席在聯合國成立 75 週年紀念峰會上發表講話，高度評價聯合國成立 75 年走過的不平凡歷程，指出："人類已經進入互聯互通的新時代，各國利益休戚相關、命運緊密相連。全球性威脅和挑戰需要強有力的全球性應對。"

對於聯合國在後疫情時代如何發揮作用，習近平主席提出四點建議：第一，主持公道；第二，厲行法治；第三，促進合作；第四，聚焦行動。他還指出："大小國家相互尊重、一律平等是時代進步的要求，也是聯合國憲章首要原則。任何國家都沒有包攬國際事務、主宰他國命運、壟斷發展優勢的權力，更不能在世界上我行我素，搞霸權、霸凌、霸道。""單邊主義沒有出路。""各國關係和利益只能以制度和規則加以協調，不能誰的拳頭大就聽誰的。""靠冷戰思維，以意識形態劃線，搞零和遊戲，既解決不了本國問題，更應對不了人類面臨的共同挑戰。"

他在講話中，表明了中國一如既往的堅定立場："我們將始終做多邊主義的踐行者，積極參與全球治理體系改革和建設，堅定維護以聯合國為核心的國際體系，堅定維護以國際法為基礎的國際秩序，堅定維護聯合國在國際事

1　以上參見習近平《為建設更加美好的地球家園貢獻智慧和力量——在中法全球治理論壇閉幕式上的講話》（2019 年 3 月 26 日），《人民日報》2019 年 3 月 27 日第 3 版。

務中的核心作用。""我們要做的是，以對話代替衝突，以協商代替脅迫，以共贏代替零和，把本國利益同各國共同利益結合起來，努力擴大各國共同利益匯合點，建設和諧合作的國際大家庭。"[1]

總之，在 2013 年到 2020 年的 8 年時間裏，習近平總書記充分利用各種國際場合，深入分析當今世界形勢與癥結所在，闡明人類命運共同體構想，闡明中國堅持和平發展道路的真誠願望。

習近平總書記代表中國共產黨和中國政府提出並反覆倡導構建人類命運共同體，既是基於中國永遠不稱霸，永遠屬發展中國家，永遠做世界和平的堅定維護者和當代國際秩序的參與者、維護者和改革者，堅定不移走和平發展道路的原則立場，也是基於習近平外交思想。

如前所述，這一原則立場，從毛澤東到鄧小平再到新時代的中國，始終沒有改變。世界上沒有任何一個國家，能在長達半個多世紀的時間裏，在橫跨美蘇冷戰格局時代與後冷戰時代直至當今世界百年未有之大變局中，在急劇變動的世界局勢下，始終不渝地堅持自己的立國原則與外交基點。這種負責任大國的態度與真誠，贏得了廣大發展中國家及國際社會的普遍信任。

同樣地，習近平新時代中國特色社會主義外交思想，繼承和發展了毛澤東外交思想和鄧小平外交思想。儘管許多內容隨著時代的發展變化，有了很大發展變化，許多概念也和過去有了很大不同，但其精神實質是始終如一的。這就是堅持獨立自主立國原則，將堅持多邊主義、反對霸權主義和強權政治、維護世界和平作為自己的神聖使命，為維護廣大發展中國家自身權益，為創造和平發展合作共贏的人類社會提供理論支撐。它的立足點，和毛澤東外交思想、鄧小平外交思想一樣，都是獨立自主，都是始終站在廣大發展中國家一邊，都是始終站在時代潮流的前頭，是真正屬發展中國家的國際關係理論。

2018 年 6 月 22 日，習近平總書記在中央外事工作會議上，全面闡述了新時代中國特色社會主義外交思想，並指出了這一外交思想觀察國際問題的

1　以上參見習近平《在聯合國成立 75 週年紀念峰會上的講話》（2020 年 9 月 21 日），《人民日報》2020 年 9 月 22 日第 2 版。

基本方法，這就是正確的歷史觀、大局觀、角色觀。

他指出："所謂正確歷史觀，就是不僅要看現在國際形勢什麼樣，而且要端起歷史望遠鏡回顧過去、總結歷史規律，展望未來、把握歷史前進大勢。"

"所謂正確大局觀，就是不僅要看到現象和細節怎麼樣，而且要把握本質和全局，抓住主要矛盾和矛盾的主要方面，避免在林林總總、紛紜多變的國際亂象中迷失方向、捨本逐末。"

"所謂正確角色觀，就是不僅要冷靜分析各種國際現象，而且要把自己擺進去，在我國同世界的關係中看問題，弄清楚在世界格局演變中我國的地位和作用，科學制定我國對外方針政策。"

他強調觀察國際問題要堅持"兩點論"："縱觀人類歷史，世界發展從來都是各種矛盾相互交織、相互作用的綜合結果。"深入分析世界轉型過渡期國際形勢的演變規律，"既要把握世界多極化加速推進的大勢，又要重視大國關係深入調整的態勢。既要把握經濟全球化持續發展的大勢，又要重視世界經濟格局深刻演變的動向。既要把握國際環境總體穩定的大勢，又要重視國際安全挑戰錯綜複雜的局面。既要把握各種文明交流互鑒的大勢，又要重視不同思想文化相互激盪的現實"。

他還強調指出："當前，我國處於近代以來最好的發展時期，世界處於百年未有之大變局，兩者同步交織、相互激盪。做好當前和今後一個時期對外工作具備很多國際有利條件。"[1]

這些重要闡述，為人類命運共同體構想增添了歷史的和理論的厚重感，也為構建人類命運共同體提供了方法論依據。

構建人類命運共同體，既是一個對未來世界的構想與倡議，對中國和廣大發展中國家來說，又是一種推動世界朝著和平發展合作共贏方向發展的實踐。

2013 年 9 月和 10 月，習近平總書記先後提出推動"絲綢之路經濟帶"倡議和推動"海上絲綢之路"倡議，使"一帶一路"建設成為推動構建人類命

1　習近平：《論堅持推動構建人類命運共同體》，中央文獻出版社 2018 年版，第 538—539、539—540 頁。

運共同體的重要實踐平台。

"絲綢之路經濟帶"倡議,是習近平主席2013年9月7日在哈薩克斯坦納扎爾巴耶夫大學演講時提出的。他說:"為了使我們歐亞各國經濟聯繫更加緊密、相互合作更加深入、發展空間更加廣闊,我們可以用創新的合作模式,共同建設'絲綢之路經濟帶'。這是一項造福沿途各國人民的大事業。我們可從以下幾個方面先做起來,以點帶面,從線到片,逐步形成區域大合作。"

他提議先做起來的方面,一共有五項。一是政策溝通。各國可以就經濟發展戰略和對策進行充分交流,本著求同存異原則,協商制訂推進區域合作的規劃和措施,在政策和法律上為區域經濟融合"開綠燈"。二是道路聯通。盡快簽署並落實上海合作組織關於交通便利化協定,打通從太平洋到波羅的海的運輸大通道。在此基礎上,完善跨境交通基礎設施,逐步形成連接東亞、西亞、南亞的交通運輸網絡,為各國經濟發展和人員往來提供便利。三是貿易暢通。各方應該就貿易和投資便利化問題進行探討並做出適當安排,消除貿易壁壘,降低貿易和投資成本,提高區域經濟循環速度和質量,實現互利共贏。四是貨幣流通。如果各國在經常項下和資本項下實現本幣兌換和結算,就可以大大降低流通成本,增強抵禦金融風險能力,提高本地區經濟國際競爭力。五是民心相通。國之交在於民相親。搞好上述領域合作,必須得到各國人民支持,必須加強人民友好往來,增進相互了解和傳統友誼,為開展區域合作奠定堅實民意基礎和社會基礎。[1]

"海上絲綢之路"倡議,是習近平主席2013年10月3日在印度尼西亞國會演講時提出的。他指出:"東南亞地區自古以來就是'海上絲綢之路'的重要樞紐,中國願同東盟國家加強海上合作,使用好中國政府設立的中國—東盟海上合作基金,發展好海洋合作夥伴關係,共同建設'21世紀海上絲綢之路'。中國願通過擴大同東盟國家各領域務實合作,互通有無、優勢互補,同東盟國家共享機遇、共迎挑戰,實現共同發展、共同繁榮。"[2]

1　習近平:《論堅持推動構建人類命運共同體》,中央文獻出版社2018年版,第45—46頁。

2　習近平:《論堅持推動構建人類命運共同體》,中央文獻出版社2018年版,第52—53頁。

"一帶一路"倡議,由於以和平發展合作共贏為宗旨,遵循平等互利原則,得到沿線各國的熱烈響應,取得重大進展。在"一帶一路"倡議推動下,逐漸形成新亞歐大陸橋經濟走廊、中蒙俄經濟走廊、中國—中亞—西亞經濟走廊、中國—中南半島經濟走廊、中巴經濟走廊、孟中印緬經濟走廊等,不僅將充滿經濟活力的東亞經濟圈與發達的歐洲經濟圈聯繫在一起,更暢通了連接波斯灣、地中海和波羅的海的合作通道,為地處"一帶一路"沿線、位於亞歐大陸腹地的廣大國家提供了發展機遇。在 2020 年突發新冠肺炎疫情、國際空中通道受阻的情況下,新亞歐大陸橋等經濟貿易通道,在運送緊急抗疫物資、維繫正常經貿往來等方面,發揮了重要作用。

　　中國政府還於 2017 年 5 月和 2019 年 4 月,兩次倡導召開"一帶一路"國際合作高峰論壇,規劃政策溝通、設施聯通、貿易暢通、資金融通、民心相通的合作藍圖,推動"一帶一路"建設。

　　將構建人類命運共同體付諸實踐,需要有強有力的國際資金投入做後盾,需要有能夠打破國際金融壟斷、各參與國普遍受惠的多邊開發銀行。

　　在中國政府的倡導和推動下,2015 年 12 月 25 日,亞洲基礎設施投資銀行正式成立。2016 年 1 月 16 日,正式開業。按照多邊開發銀行模式和原則運作,堅持國際性、規範性、高標準,實現良好開局。成員國從最初的 57 個發展到 2020 年 7 月的 103 個,先後為成員提供了近 200 億美元的基礎設施投資,正在發展成為促進成員共同發展、推動構建人類命運共同體的新平台。

　　2020 年 7 月 28 日,習近平主席在亞洲基礎設施投資銀行第五屆理事會年會視頻會議開幕式上致辭,對亞投行發展提出四點希望。一是聚焦共同發展,把亞投行打造成推動全球共同發展的新型多邊開發銀行;二是勇於開拓創新,把亞投行打造成與時俱進的新型發展實踐平台;三是創造最佳實踐,把亞投行打造成高標準的新型國際合作機構;四是堅持開放包容,把亞投行打造成國際多邊合作新典範,推動區域經濟一體化,推動經濟全球化朝著更加開放、包容、普惠、平衡、共贏的方向發展。[1]

---

[1]　習近平:《在亞洲基礎設施投資銀行第五屆理事會年會視頻會議開幕式上的致辭》(2020 年 7 月 28 日),《人民日報》2020 年 7 月 29 日第 2 版。

習近平總書記還從堅持和平發展道路、實現民族偉大復興、構建人類命運共同體出發，對獨立自主和平外交佈局做出重要調整，形成了中國特色大國外交新格局。

2014 年 11 月 28 日，習近平總書記在中央外事工作會議上的講話中提出："中國必須有自己特色的大國外交。我們要在總結實踐經驗的基礎上，豐富和發展對外工作理念，使我國對外工作有鮮明的中國特色、中國風格、中國氣派。"

他對中國特色大國外交提出了以下原則：

——要堅持中國共產黨領導和中國特色社會主義，堅持我國的發展道路、社會制度、文化傳統、價值觀念。

——要堅持獨立自主的和平外交方針，堅持把國家和民族發展放在自己力量的基點上，堅定不移走自己的路，走和平發展道路，同時決不能放棄我們的正當權益，決不能犧牲國家核心利益。

——要堅持國際關係民主化，堅持和平共處五項原則，堅持國家不分大小、強弱、貧富都是國際社會平等成員，堅持世界的命運必須由各國人民共同掌握，維護國際公平正義，特別是要為廣大發展中國家說話。

——要堅持合作共贏，推動建立以合作共贏為核心的新型國際關係，堅持互利共贏的開放戰略，把合作共贏理念體現到政治、經濟、安全、文化等對外合作的方方面面。

——要堅持正確義利觀，做到義利兼顧，要講信義、重情義、揚正義、樹道義。

——要堅持不干涉別國內政原則，堅持尊重各國人民自主選擇的發展道路和社會制度，堅持通過對話協商以和平方式解決國家間的分歧和爭端，反對動輒訴諸武力或以武力相威脅。

——要貫徹落實總體國家安全觀，增強全國人民對中國特色社會主義的道路自信、理論自信、制度自信，維護國家長治久安。

他把新形勢下不斷拓展和深化外交戰略佈局，作為構建中國特色大國外交的重要工作。特別強調要切實抓好周邊外交工作，打造周邊命運共同體；切實運籌好大國關係，構建健康穩定的大國關係框架，擴大同發展中大國的合作；切實加強同發展中國家的團結合作，把我國發展與廣大發展中國家共同發展緊密聯繫起來；切實推進多邊外交，推動國際體系和全球治理改革，增加我國和廣大發展中國家的代表性和話語權；切實加強務實合作，積極推進"一帶一路"建設，努力尋求同各方利益的匯合點，通過務實合作促進合作共贏。

隨後，以構建全方位全天候戰略合作夥伴關係和構建人類命運共同體為重點，中國特色大國外交進入了全方位、寬領域、全覆蓋發展的新階段，進入了以國家元首外交、主場外交、多邊外交為牽引的新階段，有力地推動著世界格局向著和平發展合作共贏的方向發展。

可以相信，中國將在構建未來世界中扮演越來越重要的角色。這個角色，不是取代美國成為新的"超級大國"，更不是取代美國成為新的"世界中心"，而是帶頭倡導和推動建立一個國無論大小貧富一律平等的世界，一個鏟除世界戰爭根源的、沒有霸主與霸權的世界，一個雙贏共贏而非零和遊戲的世界，一個開放包容、奉行多邊主義、和平發展合作共贏的世界。

通向未來美好世界，通向人類命運共同體之路，是艱辛曲折而漫長的，也是需要經過艱苦鬥爭才能得來的。但這又是人類歷史的必由之路。

"道路是曲折的，前途是光明的。"

結束語　長風破浪會有時

2012 年 11 月 29 日，習近平總書記在參觀《復興之路》展覽時，用實現中華民族偉大復興中國夢來概括中國人民自 1840 年以來的奮鬥史。

歷史與邏輯，往往是先有歷史事實，後有歷史概括。因此，看一個概念是否成立，主要不是看它提出的早與晚，而是看其是不是符合歷史事實與歷史規律。

儘管"中華民族偉大復興中國夢"這個概念是後來出現的，但它恰如其分地表達了中國自 1840 年後從歷史沉淪逐步走向民族復興的不平凡的歷史過程。

在世界歷史長河中，一些民族沉淪了，又一些民族興起了，還有一些民族消失了。這種情況本不足為奇。但對於中華民族來說，情況則根本不同。

不同在哪裏？不同在於中華民族的歷史從未中斷過，它的自身有著強大的自我修復能力，有著強大的凝聚力和抗顛覆能力。任何強大的敵人，都不能征服中華民族；任何巨大的挫折，都不能使中華民族解體。不同在於中華民族近代的苦難，不僅僅是西方列強帶來的，更是腐朽的封建統治造成的。外因是變化的條件，內因是變化的根據。內爭人民解放、當家作主，外爭民族獨立、自立於世界民族之林，就成為中國人民、中華民族的奮鬥目標。這場鬥爭越艱巨，持續的時間越久，喚醒的民眾就越多。空前強大的敵人，不但打不垮中國人民和中華民族，反而使中國人民和中華民族從愚民統治下的一盤散沙變得空前團結，民族意識空前高漲，形成持久不斷的推動中華民族偉大復興的磅礴之力。誰想阻擋這種力量，無異於蚍蜉撼樹、螳臂擋車。

中華民族復興，成為時代的響亮口號。但復興，絕不是回到過去。"開弓沒有回頭箭"，歷史也不可能走回頭路。事實上，歷史上每次提出復興口號，都並非是要開歷史倒車，而是要把歷史推向前進。

中華民族偉大復興，是要實現順應歷史潮流的復興。時代潮流滾滾向前，順之者昌，逆之者亡。中華民族只有大踏步趕上時代步伐，才有真正的希望。那麼，這個歷史潮流究竟是什麼？是西方資本主義嗎？還是其他別的通往現代化的道路？中華民族偉大復興的分水嶺與試金石，正在這裏。中華民族偉大復興的偉大之處，也正在這裏。

如果中國真能效法外國，無論是效法美國等西方國家，還是簡單地效法蘇聯，走上民族復興成功之路，那這個復興也就沒有什麼偉大之處。歷史的真諦恰恰在於，像中國這樣一個有著 5000 多年從未中斷的文明史的東方大國，其發展有著深厚的歷史文化底蘊，有著自身的歷史邏輯與文化基因。其近代沉淪，主因是內部，不是外部。其近代革命，主因也是內部社會矛盾，不是外力推動。近代中國歷史發展，最終選擇了馬克思主義指導、中國共產黨領導、社會主義道路，主因同樣是中國自身的矛盾運動，以及人民群眾推動歷史前進的決定性作用。

由此決定，中華民族復興走了一條打破常規、非同尋常的道路，中國革命、建設和改革各個歷史時期都是如此。

近代中國迫切需要一場徹底的反帝反封建的民族民主革命。但這場革命，領導者不是資產階級，而是中國的無產階級及其先進政黨──中國共產黨；革命前途不是資本主義，而是社會主義，但又不能直接進入社會主義，而是要經過新民主主義這個過渡性社會進入社會主義社會；革命指導思想只能是馬克思主義，但馬克思主義必須中國化，必須和中國實際相結合，而不能搞教條主義，更不能全盤西化。

中國進入社會主義建設時期，同樣如此。不堅持科學社會主義不行，搞僵化的、傳統的社會主義也不行，必須把馬克思主義基本原理同中國實際結合起來，獨立自主地走自己的道路，建設中國特色社會主義，堅持中國特色社會主義道路自信、理論自信、制度自信、文化自信。

中國特色社會主義進入新時代，中華民族正在從站起來、富起來走向強起來。在這一過程中，同樣要走不同於西方國家的建設現代化強國道路。在國內，必須把立足點放在獨立自主的基點上，堅定不移走高質量發展道路，以國內大循環為主體、國內國際雙循環相互促進的新發展格局，發展方向和價值取向都要堅持人民至上，讓人民共享發展成果。在國際上，必須堅持和平發展道路，堅持和平發展合作共贏，堅決反對冷戰思維、強權政治、霸權主義，堅持反對國強必霸邏輯。

這就是中華民族偉大復興的偉大之處，不平凡之處，也是它積累的經驗同時具有世界影響和世界意義的根本原因。

中華民族偉大復興，從 1840 年以來，走了極不平凡的道路，經歷過苦難與輝煌。正如習近平總書記所形容的那樣，中華民族的昨天，可以說是"雄關漫道真如鐵"。中華民族的今天，正可謂"人間正道是滄桑"。中華民族的明天，可以說是"長風破浪會有時"。

中華民族偉大復興的重大影響和重大意義，正如習近平總書記在黨的十九大報告中所說："中國特色社會主義進入新時代，意味著近代以來久經磨難的中華民族迎來了從站起來、富起來到強起來的偉大飛躍，迎來了實現中華民族偉大復興的光明前景；意味著科學社會主義在二十一世紀的中國煥發出強大生機活力，在世界上高高舉起了中國特色社會主義偉大旗幟；意味著中國特色社會主義道路、理論、制度、文化不斷發展，拓展了發展中國家走向現代化的途徑，給世界上那些既希望加快發展又希望保持自身獨立性的國家和民族提供了全新選擇，為解決人類問題貢獻了中國智慧和中國方案。"[1] 新時代的到來是如此，民族復興的最終實現更是如此。

在實現中華民族偉大復興的征途中，始終有三個重大關係要處理。

一是中國共產黨與國家、民族、人民的關係。在這對關係中，中國共產黨是領導核心，是主心骨，是國家富強、民族振興、人民幸福的根本保證。因此，黨的自身建設以及執政能力建設，至關重要。治國必先治黨，治黨務必從嚴。黨的十八大以來黨和國家事業取得歷史性成就、發生歷史性變革證明，必須始終堅持全面從嚴治黨，加強黨對一切工作的全面領導，通過自我

1　習近平：《決勝全面建成小康社會　奪取新時代中國特色社會主義偉大勝利——在中國共產黨第十九次全國代表大會上的報告》（2017 年 10 月 18 日），人民出版社 2017 年版，第 10 頁。

革命推動社會革命。

二是國家、民族、人民的關係。處理好這個關係，必須緊緊抓住發展這個黨執政興國的第一要務，把人民對美好生活的追求作為奮鬥目標，堅定不移推動高質量發展，全面深化改革，全面依法治國，全面建設社會主義現代化強國，全面推進國家治理體系和治理能力現代化，不斷增強人民群眾的獲得感、幸福感、安全感、公平感。同時加強社會主義精神文明建設和道德建設，踐行社會主義核心價值觀，做到"兩手抓、兩手都要硬"。

三是中國與世界的關係。處理好這個關係，必須始終堅持中國永遠屬發展中國家，永遠不稱霸，堅定不移走和平發展道路。始終以中國的發展影響世界，全方位對外開放，構建"雙循環"發展新格局，構建人類命運共同體，構建和平發展合作共贏的世界經濟政治新秩序。同時，堅決捍衛國家主權、領土完整、國家安全。"任何人任何勢力企圖通過霸凌手段把他們的意志強加給中國、改變中國的前進方向、阻撓中國人民創造自己美好生活的努力，中國人民都絕不答應！"[1]

在社會主義現代化的征程上，新中國從"一窮二白"的經濟文化落後的起點開始，經過 20 多年奮鬥，終於建立起獨立的、比較完整的工業體系和國民經濟體系，實現了第一步跨越。

隨後，又開創改革開放和社會主義現代化建設新時期，順利實現從計劃經濟向社會主義市場經濟的轉變，創造了持續 30 多年經濟快速發展的奇蹟，中國穩居世界第二大經濟體，成為推動世界經濟增長的重要引擎，實現了"三步走"戰略目標的前兩步。

在全面建成小康社會的征程中，中國特色社會主義進入新時代，社會主要矛盾發生歷史性變化，經濟進入高質量發展新階段，精準脫貧戰略任務圓滿完成，徹底解決了中國社會的絕對貧困問題，勝利實現全面建成小康社會任務，人民生活實現從總體小康向全面小康的歷史性跨越，第一個百年奮鬥目標勝利實現。

1　習近平：《在紀念中國人民抗日戰爭暨世界反法西斯戰爭勝利 75 週年座談會上的講話》（2020 年 9 月 3 日），《人民日報》2020 年 9 月 4 日第 2 版。

在新中國朝著實現中華民族偉大復興前進的路途上，在實現社會主義現代化建設"三步走"戰略和"兩個一百年"奮鬥目標的路途上，始終有進行具有許多新的歷史特點的偉大鬥爭相伴隨。無論推進國內建設和改革事業，還是推進和平發展、祖國統一、維護世界和平事業，都會有鬥爭。鬥爭是客觀存在，想避免都避免不了。沒有鬥爭，就沒有勝利。

　　在未來踏上強國之路的征程上，仍然會有風險，會有鬥爭。

　　風險來自哪裏？一方面，來自自身各種短板。這種短板，在社會主要矛盾發生深刻變化中，在由大向強的轉變中，在由高速度增長向高質量發展的轉變中，是正常現象。正是有短板，才需要全面深化改革，才需要新發展理念指引，才需要統籌推進"五位一體"總體佈局、協調推進"四個全面"戰略佈局。

　　另一方面，風險還來自各種敵對勢力的破壞。這種破壞，從新中國成立之日起，從來沒有中斷，"樹欲靜而風不止"。我們要進一步加快建設具有強大凝聚力和影響力的社會主義意識形態，加強國家總體安全建設，堅決反對一切削弱、歪曲、否定黨的領導和我國社會主義制度的言行，堅決反對一切分裂祖國、破壞民族團結和社會和諧穩定的行為。

　　還有來自國際上的各種風險挑戰。我們在由大向強的轉變中，不僅會遇到"成長的煩惱"，更會遇到"甩鍋的煩惱"。因為我們是在西方發達國家在經濟科技軍事等方面長期佔據優勢的國際環境中堅持和發展中國特色社會主義的，是在兩種社會制度長期合作和鬥爭的國際環境中建設社會主義現代化國家的，這種"甩鍋的煩惱"同樣不可避免。而且，越是接近中華民族偉大復興實現，這種"甩鍋""制裁""封殺"的現象會頻繁出現，力度也有可能加大。正如習近平總書記指出的："在相當長時期內，初級階段的社會主義還必須同生產力更發達的資本主義長期合作和鬥爭，還必須認真學習和借鑒資本主義創造的有益文明成果，甚至必須面對被人們用西方發達國家的長處來比較我國社會主義發展中的不足並加以指責的現實。我們必須有很強大的戰略定力，堅決抵制拋棄社會主義的各種錯誤主張，自覺糾正超越階段的錯誤觀念。最重要的，還是要集中精力辦好自己的事情，不斷壯大我們的綜合國力，不斷改善我們人民的生活，不斷建設對資本主義具有優越性的社會主義，不斷為我們贏得主動、贏得優勢、贏得未來打下更加堅實的基礎。"[1]

如今，中華民族復興又站在新的起點上。展望未來，正可謂"長風破浪會有時"！

從現在起，中國人民在中國共產黨的領導下，已經踏上全面建設社會主義現代化國家新征程。

我們將用 15 年時間，在全面建成小康社會的基礎上，到 2035 年基本實現社會主義現代化。到那時：

——將較好解決"大而不強"的問題，我國經濟實力、科技實力將大幅躍升，躋身創新型國家前列；

——將很好地克服法治國家建設的瓶頸性障礙，人民平等參與、平等發展權利得到充分保障，法治國家、法治政府、法治社會基本建成，各方面制度更加完善，國家治理體系和治理能力現代化基本實現；

——將補齊文化軟實力短板，社會文明程度達到新的高度，國家文化軟實力顯著增強，中華文化影響更加廣泛深入；

——將較好解決共享發展和共同富裕問題，人民生活更為寬裕，中等收入群體比例明顯提高，城鄉區域發展差距和居民生活水平差距顯著縮小，基本公共服務均等化基本實現，全體人民共同富裕邁出堅實步伐；

——將補齊社會治理短板，現代社會治理格局基本形成，社會充滿活力又和諧有序；

——生態環境根本好轉，美麗中國目標基本實現。

我們將再奮鬥 15 年，在基本實現現代化的基礎上，到 21 世紀中葉，把我國建成富強民主文明和諧美麗的社會主義現代化強國。

到那時，我國物質文明、政治文明、精神文明、社會文明、生態文明將全面提升，實現國家治理體系和治理能力現代化，成為綜合國力和國際影響力領先的國家，全體人民共同富裕基本實現，我國人民將享有更加幸福安康的生活，中華民族將以更加昂揚的姿態屹立於世界民族之林。

在未來的 30 年裏，中國的強盛，給國際社會帶來的將是一個和平發展合

1　《十八大以來重要文獻選編》（上），中央文獻出版社 2014 年版，第 117 頁。

作共贏的世界。

中國強起來，不會在世界上再出現一個新的霸主，但會給世界帶來朝著和平發展合作共贏方向發展的新希望，帶來構建人類命運共同體的新希望，帶來徹底打破支配世界幾百年的國強必霸邏輯的新希望。

這是中華民族對世界各國人民的一份歷史責任，也是對世界各國人民的長期友好支持的最好回報。

未來的 30 年，世界並不太平。我們將在一個更加不穩定不確定的世界中，實現全面建成社會主義現代化強國的奮鬥目標，遇到的阻力、風險、挑戰會更大。這毫不奇怪。縱觀世界近代發展史，包括美國、英國、法國、德國等國在內，沒有任何國家的現代化是順順當當實現的。

我國經濟穩中向好、長期向好的基本面沒有變，長期處於重要戰略機遇期沒有變，我國經濟潛力足、韌性大、活力強、迴旋空間大、政策工具多的基本特點沒有變，我國發展具有的多方面優勢和條件沒有變。我國具有全球最完整、規模最大的工業體系，有強大的生產能力、完善的配套能力，有超大規模內需市場，投資需求潛力巨大。這是我國經過長期改革發展奮鬥得來的有利局面。

更重要的在於，我們正在從事的事業，是中華民族 5000 多年文明史在歷史與邏輯上的延續，也是自中國近代以來歷史發展與邏輯發展的必然，有著無可比擬的深厚文化歷史底蘊和磅礴之力，是任何力量都阻擋不住的。我們有中國共產黨的堅強領導，有勤勞勇敢的全國各族人民的大團結，有持續 5000 多年從未中斷的中華文明和中華精神，有長期艱辛探索得來的、具有顯著優越性和強大生命力的中國特色社會主義道路、理論、制度、文化，就一定能夠衝破重重阻力，闖過道道難關，應對重大挑戰、抵禦重大風險、克服重大阻力、解決重大矛盾，勝利實現中華民族偉大復興。

參考文獻

1. 《馬克思恩格斯選集》第 1 卷，人民出版社 2012 年版。

2. 《毛澤東軍事文集》第 5 卷，軍事科學出版社、中央文獻出版社 1993 年版。

3. 《毛澤東文集》第 1—2 卷，人民出版社 1993 年版。

4. 《毛澤東文集》第 3—5 卷，人民出版社 1996 年版。

5. 《毛澤東文集》第 6—8 卷，人民出版社 1999 年版。

6. 《毛澤東選集》第 1—4 卷，人民出版社 1991 年版。

7. 《周恩來選集》上卷，人民出版社 1980 年版。

8. 《周恩來選集》下卷，人民出版社 1984 年版。

9. 《鄧小平文選》第 1 卷，人民出版社 1994 年版。

10. 《鄧小平文選》第 2 卷，人民出版社 1994 年版。

11. 《鄧小平文選》第 3 卷，人民出版社 1993 年版。

12. 《江澤民文選》第 1—3 卷，人民出版社 2006 年版。

13. 《胡錦濤文選》第 1—3 卷，人民出版社 2016 年版。

14. 《習近平談治國理政》第 1 卷，外文出版社 2018 年版。

15. 《習近平談治國理政》第 2 卷，外文出版社 2017 年版。

16. 《習近平談治國理政》第 3 卷，外文出版社 2020 年版。

17. 習近平：《論堅持黨對一切工作的領導》，中央文獻出版社 2019 年版。

18. 習近平：《論堅持推動構建人類命運共同體》，中央文獻出版社 2018 年版。

19. 《建黨以來重要文獻選編（1921—1949）》第 1、2、5 冊，中央文獻出版社 2011 年版。

20. 《建國以來重要文獻選編》第 6 冊，中央文獻出版社 1993 年版。

21. 《建國以來重要文獻選編》第 9 冊，中央文獻出版社 1994 年版。

22. 《建國以來重要文獻選編》第 10 冊，中央文獻出版社 1994 年版。

23. 《建國以來重要文獻選編》第 11 冊，中央文獻出版社 1995 年版。

24. 《建國以來重要文獻選編》第 12、13 冊，中央文獻出版社 1996 年版。

25. 《建國以來重要文獻選編》第 15 冊，中央文獻出版社 1997 年版。

26. 《十二大以來重要文獻選編》（上、中），人民出版社 1986 年版。

27. 《十二大以來重要文獻選編》（下），人民出版社 1988 年版。

28. 《十三大以來重要文獻選編》（上、中、下），人民出版社 1991 年版。

29. 《十四大以來重要文獻選編》（上、中、下），中央文獻出版社 2011 年版。

30. 《十五大以來重要文獻選編》（上、中、下），中央文獻出版社 2011 年版。

31. 《十六大以來重要文獻選編》（上、中、下），中央文獻出版社 2011 年版。

32. 《十七大以來重要文獻選編》（上），中央文獻出版社 2009 年版。

33. 《十七大以來重要文獻選編》（下），中央文獻出版社 2013 年版。

34. 《十八大以來重要文獻選編》（上），中央文獻出版社 2014 年版。

35. 《十八大以來重要文獻選編》（中），中央文獻出版社 2016 年版。

36. 《十八大以來重要文獻選編》（下），中央文獻出版社 2018 年版。

37. 《三中全會以來重要文獻選編》（上、下），中央文獻出版社 2011 年版。

38. 中共中央黨史和文獻研究院編：《習近平關於防範風險挑戰、應對突發事件論述摘編》，中央文獻出版社 2020 年版。

39. 《陳獨秀文集》第 1—4 卷，人民出版社 2013 年版。

40. 《陳雲文選》第 1—3 卷，人民出版社 1995 年版。

41. 《鄧中夏文集》，人民出版社 1983 年版。

42. 《范文瀾全集》第 10 卷，河北教育出版社 2002 年版。

43. 《馮玉祥日記》第 2 冊，江蘇古籍出版社 1992 年版。

44. 《黃克誠自述》，人民出版社 2004 年版。

45. 《康有為政論集》上冊，中華書局 1981 年版。

46. 《李大釗文集》（上、下冊），人民出版社 1984 年版。

47. 《孫中山選集》（上、下冊），人民出版社 2011 年版。

48. 《吳玉章回憶錄》，中國青年出版社 1978 年版。

49. 《張學良文集》（1），新華出版社 1992 年版。

50. 《當代中國》叢書編輯部編輯:《當代中國的農業》,當代中國出版社 1992 年版。

51. 《中國近代史》編寫組:《中國近代史》(第二版)(上、下冊),高等教育出版社、人民出版社 2020 年版。

52. 《中外舊約章彙編》第 1 冊,生活・讀書・新知三聯書店 1957 年版。

53. 薄一波:《若干重大決策與事件的回顧》(修訂本)上卷,人民出版社 1997 年版。

54. 陳恭祿:《中國近代史》,中國工人出版社 2012 年版。

55. 郭廷以:《近代中國史綱》(第三版),格致出版社、上海人民出版社 2009 年版。

56. 國家統計局編:《中國統計年鑒(1983)》,中國統計出版社 1983 年版。

57. 國家統計局編:《中國統計年鑒(1985)》,中國統計出版社 1985 年版。

58. 國家統計局編:《中國統計年鑒(2001)》,中國統計出版社 2001 年版。

59. 胡繩:《從鴉片戰爭到五四運動》(上、下冊),人民出版社 1981 年版。

60. 胡繩主編:《中國共產黨的七十年》,中共黨史出版社 1991 年版。

61. 蔣廷黻:《中國近代史》,中國華僑出版社 2016 年版。

62. 金沖及主編:《周恩來傳(1898—1949)》,人民出版社 1995 年版。

63. 金沖及主編:《周恩來傳(1898—1976)》(四),中央文獻出版社 1998 年版。

64. 金沖及:《二十世紀中國史綱》(上、下冊),社會科學文獻出版社 2009 年版。

65. 冷溶、汪作玲主編:《鄧小平年譜(1975—1997)》(上、下),中央文獻出版社 2004 年版。

66. 力平、方銘主編:《周恩來年譜(1898—1949)》(修訂本),中央文獻出版社 1998 年版。

67. 劉崇文、陳紹疇主編:《劉少奇年譜(1898—1969)》上、下卷,中央文獻出版社 1996 年版。

68. 羅爾綱、王慶成編:《中國近代史資料叢刊續編・太平天國》(五),廣西師範大學出版社 2004 年版。

69. 逄先知、馮蕙主編:《毛澤東年譜(1949—1976)》第 1—6 卷,中央文獻出版社 2013 年版。

70. 逄先知、金沖及主編:《毛澤東傳(1893—1976)》第 5 冊,中央文獻出版社 2011 年版。

71. 逄先知主編:《毛澤東年譜(1893—1949)》(修訂本)上、中、下卷,中央文獻出版社 2013 年版。

72. 蘇星：《新中國經濟史》（修訂本），中共中央黨校出版社 2007 年版。

73. 蕭致治主編：《鴉片戰爭史》（上、下冊），福建人民出版社 2017 年版。

74. 徐中約：《中國的奮鬥》（第 6 版），世界圖書出版公司 2008 年版。

75. 許滌新、吳承明主編：《中國資本主義發展史》第 3 卷，社會科學文獻出版社 2007 年版。

76. 趙靖、易夢虹編：《中國近代經濟思想資料選輯》上冊，中華書局 1982 年版。

77. 張寶明主編：《新青年》（百年典藏）第 1—5 卷，河南文藝出版社 2019 年版。

78. 張發奎：《蔣介石與我》，香港文化藝術出版社 2008 年版。

79. 張海鵬主編, 虞和平、謝放著：《中國近代通史》第 3 卷，江蘇人民出版社 2007 年版。

80. 張玉法：《民國初年的政黨》，台北“中研院”近代歷史研究所 2002 年版。

81. 中共中央黨史研究室：《中國共產黨的歷史》第 1 卷（1921—1949）（上、下冊），中共黨史出版社 2011 年版。

82. 中共中央黨史研究室：《中國共產黨的九十年》（改革開放和社會主義現代化建設新時期），中共黨史出版社、黨建讀物出版社 2016 年版。

83. 中共中央黨史研究室：《中國共產黨歷史》第 2 卷（1949—1978）（上、下冊），中共黨史出版社 2011 年版。

84. 中共中央文獻研究室編：《〈關於建國以來黨的若干歷史問題的決議〉註釋本》（修訂），人民出版社 1985 年版。

85. 中國社會科學院世界歷史研究所：《世界歷史》第 5 冊，江西人民出版社 2012 年版。

86. 鄒魯編著：《中國國民黨史稿》（上、中、下冊），東方出版中心 2011 年版。

87. 〔法〕白吉爾：《中國資產階級的黃金時代》，上海人民出版社 1994 年版。

88. 〔美〕費正清：《美國與中國》，商務印書館 1987 年版。

89. 〔美〕馬士：《中華帝國對外關係史》第 1 卷，生活·讀書·新知三聯書店 1957 年版。

90. 〔蘇〕C.A. 達林：《中國回憶錄（1921—1927）》，中國社會科學出版社 1981 年版。

91. 《全國年度統計公報》，國家統計局網站：http://www.stats.gov.cn/tjsj/tjgb/ndtjgb/。

92. 《中國統計年鑒》，國家統計局網站：http://www.stats.gov.cn/tjsj/ndsj/。

索　引

愛國民主統一戰線	087，115
愛國主義	018，019，037，226，275
百年夢想	001
北伐戰爭	067，076，078，080，081
變法改良	030
撥亂反正	152，162，167，171，173，178，179，182，215，290，291
長征	093，095，096，097，157，166
黨的建設	185，199，201，217，233，234，235，245，258，259，274，289，291，292，295，299，301，315，339，392，393，396，399，401，402，406，407，408，409，423，424，425，428，436
黨的領導	054，127，156，164，169，176，195，197，207，216，217，224，235，254，258，259，267，271，272，274，291，294，295，296，301，302，393，394，396，401，405，406，407，415，416，419，422，423，424，428，429，431，432，434，435，436，477，478
黨內監督	294，304，315，400，410，436，437，438
鄧小平理論	181，207，223，234，287，288，290，291，292，293，421
帝國主義	004，040，044，045，048，049，053，059，060，063，066，068，069，074，075，078，081，097，098，099，100，103，111，114，115，147，180，210，230，318，447，448，449，452

第一個百年目標　　　340

頂層設計　　　167，171，192，220，221，252，258，259，269，270，271，
381，383，407，417，427，428，430，437

獨立自主　　　046，091，096，105，115，120，122，129，146，183，213，
214，215，273，290，413，424，432，444，446，448，450，
451，456，467，471，474

反腐敗　　　199，253，295，315，395，396，397，399，403，409，410，
438

封建主義　　　004，018，045，111，114

富國強兵　　　025，026

改革開放　　　004,，129，137，157，158，159，161，162，163，167，168，
169，170，174，178，181，182，184，185，186，187，188，
191，192，196，197，198，199，200，202，203，204，205，
206，207，208，211，215，216，217，219，220，222，223，
224，225，228，230，231，233，236，240，242，243，244，
245，247，250，254，258，259，262，263，271，273，274，
290，291，292，293，301，315，321，322，324，326，328，
333，334，336，340，342，343，344，345，346，348，350，
352，355，377，386，393，394，395，396，405，408，410，
414，417，418，420，424，425，426，427，428，429，430，
431，433，455，456，476

高質量發展　　　251，255，257，262，273，285，307，334，336，337，338，
340，341，342，353，378，379，387，388，389，430，432，
474，476，477

工農聯盟　　　087，111，139，436

工業化建設　　　115，122，125，128，131，138，318，386

共產國際　　　052，061，062，063，086，094，097，288

共同富裕　　　205，211，221，242，297，300，303，307，335，368，375，
478

官僚資本主義　　　　　004，111，114

國家治理體系和治理能力 251，254，257，258，259，270，271，272，273，283，300，

301，310，316，352，383，391，405，406，411，426，427，

428，429，430，431，432，433，438，476，478

合作共贏　　　　　　297，309，315，317，361，412，440，441，442，443，459，

460，461，467，468，470，471，472，475，476，479

和平發展　　　　　　213，215，297，303，304，309，315，316，317，361，412，

440，441，444，451，456，458，459，460，461，463，467，

468，470，471，472，475，476，477，478，479

機構改革　　　　　　270，271，274，406，409，420，427

經濟發展新常態　　　262，263，296，307，316，336，338，339，411

經濟體制改革　　　　125，181，188，191，192，193，194，206，221，223，255，

256，257，258，274，291，419，420

精準扶貧　　　　　　268，357，362，366，367，370，375，376

康乾盛世　　　　　　006，007，008

抗日民族統一戰線　　096，097，098，099，101，103，413

科教興國　　　　　　224，226，227，238，296

科學發展　　　　　　237，256，264，302，425

科學發展觀　　　　　239，240，245，287，288，292，293，332，386，423

可持續發展　　　　　224，226，227，238，239，240，257，258，296，375，382，

385，386，439

歷史交匯期　　　　　266，286，351，384

馬克思主義中國化　　004，093，287，288，289，290，292，293，298，299，310，

312，424

毛澤東思想　　　　　091，094，157，159，161，162，166，169，174，177，178，

179，180，208，215，216，287，288，289，290，291，292，

293

民主共和　　　　　　035，042，043，045，069

民族復興　　　　　　004，005，017，019，038，053，074，079，080，084，088，

	096，099，101，114，116，156，218，225，250，259，288， 387，393，444，463，473，474，475，478
民族精神	001，185，236，283
民族振興	018，475
全面建成小康社會	172，250，251，253，261，264，265，266，267，270，275， 285，295，300，314，316，334，337，338，339，340，341， 344，347，351，352，354，362，365，366，367，369，373， 376，378，383，411，431，475，476，478
全面建設小康社會	220，235，236，239，240，243，245，248，265，293，325， 326，327，332，346，395，425，462
全面深化改革	253，254，255，257，259，260，261，262，265，270，271， 272，274，295，300，301，316，337，338，339，381，383， 409，411，426，427，428，429，430，431，433，462，476， 477
全球治理	309，314，315，316，317，409，410，411，412，428，439， 440，441，443，465，466，472
人類命運共同體	003，273，297，300，301，304，309，315，317，361，362， 388，412，428，432，441，442，443，444，445，453，456， 460，461，462，463，464，465，467，468，469，470，471
人民富裕	002，018
"三個代表"重要思想	287，288，292，293，393，423
三民主義	038，039，041，066，067，080，085
社會革命	039，040，041，069，221，254，305，392，395，399，407， 408，412，476
社會主義改造	116，117，118，122，123，126，128，134，139，180，209， 250，414
社會主義工業化	114，117，120，122，128，131，138，147，377
社會主義市場經濟	194，196，206，216，220，221，222，223，224，225，233， 234，235，236，239，240，255，256，257，274，291，307，

	322，324，326，327，328，331，342，345，346，351，352，394，420，421，422，425，429，476
社會主義現代化建設	004，137，154，157，163，164，167，169，170，171，174，176，180，184，185，196，204，206，207，208，209，212，217，222，223，224，225，236，244，250，259，289，290，292，321，322，393，394，395，415，425，426，427，428，429，430，476，477
十月革命	048，049，051，087，129
"四個全面"	261，262，270，295，300，301，307，308，316，376，405，407，408，411，428，431，435，477
四項基本原則	167，169，199，200，215，216，424
太平天國起義	020，022，023，024，025，038，040
統籌發展	237，285，303，306，307，463
統一戰線	059，，061，085，087，096，097，098，099，100，101，103，108，115，171，201，289，291，299，302，413
土地制度改革	115
維新變法	030，031，032，034，035，045
偉大覺醒	157，186，273
五卅運動	072,074,075
五四運動	024，049，050，051，052，053，273
"五位一體"	258，261，262，270，295，296，300，301，307，308，316，376，378，405，406，408，411，428，431，435，443，477
習近平法治思想	305，309，310
習近平強軍思想	305，306
習近平生態文明思想	305，308，309，383，384，385
習近平新時代中國特色社會主義經濟思想	305，306，307，308
習近平新時代中國特色社會主義思想	266，287，288，293，294，295，297，298，299，300，304，305，309，310，312，313，314，315，316，317，384，387，404，407，408，410，411

習近平新時代中國特色社會主義外交思想　309，467

辛亥革命　036，037，042，043，045，046，047，053，064，074，077，
114

新發展理念　262，263，264，296，301，307，308，316，336，339，385，
388，389，390，411，428，430，431，477

新時代　113，172，250，251，252，253，259，264，265，266，267，
268，271，272，273，275，278，286，287，288，293，294，
295，297，298，299，300，301，303，304，305，306，307，
308，309，310，312，313，314，315，316，317，336，337，
349，378，379，383，384，387，388，389，391，395，396，
399，402，404，407，408，409，410，411，425，426，427，
428，429，430，432，440，441，466，467，474，475，476

新世界　049，456，458

"一帶一路"倡議　428，470

依法治國　224，237，245，253，258，259，260，261，262，265，272，
274，295，296，300，302，309，310，313，316，339，401，
409，411，422，423，424，425，427，430，432，435，436，
462，476

永續發展　376，382，383，387，390，391

原創性　305，408

政治建設　237，253，265，296，301，304，339，378，392，399，401，
402，403，406，409，419，420，425，429

中國方案　250，297，315，317，371，412，428，432，441，475

中國工人運動　052，055，057，059，061

中國共產黨　002，004，019，051，052，053，054，055，056，057，058，
059，060，061，062，063，064，067，068，070，071，072，
073，074，075，076，077，078，079，084，085，086，087，
088，090，091，094，095，096，097，099，100，101，102，
103，104，105，107，108，113，114，115，116，118，120，

122，125，126，127，128，132，137，143，144，145，146，147，150，153，156，157，161，164，166，167，169，170，174，177，178，179，182，184，185，186，196，201，206，207，210，215，216，217，218，223，229，235，236，237，244，245，250，251，253，254，258，260，264，265，266，267，271，273，287，288，289，290，291，292，293，294，298，301，302，303，313，315，316，317，341，343，350，354，363，368，376，386，391，392，393，394，395，396，397，398，399，400，403，404，405，406，407，408，409，410，411，412，413，414，415，417，419，422，423，425，426，428，432，434，435，436，444，445，446，457，467，471，474，475，478，479

中國夢　001，004，167，171，236，253，297，301，304，339，395，462，463，473

中國奇蹟　236，278，334，343

中國特色社會主義道路　004，250，281，292，316，393，411，438，474，475，479

中國智慧　250，317，371，475

中華傳統文化　004，298

中華民族偉大復興　001，004，018，036，037，103，113，114，157，167，171，186，236，250，252，253，266，267，273，287，292，299，300，301，303，304，305，309，310，311，314，320，339，341，350，361，373，376，388，392，395，404，408，412，428，430，462，463，473，474，475，477，479

資產階級革命　009，035，037，038，039，041，042，045，071

自我革命　254，294，304，305，355，392，393，394，395，399，407，408，409，412，435